教育部哲学社會科学研究重大課題攻關項目

国家惠农政策的成效评价
与完善研究

THE EVALUATION AND IMPROVEMENT
OF THE NATIONAL BENEFITING –
FARMER POLICIES

邓大才

等著

经济科学出版社

Economic Science Press

图书在版编目（CIP）数据

国家惠农政策的成效评价与完善研究/邓大才等著．
—北京：经济科学出版社，2015.1
教育部哲学社会科学研究重大课题攻关项目
ISBN 978 - 7 - 5141 - 5474 - 0

Ⅰ.①国…　Ⅱ.①邓…　Ⅲ.①农业政策 - 研究 -
中国　Ⅳ.①F320

中国版本图书馆 CIP 数据核字（2015）第 032281 号

责任编辑：刘　茜　庞丽佳
责任校对：徐领柱
责任印制：邱　天

国家惠农政策的成效评价与完善研究

邓大才　等著

经济科学出版社出版、发行　新华书店经销

社址：北京市海淀区阜成路甲 28 号　邮编：100142

总编部电话：010 - 88191217　发行部电话：010 - 88191522

网址：www. esp. com. cn

电子邮件：esp@ esp. com. cn

天猫网店：经济科学出版社旗舰店

网址：http：//jjkxcbs. tmall. com

固安华明印业有限公司印装

787×1092　16 开　38 印张　720000 字

2015 年 7 月第 1 版　2015 年 7 月第 1 次印刷

ISBN 978 - 7 - 5141 - 5474 - 0　定价：95.00 元

（图书出现印装问题，本社负责调换。电话：010 - 88191502）

（版权所有　侵权必究　举报电话：010 - 88191586

电子邮箱：dbts@ esp. com. cn）

课题组主要成员

首席专家 邓大才

主要成员 徐　勇　张利明　白雪娇　胡平江
郝亚光

编审委员会成员

主　任　孔和平　罗志荣

委　员　郭兆旭　吕　萍　唐俊南　安　远
　　　　文远怀　张　虹　谢　锐　解　丹
　　　　刘　茜

总　序

哲学社会科学是人们认识世界、改造世界的重要工具，是推动历史发展和社会进步的重要力量。哲学社会科学的研究能力和成果，是综合国力的重要组成部分，哲学社会科学的发展水平，体现着一个国家和民族的思维能力、精神状态和文明素质。一个民族要屹立于世界民族之林，不能没有哲学社会科学的熏陶和滋养；一个国家要在国际综合国力竞争中赢得优势，不能没有包括哲学社会科学在内的"软实力"的强大和支撑。

近年来，党和国家高度重视哲学社会科学的繁荣发展。江泽民同志多次强调哲学社会科学在建设中国特色社会主义事业中的重要作用，提出哲学社会科学与自然科学"四个同样重要"、"五个高度重视"、"两个不可替代"等重要思想论断。党的十六大以来，以胡锦涛同志为总书记的党中央始终坚持把哲学社会科学放在十分重要的战略位置，就繁荣发展哲学社会科学作出了一系列重大部署，采取了一系列重大举措。2004 年，中共中央下发《关于进一步繁荣发展哲学社会科学的意见》，明确了 21 世纪繁荣发展哲学社会科学的指导方针、总体目标和主要任务。党的十七大报告明确指出："繁荣发展哲学社会科学，推进学科体系、学术观点、科研方法创新，鼓励哲学社会科学界为党和人民事业发挥思想库作用，推动我国哲学社会科学优秀成果和优秀人才走向世界。"这是党中央在新的历史时期、新的历史阶段为全面建设小康社会，加快推进社会主义现代化建设，实现中华民族伟大复兴提出的重大战略目标和任务，为进一步繁荣发展哲学社会科学指明了方向，提供了根本保证和强大动力。

高校是我国哲学社会科学事业的主力军。改革开放以来，在党中央的坚强领导下，高校哲学社会科学抓住前所未有的发展机遇，紧紧围绕党和国家工作大局，坚持正确的政治方向，贯彻"双百"方针，以发展为主题，以改革为动力，以理论创新为主导，以方法创新为突破口，发扬理论联系实际学风，弘扬求真务实精神，立足创新、提高质量，高校哲学社会科学事业实现了跨越式发展，呈现空前繁荣的发展局面。广大高校哲学社会科学工作者以饱满的热情积极参与马克思主义理论研究和建设工程，大力推进具有中国特色、中国风格、中国气派的哲学社会科学学科体系和教材体系建设，为推进马克思主义中国化，推动理论创新，服务党和国家的政策决策，为弘扬优秀传统文化，培育民族精神，为培养社会主义合格建设者和可靠接班人，作出了不可磨灭的重要贡献。

自 2003 年始，教育部正式启动了哲学社会科学研究重大课题攻关项目计划。这是教育部促进高校哲学社会科学繁荣发展的一项重大举措，也是教育部实施"高校哲学社会科学繁荣计划"的一项重要内容。重大攻关项目采取招投标的组织方式，按照"公平竞争，择优立项，严格管理，铸造精品"的要求进行，每年评审立项约 40 个项目，每个项目资助 30 万～80 万元。项目研究实行首席专家负责制，鼓励跨学科、跨学校、跨地区的联合研究，鼓励吸收国内外专家共同参加课题组研究工作。几年来，重大攻关项目以解决国家经济建设和社会发展过程中具有前瞻性、战略性、全局性的重大理论和实际问题为主攻方向，以提升为党和政府咨询决策服务能力和推动哲学社会科学发展为战略目标，集合高校优秀研究团队和顶尖人才，团结协作，联合攻关，产出了一批标志性研究成果，壮大了科研人才队伍，有效提升了高校哲学社会科学整体实力。国务委员刘延东同志为此作出重要批示，指出重大攻关项目有效调动了各方面的积极性，产生了一批重要成果，影响广泛，成效显著；要总结经验，再接再厉，紧密服务国家需求，更好地优化资源，突出重点，多出精品，多出人才，为经济社会发展作出新的贡献。这个重要批示，既充分肯定了重大攻关项目取得的优异成绩，又对重大攻关项目提出了明确的指导意见和殷切希望。

作为教育部社科研究项目的重中之重，我们始终秉持以管理创新服务学术创新的理念，坚持科学管理、民主管理、依法管理，切实增强服务意识，不断创新管理模式，健全管理制度，加强对重大攻关项目的选题遴选、评审立项、组织开题、中期检查到最终成果鉴定的全过程管理，逐渐探索并形成一套成熟的、符合学术研究规律的管理办法，努力将重大攻关项目打造成学术精品工程。我们将项目最终成果汇编成"教育部哲学社会科学研究重大课题攻关项目成果文库"统一组织出版。经济科学出版社倾全社之力，精心组织编辑力量，努力铸造出版精品。国学大师季羡林先生欣然题词："经时济世 继往开来——贺教育部重大攻关项目成果出版"；欧阳中石先生题写了"教育部哲学社会科学研究重大课题攻关项目"的书名，充分体现了他们对繁荣发展高校哲学社会科学的深切勉励和由衷期望。

创新是哲学社会科学研究的灵魂，是推动高校哲学社会科学研究不断深化的不竭动力。我们正处在一个伟大的时代，建设有中国特色的哲学社会科学是历史的呼唤，时代的强音，是推进中国特色社会主义事业的迫切要求。我们要不断增强使命感和责任感，立足新实践，适应新要求，始终坚持以马克思主义为指导，深入贯彻落实科学发展观，以构建具有中国特色社会主义哲学社会科学为己任，振奋精神，开拓进取，以改革创新精神，大力推进高校哲学社会科学繁荣发展，为全面建设小康社会，构建社会主义和谐社会，促进社会主义文化大发展大繁荣贡献更大的力量。

教育部社会科学司

3

前　言

国家的发展目标和发展阶段决定了国家发展的方式和方向，从历史角度看，自新中国成立以来，我国的农村政策主要经历了两个阶段：一是国家从农村汲取资源的阶段，在这一阶段，国家为了促进城市和工业的发展，主要采取"以农促工、以农促城"的战略，以此来促进工业化和城市化的发展，但是长期以来的非均衡发展战略和非农化政策，导致 21 世纪初期"三农"问题矛盾众多，农民反响强烈；二是国家对农村进行政策反哺的阶段。进入 21 世纪，以农村税费改革为标志，国家逐渐从单方面汲取农村资源向"多予少取放活"以及"工业反哺农业，城市支持农村"的政策转变，历史性地实现了农村资源输出与输入的反向发展。尤其是 2004 年以来，国家连续出台"三农"工作的中央一号文件，其中包括了一系列致力于解决"三农"问题的惠农政策。

目前国家惠农政策已实施多年，势必会对农业、农村和农民的发展产生影响。对国家惠农政策的成效评价及完善研究既是现实的需求，也是政策科学的需要，既有国家的需求，也有农民的要求，还有实践对理论倒逼的需求。从现实角度来看，一方面，这是政策本身的需要，2004 年以来，国家出台了不少惠农政策，但是随着时间的推移、条件的变化，惠农政策本身也在不断发生变化，对当前惠农政策进行系统性、科学性的评估是政策活动的内在现实要求；另一方面，这是农民需求的需要，目前的惠农政策对农民产生了哪些成效，是否符合农民的需求，农民对政策有什么期盼，这些都具有现实意义，农民的需求要求相关专业部门对我国惠农政策进行评估，以便改进和完善惠农政策，使惠农政策能够更好地满足农民需求。从理论角度来看，通过对我国惠农政策的绩效进行总体评估，可以建构立足于中国本土实践的政策评价的一般方式、方法，概括我国惠农政策安排和运行的基本逻辑，同时可以归纳出我国惠农政策调整和优化的机制，建构惠农政策的基本分析框架。

早在21世纪之初，华中师范大学徐勇教授就带领学术团队对"三农"政策特别是对国家出台的惠农政策展开了深入研究。为科学、准确、深入地了解和把握惠农政策的实施状况，在徐勇教授的带领下，我开始组织学术团队走进农村，深入农户，开展了持续多年的全国范围的大规模田野调查，积累了丰富的一手数据和调查资料，并以此为基础形成了丰富的研究成果。正是立足于团队多年的实证调查和研究，我们于2010年申请成功，承担了教育部哲学社会科学重大课题攻关项目"国家惠农政策的成效评价与完善研究"，课题组依托华中师范大学中国农村研究院"百村观察"项目，根据研究主题和研究计划，在2009年和2010年调查研究的基础上，2011年和2012年寒暑假期间，课题组针对"惠农政策的绩效评估"这一专题进行了全国范围内的问卷调查和深入访谈，自此形成了连续四年的调查数据和调查材料。调查对象包括寒假约200个村庄，5 000户农户；暑假约300个村庄，3 500户农户；同时对100名乡镇干部和50名县级干部进行了深入访谈。

以调研获得的第一手数据和材料为主要研究素材，并结合我国惠农政策的具体实践过程，利用统计分析和计量分析工具，对我国惠农政策的成效进行了多视角、多维度、多层面的深入探讨和系统分析，在此基础上形成了本课题的最终成果。

在研究中，本书紧紧围绕国家惠农政策供求（或）"制度供给—制度需求"这条主线展开。国家惠农政策的评价主要是对供给政策和需求政策之间的一种相互满足程度的评价。简言之，就是指政策供给满足政策需求的程度。满足程度包括两个方面：政策本身满足程度和政策内容满足程度，前者是指政策数量的满足程度，后者是指政策的质量的满足程度。

在围绕一条主线的同时，本书致力于通过科学、系统的政策分析，解决公共政策运行过程中所面临的三大矛盾。

第一大矛盾是政策供给与政策需求的矛盾。这对矛盾体现在三个方面：首先是政策供给与政策需求之间的矛盾，即国家供给政策的数量无法满足农民对政策的需求，政策供给远远小于政策需求。其次是供给结构与需求结构之间的矛盾，即在政策存量结构中，供给结构与需求结构不相符；在供给的政策中，农民不太需要的政策供给较多，农民需要的政策又供给较少。最后是国家供给目标的多元性与农民需求目标的单一的矛盾。农民对政策的需求比较单一，但是国家惠农政策的目标具有多重性，两者之间有着不可调和的矛盾：满足农民的目标，政府的目标难以实现；满足政府的目标，农民的目标又难以实现。

第二大矛盾是政策供给统一性与政策对象差异性之间的矛盾。国家出台的政策都具有统一性、一致性的特点，即国家在制定政策时，考虑的是大多数情况，针对的是平均水平，但现实丰富多彩，需求也多种多样。对于中国这样一个大国来说，尤其如此。不同的区域、不同的阶层、不同的群体的差异很大。国家政策照顾了多数，则忽略了少数，照顾了平均数，则忽略了特殊数。如有些政策可能"惠农"，但是无法"惠贫"，有些政策可能还"惠富"。因此，这就导致了统一性的政策与差异性对象之间的矛盾，即惠农政策很难照顾到地区的特性，很难照顾不同的阶层，也很难考虑所有的群体。这种矛盾是永恒的，政策制定可以根据自己的经验尽可能缩小两者之间的差异，最大化的兼顾对象的差异性，即最大可能提高政策的适用性。

第三大矛盾是政策制定、执行、反馈之间的矛盾。政策制定者与政策执行者有着各自的利益，也有着各自的目标。当两者利益完全一致时，执行者会执行中央的惠农政策，不一致时则会选择性地执行中央的惠农政策。当前惠农政策都强调了地方政府的责任性，强调了地方财政的配套。因此，这就会影响地方政府的财力分配和积极性，地方政府在执行惠农政策时就会大打折扣，或者不予以配合，或者象征性的执行，而且执行者也不会将农民的反馈信息传输给政策决策者和制定者。政策制定、执行与反馈之间也有矛盾。一是农民得到实惠的程度、惠农政策落实中的问题等没有有效的渠道和机制反馈给中央政府。二是执行者有选择性的将农民所反映的信息反馈给决策者、制定

3

者，对自己有利的就反馈，不利的就不反馈，或者歪曲地反馈。三是执行者根本不将农民的反映反馈给决策者和制定者，即执行者截留农民反馈的信息，导致政策调整和优化比较困难。决策者和制定者在无法得到准确信息时，既无法制定新政策，也无法优化已经出台的政策。

以此为目标，通过利用一手的调研数据和调研材料，在科学、系统分析的基础上，对惠农政策的绩效进行了总体评估。具体来看，本研究成果主要包括以下六个部分。

第一部分，理论背景和评估指标建构。这编主要是进行一些理论梳理和指标建构。一是导论，主要考察惠农政策的定义、分类，惠农政策的产生与发展，特别是惠农政策经过的发展阶段。二是对惠农政策评估的文献进行梳理，包括对评估的方式、方法、工具进行梳理，在这个基础上考察我国学术界对惠农政策评估的现状和问题，并在此基础上建构惠农政策评估方法，主要包括三个部分：个人评价指标、效应评价指标和过程评价指标。

第二部分，惠农政策成效的类型学研究。这编主要从三个维度来分析惠农政策的成效，一是惠农政策类别分析，即对不同的惠农政策及其成效进行分析，这里采取四分类方法，即生产类、生活类、产业类、社会保障类。二是惠农政策的群体分析，即从年龄、学历、职业、收入等不同的群体来考察惠农政策的影响。三是惠农政策的地域分析，即从不同的地域来考察惠农政策的成效及影响。

第三部分，惠农政策的效应分析。惠农政策的效应分析主要是着重于惠农政策所带来的直接或者间接效果，主要包括三个方面：一是惠农政策的经济效应，分析惠农政策对经济方面所带来的影响。二是惠农政策的社会效应，考察惠农政策对社会关系、社会结构、社会组织、社会保障等方面的影响。三是惠农政策的政治效应，评估惠农政策对政治结构、政治关系、政治观念等方面的影响。

第四部分，惠农政策的过程评估。公共政策过程包括制订、执行、反馈三个主要的过程，本书也按照三个过程进行评估：一是惠农政策的决策过程评估，因为无法调查高层决策过程，因此从基层视角来反映决策过程的科学性。二是惠农政策的执行过程评估，将评估惠农政策为地方政府执行的程度，包括资金到位率、配套率及宣传、布置等工作。三是惠农政策的反馈过程，主要考察惠农政策相关主体将惠农政策存在的问题反馈给执行、决策层的渠道、途径及问题解决率、采纳率等。

第五部分，惠农政策的主体评价。前面主要通过对惠农政策涉及对象的研究而评估惠农政策，这一编主要从执行惠农政策的若干主体来从执行、落实层面评估惠农政策：一是县级主管领导评价惠农政策；二是乡镇干部评价惠农政策；三是村干部评价惠农政策。通过三个执行、落实层面干部的评价来评估惠农政策的成效。

第六部分，具体惠农政策的评估。惠农政策类别多、数量多，进行类型的分析，能够从面上了解惠农政策的情况，但是主要的惠农政策还需要进行具体的评估，为此在第六编对主要的惠农政策进行评估，主要选取新型农村养老保险（简称新农保）政策、新型农村合作医疗（简称新农合）政策、粮食直接补贴政策、农村最低生活保障（简称低保新农合）政策、家电下乡政策及农业保险政策等。通过这些对农村影响比较大、涉及对象比较多的惠农政策进行具体评估，以与综合类别分析相互佐证，共同对21世纪我国惠农政策的绩效进行科学的评估。

在上述研究的基础上，本书最后提出了惠农政策的基本结论、问题和建议。通过对惠农政策的不同维度的绩效评估，以及对主要的惠农政策的考察，认为21世纪以来实施的惠农政策比较成功，成效比较显著，对"三农"的发展有着积极的作用，但是惠农政策过程、惠农政策安排也存在诸多问题，维持惠农政策的可持续绩效面临着挑战，一些政策开始出现了边际效应递减的问题。

摘　要

　　21 世纪以来尤其是 2004 年以来，为了解决"三农"问题，国家出台了一系列惠农政策，以此来促进农业增产、农民增收和农村发展。随着惠农政策的不断推行，其实施的成效如何、作用怎样、走向何方、如何优化和完善等问题均颇受关注。目前关于惠农政策的研究成果可谓汗牛充栋。但是现有的研究存在若干问题，具体政策研究较多，但整体性政策研究较少；规范性研究较多，而实证性研究较少，难以客观、科学、全面地对惠农政策的实施绩效进行评估。本书在立足实证调查的基础上，采取理论研究与实证研究相结合的方法，通过利用华中师范大学中国农村研究院"百村十年观察"项目 2009～2012 年连续四年的调查数据和调查资料，利用第一手的调查数据和资料，对 21 世纪以来的惠农政策进行全面评估。

　　科学的评估需要建立完善、系统的评估指标和体系。本书在分析借鉴国外成熟的政策评价标准和指标的基础上，结合中国惠农政策的特点和实践，确定我国惠农政策的评价标准和指标体系。在研究过程中，构建了评价惠农政策的三类指标：一是个人评价指标，主要包括惠及率、受益率、满意率、认可率、知晓率、政策落实率等；二是效应指标，主要包括经济效应、社会效应、政治效应等；三是过程指标，主要包括资金到位率、政策反馈率、政策回访率和政策需求率等，通过这些指标建立了一套惠农政策的绩效评估体系。

　　惠农政策作为一项综合项目，其实施过程涉及不同的利益主体，不同主体对惠农政策的评价有所差异，而惠农政策对不同利益主体也会产生不同的效应。本书一方面从政府和村庄层面，分别从县、乡、村这三个维度对惠农政策进行了分析；另一方面，从农民内部的不同群体层面，分别从年龄、收入、教育程度、职业等维度对惠农政策加以研究，由此从不同利益主体的视角对惠农政策进行了细致深入的研究。

惠农政策作为一项系统工程，其成效是政策实施的结果，但政策结果与政策过程的各个环节都紧密相关。本书以惠农政策的执行过程为线索，从政策决策与制定、执行与落实、监控与反馈等环节来考察惠农政策实施成效与政策过程之间的因果关系，即从政策的各个环节考察政策实施成效，并根据对政策各个环节的评价结果提出具体的政策意见。

此外，本书不仅从静态层面上对惠农政策的实施情况及其成效进行了分析和研究，也从动态角度对惠农政策的发展趋势进行了分析和预测。通过对惠农政策与不同地区、不同阶层、不同人群进行交叉分析，探讨不同地区、不同阶层、不同群体与惠农政策成效之间的关系，以此来评估国家惠农政策的成效，同时了解不同变量组合下农民对政策需求程度、需求内容以及享受惠农政策的程度、受益程度、满足程度和肯定程度等，在此过程中，本书引入时间变量，通过利用连续四年的跟踪调查，发现惠农政策成效的基本走向，并预测其未来的发展趋势。通过趋势分析和预测，发现出规律性的现象和趋势性的问题，以此来预测今后一段时间国家惠农政策安排的基本路径或者方向。

通过综合系统的分析，本书认为21世纪以来国家实施的惠农政策总体比较成功，成效比较显著，对"三农"的发展有着积极的作用，但是惠农政策过程、惠农政策安排也存在诸多问题，维持惠农政策的可持续绩效面临着挑战，一些政策开始出现了边际效应递减的问题。书中根据惠农政策的评价结果，运用制度供给和需求分析框架对国家惠农政策存在的问题进行分析，在此基础上，采取从小到大、从具体到一般、从微观到宏观的方式提出改革和完善惠农政策的基本建议，认为只有改革政策的程序、理念，对现有存量政策进行调整，同时按照科学、参与、民主的原则整体规划转型期的惠农政策，才能确保惠农政策的持续性。

Abstract

Since the new century, especially after 2004, in order to solve the problems of "*sannong*", the state has adopted a series of benefiting-farmer policies to promote agricultural production, increase farmers´ income and enhance rural development. With the implementation of the policies, issues like policies' implementation, effects, directions and police improvement gain more and more attentions. Up till now, lots of achievements have been obtained in benefiting-farmer polices research. But some problems exist in these researches: more researchs on specific policies rather than comprehensive studies; more normative researches rather than empirical investigation. These problems make it difficult to objectively, scientifically and systematically evaluate the performance of benefiting-farmer policies. This book adopted theoretical and empirical approaches by using the data collected from 2009 – 2012 by Institute for China Rural Studies, Central China Normal University. By using the first-hand data , this book systematically evaluates the benefiting-farmer polices in the new centrury.

Scientific evaluation needs to identify systematic indicators and establish comprehensive evaluation system. This book builds the benefiting-farmer policy evaluation indicator system by adapting the foreign sophisticated indicater system to the China's benefiting-farmer policies's charateristics and practice. Three types of indicaters have been used. The first are individual evaluation indicators, including coverage rate, benefit rate, satisfaction rate, recognition rate, awareness rate, policy execution rate; the second are effect indicators, including economic effects, social effects , political effects and so on; the third are process indicators, including fund appropriative rate, policy feedback rate, policy demand rate.

As an integrated project, the benefiting-farmer policies' implementation involves different stakeholders, and their evaluations on the polices are different while the policies have different effects on these them. On one hand, this book analyzes the polices at different levels, including county, town and village levels. On the other hand, it analyzes the effects of the polices from perspentives of different subgroups within farmers in terms of their age, income, education level and occupation.

As a systematic project, benefiting-farmer policies' effects are the outcomes of the policy implementation, and the outcomes have close relations with every links of the implementation process. This book pays attention the policy implementation process and analyzes the causal relations between implementation effects and the process from the links of decision-making, implementation, mornitoring to feedback. It analyzes the effects of every links and put forward police suggestions to them.

This book not only statically analyzes the implementation and effects of the polices, but also analyzes and projects the trend of the polices from a dynamic piontview. It cross analyzes the polices with the regions, status, subgroups to evaluate the effects of the benefiting-farmers policies. At the same time, it also investigates the extent of farmers' needs, contents of needs, benefiting extent, satifisfaction extent. In the analysis, the book introduces time variable by using four years' tracking investigation data to understand the trend of the benefiting-farmers polices and project their development. It helps to find regular patterns and tendencies to project the furture approache and directions of the policies.

From our comprehensive analysis, this book argues that the benefiting-farmer polices in the new century is successful in general and has significant effects on the "*sanong*". However, there are several problems in the implementation process and polices arrangement. The sustainability of the policy is facing challenges while some policies' marginal returns are decreasing. Based on the evaluation results, the book adopts institution supply and demand analysis framework to find the problems in the benenfiting-farmer polices. The book puts forwards suggestions to improve the polices from micro to macro, from concrete to general perspective. In order to ensure the polices' sustainability, we suggest to reform the implementation procedures and ideas of existing policies, systematically program benefiting-famrer policies in transition period under the scientific, participatory and democratic principles.

目 ■ 录

Contents

1

Contents

Part Ⅱ

Typological Analysis 39

Part Ⅲ

Effects Analysis 139

Contents

第一编

理论背景与指标
建构

第一章

惠农政策研究界定与选择

21 世纪以来，我国出台了不少惠农政策，特别是十七届三中全会以来，惠农政策出台的速度之快、频率之高、数量之多更是令人眼花缭乱、目不暇接。但是这些惠农政策的成效如何、效率怎样、走向何方、怎么调整、优化和完善等问题颇受关注。这就要求对国家惠农政策的成效进行评估，为完善国家惠农政策提供决策依据，为提高惠农政策的效率、效益、效果提供参谋依据，从而推进惠农政策的供给和需求的均衡。本书拟系统的评价国家惠农政策的成效，并提出改进、完善的意见和建议。

一、惠农政策的界定

要研究惠农政策首先要对惠农政策进行定义，确定惠农政策的标准和范围。可是尽管目前关于惠农政策的研究有很多，也产生了诸多成果，但对于什么是惠农政策却没有一个确切的定义，惠农政策的内涵也没有明确的界定。

在众多文献中，对惠农政策有清晰定义的研究很少。邓谨、张金梅认为惠农政策是中国特色称谓，作为公共政策，是指党和政府为了鼓励和发展农业生产、农村建设和农民增收及生活质量提高而制定的若干扶持和倾斜政策，包括各种制度、项目和措施[①]。王鹏将惠农政策总结为国家出台的面向农民、农业、农村的

---

① 邓谨、张金梅：《惠农政策执行绩效研究综述》，载于《中国农学通报》2011 年第 14 期。

财政、税费以及各种公共产品分配等一系列使农民直接获益的政策[1]。邵青把国家的农业支持和保护政策通称为惠农政策[2]。沈小平将惠农政策定义为有利于加强农业和农村工作、促进农民增收的政策[3]。人民银行成都分行片区课题组将国家为增加农村居民收入，扩大农村消费，促进我国经济增长战略转型而实施了一系列惠农政策全部归类为惠农政策[4]。农业部的中国农业信息网将 21 世纪以来中央"一号文件"和十七届三中全会决定所规定的内容都称之为惠农政策。这些研究均是从广义上和整体上来定义惠农政策，但并未对惠农政策的内涵有清晰的界定。

从已有的研究来看，惠农政策的定义并没有一个统一的标准，但一般包含两层内涵。横向而言，惠农政策囊括了中央在"三农"问题各方面所制定的政策措施，它是一个系统性的概念；纵向而言，一般指 2004 年中央连续出台的"一号文件"和其他政策性文件中关于"三农"问题的政策措施，它是一个变化的概念，不同时间有不同的内涵和内容。

惠农政策的定义要厘清几个关键的词：

"农"，惠农政策的农应该是"三农"，即农业、农民、农村，凡是涉及有利于"三农"的公共政策都应该属于惠农政策。但是这里就有一个问题，有些政策不是专门针对"三农"出台，但是其中有些条款是惠及农业、农民和农村的。这部分政策按其条款，照说也是惠农政策，但是在本研究中无法单独考核，因此在此不作为评估对象。

"惠"，惠农政策就是给"三农"好处，使"三农"得利。这有两个问题要处理，所得好处是直接的还是间接的、是物质的还是以货币来衡量。我们认为，惠农政策的"惠"应该是"三农"直接得到的好处，至于这个好处是物质的、货币的或者能力方面的都应该可以。所以，惠农政策应该是能够提高或者改善"三农"的条件、环境，使农民直接获得利益的政策。

"时间"，如果按照上述标准，很多政策都可以划归惠农政策，改革开放以来国家不断地调整与农民的关系，不断地增加对"三农"的支出，惠农政策也将出台很多。在此，我们觉得惠农政策有一个比较大的"拐点"，即国家与农民之间从"取"转"予"之间的转换点，可以作为确定惠农政策时间的分界点。

① 王鹏：《和谐与渐进发展：我国惠农政策地区差异化的路径选择》，载于《未来与发展》2009 年第 3 期。

② 邵青：《我国惠农政策的框架体系及政策执行影响因素分析》，载于《甘肃理论学刊》2012 年第 2 期。

③ 沈小平：《防止惠农政策"悬空"》，载于《求是》2004 年第 11 期。

④ 人民银行成都分行片区课题组：《四川八市州惠农政策的消费效应研究》，载于《西南金融》2010 年第 1 期。

这样我们就能够将惠农政策的时间确定为 21 世纪，主要的政策转换点可以定为 2002 年，因为这一年以后国家与农民之间的关系开始得到实质性的调整。

"层级"，惠农政策以国家为主体，但是不同的地方也会出台惠农政策。从惠农政策的内涵来说，只要是政府出台的有利于"三农"的政策，都属于惠农政策，但是地方惠农政策变化多，差异大，且具有地方性，我们承认地方性政策为惠农政策，但是在本书中，我们只研究中央政府出台的惠农政策。

"政策"，政策究竟包括哪些？其实，对于中国来说，政策可能比国外更复杂，既包括有正式的法律，也包括有部门法规，更多的是每年各类文件、精神，如经济工作会议、农村工作会议的精神等，还有领导人的讲话。在此我们觉得，只要以中央或者地方政府正式的文件出台的、制度化的、规范化的措施、办法、规则等都属于惠农政策。在本书中只研究国家层面的措施、办法、规则等。

综合上面的分析，惠农政策是指 21 世纪以来，以各级政府名义正式颁布的，能够给农业、农村和农民带来直接好处的各类措施、办法、规则等。本书主要以国家层面的主要惠农政策为研究对象。

二、惠农政策的分类

根据上述定义，惠农政策的数量非常多，这就给评估、研究惠农政策增加了难度，因此要对惠农政策进行分类。对惠农政策分类进行研究的学者不太多，邵青曾经在对现有惠农政策梳理的基础上，从农业经济发展、农民生活保障、农村公共服务、农村基础设施、农村组织建设五个维度，形成我国惠农政策的框架体系[1]。张莉莉曾经将惠农政策分为税改性惠农政策、补贴性惠农政策和保障性惠农政策[2]。邓大才曾经将惠农政策分为四类：一是解决民生问题的利民政策；二是拉动内需增长的经济政策；三是促进农业发展的产业政策；四是解决农村问题的社会政策[3]。根据这些研究以及本书的研究目标，我们以功能作为分类的标准，将惠农政策分成五大类：

产业性惠农政策，产业性的惠农政策是指针对农业而出台的惠农政策，如粮食补贴政策、农地整理政策、农机购置补贴政策。这类惠农政策主要是针对农业生产，以提高农业生产能力、改善农业生产条件、激励农民从事农业生产的政策。长期以来中国惠农政策主要是产业性质的，主要是从生产的角度进行激励、

---

[1] 邵青：《我国惠农政策的框架体系及政策执行影响因素分析》，载于《甘肃理论学刊》2012 年第 2 期。

[2] 张莉莉：《农民视角下的惠农政策分类探析》，载于《内蒙古农业大学学报》2011 年第 4 期。

[3] 邓大才：《国家惠农政策应考虑转型和结构调整》，载于《农民日报》2010 年 6 月 9 日。

支持和帮助。产业性的惠农政策针对农业生产的产品、生产资料、生产条件进行支持。

生活性惠农政策，主要指改善农民生活的惠农政策，如家电下乡政策、农村危房改造政策、垃圾及污染处理政策。这类政策主要在于从生活方面帮助农民，或者能够实施惠农政策，改善农民的生活。生活性的惠农政策大多属于民生性质的，当然并非所有的民生性惠农政策都属于生活性的，也有相当大一部分属于保障性惠农政策。

保障性惠农政策，保障性惠农政策在西方是指社会政策，如养老、生育、医疗、低保等。保障性惠农政策与社会政策有相似之处，不同的是中国是针对农民的社会政策，主要是调整、解决社会问题的政策，包括新型农村养老保障、新型农村合作医疗、低保政策、危房改造政策、"二减一免"政策等。

基础设施性惠农政策，基础性的惠农政策主要是指对于农业、农村的发展具有基础性作用的公共设施，主要包括路网、电网、水网、通讯网、公交网、有线电视等。基础设施惠农政策能够给农民带来持久的好处，因此单独将其归为一类政策。

综合性惠农政策，这类政策其实主要就是新农村建设政策，但是上述四类政策中很多都属于新农村建设惠农政策，但是并没有完全包括进来，所以在此将新农村建设中尚未包括进上述四类的政策合并为综合性惠农政策。

在本书研究中，大部分的章节采取的是前四种分类方式进行评估，但是也有少部分章节采取的是第五种分类方式。

三、惠农政策的产生与发展

惠农政策的出台并非都是线性的，也并非完全是与经济发展同步推进的，其实即使是21世纪以来，惠农政策的实施也可以分为不同的阶段。对于惠农政策的产生和发展，大部分学者从长时段来研究，即以1949年为起点，比较有代表性的是郑有贵，他将"三农"政策的实施和发展分为四个阶段[①]。对于21世纪以来的惠农政策，只有少数学者进行阶段性研究，邵青以2000年为起点，2003年和2006年为重要的年份，将21世纪以来的惠农政策发展分为三个阶段，即2000～2003年、2004～2006年，2006年以后[②]。还有一些学者将2002年和2005

① 郑有贵：《新中国"三农"政策的四次重大选择》，载于《中国经济史研究》2009年第3期。
② 邵青：《我国惠农政策的框架体系及政策执行影响因素分析》，载于《甘肃理论学刊》2012年第3期。

年视为惠农政策实施的关键性年份。基本可以达成共识的是学者们均将 2002 年和 2003 年、2005 年和 2006 年作为两个重要的转折点。本书则将 21 世纪以来的惠农政策分为三个阶段：

第一阶段，2002～2004 年，减负型惠农政策。20 世纪 80 年代以来，中央政府就不断调整国家与农民、城市与乡村、农业与工业之间的关系，基本的手段就是减负，但是农民的负担是越减越多，越减越重。21 世纪开始思考如何从战略上，从根本上扭转以上不利于"三农"的三对关系。从 2001 年开始，国家开始实施减负性的惠农政策，主要是减少农民的税费负担，总体概括为"一改革、两调整、三取消"：改革村提留征收使用办法；调整农业税和农业特产税政策；取消过去长期执行的乡镇统筹、农村教育集资等专门面向农民征收的行政事业性收费和政府性基金、集资；取消屠宰税；取消统一规定的劳动积累工和义务工。2004 年的"中央一号"文件《关于促进农民增加收入若干政策的意见》仍然是以减负来增收，同时要求全面对农民实施直接补贴的政策。可以说从 2002～2004 年惠农政策从小减到大减最后到取消，经过了四年的历程。

第二阶段，2005～2007 年，发展型惠农政策。2005 年是惠农政策自 1949 年以来一个重大的转折点，国家从根本上调整了国家与农民的关系——从"取"到"予"。所以，本书将这一年份视为惠农政策的转折点。2005～2007 年惠农政策调整为促进农村、农业的发展，从连续三年的"中央一号"文件的名称，《关于进一步加强农村工作提高农业综合生产能力若干政策的意见》、《关于推进社会主义新农村建设的若干意见》、《关于积极发展现代农业扎实推进社会主义新农村建设的若干意见》，就可以窥见其目标。这一阶段有一个共同的特点，就是惠农政策从减负转到促进农业、农村发展上面来。

第三阶段，2008～2013 年，多元化惠农政策。2007 年年底全球金融危机，改变了惠农政策正常发展过程，为了刺激内需、拯救经济，国家实施了大规模的投资，其中就有惠农政策。这时的惠农政策，既有刺激经济的投资政策，如家电下乡政策、汽车下乡政策等，同时也有基础性、战略性的惠农政策，如农田水利建设、科技发展政策等。2008～2012 年"中央一号文件"为《关于切实加强农业基础建设　进一步促进农业发展农民增收的若干意见》、《关于促进农业稳定发展农民持续增收的若干意见》、《关于加大统筹城乡发展力度　进一步夯实农业农村发展基础的若干意见》、《关于加快水利改革发展的决定》、《关于加快推进农业科技创新持续增强农产品供给保障能力的若干意见》，从中可以看到"稳定"、"基础"、"水利"、"科技"等是这些文件的关键词。可以说，惠农政策转入多元目标阶段，但是基础性和战略性却成了这一阶段的主要关键词。2013 年的"中央一号"文件《关于加快发展现代农业进一步增强农村发展活力若干意见》，虽然沿袭了前五个惠农政策的特点，但是也开始出现了新的特点，即通过发展现代农业以增强农村发展活力。这一年是否为惠农政策的转折点，可以根据以后年份政策调整来考察。

惠农政策的发展阶段的划分可以为政策评估提供一个背景性的材料和目标性的依据，本书将以上述三个阶段来考察惠农政策的实施绩效。

四、研究存在问题及本书的选择

随着惠农政策的推进，惠农政策的研究也成了热门学问，研究成果可谓汗牛充栋。但是我们觉得惠农政策研究存在若干问题：

具体政策研究比较多，整体性政策研究比较少。2001 年开始出台惠农政策以来，学者们对惠农政策的研究就比较多，但是绝大多数的研究是以具体的惠农政策为研究对象，如减负政策、粮补政策、家电下乡政策、医保政策等，而对于整体性的惠农政策研究并不多，特别是将惠农政策纳入历史背景和国家宏观层面的研究并不多。再者惠农政策的实施超过了十年，亟须对惠农政策进行整体的评估和调整。

规范性研究比较多，以事实说话的研究比较少。惠农政策属于公共政策，公共政策研究更多的应该是用数据说话，但是我国的惠农政策研究很少有用数据来考察政策的执行成效、政策作用成效，大多数研究都是一种规范性研究，以事实为一些"引子"而进行述评性的政策分析，这种述评性的政策分析如果没有事实依据，很容易滑入价值的评判，即按照自己的价值来评论惠农政策。鉴于此，本书将避免规范评论和分析，而是通过多年的调查来对惠农政策进行科学的评估。

一般性政策分析比较多，政策绩效评估比较少。对于惠农政策的研究，一般性的政策分析比较多，特别是对政策执行、落实和反馈研究比较多，但是对于政策绩效的评估研究比较少，所以惠农政策的研究缺少对绩效的全面评估，缺少数据支撑。因此，需要更多以调查数据、深度访谈为基础的绩效研究。

鉴于此，本书将采取全国性的问卷调查及深度访谈来对 21 世纪以来的惠农政策进行全面的评估，提出惠农政策调整的建议。

五、研究目标、对象和结构

(一) 研究目标

本项目主要目标是对近十年来的惠农政策成效进行评估，并对惠农政策的完善、走向提出建议，围绕着这一核心目标安排研究结构和选择研究方法。根据总体的研究框架，本项目要实现三大目标：现实目标、应用目标和理论目标。三个目标环环相扣、依次递进。

1. 现实目标：弄清楚惠农政策的成效

2003～2010 年国家推出不少惠农政策，从媒体的评价和有关学者的个案研究来看，惠农政策取得了一定的成效，但是究竟成效有多大，有多少人受惠，有多少政策受农民欢迎，欢迎程度如何，很少有学者用科学的、专业的方法进行系统的回答。国家需要通过回答这些问题了解政策的成效，以便调整和优化惠农政策，也需要根据相应的评价决定惠农政策下一步的走向。因此，从现实的角度来看，弄清楚政策成效乃当务之急。鉴于此，本书的现实目标就是对 2003～2012 年国家惠农政策的成效进行总体的、系统的、科学的、客观和中立的评估，弄清楚惠农政策是否惠农，农民受益程度多大，国家政策设计目标实现程度有多大，惠农政策带来一些什么附带效应，从而为国家和有关部门调整和优化惠农政策提供依据，为国家规划和制定未来的惠农政策打下基础。

2. 应用目标：提出完善惠农政策的建议

如果说惠农政策的评价是将一本"糊涂账"查清楚，是现实目标；那么惠农政策的改进和完善则是应用目标，即将惠农政策的评价结果用来分析和调整该政策，将查清楚的"糊涂账"进行处理和改进。我们将根据惠农政策的过程评价和分类评价提出改进和完善措施。本书将分别从三个方面来实现应用目标：一是惠农政策的改进措施，本书将从惠农政策过程分析提出改进和完善的建议。二是惠农政策结构的优化措施，本书将根据惠农政策的历史描述、惠农政策的分析研究，提出惠农政策改进、调整、转型和完善的基本措施。三是惠农政策潜力和发展预测，主要研究如下问题：现有的惠农政策有多大的潜力，有多少政策已经到政策尾期，有多少政策需要延续，还有多少政策需要转型，国家惠农政策未来的走势如何。如果说现实目标是弄清楚惠农政策做了些什么事，做得如何，应用目标则是提供如何调整和改进的方案。

3. 理论目标：对评价和完善研究进行基本总结

本书不仅有惠农政策评估的现实目标，还有改进完善惠农政策的应用目标，更有归纳、总结、概括提炼、安排、评估、完善惠农政策的一般规律、方式的理论目标，即本书也有一定理论抱负。对于理论目标，本书拟从三个方面进行归纳、概括、总结：一是建构立足于中国本土实践的国家惠农政策评价的一般方式、方法；二是概括国家惠农政策安排的基本逻辑，即国家按照什么样逻辑出台惠农政策；三是归纳国家惠农政策调整和优化的机制，建构惠农政策的基本分析框架。本书拟通过对三个方面的概括和总结，建立具有中国特色、符合中国实践

9

的国家惠农政策的评价方式和方法，总结国家安排政策的逻辑和规律，归纳调整优化国家惠农政策的机制和供需均衡机制，建构国家惠农政策评价和完善的基本分析框架。

（二）研究对象

21世纪以来的惠农政策很多，要对其进行一个整体的评估实在非常困难，不可能对所有的政策进行评估，既使是分类也无法代表整体、全局。因此，选择主要的、能够代表整体的惠农政策是本书最重要的任务。本书按照如下标准选择研究对象：

影响最大。首先选择的标准是影响最大的惠农政策，因为这类政策关注的人多，各利益相关主体都比较关注，很多主体也非常在乎，甚至关系到21世纪国家与社会关系的调整的成败，具有划时代的影响或者说此类政策是国家与社会关系的转折点。影响最大的政策如税费减免政策、粮食直补政策、新型农村养老保险、新型农村合作医疗等。

受惠人多。惠农政策的主要目标是惠农，因此农民是否得到好处或者说得到好处的农民数量也是一个重要的选择指标。因此，受惠人数的多少也是本书选择评估惠农政策的一个重要标准。根据受惠人数来看，税费减免政策、粮食直补政策、新型农村养老保险、新型农村合作医疗等政策被选为本书的研究对象。

受惠最久。还有些惠农政策产生的惠农效应能够持续很久，这类惠农政策投入大、长期效益高，很受农民的欢迎。我们也将这类政策作为评估的对象。主要有路网、电网、水网、通讯网、有线电视网和公共交通网等。

受惠最多。有些政策虽然受益面不广，但是受益者受益额度大，这类政策也应该进行评估，如农机购置政策，大型的农机具补贴上万元。新农村建设中的住房建设补贴等政策也给农民带来较大的受益额度。本书也将这类政策纳入评估范围。

低限保障。有些惠农政策是解决最弱势群体的政策，如最低生活保障政策、危房改造政策，虽然此类政策涉及的人数不多，但是它解决最弱势群体的生存、住房问题。我们也将此类政策纳入考评范围。

按照上述标准，本书按照五大分类方式，每类政策选择二、三项惠农政策进行评估，以此来反映国家惠农政策的绩效。

（三）研究结构

本书从六个方面对惠农政策的成效进行分析：

第一编，理论背景与指标建构。这篇主要是进行一些理论梳理和指标建构。

第一章为导论，主要考察惠农政策的定义、分类，惠农政策的产生与发展，特别是惠农政策经过的发展阶段。第二章主要是对惠农政策评估的文献，包括评估的方式、方法、工具进行梳理，在这个基础上考察我国学术界对惠农政策评估现状和问题，并在此基础上建构惠农政策评估方法，主要包括三个部分：个人评价指标、效应评价指标和过程评价指标。

第二编，惠农政策成效的类型学研究。这篇主要从三个维度分析惠农政策的成效，一是惠农政策类别分析，即对不同的惠农政策及其成效进行分析，这里采取的四分类方法，即生产类、生活类、产业类、社会保障类。二是惠农政策的群体分析，即从年龄、学历、职业、收入等不同的群体来考察惠农政策的影响。三是惠农政策的地域分析，即从不同的地域来考察惠农政策的成效及影响。

第三编，惠农政策的效应分析。惠农政策的效应分析主要是着重于惠农政策所带来的直接或者间接效果，主要包括三个方面：一是惠农政策的经济效应，分析惠农政策对经济方面所带来的影响。二是惠农政策的社会效应，考察惠农政策对社会关系、社会结构、社会组织、社会保障等方面的影响。三是惠农政策的政治效应，评估惠农政策对政治结构、政治关系、政治观念等方面的影响。

第四编，惠农政策的过程评估。公共政策过程包括制订、执行、反馈三个主要的过程，本书也按照三个过程进行评估：一是惠农政策的决策过程评估，因为无法调查高层决策过程，因此从基层视角来反观决策过程的科学性。二是惠农政策的执行过程评估，将评估惠农政策为地方政府执行的程度，包括资金到位率、配套率及时宣传、布置等工作。三是惠农政策的反馈过程，主要考察惠农政策相关主体将惠农政策存在的问题反馈给执行、决策层的渠道、途径及问题解决率、采纳率等。

第五编，惠农政策的主体评价。前面都是通过对惠农政策涉及对象的研究而评估惠农政策，这一篇将从执行惠农政策的若干主体来从执行、落实层面评估惠农政策：一是县级主管领导评价惠农政策；二是乡镇干部评价惠农政策；三是村干部评价惠农政策。通过三个执行、落实层面干部的评价来评估惠农政策的成效。

第六编，具体的惠农政策的评估。惠农政策类别多、数量多，只进行类型的分析，能够从面上了解惠农政策的情况，但是主要的惠农政策还需要进行具体的评估，为此在第六编本书将对主要的惠农政策进行评估，主要对新型农村养老保险（简称新农保）、新型农村合作医疗（简称新农合）、粮食直接补贴政策、农机购置补贴政策、新农村建设或者说新型农村社区建设政策、农村小额信贷政策、农村低保政策、家电下乡政策及农村基础设施建设政策等。本书通过这些对农村影响比较大、涉及对象比较多的惠农政策进行具体评估，以与综合类别分析相互佐证，共同对 21 世纪的国家惠农政策进行科学的评估。

六、数据和资料来源

本书研究的数据来源于华中师范大学中国农村研究院 2009～2012 年寒假、暑假的调查。调查主要是：一是寒假约 200 个村庄，5 000 户；二是暑假约 300 个村庄，约 3 500 户，暑假的调查是跟踪调查；三是 100 名乡镇干部访谈；四是 50 名县级干部的访谈。本书的研究以这四次调查的数据和深度访谈为依据。

第二章

惠农政策评价方法与指标建构

在国外对公共政策的评估已经有了非常成熟的方法、模型和理论，但是中国对公共政策的评估则刚刚开始，大多是将国外的方法拿来直接套用。公共政策的评估有基本规律、要求和程序，理应借鉴，但是公共政策有自己的背景、要求、目标，因此，应该在借鉴的同时，将这些背景、要求、目标考虑进去，建立适合中国的公共政策评价体系和评价指标。惠农政策是"中国式概念"的公共政策，而且它承载的政策目标、要求都与一般的公共政策不同，因此有必要建立惠农政策的评价体系和指标体系。

一、惠农政策绩效评价的文献梳理

国外已经有非常成熟的惠农政策绩效评价方法，大体上有评价标准、评价方式、评价方法、评价模型、评价工具等。本书将从绩效评估的定义、目的、手段、标准、方法、模型来全面检视国外成熟的评估理论。

（一）公共政策评估的文献梳理

1. 什么是政策评估

要进行绩效评估，首先要明白其定义。绩效评价又称为绩效评估或者成效评估。托马斯·R·戴伊认为，"政策评估就是要了解公共政策的结果。"[①] 也有人认为政策评估与预期目标结合起来，就是评价实现共同目标的总体效果，或考察预期目标实现的程度、效果，但是托马斯·R·戴伊教授关注评估的结果与影响，他认为，政策评估很难清楚预期目标是什么，所以评估应该关注公共政策的所有结果，或者说"政策的影响"。

詹姆斯·E·安德森认为，政策评估就是"对一项政策的估算、估价或评价——包含对其内容、执行情况、目标以及其他影响的评价。"[②] 詹姆斯·E·安德森既关注事后的结果、影响，还关注执行过程中的影响，其范围要广泛得多。

总体来说，国外对政策评估的定义主要有三个方面：一是关注预期目标，考察其实现程度；二是关注其结果，这个结果不仅仅是直接的经济结果，包括政治、经济、社会等各方面的影响；三是不仅关注结果，还关注过程。

2. 政策评估的发展

埃项·G·古贝、伊冯娜·S·林肯等将公共政策评估分为四代，第一代评估方法是测量，第二代评估方法是描述，第三代评估方法是判断，第四代评估方法是响应式建构主义方法。前三代评估方法主要是实证，第四代评估方法则更多的考虑利益相关者，同时也考虑评估者的主观性[③]。也就是说，第四代政策评估不仅是自上而下的，还要考察自下而上的相关利益者，还要将评估者的价值考虑进来，这样才会全面客观地进行政策评价。

3. 政策评估的标准

威廉·N·邓恩认为，政策评估首先要了解评价标准，即政策效果、效率、充足性、公平性、回应性、适宜性。所谓政策效果就是结果是否有价值；效率就是为得到这个价值付出了多大的代价；充足性是指这个价值结果的完成在多大程度上解决了目标问题；公平性是指成本和效益在不同集团之间是否等量分配；回应性就是政策运行结果是否符合特定集团的需要、偏好或价值观念；适应性就是所需结果是否真正有价值或者值得去做[④]。

国内学者则在借鉴的基础上将评价标准适当增加，包括投入量、绩效、效

① ［美］托马斯·R·戴伊著、谢明译：《理解公共政策》，中国人民大学出版社 2011 年版，第 256 页。

② ［美］詹姆斯·E·安德森著、谢明等译：《公共政策制定》，中国人民大学出版社 2009 年版，第 295 页。

③ ［美］埃项·G·古贝、［美］伊冯娜·S·林肯著、秦霖等译：《第四代评估》，中国人民大学出版社 2008 年版，第 2～20 页。

④ ［美］威廉·N·邓恩著、谢明等译：《公共政策分析导论》，中国人民大学出版社 2002 年版，第 437 页。

率、充足性、公平性、合理性、执行力和社会发展总指标①。这是综合了所有各种观点后的一种综合性的评估标准。

4. 政策评估的方法

威廉·N·邓恩将政策评估的方式分为三种：一是伪评价，采用描述方法来获取关于政策运行结果方面可靠而有效的信息。二是正式评价，上述运行结果已经被正式宣布为政策计划目标。三是决策理论评价，这些运行结果已经被多个"利益相关者"明确地估价过②。他在此基础上进一步探讨了每一种方法的评价技巧和工具。

5. 政策评估的模式

西方政策评估有各种各样的模式，陈振明综合起来将政策评估模式分为八类：目标达成模式、附带效果模式、无目标模式、综合模式、顾客导向模式、利益相关者模式、经济模式和职业化模式③。

从上述分析可以看出，国外的政策评估：一是都是以某一项政策为对象的评估；二是并没有专门针对"三农"的政策评估；三是评估方法以实证调查为主，但是主观性的判断、分析也存在；四是评估并没有统一的标准，各种方法的评估结果会有一定的差异；五是西方公共政策制定、实施、评估有一套完整的程序，研究对象比较清晰。

（二）惠农政策评估方法梳理

惠农政策在我国已经实施多年，但如何对其进行评价，如何衡量政策的实施成效，则涉及政策的评估方法问题。纵观学者们已有的研究，其政策评价方法大多属于以下几类：

1. 经济绩效评估法

绩效评估，简而言之，就是通过对制度实施的绩效进行考察来实现评估的方法。目前，学界一些学者已经利用一些高级统计分析工具，对惠农政策的急需进行了评估研究。如何晖、邓大松教授等就曾利用对中国 2007～2008 年农村低保制度运行绩效进行评估④。程令国、张晔使用中国老年健康影响因素跟踪调查（CLHLS）的 2005 年和 2008 年两期数据，采用固定效应模型和倾向分值基础上

---

① 陈季修：《公共政策学导引与案例》，中国人民大学出版社 2011 年版，第 172 页。

② ［美］威廉·N·邓恩著、谢明等译：《公共政策分析导论》，中国人民大学出版社 2002 年版，第 438 页。

③ 陈振明：《公共政策分析》，中国人民大学出版社 2003 年版，第 275～282 页。

④ 何晖、邓大松：《中国农村最低生活保障制度运行绩效评价——基于中国 31 个省区的 AHP 法研究》，载于《中国人民大学学报》2010 年第 11 期。

的差分内差分方法对新农合的经济绩效进行了考察[①]。丁锦希、李晓婷、顾海等人也做了类似的研究[②]。田珍等人利用 2010 年《江苏省农村统计年鉴》农民收入与消费的相关数据，对家电下乡政策对扩大内需的乘数效应进行了估算[③]。林政教授等则考察了新型农村合作医疗制度对农业经济增长的贡献情况[④]。周建群等人对国家"三农"投入与农民收入增加、现代农业建设和农村经济发展之间的关系进行了较为深入的分析[⑤]。总体来看，目前学界对惠农政策绩效的评估主要集中在经济绩效的研究上，而对其政治效益等非经济绩效的关注相对较少。另外，在对具体绩效进行分析时，也往往是仅对某一单独绩效的评估，如政策对农民收入、消费影响的考察，而缺乏系统性的研究。

2. 过程评估法

过程评估，主要是指对政策制定、执行、调整、监督、反馈等过程进行考察来实现对政策的评估。如冯久先、晏萍根据四川省农村社会经济调查队在全省二十个县（市、区）开展的惠农政策效应专项调查，认为惠农政策在四川省宣传落实相对较好[⑥]。谢来位认为惠农政策"自上而下"执行这种运行机制的不完善加剧了惠农政策的结构性损耗，降低了其执行效率，也损害了其社会经济效益[⑦]。陈伟明基于江西宜春市在全市开展的一次强农惠农政策落实监督检查中的调查发现，惠农政策补贴资金的贪污侵占、截留挪用、滞留财政等情况比较严重，惠农政策监督几乎为真空[⑧]。杜智民等认为农村公共政策实施中存在着缺乏长效机制，政策实施和制度初衷相违背的情况，并以"家电下乡"为例，提出了农村公共政策有效发挥作用的实现机制[⑨]。王文娟也以家电下乡为研究对象，评估了家电下乡这一目标的实现情况[⑩]。李海金、汤玉权等人对农村最低生活保

---

① 程令国、张晔：《"新农合"：经济绩效还是健康绩效?》，载于《经济研究》2012 年第 1 期。

② 丁锦希、李晓婷、顾海：《新型农村合作医疗制度对农户医疗负担的影响——基于江苏、安徽、陕西的调研数据》，载于《农业经济问题》2012 年第 11 期。

③ 田珍：《家电下乡政策的乘数效应研究——基于江苏的实证分析》，载于《价格理论与实践》2012 年第 3 期。

④ 林政：《新型农村合作医疗制度对经济增长的贡献效应探析——以广东"新农合"的推行为例》，载于《当代经济研究》2011 年第 12 期。

⑤ 周建群：《强农惠农政策效应实证研究》，载于《东南学术》2012 年第 6 期。

⑥ 冯久先、晏萍：《惠农政策使你心态发生了积极变化——四川惠农政策效益调查分析》，载于《调研世界》2005 年第 7 期。

⑦ 谢来位：《惠农政策"自上而下"执行的问题及对策研究》，载于《经济体制改革》2010 年第 2 期。

⑧ 陈伟明：《加强监督检查，切实落实强农惠农政策》，载于《农村经营管理》2009 年第 4 期。

⑨ 杜智民：《从家电下乡看我国农村公共政策的优化路径》，载于《西安交通大学学报（社会科学版）》2010 年第 1 期。

⑩ 王文娟：《家电下乡政策的效率与公平性分析——基于支农惠农目标的评估》，载于《中国软科学》2011 年第 12 期。

障制度的政策动因、政策目标定位、政策衔接、财政支持结构进行了分析，并以此为基础探讨了惠农和社会保障政策的基本经验与逻辑。从上述研究的分析来看，目前对于惠农政策过程的评估主要还是集中于执行环节的评估，而对政策制定、反馈等的研究则相对较少。同时在对执行环节的评估中，主要还是从农民的角度来考察政策的落实，而从执行者的角度来研究则缺乏大样本的数据作为支撑。另外，当前的政策过程研究，也主要是政策问题的探讨，而对惠农政策执行的中国经验、地方经验总结则相对较少。

3. 对比评估法

对比评估是指不同类别、不同数据组之间的比较，以此了解政策的实施绩效与问题。从学界的已有研究来看，目前学界对惠农政策的比较主要包括不同政策绩效的比较、不同主体的比较以及不同区域的比较。如王晓芳、王军锋对甘肃省不同惠农政策的落实情况和落实效果进行了对比研究[①]。傅贤治、侯明利则对我国现行粮食补贴政策中的直接收入补贴、生产性专项补贴以及其他专项补贴等进行了对比研究[②]。而中央党校"欠发达地区社会主义新农村建设"课题组则对粮食政策、农田水利政策、农业科技推广政策、农村新型合作医疗政策和农村最低生活保障政策等分别进行了考察[③]。从区域对比来看，熊剑平利用 DEA 分析方法对江西省 11 个设区市惠农政策的实施情况和效果进行了比较分析[④]。同样，定光平对农业补贴政策在湖北省不同地形区的实施绩效进行了对比分析[⑤]。而张建杰则从不同类型农户主体出发，考察了惠农政策对不同经营规模农户粮作经营行为的影响[⑥]。总体来看，目前对惠农政策的对比研究，受制于两个方面的限制。一是缺乏全国性的大样本调查数据，从而在对比的地域范围上受到限制；二是缺乏多政策的调查研究，而往往是对相近或相关政策的研究，因此政策之间，特别是不同类型政策之间的评估对比还相对较少。因此，惠农政策对比研究的系统性还有待提高。

4. 成本收益分析法

成本与收益评估，是近年来学界较为常用的公共政策评估方法之一。从收益

---

① 王晓芳、王军锋：《农民对惠农政策落实状况的反映——甘肃省的调查分析》，载于《中国农村经济》2007 年第 2 期。

② 傅贤治、侯明利：《我国现行粮食补贴政策研究》，载于《学术交流》2008 年第 9 期。

③ 中央党校"欠发达地区社会主义新农村建设"课题组，《国家"惠农政策"的效果评价——来自湖南省郴州市的报告》，载于《理论视野》2009 年第 2 期。

④ 熊剑平：《基于的江西省惠农政策绩效评价》，载于《科技广场》2011 年第 12 期。

⑤ 定光平：《现行农业补贴政策在不同地形区的绩效差异与对策——来自江汉平原和鄂东南丘陵山区 36 个村庄的调查与分析》，载于《咸宁学院学报》2007 年第 6 期。

⑥ 张建杰：《惠农政策背景下粮食主产区农户粮作经营行为研究——基于河南省调查数据的分析》，载于《农业经济问题》2007 年第 10 期。

角度来看，经济效益是学界较为关注的问题之一。如李红、张敏、韩剑锋等人考察了大型农机购置补贴政策对农民收入的影响[1]。薛选登则分析了家电下乡补贴措施所产生的经济效应[2]。张舜考察了河南省粮食直补政策对农民的增收效果[3]。同样是对粮食直补的研究，王小龙还进一步考察了粮食补贴制度治理结构的效率成本与效应[4]。华中农业大学课题组则综合考察了小额信贷对农户收入、消费、生产经营规模等不同福利的影响[5]。而王姣、肖海峰则从另一角度考察了对良种补贴、农机补贴和减免农业税等不同政策对农民收入等的影响[6]。另外，高玉强还考察了农机购置补贴、财政支农支出政策对土地生产率的影响[7]。陈慧萍、武拉平、王玉斌等人也进行了类似的研究[8]。由此可见，当前学界对惠农政策成本与收益的分析，还主要是从经济角度进行考察，而对农民行为的影响、对基层治理的影响以及对整个国家政治的影响则研究相对较少。

5. 目标群体评估法

惠农政策的目标群体，主要是指农民这一政策的直接受益群体。当前学界在利用目标群体评估法进行分析时，最主要的是考察农民的满意度。如王元成考察了对全国 245 村 3 641 户农民惠农政策的研究情况[9]。贺文慧、程实基于农户满意度对安徽省惠农政策的实施绩效进行了考察[10]。王良健、罗凤等人则评估了湖南、湖北、江西、四川、河南等省惠农政策的实施绩效[11]。类似的研究还有刘志国、赵帮宏、王余丁、李存超等人对河北省的研究[12]。陈荣卓、颜慧娟、薛惠

---

[1] 李红、张敏：《大型农机购置补贴政策对农民收入的影响分析》，载于《农机化研究》2008 年第 7 期。韩剑锋《我国农机购置补贴政策对农民收入的影响分析》，载于《生产力研究》2010 年第 3 期。

[2] 薛选登：《家电下乡的经济效应分析及政策建议》，载于《生产力研究》2010 年第 4 期。

[3] 张舜：《河南省粮食直补惠农政策对农民增收效果评价》，载于《区域经济》2010 年第 3 期。

[4] 王小龙：《我国粮食补贴制度绩效的成本效应分析》，载于《人文杂志》2009 年第 1 期。

[5] 华中农业大学课题组：《小额信贷对农户福利影响的实证分析》，载于《金融发展研究》2012 年第 3 期。

[6] 王姣、肖海峰：《我国良种补贴、农机补贴和减免农业税政策效果分析》，载于《农业经济问题》2007 年第 2 期。

[7] 高玉强：《农机购置补贴、财政支农支出与土地生产率——基于省际面板数据的实证研究》，载于《山西财经大学学报》2010 年第 1 期。

[8] 陈慧萍、武拉平、王玉斌：《补贴政策对我国粮食生产的影响——基于 2004～2007 年分省数据的实证分析》，载于《农业技术经济》2010 年第 4 期。

[9] 王元成：《惠农政策的成效评价：农民视角——基于全国 245 村 3 641 户农民的调查与思考》，载于《东南学术》2012 年第 1 期。

[10] 贺文慧、程实：《基于农户满意度的惠农政策研究》，载于《西北农林科技大学学报（社会科学版）》2013 年第 2 期。

[11] 王良健、罗凤：《基于农民满意度的我国惠农政策实施绩效评估——以湖南、湖北、江西、四川、河南省为例》，载于《农业技术经济》2010 年第 1 期。

[12] 刘志国、赵帮宏、王余丁、李存超：《农户视角的惠农政策实施效果评价——基于河北省 450 份问卷调查》载于《农业经济》2009 年第 2 期。

元、曹立前等人考察了农民对新农保的评价情况①。关瑞祺、刘伟平、卢素兰等人则考察了新农合制度的农民满意度情况②。对于目标群体考察法,其具有一定的数据获取便利性。但较之其他方法而言,由于数据客观性不足,深入挖掘有限,因此其科学性也受到一定的限制。

综合来看,当前学界对惠农政策的评估主要还是以定量研究方法为主,强调用事实和数据说话。借助绩效评估、对比研究、过程评估、目标群体评价、成本收益分析等具体研究方法,学界对惠农政策的评估已经产生较多成果。而纵观这些成果,大体具有几个特点,一是以单一年份数据为主,而进行连续跟踪调查的较少;二是小样本、小范围的研究较多,而全国性的大样本研究较少;三是从经济学角度研究较多,而从政治学角度研究相对较少;四是对单一政策研究较多,而对多政策的对比系统研究较少。因此,如何更系统性、更深入地对惠农政策的成效进行科学评估,是值得进一步研究。

(三) 惠农政策评价工具的梳理

在政策评估的过程中,如何选择科学的评估方法至关重要,它决定了整个评估过程的思路以及评估的每一步应如何去做。而评估工具作为评估方法的一种延伸和扩展,是一种更为具体的评估手段,如何选择和利用评估工具,对于评估方法的有效发挥以及评估过程的针对性和可操作性而言具有重要影响。

目前,学术界关于惠农政策评价工具的著作和文献较少,更是缺乏针对性和系统性的论述。从政策评估的技术路线看,可以分为两种:一种是价值评估,主要从民主、公平、正义等价值观层面来评判惠农政策;另一种是事实评估,主要是利用一系列实证和技术手段来评价惠农政策的实际效果。由于技术路线的不同,会产生不同的评估工具。在价值评估方面,学者们大都利用政治学、经济学、社会学等基础理论工具对惠农政策进行理论评价;在事实评估方面,研究者主要利用数据统计分析、计量分析、满意度测评、模型建构等工具进行定量评估。

1. 纯理论分析工具

是指研究者在定性方法的基础上,利用纯粹的理论工具对惠农政策政治、经

---

① 陈荣卓、颜慧娟:《农民眼中的"新农保":认知、意愿与评价——基于湖北省4县763位农民的调查》,载于《华中农业大学学报(社会科学版)》2013年第2期;薛惠元、曹立前:《农户视角下的新农保政策效果及其影响因素分析——基于湖北省605份问卷的调查分析》,载于《保险研究》2012年第6期。

② 关瑞祺、刘伟平、卢素兰:《新型农村合作医疗参合农民满意度的实证研究——以山东聊城某乡镇为例》,载于《湖南农业科学》2010年第15期。

济、社会等层面的成效进行评价和分析。申恒胜利用政治学基础理论分析工具，对惠农政策背景下基层政权的运作情况进行分析与评价，认为惠农政策的持续输入改变了基层政权的运作形式，农民由被动参与者变为积极索要者，通过与基层政权的利益博弈，使得基层政权不但没有"悬浮"，反而更加紧密地联系在一起[1]。许丁利用经济学理论对 WTO 规则下惠农政策的作用效果进行评价和分析[2]。孙菲菲利用经济学理论工具，指出家电下乡政策对于农村的贫富差距有收敛效应，同时在促进企业生产和拉动消费需求上也有正面效果[3]。就功能而言，利用纯粹的理论分析工具来对惠农政策进行评价，对于那些不能或者很难进行量化的政策评估对象而言具有优势。但这种工具主要是依靠评估者的理论经验和主观判断，其结论的科学性和可靠性就会大打折扣。

2. 数据统计分析工具

主要是指利用评估对象的数据信息或量化的数据信息来对惠农政策的具体效果进行评价。在这一工具的运用方面，又可以分为四种类型。

（1）基于政府部门统计数据的分析。研究者通过利用政府公布的统计年鉴、规划报告、统计数据等对惠农政策的成效进行评价。曾文明、魏秋华等在地方统计数据的基础上，以江西省惠农政策的实施情况为例，系统分析了各项惠农政策的实施效果，并构建了惠农政策实施成效评价的指标体系[4]。张卫群根据地方统计年鉴数据，以南通市通州区惠农政策的实施情况为例，对惠农政策的绩效进行了分析，认为惠农政策促进了农村和谐发展、稳定了粮食安全生产、解决了农村耕地抛荒、增加了农民种田收益、良种补贴提高了作物优质率[5]。哈斯等借助地方公报数据，认为随着边远地区支农惠农政策的逐步落实，农村生产的内在活力得到释放，农民的生活日益富裕，实施政策的效应和成果已经初步显现[6]。数据搜集作为政策评估的一项环节，具有基础性的作用。而利用政府部门的统计数据对于研究者而言较为方便和快捷，具有一定的优势。但是政府部门的数据往往不是第一手的资料和数据，其客观性和科学性受到一定的限制，研究者也无法获得更多有效的信息。

① 申恒胜：《"分配型政权"：惠农政策背景下基层政权的运作特性及其影响》，载于《东南学术》2013 年第 3 期。
② 许丁：《新形势下对我国惠农政策的再思考》，载于《理论与改革》2009 年第 3 期。
③ 孙菲菲：《"家电下乡"的经济效应分析》，载于《商业经济》2009 年第 9 期。
④ 曾文明、魏秋华、廖春光：《我国惠农政策的成效评价及完善研究——以江西为例》，载于《中国农业资源与区划》2013 年第 1 期。
⑤ 张卫群：《惠农政策的绩效分析研究——以南通市通州区惠农政策实施为例》，载于《现代商业》2010 年第 27 期。
⑥ 哈斯、马微、郭世霞：《边远地区惠农政策实施效果调查》，载于《内蒙古金融研究》2008 年第 3 期。

（2）基于实地调研数据的分析。研究者通过实地调研、深入访谈等方法，搜集一手数据，在此基础上对惠农政策的实施情况进行评估。中央党校"欠发达地区社会主义新农村建设"课题组通过对湖南省郴州市进行专题调研，认为有的惠农政策虽达到了预期效果，但需要进一步延续和完善；有的没有达到预期目标，需要调整[①]。田明政等通过实地调研，分析了中部地区农村税改惠农政策背景下农民收入结构、生产结构、生活水平等方面的变化和成效[②]。冯久先等对四川省惠农政策的落实状况及落实效果进行了评述，认为惠农政策的初步实施使农民的心态和行为发生了积极的变化[③]。在关于惠农政策评价的研究中，诸多学者采取实地调研和访谈的形式来搜集数据，利用实地调研这一工具，可以使研究者深入到农村社会和农民生活中，可以更好地站在农民的角度对惠农政策的执行情况和实施效果进行评价。

（3）基于问卷调查数据的分析。主要通过问卷调查的方式搜集数据，并利用调查数据对惠农政策的成效进行评价。王元成基于全国 245 村 3 641 户农民的问卷调查，分析了农民对国家惠农政策的反响与评价，重点对农民惠农政策的满意度进行了研究[④]。刘志国等基于河北省 450 份问卷调查，围绕粮食补贴政策的补贴金额、补贴依据、补贴结构、补贴程序、补贴方式等内容进行了分析，认为粮食补贴政策对粮农产生了一定的制度激励效应，降低了粮农的经营制度成本，增加了制度收益[⑤]。薛惠元、曹立前利用 2011 年在湖北省进行调研的 605 份有效问卷数据，从农户视角对当地新农保试点的政策效果进行分析。主要分析新农保政策对农户家庭、老年居民生活的客观影响以及农户对新农保政策的主观感受，并得出每个农户的政策效果综合得分[⑥]。唐利平、风笑天基于问卷调查的实证研究，证实了农村养老社会保险对农村人口养老信心和养老经济能力都有正面作用[⑦]。问卷调查作为数据获得的重要渠道，对于惠农政策的评价也是一个有效工

---

① 中央党校"欠发达地区社会主义新农村建设"课题组：《国家"惠农政策"的效果评价——来自湖南省郴州市的报告》，载于《理论视野》2002 年第 2 期。

② 田明政、易安、郝杨扬：《中部地区农村税改惠农政策实施后的农民生活状况调查研究——以河南省登封市颍阳镇和湖南省汨罗市屈原镇为例》，载于《台声·新视角》2006 年第 1 期。

③ 冯久先、晏萍，《惠农政策使农民的心态及行为发生了积极变化》，载于《调研世界》2005 年第 7 期。

④ 王元成：《惠农政策的成效评价：农民视角——基于全国 245 村 3 641 户农民的调查与思考》，载于《东南学术》2012 年第 1 期。

⑤ 刘志国、赵帮宏、王余丁、李存超：《农户视角的惠农政策实施效果评价——基于河北省 450 份问卷调查》，载于《农业经济》2009 年第 2 期。

⑥ 薛惠元、曹立前：《农户视角下的新农保政策效果及其影响因素分析——基于湖北省 605 份问卷的调查分析》，载于《保险研究》2012 年第 6 期。

⑦ 唐利平、风笑天：《第一代农村独生子女父母养老意愿实证分析》，载于《人口学刊》2010 年第 1 期。

具。但是由于调查样本、问卷设计、调查主体和对象等各方面的限制，如何科学有效利用问卷调查工具对于研究者而言也是一个难题。

以上三种数据统计分析是对惠农政策进行定量评价时，经常采用到的工具。这三者各有优势，也各有不足，如何科学、有效获得政策评价所需的数据对于研究者而言意义重大，需要研究者根据政策评估的目标、对象、过程等进行合理选择。

计量分析工具。研究者以数据资料为基础，利用 SPSS、EViews 等计量分析工具，对惠农政策的实施情况和成效进行定量分析。周建群通过应用经济计量学，建立简单线性回归模型，对惠农政策背景下国家公共财政投入力度与农民收入增加、现代农业建设和农村经济发展之间的动态关系进行实证分析，指出国家惠农投入对于促进农民增收、农业科技进步贡献率提升和小康程度的提高具有显著的政策效应[1]。田洪刚运用计量经济模型分析家电下乡政策对农村消费的影响，提出家电下乡政策明显提高了农民的生活消费[2]。白雪飞、郭瑜结合家电出口和内销统计数据以及农村家电市场潜力，通过对 19 个省 176 个农户的问卷调查和 Logit 分析，发现家电下乡政策已逐渐为农民所接受，中央对于产品覆盖范围的扩大和支付程序的简化起到了良好效果[3]。齐良书利用 2003～2006 年覆盖全国 30 个省区的微观面板数据，对新型农村合作医疗的减贫、增收和再分配效果进行了评估，指出新农合的减贫效果明显，不仅能在农户层面上显著降低贫困发生概率，而且能在省区层面上显著降低贫困率[4]。廖翔翔等基于英国国际发展署农户可持续性生计资产框架，以湖北省 295 个样本农户为例，通过建立小额信贷对农户脆弱度影响的多元线性回归模型，对小额信贷能否有效缓解农户脆弱性进行了实证分析[5]。这些研究通过利用计量分析工具对惠农政策进行定量评价，克服了评估过程中的主观倾向，使得评估结果更为客观和科学。

满意度测评工具。满意度测评目前作为众多领域的一项评估工具，在惠农政策的评价研究中也有比较广泛的应用。贺文慧、程实基于农户满意度视角，采用 CSI 满意度测评方法，主要对粮食直补、良种补贴、新农合等惠农政策进行的实

---

① 周建群：《强农惠农政策效应实证研究》，载于《东南学术》2012 年第 6 期。

② 田洪刚：《家电下乡政策对农村居民消费影响分析——基于经验数据的实证分析》，载于《安徽农业科学》2011 年第 13 期。

③ 白雪飞、郭瑜：《全球金融危机下家电下乡政策的社会经济意义：基于农村家庭需求的分析》，载于《消费经济》2009 年第 10 期。

④ 齐良书：《新型农村合作医疗的减贫、增收和再分配效果研究》，载于《数量经济技术经济研究》2011 年第 8 期。

⑤ 廖翔翔、熊学萍、阮红新：《小额信贷降低农户脆弱性的实证研究——基于湖北省 295 个农户数据》，载于《金融与经济》2012 年第 6 期。

施绩效进行实证分析，认为安徽省现阶段惠农政策农户满意度处于中等偏下水平，但对政府惠农政策的实施表示认可[1]。王晓芳和王军锋借顾客满意度 ACSI 结构模型，以农户满意度为视角，分析指出农户对惠农政策执行绩效总体满意度较高，但部分农户对有些政策在落实过程中有所抱怨[2]。王良健、罗凤对我国粮食主产区部分省份进行抽样问卷调查，运用满意度评价法对惠农政策实施绩效进行实证分析，发现现阶段惠农政策实施绩效农民满意度处于中等偏低水平，认为就单项政策而言，取消农业税、免除义务教育学费等政策实施绩效较高，而农技培训、农村小额贷款等的实施绩效较低[3]。满意度测评工具重点是对农民惠农政策的满意度情况进行分析，具有很强的针对性，但也因此无法全面地对惠农政策的绩效进行评估。

运筹学、数学模型工具。在评估技术不断发展和进步的基础上，部分学者通过利用运筹学、数学模型工具对惠农政策进行定量评估。熊剑平利用运筹学中的 DEA（数据包络分析）模型分析工具来测算江西省 11 个设区市惠农政策的技术效率和规模效率，通过对地区差异进行分析，得出江西北部和南部的惠农政策综合效率高，中部效率较低；技术效率呈现出普遍较高的特征[4]。王娇、肖海峰利用国际上农业政策效果评价的重要方法之一——实证数学规划（PMP）模型，基于在河北、河南、山东 5 个县 340 户农户的调查数据建立模型，对我国的粮食直接补贴政策效果进行评价，通过分析指出无论哪一种补贴方式，在当前补贴标准下对粮食产量影响都不大；而从对农民收入的影响来看，几种补贴方式中按计税面积补贴增收效果最好[5]。林志达通过利用经济学中的 ELES 模型（扩展线性支出系统模型），对福建省四山区低保筹资模式进行博弈分析和保障力度的实证检验，认为现行的低保标准对救助对象的保障力度不够[6]。何晖、邓大松则运用运筹学中的 AHP（层次分析法）模型，对中国 2007～2008 年分省区农村低保制度的运行绩效进行评价，建立农村低保制度运行绩效评价指标体系，指出中国省

---

[1] 贺文慧、程实：《基于农户满意度的惠农政策研究》，载于《西北农林科技大学学报（社会科学版）》2013 年第 2 期。

[2] 王晓芳、王军锋：《农民对惠农政策落实状况的反映——甘肃省的调查分析》，载于《中国农村经济》2007 年第 2 期。

[3] 王良健、罗凤：《基于农民满意度的我国惠农政策实施绩效评估——以湖南、湖北、江西、四川、河南省为例》，载于《农业技术经济》2010 年第 1 期。

[4] 熊剑平：《基于 DEA 的江西省惠农政策绩效评价》，载于《科技广场》2011 年第 12 期。

[5] 王娇、肖海峰：《我国良种补贴、农机补贴和减免农业税政策效果分析》，载于《农业经济问题》2007 年第 2 期。

[6] 林志达：《农村低保制度绩效分析及机制创新——以闽四山区为例》，载于《财会月刊》2008 年第 17 期。

区间农村低保制度的运行绩效存在较为明显的差异和层次性①。这些利用模型分析的研究，以严密的逻辑推理、精确的数学计算为评估的基本工具，有效保证了惠农政策评估的客观性，但这些工具的掌握需要研究者具备一定的模型构建知识，因此其使用范围受到一定的局限。

从以上的文献梳理来看，目前在惠农政策的评价研究方面，纯粹的理论工具运用已逐渐失去优势，而定量分析工具的运用则成为一种趋势。在实证研究和定量分析的学术氛围中，对于政策评估而言，更强调了数据分析和计量、模型等工具的应用，这些推动了政策评估从传统的政策判断向现代科学评估的转变，对于惠农政策效应的科学评价来说有非常积极的作用。

（四）惠农政策评价指标梳理

政策绩效评价是政策运行过程的重要环节，也是政策运行科学化的重要保障。一般认为，广义的"政策评估"包括政策的事前评估、执行评估、事后评估三种类型。惠农政策作为国家一项重大的强农支农工程，对改善农民生活，促进经济发展具有重要作用。要准确地评估惠农政策的成效，构建评价指标体系显得尤为重要。经过大量的文献阅读，笔者发现目前学界在评级指标的选取上，可以分成宏观指标、中观指标和微观指标。

1. 宏观指标

在对惠农政策的评价上，一些学者从宏观层面对惠农政策的成效予以肯定。尽管不同学者选取的具体指标有所差异，但总体而言主要是从农业、农村、农民三个维度来构建评价指标。卢英华通过农村和谐发展，粮食生产安全，农业收益，农民市场购买力，农民利益保障，村容村貌，农民职业技能来评价国家惠农政策的成效②。周建群则从农民增收、小康社会的实现、农业科技进步三大宏观层面肯定惠农政策的强农惠农成效③。宋英英则用人均国民生产值、人均公路里长、粮食单产、人均粮食产量和人均肉类产量来衡量惠农政策产生的整体效应④。

在整体评价惠农政策成效的同时，还有许多学者对于单项惠农政策进行宏观评价，比如在评价粮食直补政策时，张瑞红等选取稳定农业生产、农民增收、粮

① 何晖、邓大松：《中国农村最低生活保障制度运行绩效评价——基于中国 31 个省区的 AHP 法研究》，载于《江西社会科学》2010 年第 11 期。
② 卢英华：《2004 年以来国家惠农政策绩效研究——以山东省宁阳县蒋集镇为例》，山东农业大学硕士学位论文，2011 年。
③ 周建群：《强农惠农政策效应实证研究》，载于《东南学术》2012 年第 6 期。
④ 宋英英：《国家惠农政策对农牧民收入的影响》，兰州大学硕士学位论文 2010 年。

食种植结构优化、干群关系改善等宏观指标进行评估①。陈晓君等则从农村消费、企业市场开发、宏观经济扩大内需三个方面研究福建省家电下乡政策的成效②。对于单项惠农政策的评价纷杂繁多，根据单项政策的侧重不同，大体都可以在政治效应、经济效益和社会效应体现，这里就不再赘述。

宏观指标能够有效的凸显惠农政策的整体效应，但是不可忽视的是，宏观指标评价多属于定性研究，一方面无法准确衡量惠农政策的绩效，另一方面又容易囿于理论的桎梏而将评价研究与实际运行脱节。

2. 中观指标

为了弥补宏观评价的不足，很多学者将视角落在中观层面，选取可以衡量的指标对惠农政策进行评价。在这里，我们将把惠农政策本身的评价指标（如政策制定的动机、政策供给的水平等）定义为中观指标。

（1）从政策目标和政策原则视角构建指标。一些学者从政策的制定层面上，分析了惠农政策的效应，如李海金等从政策动因和政策目标评估惠农政策的减贫效应③。有的学者则从政策效率、公平性和回应性三个指标衡量家电下乡政策绩效④。在对农村社会养老保险制度评估中，陈薇等从政策的公平性、有效性、可持续性、可衔接性评估浙江农村社会养老保险制度的绩效⑤。

（2）从政策执行视角构建指标。另外一些学者将惠农政策执行绩效作为评估指标，从惠农政策的普惠性、科学性、参与性、监督激励设计、执行效率以及农户对基层干部队伍的满意度等指标来评估惠农政策的执行成效⑥。

（3）从政策过程视角构建评价指标。还有一些学者则从惠农政策的制定、执行以及效果评价构建指标体系。如凡华农从惠农政策的双重目的、决策原则、评价标准、过程评价和分类评价构建惠农政策成效评价体系⑦。

在整体研究的同时，很多学者针对不同惠农政策的特性，建立了针对性较强

① 张瑞红：《我国粮食直补政策的绩效、问题与对策研究》，载于《河南农业科学》2011年第1期。

② 陈晓君：《福建省"家电下乡"政策绩效分析——基于福建四个地区的调查》，载于《区域经济》2010年第27期。

③ 李海金、汤玉权、黄加成：《惠农和社会保障政策：运行逻辑与减贫效应——以农村最低生活保障制度为例》，载于《求是》2012年第6期。

④ 杨婵：《家电下乡的政策绩效研究——以桐梓县娄山关镇为例》，载于《当代经济》2011年第4期。

⑤ 陈薇：《浙江省农村社会养老保险制度评价与创新研究》，浙江财经学院，2009年。

⑥ 谢位来：《惠农政策执行效力提升的阻滞因素及对策研究——以国家城乡统筹综合配套改革试验区为例》，载于《农村经济》2010年第3期；李辉、齐金玲：《惠农政策知晓度及基层执行满意度研究——基于农民视角及云南、河南省的调查》，载于《湖南农业大学学报（社会科学版）》2010年第3期。

⑦ 凡华农：《我国惠农政策的成效评价研究——基于公共产品供给效率视角》，华中师范大学硕士学位论文2012年。

的评估指标。在对家电下乡的绩效评估中，曾建业就采用投入类指标、过程类指标、效果类指标来评估家电下乡政策的资金补贴绩效[1]。对于新型农村社会养老保险制度绩效评价研究的学者数不胜数。李静琪从效用、财务和运行三个维度设计了一套指标体系来评价农村社会养老保险制度绩效。一级指标分别为制度效用、基金收支、筹资能力、支付风险、制度规模及发展、组织与管理、制度耦合，二级指标包括缴费档次、养老金支出收入比率、赡养率、新农保覆盖率、组织人均服务人口数等 24 个指标[2]。

从以上梳理可以看出，与宏观指标相比，中观评价指标多属于定量分析，主要从惠农政策的制定动因、惠农政策的执行过程以及惠农政策的效果体现惠农政策的成效。当然，某些研究中，中观评价指标体系与微观评价指标体系会有部分交叉，但是这里微观指标评价更侧重惠农政策的受益者，也就是农户的反馈，下文将会详叙。

3. 微观指标

农民满意度指数是评估我国惠农政策实施绩效的重要指标，微观评价指标体系则从农户的视角，着眼于农户对惠农政策的满意度、认可度和信任度。通过大量的文献梳理发现，从农户视角研究惠农政策成效评价的学者最多。大体可以分成四类：第一类是基于顾客满意度相关理论，从期望、感知、认知、信任等维度建立层次指标体系；第二类是基于政策特性，如新农保、低保等政策的绩效评估；第三类基于实践需求，将量化指标分为主观和客观；第四类基于参与主体建立评价指标。

（1）基于满意度理论构建指标体系。近些年，学者对惠农政策的满意度评价开始走向规范，引入西方的 ACSI 和 AHP 等方法建立评价指标体系。一些学者基于满意度理论从政策期望、政策内容感知、政策执行感知、政策价值感知以及政策诉求与信任等方面构建惠农政策农户满意度评价的指标体系，将农民对政策的满意度作为一级测量指标，而将农户期望、对政策内容的感知、对政策执行的感知、对政策价值的感知、政策诉求与信任作为二级指标。还有一些学者在此基础上将农户抱怨也纳入二级指标内，三级指标则根据研究内容的不同各有不同[3]。

还有一些学者也是基于顾客满意度理论，只不过他们没有构建层次指标体

---

① 曾建业：《湖南省家电汽车摩托车下乡补贴资金的绩效评价研究》，载于《现代经济信息》2013年第5期。

② 李静琪：《江苏省新型农村社会养老保险制度绩效评价》，南京财经大学硕士学位论文 2012 年。

③ 贺文慧、程实：《基于农户满意度的惠农政策研究》，载于《西北农林科技大学学报（社会科学版）》2013 年第 2 期；张金梅：《陕西省惠农政策执行绩效评价及对策研究——基于农户满意度视角》，西北农林科技大学硕士学位论文 2012 年。

系，如王良健、罗凤等。他们采用了基层政府行政效率和服务、税费及补贴、基础设施、医疗、教育和社会保障六个指标评价农户对惠农政策实施绩效的满意度[①]。王在翔等则在居民对新农合满意度测评中构建了参合农民预期、参合农民质量感知、参合农民满意度、参合农民抱怨、参合农民忠诚 5 个变量 10 个观测指标[②]。

（2）基于政策特性构建指标体系。有些学者基于惠农政策绩效评估的特殊需要，专门构建了指标体系。李元通过对吉林省农村最低生活保障政策的研究，从"效益性"、"内生性"、"可持续性"三个维度构建农村发展型低保的测度指标体系。"效益性"包括经济效益、社会效益和政治效益，"内生性"包括人力资产、自然资产、物质资产、金融资产和社会资产，"可持续性"包括资金可持续、范围与标准可持续、补助方式可持续、管理服务可持续。在二级指标的基础上，构建了低保人均年收入增长率、农村低保人口参加培训后当地就业率、扶贫基金建立的增长率等 50 个三级指标[③]。

何辉、邓大松在研究中国农村最低生活保障制度运行绩效评价中构建了 3 个绩效评估一级指标：制度内在指标、制度社会性指标、制度财务指标。其中，制度内在指标下设基本利益保障实现程度、对象确定及标准 2 个二级指标；制度社会性指标下设收入分配公平程度、农民生活质量 2 个二级指标；制度财务指标下设地方政府投入力度、制度财政成本 2 个二级指标。在这 6 个二级指标下面设 17 个三级指标[④]。

指标体系的建立使得对政策的评估走向可操作性、可衡量性，是将宏观指标拆分成微观指标评价，具有一定的科学性和合理性。

（3）基于实践需求量化客观指标。并不是所有的学者在评价农户对惠农政策的满意度时，都在纵向上建立了层次指标体系，还有部分学者在横向上将指标分类，采用主观指标与客观指标相结合的方式评价惠农政策。比如在对新农合政策满意度的评价指标选取中，有的学者将客观指标如：定点医疗机构距离、实际报销比例、医疗价格等量化[⑤]。

---

① 王良健、罗凤：《基于农民满意度的我国惠农政策实施绩效评估——以湖南、湖北、江西、四川、河南省为例》，载于《农业技术经济》2010 年第 1 期。

② 王在翔、吕军城等：《新型农村合作医疗居民满意度测评模型的构建及实证分析》，载于《安徽农业科学》2010 年第 7 期。

③ 李元：《吉林省农村发展型最低生活保障制度测度指标体系建设研究》，长春工业大学硕士学位论文 2011 年。

④ 何晖、邓大松：《中国农村最低生活保障制度运行绩效评价——基于中国 31 个省区的 AHP 法研究》，载于《江西社会科学》2011 年第 11 期。

⑤ 欧阳彬、吴茂群：《基于因子分析的新农合农户满意度研究——以长沙县春华镇为例》，载于《农业经济》2012 年第 23 卷第 11 期。

在对新农保的综合效果评估研究中，将每月家庭平均消费水平改变量、领取养老金的老年居民劳动时间改变量、领取待遇满足基本生活情况等纳入指标范围，与主观指标（对于政府补贴额度满意度、对未来养老生活预期等）共同评估[①]。

（4）基于参与主体建立评价指标。在评估惠农政策时，还有一些学者基于参与主体的不同，进行指标选取。如魏凤在评价新农保保障能力时，从政府机构保障层面、经办机构保障层面、地点医疗机构保障层面选取了18个主观客观指标进行评估[②]。周孟亮评估小额信贷的社会绩效时，根据供需双方选取以目标定位和内部政策行为、客户满意度、社会目标的实现情况等指标来进行评估[③]。

基于以上梳理发现，从惠农政策评价指标的属性上分析呈现以下特点：一是定性（主观）与定量（客观）结合，即选取的指标既有定性的指标，比如农户对组织服务的满意度，也有定量指标，如定点医院的距离等；二是宏观与微观结合，即通过指标体系法能够将宏观评价微观化。但是该指标体系法的应用还处于起步阶段，应用的深度和广度还不够。三是横向与纵向结合，既建立了纵向的评价指标体系，也有从横向的主观指标和客观指标的分类。

从惠农政策评价指标的研究内容上分析，学界对惠农政策的评价指标可以概括为"三多三少"：一是单项政策评价居多，整体政策评价指标较少；二是基于农户视角评价的居多，其他参与主体的评估较少；三是围绕政策本身的研究居多，延伸研究较少。

（五）惠农政策评估的分析

国内学者就惠农政策评估或者分析的文章从不同方面评价了惠农政策的成效，对于客观评价、完善惠农政策有巨大的帮助，但是实事求是地说，现有的惠农政策评估的方法、方式、工具都比较简单，缺少科学的方法。归纳起来有四个方面的问题：

1. 定性研究比较多

按照埃项·G·古贝、伊冯娜·S·林肯等的研究，政策评估前三个阶段均是以调查为主的实证评估方法，要么是深度访谈、解剖麻雀，要么是抽样调查，一切以事实、数据说话。可以说现在国内学者对惠农政策的调查，大多是定性的

---

① 薛惠元：《新农保能否满足农民的基本生活需要》，载于《中国人口·资源与环境》2012年第22卷第10期。

② 魏凤、金华旺：《农民视角下新农合保障能力及影响因素评估——基于宝鸡市421户参合农民的调研》，载于《人口与经济》2012年第4期。

③ 周孟亮：《我国小额信贷社会绩效评价指标设计研究》，载于《三农金融》2011年第2期。

分析，而且这种定性分析大都是一种感觉性的判断，或者情感性的分析。这种感觉性的判断、情感性的分析，只是来自"自己认为"或"单个个案"的只言片语。可以断定，国内现有的惠农政策评估主观研究比较多，而且科学性和客观性都不太乐观。

2. 利用二手资料比较多

评估研究以实证为主，调查是必不可少的手段，但是现在国内惠农政策的评估，大多是利用国家或者各地统计局的资料，进行间接的评估。因为国家统计局的数据并非是针对相关政策而调查，以此类数据进行评估的可靠性就存在问题。另外，也有部分研究者进行了一些调查，但是这些调查要么样本比较少，要么就是以某地或者某几地为对象进行抽样调查，然后以此数据进行政策评估。中国是一个大国，各地又千差万别，小规模抽样或者以某地或者某几地为对象的抽样，无法进行推论，评估的科学性也成问题。

3. 单项政策评估比较多

如国外政策评估一样，国内惠农政策的评估基本是对单项政策进行评估。因为西方的政策评估理论都是单个政策或者单个项目进行评估，如新型农村合作医疗、新型农村养老保险、家电下乡等政策都有一些专项、专题的评估，但是对于整体的惠农政策的评价则很少见，特别是用数据分析的方式对惠农政策进行整体评价的研究则更少。

4. 指标体系不太健全

要对惠农政策进行整体的评估，首先得有指标体系，但是现在学者们对惠农政策的评估没有建立完整的指标体系，即使有指标也只是简单知晓率、满意率之类的指标，没有成体系的指标，而且这类指标主要是针对部分利益主体。因为缺少完整的惠农政策评估指标体系，无法进行决策、执行、反馈等环节的评估，这样就无法对惠农政策实施整体性的评估。

5. 借鉴消化不足，结合本土实际也不足

政策评估，我国自古就有，特别是新中国成立以后，中央各个部门都很重视调查研究，这些调查研究中就有政策评估。只是传统的政策部门都是定性的研究，采取开座谈会、访谈的方式。程序不太一致、指标没有可比性、量化程度不高、推断性不太强。改革开放后，国内学者引进了不少西方国家的评估方法，国内学者对公共政策的评估基本上是对国外政策评估的转述和综合，而且在运用时也无法完全按照西方政策评估的要求进行。因为中国的国情与产生评估方法的国家有很多不同。因此，这就导致了现有惠农政策的评估使用西方方法时断章取义，只选择部分能够用的方法，同时也没有结合土地惠农政策的实际情况进行修改和本土化。

总体而言，我国惠农政策的评价的规范性、科学性、客观性、有效性以及适应性都存在不少问题，因此亟须有规范的、科学的评估方法对惠农政策进行全面的总结和评价。

二、国家惠农政策评价的基本思路

国家惠农政策评价既要借鉴人类已有的成果，也要结合惠农政策实施的实际来进行，只有这样才能够更准确地评估国家惠农政策。

（一）国家惠农政策评估的特殊性

对农业、农村进行扶持是任何加速工业化、城市化进程国家的必然选择。在21世纪初中国加大力度支持"三农"，推出了大量的惠农政策，这也是工业化、城市化发展的结果。只是中国特殊的工业化和城市化，使中国的惠农政策出台带有更多的特殊性。

1. 补偿性

按照西方国家发展的一般规律，对农业、农村的扶持政策是为了应对工业化、城市化对农村、农业和农民的挤压，更好地促进工业化、城市化发展，并在此基础上促进传统农业向现代农业转型而出台的政策。中国的惠农政策也是针对"三农"在工业化、城市化过程中的困境而出台的。但是中国的惠农政策还存在一个"矫枉"的功能。因为中国长期奉行的是"以工补农"的政策，主要包括两种：一是直接的税费；二是工农产品剪刀差。1949～1979年农业税实际负担率为9.14%；改革开放以后，税费更是直接上升，仅1994～2000年，农业税费总额增长了41.9%，农民人均税费负担增长了50.4%[1]工农产品剪刀差从1978年的300亿元增加到1998年的3 591亿元，增长了12倍[2]。中国历来的"以工补农"政策导致了农村积贫积弱的状况。在此政策下，农民连生存都成问题，更不用说内生性发展，鉴于此，国家从2002年开始实施惠农政策。这个惠农政策更多的是政策回馈、政策补偿的含义，而不仅仅是应对工业化、城市化而推出的扶持政策。

2. 救急性

2005年国家全面启动惠农政策，但是2007年全球性的金融危机将中国的经

---

① 赵云旗：《当代中国农民负担问题研究（1949～2006）》，载于《中国经济史研究》2007年第3期。

② 陈俭、段艳：《1978～2006年中国农民负担问题研究》，载于《江汉论坛》2010年第1期。

济也卷入了危机之中，为了化解金融危机对经济的冲击，国家决定加大惠农政策的实施力度。为此惠农政策从扶困补偿转向了扩大内需，如农村基础设施建设、家电下乡、汽车下乡等惠农政策。此时，惠农政策兼具有了拉动经济发展的功能，而且赋予其救急的作用。惠农政策从解决工业化、城市化发展过程中的扶持功能、历史补偿功能转向经济拉动功能。当然并非所有政策都具有经济拉动功能，但是国家巨大的支出对经济推动作用也非常巨大。这种救急性的经济功能在某些国家，如美国 1929 年经济危机时也实施过，但是它是一种针对城乡而非专门针对"三农"的公共政策，因此救急性也是中国惠农政策所独具的特点。

3. 政府主导性

任何公共政策均是政府主导的，惠农政策也不例外，但是由于我国政府的集权体制，加上传统的政治动员能力。政府全力实施惠农政策则具有中国特点：一是速度快，因为很多政策只需要国务院甚至部门都可以实施，人大和财政的预算约束也必须依照政策而执行，因此惠农政策出台的速度非常快。二是规模性，在国家政治动员下，上至国务院，下至乡镇都纷纷推出自己的惠农政策，惠农政策的数量空前增多，特别是 2008 年以来，有上百的惠农政策出台，有些部门出台惠农政策完全是为了完成任务，因此惠农政策变成了一种任务性政策。三是自上而下性，惠农政策由政府主导，而且在很短的时间集中推出，因此很多政策来不及调研，来不及征求群众、地方的意见，更来不及试验。速度、规模、行政等因素也会影响惠农政策的成效，在评估时这些因素也必须考虑。任务式的惠农政策只管投入，不管成效，只管有，而不管好，这种政策实施的动机、目标自然会影响公共政策的成效。中国这种政策创造力是先发达国家所不具备的。这也是中国惠农政策实施的特点。

（二）国家惠农政策评估的基本要求

国家惠农政策既有公共政策的一般功能，也承载着特殊的要求，因此国家惠农政策评估要有公共政策的一般要求，同时也要考虑惠农政策本身的特殊要求。

1. 预期目标

按照托马斯·R·戴伊的观点，预期目标模糊很难确定，但是预期目标也是可以进行基本的界定，而且我国的惠农政策很多都带有很强的预期目标。惠农政策要考虑如下政策目标：一是对于"三农"贡献、奉献的补偿性，即通过公共财政的转移支付对"三农"予以补偿，增强其内生发展能力。二是对于拉动经济增长的增长功能，2007 年年底后不少惠农政策承载了推动经济增长的功能，这个也应该是很多惠农政策的预期目标。三是惠农政策的强化执政的合法性目标。由于农民负担非常沉重，农村发展缓慢，农民对党的认同度大大下降，惠农政策还有一个重要的预期目标是"赢得民心"。

2. 最后效果

所有的公共政策都关注最后的效果、结果、成果。惠农政策也必须关注效果。很多经济学者都觉得惠农政策从经济层面来考虑成效不大，有些政策甚至失败了，但是从政治、社会层面来考虑成效则很大。因此，惠农政策要考虑三个效果：一是经济效果，包括拉动经济发展、农民增收、产业发展。二是社会效应，包括惠农政策对于创建和谐社会、保护老年人、儿童和弱势群体。三是政治效应，惠农政策对于提升党的形象，增强农民对党、政策的认同感的效应。另外，在考察最后的效果中，也要考察相关利益主体所受到的影响，包括基地政府、乡镇、村庄等主体受到的影响和认知。

3. 政策过程

詹姆斯·E·安德森要求关注政策过程，从我国的情况来看，考察惠农政策过程也是一种重要的评估。一是制定过程的评估，可能中国惠农政策制定过程程序相对简单些，也没有更多的透明度，但是可以从政策反馈、底层视角来看惠农政策的制定过程。二是执行过程的评估，执行过程主要是执行的效率、执行的完整性、可靠性。三是政策的反馈过程。政策的反馈性评估可以考察政策调整的可能性、调整的速度以及对惠农政策的灵活性的评估。

4. 整体成效

国内外惠农政策都是对某一项政策或者某两项政策进行对比研究，很少有对政策群、政策集的一种评估，如果是后一种其实就是对整体政策的一种全方位的政治分析。我国的惠农政策既要考察主要惠农政策的绩效，也要考虑这十多年来惠农政策的整体成效，对这一段时间的惠农政策进行全方位的评估，包括对政府、社会、经济产生的重大影响，还要考察这种影响的未来趋势以及影响程度。

5. 政策效率

政策结果主要是考察最后的成效，但是这就忽略两个重要的考察内容，一是效果与投入的对比，即这些效果投入比有多大。二是政策出台产生效果的时间，即政策产生效果时间长短问题，还包括政策制定、执行、反馈的时间，这些既反映了政策的灵活性，更多地反映了政策实施的效率，或者说反映了中国政府执行惠农政策的能力。

（三）国家惠农政策评估的基本思路

既要考虑惠农政策的特殊性，也要考虑惠农政策的更多要求，本书准备从以下几个方面展开惠农政策的评估研究：

1. 类型学分析

整体分析需要部分研究，部分研究的目标是整体。为了整体评估惠农政策，本书采取了三个视角的类型学分析：一是以政策为对象的类型学，即对政策本身进行分类进行研究，将政策分为产业性惠农政策、生活性惠农政策、保障性惠农政策以及基础设施类惠农政策，通过不同对象的惠及率、满意率、受益率的分析考察惠农政策的成效。二是以区域为对象的类型学，按照传统的华北、东北、华东、中南、西南、西北六大行政区域进行分类，考察惠农政策在不同地区的绩效。三是以不同群体为对象的类型学分析，惠农政策对不同群体产生的影响不同，通过对不同年龄、不同学历、不同收入、不同职业的农民群体分析考察惠农政策的成效。

2. 效应分析

类型学分析可以从不同视角考察惠农政策的成效，但是还有很多有形无形的"影响"也需要评估，为此本书从经济、政治、社会文化视角来考察惠农政策的绩效。一是考察经济成效，主要考察惠农政策的收入效应、经济拉动效应。二是考察政治效应，政治效应主要是考察惠农政策对中国政府管理体制、政府管理能力以及执政合法性改善所进行的考察。三是考察社会文化效应，主要考察惠农政策对农村社会结构、社会文化、社会关系方面的影响。

3. 过程分析

效应分析解决了看不见的政策"影响"，但是还有各种程序的运行也会影响惠农政策，同样惠农政策受程序的约束其效力也会受到影响。因此，本书还将从政策实施过程来考察惠农政策的绩效。一是考察政策制定程序的影响，因为政策制定的"黑箱"过程，我们无法了解，但是我们从底层视角考察政策制定对惠农政策成效的影响，同时也考察政策制定的"黑箱"作用使惠农政策成效产生的制约影响。二是考察政策执行程序的影响，主要考察惠农政策执行对成效的影响程序，即通过对执行诸多环节来考察执行程序的影响。三是考察政策反馈程序的影响。

4. 主体分析

前面三种分析解决了受益者、相关利益群体、无形影响、过程影响，但是对于惠农政策成效的影响还有直接的相关人——县、乡、村三级执行政策的干部，特别是村级干部既是执行者、落实者，还是受益者。为此，本书将通过对县、乡、村三级调查研究县干部、乡干部、村干部眼中的惠农政策成效。一是县干部视角下的惠农政策，从县干部的视角来考察惠农政策的成效。二是乡干部看、评惠农政策，主要从乡干部在执行惠农政策过程来评价惠农政策。三是村干部眼中的惠农政策，通过对惠农政策的落实者、参与者与受益者的调查来评估惠农政策的成效。

三、惠农政策评价方法、标准和指标

国家的惠农政策评价需要立足于中国实践的基础上借鉴国外先进的评估方法和建构评估惠农政策的指标体系。

（一）惠农政策评价基本方法

1. 实地调查

公共政策的评估一般的方法是实证研究，本书也采取实证研究的方式，进行实地调查。实地调查就是对调查对象进行深度访谈。本书将从四个方面展开实地调查研究：一是对已经建成网络的 5 000 农户享受国家惠农政策的调查；二是对300 个左右的村庄执行、落实国家惠农政策的调查；三是对 258 个县、乡管理者对执行落实国家惠农政策的情况的调查；四是对相关惠农政策有关部门的调查，以了解决策者、政策设计者的目标和初衷。调查采取查阅资料、座谈专访、抽样问卷和旁听会议等方式展开。

2. 问卷调查

在实地调查的同时，我们还将进行大量的问卷调查。问卷调查也从三个方面进行：一是对全国的 300 个村庄、5 000 户进行入户问卷调查。二是专门对执行惠农政策的县、乡领导进行调查。三是对有关惠农政策的执行部门进行访谈，调查惠农政策落实情况和执行情况。问卷调查主要是对惠农政策利益相关者：农民、村庄干部、乡镇干部、县乡领导、县乡管理部门进行调查。调查五个方面的问题：一是对惠农政策受益的认识；二是对惠农政策成效的评价；三是惠农政策存在的问题；四是惠农政策如何改进；五是您认为还需要国家出台的新惠农政策。如果说实地调查主要是了解问题的深度，则问卷调查是了解问题的广度，两者互相配合，以准确评估惠农政策的成效。

3. 比较分析

个案的剖析只能够解决"地方性知识"，个案的特殊性决定了知识生产的边界。所以我们还将采取比较分析的方法，寻找一般性规律和普遍性结论。主要采用两种比较的方法：一是求同法，我们将对惠农政策进行对比，寻找惠农政策发挥作用的共同条件、共同基础和起作用的共同机制，以及产生不同成效的原因；二是求异法，将寻找在同样的政策条件、资源禀赋和经济发展条件下，惠农政策成效发挥作用的不同条件，以及政策产生不同绩效的原因，通过对比分析考察惠农政策起作用的条件、基础和产生不同绩效的原因和机制。

（二）惠农政策的评价标准

要评价惠农政策就必须有评价的标准，本书根据国内外评价的经验分为五种评价方式：一是从结果的绝对量来评价；二是从结果的相对量来评价；三是从结果的目标来评价；四是从获取结果的成本来评价；五是从农民的主观认知来评价。其实，这五个方面也是评价政策成效的五种标准。只有用这五种方式或者标准来评价，才能够有效地对惠农政策结果做一个较为科学、客观的评价，而且不能仅从一个方面来评价，因为有些政策可能在某些方面成效比较显著，但在其他方面其成效可能比较差，因此需要综合评价惠农政策的成效。

从目标实现标准评价，即从政策的目标实现程度来评价政策的实施结果。课题组将通过两项惠农政策的目标和结果来评价政策实施成效。通过分析政策的目标，然后对照政策实施的结果，考察目标实现程度、目标实现质量。目标实现标准相对比较简单，即惠农政策有几个目标，其中有多少目标已经实现，实现程度如何。目标数量的实现程度比较好评价，但是目标实现质量的评价比较困难，即每项目标实现的程度，这需要结合农民的认知和态度来评价。目标实现标准是从政策设计者的角度来评价，有一定合理性但是也有较为明显的不足。

从效益标准评价，也就是从政策结果的绝对量来考察政策实施效果。课题组拟通过惠农政策相关案例来评价政策的效益，其评价指标是增收额或者得到好处的程度。效益标准也是考察政策成效的一个重要手段，它能够清楚地找出政策与结果之间的因果关系。但是它也有不足之处，它没有考虑投入问题，没有考虑目标的问题，也没有考虑公平公正问题。

从效率指标来评价，效率指标是指政策结果与投入的比率，它是一个相对量指标。课题组将从两个方面考察：政策投入与结果之间的关系，即投入产出关系；政策执行成本与执行结果之间的关系。前者指政策效率，后者指执行效率，两者都影响政策的成效，特别是前者本身就是政策评价的重要组成部分。效率指标能够比较客观地反映政策投入与农民受益之间的关系。鉴于此，课题组将重点从投入与产出之间的关系评价国家惠农政策，考核每单位政策投入的农民受益情况。

从反响回应标准来评价，上述几个方面的评价都是客观的，但是仅仅从客观情况考察并不能够反映农民的需求，也不一定能够完全反映农民的诉求。因此还需要借助农民的主观认知来评价，即农民对惠农政策的反响怎样，农民如何回应惠农政策。课题组将通过对农民的调查，询问农民的主观感受和认知，根据农民的感觉和认知来评价惠农政策。课题组也将分为两个层次进行调查和评价：首先考察农民对国家惠农政策整体的认知；其次再考察农民对某些国家惠农政策的具

35

体认知；最后综合核算反响回应的程度。

从公平标准来评价，惠农政策实施是一种收入分配形式或者说是一种收入再分配形式，收入分配会改变农民的收入状况。有些农民从惠农政策中得到了较多的收益，有些农民则很少得到收益。因此，需要考察惠农政策的分配效应，即惠农政策是促进了公平，还是拉大了收入差距。课题组将对惠农政策对农民公平的影响进行分析。课题组拟将核算不同群体、不同地区农民因惠农政策影响收入的程度，并计算基尼系数。公平标准主要是评价惠农政策的政治效应和社会效应。

（三）惠农政策评价的指标体系

1. 第一类指标：个人评价指标

指标一，惠及率。惠及率也称为参与率、享受率或者参与度。评估数据主要来源于两个，一是村庄调查的数据，即全村参与某项惠农政策的总人数与全村总人数之比；二是农户调查数量，所有样本家庭参与某项惠农政策的总人数与所有样本家庭的总人数之比。通过惠及率的分析来考察农民参与、享受惠农政策的情况。惠及率可以考察参与的广度、范围。另外，还考察四年惠及率的变化情况。惠及率可以从一定层面考察普惠政策的绩效，同时也可以看到近几年绩效的变化情况。惠及率是一个客观指标，反映了有多少农户、多少人享受了惠农政策。

指标二，受益率。受益率主要是农民从惠农政策中所获得的收益。这个收益是指货币化的收入。受益率包括如下几个指标：一是收益总额，指享受惠农政策的人获得的总的收益，包括样本总额和家庭总额。二是个人平均收益额，个人平均收益额指个人从惠农政策中所获得的收益。三是相对比率，个人平均收益占个人收入总额的比率，家庭从惠农政策获得的收益总额占家庭总收入的比重。受益率是一个客观性指标，反映了受益群体的受益程度，这是评价公共政策一个最重要的指标。

指标三，满意率。满意率又称为满意度，是指利益享受者对惠农政策的满意度，或者说对惠农政策的实施对象的满意程度。满意率是一个主观指标，可以分为满意、不满意与一般，满意率是指满意的样本占总样本的比重，其对称的指标是不满意率，是指不满意的样本占总样本的比率。

指标四，认可率。如果将政策的满意度分为"满意"、"比较满意"、"一般"、"不太满意"和"不满意"五个分组，满意率是"满意"与"比较满意"之和与受访人数的比重。认可率是指表示"一般"的受访者与所有受访者之比。我们经常说，"认可但不满意"就是指这种意思。

指标五，知晓率。所谓知晓率就是对惠农政策的了解程度。知晓率是指知道某项惠农政策的人数占样本总人数的比率。知晓率是一个客观性的辅助性评价指标，知晓率的高低可以反映政策宣传、执行的情况。另外，对惠农政策大规模实施的国家或时期，对不同政策的知晓率也反映政策贯彻的情况。

指标六，政策落实率。政策落实率主要是考核已经落实的惠农政策数量与总的惠农政策数量之间的比重。其实，现在很多政策还停留在文件层面，根本没有落实，本书将考察政策落实情况。因为惠农政策的总体数量并不清楚，而且惠农政策分布在各个部门，因此，本书采取根据自己的认知的调查方式来考察政策落实率。

2. 第二类指标：效应指标

指标一，经济效应。惠农政策的经济效应包括直接的经济收入和间接的经济拉动效应。我们拟考察如下指标：一是收入效应，包括直接收入，如从惠农政策获取的直接政策补贴收入，也包括间接收入，如新农合带来的收入。二是消费效应，主要是惠农政策收入补贴对经济的拉动作用，即补贴的乘数效应。主要考察消费的补贴弹性，即补贴每增加一个百分点，消费支出所增加的百分点。三是生产效应，即惠农政策带动的生产的发展，包括规模经营、农业增产、机械使用水平的提高等。四是投资效应，就是惠农政策实施对农业生产投入方面的影响，本项目准备从资金投入、机械投入、雇工投入等方面进行考察。四种方式均采取补贴弹性计算方式，考察拉动影响。

指标二，社会效应。所谓社会效应就是惠农政策实施对社会制度、社会关系、社会结构和社会行为等产生的影响。社会效应包括两个方面：一是社会制度的建立和覆盖，如新农保、新农合、农村教育制度；二是惠农政策实施对社会所带来的无形影响，如家庭关系、村民关系、社会结构、社会分化、社会行为等的影响。

指标三，政治效应，就是惠农政策实施在政治方面产生的影响，其影响可能是正面，也可能是负面的。本书将从三个方面展开研究：一是惠农政策对农民政治态度的影响。二是惠农政策对农民政治认同的影响，包括对中央政府、地方政府和村庄的满意度，也可以说是对政府的合法性影响。三是惠农政策实施对农民政治参与的影响，包括参选情况、参与管理情况等。

3. 第三类指标，过程指标

指标一，资金到位率，是指惠农政策实施过程中各级政府投入资金按时性，资金到位率包括中央政府的资金到位率和地方政府的资金配套率。资金到位率是惠农政策过程评价的重要指标，反映了惠农政策正常运行程度。

指标二，政策反馈率。政策反馈率是相关主体向上执行部门、决策部门反映问题的比率。这是一个客观指标，反映了农民对自己权利的关心程度，也反映了农民的政策参与程度。当然反馈率也包括村、乡干部等非利益群体的反馈。

指标三，政策回访率。政策回访率就是各级政府对实施的惠农政策存在的问题及成效进行访问的比率。政策回访率是考察决策、执行部门对政策偏差进行修正的一个重要步骤。这个指标也可以从一定程度反映政策调整、修正的可能性及速度。这个指标可以在一定程度上改善政策实施成效。

指标四，政策需求率。即在对农户进行政策需求调查，某种政策在所有需求政策中所占的比重。政策需求率反映了农民对政策的需求的愿望和强度。这个指标是决策部门制定政策的主要依据。当然有政策需求率不见得能够转换成政策。

第二编

类型学分析

第三章

国家惠农政策的成效：类型分析

惠农政策是一个大概念，或者说是一个"集合"的概念，包括上百种针对"三农"的公共政策，对这些政策评估本身就是一个重要的研究任务。本章将惠农政策进行类型学分析，即将惠农政策分成：产业性惠农政策（农业生产）、生活性惠农政策、保障性惠农政策与基础设施性惠农政策进行评估，并对四类政策的成效进行对比分析。本章的数据是中国农村研究院连续 4 年"百村观察"调查中的"惠农政策专题"调研的数据，调查村庄为 258 个，农户 3 000 户。

一、惠农政策的成效：类型分析

（一）惠农政策的成效分析：三个维度

1. 惠农政策的惠及面

惠农政策成效如何？一个关键指标就是考察政策实施后，政策惠及的农民比例，或农民参与的比例。根据 2008～2011 年 4 年调查的村庄和农户数据，课题组将惠农政策分成农业生产、社会保障、生活发展以及基础设施四类惠农政策，并在每一类中选择 2 个典型政策进行考察，分析惠农政策的惠及面。其中农业生产类主要包括粮食直补、农业保险；社会保障类主要包括新型农村合作医疗和新型农村社会养老保险；生活发展类主要包括家电下乡和小额信贷；基础设施类则包括路网建设和电网建设。

（1）粮食直补的惠及面逐渐扩大。国家为进一步促进粮食生产、保护粮食综合生产能力、调动农民种粮积极性和增加农民收入，按一定的补贴标准和粮食实际种植面积，对农户直接给予的补贴，即粮食直接补贴（简称粮食直补）。自2004年在全国全面实施以来，粮食直补至今已有近10年时间。中国农村研究院从2009年暑假至今，连续4年对全国31个省近300个村庄3 000多位农户进行关于粮食直补政策的调查。数据显示，从2008～2011年，享受粮食直补的农户有效样本占比分别为81.23%、83.95%、89.70%、93.91%。政策普惠的增长率分别为3.35%、6.85%和4.69%（见表3-1，图3-1）。可见，粮食直补作为一种针对种田农户的普惠性政策，政策惠及面较广。同时，其惠及面也逐步扩大。

表3-1　　　　　　　　　粮食直补的惠及面　　　　　　　　单位：%

年份	惠及面	增长率
2008	81.23	—
2009	83.95	3.35
2010	89.70	6.85
2011	93.91	4.69

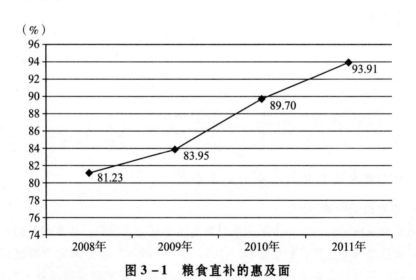

图3-1　粮食直补的惠及面

（2）农业保险的参保率逐年增加。农业保险是指国家专门针对农业生产者在从事种植业和养殖业生产过程中，因遭受自然灾害和意外事故所造成的经济损失而提供社会保障的一种措施。在中国，农业保险又是解决"三农"问题的重要组成部分。这一惠农政策于2007年开始试点，2008年试点范围进一步扩大。

课题组通过对 3 000 多农户关于农业保险的调查发现，2008~2011 年样本农户参与农业保险的参保率分别为 10.16%、19.18%、23.14%、32.30%，4 年的参保率不断增高，其增长率分别为 88.78%、20.65%、39.59%（见表 3 - 2，图 3 - 2）。由此可见，农业保险政策的成效较为显著，参保率不断提高，势头较好。但与此同时，也要看到我国农业保险政策还不够健全，农民的保险意识还比较薄弱，农业保险的市场还较小，与发达国家还存在较大差距。

表 3 - 2　　　　　　　　　　农业保险的参保率　　　　　　　　单位：%

年份	参保率	增长率
2008	10.16	—
2009	19.18	88.78
2010	23.14	20.65
2011	32.30	39.59

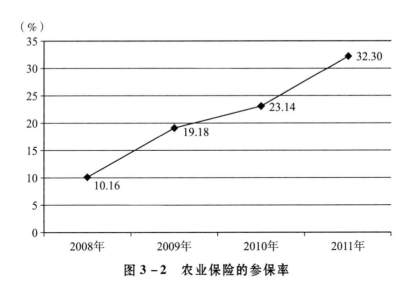

图 3 - 2　农业保险的参保率

2. 社会保障类惠农政策的惠及面

（1）新农合的参保率逐步增加。新型农村合作医疗制度简称新农合，是指由政府组织、引导、支持，农民自愿参加，个人、集体和政府多方筹资，以大病统筹为主的农民医疗互助共济制度。采取个人缴费、集体扶持和政府资助的方式筹集资金。课题组通过对全国 31 个省份 200 多个村庄的调查，获取村庄总人口和参加新农合的总人数，以后者除以前者，得出样本村庄新农合的参保率。① 数据显示，2008～2011 年，获取的样本村庄总人口数分别为 475 142 人、544 046 人、555 846 人、515 752 人，参加新农保的人数分别为 426 873 人、493 106 人、504 327 人、470 070 人。因此，新农合参保率分别为 89.84%、90.64%、90.73%、91.14%（见表 3 - 3，图 3 - 3）。由此可见，新农合政策自推行伊始，其参保率就比较高，政策落实较好，也可说明农民对于医疗政策的强烈需求。同时，新农合 4 年来的参保率一直维持在九成左右，变化幅度较小。而据国家统计数据显示，新农合已于 2010 年基本实现农村居民的全覆盖。尽管政策实现了全覆盖，但农民并未全部参与。

表 3 - 3　　　　　　　　　　　　新农合的参保率　　　　　　　　　　单位：人，%

年份	2008	2009	2010	2011
参加新农合人数	426 873	493 106	504 327	470 070
村庄总人数	475 142	544 046	555 846	515 752
参保率	89.84	90.64	90.73	91.14
增长率	—	0.89	0.10	0.45

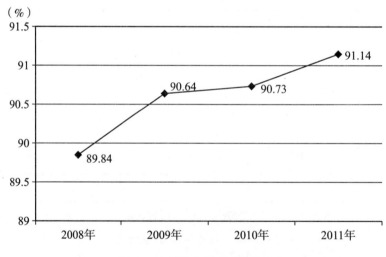

图 3 - 3　新农合的参保率

（2）新农保的参保率增长较快。新型农村社会养老保险（简称新农保）是以保障农村居民年老时的基本生活为目的，建立个人缴费、集体补助、政府补贴相结合的筹资模式，养老待遇由社会统筹与个人账户相结合，与家庭养老、土地

---

① 农合参保率 = 有效样本村庄参保人数/有效样本村庄总人数。

保障、社会救助等其他社会保障政策措施相配套，由政府组织实施的一项社会养老保险制度，是国家社会保险体系的重要组成部分。2009～2011年，在有效样本中，符合参保条件且已经参保的农民人数依次为53 571人、101 683人和227 516人，新农保的参保率分别为9.85%、18.29%和44.11%，3年间增长了近四倍①。可见，新农保的成效显著，参保人数不断增加，参保率节节攀升，特别是2010～2011年，增长率为141.17%（见表3－4，图3－4）。

表 3 - 4　　　　　　　　　　　新农保参保率　　　　　　　　　　单位：人，%

年份	2009	2010	2011
参保人数	53 571	101 683	227 516
村庄总人数	544 046	555 846	515 752
参保率	9.85	18.29	44.11
增长率	—	85.69	141.17

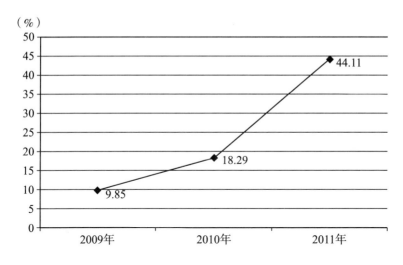

图 3 - 4　新农保的参保率

3. 生活发展类惠农政策的惠及面

（1）家电下乡参与率不断增加。家电下乡政策自2007年12月开始试点实施，到2013年1月31日全部执行到期，已实行逾5个年头。作为一项扩大内需的重要举措，家电下乡与以往的惠农政策不同的是，以往对农民的补贴主要侧重于生产环节，而家电下乡则是对消费环节的补贴，只有农民购买了家电才给补

---

①　新农保参保率＝有效样本村庄参保人数/有效样本村庄总人数。

贴，直接拉动消费。因此，有必要对家电下乡政策的成效进行整体评估。课题组通过对31个省3 000多位农户的调查显示，2008～2011年，样本农户参与家电下乡的占比分别为6.60%、16.25%、16.90%、27.52%，参与率不断提高，到2011年度已逾三成。同时根据数据也可以看到，2009年和2011年度，家电下乡政策的成效较为显著，增长率分别为146.21%和62.84%，增长势头较猛（见表3－5，图3－5）。

表3－5　　　　　　　　　　　家电下乡的参与率　　　　　　　　　　单位：%

年份	参与样本	有效样本总数	参与率	增长率
2008	195	2 953	6.60	—
2009	589	3 624	16.25	146.21
2010	810	4 792	16.90	4.00
2011	1 004	3 648	27.52	62.84

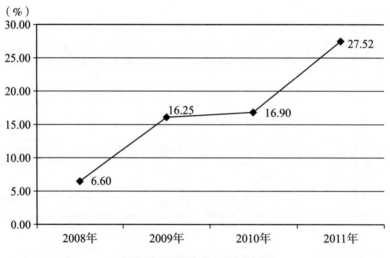

图3－5　家电下乡的参与率

（2）近两成样本农户享受小额信贷政策。资金短缺问题一直是制约我国农村经济发展的一大瓶颈。为缓解农村资金紧缺状况，促进农业增产、农民增收和农村经济发展，近年来，在银行业金融机构，特别是农村合作信用机构或信贷机构的参与和带动下，我国全面推动农村小额信贷政策。为了解小额信贷在农村的惠及情况，课题组于2009年暑期对全国31省份200多个村庄进行调查，获取2 953个农户有效样本。其中，有552位农户表示过去几年获得了小额贷款，占比18.69%（见表3－6，图3－6）。虽然不足两成，但这一比例相对来说已比较高，可见小额信贷政策在农村的需求比较大，惠及面也比较广，在一定程度上缓解了农业增产、农民增收和农村经济发展过程中缺少资金的难题。

表 3－6　　　　　　　　小额信贷的参与率　　　　　　　　单位：个，%

有效样本数	贷款农户样本	参与率
2 953	552	18.69

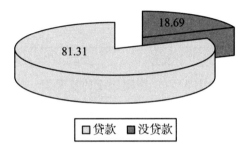

图 3－6　小额信贷的参与率（单位：%）

4. 基础设施类惠农政策的惠及面

（1）路网建设的惠及面逐年增加，硬化率不断提高。俗话说，要致富先修路。近年来，为了改变农村落后的交通状况，促进农村经济的发展，国家加大了对农村公路的投资力度，实施"村村通"、"组组通"等农村路网建设工程，极大改变了农村道路面貌。通过对全国 31 个省份 200 个村庄连续 4 年的跟踪调查，样本村庄的公路总里程从 2008～2011 年分别为 2 045.33 公里、2 605.88 公里、2 821.93 公里、2 727.85 公里，其中硬化总里程分别为 994.79 公里、1 325.58 公里、1 502.35 公里、1 500.17 公里。由此可以得出农村公路的硬化率分别为 48.64%、50.87%、53.24%、54.99%（见表 3－7，图 3－7）。总体而言，农村路网建设的成效较为显著，公路的硬化率逐年增加，2011 年已接近 55%。

表 3－7　　　　　　　　路网建设的惠及面　　　　　　　　单位：公里，%

年份	公路总里程	硬化总里程	硬化率	增长率
2008	2 045.33	994.79	48.64	—
2009	2 605.88	1 325.58	50.87	4.58
2010	2 821.93	1 502.35	53.24	4.66
2011	2 727.85	1 500.17	54.99	3.29

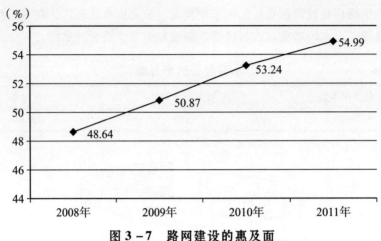

图 3 - 7　路网建设的惠及面

（2）电网建设成效显著，极少数农户家庭未能通电。随着全面小康社会建设的快速推进，农村对电力的需求持续快速增长，用电结构也发生了重大改变，农村电网建设是新农村基础配套设施中的重要部分，是影响到农业灌溉、农产品加工、农民生活质量的重要因素。2013 年中央 1 号文件要求，农村电网改造升级要注重改善农村居民用电和农业生产经营供电设施。农村电网既要与城市电网实现一体化发展，又要依据负荷特点和地理条件体现差异化。课题组通过调查发现，农村电网的覆盖率普遍较高，2008 ~ 2011 年分别为 98.73%、98.88%、98.93%、99.11%（见表 3 - 8，图 3 - 8），这说明农村电网建设的成效较为明显，且逐渐增加。但是也要看到，还有近百分之一的样本农户没有享受到电网建设的好处。即使是通电的农村地区，电网线路"卡脖子"、设备"超负荷"现象仍十分普遍，给农村电网建设的成效带来不小的遗憾。当前，我国农村电网规划要与农村经济和城镇化发展相适应，与农电改造相协调，坚持标准化、规范化原则，注重节约用地、少征耕地，保护农村生态环境。同时，坚持以科技创新推动农网技术水平和装备水平的提高，按照安全可靠、节约高效的目标，优化农网结构，缩小用电半径，努力提高用电质量和效益。

表 3 - 8　　　　　　　　　　　电网建设的惠及面　　　　　　　　　　单位：公里，%

年份	总户数	通电总户数	覆盖率	增长率
2008	117 053	115 569	98.73	—
2009	138 560	137 002	98.88	0.15
2010	147 617	146 038	98.93	0.05
2011	153 539	152 168	99.11	0.18

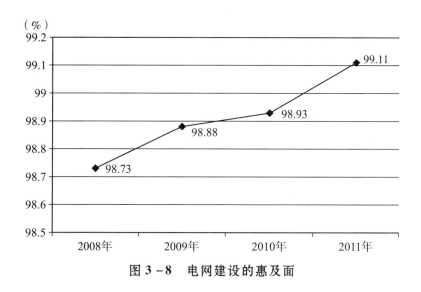

图 3 - 8 　电网建设的惠及面

（二）惠农政策的受益率

惠农政策的直接目标就是让农民受益。如何使惠农政策发挥最大的政策效用，如何保证惠农政策惠及农民，如何确保惠农政策的良性运行等一系列问题成为迫切需要解决的问题。课题组主要从惠农政策给农民带来的实际经济效应，以及其所占的农民收入比重来考察农民从政策中获取的受益率，其中粮食直补的受益率是考察其占农民家庭收入的比重，新农合考察其报销率，新农保考察养老金占农户家庭收入的比重，家电下乡考察农户报销的平均金额，小额信贷考察农户平均的贷款金额。通过以上不同角度的研究，课题组力图全面地呈现惠农政策的受益率。

1. 农村生产类惠农政策的受益率

粮食直补金额不断增加，但受益率不断减少。国家出台粮食直补政策，很大程度上是为了以直接补贴的方式，调动农民种粮的积极性。因此，要评估粮食直补政策的成效，就要对农民实际得到的补贴金额进行考察。调查发现，大部分地区的粮食补贴政策在实际实施过程中，是按照农民的耕地面积进行测量，而不是实际种植面积。课题组通过对 200 多个村庄 3 000 多个农户连续 4 年的调查发现，2008～2012 年，样本农户实际得到的亩均粮食补贴金额分别为 60.08 元、69.79 元、76.76 元、85.37 元；2008～2012 年，样本农户的人均补贴金额分别为 105.42 元、112.98 元、124.76 元、142.58 元（见表 3 - 9，图 3 - 9）。可见，不管是人均还是亩均，粮食补贴的金额都在不断增加，这对于增加农民的现金收入、抵消农业生产资料价格上涨具有一定作用。然而，数据也显示，粮食直补金额占样本农户的家庭收入及务农收入的比重却在不断减小，前者 4 年的占比分别为1.28%、1.25%、1.22%、1.21%，后者则分别为4.96%、4.82%、4.78%、4.76%，二者都呈明显下降趋势（见表3－10，图3－10）。由此可见，尽管粮食直补金额不断增加，但由于近年来农民收入不断增加，导致粮食直补的效用不断递减，对于刺激农民种粮积极性的力度则明显不够。

表3－9　　　　　　　　　粮食直补的金额　　　　　　　　　单位：元

年份	人均	亩均
2008	105.42	60.08
2009	112.98	69.79
2010	124.76	76.76
2011	142.58	85.37

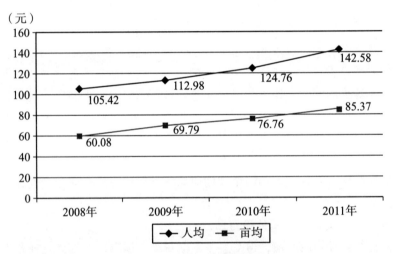

图3－9　粮食直补的金额

表3－10　　　　　　　　　粮食直补的受益率　　　　　　　　　单位：元

年份	农补总金额	家庭总收入	务农总收入	农补/家庭收入	农补/务农收入
2008	1 080 367	84 596 480	21 760 410	1.28	4.96
2009	1 230 617	98 100 808	25 543 798	1.25	4.82
2010	1 544 478	125 717 353	32 338 866	1.22	4.78
2011	1 842 365	152 636 370	38 673 165	1.21	4.76

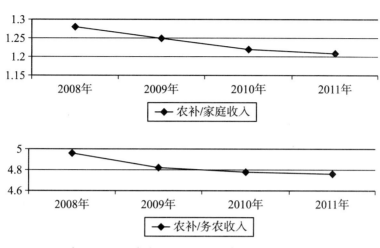

表 3－10 粮食直补的受益率（单位：元）

2. 社会保障类惠农政策的受益率

（1）新农合的受益率逐步增长，近两年成效较为显著。考察农村从新农合中受益的情况，可以从农民看病报销的比例这一指标中得出。调查数据显示，2008～2011 年，样本农户的看病总支出分别为 7 107 005 元、13 449 052 元、13 678 956 元、13 719 337 元；其中农户领取的报销金额分别为 1 234 122 元、2 354 009 元、3 132 397 元、4 069 593 元。由此可以得出，样本农户的新农合报销比例分别为 17.36%、17.50%、22.90%、29.66%，报销比例不断增加，2011年接近三成①。其中，2011 年和 2012 年的报销比例增幅最大，分别为 30.86% 和29.52%（见表 3－11，图 3－11）。总体而言，近年来新农合政策在广大农村地区实施效果良好，对于缓解农民"看病难、看病贵"起到了一定的作用。

表 3－11　　　　　　　　　新农合的受益率　　　　　　　单位：元，%

年份	2008	2009	2010	2011
领取新农合金额	1 234 122	2 354 009	3 132 397	4 069 593
看病总支出	7 107 005	13 449 052	13 678 956	13 719 337
受益率	17.36	17.50	22.90	29.66
增长率	—	0.81	30.86	29.52

---

① 新农合的报销比例、报销范围都不尽相同，且不同区域也存在差异。课题组在此不做区域、类型和范围区分，只考察农户所花医疗费用与所报销金额。

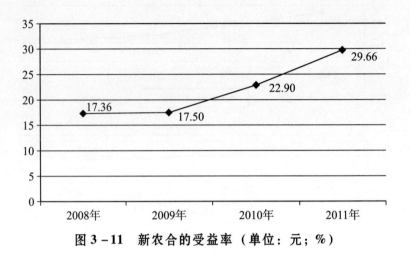

图 3－11　新农合的受益率（单位：元；%）

（2）新农保的受益率逐渐下降。为考察农民从新农保政策中的受益情况，课题组对参加新农保农户领取养老金占其家庭年收入的占比进行分析。从表 3－12 可以看出，2009～2011 年，样本农户领取新农保的总金额分别为 296 588 元、477 304 元、796 029 元，而样本农户这 3 年的家庭收入总额分别为 8 214 927 元、16 793 232 元、41 759 629 元。因此，农民从新农保中受益的比例分别为 3.61%、2.84%、1.91%（见表 3－12，图 3－12）。由此可见，虽然样本农户领取的新农保养老金逐年增加，但其所占家庭总收入的比例却不断减少，也就是说新农保养老金对于参保农民的受益率逐渐减少，政策的效益趋于递减。这可能与近年来农民收入增长较快有关，农民收入增长的幅度大于农民年龄和领取养老金金额的增长幅度，导致新农保的受益率有所下降。

表 3－12　　　　　　　　　　　新农保的受益率　　　　　　　　　　单位：元，%

年份	2009	2010	2011
领取新农保金额	296 588	477 304	796 029
家庭总收入	8 214 927	16 793 232	41 759 629
受益率	3.61	2.84	1.91
增长率	—	－21.33	－32.75

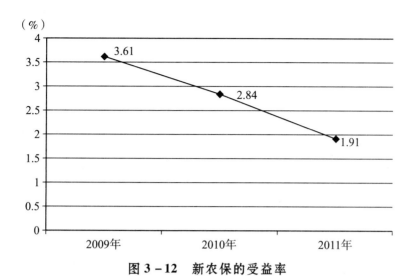

图 3 – 12　新农保的受益率

3. 生活发展类惠农政策的受益率

（1）"家电下乡"的受益率不断提高。"家电下乡"政策规定，凡购买政策范围内的指定家电，可获得13%的补贴金额。课题组对历年调查对象是否购买家电下乡产品以及是否获得补贴，如果获得补贴，则获得多少金额等数据进行考察，其中重点考察电视、计算机、冰箱、洗衣机、空调、热水器这六类农村居民常用的家电产品，分别获得195个、589个、810个以及1 004个农户有效样本，其获得的补贴金额分别为51 095元、190 626元、378 646元、481 912元，平均每个农户获得的补贴金额分别为262.03元、323.64元、467.46元、479.99元（见表3 – 13，图3 – 13）。显而易见，购买家电下乡产品的农户样本逐年增加，获得的补贴总额以及平均金额也逐年增加，在很大程度上可以说明随着家电下乡政策的推行，购买家电下乡产品的农民越来越多，国家财政补贴的金额也越来越多，农民从家电下乡政策中切实得到了实惠，部分农民赞誉家电下乡政策为21世纪的"惠民工程"。

表 3 – 13　　　　　　　　　　　　家电下乡的受益率　　　　　　　　　　单位：元，个

年份	补贴总额	样本数	平均值
2008	51 095	195	262.03
2009	190 626	589	323.64
2010	378 646	810	467.46
2011	481 912	1 004	479.99

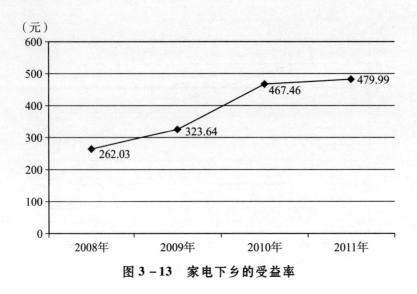

图 3－13　家电下乡的受益率

（2）样本农户小额信贷的平均贷款金额约为 26 000 元。为全面考察小额信贷的成效，课题组对 552 位贷款农户的贷款金额情况进行分析，其均值为 25 965.76 元，中位数为 10 000 元，众数为 5 000 元（见表 3－14，图 3－14）。进一步分组分析可知，34.78% 的农户贷款金额在 5 000 元以下，15.94% 的农户贷款金额在 5 000~10 000 元。另外还有 17.57% 的农户贷款金额在 10 000~25 000 元之间，22.46% 的农户贷款金额为 25 000~50 000 元，还有 9.24% 的农户贷款金额为 50 000 元以上。总体而言，近 1/3 的农户贷款不足 5 000 元，逾半数农户的贷款金额在 10 000 元以内，这些贷款对其生产生活发展作用不大。另外，还有约一成农户的贷款金额为 50 000 元以上（见表 3－15，图 3－15），调查中发现，这部分农户大多为种养大户和经济能人，具有较强的经济实力，也有较高的信誉，因而贷款比较容易。然而对于大多数农民来说，申请贷款面临的一道坎就是没有担保人或缺乏抵押物。这种局面很容易导致农村出现"贫者越贫，富者越富"的贫富分化局面，然而在现阶段农村信用普遍缺失的状况下，这种局面又貌似不可避免。如何创新小额信贷体制机制，探索以信用为基础的农村基层金融体系，使真正需要贷款的农户贷到款，金融机构及时回收应收回的贷款，是当前各地亟须研究的一大课题。

表 3－14　　　　　　　　　　　小额信贷的基本情况　　　　　　　　　　单位：元

均值	中位数	众数
25 965.76	10 000	5 000

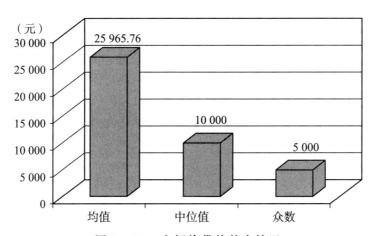

图 3 - 14　小额信贷的基本情况

表 3 - 15　　　　　　小额信贷的金额分组　　　　　　单位：%

贷款金额分组	占比
0 ~ 5 000 元	34. 78
5 001 ~ 10 000 元	15. 94
10 001 ~ 25 000 元	17. 57
25 001 ~ 50 000 元	22. 46
50 000 元以上	9. 24
合计	100（552）

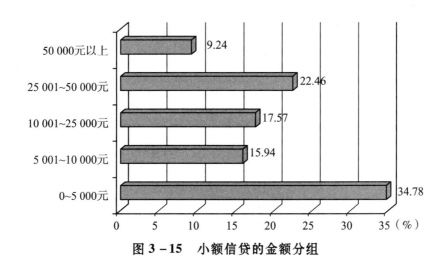

图 3 - 15　小额信贷的金额分组

（三）惠农政策的满意度

农民是惠农政策的目标群体，农民的评价是衡量惠农政策成效的标准之一。因此，必须以农民的评价为导向，完善惠农政策，实现惠农政策的预期效果。在对农户关于惠农政策评价的调查问卷中，用不满意、不太满意、基本满意、比较满意、非常满意这5个选项来表示农民对惠农政策的满意度评价。课题组使用赋值加权的方法计算满意度值，即首先将非常满意、比较满意、基本满意、不太满意和不满意五个满意级别依次赋5、4、3、2、1的分值；其次，以5个不同级别人员比重为权数计算总分值即满意度值；最后根据满意度值在1.50分及以下为不满意层次、1.51~2.50分之间为不太满意层次、2.51~3.50分之间为基本满意层次、3.51~4.50分之间为比较满意层次、4.51分及以上为非常满意层次的标准来对满意程度进行定性。

1. 农村生产类惠农政策的满意度

（1）粮食直补的满意度逐步递减，且速度趋快。数据显示，2008年样本农户对粮食直补表示非常满意、比较满意、一般、不太满意、很不满意的占比分别为58.92%、28.28%、9.06%、2.58%、1.16%；2009年样本农户的这一占比分别为52.83%、36.21%、8.83%、1.50%、0.63%；2010年的这一占比则分别为50.37%、34.45%、12.42%、2.39%、0.37%；2011年的占比为42.97%、43.88%、9.88%、2.67%、0.60%。总体来看，表示非常满意的占比逐年减少。进一步对满意度值进行赋值加权计算，可得出样本农户2008~2011年对粮食直补政策的满意度值分别为4.44分、4.39分、4.35分、4.26分（见表3-16，图3-16）。由此可见，随着年份的推进，农户对粮食直补政策的满意度不断下降。虽然国家不断加大粮食直补的金额，但农民对这一政策的满意度不增反减，这可能与近年来农民收入增加较快，或农资价格上涨过快有关，导致粮食直补的金额不足以抵消物价上涨和农资价格上涨，由此引致粮食直补政策的效用逐年递减。

表3-16　　　　　　　　　　　　粮食直补的满意度　　　　　　　　　单位：分，%

年份	非常满意	比较满意	一般	不太满意	很不满意	合计	满意度	增长率
2008	58.92	28.28	9.06	2.58	1.16	100	4.44	—
2009	52.83	36.21	8.83	1.50	0.63	100	4.39	-1.13
2010	50.37	34.45	12.42	2.39	0.37	100	4.35	-0.91
2011	42.97	43.88	9.88	2.67	0.60	100	4.26	-2.07

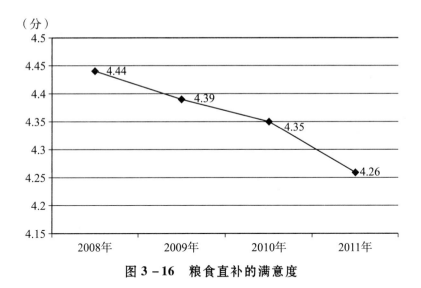

图 3 - 16　粮食直补的满意度

（2）农业保险的满意度逐渐增高。数据分析结果显示，2009 年样本农户对粮食直补表示非常满意、比较满意、一般、不太满意、很不满意的占比分别为23.69%、23.51%、39.08%、10.09%、3.63%；2010 年的这一占比则分别为23.42%、26.17%、39.95%、8.79%、1.67%；2011 年的占比分别为20.76%、34.74%、34.91%、8.55%、1.04%。进一步对满意度值进行赋值加权计算，可得出样本农户 2009～2011 年对农业保险政策的满意度值分别为 3.54 分、3.62分、3.66 分（见表 3 - 17，图 3 - 17）。由此可见，随着年份的推进，农户对农业保险政策的满意度不断增高，这一方面说明农业保险政策具有一定成效，也对农业保险政策在农村的推行具有一定益处。但同时也要看到，虽然农业保险政策的满意度在不断增高，但与同样作为农业生产类惠农政策的粮食直补政策的满意度相比来说，农业保险政策的满意度还相对较低。

表 3 - 17　　　　　　　　　农业保险的满意度　　　　　　　　单位：分，%

年份	非常满意	比较满意	一般	不太满意	很不满意	合计	满意度	增长率
2009	23.69	23.51	39.08	10.09	3.63	100	3.54	—
2010	23.42	26.17	39.95	8.79	1.67	100	3.62	2.26
2011	20.76	34.74	34.91	8.55	1.04	100	3.66	1.10

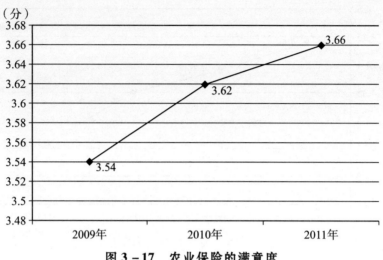

图 3 - 17　农业保险的满意度

2. 社会保障类惠农政策的满意度

（1）新农合的满意度逐渐递减，但递减速度趋慢。数据显示，2008 年样本农户对新农合表示非常满意、比较满意、一般、不太满意、很不满意的占比分别为 65.65%、34.35%、12.19%、3.92%、0.89%；2009 年样本农户的这一占比分别为 52.47%、32.14%、9.13%、4.41%、1.86%；2010 年的这一占比则分别为 36.65%、37.80%、19.20%、5.01%、1.34%；2011 年的占比分别为 25.94%、49.78%、16.70%、9.10%、0.90%（见表 3 - 18，图 3 - 18）。总体来看，表示非常满意的占比逐年减少，表示不太满意的占比逐年增加。进一步对满意度值进行赋值加权计算，可以得出样本农户 2008～2011 年对新农合政策的满意度值分别为 5.11 分、4.29 分、4.04 分、3.98 分。由此可见，随着年份的推进，农户对新农合政策的满意度不断减少，从政策制定之初的"非常满意"层次降低为"比较满意"层次。调查中不少农民反映，"合作医疗搞活了乡镇医院，搞坏了服务态度"，还有农民形象地说道，"救护车一响，白送一头猪，割个阑尾炎，白种一年地，脱贫三五年，一夜回到解放前"。总之，新农合政策在执行过程中出现的各种问题，导致其政策效应不断下降，没有真正解决农民"看病难、看病贵"的难题。

表 3 - 18　　　　　　　　　　　新农合的满意度　　　　　　　单位：分，%

年份	非常满意	比较满意	一般	不太满意	很不满意	合计	满意度值	增长率
2008	65.65	34.35	12.19	3.92	0.89	100	5.11	—
2009	52.47	32.14	9.13	4.41	1.86	100	4.29	-16.05
2010	36.65	37.80	19.20	5.01	1.34	100	4.04	-5.83
2011	25.94	49.78	16.70	9.10	0.90	100	3.98	-1.49

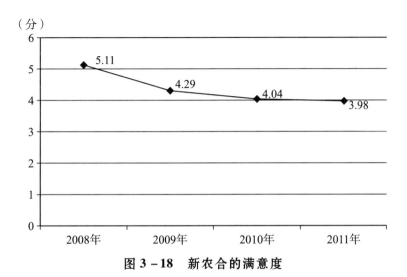

图 3 - 18　新农合的满意度

（2）新农保的满意度逐渐增加，但近两年增加幅度不大。课题组就样本农户对新农保的满意度进行调查分析，2009 年样本农户对新农合表示非常满意、比较满意、一般、不太满意、很不满意的占比分别为 25.17%、31.49%、36.80%、6.40%、1.16%；2010 年的这一占比则分别为 41.13%、31.15%、19.81%、6.12%、1.79%；2011 年的占比为 33.94%、41.97%、18.96%、4.57%、0.57%（见表 3 - 19，图 3 - 19）。进一步对满意度值进行赋值加权计算，可得出样本农户 2009 ~ 2011 年对新农保政策的满意度值分别为 3.73 分、4.03 分、4.04 分。由此可见，样本农户对于新农保的满意度逐渐增高。但同时也要看到，虽然新农保政策的满意度在不断增高，但与同样作为社会保障类惠农政策的新农合政策的满意度相比来说，新农保政策的满意度还相对较低，尽管农民对新农合的满意度正在递减。

表 3 - 19　　　　　　　　新农保的满意度　　　　　　　单位：分，%

年份	非常满意	比较满意	一般	不太满意	很不满意	总计	满意度值	增长率
2009	25.17	31.49	36.80	6.40	1.16	100	3.73	—
2010	41.13	31.15	19.81	6.12	1.79	100	4.03	8.04
2011	33.94	41.97	18.96	4.57	0.57	100	4.04	0.25

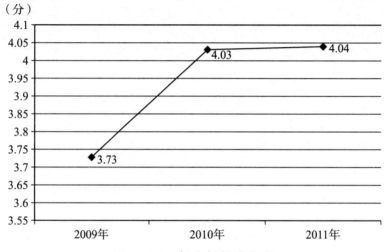

图 3 - 19　新农保的满意度

3. 生活发展类惠农政策的满意度

（1）家电下乡的满意度变化不大。从不同年份的农民对"家电下乡"的满意度来看，2009 年样本农户对家电下乡表示非常满意、比较满意、一般、不太满意、很不满意的占比分别为 29.25%、38.62%、26.22%、5.11%、0.80%；2010 年的这一占比则分别为 34.33%、30.36%、28.92%、5.31%、1.08%；2011 年的占比为 27.24%、43.69%、23.94%、4.29%、0.84%（见表 3 - 20，图 3 - 20）。进一步对满意度值进行赋值加权计算，可得出样本农户 2009～2011 年对家电下乡政策的满意度值分别为 3.90 分、3.92 分、3.92 分。由此可见，农民对家电下乡政策的满意度主要集中在"比较满意"层次，3 年时间满意度变化不大。调查中发现，不少农民反映，"家电下乡好是好，但产品太单一，选择性不多"，这成为制约家电真正"下乡"的一大阻力。

表 3 - 20 家电下乡的满意度 单位：分，%

年份	非常满意	比较满意	一般	不太满意	很不满意	合计	满意度值	增长率
2009	29.25	38.62	26.22	5.11	0.80	100	3.90	—
2010	34.33	30.36	28.92	5.31	1.08	100	3.92	0.51
2011	27.24	43.69	23.94	4.29	0.84	100	3.92	0

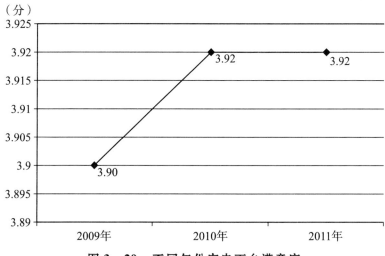

图 3 - 20 不同年份家电下乡满意度

（2）小额信贷的满意度逐年增加。数据分析显示，2008 年样本农户对小额信贷表示非常满意、比较满意、一般、不太满意、很不满意的占比分别为 17.23%、27.11%、39.96%、11.76%、3.94%；2009 年样本农户的这一占比分别为 21.32%、22.96%、42.08%、10.70%、2.94%；2010 年的这一占比则分别为 16.74%、33.19%、37.57%、9.48%、3.02%；2011 年的占比为 25.13%、28.94%、32.80%、8.68%、4.45%（见表 3 - 21，图 3 - 21）。进一步对满意度值进行赋值加权计算，可得出样本农户 2008 ~ 2011 年对小额信贷政策的满意度值分别为 3.42 分、3.49 分、3.51 分、3.62 分。由此可见，随着年份的推进，农户对小额信贷政策的满意度渐渐增高，但增高幅度不大。

表 3 - 21　　　　　　　　　　　小额信贷的满意度　　　　　　　　　单位：分，%

年份	非常满意	比较满意	一般	不太满意	很不满意	合计	满意度值	增长率
2008	17.23	27.11	39.96	11.76	3.94	100	3.42	—
2009	21.32	22.96	42.08	10.70	2.94	100	3.49	2.05
2010	16.74	33.19	37.57	9.48	3.02	100	3.51	0.57
2011	25.13	28.94	32.80	8.68	4.45	100	3.62	3.13

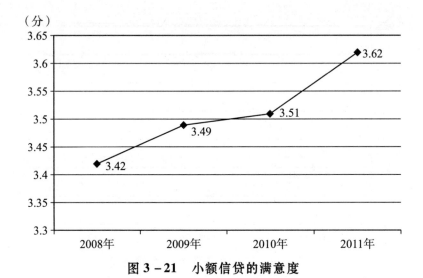

图 3 - 21　小额信贷的满意度

4. 基础设施类惠农政策的满意度

（1）路网建设的满意度渐渐增高。课题组对样本村庄中农户关于路网建设的满意度情况进行考察，获得 2009 ~ 2011 年这 3 年的有效数据。其中，2009 年表示非常满意、比较满意、一般、不太满意以及很不满意的占比分别为29.15%、39.04%、19.17%、10.30%、2.35%；2010 年的这一占比分别为30.39%、43.28%、17.46%、5.87%、3.00%；而 2011 年则分别为 39.63%、37.41%、13.33%、6.74%、2.90%（见表 3 - 22，图 3 - 22）。根据这一数据可知，表示非常满意的占比逐年增加，评价一般的占比则逐渐减少。进一步对满意度值进行赋值加权计算，可得出样本农户 2009 ~ 2011 年对路网建设的满意度值分别为 3.82 分、3.92 分、4.04 分。由此可见，随着年份的推进，农户对路网建设的满意度渐渐增高。

表 3 – 22 路网建设的满意度 单位：分，%

年份	非常满意	比较满意	一般	不太满意	很不满意	合计	满意率	增长率
2009	29.15	39.04	19.17	10.30	2.35	100	3.82	—
2010	30.39	43.28	17.46	5.87	3.00	100	3.92	2.62
2011	39.63	37.41	13.33	6.74	2.90	100	4.04	3.06

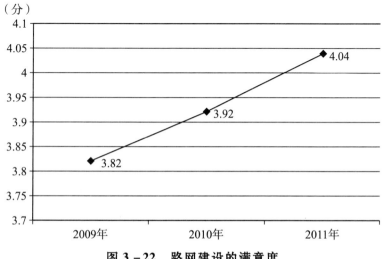

图 3 – 22 路网建设的满意度

（2）电网建设的满意度渐渐增高。课题组对样本村庄中农户关于电网建设的满意度情况进行考察，获得 2009～2011 年这 3 年的有效数据。其中，2009年表示非常满意、比较满意、一般、不太满意以及很不满意的占比分别为29.15%、39.04%、19.17%、10.30%、2.35%；2010 年的这一占比分别为32.22%、46.11%、16.42%、3.97%、1.29%；而 2011 年则分别为47.01%、37.49%、10.94%、3.14%、1.42%（见表 3 – 23，图 3 – 23）。总的来看，表示非常满意的占比逐年递增，表示一般、不太满意的比例逐年递减，可见样本农户对电网建设的满意度不断增加。进一步对满意度值进行赋值加权计算，可得出样本农户 2009～2011 年对电网建设的满意度值分别为 3.82分、4.04 分、4.26 分。由此可见，随着年份的推进，农户对电网建设的满意度渐渐增高。

表 3 - 23　　　　　　　　　　路网建设的满意度　　　　　　　　单位：分，%

年份	非常满意	比较满意	一般	不太满意	很不满意	合计	满意率	增长率
2009	29.15	39.04	19.17	10.30	2.35	100	3.82	—
2010	32.22	46.11	16.42	3.97	1.29	100	4.04	5.76
2011	47.01	37.49	10.94	3.14	1.42	100	4.26	5.45

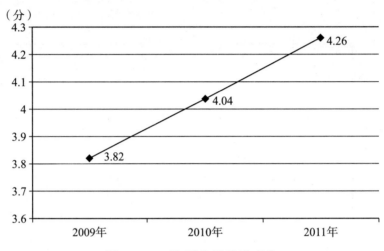

图 3 - 23　路网建设的满意度

二、惠农政策的成效比较：三种视角

课题组在对全国 31 省 200 多个村 3 000 多位农户关于惠农政策的跟踪观察基础上，对 2008 ~ 2012 年所采集的 4 年村庄数据和农户数据进行横向和纵向的 3 个视角进行比较分析，以考察惠农政策当前的成效如何，问题何在。

（一）当前成效的比较视角

为考察当前惠农政策的成效如何，各项政策之间有何差异，课题组通过对 2012 年暑假采集到的样本村庄和样本农户 2011 年度的数据进行分析，得出以下结论：

从惠及面来看，基础设施类政策的惠及面最高，电网建设和路网建设的惠及面分别为 99.11% 和 54.99%；其次是社会保障类政策，新农合的参合率和新农保的参保率分别为 91.14% 和 44.11%；再其次是农业发展类政策，粮食直补和农业保险的惠及面分别为 93.91% 和 32.30%；生活发展类政策的惠及面最低，家电下乡和小额信贷的惠及面分别为 27.50% 和 18.69%（见表 3 - 24，图 3 - 24）。

表 3 - 24　　　　　　　**2011 年惠农政策成效的类型比较**　　　单位：%，元，分

政策类型	农业生产类		社会保障类		生活发展类		基础设施类	
政策项目	粮食直补	农业保险	新农合	新农保	家电下乡	小额信贷	路网建设	电网建设
惠及面	93.91	32.30	91.14	44.11	27.50	18.69	54.99	99.11
受益率	1.21	—	29.66	1.91	478	25 966	—	—
满意度	4.26	3.66	3.98	4.04	3.92	3.62	4.04	4.26

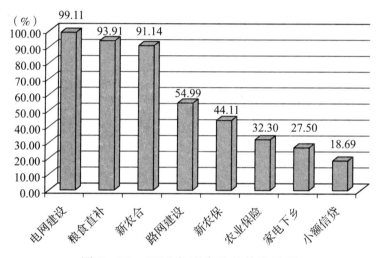

图 3 - 24　2011 年惠农政策的惠及面

从受益率方面来看，由于各项政策的目标群体以及政策受益的计算方式不同，本处无从比较。但还是可以从样本农户 2011 年的数据看到，粮食直补占农民家庭收入的 1.21%，新农合的报销比例平均为 29.66%，新农保的养老金占农民家庭收入的 1.91%，家电下乡的平均报销金额为 478 元，小额信贷的平均贷款金额为 25 966 元。

从满意度来看，基础设施类政策的满意度最高，分别为 4.26 分和 4.04 分，平均 4.15 分；社会保障类政策的满意度其次，分别为 3.98 分和 4.04 分，平均 4.01 分；农业生产类政策的满意度较低，分别为 4.26 分和 3.66 分，平均 3.96 分；生活发展类政策的满意度最低，分别为 3.92 分和 3.62 分，平均 3.77 分（见表 3 - 24，图 3 - 25）。

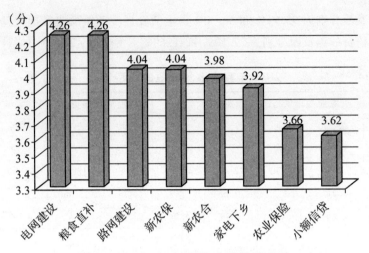

图 3 - 25   2011 年惠农政策的满意度

综上所述，基础设施类政策的成效最好，社会保障类政策其次，农业生产类政策再次，而生活发展类政策的成效最差。从单向政策的成效来看，路网建设、粮食直补、新农合的惠及面较高，农业保险、家电下乡、小额信贷的惠及面较低；路网建设、电网建设、粮食直补、新农保等政策的满意度较高，农业保险、小额信贷的满意度较低。

（二）绝对增长值的比较视角

除了对惠农政策成效的横向比较外，课题组还通过对 2008～2011 年这 4 年数据的纵向比较，分析政策成效的绝对增长值，考察惠农政策成效的变化情况，看哪些政策的成效越来越好，哪些政策的成效存在递减趋势。

从惠及面角度来看，农业生产类政策的增长较大，其中粮食直补和农业保险 4 年的年增长值分别为 12.68% 和 22.14%；社会保障类其次，新农合和新农保 4 年的增长值分别为 1.30% 和 34.26%；生活发展类政策增长较小，家电下乡为 20.92%，小额信贷由于调查数据未能采集，故此处不做分析；基础设施类政策的增长较小，分别为 6.35% 和 0.38%（见表 3 - 25，图 3 - 26）。

表 3 - 25 　　　　　　惠农政策成效变化的绝对增长值 　　　　单位：%，元，分

政策类型	农业生产类		社会保障类		生活发展类		基础设施类	
政策项目	粮食直补	农业保险	新农合	新农保	家电下乡	小额信贷	路网建设	电网建设
惠及面	12.68	22.14	1.30	34.26	20.92	—	6.35	0.38

政策类型	农业生产类		社会保障类		生活发展类		基础设施类	
受益率	- 0.07	—	12.30	- 1.70	217.96	—	—	—
满意度	- 0.18	0.12	- 1.13	0.31	0.02	0.2	0.22	0.44

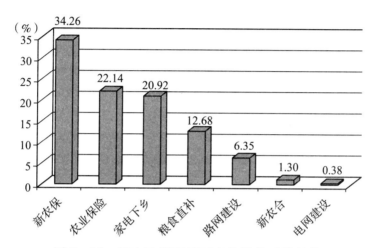

图 3 - 26　惠农政策惠及面变化的绝对增长值

受益率方面，粮食直补、新农合、新农保、家电下乡这四类政策为 4 年连续的有效数据，其他几类由于未涉及，因此未能分析。可以明显看到，新农保的受益率明显下降了 1.70%，粮食直补则下降了 0.07%，新农合的报销比例增长了 12.30%，家电下乡的补贴金额平均增长了 217.96 元。由此可见，粮食直补和新农合的成效有明显递减的现象和趋势。

至于满意度方面，基础设施类政策的满意度增长值最高，电网建设和路网建设分别增长 0.44 分和 0.22 分；生活发展类政策的满意度增长其次，家电下乡和小额信贷分别为 0.02 分和 0.20 分；农业生产类政策的满意度增长较低，农业保险增长 0.12 分，粮食直补甚至递减 0.18 分；社会保障类政策的满意度不增反减，虽然新农保增长 0.31 分，但新农合递减 1.13 分，递减趋势较大（见表 3 - 25，图 3 - 27）。

综上所述，各类惠农政策的惠及面都不断增长，部分政策满意度不断增加，但部分政策的满意度则呈递减趋势；其中，基础设施类政策由于其惠及面本来就较高，虽然其近年来惠及面变化不大，但其满意度还是在不断增长，这可能与国家近年来加大对农村基础设施的投入，使农村基层设施实现由量到质的转变有关，因此农村普遍较为满意。同时也可以看到，尽管农业生产类和社会保障类政策近年来惠及面不断扩大，但由于政策还不够完善，且政策并没有给农民带来预

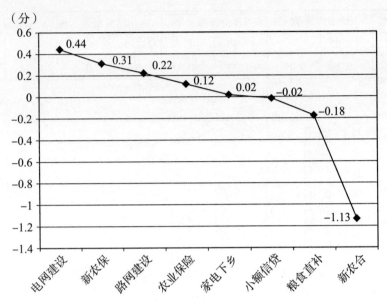

图 3 - 27   惠农政策惠及面变化的绝对增长值

期的好处，因此政策成效并不尽如人意，并有递减趋势。此外，从单向政策的成效来看，新农保、农业保险、家电下乡的惠及面增长较大，路网建设、新农合、电网建设的惠及面增长较小；电网建设、新农保、路网建设的满意度增长较大，新农合、粮食直补、小额信贷的满意度不断递减。可以看出，新农合政策效益递减最为严重。

（三）年均增长率的比较视角

在对 4 年数据进行纵向比较的基础上，课题组得出惠农政策惠及面、受益率、满意度的年均增长率，以考察政策的成效变化情况。

从表 3 - 26 可以看出，社会保障类政策的惠及面增长最大，新农合和新农保的年均增长率分别为 0.48% 和 111.62%；生活发展类政策中的家电下乡政策年均增长率为 60.95%，小额信贷由于数据缺失，因此未能分析；农业生产类政策中的粮食直补和农业保险的年均增长率分别为 4.95% 和 47.04%；基础设施类政策的增长最小，路网建设和电网建设的年均增长率分别为 4.17% 和 0.13%（见表 3 - 26，图 3 - 28）。

表 3-26　　　　　　　　惠农政策成效变化的年均增长率　　　　　　单位：%

政策类型	农业生产类		社会保障类		生活发展类		基础设施类	
政策项目	粮食直补	农业保险	新农合	新农保	家电下乡	小额信贷	路网建设	电网建设
惠及面	4.95	47.04	0.48	111.62	60.95	—	4.17	0.13
受益率	-1.86	—	19.55	-27.27	22.36	—	—	—
满意度	-1.37	1.68	-7.99	4.07	0.26	1.91	2.84	5.60

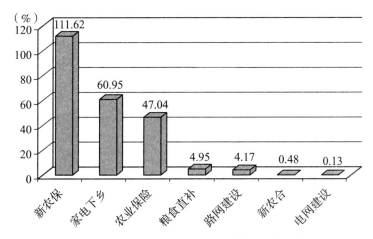

图 3-28　惠农政策惠及面的年均增长率

受益率方面，采集到了粮食直补、新农合、新农保、家电下乡这四类政策的有效数据。其中新农合和家电下乡受益率的年均增长率较高，分别为 19.55% 和 22.36%；而粮食直补和新农保受益率逐渐递减，年均增长率分别为 -1.86% 和 -27.27%。由此可见，家电下乡和新农合的受益率增加较快，而新农保和粮食直补的受益率递减较快。

此外，可以看到惠农政策满意度的年均增长率也存在较大差异。其中，基础设施类增长较快，路网建设和电网建设的年均增长率分别为 2.84% 和 5.60%；生活发展类政策情况也较好，家电下乡和小额信贷的年均增长率分别为 0.26% 和 1.91%。至于农业生产类和社会保障类政策，差别则较大，毁誉参半。其中农业保险和新农保情况较好，年均增长率分别为 1.68% 和 4.07%；然而粮食直补和新农合政策就不太乐观，年均分别下降 1.37% 和 7.99%，特别是新农合，效益递减趋势较为严重（见表 3-26，图 3-29）。

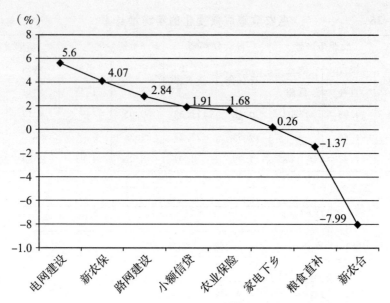

图 3 – 29　惠农政策满意度的年均增长率

　　总之，从年均增长率角度来看，基础设施类政策成效较为显著，生活发展类居其次，农业生产类和社会保障类的成效较差，特别是新农合政策，受益率和满意度都呈递减态势。从单向政策角度来看，新农保政策普及较快，但受益较差；粮食直补受益率和满意度都较差，效益较低；新农合政策受益较好，但满意度不够。

三、评估基本结论和建议

（一）惠农政策的成效较为显著

　　一是政策的惠及面大幅增加。数据显示，新农保、农业保险、家电下乡、粮食直补、路网建设等惠农政策的惠及面，2011 年比 2008 年同比分别增加 34.26%、22.14%、20.92%、12.68% 以及 6.35%，年均增长率分别为 111.62%、47.04%、60.95%、4.95%、4.14%。由此可见，近年来我国惠农政策的推行速度较快，惠及面大幅增加。

　　二是农民的满意度逐步增加。电网建设、路网建设、新农保、农业保险、家电下乡等政策 2011 年比 2008 年增长 0.44%、0.22%、0.31%、0.12%、0.02%，年均增长率分别为 5.6%、2.84%、4.07%、1.68%、0.26%。由此可见，农民对惠农政策的满意度在逐步增加，其中电网建设和路网建设在内的基础设施类政策的满意度增长最大。

（二）各类政策成效有较大差异

一是政策惠及面有差异。电网建设、路网建设、新农合、新农保、粮食直补、农业保险、家电下乡、小额信贷的惠及面分别为 99.11%、54.99%、91.14%、44.11%、93.91%、32.30%、27.50%、18.69%。

二是农民满意度有差异。电网建设、路网建设、新农合、新农保、粮食直补、农业保险、家电下乡、小额信贷的满意度分别为 4.26 分、4.04 分、3.98 分、4.04 分、4.26 分、3.66 分、3.92 分、3.62 分。

由此可见，各类惠农政策的成效存在较大差异。基础设施类政策（电网建设、路网建设）的成效最为显著，社会保障类政策（新农合和新农保）次之，农业生产类政策（粮食直补和农业保险）较低，生活发展类政策（家电下乡和小额信贷）成效最低。

（三）部分政策的效益正在递减

一是粮食直补政策的效益正在递减。2008～2011 年，样本农户平均领取的粮补金额逐年递增，分别为 105.42 元、112.98 元、124.76 元、142.58 元，但粮补政策的受益率和满意度逐年递减，前者分别为 1.28%、1.25%、1.22%、1.21%，后者分别为 4.44 分、4.39 分、4.35 分、4.26 分。这在很大程度上是由于农资产品价格上涨过快，消解了粮补政策的效益。

二是新农保政策的受益率逐年减小。2009～2011 年，参保的样本农户领取养老金的总额逐年递增，分别为 296 588 元、477 304 元、796 029 元。然而，样本农户领取的养老金占其家庭总收入的比重却不断减少，依次为 3.61%、2.84%、1.91%。由此可见，养老金的增长速度跟不上农民收入的增长速度，导致其变相贬值，效益递减。

三是新农合政策的满意度有所下降。在参合的样本农户中，2008～2011 年的报销比例逐年增高，分别为 17.36%、17.50%、22.90%、29.66%。然而，农户对于新农合的满意度逐渐递减，分别为 5.11 分、4.29 分、4.04 分、3.98 分。部分定点医院特别是农村诊所对参合农户差别对待，人为抬高药品价格，导致农民对新农合政策持怀疑态度，调查中不少农民反映，"合作医疗搞活了乡镇医院，搞坏了服务态度"。

总体而言，惠农政策的惠及面、受益率及满意度都逐年增加，成效颇为显著。从政策的类型来看，基础设施类政策成效最好，社会保障类政策较好，农业生产类政策较差，生活发展类政策最差。从具体政策来看，粮食直补、新农合、

_71_

新农保等普惠性政策的成效较好，但呈效益递减的态势。对此我们建议，应转变"三农"发展观念，提高惠农政策地位；加大资金投入力度，构建多元投入体系；科学制定政策体系，确保政策真正落地；规范政策操作程序，提高政策执行效率。

第四章

国家惠农政策的成效：群体分析

惠农政策对于不同的群体有不同的影响，或者说不同的群体在享受、接受惠农政策时也会有差异，而这些差异也会影响惠农政策的成效。本章将以年龄、收入、职业、学历为标准来考察不同群体享受惠农政策、接受惠农政策和评价惠农政策的情况。考察的主要指标有惠农率、受益率、满意率、认可率、落实率、功能发挥率。

一、不同群体惠农政策的享受情况

（一）不同年龄群体的享受情况

考察不同年龄农民惠农政策的享受率情况。首先，从惠农政策的类型来看，农业生产类中的粮食补贴政策和社会保障类的新型农村合作医疗的惠及率高，其中新农合的惠及率均在90%左右；而农业保险、新型农村养老保险、生活发展类中的家电下乡和小额信贷政策的惠及率比较低。

具体到不同年龄而言，农业生产类的粮食补贴政策的惠及率随着年龄段的升高呈上升趋势，30岁以下年龄段农民的惠及率为69.94%，其所占比重明显低于其他年龄段的农民；不同年龄段农民农业保险政策的享受情况差异不大，均未超过20%。由于目前农村粮食种植呈现老龄化趋势，年龄大的农民种粮的比重更高，因此其享受农业生产类惠农政策的比重也相对更高。

73

对于社会保障类的惠农政策来说，由于新农合推广的时间长，无论年龄大小，农民的参与率普遍较高，均在九成左右；而新农保政策主要是针对农村老年人的政策，因此老年人参与的比重相对更高，60 岁以上老年农民的享受率为38.87%，接近四成，明显高于其他年龄段农民的这一比重。

对于生活发展类的惠农政策来说，无论是家电下乡还是小额信贷，年轻农民享受的比率都相对更高，而年纪越大的农民的享受率越低，由于年轻人在生活发展方面有更多的需求，因此更愿意参与到这类惠农政策中。

表 4 - 1　　　　　　不同年龄农民惠农政策的享受情况　　　　单位：%

惠农政策		年龄分组				
		30 岁以下	30 ~ 39 岁	40 ~ 49 岁	50 ~ 59 岁	60 岁以上
农业生产类	粮食补贴	69.94	83.39	88.86	91.24	89.88
	农业保险	14.38	16.03	19.58	16.05	16.95
社会保障类	新农合	88.41	91.42	92.22	90.98	92.12
	新农保	23.27	26.28	30.76	28.12	38.87
生活发展类	家电下乡	28.28	25.80	30.93	25.61	20.06
	小额信贷	10.46	12.52	9.44	6.67	4.34

（二）不同学历群体的享受情况

不同文化程度农民惠农政策的享受情况可从表 4 - 2 得出，由分析结果可知，农业生产类中粮食补贴政策的惠及率随着文化程度的提高呈下降趋势，学历较低的农民享受粮食补贴政策的比率更高，而高学历农民的享受率相对较低，小学和初中学历农民的享受率较高，分别为 89.49% 和 89.09%，高中、大专及以上学历农民的享受率低，分别占比 76.81% 和 78.57%。这与粮食种植的低学历化的现象有关，反映出种粮农民的文化素质整体较低。

社会保障类的惠农政策中，不同学历水平农民新农合政策的享受率普遍较高，差异不明显；而新农保政策方面，文化程度越高的农民的参与率越高，大专及以上农民的参与率最高，占比 38.46%，其次是高中学历的农民，参与率为36.08%，小学文化程度农民的参与率最低，比重为 30.31%。文化程度越高的农民可能对新农保政策有更好地认识，参与的积极性也相对更高。

对于生活发展类的惠农政策而言，无论是家电下乡政策还是小额信贷政策，随着文化程度的提高，农民的享受率均呈现明显的上升趋势。家电下乡的享受率，由文盲农民的 14.56% 升至大专及以上学历农民的 42.86%，增长了28.30%；小额信贷的享受率也随着文化程度的提高依次上升，大专及以上学历农民比文盲农民多出了 27.76 个百分点。

表 4-2　　　　　不同文化程度农民惠农政策的享受情况　　　　单位：%

惠农政策		文化程度分组				
		文盲	小学	初中	高中	大专及以上
农业生产类	粮食补贴	81.46	89.49	89.09	76.81	78.57
	农业保险	15.22	17.63	17.06	15.63	50.00
社会保障类	新农合	91.71	91.29	93.40	89.86	100.00
	新农保	33.42	30.31	33.68	36.08	38.46
生活发展类	家电下乡	14.56	26.19	33.81	30.16	42.86
	小额信贷	3.01	8.18	8.73	17.46	30.77

（三）不同收入群体的享受情况

表 4-3 显示了不同家庭收入水平农民惠农政策的享受情况。由数据统计结果可知，在农业生产类的惠农政策方面，不同收入水平农民的享受率没有显著差异，随着收入水平的提高，农业保险政策享受率略微有所上升，但并不明显。

表 4-3　　　　　不同收入水平农民惠农政策的享受情况　　　　单位：%

惠农政策		家庭收入分组				
		低收入户	中低收入户	中等收入户	中高收入户	高收入户
农业生产类	粮食补贴	85.60	88.91	89.85	90.12	87.65
	农业保险	15.34	18.11	16.35	18.81	19.83
社会保障类	新农合	91.59	92.28	89.92	92.78	91.59
	新农保	31.55	28.97	29.15	30.62	32.80
生活发展类	家电下乡	16.68	26.30	28.31	29.00	33.33
	小额信贷	8.24	5.64	7.70	6.48	12.10

从社会保障类的惠农政策来看，家庭收入水平对农民的参与率没有显著影响，新农合政策的享受率均在九成左右，而新农保政策的享受率都在三成左右。

对于生活发展类的惠农政策而言，收入水平对农民的享受率具有显著影响。其中，家电下乡政策方面，高收入农民的享受率最高，占比 33.33%，低收入农民的享受率最低，仅为高收入农民的一半；而在小额信贷政策方面，虽然农民的享受率普遍较低，但相对而言，低收入农民的比率更低。收入越高的农民对家庭生活发展的需求相对更高，因此在这一惠农政策的激励下，其参与的积极性也相对更高。

（四）不同职业群体的享受情况

不同职业农民惠农政策的享受情况具有一定的差异性。由数据分析结果可知，在农业生产类的惠农政策方面，以务农为职业的农民的享受率明显较高，其粮食补贴政策和农业保险政策的享受率分别为91.81%和18.86%；而另一方面，把务农作为兼业的农民农业生产类惠农政策的享受率相对较低（见表4-4）。这体现了该类惠农政策的预期目标，更能促进农业生产向职业化和专业化方向发展。

表4-4　　　　　　不同职业农民惠农政策的享受情况　　　　　单位：%

惠农政策		职业分组			
		务农	务工	做生意	教师及其他
农业生产类	粮食补贴	91.81	81.82	72.35	74.28
	农业保险	18.86	13.14	12.38	12.89
社会保障类	新农合	91.93	89.00	93.12	91.18
	新农保	30.46	29.98	34.88	34.22
生活发展类	家电下乡	24.11	25.66	33.33	25.93
	小额信贷	8.44	5.21	11.43	5.92

就社会保障类的惠农政策而言，不同职业农民新农合政策的享受情况差异不明显，享受率普遍很高，而在新农保政策方面，做生意、教师及其他职业农民的享受率相对更高，分别占比34.88%和34.22%，务农者和务工者的享受率相对较低，分别为30.46%和29.98%。

从生活发展类的惠农政策来看，做生意农民的享受率最高，参与家电下乡和小额信贷的比率分别为33.33%和11.43%，明显高于其他职业农民的享受率。家电下乡政策方面，务农者的享受率最低，占比24.11%；就小额信贷政策而言，务工者的享受率最低，为5.21%。

二、不同群体惠农政策的受益情况

1. 低收入家庭新农合政策的受益程度低

表4-5显示了不同家庭收入农户新农合政策的受益情况，从2011年的消费

数据可知，在合作医疗报销金额的绝对值方面，高收入户的金额最高，达到了 1 651.43 元；其次是中高收入户，为 1 573.02 元；中低收入户的报销金额最低，为 1 177.85 元。可以看出，在绝对值方面，收入较高的农户报销的金额相对更多。

表 4-5 不同收入农民新农合政策的受益情况

家庭收入分组	就医费用（元）	合作医疗报销额（元）	报销比重（%）
低收入户	4 332.12	1 336.85	30.86
中低收入户	3 486.68	1 177.85	33.78
中等收入户	3 898.30	1 347.35	34.56
中高收入户	4 296.60	1 573.02	36.61
高收入户	4 117.08	1 651.43	40.11

另一方面，从报销金额占农户就医费用的比重来看，高收入的占比最高，达到 40%；低收入户的这一比重最低，占比 30.86%，两者相差近 10 个百分点；中低收入户、中等收入户和中高收入户报销的比重分别为 33.78%、34.56% 和 36.61%。由此可见，随着家庭收入水平的提高，农民获得医疗报销的比重也越高，说明高收入家庭的受益程度更高，而低收入农户的受益程度较低。

2. 务工家庭新农合政策的受益程度低

考察不同职业农户新农合政策的受益情况，从调查数据可知，在合作医疗报销金额的绝对值方面，教师及其他职业农户的金额最高，达到了 1 672.43 元；其次是务农的农民，为 1 394.21 元，务工农户和做生意农户报销的金额相对较少，分别为 1 075.37 元和 846.25 元。

另一方面，从报销金额占就医费用的比重来看，教师及其他职业农户的比重最高，占比 38.39%；务工农户的这一比重最低，占比 29.99%，两者相差近 10 个百分点；做生意农户报销的比重也较低，为 30.87%；以务农为职业的农民的报销比重居于中间水平，占比 33.18%（见表 4-6）。由此可见，务工家庭和做生意家庭新农合政策的受益程度低。

表 4-6 不同职业农民新农合政策的受益情况

职业分组	就医费用（元）	合作医疗报销额（元）	报销比重（%）
务农	4 201.80	1 394.21	33.18
务工	3 585.90	1 075.37	29.99
做生意	2 741.05	846.25	30.87
教师及其他	4 355.64	1 672.34	38.39

3. 务农家庭农业补贴的收益率低

对不同职业农户享受农业补贴金额的情况进行考察。由数据分析结果可知，在农业补贴金额的绝对值方面，务农农户的补贴额度最高，为560.23元，其他兼业农民的补贴金额相对较少，务农、做生意、教师及其他职业农民补贴的额度分别为464.31元、350.70元和435.08元。但从农业补贴的相对值来看，以务农为职业的农民的受益程度最低，其平均每亩获得的农业补贴额为62.74元；而其他兼业农民每亩补贴的额度相对更高，其中务工农户的受益程度最高，平均每亩补贴77.64元（见表4－7）。

表4－7　　　　　　　　不同职业农民农业补贴的受益情况

职业分组	农业补贴额（元）	承包地面积（亩）	亩均补贴额（元）
务农	560.23	8.93	62.74
务工	464.31	5.98	77.64
做生意	350.70	5.052	69.45
教师及其他	435.08	6.71	64.84

4. 低收入家庭农业补贴的受益程度低

从家庭收入角度来考察农业补贴的受益情况，由表4－8可知，无论是从农业补贴的绝对值还是相对值方面，随着家庭收入水平的提高，农民获得的额度都呈上升趋势，高收入家庭农业补贴政策的受益程度更高。其中，从亩均补贴金额来看，高收入家庭获得的金额为72.57元，低收入户为62.18元，两者相差10.39元。由此可见，低收入家庭农业补贴的受益程度低。

表4－8　　　　　　　　不同收入农民农业补贴的受益情况

家庭收入分组	农业补贴额（元）	承包地面积（亩）	亩均补贴额（元）
低收入户	412.86	6.64	62.18
中低收入户	506.12	7.64	66.25
中等收入户	547.63	8.09	67.69
中高收入户	576.93	8.52	67.71
高收入户	684.35	9.43	72.57

三、不同群体对惠农政策的满意度情况

（一）不同群体的总体满意度情况

1. 年龄越大的农民对惠农政策的满意度越高

表4-9显示了不同年龄农民对惠农政策的满意度。由数据分析可知，60岁以上的老年农民对惠农政策"满意"的比重最高，达到86.31%；其次是50~59岁年龄段的农民，满意度为85.92%；30岁以下年龄段农民的满意度最低，为69.28%；30~39岁、40~49岁年龄段农民的满意度分别为79.80%和82.84%。总体而言，年龄因素对农民惠农政策的满意度具有显著影响，年龄越大的农民对惠农政策的满意度越高（见图4-1）。

表4-9   **不同年龄农民对惠农政策的满意度**   单位：个，%

年龄	满意	一般	不满意	合计
30岁以下	69.28	26.51	4.21	100.00（166）
30~39岁	79.80	17.00	3.20	100.00（594）
40~49岁	82.84	14.46	2.70	100.00（1 556）
50~59岁	85.92	11.57	2.51	100.00（1 392）
60岁以上	86.31	11.96	1.73	100.00（1 037）

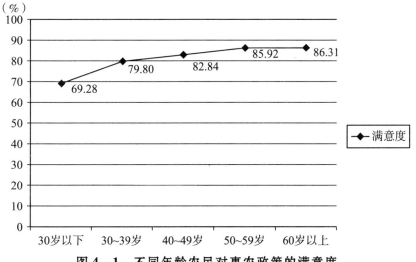

图4-1　不同年龄农民对惠农政策的满意度

2. 文化程度越高的农民对惠农政策的满意度越高

对不同文化程度农民惠农政策的满意度进行考察。如表4-10所示，大专及以上学历农民对惠农政策"满意"的比重最高，占比86.75%；其次是高中文化程度的农民，满意度为85.34%；小学文化程度的农民中，有82.49%的农民对惠农政策表示"满意"，其所占比重最低；文盲、初中程度农民的满意度分别为83.45%和83.93%。由此可见，随着文化程度的提高，农民对惠农政策的满意度呈上升趋势，文化程度越高的农民对惠农政策的满意度越高（见图4-2）。

表4-10　　　　　　不同文化程度农民对惠农政策的满意度　　　　单位：个，%

文化程度	满意	一般	不满意	合计
文盲	83.45	14.36	2.19	100.00（411）
小学	82.49	14.35	3.16	100.00（1 770）
初中	83.93	13.49	2.58	100.00（1 861）
高中	85.34	12.52	2.14	100.00（607）
大专及以上	86.75	13.25	0.00	100.00（83）

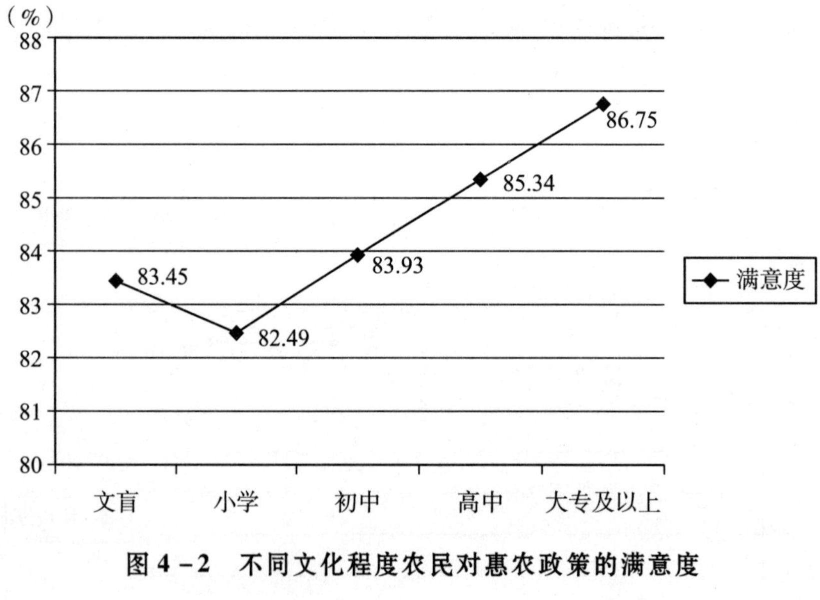

图4-2　不同文化程度农民对惠农政策的满意度

3. 收入水平高的农民满意度更高

考察不同收入水平的农民对惠农政策的满意度。数据显示，高收入农民对惠农政策"满意"的比重最高，占比85.98%；其次是中高收入户，占比84.34%；低收入户、中低收入户、中等收入户的满意度分别为83.85%、81.92%和

81.44%。总体来看，随着收入水平的提高，农民的满意度呈上升趋势，收入水平高的农民对惠农政策的满意度更高（见表4-11，图4-3）。

表4-11　　　　　不同收入水平农民对惠农政策的满意度　　　　单位：个，%

家庭收入	满意	一般	不满意	合计
低收入户	83.85	13.94	2.21	100.00（1 040）
中低收入户	81.92	14.73	3.35	100.00（896）
中等收入户	81.44	16.07	2.49	100.00（803）
中高收入户	84.34	13.39	2.27	100.00（926）
高收入户	85.98	10.73	3.29	100.00（913）

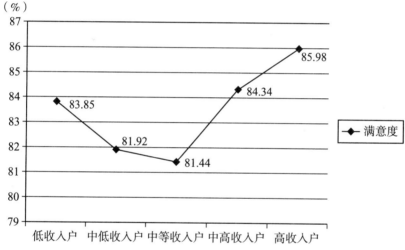

图4-3　不同收入水平农民对惠农政策的满意度

4. 务农农民对惠农政策的满意度最高

不同职业农民对惠农政策的满意度具有一定的差异性。由分析结果可知，在对惠农政策表示"满意"的情况中，务农农民所占比重最高，占比84.48%；做生意农民的满意度最低，低于务农者6.65个百分点；务工者、教师及其他职业农民的满意度分别为80.82%和81.41%。可以看出，务农农民对惠农政策的满意度最高，以做生意为职业的农民的满意度最低（见表4-12，图4-4）。

表4-12　　　　　不同职业农民对惠农政策的满意度　　　　单位：个，%

职业	满意	一般	不满意	合计
务农	84.48	12.98	2.54	100.00（3 582）
务工	80.82	16.56	2.62	100.00（610）

续表

职业	满意	一般	不满意	合计
做生意	77.83	17.65	4.52	100.00 (221)
教师及其他	81.41	15.71	2.88	100.00 (312)

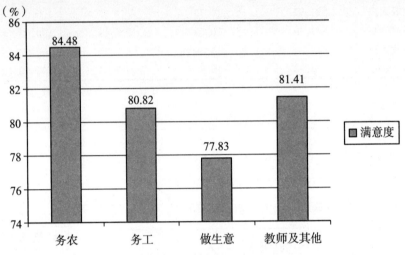

图 4 - 4　不同职业农民对惠农政策的满意度

（二）不同年龄群体的满意度情况

1. 老年农民对农业生产类惠农政策的满意度最高

从年龄角度来考察农民对农业生产类惠农政策的满意度情况。对于粮食补贴政策来说，从时间序列来看，从 2009 ~ 2011 年，农民对粮食补贴政策的满意度变化不大；从不同年龄的内部差异来看，随着年龄段的上升，农民的满意度也不断提高，2011 年 60 岁以上的老年农民的满意度最高，达到 89.27%，其次是 50 ~ 59 岁年龄段的农民，满意度为 88.63%，30 岁以下农民的满意度最低，为 75.29%，总体来看，年龄越高的农民对粮食补贴政策的满意度越高。

就农业保险政策而言，从纵向时间角度来看，与 2009 年相比，除了文盲农民的满意度有所降低外，其他年龄段农民 2011 年的满意度均有所上升，30 ~ 39 岁、40 ~ 49 岁、50 ~ 59 岁、60 岁以上农民的满意度分别提高了 6.95%、7.21%、5.37%、5.38%。另一方面，从横向的内部差异来看，随着年龄的增大，农民对农业保险政策的满意度呈上升趋势，老年农民的满意度一直最高，2009 ~ 2011 年的满意度分别为 51.71%、51.60% 和 57.09%（见表 4 - 13）。

表 4 – 13   不同年龄农民对农业生产类惠农政策的满意度   单位：%

农业生产类		年龄分组				
		30 岁以下	30 ~ 39 岁	40 ~ 49 岁	50 ~ 59 岁	60 岁以上
粮食直补	2009 年	81.82	82.13	82.89	87.28	86.48
	2010 年	81.89	85.27	89.46	88.85	91.55
	2011 年	75.29	83.19	86.01	88.63	89.27
农业保险	2009 年	56.41	48.31	48.00	49.44	51.71
	2010 年	42.65	41.71	45.16	49.55	51.60
	2011 年	51.47	55.26	55.21	54.81	57.09

2. 随着年龄的提高，农民对社会保障类惠农政策的满意度不断上升

不同年龄农民对社会保障类惠农政策的满意度情况可从表 4 – 14 看出。对于新农合政策来说，从纵向的时间分析来看，从 2009 ~ 2010 年，农民对新农合政策的满意度有所上升，而且年龄较大的农民满意度增加的比重也更高，从 30 岁以下到 60 岁以上，农民满意度增加的比重分别为 7.07%％、7.11%、8.24%、9.62% 和 8.87%；而到了 2011 年，农民对新农合政策的满意度却有所下降。另一方面，从年龄的横向差异来看，随着年龄的提高，农民对新农合政策的满意度呈上升趋势，年龄越大的农民对新农合政策的满意度越高。

表 4 – 14   不同年龄农民对社会保障类惠农政策的满意度   单位：%

社会保障类		年龄分组				
		30 岁以下	30 ~ 39 岁	40 ~ 49 岁	50 ~ 59 岁	60 岁以上
新农合	2009 年	74.51	74.40	74.68	73.31	75.34
	2010 年	81.58	81.51	82.92	82.93	84.21
	2011 年	70.24	72.36	73.03	73.46	73.99
新农保	2009 年	65.67	51.63	58.11	54.61	58.97
	2010 年	62.03	67.17	71.88	73.14	75.93
	2011 年	71.25	69.59	74.66	75.75	80.44

对于新农保政策而言，从纵向时间角度来看，从 2009 ~ 2011 年，农民对新农保政策的满意度也逐年上升，而且年龄越大的农民满意度增加的比重越高，与 2009 年相比，2011 年 60 岁以上、50 ~ 59 岁年龄段农民的满意度增加了超过 20 个百分点。另一方面，从横向的内部差异来看，随着年龄段的提高，农民对新农保政策的满意度也不断上升。2011 年 60 岁以上的老年农民对新农保政策的满意

度最高，达到 80.44%，30~39 岁年龄段农民的满意度最低，为 69.59%。

3. 中年农民对生活发展类惠农政策的满意度更高

年龄因素影响农民对生活发展类惠农政策的满意度。对于家电下乡政策来说，从时间序列来看，2011 年与 2009 年相比，除了 30 岁以下农民的满意度有所下降外，其他年龄段农民对家电下乡政策的满意度有所上升。从年龄的横向差异来看，总体来说，中年农民对家电下乡政策的满意度更高，2011 年，50~59 岁年龄段农民的满意度最高，为 73.60%。

就小额信贷政策而言，与 2009 年相比，2011 年各年龄段农民的满意度均有所提高，而且年龄越大的农民满意度增加的比重越多，从 30 岁以下到 60 岁以上，农民满意度增加的比重分别为 0.15%、2.77%、5.46%、6.66% 和 6.97%。另一方面，从横向的年龄差异来看，不同年龄农民对小额信贷政策的满意度差异不明显，2011 年的满意度都在 50% 左右（见表 4-15）。

表 4-15　　　　不同年龄农民对生活发展类惠农政策的满意度　　　单位：%

生活发展类		年龄分组				
		30 岁以下	30~39 岁	40~49 岁	50~59 岁	60 岁以上
家电下乡	2009 年	65.35	69.05	69.89	67.96	64.03
	2010 年	55.06	60.97	67.16	66.61	62.33
	2011 年	60.98	72.81	70.95	73.60	68.04
小额信贷	2009 年	50.55	48.31	43.54	43.34	43.50
	2010 年	45.16	45.05	45.45	44.12	41.38
	2011 年	50.70	51.08	48.90	50.00	50.47

4. 年龄较大的农民对基础设施类惠农政策的满意度略高

从年龄角度来考察农民对基础设施类惠农政策的满意度情况。主要从饮水、路网和电网这三个与农民生活息息相关的基础设施来考察。从时间差异上看，无论是饮水工程、路网建设，还是电网建设，2011 年与 2010 年相比，农民的满意度都有所下降，其中农民对饮水工程的满意度下降的更为明显，不同年龄段农民的满意度下降的比重分别为 12.17%、5.28%、8.84%、9.25% 和 4.31%。

另一方面，从横向的年龄差异来看，随着年龄的提高，农民对基础设施类惠农政策的满意度大致呈上升趋势，年纪较大的农民的满意度相对更高。对于电网建设来说，2011 年 50~59 岁、60 岁以上年龄农民的满意度分别为 79.18%、79.09%，满意度相对较高；而 30 岁以下和 30~39 岁年龄段农民的满意度较低，分别为 70.73% 和 75.14%（见表 4-16）。

表 4 - 16   不同年龄农民对基础设施类惠农政策的满意度   单位：%

基础设施类		年龄分组				
		30 岁以下	30 ~ 39 岁	40 ~ 49 岁	50 ~ 59 岁	60 岁以上
饮水	2010 年	70.19	71.25	75.64	74.78	71.17
	2011 年	58.02	65.97	66.80	65.53	66.86
路网	2010 年	71.68	75.14	77.68	78.71	75.64
	2011 年	68.29	71.51	73.81	74.73	73.63
电网	2010 年	78.15	81.75	84.78	86.94	83.33
	2011 年	70.73	75.14	78.51	79.18	79.09

（三）不同学历群体的满意度情况

1. 文化程度越高，农民对农业生产类惠农政策的满意度越高

从文化程度角度来考察农民对农业生产类惠农政策的满意度情况。对于粮食补贴政策来说，从时间序列来看，从 2009 ~ 2011 年，农民对粮食补贴政策的满意度的差异很小；从文化程度的横向差异来看，2009 年和 2011 年，随着文化程度的提高农民的满意度呈上升趋势，文化程度越高的农民对粮食补贴政策的满意度越高。

就农业保险政策而言，从纵向时间角度来分析，与 2009 年相比，除了文盲农民外，其他文化程度农民 2011 年的满意度均有所上升，小学、初中、高中、大专及以上程度农民的满意度分别提高了 5.50%、7.76%、5.24%、9.10%。另一方面，从横向差异来看，随着文化程度的提高，农民对农业保险政策的满意率呈上升趋势，2010 年和 2011 年，大专及以上文化程度的农民的满意度比文盲农民高出了 10 个百分点（见表 4 - 17）。

表 4 - 17   不同文化程度农民对农业生产类惠农政策的满意度   单位：%

农业生产类		文化程度分组				
		文盲	小学	初中	高中	大专及以上
粮食补贴	2009 年	83.77	84.48	84.07	88.54	86.15
	2010 年	91.79	88.97	88.97	87.62	88.41
	2011 年	85.56	86.67	86.62	87.80	90.38
农业保险	2009 年	53.80	48.75	48.32	51.60	54.00
	2010 年	44.66	48.34	45.18	49.77	56.25
	2011 年	53.02	54.25	56.08	56.84	63.10

2. 文化程度与农民对社会保障类惠农政策的满意度呈正比关系

表 4-18 显示了不同文化程度农民对社会保障类惠农政策的满意度情况。对于新农合政策来说，从纵向的时间分析来看，从 2009~2010 年，农民对新农合政策的满意度有所上升，而且文化程度越低的农民满意度增加的比重也越高，文盲、小学、初中、高中、大专及以上农民满意度增加的比重分别为 14.63%、9.91%、7.62%、6.07% 和 2.24%；而到了 2011 年，农民对新农合政策的满意度却有所下降，而且文化程度越低的农民满意度下降的比重也越高。另一方面，从文化程度的横向差异来看，随着文化程度的提高，农民对新农合政策的满意度呈上升趋势，文化程度越低的农民对新农合政策的满意度越低。

表 4-18　　不同文化程度农民对社会保障类惠农政策的满意度　　单位：%

社会保障类		文化程度分组				
		文盲	小学	初中	高中	大专及以上
新农合	2009 年	72.64	72.81	74.12	78.81	80.65
	2010 年	87.27	82.72	81.74	84.88	82.89
	2011 年	71.63	71.54	74.49	77.74	80.00
新农保	2009 年	59.01	54.67	54.71	65.38	57.78
	2010 年	77.78	70.24	71.14	76.71	77.14
	2011 年	80.66	75.54	75.07	79.39	76.53

具体到新农保政策而言，从纵向时间角度来看，从 2009~2011 年，随着新农保政策实施时间的增加，农民的满意度也逐年上升，而且文化程度较低的农民满意度增加的比重更高，与 2009 年相比，2011 年文盲、小学、初中学历农民的满意度都提高了近 20 个百分点。另一方面，从横向差异来看，不同文化程度农民对新农保政策的满意度没有明显的差异性，小学、初中学历的农民的满意度相对较低。

3. 文化程度越高的农民对生活发展类惠农政策的满意度也越高

文化程度影响农民对生活发展类惠农政策的满意度。对于家电下乡政策来说，从时间序列来看，总体而言，农民对家电下乡政策的满意度有所提高，与 2009 年相比，除了文盲农民外，2011 年其他学历农民的满意度均有所上升。从文化程度的横向差异来看，随着文化程度的提高，农民对家电下乡政策的满意度呈上升趋势，文化程度较高的农民对家电下乡政策的满意度更高。

就小额信贷政策而言，随着文化程度的提高，农民的满意率呈上升趋势，从

2011 年来看，大专及以上农民对小额信贷政策的满意度最高，占比 54.32%；文盲农民的满意度最低，占比 44.24%，两者相差 10.08 个百分点；小学、初中、高中文化程度农民的满意度分别为 48.91%、50.16% 和 53.38%。可以看出，文化程度越高的农民对小额信贷政策的满意度越高（见表 4 – 19）。

表 4 – 19　　不同文化程度农民对生活发展类惠农政策的满意度　　单位：%

生活发展类		文化程度分组				
		文盲	小学	初中	高中	大专及以上
家电下乡	2009 年	63.00	66.34	67.84	73.48	65.57
	2010 年	58.82	59.26	65.83	74.92	76.32
	2011 年	60.63	67.57	74.26	74.53	71.43
小额信贷	2009 年	49.41	42.28	43.05	47.22	58.49
	2010 年	33.33	44.84	41.80	50.55	57.58
	2011 年	44.24	48.91	50.16	53.38	54.32

4. 文化程度较高的农民对基础设施类惠农政策的认可度更高

从文化程度角度来考察农民对基础设施类惠农政策的满意度情况。首先，从时间差异上看，无论是饮水工程、路网建设，还是电网建设，2011 年与 2010 年相比，农民的满意度都有所下降，说明随着时间的推移，基础设施类惠农政策的绩效呈现下降趋势。

另一方面，从横向的文化程度差异来看，随着文化程度的提高，农民对饮水、路网和电网这三类基础设施的满意度均呈上升趋势。尤其是对于路网建设来说，不同文化程度农民的满意度的差异更为明显，2011 年大专及以上学历农民的满意度比文盲农民高出 13.40 个百分点，相对而言，不同学历农民对饮水工程和电网建设满意度的差异性较小（见表 4 – 20）。

表 4 – 20　　不同文化程度农民对基础设施类惠农政策的满意度　　单位：%

基础设施类		文化程度分组				
		文盲	小学	初中	高中	大专及以上
饮水	2010 年	74.57	69.32	76.32	76.43	80.95
	2011 年	61.02	65.16	69.18	63.79	65.22
路网	2010 年	75.77	73.08	79.70	81.13	82.73
	2011 年	67.79	71.78	75.53	73.72	81.19

续表

基础设施类		文化程度分组				
		文盲	小学	初中	高中	大专及以上
电网	2010 年	83.41	83.42	85.51	84.53	86.67
	2011 年	72.83	77.57	79.42	79.05	80.00

（四）不同收入群体的满意度情况

1. 家庭收入水平对农民农业生产类惠农政策的满意度没有显著影响

从家庭收入水平角度来考察农民对农业生产类惠农政策的满意度情况。对于粮食补贴政策来说，从时间序列来看，从 2009～2011 年，农民对粮食补贴政策的满意度变化不大；从收入水平的横向差异来看，2009 年时随着收入水平的提高，农民的满意度呈上升趋势，收入水平较高的农民的满意度更高。但是 2010 年和 2011 年，不同收入水平的满意度没有明显的差异性。

就农业保险政策而言，从纵向时间角度来分析，与 2009 年相比，除了高收入农民的满意度有所降低外，其他收入水平农民 2011 年的满意度均有所上升，低收入户、中低收入户、中等收入户和中高收入户的满意度分别提高了 5.66%、9.69%、10.21%、5.92%。另一方面，从横向差异来看，2009 年时随着收入水平的提高，农民的满意度逐步上升，但 2011 年，处于中间收入水平的农民的满意度最高，而处于收入两端的农民的满意度较低，其中中等收入和中高收入农民的满意度分别为 57.14% 和 57.24%（见表 4－21）。

表 4－21　　不同收入水平农民对农业生产类惠农政策的满意度　　单位：%

农业生产类		家庭收入分组				
		低收入户	中低收入户	中等收入户	中高收入户	高收入户
粮食直补	2009 年	82.12	82.22	84.78	88.28	87.28
	2010 年	89.78	88.03	89.89	88.03	89.43
	2011 年	86.05	87.52	89.50	86.22	85.95
农业保险	2009 年	47.00	46.75	46.93	51.32	55.11
	2010 年	55.87	45.45	40.67	47.51	50.00
	2011 年	52.66	56.44	57.14	57.24	53.11

2. 收入水平较低的农民对社会保障类惠农政策的满意度增加的比重更高

表 4－22 显示了不同收入水平农民对社会保障类惠农政策的满意度情况。对

于新农合政策来说，从纵向的时间分析来看，与 2009 年相比，2010 年农民对新农合政策的满意度有所上升，而且收入水平较低的农民满意度增加的比重更高，从低收入户到高收入户，农民满意度增加的比重分别为 11.29%、9.29%、8.11%、6.04% 和 6.60%；而到了 2011 年，农民对新农合政策的满意度却普遍下降，而且收入水平越低的农民满意度下降的比重也越高。另一方面，从收入水平的横向差异来看，随着收入水平的提高，农民对新农合政策的满意度大致呈上升趋势，收入水平较高的农民对新农合政策的满意度更高。

表 4 – 22　　**不同收入水平农民对社会保障类惠农政策的满意度**　　单位：%

社会保障类		家庭收入分组				
		低收入户	中低收入户	中等收入户	中高收入户	高收入户
新农合	2009 年	74.23	74.04	74.14	74.43	76.08
	2010 年	85.52	83.33	82.25	80.47	82.68
	2011 年	73.38	72.25	71.13	73.40	75.88
新农保	2009 年	49.70	57.20	57.83	54.89	64.35
	2010 年	75.36	71.43	66.57	73.40	77.19
	2011 年	77.22	73.75	76.74	75.87	75.47

具体到新农保政策而言，从时间角度来看，从 2009 ~ 2011 年，农民的满意度也逐年上升，而且收入水平较低的农民满意度增加的比重更高，与 2009 年相比，2011 年时从低收入户到高收入户，农民满意度增加的比重分别为 27.52%、16.55%、18.91%、20.98% 和 11.12%。另一方面，从横向差异来看，不同收入水平农民对新农保政策的满意度没有明显的差异性。

3. 收入水平较高的农民对生活发展类惠农政策的满意度相对更高

家庭收入水平影响农民对生活发展类惠农政策的满意度。对于家电下乡政策来说，从时间序列来看，与 2009 年相比，除了低收入农民外，2011 年其他收入水平农民的满意度均有所上升，而且收入水平越高的农民满意度增长的越多。从收入水平的横向差异来看，随着收入水平的提高，农民对家电下乡政策的满意度呈上升趋势。2011 年，高收入农民的满意度最高，达到 76.26%；其次是中高收入水平的农民，满意度为 74.76%；低收入户的满意度最低，为 62.92%。收入水平越高的农民对家电下乡政策的满意度越高。

就小额信贷政策而言，从 2009 ~ 2011 年，不同收入水平的满意度总体有所提高。另一方面，从收入水平的横向比较来看，高收入水平农民的满意度相对更高，2011 年时，不同收入水平农民对小额信贷政策的满意度差异很小，满意度均在 50% 左右（见表 4 – 23）。

表 4 – 23   不同收入水平农民对生活发展类惠农政策的满意度　　单位：%

生活发展类		家庭收入分组				
		低收入户	中低收入户	中等收入户	中高收入户	高收入户
家电下乡	2009 年	63.87	68.12	67.88	69.42	69.89
	2010 年	60.32	63.37	62.95	67.49	73.05
	2011 年	62.92	69.41	72.58	74.76	76.26
小额信贷	2009 年	41.99	44.31	41.22	41.17	51.99
	2010 年	52.50	39.30	37.25	43.43	51.36
	2011 年	49.75	49.60	48.66	50.09	51.49

4. 收入水平较高的农民对基础设施类惠农政策的满意度更高

不同收入水平农民对基础设施类惠农政策的满意度情况可从表 4 – 24 得知。从纵向时间角度来分析，无论是饮水工程、路网建设，还是电网建设，2011 年与 2010 年相比，不同收入水平农民的满意度都有所下降，而且收入水平越低的农民满意度下降得越多，说明家庭收入较低的农民对基础设施类的惠农政策的期待更高。

表 4 – 24   不同收入水平农民对基础设施类惠农政策的满意度　　单位：%

基础设施类		家庭收入分组				
		低收入户	中低收入户	中等收入户	中高收入户	高收入户
饮水	2010 年	78.38	72.95	73.79	72.75	74.27
	2011 年	64.99	67.52	61.49	68.20	69.13
路网	2010 年	79.61	75.34	77.22	77.03	78.25
	2011 年	68.69	73.39	73.37	77.64	76.08
电网	2010 年	85.21	83.13	83.20	84.21	84.53
	2011 年	73.48	78.33	78.87	81.34	80.54

另一方面，从横向的收入水平差异来看，随着收入水平的提高，农民对饮水、路网和电网这三类基础设施的满意度均呈一定的上升趋势，收入水平较高的农民对基础设施建设的满意度更高。

（五）不同职业群体的满意度情况

1. 务农农民对农业生产类惠农政策的满意度最高

考察不同职业农民对农业生产类惠农政策的满意度情况。从粮食补贴政策来看，在纵向的时间差异方面，从 2009～2011 年，不同职业农民对粮食补贴政策的满意度变化不大；从职业内部差异来看，总体而言，以务农为职业的农民对粮食补贴政策的满意度最高，外出务工的农民满意度最低，2011 年务农者和务工者对粮食补贴政策的满意度分别为 87.49% 和 80.15%；做生意者、教师及其他职业农民的满意度分别为 82.62% 和 85.91%。

就农业保险政策而言，从纵向时间角度来看，与 2009 年相比，不同职业农民 2011 年的满意度均有所上升，务农者、务工者、做生意者、教师及其他职业农民的满意度分别提高了 6.82%、2.50%、4.11%、3.08%，务农农民满意度提高的最多。另一方面，从职业内部差异来看，2011 年务农农民对农业保险政策的满意度最高，为 56.10%；务工者的满意度最低，占比 51.06%，两者相差5.04 个百分点（见表 4 - 25）。

表 4 - 25　　　　不同职业农民对农业生产类惠农政策的满意度　　　单位：%

农业生产类		职业分组			
		务农	务工	做生意	教师及其他
粮食补贴	2009 年	85.92	79.32	81.59	87.30
	2010 年	89.52	78.05	80.90	89.75
	2011 年	87.49	80.15	82.62	85.91
农业保险	2009 年	49.28	48.56	50.28	54.92
	2010 年	48.13	43.16	42.42	47.22
	2011 年	56.10	51.06	54.39	54.00

2. 务农者和务工者对社会保障类惠农政策的满意度较低

表 4 - 26 显示了不同职业农民对社会保障类惠农政策的满意度情况。对于新农合政策而言，从纵向的时间分析来看，从 2009～2010 年，不同职业农民对新农合政策的满意度均有所上升，其中务农农民满意度上升的比重最高，增长了10.30 个百分点；而到了 2011 年，不同职业农民对新农合政策的满意度却有所降低。另一方面，从职业的内部差异来看，2011 年教师及其他职业农民的满意度最高，占比 77.58%；其次是做生意的农民，满意度为 75.93%；务农者和务工者对新农合政策的满意度较低，分别为 72.56% 和 72.48%。

表 4 – 26　　　　不同职业农民对社会保障类惠农政策的满意度　　　单位：%

社会保障类		职业分组			
		务农	务工	做生意	教师及其他
新农合	2009 年	73. 32	74. 06	79. 39	78. 48
	2010 年	83. 62	80. 63	80. 19	82. 86
	2011 年	72. 56	72. 48	75. 93	77. 58
新农保	2009 年	53. 79	61. 65	65. 90	67. 60
	2010 年	72. 45	68. 01	74. 29	76. 16
	2011 年	74. 35	75. 25	80. 70	84. 24

就新农保政策而言，从纵向时间角度来看，从 2009 ~ 2011 年，不同职业农民对新农保政策的满意度均逐年上升，其中务农农民满意度增加的比重最高，2011 年比 2009 年上升了 20. 56 个百分点。另一方面，从职业内部差异来看，务农者和务工者对新农保政策的满意度较低，2011 年分别为 74. 35% 和 75. 25%；而做生意农民、教师及其他职业农民的满意度相对较高，分别占比 80. 70% 和 84. 24% 。

3. 做生意者对生活发展类惠农政策的满意度相对更高

不同职业农民对生活发展类惠农政策的满意度具有一定的差异性。从家电下乡政策来看，在纵向的时间差异上，2011 年与 2009 年相比，除了教师及其他职业农民的满意度有所降低外，其他职业农民对家电下乡政策的满意度均有所上升，其中做生意的满意度增长最多。从职业的内部差异来看，做生意农民对家电下乡政策的满意度相对更高，2011 年，做生意的农民满意度为 75%，其他职业农民的满意度大致相当，都在 70% 左右。

表 4 – 27　　　　不同职业农民对生活发展类惠农政策的满意度　　　单位：%

生活发展类		职业分组			
		务农	务工	做生意	教师及其他
家电下乡	2009 年	67. 25	70. 63	67. 92	70. 34
	2010 年	63. 96	63. 78	74. 23	66. 67
	2011 年	70. 77	71. 10	75. 00	69. 83
小额信贷	2009 年	42. 83	43. 34	51. 27	55. 17
	2010 年	44. 12	39. 21	55. 93	46. 15
	2011 年	50. 40	43. 37	51. 35	51. 41

对于小额信贷政策而言，与 2009 年相比，2011 年除了教师及其他职业农民的满意度有所下降外，其他职业农民的满意度均有所上升，其中务农农民的满意度增长的最多，提高了 7.57 个百分点。另一方面，从横向的职业内部差异来看，务工者对小额信贷政策的满意度明显较低，2011 年的满意度为 43.37%，其他职业农民的满意度均在 50% 以上。

4. 务农农民对基础设施类惠农政策的满意度最低

从职业角度来考察农民对基础设施类惠农政策的满意度情况。从时间差异上看，在饮水工程方面，2011 年与 2010 年相比，不同职业农民的满意度均有所下降，其中务农农民的满意度下降得更为明显，务农者、务工者、做生意者、教师及其他职业农民的满意度下降的比重分别为 8.55%、3.45%、6.60% 和 7.54%。对于路网建设和电网建设来说，2011 年与 2010 年相比，务工者和做生意农民的满意度略有增加，务农者、教师及其他职业农民的满意度有所下降。

另一方面，从职业内部差异来看，总体而言，务农农民的满意度比较低，2011 年无论是路网建设还是电网建设，务农农民的满意度都最低，分别为 72.33% 和 77.04%；做生意农民的满意度都最高，分别为 81% 和 82.80%（见表 4 - 28）。

表 4 - 28   不同职业农民对基础设施类惠农政策的满意度   单位：%

基础设施类		职业分组			
		务农	务工	做生意	教师及其他
饮水	2010 年	74.50	68.21	75.00	74.86
	2011 年	65.95	64.76	68.40	67.32
路网	2010 年	77.97	71.93	78.52	75.49
	2011 年	72.33	74.26	81.00	75.54
电网	2010 年	86.03	77.86	81.06	82.50
	2011 年	77.04	80.00	82.80	81.15

四、不同群体对惠农政策作用的评价情况

（一）不同群体对惠农政策作用的总体评价

1. 年龄越大的农民对惠农政策的作用评价越高

表 4 - 29 反映了不同年龄农民对惠农政策作用的评价情况。由数据分析可

知，60 岁以上的老年农民认为惠农政策"作用较大"的比重最高，达到
45.20%；其次是 50～59 岁年龄段的农民，反映"作用较大"的比重为
40.88%；30 岁以下的农民中，有 29.55% 的农民表示惠农政策"作用较大"，
与其他年龄段农民的这一评价相比，其所占比重最低；可以看出，随着年龄段的
上升，农民表示惠农政策"作用较大"的比重也不断提高。另一方面，在认为
惠农政策"作用较小"方面，随着年龄段的上升，其所占比重依次下降。总体
而言，年龄因素对农民惠农政策的认可度具有显著影响，年龄越大的农民对惠农
政策的作用评价越高（见图 4-5）。

表 4-29	不同年龄农民对惠农政策的作用评价			单位：个，%
年龄分组	作用较大	一般	作用较小	合计
30 岁以下	29.55	43.18	27.27	100.00（88）
30～39 岁	35.41	41.89	22.70	100.00（370）
40～49 岁	36.31	44.99	18.70	100.00（1 107）
50～59 岁	40.88	39.25	19.87	100.00（1 042）
60 岁以上	45.20	38.70	16.10	100.00（969）

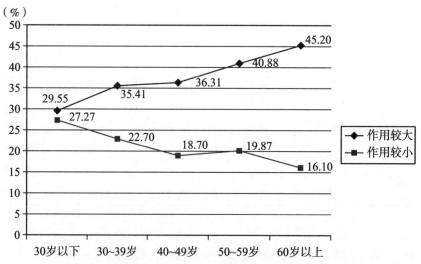

图 4-5　不同年龄农民对惠农政策的作用评价

2. 文化程度较低的农民对惠农政策的作用评价更高

考察不同文化程度农民对惠农政策作用的评价情况。如表 4-30 所示，小学
程度的农民认为惠农政策"作用较大"的比重最高，占比 43.04%；其次是未受
过教育的文盲农民，反映"作用较大"的比重为 42.96%；高中文化程度的农民

中，有 36.06% 的农民表示惠农政策"作用较大"，其所占比重最低；初中学历、大专及以上学历农民表示"作用较大"的比重分别为 38.21% 和 40%。总体而言，文化程度较高的农民认为惠农政策"作用较大"的比重较低。另一方面，在认为惠农政策"作用较小"方面，随着文化程度的提高，其所占比重呈上升趋势（见图 4 - 6）。总体而言，文化程度较高的农民对惠农政策的作用评价较低。

表 4 - 30　　　　不同文化程度农民对惠农政策的作用评价　　　单位：个，%

文化程度分组	作用较大	一般	作用较小	合计
文盲	42.96	35.21	21.83	100.00 (284)
小学	43.04	39.24	17.72	100.00 (1 157)
初中	38.21	44.31	17.48	100.00 (1 476)
高中	36.06	40.71	23.23	100.00 (538)
大专及以上	40.00	36.19	23.81	100.00 (105)

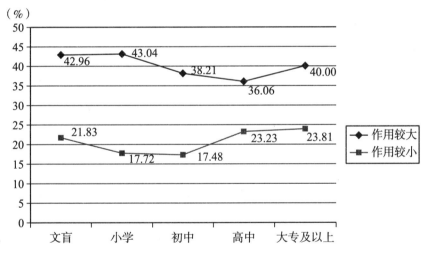

图 4 - 6　不同文化程度农民对惠农政策的作用评价

3. 收入水平较低的农民对惠农政策的评价更高

不同收入水平的农民对惠农政策作用的评价具有一定的差异性。数据显示，低收入农民认为惠农政策"作用较大"的比重最高，占比 45.95%；其次是中低收入户，占比 40.31%；中等收入户、中高收入户、高收入户表示惠农政策"作用较大"的比重分别为 36.40%、36.94% 和 38.76%。总体来看，收入较低的农民对惠农政策的评价较高（见表 4 - 31，图 4 - 7）。

表 4 - 31　　　　　不同收入水平农民对惠农政策的作用评价　　单位：个，%

家庭收入分组	作用较大	一般	作用较小	合计
低收入户	45.95	38.64	15.41	100.00（740）
中低收入户	40.31	40.48	19.21	100.00（635）
中等收入户	36.40	44.30	19.30	100.00（684）
中高收入户	36.94	42.43	20.63	100.00（693）
高收入户	38.76	42.31	18.93	100.00（676）

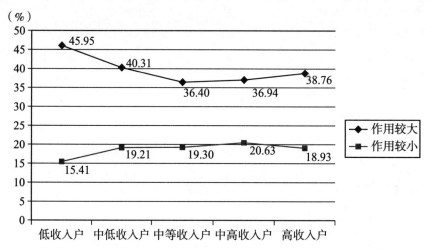

图 4 - 7　不同收入水平农民对惠农政策的作用评价

4. 务农农民对惠农政策的作用评价最高

表 4 - 32 显示了不同职业农民对惠农政策作用的评价情况。可以看出，在认为惠农政策"作用较大"的情况中，务农农民所占比重最高，占比 42.23%；做生意农民的评价最低，低于务农者 15.38 个百分点；务工者、教师及其他职业农民所占比重大致相当。另一方面，做生意的农民认为惠农政策"作用较小"的比重最高，务农者的这一比重最低。整体而言，务农农民对惠农政策的作用评价最高，以做生意为职业的农民对惠农政策的作用评价最低（见图 4 - 8）。

表 4 - 32　　　　　不同职业农民对惠农政策的作用评价　　单位：个，%

职业分组	作用较大	一般	作用较小	合计
务农	42.23	39.70	18.07	100.00（2 529）
务工	36.86	41.99	21.15	100.00（331）
做生意	26.85	50.00	23.15	100.00（298）
教师及其他	36.69	43.67	19.64	100.00（387）

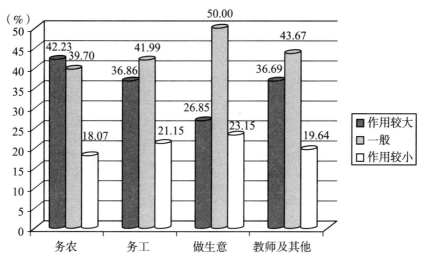

图 4 - 8　不同职业农民对惠农政策的作用评价

（二）不同群体对粮食补贴作用的评价

1. 年龄越大的农民对粮食补贴政策的作用评价越高

不同年龄农民对粮食补贴政策作用的评价情况。由数据分析可知，60 岁以上的老年农民认为粮食补贴"作用较大"的比重最高，达到 56.81%；其次是 50～59 岁年龄段的农民，表示"作用较大"的比重为 55.76%；30 岁以下年龄段的农民中，有 42.76% 的反映"作用较大"，其所占比重最低；可以看出，随着年龄段的升高，农民表示粮食补贴"作用较大"的比重也不断上升，年龄越大的农民的评价越为正面。另一方面，在认为粮食补贴政策"作用较小"方面，随着年龄段的上升，其所占比重呈下降趋势。总体来看，不同年龄农民对粮食补贴政策的作用评价具有明显的差异性，年龄越大，农民对粮食补贴政策的作用评价越高（见表 4 - 33，图 4 - 9）。

表 4 - 33　　　　不同年龄农民对粮食补贴政策的作用评价　　　　单位：个，%

年龄分组	作用较大	一般	作用较小	合计
30 岁以下	42.76	34.87	22.37	100.00（152）
30～39 岁	48.12	34.40	17.48	100.00（532）
40～49 岁	53.44	30.48	16.08	100.00（1 424）
50～59 岁	55.76	27.84	16.40	100.00（1 293）
60 岁以上	56.81	26.82	16.37	100.00（947）

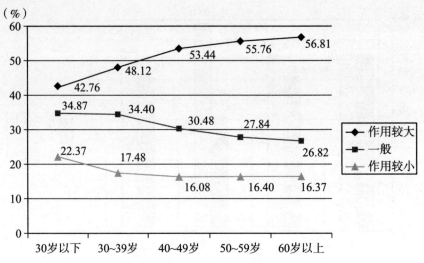

图 4 - 9　不同年龄农民对粮食补贴政策的作用评价

2. 文化程度越高的农民对粮食补贴政策的作用评价越低

考察不同文化程度农民对粮食补贴政策作用的评价情况。如表 4 - 34 所示，文盲农民表示粮食补贴政策"作用较大"的比重最高，占比 61.21%，明显高于其他文化程度农民的这一比重；大专及以上文化程度的农民中，有 51.39% 的农民表示粮食补贴政策"作用较大"，其所占比重最低。总体而言，文化程度较高的农民认为粮食补贴政策"作用较大"的比重较低，而文化程度较低的农民对粮食补贴政策的认可度相对更高。另一方面，在认为粮食补贴政策"作用较小"方面，随着文化程度的提高，其所占比重呈上升趋势，大专及以上学历农民的这一比重最高，达到 23.61%，比最低的文盲农民的这一比重高出 8.95 个百分点。总体而言，文化程度越高的农民对粮食补贴政策的作用评价越低（见图 4 - 10）。

表 4 - 34　　　　不同文化程度农民对粮食补贴政策的作用评价　　　单位：个，%

文化程度分组	作用较大	一般	作用较小	合计
文盲	61.21	24.13	14.66	100.00（348）
小学	53.37	29.86	16.77	100.00（1 634）
初中	52.19	31.16	16.65	100.00（1 736）
高中	55.47	27.38	17.15	100.00（548）
大专及以上	51.39	25.00	23.61	100.00（72）

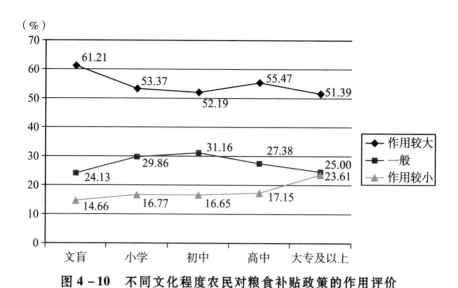

图 4 – 10　不同文化程度农民对粮食补贴政策的作用评价

3. 收入越高的农民对粮食补贴政策的作用评价越低

不同收入水平的农民对粮食补贴政策作用的评价具有一定的差异性。数据显示，低收入农民认为粮食补贴政策"作用较大"的比重最高，占比 56.40%；其次是中低收入户，占比 53.99%；高收入农民的这一比重最低，为 50.78%；中等收入户、中高收入户表示粮食补贴政策"作用较大"的比重分别为 51.08% 和 52.98%。另一方面，在认为粮食补贴政策"作用较小"的评价中，高收入农民的比重最高，低收入户的比重最低，两者相差 4.35 个百分点。总体来看，收入较低的农民对粮食补贴政策的作用评价较高，收入越高的农民的认可度越低（见表 4 – 35，图 4 – 11）。

表 4 – 35　　　不同收入水平农民对粮食补贴政策的作用评价　　单位：个，%

家庭收入分组	作用较大	一般	作用较小	合计
低收入户	56. 40	28. 89	14. 71	100. 00（945）
中低收入户	53. 99	29. 32	16. 69	100. 00（839）
中等收入户	51. 08	31. 03	17. 89	100. 00（738）
中高收入户	52. 98	29. 12	17. 90	100. 00（855）
高收入户	50. 78	30. 16	19. 06	100. 00（829）

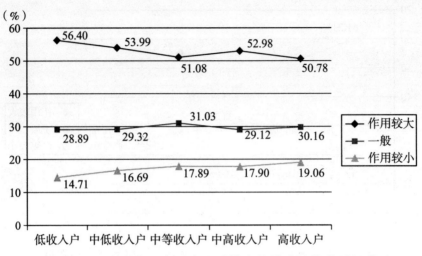

图 4 – 11　不同收入水平农民对粮食补贴政策的作用评价

4. 务农农民对粮食补贴政策的作用最为认可

表 4 – 36 显示了不同职业农民对粮食补贴政策作用的评价情况。由数据分析结果可知，在认为粮食补贴政策"作用较大"的情况中，务农农民所占比重最高，占比 55.53%；做生意农民的比重最低，低于务农者 17.82 个百分点；务工者、教师及其他职业农民认为"作用较大"比重接近，分别占比 50.76% 和 50%。另一方面，做生意的农民认为粮食补贴政策"作用较小"的比重最高，教师及其他职业的这一比重最低，两者相差 11.32 个百分点。可以看出，务农农民对粮食补贴政策的作用评价最高，以做生意为职业的农民对粮食补贴政策的作用评价最低。由于粮食补贴政策最主要是为了惠及种粮的农民，因此，这项政策对于务农农民的作用更大（见图 4 – 12）。

表 4 – 36　　　　　　不同职业农民对粮食补贴政策的作用评价　　　　　单位：个，%

职业分组	作用较大	一般	作用较小	合计
务农	55.53	28.56	15.91	100.00（3 382）
务工	50.76	33.59	15.65	100.00（524）
做生意	37.71	26.86	35.43	100.00（175）
教师及其他	50.00	35.89	14.11	100.00（248）

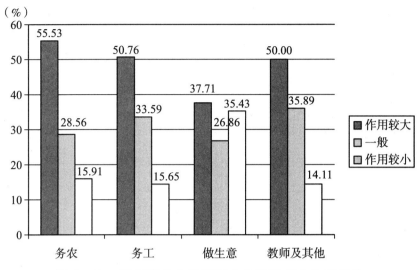

图 4-12　不同职业农民对粮食补贴政策的作用评价

（三）不同群体对新农合作用的评价

1. 年龄越大的农民对新农合政策的作用评价越高

不同年龄农民对新农合政策作用的评价具有一定的差异性。由数据分析可知，随着年龄段的升高，农民表示新农合"明显减轻了负担"的比重呈上升趋势，其中 60 岁以上的老年农民的这一比重最高，达到 35.34%；其次是 50~59 岁年龄段的农民，占比 30.87%；30 岁以下年龄段的农民中，有 17.86% 的农民表示新农合政策"明显减轻了负担"，其所占比重最低；30~39 岁、40~49 岁年龄段农民的这一比重分别为 26.50% 和 25.91%。由此可见，年龄因素对农民新农合政策的认可度具有显著影响，年龄越大的农民对新农合政策的作用评价越高（见表 4-37，图 4-13）。

表 4-37　　　　不同年龄农民对新农合政策作用的评价　　　　单位：个，%

年龄分组	加重了负担	减轻了一些负担	明显减轻了负担	没有区别	合计
30 岁以下	1.19	47.62	17.86	33.33	100.00（84）
30~39 岁	3.83	48.90	26.50	20.77	100.00（366）
40~49 岁	3.19	48.18	25.91	22.72	100.00（1 096）
50~59 岁	2.17	43.20	30.87	23.76	100.00（1 014）
60 岁以上	2.85	41.03	35.34	20.78	100.00（948）

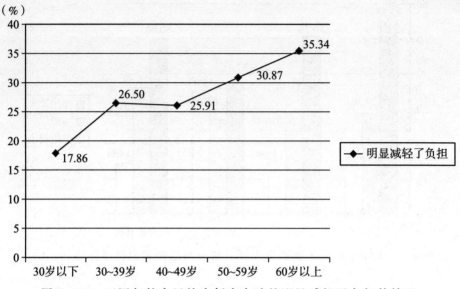

图4-13 不同年龄农民认为新农合政策明显减轻了负担的情况

2. 不同文化程度农民对新农合政策的作用评价没有显著差异

考察不同文化程度农民对新农合政策作用的评价情况。如表4-38所示，在认为新农合政策"明显减轻了负担"的情况中，小学、初中和高中文化程度农民的比重大致相当，均在三成左右；大专及以上农民的这一比重最低，占比25.49%。而另一方面，在反映"减轻了一些负担"的情况中，不同文化程度农民的比重相差不大，均在45%左右。可以看出，不同文化程度农民对新农合政策的作用评价没有显著差异（见图4-14）。

表4-38　　　　不同文化程度农民对新农合政策作用的评价　　单位：个，%

学历水平	加重了负担	减轻了一些负担	明显减轻了负担	没有区别	合计
文盲	3.23	44.80	27.24	24.73	100.00 (279)
小学	3.18	44.21	31.21	21.40	100.00 (1 131)
初中	2.54	44.64	29.44	23.38	100.00 (1 454)
高中	2.85	46.20	30.04	20.91	100.00 (526)
大专及以上	1.96	45.10	25.49	27.45	100.00 (102)

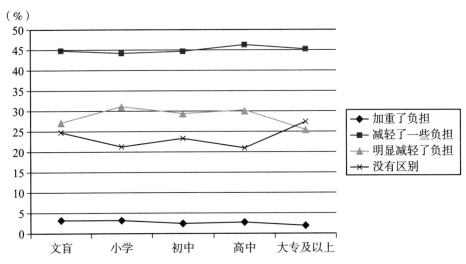

图 4 – 14　不同文化程度农民对新农合政策作用的评价

3. 随着收入水平的提高，农民对新农合政策作用的认可度不断下降

家庭收入水平影响农民对新农合政策的作用评价。数据显示，低收入农民认为新农合政策"明显减轻了负担"的比重最高，占比 33.65%；其次是中低收入户，占比 31.49%；中等收入户、中高收入户、高收入户表示新农合政策"明显减轻了负担"的比重分别为 25.78%、24.23% 和 23.77%，随着收入水平的提高，农民认为新农合政策"明显减轻了负担"的比重不断降低。另一方面，在表示新农合政策"减轻了一些负担"的情况中，随着收入水平的提高，农民的这一比重大致呈上升趋势。但总体来说，随着收入水平的提高，农民对新农合政策作用的认可度有所降低，低收入农民更认可新农合政策的作用（见表 4 – 39，图 4 – 15）。

表 4 – 39　　　　不同收入水平农民对新农合政策作用的评价　　单位：个，%

家庭收入分组	加重了负担	减轻了一些负担	明显减轻了负担	没有区别	合计
低收入户	2.47	42.86	33.65	21.02	100.00（728）
中低收入户	3.90	40.91	31.49	23.70	100.00（616）
中等收入户	3.43	48.88	25.78	21.91	100.00（671）
中高收入户	2.35	49.93	24.23	23.49	100.00（681）
高收入户	1.94	51.42	23.77	22.87	100.00（669）

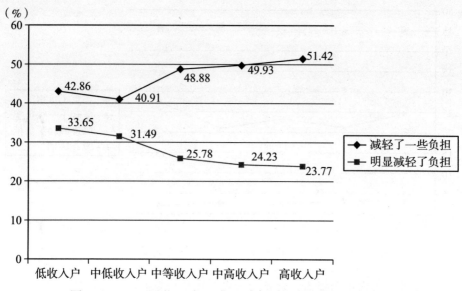

图 4 – 15　不同收入水平农民对新农合政策作用的评价

4. 职业为教师的农民对新农合政策的作用评价最高

表 4 – 40 显示了不同职业农民对新农合政策作用的评价情况。可以看出，在认为新农合政策"明显减轻了负担"的情况中，教师及其他职业农民所占比重最高，占比 36.46%，明显高于其他职业农民的这一比重；其次是务农农民，所占比重为 29.61%；务工者和做生意农民的比重相对较低，分别占比 25.23% 和 26.12%。另一方面，务工农民认为新农合政策"减轻了一些负担"的比重最高，教师及其他职业农民的这一比重最低。总体来看，职业为教师的农民对新农合政策的作用评价最高（见图 4 – 16）。

表 4 – 40　　　　　不同职业农民对新农合政策作用的评价　　　　单位：个，%

职业分组	加重了负担	减轻了一些负担	明显减轻了负担	没有区别	合计
务农	2.94	44.92	29.61	22.53	100.00 (2 482)
务工	2.49	48.29	25.23	23.99	100.00 (321)
做生意	2.06	45.70	26.12	26.12	100.00 (291)
教师及其他	2.86	41.67	36.46	19.01	100.00 (384)

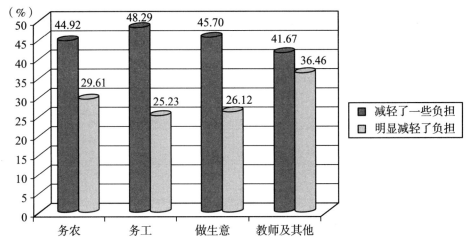

图 4 – 16 不同职业农民对新农合政策作用的评价

（四）不同群体对新农保作用的评价

1. 文化程度越高的农民对新农保政策的作用评价越低

不同文化程度农民对新农保政策作用的评价情况具有明显的差异性。如表4 – 41 所示，文盲农民认为新农保政策"作用较大"的比重最高，占比41.25%；其次是小学文化程度的农民，反映"作用较大"的比重为39.71%；高中文化程度的农民中，30.58%的农民认为新农保政策"作用较大"，其所占比重最低；初中学历、大专及以上学历农民表示"作用较大"的比重分别为34.33%和32.53%。另一方面，在认为新农保政策"作用较小"的情况中，随着文化程度的提高，其所占比重呈上升趋势。由此可知，文化程度与农民对新农保政策的认可度呈反比关系，文化程度越高的农民对新农保政策的作用评价越低（见图4 – 17）。

表4 – 41　　　　不同文化程度农民对新农保政策的作用评价　　　单位：个，%

文化程度分组	作用较大	一般	作用较小	合计
文盲	41.25	43.75	15.00	100.00（240）
小学	39.71	42.96	17.33	100.00（952）
初中	34.33	45.60	20.07	100.00（1 171）
高中	30.58	47.57	21.85	100.00（412）
大专及以上	32.53	48.19	19.28	100.00（83）

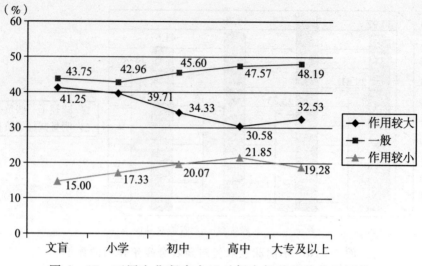

图 4 - 17　不同文化程度农民对新农保政策的作用评价

2. 家庭收入越低的农民对新农保政策的作用评价越高

从家庭收入水平的角度来分析农民对新农保政策作用的评价情况。数据分析结果表明，随着收入水平的提高，农民认为"作用较大"的比重呈下降趋势，其中低收入农民认为新农保政策"作用较大"的比重最高，占比 43.26%；其次是中低收入农民，所占比重为 39.55%；中高收入户、高收入户表示新农保政策"作用较大"的比重分别为 31.48% 和 32.97%，所占比重相对较低。另一方面，在反映新农保政策"作用较小"的情况中，低收入户的比重最低，高收入户的比重最高，两者相差 5.56 个百分点。总体而言，收入越低的农民对新农保政策的评价越高，而收入高的农民的评价反而更低（见表 4 - 42，图 4 - 18）。

表 4 - 42　　　不同收入水平农民对新农保政策的作用评价　　　单位：个，%

家庭收入分组	作用较大	一般	作用较小	合计
低收入户	43.26	41.28	15.46	100.00（608）
中低收入户	39.55	43.20	17.25	100.00（493）
中等收入户	33.70	47.80	18.50	100.00（546）
中高收入户	31.48	48.48	20.04	100.00（559）
高收入户	32.97	46.01	21.02	100.00（552）

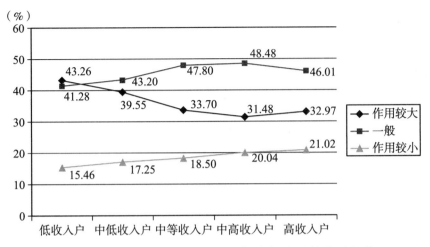

图 4 – 18　不同收入水平农民对新农保政策的作用评价

3. 务农农民对新农保政策的作用评价较高

表 4 – 43 显示了不同职业农民对新农保政策作用的评价情况。如表 4 – 43 所示，在认为新农保政策"作用较大"的情况中，教师及其他职业农民所占比重最高，占比 37.46%；其次是务农农民，所占比重为 37.20%；做生意农民的作用评价最低，占比 28.33%，低于教师及其他职业农民 9.13 个百分点。另一方面，做生意的农民认为新农保政策"作用较小"的比重最高，为 21.67%，务农者的这一比重最低。总体而言，教师及其他职业农民、务农农民对新农保政策的作用评价较高，以做生意为职业的农民的评价最低，务工者的评价居中。

表 4 – 43　　　　不同职业农民对新农保政策的作用评价　　　单位：个，%

职业分组	作用较大	一般	作用较小	合计
务农	37.20	44.70	18.10	100.00（2 027）
务工	33.20	47.88	18.92	100.00（259）
做生意	28.33	50.00	21.67	100.00（240）
教师及其他	37.46	42.41	20.12	100.00（323）

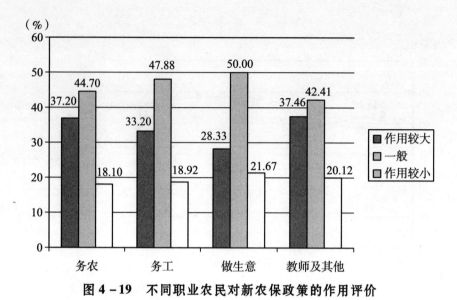

图 4 - 19　不同职业农民对新农保政策的作用评价

五、不同群体对惠农政策落实情况的评价

(一) 不同群体对落实情况的总体评价

1. 农民年龄越大对惠农政策落实情况的评价越高

表 4 - 44 显示了 2010 年和 2011 年不同年龄农民对惠农政策落实情况的评价。从纵向的时间差异来看,2011 年与 2010 年相比,除了 60 岁以上年龄段的农民认为惠农政策"落实得好"的比重略有上升外,其他年龄段农民表示"落实得好"的比重均有所下降,尤其是 30 岁以下、40～49 岁年龄段下降的比重较高,分别降低了 5.84 个和 5.28 个百分点。从横向的比较分析来看,无论是 2010 年还是 2011 年,随着年龄段的升高,农民反映惠农政策"落实得好"的比重均呈上升趋势,年龄越大,农民对惠农政策落实情况的评价越为积极。

表 4 - 44　　　　不同年龄农民对惠农政策落实情况的评价　　　　单位:%

年龄分组	年份	落实得好	落实一般	落实不好	合计
30 岁以下	2010	53.57	38.10	8.33	100.00
	2011	47.73	35.22	17.05	100.00
30～39 岁	2010	56.86	33.27	9.87	100.00
	2011	56.25	33.15	10.60	100.00

年龄分组	年份	落实得好	落实一般	落实不好	合计
40~49岁	2010	64.72	25.51	9.77	100.00
	2011	59.44	33.37	7.19	100.00
50~59岁	2010	66.98	23.29	9.73	100.00
	2011	65.52	27.97	6.51	100.00
60岁以上	2010	66.18	23.09	10.73	100.00
	2011	66.67	24.82	8.51	100.00

2. 文化程度越高的农民对落实情况的正面评价越高

受教育水平影响农民对惠农政策落实情况的评价。由数据分析结果可知，随着学历水平的提高，农民对落实情况的正面评价越高，认为惠农政策"落实得好"的比重呈上升趋势。2010年，大专及以上学历农民表示惠农政策"落实得好"的比重最高，达到71.08%；小学程度的农民认为"落实得好"的比重最低，占比60.86%，两者相差10.22个百分点。2011年大专及以上学历农民表示"落实得好"的评价最高，文盲农民的评价最低，两者相差15.51个百分点。初中和高中阶段农民对惠农政策落实情况的评价处于中间水平。可以看出，学历水平与农民对惠农政策落实情况的评价呈正比关系。另一方面，由分析结果可以看出，与2010年相比，不同学历水平农民表示惠农政策"落实得好"的比重均有所降低，尤其是文盲农民，2011年的评价明显低于2010年（见表4-45）。

表4-45　　不同文化程度农民对惠农政策落实情况的评价　　单位：%

文化程度分组	年份	落实得好	落实一般	落实不好	合计
文盲	2010	63.04	25.61	11.35	100.00
	2011	54.01	31.36	14.63	100.00
小学	2010	60.86	27.68	11.46	100.00
	2011	60.78	29.56	9.66	100.00
初中	2010	66.04	25.13	8.83	100.00
	2011	64.35	29.44	6.21	100.00
高中	2010	68.66	23.05	8.29	100.00
	2011	65.24	29.18	5.58	100.00
大专及以上	2010	71.08	22.89	6.03	100.00
	2011	69.52	21.91	8.57	100.00

3. 收入水平越高的农民对惠农政策落实的评价越好

家庭收入水平不同的农民对惠农政策落实情况的评价有所差异。由数据分析结果可知，随着家庭收入水平的提高，农民对落实情况的正面评价越高，认为惠农政策"落实得好"的比重逐渐上升。2010 年，低收入、中低收入和中等收入表示惠农政策"落实得好"的比重分别为 60.51%、61.81% 和 59.80%，这三者的比重大致相当；中高收入和高收入农民认为"落实得好"的比重相对较高，分别为 67.58% 和 66.70%。2011 年的情况与 2010 年的情况大致相似，收入水平较高的农民对惠农政策落实情况的正面评价也较高，收入水平与农民对惠农政策落实情况的评价呈正相关。另一方面，由分析结果可以看出，与 2010 年相比，不同学历水平农民表示惠农政策"落实得好"的比重均略有下降（见表4-46）。

表4-46　　　　不同收入水平农民对惠农政策落实情况的评价　　　单位：%

家庭收入分组	年份	落实得好	落实一般	落实不好	合计
低收入户	2010	60.51	27.37	12.12	100.00
	2011	60.70	30.01	9.29	100.00
中低收入户	2010	61.81	26.43	11.76	100.00
	2011	61.95	31.13	6.92	100.00
中等收入户	2010	59.80	29.16	11.04	100.00
	2011	61.37	30.18	8.45	100.00
中高收入户	2010	67.58	23.91	8.51	100.00
	2011	64.36	28.14	7.50	100.00
高收入户	2010	66.70	24.43	8.87	100.00
	2011	65.20	28.05	6.75	100.00

4. 教师及其他职业农民对落实情况的评价更好

从职业角度来看农民对惠农政策落实情况的评价。总体来看，教师及其他职业农民的评价更为正面，无论是 2010 年还是 2011 年，认为惠农政策"落实得好"的比重均最高，分别占比 68.81% 和 71.06%；而做生意农民认为惠农政策"落实得好"的比重均最低，占比分别为 55.40% 和 57.97%，教师及其他职业农民的正面评价比做生意的农民高出 13 个百分点；务农者和务工者对惠农政策落实情况的评价居中，且务工者表示"落实得好"的比重稍低于务农者。另一方面，从时间差异来看，从 2010~2011 年，不同职业农民认为惠农政策"落实得好"的比重相差不大（见表4-47）。

表 4 -47   不同职业农民对惠农政策落实情况的评价   单位：%

职业分组	年份	落实得好	落实一般	落实不好	合计
务农	2010	64.87	25.03	10.10	100.00
	2011	62.01	29.57	8.42	100.00
务工	2010	61.98	29.26	8.76	100.00
	2011	60.42	31.42	8.16	100.00
做生意	2010	55.40	30.52	14.08	100.00
	2011	57.97	34.23	7.80	100.00
教师及其他	2010	68.81	23.79	7.40	100.00
	2011	71.06	24.29	4.65	100.00

（二）不同群体对政策落实不好的原因的看法

1. 年龄较大的农民认为监督不到位的问题越严重

考察不同年龄农民对惠农政策落实不好的原因的反映情况，由数据分析结果可知，30 岁以下的农民认为由于"宣传得少"而导致落实不好的比重最高，达到了40%，远高于其他年龄段农民的这一比重。认为"监督不到位"的情况中，随着农民年龄的增加，其所占比重也依次上升，60 岁以上老年农民的比重最高，占比 29.30%；其次是 50 ~ 59 岁年龄段的农民，比重为 26.89%；30 岁以下农民的这一比重最低，占比 18.18%；30 ~ 39 岁、40 ~ 49 岁年龄段农民选择"监督不到位"的比重分别为 22.50% 和 26.74%。可以看出，随着年龄的增大，农民认为监督不到位的问题越严重（见表 4 - 48）。

表 4 - 48   不同年龄农民认为惠农政策落实不好的原因   单位：个，%

年龄分组	宣传得少	不符合意愿	参与程序复杂	政策执行变味儿	监督不到位	合计
30 岁以下	40.00	14.55	10.91	16.36	18.18	100.00（55）
30 ~ 39 岁	24.17	19.58	7.92	25.83	22.50	100.00（240）
40 ~ 49 岁	24.75	16.64	8.96	22.91	26.74	100.00（703）
50 ~ 59 岁	25.31	18.87	7.55	21.38	26.89	100.00（636）
60 岁以上	25.20	20.70	7.61	17.19	29.30	100.00（512）

2. 文化程度越高的农民越认为惠农政策不符合自身意愿

不同文化程度农民对惠农政策落实不好的原因的选择具有一定的差异性。具

111

体来看，在反映"宣传得少"的情况中，文盲和小学学历农民的这一比重较高，分别为 26.63% 和 27.56%；大专及以上学历农民的比重最低，为 16.07%；初中、高中程度农民的占比分别为 24.43% 和 24.84%。可以看出，文化程度较低的农民认为政策宣传得少的比重更高。

另一方面，对于"不符合意愿"的情况中，大专及以上学历农民的比重最高，占比 26.79%；其次是高中学历的农民，占比 21.12%；小学农民的这一比重最低，为 15.77%。由此可见，文化程度较高的农民认为惠农政策"不符合意愿"的比重更高（见表 4 - 49）。

表 4 - 49　　　　**不同文化程度农民认为惠农政策落实不好的原因**　单位：个，%

学历分组	宣传得少	不符合意愿	参与程序复杂	政策执行变味儿	监督不到位	合计
文盲	26.63	20.71	10.06	18.34	24.26	100.00（169）
小学	27.56	15.77	7.24	21.59	27.84	100.00（704）
初中	24.43	18.89	8.61	21.83	26.24	100.00（884）
高中	24.84	21.12	7.14	19.88	27.02	100.00（322）
大专及以上	16.07	26.79	10.71	21.43	25.00	100.00（56）

3. 收入越低的农民越认为政策宣传得少

表 4 - 50 显示了不同家庭收入农民认为惠农政策落实不好的原因。由分析结果可以看出，收入水平较低的农民认为惠农政策"宣传得少"的比重更高，而收入较高的农民的这一比重相对较低。从低收入户到高收入户，农民表示"宣传得少"的比重分别为 32.93%、27.76%、21.68%、22.28% 和 23.97%，收入越低的农民越认为政策宣传得少。

表 4 - 50　　　　**不同收入水平农民认为惠农政策落实不好的原因**　单位：个，%

收入分组	宣传得少	不符合意愿	参与程序复杂	政策执行变味儿	监督不到位	合计
低收入户	32.93	15.37	8.29	19.75	23.66	100.00（410）
中低收入户	27.76	19.14	5.93	19.95	27.22	100.00（371）
中等收入户	21.68	18.65	7.45	24.01	28.21	100.00（429）
中高收入户	22.28	20.34	6.78	21.55	29.05	100.00（413）
高收入户	23.97	21.23	8.44	20.09	25.57	100.00（438）

另一方面，在反映惠农政策"不符合意愿"的情况中，高收入农民的比重最高，占比21.23%；其次是中高收入的农民，占比20.34%；低收入农民的这一比重最低，为15.37%。可以看出，随着家庭收入水平的提高，农民认为惠农政策"不符合意愿"的比重呈上升趋势，收入越高的农民越期盼政策符合自身意愿。

4. 务农农民认为政策"监督不到位"的比重相对更多

职业因素影响农民对惠农政策落实不好的原因的看法。由数据分析结果可知，相对于其他职业的农民，务农农民表示政策"监督不到位"的比重最高，占比28.60%；务工农民反映"政策执行变味儿"的比重更高；教师及其他职业农民认为政策"宣传得少"的比重相对更高。可以看出，不同职业农民对惠农政策落实不好的原因有不同的看法（见表4-51）。

表4-51　　　　不同职业农民认为惠农政策落实不好的原因　　单位：个，%

职业分组	宣传得少	不符合意愿	参与程序复杂	政策执行变味儿	监督不到位	合计
务农	25.71	17.03	7.06	21.60	28.60	100.00（1 486）
务工	25.82	22.54	8.92	24.41	18.31	100.00（213）
做生意	20.94	20.94	10.48	24.08	23.56	100.00（191）
教师及其他	26.89	23.11	12.61	13.86	23.53	100.00（238）

六、评估基本结论和建议

通过以上分析可知，不同群体农民对惠农政策的主观评价有所不同，而惠农政策对不同群体的作用成效也有所差异。具体而言，体现在以下四个方面。

第一，老年群体对惠农政策的满意度高、认可度强。无论是惠农政策的总体满意度，还是具体到粮食补贴、新农合、新农保等政策，随着年龄段的提高，农民的满意度不断上升，年龄越大的农民对惠农政策的满意度越高。另一方面，在对惠农政策的作用评价以及政策落实情况的评价方面，老年农民的评价都更为积极。

第二，高学历群体对惠农政策的满意度高但认可度低。学历较高的农民对政策的理解和认识相对更多，但对政策的预期作用也会有更高的期待。一方面，在惠农政策的满意度方面，无论是总体满意度，还是农业补贴、新农合、家电下乡等具体政策的满意度，文化程度越高的农民的满意度都越高。另一方面，虽然高学历农民的满意度高，但是对政策作用的认可度却较低，在对惠农政策作用的评价方面，文化程度较高的农民的评价较低。

第三，低收入群体对惠农政策的满意度低但认可度高。就惠农政策的总体满意度而言，收入水平越高的农民的满意度也越高，低收入农民的满意度较低。但是从惠农政策的作用效果来看，收入水平越低的农民认为新农合政策能够减轻负担的比重越高，反映新农保政策能改善家庭生活的比重也越高，惠农政策对于减轻低收入农民负担、改善低收入家庭生活的作用更明显。因此，在惠农政策的作用的评价方面，收入较低的农民的评价更为积极，其对惠农政策的作用也更为认可。

第四，务农群体的政策享受率低但满意度和认可度高。一方面，就惠农政策的享受情况而言，虽然务农群体在农业生产类的政策方面享受率高，但是在社会保障类和生活发展类的政策方面，务农农民的享受率都较低。另一方面，就惠农政策的满意度而言，与务工者、做生意者、教师及其他职业的群体相比，务农农民的满意度最高。此外，从惠农政策的作用评价来看，无论是总体作用评价，还是粮食补贴、新农保等具体政策的评价，务农群体的评价都最为积极，对惠农政策的作用认可度最高。

鉴于上述分析，在惠农政策的实施过程中，需要从不同政策类型、不同群体出发，对惠农政策的发展方向进行思考。农业生产类政策应注重专职化，向专业化、职业化的家庭农场、种粮大户、农业合作社等新型经营主体进行倾斜，在政策实施中，除了提供财政补贴、转移支付外，还需逐步建立社会化的生产服务体系，以此来提高政策效益；社会保障类政策需突出均等化，在实施过程中，需要重点加强对低收入家庭、老年农民等弱势群体的保障力度，通过建构完善的社会保障网络，保障农民的基本生活需求；生活发展类政策需强调多元化，满足不同层次农民的多样化需求，在实施过程中，可以提供更加丰富的产品，开通更为便捷的供给渠道和补贴程序，让农民在消费过程中得到更多实惠。

第五章

国家惠农政策的成效：地区分析

惠农政策不仅在类型上和人群上呈现出差异性，在区域上也存在差异性。本章将全国划分为东北、华北、华东、西北、西南、中南六大区域，以此分析惠农政策成效的区域差异。

一、不同区域惠农政策的参与情况

对于农业保险、小额信贷、新农合与新农保这些政策而言，农户的参与率是决定政策能否持续的关键，也是衡量该项政策是否符合农民需求的重要指标。这里我们根据政策的受众差异、目标差异等指标将惠农政策划分为特惠性和普惠性政策，以此来研究不同类型惠农政策的参与情况。

（一）经济发达地区普惠性政策的参与率相对较高

1. 华北地区社会保障政策的参与率相对较高，东北地区的参与率最低

新农合、新农保政策是农村社会保障制度的重要组成部分，从表5-1中可以看出，西北地区新农合的参与率最高，为98.89%，中南、华北地区的次之，参与率分别为98.17%和97.93%，东北地区的参与率最低，为88.94%；新农保的参与率华东地区最高，为79.58%，华北地区次之，为74.19%，东北地区47.66%的参与率最低。由此可见，综合新农保与新农合两项指标，华北地区社会保障政策的参与率相对较高，东北地区的参与率最低。

表 5 - 1 　　　　　　　　　不同地区惠农政策的参与率 　　　　　　　单位：%

政策类型		东北	华北	华东	西北	西南	中南	全国
普惠	新农合	88.94	97.93	97.45	98.89	97.49	98.17	97.34
	新农保	47.66	74.19	79.58	73.12	53.58	71.35	70.07
	农业保险	36.17	34.39	28.38	10.95	31.12	23.21	26.62

2. 东北、华北地区农业保险的参与率相对较高

农业保险是针对农民生产过程中遇到灾害所提供的特殊政策，带有一定的预防性。从表 5 - 1 可以看出，全国样本农户中参与农业保险的比重为 26.62%，东北地区样本农户农业保险政策的参与率最高，为 36.17%，华北地区和西南地区的参与率次之，分别为 34.39% 和 31.12%，华东地区和中南地区参与率较低且低于全国平均水平，西北地区最低，为 10.95%。由此可见，由于农业保险政策的特殊性，在农业生产相对发达的地区（东北、华北）较受欢迎，在农业生产相对落后的地区如西北地区不受欢迎。

（二）经济欠发达地区普惠性政策参与率增长较快

1. 西北地区新农合政策参与率增幅最大

从 2008 ~ 2011 年各地区新农合年均参与增长情况来看，西北和东北的参与率增速明显高于其他地区，分别为 23.21% 和 21.68%。华北、华东、西南和中南地区的年均增长率均低于 10%。由此可见，西北和东北地区新农合参与率的增幅较大。

2. 东北地区新农保政策参与率增幅最大

分析新农保参与率的变化情况发现，2008 ~ 2011 年各地区新农保参与率都保持了较高水平的增长（见表 5 - 2）。除华北和华东外，其他地区年均增长率都超过了 100%。其中，东北地区的参与率增幅最大，为 312.31%，大大高出其他地区；中南地区次之，年均增长率为 220.09%，西北和西南的年均增长率分别为 107.78% 和 115.88%。华北和华东地区参与率的增长率分别为 87.77% 和 93.65%，相对其他地区增幅较小。总之，东北地区样本农户新农保的参与率增幅最大。

表 5 - 2 　　　　　　2008 ~ 2011 年各地区惠农政策参与增长情况 　　　　单位：%

政策类型	东北	华北	华东	西北	西南	中南
新农合	21.68	8.16	6.23	23.21	4.15	5.55
新农保	312.31	87.77	93.65	107.78	115.88	220.09
农业保险	29.65	52.14	17.90	39.35	15.57	13.35

3. 西北地区农业保险参与率增幅相对较大

如表 5 - 2 所示，2008 ~ 2011 年农业保险参与率华北地区增速最快，年均增长率达到 52.14%，西北、东北地区增幅分别为 39.35% 和 29.65%，华东、西南和中南三个地区年均增长率由高到低分别为 17.90%、15.57% 和 13.35%。由此可见，西北地区虽然起步较低，但是增速较快，这说明随着惠农政策对西部地区的倾斜、国家对西部农业的重视，农户对惠农政策的参与率逐步提高。

二、不同区域惠农政策的享受情况

惠农政策的享受率是衡量某项政策绩效的重要指标，也是影响农户对惠农政策满意度的关键因素。尤其对于家电下乡、低保、基础建设等惠农政策，享受率可以说是评价该项政策的唯一客观指标。这里的享受率主要指样本农户中已经享受惠农政策的农户比率。

（一）经济欠发达地区特惠性政策的享受率较高

1. 西南、西北地区小额信贷的享受率较高

小额信贷是国家专门针对低收入户提供的专项扶持政策，如表 5 - 3 所示，2010 年全国样本农户享受小额信贷的比重为 8.27%，西南、西北地区样本农户小额信贷的享受率较高，分别为 13.45% 和 12.23%，华北和华东地区样本农户小额信贷的享受率较低，分别为 4.01% 和 7.42%。由此可见，经济欠发达地区（西南、西北地区）对小额信贷政策的需求较大，经济发达地区小额信贷的享受率较低。这说明，针对弱势群体的惠农政策在经济欠发达地区更适用、需求更广。

表5 - 3　　　　　2010 年不同区域惠农政策的享受率　　　　单位：%

政策类型		东北	华北	华东	西北	西南	中南	全国
特惠	小额信贷	10.34	4.01	7.42	12.23	13.45	6.59	8.27
	家电下乡	18.63	13.33	30.42	22.68	32.80	30.57	26.80
	低保	7.69	8.98	5.27	16.23	17.66	14.60	12.21
普惠	农业补贴	84.77	91.99	83.45	86.79	85.77	92.55	88.66
	路网建设	68.81	58.54	70.10	57.20	55.33	52.23	58.34
	电网建设	74.61	61.56	69.73	63.32	62.11	60.07	63.42
	新农保	20.00	27.39	49.71	44.20	28.19	22.43	31.70
	新农合	86.57	92.82	94.16	89.15	96.42	90.70	92.26

117

2. 西南地区家电下乡的享受率最高

家电下乡是国家为刺激农村内需，提升农民生活水平而提出的一项惠农政策，鉴于它对受益对象的要求，这里我们将其定义为特惠政策。从表5-3可以看出，西南地区样本农户家电下乡政策的享受率最高，为32.8%，华北地区样本农户的享受率为13.33%，居于六大区域之末。同时可以看出，华东地区的享受率相对较高，西北地区的享受率相对较低，这其中的原因主要是家电下乡政策受益对象的局限性（只有购买家电的农户才能享受家电下乡优惠），对农户的经济基础提出了要求，从而导致经济相对发达地区农户的享受率更高，但是它又刺激了经济欠发达地区农户的购买需求。因此，总体而言家电下乡对经济欠发达地区的作用相对较大。

3. 西北、西南地区低保户比率最大

农村最低生活保障政策是国家扶助农村弱势群体最直接的一项政策，从表5-3可以看出，2010年全国样本农户中低保户比率为12.21%，西南低保户比率最大，为17.66%，西北和中南地区低保户的比率分别为14.6%和16.23%，华东地区低保户比率最小，为5.27%。由于低保户可以享受一定的低保补助，所以低保户的比率也就意味着低保政策的享受率。综上所述，与小额信贷政策一样，西南、西北这些经济欠发达地区低保政策的享受率较高，华东、华北这些经济相对发达的地区低保政策的享受率较低。

（二）经济发达地区普惠性政策的享受率较高

1. 中南、华北地区农业补贴享受率较高

农业补贴作为实施较早的一项政策，无论在政策目标还是受益范围上都逐渐走向普惠。从表5-3可以看出，2010年全国样本农户农业补贴的享受率为88.66%，其中中南地区和华北地区农业补贴的享受率最高，比重分别为92.55%和91.99%，而西北地区、西南地区以及东北地区样本农户农业补贴政策的享受率分别为86.79%、85.99%和84.77%。由此可见，经济相对欠发达的地区农业补贴政策的享受率相对处于低位，而经济相对发达的地区，如中南和华北地区农业补贴政策的享受率较高。

2. 华东地区基础建设普及范围更广

基础设施建设包括路网、电网等建设，基础设施建设是农村发展的重要基础，为此通过考察农村基础建设水平来分析不同区域惠农政策的落实情况。从表5-3可以看出，不论在路网建设还是电网建设上，华东地区都领先其他区域，具体来说，华东地区样本农户享受过路网建设和电网建设的农户比重分别为

70.1%和69.73%。而西北和西南地区农村基础建设相对处于低位，其中西北地区样本农户享受过路网、电网建设的比重分别为57.2%和63.32%，西南地区样本农户享受过路网、电网建设的比重分别为55.33%和62.11%。由此可见，经济相对发达的地区农村基础建设普及范围更广。

3. 华东地区社会保障范围更广

新农合、新农保的出台是国家缩小城乡二元差距、提高农民社会保障水平的重要措施，其普惠的政策目标和价值关怀更是赢得了农民较高的满意度，从表5-3可以看出，2010年全国样本农户新农保、新农合的享受率分别为31.7%和92.26%，其中华东地区样本新农保与新农合的享受率分别为49.71%和94.16%，分别高于全国18.01%和1.9%。可见相比其他地区，华东地区无论在新农保还是新农合上，其享受率均高于全国水平，而其他地区的享受率或多或少低于全国水平，其中东北地区社会保障享受率最低。

（三）不同地区享受率增幅呈现差异

1. 经济欠发达的西北、西南地区特惠性政策的享受率增幅较大

从农村低保户的政策享受增长情况来看，2008~2011年，各地区低保户增长率并不均衡。其中，西北地区以30.62%的增长率排在首位。西南和中南地区增速相近，分别为12.54%和12.68%，高于东北的8.51%的年均增长率水平。值得注意的是，华北和华东地区的增长率为负值，分别是-9.89%和-2.96%。由此可见，低保作为一项特惠性保障政策在经济欠发达的西北地区需求最大，在经济相对发达的华北、华东地区需求较小。

就家电下乡政策而言，享受率增幅较大的地区分别是华东、西北、西南地区，增长率分别为86.29%、74.72%和68.24%，华北、中南地区增幅相对较小，增长率分别为58.74%和67.35%（见表5-4）。

表5-4　　　　2008~2011年各地区特惠性政策享受增长情况　　　　单位：%

政策类型	东北	华北	华东	西北	西南	中南
低保	8.51	-9.89	-2.96	30.62	12.54	12.68
家电下乡	53.26	58.74	86.29	74.72	68.24	67.35

由此可见，综合两项指标发现，西北和西南地区样本农户对特惠性政策的享受率增幅较大，这说明这些特惠性政策一定程度上在经济相对欠发达地区的效果更明显。

2. 经济发达地区普惠性政策享受率增幅相对较大

如表5－5所示，从2009～2011年各地区新农合年均增长情况来看，华北地区的增速明显高于其他地区，增长率为13.55%，东北地区增幅呈下降趋势，增长率为－6.83%。

分析新农保享受率的变化情况发现，2009～2011年各地区都保持了较高水平的增速。其中，中南地区年均增长率最高，为130.25%，大大高出其他地区；华东地区次之，年均增长率为60.49%，西南和西北地区的增长率分别为58.56%和50.83%。整体来说，在新农合与新农保这种普惠性的保障政策上，经济相对发达的华北、中南地区增幅较大（见表5－5）。

表5－5　　　2009～2011年各地区普惠性政策享受增长情况　　　单位：%

政策类型	东北	华北	华东	西北	西南	中南	全国
新农合	－6.83	13.55	1.64	5.81	1.53	1.48	2.50
新农保	—	34.62	60.49	50.83	58.56	130.25	61.86

注：由于2009年的调查中，东北地区的领取养老金人数以及领取养老金的金额有效样本为零，所以无法计算东北地区2009～2011年的变化趋势。表中增幅或涨幅均为2009～2011年平均增长率或平均上涨率。

三、不同区域惠农政策的受益度

受益度表示的是"享受水平的高低"，反映的是惠农政策给农民带来的实际效益。这里通过经济受益与保障受益等指标，分析2008～2011年惠农政策在全国及六大区域的变化，综合反映惠农政策受益度的区域差别。

（一）东部地区经济受益度更高

1. 华东地区农业补贴水平最高，东北地区增幅最大

在2011年有效样本农户中，亩均农业补贴额为85.39元，六大区域中东北、华东、西南、中南地区均高于全国水平，其中华东地区以99.2元列居首位，而华北地区的66.12元为最低补贴水平。

2008～2011年全国样本农户农业补贴亩均补贴金额分别为71.21元、71.82元、73.90元和85.39元，呈较小幅度持续的上升趋势，年均增长率为6.24%。对于六大区域，2008～2011年东北、华北、华东、西南、西北和中南的年均增长率分别为13.45%、－4.59%、11.44%、6.49%、－2.36%、5.84%，可以看出东北地区的年均增长率是最高的，其次是华东地区，接下来是西南和中南地区，西北和华北地区是负增长。具体而言，东北地区的亩均农业补贴额呈持续上升趋势，其他地区呈现波动变化。另外，2010～2011 年，西北地区上升的幅度最大，为 65.77%，西南地区在过去两年的涨幅达到 53.57%。综上所述，东北和华东地区补贴水平较高，增幅比较平稳，西部地区农业补贴近些年增幅迅猛（见表 5-6，图 5-1）。

表 5-6　　　　　　2008～2011 年亩均农业补贴额的区域比较　　　　单位：元

年份　\　地区	亩均农业补贴额						
	全国	东北	华北	华东	西南	西北	中南
2008	71.21	60.53	76.12	71.68	79.03	75.54	71.40
2009	71.82	68.74	66.04	84.09	79.04	52.65	78.72
2010	73.90	71.60	52.46	125.31	62.14	42.42	70.15
2011	85.39	88.38	66.12	99.20	95.43	70.32	84.65

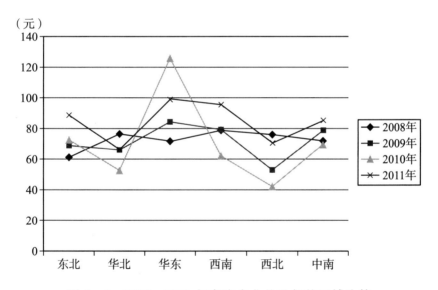

图 5-1　2008～2011 年亩均农业补贴额的区域比较

2. 东北、华东地区农业补贴的收入效应较明显，西北地区最不明显

家庭收入的补贴弹性是指户均收入的变动比率/亩均补贴的变动比率。为考察农业补贴收入对农户家庭收入的影响程度，本书采取中点法计算出农户家庭收入的补贴弹性系数为 1.92。弹性系数为正值，且大于 1，说明收入富有弹性，收入变动幅度大于补贴变动幅度，即人均农业补贴每增加 1%，人均收入增加的幅度要大于 1%，反之亦然。可见，农业补贴对农民收入的拉动效应较大，农业补贴政策的收入效应较明显。

加入区域分析，得出的统计数据如表 5 - 7 所示。可以得出，六大区域的农户家庭收入的补贴弹性均为正值，表明农业补贴额的增加都有利于农户家庭收入的增加。不过，各个区域的家庭收入补贴弹性值相差较远，弹性系数超过 1 的有东北、华东、华北地区，中南地区农业补贴对家庭收入的弹性系数为 0.88，而西北和西南则分别为 0.43 和 0.59。说明农业补贴额的增加，对农民家庭收入增加的拉动效应较大的在东部和北部地区，但对西部影响较小。

表 5 - 7   2008 ~ 2011 年农户家庭收入的补贴弹性

区域	全国	东北	华北	华东	西北	西南	中南
弹性系数	1.92	2.18	1.73	1.89	0.43	0.59	0.88

3. 农业补贴对华东地区农户务农收入的拉动作用最大

为了更全面了解农业补贴收入的变动对农户家庭收入、特别是务农收入的影响，对 2008 ~ 2011 年农业补贴金额与农户家庭务农收入进行相关分析，结果如表 5 - 8 所示：在有效样本中，2008 ~ 2011 年农业补贴额与务农收入相关分析的 P 值（显著性）均为 0.000，均小于 0.01 的显著性水平，可知农业补贴与务农收入有显著的相关关系，且相关系数分别为 0.245、0.125、0.205、0.219，均大于 0 且小于 0.3，可见，农业补贴收入与农户家庭务农收入正相关。从分析结果来看，农业补贴对务农收入有着促进和拉动的作用。

表 5 - 8   农业补贴与务农收入相关分析结果统计

相关分析		务农收入			
		2008 年	2009 年	2010 年	2011 年
农业补贴额	Pearson 相关性	0.245**	0.125**	0.205**	0.219**
	显著性（双侧）	0.000	0.000	0.000	0.000
	N	2 319	2 748	4 074	3 115

注：此例选择皮尔逊相关系数（Pearson Correlation）进行分析，** 表示在 0.01 水平（双侧）上显著相关。

加入区域的分析因素，对 2008 ~ 2011 年农业补贴额与农户家庭务农收入进行相关分析，结果如表 5 - 9 所示。在有效样本中，2008 ~ 2011 年，华东地区的农业补贴收入与农户务农收入的 P 值（显著性）均小于 0.01 的显著性水平，表明华东地区的农业补贴收入与务农收入有显著的相关关系，而西南地区在 4 年中农业补贴与务农收入均无显著相关关系。另外，东北地区在 2010 年的农业补贴与务农收入无显著性相关关系，此外华北和中南地区在 2009 年、西北在 2008 年和 2009 年都表现为农业补贴与务农收入没有显著性相关关系。总体上看，不同区域的农业补贴对务农收入的贡献呈现不一，东部地区的拉动刺激情况比较明显，西部地区比较薄弱。

表 5 – 9　　　　　六大区域农业补贴与务农收入相关分析结果统计

			务农收入			
			2008 年	2009 年	2010 年	2011 年
农业补贴额	东北	Pearson 相关性	0.458 **	0.316 **	0.131	0.646 **
		显著性（双侧）	0.000	0.000	0.075	0.000
		N	111	181	185	219
	华北	Pearson 相关性	0.299 **	0.064	0.575 **	0.131 **
		显著性（双侧）	0.000	0.205	0.000	0.006
		N	305	389	643	433
	华东	Pearson 相关性	0.336 **	0.292 **	0.133 **	0.173 **
		显著性（双侧）	0.000	0.000	0.000	0.000
		N	305	766	791	768
	西北	Pearson 相关性	0.072	0.127 *	0.241 **	0.344 **
		显著性（双侧）	0.321	0.048	0.000	0.000
		N	190	243	416	374
	西南	Pearson 相关性	0.071	0.092	0.056	0.045 **
		显著性（双侧）	0.172	0.069	0.149	0.331
		N	371	388	671	479
	中南	Pearson 相关性	0.371 **	0.032 **	0.155 **	0.171 **
		显著性（双侧）	0.000	0.373	0.000	0.000
		N	757	780	1 368	842

　　注：此例选择皮尔逊相关系数（Pearson Correlation）进行分析，** 表示在 0.01 水平（双侧）上显著相关。

4. 东北地区农业补贴对生产投入的影响最大

　　为了了解农业补贴收入与农民生产资金投入之间的关系，特对二者进行相关分析，以更全面考察农业补贴对农民的受益情况。统计结果如表 5 – 10：在有效样本中，2008～2011 年农业补贴额与生产资金投入的相关分析 P 值（显著性）分别为 0.000、0.000、0.000、0.000，均小于 0.01 的显著性水平。可知，农业补贴与生产资金投入有显著的相关关系，且相关系数分别为 0.215、0.116、0.146、0.227，范围均大于 0 小于 0.3，可见，农业补贴收入与生产资金投入正相关。从分析结果来看，农业补贴对农民的生产活动有着刺激和拉动的作用。

表 5－10 农业补贴与生产资金投入相关分析结果

农业补贴额		生产资金投入			
		2008 年	2009 年	2010 年	2011 年
	Pearson 相关性	0.215 **	0.116 **	0.146 **	0.227 **
	显著性（双侧）	0.000	0.000	0.000	0.000
	N	2 563	2 738	4 363	3 321

注：此例选择皮尔逊相关系数（Pearson Correlation）进行分析，** 表示在 0.01 水平（双侧）上显著相关。

加入区域的分析因素，对 2008～2011 年农业补贴额与农户生产资金投入的金额进行相关分析，结果如表 5－11 所示。在有效样本中，2008～2011 年东北地区的农业补贴收入与生产资金投入的 P 值（显著性）均小于 0.01 的显著性水平，表明东北的农业补贴收入与农民生产资金投入有显著的相关关系，而西南地区在 4 年中的农业补贴与户均生产资金投入无显著相关关系。另外，华东地区在 2010 年的农业补贴与生产资金投入无显著性相关关系，此外华北和中南地区在 2009 年、西北地区在 2008 年和 2009 年都表现出农业补贴与生产资金投入没有显著性相关关系。总体上看，不同区域的农业补贴对生产的拉动呈现不一，东部地区的拉动刺激情况比较明显，而西部地区则比较薄弱。

表 5－11 六大区域农业补贴与生产资金投入相关分析结果

农业补贴额			生产资金投入			
			2008 年	2009 年	2010 年	2011 年
	东北	Pearson 相关性	0.402 **	0.467 **	0.326 **	0.324 **
		显著性（双侧）	0.000	0.000	0.000	0.000
		N	120	180	197	230
	华北	Pearson 相关性	0.206 **	0.069	0.509 **	0.345 **
		显著性（双侧）	0.000	0.176	0.000	0.000
		N	344	384	674	459
	华东	Pearson 相关性	0.543 **	0.286 **	0.069 **	0.218 **
		显著性（双侧）	0.000	0.000	0.045	0.000
		N	635	737	840	843

生产资金投入						
农业补贴额	西北	Pearson 相关性	− 0.073	0.111	0.218 **	0.167 **
		显著性（双侧）	0.305	0.069	0.000	0.001
		N	202	266	439	383
	西南	Pearson 相关性	0.088	0.033	0.051	0.024
		显著性（双侧）	0.072	0.522	0.172	0.594
		N	423	387	724	510
	中南	Pearson 相关性	0.171 **	0.025	0.137 **	0.234 **
		显著性（双侧）	0.000	0.492	0.000	0.000
		N	806	783	1 489	896

注：此例选择皮尔逊相关系数（Pearson Correlation）进行分析，** 表示在 0.01 水平（双侧）上显著相关。

5. 华东地区购买家电补贴水平最高，东北地区补贴涨幅最大

家电下乡的补贴金额影响农户购买下乡家电的热情，进而影响农户在家电下乡政策中的得惠情况。在有效样本中，2008～2011 年全国家电下乡平均每件的补贴金额分别是 212.77 元、220.57 元、262.47 元、279.69 元，每件年均补贴额是 243.88 元，年增长率分别为 3.67%、19%、6.56%，年均增长率为 9.54%。可以看出，2008～2011 年 4 年间，家电下乡平均补贴金额呈现出持续上升的走势，国家比较注重家电下乡政策的落实。

在有效样本中，2008～2011 年东北、华北、华东、西北、西南、中南地区家电下乡平均每件补贴金额分别为 261.77 元、271.61 元、282.61 元、242.50元、266.46 元（见表 5－12，图 5－2）。华东地区和华北地区平均补贴额较高，分别高于全国 38.73 元和 27.73 元，西南地区年均补贴额最低，且比全国水平低1.38 元。此外，六大区域年均增长率分别为 24.11%、5.22%、8.62%、7.42%、0.49%、－0.38%，东北地区补贴额度增幅最大且高于全国水平，增幅为 24.11%，中南地区有小幅度的下降。总体而言，华东地区购买家电的补贴水平最高，东北地区涨幅较快。

表 5－12   2008～2011 年六大区域家电下乡平均每件补贴额   单位：元

年份 \ 地区	平均补贴额度						
	全国	东北	华北	华东	西北	西南	中南
2008	212.77	150.89	253.65	229.72	217.55	246.29	283.41
2009	220.57	287.60	247.91	294.95	245.16	259.85	253.01

年份 \\ 地区	平均补贴额度						
	全国	东北	华北	华东	西北	西南	中南
2010	262.47	320.13	289.39	311.39	237.63	250.18	249.19
2011	279.69	288.46	295.49	294.37	269.66	249.96	280.21

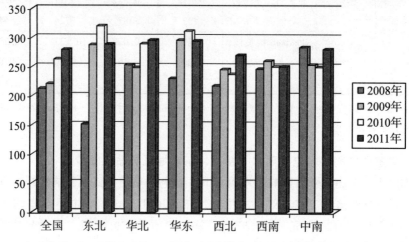

图 5 - 2　2008~2011 年六大区域家电下乡平均补贴额度

(二) 西部地区保障受益度更高

1. 西北、西南地区报销水平相对较高

新型农村合作医疗制度从 2003 年起在全国试点推行，在"新农合"制度实施的 10 年时间里，基本实现了保障农民获得基本卫生服务、缓解农民因病致贫和因病返贫的目标。从 2011 年不同地区"新农合"的报销情况来看，全国样本农户报销比率为 34.33%，报销均值为 3 374.46 元；与全国水平相比，华东地区、西南地区和西北地区的报销比率均超过了全国平均水平，分别为 42.09%、37.62% 和 35.12%，而对于户报销均值来说，东北地区、西北地区、华北地区和西南地区均超过了全国平均值，分别为 4 551.14 元、4 033.42 元、3 741.65元、3 386.06 元。综合两项指标来看，西北地区和西南地区的新农合保障情况相对良好，均超过了全国平均水平，但从表 5 - 13 各地区的数据也可以发现，户报销比率高的地区，户报销均值不一定是最高的，其中华东地区的报销比例最高，东北地区户均报销水平最高。

表5-13　　　　　　　2011年各地区"新农合"报销情况　　　单位：%，元

项目	东北	华北	华东	西北	西南	中南	全国
户报销比率	23.44	29.66	42.09	35.12	37.62	29.49	34.33
户报销均值	4 551.14	3 741.65	3 142.32	4 033.42	3 386.06	2 933.88	3 374.46

注：户报销比率=（报销受益户数/参保总户数）×100%；户均报销值=报销总金额/报销受益户数。

2. 西南地区养老保障水平最高，西北地区养老金替代作用最大

随着中国社会的高速发展以及受到计划生育政策的影响，中国正快速步入老龄化社会，目前中国60岁以上老年人约有1.69亿人，社会老龄化问题开始得到各界高度关注。为了保障农村居民年老时的基本生活，新型农村社会养老保险已经在全国农村全面推行，对农村老年人安享晚年提供了经济保障。

从养老金享受金额的角度来分析，2011年西南地区养老金人均值居首位，人均可领取的养老金达到1 161.62元，与人均值最低的中南地区相比，多出800元左右。

为了进一步分析养老金对家庭收入和支出的影响力，特对养老金的收入替代率和支出替代率作以分析，从表5-14可以发现，西北地区养老金对家庭收入和支出的影响力最大，收入替代率和支出替代率分别为11.50%和25.53%；西南地区次之，收入替代率和支出替代率分别为10.48%和23.76%；而在中南地区，养老金对家庭的收支影响最小，分别为3.53%和10.13%。

表5-14　　　　　　　2011年各地区养老金享受情况　单位：人，%，万元，元

项目	东北	华北	华东	西北	西南	中南	全国
享受人数	54	239	435	196	198	395	1 517
老年人享受率	36.99	63.56	62.86	59.94	53.66	56.03	58.01
养老金总值（万元）	4.16	15.34	31.47	20.85	23.00	13.94	108.76
养老金人均值（元）	770.37	641.84	723.44	1 063.78	1 161.62	352.91	716.94
养老金收入替代率	6.01	5.72	4.83	11.50	10.48	3.53	6.12
养老金支出替代率	11.89	12.31	13.07	25.53	23.76	10.13	15.11

注：老年人指的是60周岁及以上的老年人；老年人享受率=（享受养老金人数/60周岁及以上的老年人人数）×100%；养老金年人均值=养老金年总值/享受养老金的人数；养老金的收入替代率=（养老金年人均值/农户当年人均收入）×100%；农户当年人均收入=农户年收入/农户人数；养老金的支出替代率=（养老金年人均值/家庭年人均支出）×100%；家庭年人均支出=家庭年消费支出/农户家庭人数；家庭支出项目主要包括：日用品消费支出、饮食消费支出、交通消费支出、通信费支出、医疗卫生支出、能源总支出及人情支出。

3. 西北地区低保金的保障水平相对较高

农村最低生活保障政策对于保障农村弱势群体的生活产生重要影响。在2011 年样本农户中，全国低保补助总额为 1 133.85 万元，每月人均低保金额为117.92 元。其中，华北地区样本农户人均低保补助水平最高，每月为 270.94元，最低的为中南地区的 79.43 元。从低保金的家庭收支替代率来看，华北地区的低保金对家庭收支的积极影响力最大，收入替代率和支出替代率均是最高值，分别为 2.41% 和 5.19%，西北地区的收入替代率和支出替代率分别为 1.23% 和2.73%，而东北地区情况正好相反，收支替代率均是最低值，分别为 0.74% 和1.47% （见表 5 – 15）。总体而言，低保金对家庭收支的替代率偏小，说明低保金对家庭的收入和支出情况影响力不大，起到的帮扶作用很有限，尽管如此，但对华东、西北地区的影响较大。

表 5 – 15　　　　　　2011 年各地区农户低保领取情况

项目	东北	华北	华东	西北	西南	中南	全国
低保金总值（万元）	104.86	174.21	365.47	125.00	136.89	227.42	1 133.85
低保金人均值（元）	95	270.94	151.85	113.90	85.36	79.43	117.92
低保金收入替代率（%）	0.74	2.41	1.01	1.23	0.77	0.80	1.01
低保金支出替代率（%）	1.47	5.19	2.74	2.73	1.75	2.28	2.48

注：低收入家庭领取率 =（领取户数/低收入家庭户数）×100%；低收入家庭指家庭收入为最低 20% 的家庭；低保金人均值 = 低保金总值/低保户家庭总人数；低保金收入替代率 =（低保金人均值/家庭人均收入）×100%；低保金支出替代率 =（低保金人均值/家庭人均支出）×100%；家庭年人均支出 = 家庭年消费支出/农户家庭人数；家庭支出项目主要包括：日用品消费支出、饮食消费支出、交通消费支出、通信费支出、医疗卫生支出、能源总支出及人情支出。

4. 西北、西南地区对农业保险的需求较大

农业保险是务农生产的保险保障，这一政策有利于农民在务农活动中规避风险，更好地得到保障收益。如表 5 – 16 所示，在有效样本中，2008 ～ 2011 年全国农业保险的户均参保年费用分别为 400.12 元、760.95 元、402.27 元、1 889.78 元，表现出曲折上升的趋势，特别是 2011 年相对 2010 年，农户参与农业保险的户均参保费用增加了约 3.7 倍。整体来看，4 年农业保险户均参保年费用的年均增长率为 67.78%。表明农民越来越重视农业保险的参加，农业保险的作用也逐渐增大。

如表 5 – 16 所示，2011 年西北地区样本农户农业保险户均参保费用最高，为 2 950.57 元，比全国平均水平高 1 060.79 元。此外，东北、华北、华东、西

北、西南和中南地区年均参保费用的增长率分别为 34.13%、110.47%、38.49%、54.25%、142.28%、139.39%。由此可见，西南这些灾害易发生的地区对农业保险的需求较大。

表 5 – 16　　2008～2011 年六大区域农业保险户均参保年费用　　单位：元

年份 \ 地区	农业保险户均参保年费用						
	东北	华北	华东	西北	西南	中南	全国
2008	634.44	295.83	455.15	804.03	88.73	177.62	400.12
2009	293.65	542.84	406.57	909.68	511.43	1 901.53	760.95
2010	184.75	115.15	352.90	1 139.78	320.37	499.54	402.27
2011	1 530.92	2 758.09	785.83	2 950.57	1 261.82	2 436.60	1 889.78

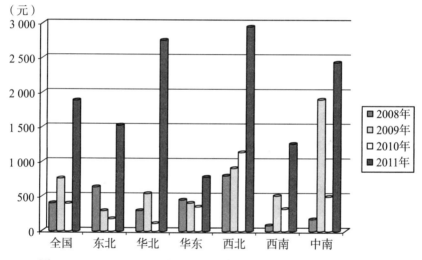

图 5 – 3　2008～2011 年六大区域农业保险户均参保年费用

5. 西南地区通过小额信贷得到的贷款最多

小额信贷是方便农民贷款，更好进行生产与生活的惠农政策。小额信贷的贷款金额，可以反映出小额信贷的受益情况。如表 5 – 17 所示，在有效样本中，2008 年全国小额信贷户均贷款金额为 44 802.29 元，六大区域超过全国水平的是西南和中南地区，分别为 65 351.81 元、54 268.35 元，其次华北地区也接近全国水平，为 41 927.27 元，户均贷款金额最低的是西北地区，为 23 533.33 元。可以看出在 2008 年，中南、西南和华北地区，小额信贷的实施情况较好，东北和西北相对较差，其中西南地区对小额贷款的需求最大（见图 5 – 4）。

表 5 - 17　　　　2008 年小额信贷户均贷款金额的区域比较　　　单位：元

区域	全国	东北	华北	华东	西北	西南	中南
户均贷款金额	44 802.29	31 267.75	41 927.27	33 494.97	23 533.33	65 351.81	54 268.35

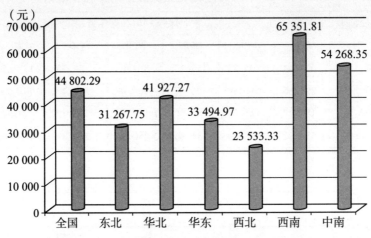

图 5 - 4　小额信贷户均贷款金额的区域比较

（三）经济发达地区受益水平提升较大

1. 华北地区报销比率增幅最大，华东地区报销水平提升最大

分析 2009 ~ 2011 年新农保报销情况的发展变化。如表 5 - 18 所示，整体上"新农合"样本农户报销比率在 3 年内变化幅度不大，增长幅度为 2.5%，其中东北地区和华北地区的变化幅度相对明显，华北地区的报销比率增长了 13.55%，而东北地区下降了 6.83%；分析户报销均值的增幅情况发现，2009 ~ 2011 年全国样本农户户均报销额年均增长率为 16.15%，其中华东地区增幅最大且高于全国平均水平，增幅为 30.43%，华北地区增幅为 11.59%，中南地区增幅最小，为 3.24%。

表 5 - 18　　　2009 ~ 2011 年各地区新农保报销情况的变化率　　　单位：%，元

新农合报销情况	东北地区	华北地区	华东地区	西北地区	西南地区	中南地区	全国
户报销比率增幅	-6.83	13.55	1.64	5.81	1.53	1.48	2.50
户报销均值增幅	19.91	11.59	30.43	19.07	11.01	3.24	16.15

注：表中增幅或涨幅均为 2009 ~ 2011 年平均增长率或平均上涨率。

2. 华北地区低保的保障水平提升较快

为了考察 2009 ~ 2011 年农村低保政策领取情况的变化趋势，必须了解各项

指标的增幅或涨幅情况。从表 5 - 19 可以看出，2008～2011 年样本农户中，全国低保户减少了 1.19%，每月人均低保金额增长了 6.74%。其中，西北和西南地区低保户平均增长了 12.35% 和 9.52%，其余地区均有不同程度的下降，这说明西北和西南地区贫困户较多；此外，每月人均低保金额华北地区上涨最明显，为 54.17%，东北地区下降了 30%。由此可见，华北地区低保金提升较大，保障水平较高，东北地区保障水平下降较明显，西北和西南地区对低保的需求较大。

表 5 - 19　　　　　**2008～2011 年各地区低保领取情况变化率**　　　单位：%

低保领取情况	东北地区	华北地区	华东地区	西北地区	西南地区	中南地区	全国
低保金总值涨幅	205.71	468.13	415.36	313.34	400.78	308.35	337.82
低保金人均值涨幅	-30.00	54.17	14.27	12.62	11.57	2.63	6.74

注：表中增幅或涨幅均为 2009～2011 年平均增长率或平均上涨率。

四、不同区域的惠农政策满意度

惠农政策的目标群体是农民，农民的评价直接反映了惠农政策的成效。因此，以农民的评价为导向，评估不同区域惠农政策的成效显得尤为重要。在调查农户对惠农政策的评价过程中，用不满意、不太满意、基本满意、比较满意、非常满意这 5 个选项来表示农民对惠农政策的满意度评价。这里使用赋值加权的方法计算满意度值，即首先将非常满意、比较满意、基本满意、不太满意和不满意 5 个满意级别依次赋 5、4、3、2、1 的分值；其次，以 5 个不同级别人员比重为权重计算总分值即满意度值；最后将同类政策的满意度相加，计算每类政策的平均满意度。根据满意度值在 1.50 分及以下为不满意层次、在 1.51～2.50 分之间为不太满意、在 2.51～3.50 分之间为基本满意、在 3.51～4.50 分之间为比较满意、在 4.51 分及以上为非常满意的标准对满意程度进行定性分析。

（一）东北、华北地区对惠农政策的满意度较高

根据表 5 - 20 的内容反映出 2011 年不同区域的样本农户对整体惠农政策的满意度评价。整体上看，各区域对惠农政策整体上是满意的，其中东北地区对惠农政策的满意度最高，为 71.15%，华北地区的满意度次之，为 68.86%，华东地区、中南地区的满意度分别为 56.23% 和 54.7%，西北和西南地区样本农户对惠农政策的满意度较低，比重分别为 48.36% 和 49.68%，整体上还是经济相对发达地区的样本农户对惠农政策的满意度较高，欠发达地区对惠农政策的满意度相对较低，这可能与不同政策在不同区域的实施效果差异有关，经济欠发达地区特惠性政

策的参与率、享受率较高，这种只惠及部分群体的惠农政策必然会降低农户对惠农政策的满意度。因此，加强在经济欠发达地区推进普惠性政策显得尤为必要。

表 5 – 20　　　　　　2011 年各区域对整体惠农政策满意度　　　　单位：户，%

区域	满意	一般	不满意	合计
东北	71. 15	28. 21	0. 64	100（156）
华北	68. 86	30. 40	0. 74	100（273）
华东	56. 23	42. 86	0. 91	100（658）
西北	48. 36	42. 62	9. 02	100（244）
西南	49. 68	44. 16	6. 16	100（308）
中南	54. 70	44. 22	1. 08	100（744）

（二）东北地区对普惠性政策的满意度更高，华东地区对特惠性政策的满意度更高

将惠农政策根据普惠和特惠进行赋值分析，发现整体上样本农户对普惠性政策的满意度高于特惠性政策。其中，不论是普惠性政策还是特惠性政策，华北地区样本农户的满意度均居于首位，满意度分别为 74.5% 和 72.84%。

对于普惠性政策而言，满意度居于第二位的是东北地区的农户，华东地区样本农户的满意度居于第三位，而对于特惠性的政策，华东地区样本农户的满意度高于东北地区。具体来说，东北地区对普惠性政策的满意度高于华东地区 2.67%，而对特惠性政策的满意度低于华东地区 1.18%，也就说东北地区对普惠性政策的满意度更高，华东地区对特惠性政策的满意度更高。

从表 5 – 21 中还可以看出，西北地区样本农户对普惠性政策的满意度最低，满意度为 57.25%，西南地区对特惠性政策的满意度最低，为 51.28%。

表 5 – 21　　　　　　2011 年不同类型惠农政策的满意度

区域	普惠性政策	特惠性政策
东北	67. 05	63. 84
华北	74. 50	72. 84
华东	64. 38	65. 02
西北	57. 25	55. 87
西南	59. 31	51. 28
中南	60. 43	58. 54
全国	63. 34	61. 07

（三）东北、西北地区对普惠性政策满意度波动上升

将惠农政策赋值比较，如表5-22和图5-5所示，除东北和西北地区之外，其余地区对普惠性政策的满意度从2009~2010年均有了大幅度的提升，但是从2010年开始，满意度呈现递减趋势，其中西南地区下降趋势最为明显，从2010年的4.18分下降到2011年的3.9分。

表5-22　　　2009~2011年不同区域对普惠性政策的满意度

年份	全国	东北	华北	华东	西北	西南	中南
2009	3.91	3.96	4.06	3.91	3.86	4	3.76
2010	4.09	3.80	4.21	4.15	3.92	4.18	4.03
2011	3.96	3.99	4.07	4.01	3.90	3.90	3.92

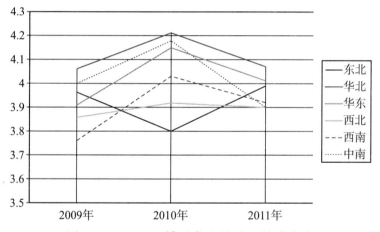

图5-5　不同区域对普惠性政策的满意度

而东北、西北地区呈现不同趋势，东北地区样本农户对普惠性政策的满意度在波动中上升，西北地区变化相对平缓，但是东北和西北地区对普惠政策的满意度均有不同程度的增长。

（四）大多数地区农民对特惠性政策的满意度递增

1. 华北、华东，中南地区对特惠性政策的满意度平稳递增

从图5-6中可以看出，华北、华东、中南这些经济相对发达的地区对特惠性政策的满意度呈平稳递增趋势。具体而言，2009~2011年，华北地区样本农户对特惠性政策的评分分别为3.79分、3.86分和4分，华东地区依次为3.64分、3.71

分和 3.83 分，中南地区分别为 3.63 分、3.68 分和 3.71 分（见表 5－23）。

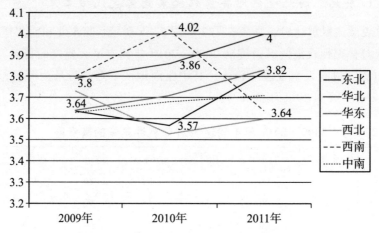

图 5－6　不同区域特惠性政策的满意度

表 5－23　　　　2009～2011 年不同区域对特惠性政策的满意度

年份	全国	东北	华北	华东	西北	西南	中南
2009	3.69	3.64	3.79	3.64	3.73	3.80	3.63
2010	3.74	3.57	3.86	3.71	3.53	4.02	3.68
2011	3.76	3.82	4.0	3.83	3.60	3.64	3.71

2. 西北、东北地区对特惠性政策的满意度有一些波动

西北地区和东北地区对特惠性政策的满意度也呈递增趋势，但是与经济发达地区相比，西北、东北地区的波动较大。其中西北地区 3 年满意度评分分别为 3.73 分、3.53 分和 3.60 分，东北地区的满意度评分分别为 3.64 分、3.57 分和 3.82 分。

五、不同区域惠农政策的执行落实差异

（一）华北、东北地区惠农政策的落实情况较好

从表 5－24 中可以看出，华北地区样本农户认为惠农政策落实得"好"的比重最大，为 71.22%，东北地区次之，比重为 70.56%，华东、西北、西南和中南地区样本农户认为惠农政策落实得"好"的比重分别为 60.2%、54.61%、64.62% 和 66.49%。总之，华北地区惠农政策落实最好，西北地区惠农政策落

实得最差。

表 5 – 24　　　　　　不同区域惠农政策的落实情况　　　　单位：户，%

区域	好	一般	不好	合计
东北	70.56	25.97	3.47	100（231）
华北	71.22	25.63	3.15	100（476）
华东	60.20	31.91	7.89	100（912）
西北	54.61	28.84	16.55	100（423）
西南	64.62	23.32	12.06	100（506）
中南	66.49	27.35	6.16	100（958）

（二）华北、中南地区的实际享受率较高

农户是否享受到该享受的政策是衡量惠农政策执行落实的重要指标，如表 5 – 25 所示，认为只享受"小部分"惠农政策的样本农户中，华北地区所占比重最小，为 9.98%，中南地区的次之，为 10.93%，西北地区的样本农户中，认为只享受到"小部分"惠农政策的比重最大，为 16.81%。这说明，华北和中南地区的实际享受率较高，西北、西南地区样本农户的实际享受率较低。

表 5 – 25　　　　不同区域惠农政策是否享受到该享受的情况　　　　单位：户，%

区域	全部	大部分	一部分	小部分	不好说	合计
东北	22.03	36.44	25.42	14.42	1.69	100（236）
华北	11.43	45.32	31.39	9.98	1.88	100（481）
华东	12.55	36.16	33.80	12.98	4.51	100（932）
西北	13.05	29.65	35.62	16.81	4.87	100（452）
西南	13.90	42.28	27.41	14.67	1.74	100（518）
中南	17.06	41.06	28.60	10.93	2.35	100（979）

六、评估基本结论和建议

整体而言，由于不同区域自然禀赋以及经济发展水平差异等因素，不同类型政策在六大区域的效应也会有所差异，特别是惠农政策参与情况、落实情况以及农户对惠农政策的满意度也呈现出区域差异。

（一） 经济发达地区普惠性政策参与率较高

对于某些惠农政策而言，参与率是衡量政策是否符合农户需求的重要指标，而不同政策类型的参与率有所差异，普惠性惠农政策的参与率相对较高，特惠性惠农政策的参与率相对较低，具体来说经济发达地区普惠性政策的参与率较高。

农村社会保障政策无论从受益人群还是价值目标上都是最具普惠性的政策，2011 年全国样本农户中，新农合与新农保的参与率分别为 97.34% 和 70.07%，华东、华北地区的参与率均高于全国平均水平，可见，经济相对发达的华北、华东地区社会保障政策参与率较高。社会保障政策作为一种社会保险，农户的参与是先决条件，这就对农户的经济基础以及参保意识提出了要求，相比西南、东北经济欠发达地区，华北、华东、中南这些经济相对发达地区社会保障的参与率较高，这也为这些地区的保障水平奠定了基础。

同时，对于农业保险这项政策，除了东北这个农业大区，华北地区和西南地区的参与率较高，分别为 34.39% 和 31.12%，华东地区和中南地区参与率较低且低于全国平均水平，西北地区最低，为 10.95%。由此可见，由于农业保险政策的特殊性，在农业生产相对发达的地区（东北、华北）较受欢迎，在农业生产相对落后的地区如西北地区不受欢迎。

（二） 经济欠发达地区普惠性政策参与涨幅较大

虽然对于西北、东北、西南这些经济欠发达地区，普惠性政策的参与率较低，但随着惠农政策在农村的深化，这些地区对普惠性保险政策的参与率有明显提升。具体而言，2009～2011 年西北和东北新农合参与率增速明显高于其他地区，分别为 23.21% 和 21.68%。

对于新农保而言，东北地区的参与率增长最高，为 312.31%，大大高出其他地区；中南地区次之，年均增长率为 220.09%，西北和西南分别为 107.78% 和 115.88%，华北和华东地区参与率的增长率分别为 87.77% 和 93.65%，相对其他地区增速较缓。

（三） 经济欠发达地区特惠性政策享受率较高

特惠性惠农政策包括低保、小额信贷、家电下乡等政策，这些特惠性政策是针对特殊群体而出台的政策。西北、西南地区在这项特惠性政策的享受率较高，具体来说，西北、西南地区小额信贷的享受率较高，2010 年全国样本农户享受小额信贷的比重为 8.27%，西南、西北地区样本农户小额信贷的享受率分别为

13.45%和12.23%，华北和华东地区样本农户小额信贷的享受率较低，分别为4.01%和7.42%。由此可见，经济欠发达地区（西南、西北地区）对小额信贷政策的需求较大，经济发达地区小额信贷的享受率较低。这说明，针对弱势群体的惠农政策在经济欠发达地区更适用，需求更广。

至于家电下乡政策，2010年西南地区样本农户家电下乡政策的享受率最高，为32.80%，华北地区样本农户的享受率为13.33%，居于六大区域之末。由于家电下乡对受益对象的特殊要求，一方面经济发达地区农户有一定的经济基础可以更方便地享受到该项政策优惠，另一方面会刺激经济欠发达地区农户的购买需求。但是，总体而言家电下乡对经济欠发达地区的作用相对较大。

农村最低生活保障政策是国家扶助农村弱势群体最直接的一项政策，2010年全国样本农户中西南低保户比率最大，为17.66%，西北和中南地区低保户的比率分别为14.60%和16.23%，华东地区低保户比率最小，为5.27%。综上所述西南、西北这些经济欠发达地区低保政策的享受率较高，华东、华北这些经济相对发达的地区低保政策的享受率较低。

综上所述，这些特惠政策主要是针对农村弱势群体而出台的政策，而西北、西南这些经济欠发达地区弱势群体更多，因此对特惠性政策的需求较大。

（四）经济发达地区普惠性政策的享受率较高

对于农业补贴、基础建设、新农保、新农合的这些普惠性政策，经济发达地区普惠性政策的享受率较高。

中南、华北这些经济相对发达地区农业补贴的享受率较高，2010年全国样本农户农业补贴的享受率为88.66%，其中中南地区和华北地区农业补贴的享受率最高，比重分别为92.55%和91.99%；而华东地区基础建设普及范围更广，华东地区样本农户享受过路网建设和电网建设的农户比重分别为70.1%和69.73%。而西北和西南地区农村基础建设相对处于低位，其中西北地区样本农户享受过路网、电网建设的比重分别为57.20%和63.32%；2010年全国样本农户新农保、新农合的享受率分别为31.70%和92.26%，其中华东地区样本新农保与新农合的享受率分别高于全国18.01%和1.90%。

综上所述，对于这些普惠性政策而言，华北、华东、中南这些经济发达地区的享受率较高，西北、西南、东北这些经济欠发达地区的享受率较低。这其中的原因可能与地方经济基础相关，一方面对于保障性惠农政策而言，要想享受保障权益必先履行参保义务，而经济发达地区在经济基础上明显占优，另一方面对于基础设施建设这些政策，政策的落实享受需要地方政府财政配套，这也在一定程度上导致经济发达地区的享受率以及享受水平高于经济欠发达地区。

（五）东部地区经济受益度更高，西部地区保障受益度更高

受益度是衡量惠农政策实际效应的重要指标，整体来说，东部地区经济受益度更高，西部地区保障受益度更高。

具体而言，华东、东北地区农业补贴水平最高且收入效应最明显，东北地区农业补贴的生产效应明显。同时华东地区家电下乡补贴水平最高，高于全国38.73元。而东北地区的补贴额年均增长率以24.11%位于首位。

与经济收益度相比，西部地区保障收益度更高。西南地区和西北地区的医疗报销比率超过了全国平均水平，西北地区、西南地区户均报销金额均超过了全国平均水平，分别为4 033.42元和3 386.06元。综合报销比例和报销金额，西北、西南地区医疗实惠度更高。

就养老保障而言，西南地区人均养老金均值最高，同时，西北地区养老金对家庭收入和支出的影响力最大，收入替代率和支出替代率分别为11.50%和25.53%；西南地区次之，收入替代率和支出替代率分别为10.48%和23.76%；而在中南地区，养老金对家庭的收支影响最小，分别为6.21%和10.13%。

综上所述，东部地区由于经济优势，一些刺激农民内需、提升农民生活水平的惠农政策在东部地区取得了明显的成效，而西北地区由于其经济基础较差，农户对保障性政策的需求较大，保障性惠农政策对西部地区农户的效应更明显。

（六）东北、华北地区对惠农政策的满意度较高

整体上看，各区域对惠农政策整体上是满意的，其中东北地区对惠农政策的满意度最高，为71.15%，华北地区的满意度次之，西北和西南地区样本农户对惠农政策的满意度较低，比重分别为48.36%和49.68%。

具体来说，东北地区对普惠性政策的满意度更高，华东地区对特惠性政策的满意度更高。东北地区对普惠性政策的满意度高于华东地区2.67%，而对特惠性政策的满意度低于华东地区1.18%。

总之，由于区域的差异性，不同政策的效应也有差异，因此在不同区域推进惠农政策时应因时因地而异。

第三编

效应分析

第六章

国家惠农政策的经济效应

前面从政策类型、地区、群体考察了惠农政策的成效，从本章开始考察惠农政策中的隐性影响，即惠农政策的经济效应。所谓经济效应就是惠农政策对农业、农村、农民产生的收入、消费、生产、投资等的影响。

一、惠农政策的收入效应

（一）直接收入

2008～2011 年农户家庭的亩均农业补贴额分别为 71.21 元、71.82 元、73.90 元和 85.39 元，2011 年亩均农业补贴额较 2008 年增加了 14.18 元，增长了 19.91%（见表 6-1）。从不同地区来看，东部、中部、西部地区的亩均农业补贴虽部分年份略有波动，但整体上仍呈现出逐年增长的趋势，其中东部地区 2011 年亩均农业补贴额较 2008 年增长了 24.15%；中部地区 2011 年的亩均农业补贴额较 2008 年增长了 27.51%；西部地区 2011 年的亩均农业补贴金额较 2008 年增长了 5.41%，增幅相对较小。可见，随着亩均农业补贴额的逐年提高，农民的补贴收入也在逐年增加。

由表 6-2 可见，2008～2011 年户均农业补贴金额增长了 48.53%，农民家庭农业补贴收入不断增加。从具体的增长情况来看，2010 年比 2009 年增加了 84.08 元，增幅最大，为 22.05%，2011 年户均农业补贴达到了 533.97 元。就地区而言，东部地区户均农业补贴先减后增，2009 年较 2008 年减少，2010 年后开始回升；中部地区家庭农业补贴收入逐年增加；西部地区家庭 2011 年农业补贴收入较 2008 年增加了 264.01 元，增长率为 97.69%。

表 6 – 1　　　　　全国及各地区亩均农业补贴金额变化　　　单位：元，个

地区	2008 年		2009 年		2010 年		2011 年	
	亩均补贴	样本数	亩均补贴	样本数	亩均补贴	样本数	亩均补贴	样本数
全国	71.21	2 417	71.82	2 816	73.90	4 029	85.39	3 076
东部	74.88	647	65.62	965	103.30	1 006	92.96	932
中部	68.05	1 023	79.61	1 059	75.18	1 573	86.77	1 164
西部	72.61	717	68.62	791	52.11	1 450	76.54	980

表 6 – 2　　　　　全国及各地区户均农业补贴金额变化　　　单位：元，%，个

地区	2008 年		2009 年			2010 年			2011 年		
	户均补贴	样本数	户均补贴	增长率	样本数	户均补贴	增长率	样本数	户均补贴	增长率	样本数
全国	359.51	2 067	381.32	6.07	2 610	465.40	22.04	4 364	533.97	14.73	3 322
东部	402.83	615	265.01	-34.2	986	398.14	50.24	1 124	415.48	4.36	1 029
中部	391.81	890	414.24	5.72	916	504.18	21.71	1 664	633.43	25.64	1 223
西部	270.24	562	489.38	81.09	708	472.41	-3.47	1 576	534.25	13.09	1 070

（二）间接收入

农户家庭新型农村合作医疗的报销金额逐步提高，带来的农户家庭间接收入不断增加。由表 6 – 3 可见，2011 年农户家庭新型农村合作医疗报销金额较 2010 年增加了 1 017.8 元，增长率为 43.18%，2009 年的增长率更是达到 70.85%。从各地区来看，东部地区家庭 2011 年新型农村合作医疗报销金额较前一年增长了 94.92%，中部地区这一金额也在逐年增加，其中 2009 年增长幅度最大，增长率达到了 74.77%。可见，随着新型农村合作医疗政策的全面铺开，报销比例、报销范围的不断扩大，全国及各地区农户家庭新型农村合作医疗的报销金额也在不断增加，一定程度上减轻了农民的医疗负担，增加了农民家庭的间接收入。

表 6 – 3　　　　　　全国及各地区户均医保报销金额变化　　　单位：元，%，个

地区	2008 年		2009 年			2010 年			2011 年		
	户均报销额	样本数	户均报销额	增长率	样本数	户均报销额	增长率	样本数	户均报销额	增长率	样本数
全国	1 260.59	948	2 153.71	70.85	1 093	2 356.96	9.44	1 329	3 374.76	43.18	1 206
东部	1 241.45	318	1 611.72	29.83	445	1 726.59	7.13	348	3 365.47	94.92	390
中部	1 381.09	367	2 413.69	74.77	319	2 498.14	3.50	475	3 145.03	25.89	412
西部	1 196.22	263	2 634.73	120.25	329	2 657.96	0.88	506	3 617.10	36.09	404

参合后农民人均医疗支出呈逐年下降的趋势，由表 6 – 4 可见，2011 年农户家庭人均医疗支出为 1 109.84 元，较 2008 年的 2 114.06 元几乎下降了一半，东部地区 2011 年较 2008 年下降了 41.46%，中部地区降幅为 51.3%；西部地区降幅为 50%。结合表 6 – 3、表 6 – 4 不难看出，新型农村合作医疗报销比例提高、报销范围的扩大带来了农户家庭报销金额的增加，参合农民的人均医疗支出也随之减少，从另一个角度也反映了农户家庭间接收入在不断增加。

表 6 – 4　　　　　　全国及各地区人均医疗费用变化　　　　单位：元，个

地区	2008 年		2009 年		2010 年		2011 年	
	人均医疗支出	样本数	人均医疗支出	样本数	人均医疗支出	样本数	人均医疗支出	样本数
全国	2 114.06	1 475	1 128.54	2 946	812.66	4 487	1 109.84	3 376
东部	1 997.85	443	1 186.19	982	737.71	1 155	1 169.52	1 093
中部	2 186.89	575	1 110.38	1 096	842.14	1 674	1 065.05	1 198
西部	2 198.18	420	1 087.34	867	835.11	1 658	1 099.17	1 085

（三）对农民收入的贡献率

从农业补贴收入对农民家庭收入的贡献率来看，贡献率整体呈下降的趋势。从全国范围来看，2011 年农业补贴收入对农户家庭收入的贡献率较 2008 年增加了 0.47 个百分点，农业补贴对农民收入的贡献率在 2010 年达到最高的 1.24%，但 2011 年较 2010 年下降了 0.13 个百分点。东部地区农业补贴对农民收入的贡献率同样在 2010 年达到峰值 0.92%，2011 年较 2008 年提高了 0.22%，较 2010年下降了 0.15%；中部地区贡献率总体增长 0.64 个百分点；西部地区贡献率2008 ~ 2011 年总体增长了 0.5 个百分点，但 2011 年较 2010 年下降了 0.3 个百分

点（见表 6 - 5）。显然，无论是在全国还是东、中、西部地区，农业补贴对农民家庭收入的贡献率均为先增后降。

表 6 - 5　　　全国及各地区农业补贴对家庭收入贡献率变化

单位：元，%，个

地区	2008 年		2009 年		2010 年		2011 年	
	占比	样本数	占比	样本数	占比	样本数	占比	样本数
全国	0.64	2 067	0.10	2 610	1.24	4 364	1.11	3 322
东部	0.55	615	0.56	986	0.92	1 124	0.77	1 029
中部	0.74	890	1.31	916	1.29	1 664	1.38	1 223
西部	0.69	562	1.55	708	1.49	1 576	1.19	1 070

（四）对务农收入的拉动力

为更全面地了解农业补贴收入对农民家庭收入，特别是务农收入的影响，我们对农业补贴金额与农民家庭务农收入进行相关分析发现，2008 ~ 2011 年农业补贴收入与务农收入相关分析的 P 值（显著性）分别为 0.000、0.009、0.000、0.000，均小于 0.01 的显著性水平，可知，农业补贴与务农收入有显著的相关关系，且相关系数分别为 0.135、0.050、0.205、0.219，均大于 0 小于 0.3，可见，农业补贴收入与农户家庭务农收入正相关（见表 6 - 6）。从分析结果来看，农业补贴对务农收入有着刺激和拉动的作用。

表 6 - 6　　　农业补贴与务农收入相关分析结果统计

		务农收入			
		2008 年	2009 年	2010 年	2011 年
农业补贴	相关性	0.135 **	0.050 **	0.205 **	0.219 **
	显著性（双侧）	0.000	0.009	0.000	0.000
	N	2 317	2 742	4 074	3 116

注：此例选择皮尔逊相关系数（Pearson Correlation）进行分析，** 表示在 0.01 水平（双侧）上显著相关。

（五）收入的补贴弹性

收入的补贴弹性是指人均收入的变动比率/人均补贴的变动比率。弹性系数大于 1，且为正值，说明收入富有弹性，收入变动幅度大于补贴变动幅度，即人均农业补贴每增加1%，人均收入增加的幅度要大于1%，反之亦然。为考察农业补贴收入对农户家庭收入的影响程度，本书采取中点法计算出农户家庭收入的补贴弹性系数为1.92。可见，农业补贴对农民收入的拉动效应较大，农业补贴政策的收入效应较明显。因此，政府应该继续加大对惠农政策投入力度，提高农业补贴标准。

（六）每万元补贴的收入效应

分析2009~2011年每万元农业补贴带来的收入效应可知，2009年每万元补贴的收入效应为12 641.64元，2010年每万元补贴的收入效应为15 222.60元，2011年每万元的收入效应为59 418.51元。每万元农业补贴的收入效应总体呈现增长趋势，特别是2011年，每万元农业补贴形成的收入效应最为明显，1万元农业补贴可带动农民增收59 418.51元，远超过前两年（见表6-7）。由此可见，国家应该继续加大对农业的补贴力度，使其对农民收入形成持续的、有力的拉动效应。

表6-7　　　　　　2009~2011年每万元补贴的家庭收入效应　　　　　单位：元

年份	家庭收入增加额	农业补贴额	每万元补贴的收入效应
2009	634.80	502.15	12 641.64
2010	708.46	465.40	15 222.60
2011	3 172.77	533.97	59 418.51

二、惠农政策的消费效应

家电下乡等生活发展类惠农政策，是积极扩大内需的重要举措，对刺激农民消费，拉动内需，转变农民消费结构，提升农民的生活水平起到了重要作用。为考察2008~2011年下乡产品消费额的变化，了解家电下乡、汽摩下乡、农机下乡等政策带来的消费效应，调查组在2008~2011年调查了农民购买冰箱、彩电、手机、洗衣机、电脑、热水器、空调等家电下乡、汽摩下乡、农机下乡的情况，比较分析了这类政策带来的消费效应的变化。

（一）拉动内需

1. 下乡产品消费总额

从全国下乡产品的消费总额来看，2008~2010年全国下乡产品的消费总额不断增长，分别为 278.89 亿元、979.33 亿元和 2 019.02 亿元，2011 年较 2010 年略有下滑，但全国消费总额也高达 1 982.43 亿元。可见，家电下乡、汽摩下乡、农机下乡政策有效刺激了农民的消费需求，对拉动内需起到了积极的作用。

2. 下乡产品实际支付额

在政府补贴方面，2008～2010 年政府补贴的金额逐年递增，分别是 33.46 亿元、113.87 亿元以及 262.47 亿元，2011 年的政府补贴额较 2010 年略有下降，为 257.76 亿元。由全国消费总额和政府补贴额可得到农户实际支付额，从表 6-8 可看出，农民购买下乡产品的实际支付额分别是 245.43 亿元、865.46 亿元、1 756.55 亿元以及 1 724.67 亿元，2011 年下乡产品的实际支付额较 2008 年有较大的增长，涨幅超过了 600%，可见，家电下乡政策释放了农村的消费需求。

表 6-8　　　　　2008～2011 年全国下乡产品消费与补贴统计　　单位：亿元，%

年份	全国消费总额	增长率	全国政府补贴额	全国农户实际支付额
2008	278.89	—	33.46	245.43
2009	979.33	71.52	113.87	865.46
2010	2 019.02	51.49	262.47	1 756.55
2011	1 982.43	-1.85	257.76	1 724.67

注：全国总消费额 = 全国农户总数 ×（受访农户消费额/受访农户总数）；全国政府补贴总额 = 全国农户总数 ×（受访农户补贴额/受访农户总数）；全国农户实际支出 = 全国总消费额 - 全国政府补贴额；全国农户总人数用 21 179 万户来算；受访农户数：2008 年 2 953 户，2009 年 3 624 户，2010 年 4 792 户，2011 年 3 648 户；比较参考家电：冰箱、彩电、手机、洗衣机、电脑、热水器、空调。

3. 下乡产品户均消费额

考察不同种类下乡产品的消费情况，从表 6-9 可以看出，无论是 2010 年还是 2011 年，家用电器都成为农民的主要消费产品，户均消费额分别是 951.32 元和 922.21 元。其次，农用工具也是农民购买的主要下乡产品，户均消费额分别是 410.11 元和 613.76 元。在四大类下乡产品中，通讯工具的户均消费是最低的，但从 2010～2011 年的消费增长率来看，通讯工具消费额是增长最快的，增长率为 85.7%，与此同时，家用电器消费额出现了负增长，2011 年比 2010 年下降了 3.16%，但下乡产品消费额中家电电器的消费额最高，仍是农民消费的主要下乡产品。

表6-9　　　　　2010~2011年全国各类下乡产品户均消费统计　　　单位：元，%

产品类别	2010 年		2011 年	
	户均消费	增长率	户均消费	增长率
家用电器	951.32	—	922.21	-3.16
出行工具	303.13	—	449.25	32.58
农用工具	410.11	—	613.76	33.18
通讯工具	2.03	—	14.20	85.70

注：全国总消费额=全国农户总数×(受访农户消费额/受访农户总数)；户均消费额=全国总消费额/全国农户总数；受访农户数：2010年4792户，2011年3648户；家用电器：电冰箱、洗衣机、空调、电脑、热水器、电视机；出行工具：摩托车、自行车、小汽车、电动车；农用工具：货车、三轮车、拖拉机、收割机、播种机；通讯工具：固定电话、手机。

从表6-9可以发现家用电器是户均消费额最高的下乡产品，但在不同地区各类下乡产品的户均消费有所不同。2011年沿海发达地区户均消费金额最高的是出行工具，户均消费72.99元，户均补贴9.49元；中部地区户均消费金额最高的是家用电器，户均消费34.09元，户均补贴4.43元；西北地区、东北地区、华北地区户均消费金额最高的都是农用工具，户均消费分别是24.67元、4.55元、19.91元，可见，家电下乡政策促进了北方地区农用工具的消费，有利于推动北方农业的机械化；西南地区户均消费金额最高的是出行工具，户均消费36.89元，户均补贴4.8。此外，西南地区农用工具户均消费额36.06元，全国最高；通讯工具消费额最高的是中部地区，户均消费额为6.87元（见表6-10）。

表6-10　　　　　　2011年不同地区各类下乡产品户均
消费与户均补贴统计　　　　单位：元

地区	家用电器		出行工具		农用工具		通讯工具	
	户均消费	户均补贴	户均消费	户均补贴	户均消费	户均补贴	户均消费	户均补贴
沿海地区	29.87	3.88	72.99	9.49	4.703	0.61	0.29	0.04
中部地区	34.09	4.43	21.36	2.78	25.20	3.28	6.87	0.89
西北地区	7.24	0.94	6.70	0.87	24.67	3.21	0	0.00
西南地区	22.47	2.92	36.89	4.80	36.06	4.69	0.06	0.01
东北地区	3.60	0.47	0.32	0.04	4.55	0.59	0	0.00
华北地区	16.41	2.13	6.60	0.86	19.91	2.59	0	0.00

注：下乡产品户均消费额=受访农户下乡产品消费总额/受访农户总数；户均补贴=受访农户下乡产品补贴总额/受访农户总数；2011年受访农户数：3648户。

4. 下乡产品政府补贴额

考察 2008～2011 年全国下乡产品的政府补贴情况可以发现，全国、户均、人均政府补贴额均在不断增加，2008～2010 年政府补贴的金额逐年递增，分别是 33.46 亿元、113.87 亿元以及 262.47 亿元，而 2011 年的政府补贴额与 2010 年相差不大，达到了 257.76 亿元。2008～2011 年户均补贴分别是 15.8 元、53.77 元、123.93 元以及 121.70 元，人均政府补贴额，分别为 2.57 元、8.76 元、20.19 元和 19.83 元，2011 年人均政府补贴额较 2008 年增长了接近 10 倍。

表 6-11　　2008～2011 年全国下乡产品户均政府补贴额统计

年份	全国政府补贴额（亿元）	户均政府补贴额（元）	人均政府补贴额（元）
2008	33.46	15.80	2.57
2009	113.87	53.77	8.76
2010	262.47	123.93	20.19
2011	257.76	121.70	19.83

注：全国政府补贴总额＝全国农户总数×（受访农户补贴额/受访农户总数）；全国农户总数用 21 179 万户来算；受访农户数：2008 年 2 953 户，2009 年 3 624 户，2010 年 4 792 户，2011 年 3 648 户。

从 2011 年不同地区下乡产品户均补贴额来看。在沿海地区，出行工具户均补贴额最高，接近每户 10 元，为全国最高；其次为西南地区，出行工具户均补贴为 4.8 元；在中部地区，户均补贴最高的是家用电器，平均补贴是 4.43 元，在全国各地区中也是额度最高的；而无论在西北地区、东北地区还是华北地区，农用工具户均补贴额均为所有下乡产品中额度最高的，分别为 3.21 元、0.59 元以及 2.59 元。户均通讯工具补贴在各地区均较低。

表 6-12　　2011 年不同地区各类下乡产品户均政府补贴额统计　　单位：元

地区	家用电器户均补贴	出行工具户均补贴	农用工具户均补贴	通讯工具户均补贴
沿海地区	3.88	9.49	0.61	0.04
中部地区	4.43	2.78	3.28	0.89
西北地区	0.94	0.87	3.21	0.00
西南地区	2.92	4.80	4.69	0.01
东北地区	0.47	0.04	0.59	0.00
华北地区	2.13	0.86	2.59	0.00

5. 下乡产品消费的补贴弹性

下乡产品的消费补贴弹性系数能反映农民消费额与政府补贴之间的相互关系。本书采用中点法计算了 2011 年生活型、享受型和生产型下乡产品消费补贴的弧弹性系数，从表 6 – 13 中可以看出，生活型和享受型下乡产品的消费补贴弹性系数 E 都为 0.99，即 $0 < Es < 1$，这表明政府补贴与生活型、享受型下乡产品的消费额成正向变动，政府补贴每增加 1%，生活型和享受型下乡产品的消费额增加比率将小于 1%，反之则反是。而生产型下乡产品的消费补贴弹性系数 $Es = 1$，说明政府补贴变动幅度与农民购买下乡产品的消费额变动幅度相同，即补贴每提高 1%，农民生产型下乡产品的消费额就相应地增加 1%。

表 6 – 13 2011 年不同类型下乡产品的消费补贴弹性系数

类型	生活型	享受型	生产型
消费补贴弹性系数	0.99	0.99	1.00

由表 6 – 14 可以看出，2009 ~ 2011 年每万元政府补贴所带来的消费效应呈现出下降的趋势，说明了补贴金额的不足导致农民的消费难以长期有效地被拉动。表中数据显示，2009 ~ 2011 年，户均政府补贴额增长了一倍多，但 2011 年户均消费的额度却有了大幅度的下降。此外，2009 年政府每补贴 1 万元就能增加 377 545.66 元的消费额，2010 年这一数据下降到了 230 633.98 元，2011 年更是大幅下降，每万元补贴拉动的消费不足 5 000 元。这说明，为了使惠农政策的消费效应具有可持续性，政府补贴额必须有进一步的提高，政策需要得到进一步的完善。

表 6 – 14 2009 ~ 2011 年每万元补贴的消费效应分析　　　　单位：元

年份	户均消费的增加额	户均政府补贴额	每万元补贴的消费效应
2009	330.73	8.76	377 545.66
2010	465.65	20.19	230 633.98
2011	7.98	19.83	4 024.21

注：每万元补贴的消费效应 = 人均消费的增加额/人均政府补贴额 × 10 000

（二）增加购买

1. 全国及地区下乡产品购买率变化

2008 ~ 2011 年农户对下乡产品的购买率也出现了变化。从全国的购买情况来看，2008 ~ 2011 年，购买了家电下乡产品的农户数量呈逐年上升的趋势，购买率从 2008 年的 7.99% 上升到 2011 年的 20.12%，有效购买率也由 2008 年的 8.67% 上升到 2011 年的 45.26%，由此可见，在家电下乡政策实施的几年里，农民对下乡产品的购买率不断提高。

从不同地区来看，2011 年与 2008 年相比，沿海地区的下乡产品购买率和有效购买率分别上升了 5.24% 和 15.29%，上升最快，家电下乡等政策对沿海地区的农户刺激作用最大；中部地区次之，2011 年的购买率比 2008 年上升了 2.69%，有效购买率上升了 8.37%；政策对东北地区的推动作用最小，4 年来购买率上升了 0.18%，有效购买率上升了 0.73%；在华北地区，2008~2011 年的购买率分别为 1.12%、0.47%、1.17% 和 0.52%，处于时高时低不断波动的状态，可见家电下乡等政策对华北地区购买率的影响并不显著。

表 6 - 15 　　　　2008~2011 年不同地区下乡产品购买率统计 　　　单位：%

地区	下乡产品购买情况	2008 年	2009 年	2010 年	2011 年
全国	购买率	7.99	10.51	14.90	20.12
	有效购买率	8.67	22.05	33.33	45.26
沿海地区	购买率	2.00	3.50	3.84	7.24
	有效购买率	2.20	14.79	11.34	17.49
中部地区	购买率	2.24	3.15	5.38	4.93
	有效购买率	2.40	6.93	15.07	10.77
西北地区	购买率	0.71	0.75	0.96	2.25
	有效购买率	0.79	1.46	3.06	3.92
西南地区	购买率	1.59	1.85	3.03	3.29
	有效购买率	2.00	4.03	9.74	7.07
华北地区	购买率	1.12	0.47	1.17	0.52
	有效购买率	1.35	1.43	3.12	4.93
东北地区	购买率	0.34	0.80	0.52	0.52
	有效购买率	0.34	1.16	1.59	1.07

注：农户购买率是购买户数与调查户数之比；有效购买率是购买次数与调查户数之比。

2. 不同收入家庭下乡产品购买率变化

家庭收入也是影响农户家庭下乡产品购买情况的重要因素。从购买率上看，2008 年最低收入农户和最高收入农户，对下乡产品的购买率区别不大，均在 1.5% 左右，其中收入最低农户购买率最高，为 1.93%。而 2009~2011 年最低收入农户和最高收入农户，对下乡产品的购买率趋于上升状态，且收入越高购买率越高，如 2010 年 20% 最低收入家庭的购买率为 1.79%，20% 次低收入家庭购买率为 2.69%，20% 中间收入家庭为 3.07%，20% 次高收入家庭为 3.65%，20% 最高收入家庭的购买率为 3.44%（见表 6－16）。可见，收入与购买数量呈正比。有效购买率的情况与购买率的情况相似，2008 年不同收入农户的有效购买率没有太大的区别，从 2009 年开始到 2011 年，有效购买率随家庭收入的提高而增加，这也表明家庭收入越高，农户有效购买率越高。

表 6－16　　　　2008～2011 年不同收入下乡产品购买情况统计　　　单位：%

收入等级	年份	购买率	有效购买率
最低 20%	2008	1.93	2.07
	2009	1.21	2.24
	2010	1.79	4.49
	2011	2.55	6.30
次低 20%	2008	1.35	1.39
	2009	1.57	3.39
	2010	2.69	5.84
	2011	3.56	7.46
中间 20%	2008	1.59	1.63
	2009	2.07	4.44
	2010	3.07	6.18
	2011	4.77	10.01
次高 20%	2008	1.49	3.22
	2009	2.51	5.22
	2010	3.65	7.70
	2011	4.17	9.46
最高 20%	2008	1.63	1.79
	2009	2.79	6.07
	2010	3.44	8.03
	2011	4.71	11.43

注：农户购买率是购买户数与调查户数之比；有效购买率是购买次数与调查户数之比。统计家电：冰箱（冰柜）、彩电、手机、洗衣机、电脑、热水器、空调。

3. 下乡产品购买总量

由表 6－17 可知，2011 年全国 3 648 户样本农户中，下乡产品购买的总数为 *151*

1 651 台（辆），而非下乡产品购买的总数为 13 666 台（辆），非下乡产品数量是下乡产品数量的 8.28 倍。从不同地区来看，2011 年沿海地区购买下乡产品的总量最多，达到 638 台（辆），东北地区购买下乡产品的总量最低，非下乡产品购买总量与下乡产品购买总量之比最高，达到了 23.18 倍。家电下乡政策实施的几年时间里，有效地增加了农户购买家电的数量，但农户购买的下乡产品与非下乡产品相比，数量相对较少。

表 6 - 17　　　2011 年不同地区下乡与非下乡产品消费量统计

单位：台，辆，%

地区	下乡产品购买总量	非下乡产品购买总量	后者/前者
全国	1 651	13 666	8.28
沿海地区	638	4 568	7.16
中部地区	393	3 353	8.53
西北地区	143	1 480	10.35
西南地区	258	1 326	5.14
东北地区	39	904	23.18
华北地区	180	2 035	11.31

4. 补贴程序与下乡产品购买数量

补贴程序的繁简程度也会影响到农户购买下乡产品的数量。由表 6 - 18 可见，2011 年认为补贴程序很烦琐的农户购买下乡产品的数量最少，为 95 台（辆），而认为补贴程序很方便的农户购买下乡产品数量最多，2011 年共购买了 1 883 台（辆），补贴程序越简单，农户购买下乡产品的数量越多。

表 6 - 18　　　2011 年政府补贴程序与家电下乡产品购买数量统计

单位：台，辆，个

补贴程序	购买数量	样本数
很烦琐	95	18
较烦琐	163	78
一般	824	315
较方便	1 771	1 473
很方便	1 883	1 468

5. 政策满意度与下乡产品购买数量

除了家庭收入，补贴程序的繁简程度外，对家电下乡政策的满意度也会影响到农户购买下乡产品的数量。2011 年对政策满意度较高的农户购买了 14 387 台（辆）的下乡产品，对政策持"一般"态度的农户购买了 4 730 台（辆），对政策满意度较低的农户购买下乡产品的数量最少为 986 台（辆）。这表明对家电下乡政策越满意，农户购买下乡产品的数量越多。政策只有真正给到农民实惠，真正减轻农民的家庭负担，让农民满意，才会吸引更多的农户购买下乡产品。

表 6 – 19　　　2011 年政策满意度与家电下乡产品购买数量统计

单位：台，辆，个

政策满意度	购买数量	样本数
高	14 387	2 941
中	4 730	315
低	986	96

（三）　转变消费结构

家电下乡政策在拉动内需和增加购买的同时，转变了农民的消费结构。我们把所调查的家电分成了生活型、享受型、生产型三大类。2010 年农户购买生活型、享受型和生产型的下乡产品数量分别为 26 288 台（辆）、6 222 台（辆）和 1 641 台（辆），其中购买生活型的下乡产品数量最多，占比为 76.98%，达到购买总数的七成以上。2011 年农民购买生活型的下乡产品数量也最多，为 23 552 台（辆），占比为 74.5%。此外，2011 年受访的农户购买享受型的总数为 6 591 台（辆），占比为 20.84%；购买生产型的下乡产品总数为 1 479 台（辆），占比为 4.68%。从 2010 年和 2011 年农户下乡产品的消费结构来看，农户购买下乡产品主要集中在生活型家电，但生活型产品的购买比例在下降，购买享受型产品的比例在提高，农民的消费结构在逐渐转变。

表 6 – 20　　　　　2010 ~ 2011 年各类下乡产品购买数量占比统计

单位：台，辆，%

产品类别	2010 年		2011 年	
	总购买量	占比	总购买量	占比
生活型	26 288	76.98	23 552	74.50
享受型	6 222	18.22	6 591	20.84

153

续表

产品 类别	2010 年		2011 年	
	总购买量	占比	总购买量	占比
生产型	1 641	4.81	1 479	4.68
合计	34 151	—	31 622	—

注：生活型产品：电冰箱、洗衣机、电视机、热水器、自行车、固定电话、手机；享受型：电动车、摩托车、小汽车、空调、电脑；生产型：货车、拖拉机、三轮车、收割机、播种机；2010 年 4 792 户，2011 年 3 648 户。

从不同地区来看，各类下乡产品的购买数量有所不同，东部地区，2011 年购买生活型、生产型下乡产品的比重较 2010 年分别下降了 3.49%、0.02%，享受型产品提高了 3.51%；中部地区，2011 年购买生活型下乡产品比重较 2010 年有所提高，购买享受型和生产型的比重分别下降了 11.74%、0.6%；西部地区，购买生活型下乡产品的比例下降了 5.79%，购买享受型和生产型的比重均在提高。显然，家电下乡政策也带来了农民家庭消费结构的变化。

表 6 - 21   2010 ~ 2011 年不同地区各类下乡产品购买数量统计

单位：台，辆，个

地区	年份	生活型		享受型		生产型		合计
		数量	占比	数量	占比	数量	占比	
东部 地区	2010	8 332	74.35	2 417	21.57	457	4.08	11 206
	2011	8 836	70.86	3 127	25.08	506	4.06	12 469
中部 地区	2010	9 773	73.10	3 000	22.44	597	4.47	13 370
	2011	8 343	74.61	2 137	10.70	488	3.87	10 968
西部 地区	2010	8 183	83.65	1 174	12.00	425	4.34	9 782
	2011	6 373	77.86	1 327	16.21	485	5.93	8 185

注：生活型产品：电冰箱、洗衣机、电视机、热水器、自行车、固定电话、手机；享受型：电动车、摩托车、空调、小汽车 生产型：货车、拖拉机、三轮车、收割机、播种机。

三、惠农政策的生产效应

（一）土地流转

2008 ~ 2011 年享受高额补贴的农户平均租入土地 3.07 亩、4.08 亩、4.87

亩和 3.65 亩。2008 年和 2009 年没有享受补贴的农户租入土地的面积仅次于高额补贴的农户，分别是 1.10 亩和 1.37 亩；2010 年享受中等补贴的农户家庭在租入土地的面积上有较大提升，平均达到了 1.05 亩，高于没有补贴和低额补贴的农户；2011 年低额补贴农户在租入土地方面的发展较快，由 2010 年的 0.85 亩增加到了 1.51 亩；没有享受到补贴的农户相较于 2010 年也增加了耕地的租种面积，达到了 1.24 亩（见表 6－22）。可见，享受农业补贴额度高的农户，土地流转情况更为普遍，特别是土地流入方面。

表 6－22　　　　　享受不同程度农业补贴的农民土地流转情况　　　　单位：亩

农业补贴	2008 年		2009 年		2010 年		2011 年	
	租入	租出	租入	租出	租入	租出	租入	租出
没有补贴	1.10	0.64	1.37	0.24	0.55	0.41	1.24	5.70
低额补贴	0.65	0.20	1.13	0.26	0.85	0.14	1.51	0.27
中等补贴	0.62	0.36	0.78	0.32	1.05	0.46	0.86	0.58
高额补贴	3.07	1.17	4.08	0.87	4.87	0.95	3.65	0.81
有效样本	2 953	2 949	3 624	3 624	4 636	4 688	3 443	3 443

注：农业补贴额度的分组标准为，低额补贴的范围是 1～200 元，中等补贴是 201～400 元，高额补贴是 401 元以上。

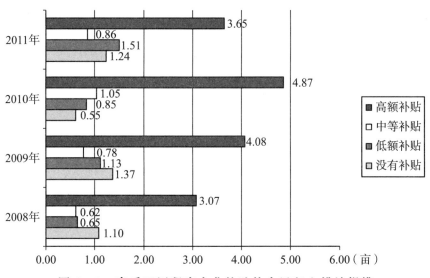

图 6－1　享受不同程度农业补贴的农民租入耕地规模

通过不同程度的农业补贴与农户租入土地情况的交叉分析可知，享受不同程度农业补贴的农户在租入土地情况上具有显著差异。调查显示，2008～2011 年租入数为 0 亩即"未租入"的农户占比分别为 91.43%、88.36%、93.33% 和 90%；而享受最高额的农业补贴的农户"未租入"土地的农户占比则分别为 79.14%、82.35%、81.7% 和 81.5%（见表 6-23）；显然，没有享受补贴的农户未租入土地的比例要高于享受了高额补贴的农户。此外，2011 年在大量租入土地的农户中享受高额补贴的农户占比最高，为 13.46%，是没有享受补贴的农户（6.47%）的 2 倍，低额补贴（4.23%）农户的 3 倍（见图 6-2）。显然，随着农业补贴金额的提高，农民租入土地的规模也在不断扩大。

表 6-23　　　　　享受不同程度农业补贴的农户租种土地情况　　单位：个，%

年份	农业补贴	未租入	少量租入	大量租入	合计
2008	没有补贴	91.43	2.86	5.71	100（70）
	低额补贴	86.92	9.31	3.77	100（795）
	中等补贴	86.39	9.75	3.86	100（882）
	高额补贴	79.14	8.10	12.76	100（815）
2009	没有补贴	88.36	4.23	7.41	100（189）
	低额补贴	86.97	8.48	4.55	100（990）
	中等补贴	86.61	8.01	5.38	100（874）
	高额补贴	82.35	5.26	12.39	100（1 065）
2010	没有补贴	93.33	4.09	2.58	100（465）
	低额补贴	86.59	8.01	5.40	100（1 260）
	中等补贴	87.95	7.36	4.69	100（1 195）
	高额补贴	81.70	5.01	13.29	100（1 317）
2011	没有补贴	90.00	3.53	6.47	100（340）
	低额补贴	87.64	8.13	4.23	100（898）
	中等补贴	87.36	7.24	5.40	100（981）
	高额补贴	81.50	5.04	13.46	100（973）

　　注：农业补贴额度的分组标准为，低额补贴的范围是 1~200 元，中等补贴是 201~400 元，高额补贴是 401 元以上。土地租种的分组为"0"未租入，"1~4 亩"少量租入，"5 亩以上"大量租入。

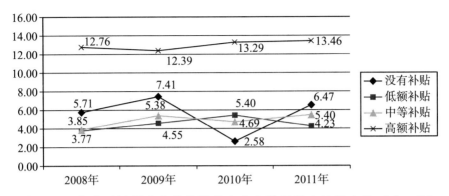

图 6-2 享受不同程度农业补贴的农户大量租种土地的占比（个，%）

（二）农业劳动力

据调查，没有享受农业补贴的农户 2010 年的家庭务农人数最少，平均 1.72 人；2009 年与 2011 年相当，平均每户 2 人务农。在享受了农业补贴的农户家庭中，从低额补贴到高额补贴，务农人数呈递增趋势，2009 年与 2010 年，低额补贴的农户中平均务农人数为 1.79，在享受补贴的家庭中最少；2009 年高额补贴家庭务农人数最多，平均为 2.27 人（见表 6-24，图 6-3）。由此可见，随着农业补贴的提高，农户家庭务农人数整体上呈增加的趋势，这表明农业补贴带动了农村劳动力回流，对农民从事农业活动起到了一定的促进作用。

表 6-24 　　享受不同程度农业补贴的农户务农人数的变化　　　单位：个

农业补贴	2009 年	2010 年	2011 年
没有补贴	2.00	1.72	2.03
低额补贴	1.79	1.79	1.82
中等补贴	1.95	1.89	1.88
高额补贴	2.27	2.13	2.16
有效样本	3 254	4 688	3 443

注：农业补贴额度的分组标准为，低额补贴的范围是 1 ~ 200 元，中等补贴是 201 ~ 400 元，高额补贴是 401 元以上。

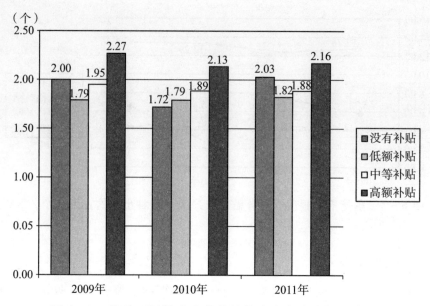

图 6 - 3 享受不同程度农业补贴的农户务农人数的变化

（三）种植规模

考察农业补贴对农户种植规模的影响，将农户种植面积分为"大、中、小"三组，与农业补贴的享受程度进行皮尔逊卡方检验，得到的卡方值为 0，小于0.05 的显著性水平，说明不同农业补贴享受程度的农户种植面积具有显著差异。如表 6 - 25、图 6 - 4 所示，补贴额越高，大规模种植所占的比例越高。未享受到农业补贴的农户比例最高，2009 年为 71.11%，有所下降；2010 年和 2011 年这一比例又有所上升，分别为 64.86% 和 78.61%。在高额补贴的农户中，大面积种植一直占据最高比重，最高达 64.78%，最低占 53.70%，超过半成，可见，农业补贴额度与农户种植规模成正比。

表 6 - 25　　　　享受不同程度农业补贴的农户种植规模情况　　　单位：个，%

年份	农业补贴	面积小	面积中等	面积大	合计
2008	没有补贴	80.00	11.43	8.57	100 (70)
	低额补贴	58.77	24.25	16.99	100 (730)
	中等补贴	27.04	46.68	26.28	100 (784)
	高额补贴	6.75	32.28	60.98	100 (756)

年份	农业补贴	面积小	面积中等	面积大	合计
2009	没有补贴	71.11	15.56	13.33	100 (180)
	低额补贴	62.45	20.10	17.45	100 (831)
	中等补贴	31.28	47.77	20.94	100 (764)
	高额补贴	3.88	31.34	64.78	100 (954)
2010	没有补贴	64.86	19.52	15.62	100 (461)
	低额补贴	53.36	27.18	19.46	100 (1 192)
	中等补贴	28.13	46.94	24.93	100 (1 095)
	高额补贴	5.95	40.35	53.70	100 (1 311)
2011	没有补贴	78.61	9.04	12.35	100 (332)
	低额补贴	62.01	21.54	16.45	100 (845)
	中等补贴	23.15	54.14	22.71	100 (894)
	高额补贴	5.35	31.66	63.00	100 (954)

注：农业补贴额度的分组标准为，低额补贴的范围是 1~200 元，中等补贴是 201~400 元，高额补贴是 401 元以上。承包地面积分组依据同上，分别为"3 亩以下"、"4~8 亩"、"9 亩及以上"。

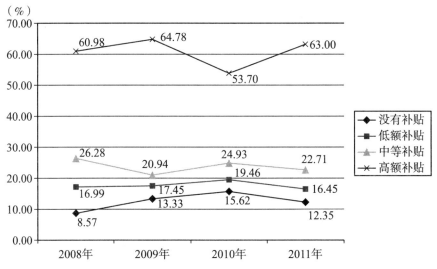

图 6-4　享受不同程度农业补贴的农户大规模种植的占比

农业补贴政策增加了粮食生产面积，是农户粮食生产的有力刺激。如表 6-26 所示，考察粮食生产面积可知，2008~2011 年没有享受农业补贴的农户，其粮食作物种植面积分别为 0.94 亩、1.18 亩、2.09 亩和 0.87 亩，与享受农业补贴的农户相比均是最低。享受农业补贴的农户随着补贴额度的提高，粮食生产的面积增加。享受高额补贴的农户 4 年的粮食生产面积分别为 13 亩、14.42 亩、15.48 亩和 14.28 亩，大大高于其他三类农户家庭。享受低额和中等额度农业补贴的农户，其粮食生产面积相较于其自身随着时间推移呈上升趋势。2008 年和 2011 年，低额补贴农户的粮食生产面积分别为 2.61 亩和 3.39 亩；中等补贴额度的农户分别为 4.76 亩和 5.26 亩。

表 6 - 26　　　**享受不同程度农业补贴的农户的粮食生产面积**　　单位：亩

农业补贴	2008 年	2009 年	2010 年	2011 年
没有补贴	0.94	1.18	2.09	0.87
低额补贴	2.61	2.90	3.34	3.39
中等补贴	4.76	5.16	5.21	5.26
高额补贴	13.00	14.42	15.48	14.28
有效样本	2 951	3 622	4 682	3 443

注：农业补贴额度的分组标准为，低额补贴的范围是 1~200 元，中等补贴是 201~400 元，高额补贴是 401 元以上。

四、惠农政策的投资效应

（一）生产资料投入

农业补贴政策一方面在一定程度上减轻农民的负担，另一方面也刺激农民更多地投入农业生产。表 6 - 27、图 6 - 5 显示，从生产资金投入来看，对农业补贴"不太满意"的农户生产资金投入低的占比最大，为 46.15%；评价"很不满意"和"一般"的农户中，低生产投入的农户的比重相近，为 38.89% 和 37.78%；评价"非常满意"的农户中，低投入的农户比重最低，为 26.91%。评价"比较满意"的农户中，生产投入中等的农户占比最高，达到了 37.61%。高生产投入中，评价"很不满意"的农户比例最高，达到了 44.44%；最低的是评价"不太满意"的农户，占比为 25.64%。

表 6 - 27　　　**对农业补贴政策不同评价的农户的生产资金投入**　单位：个，%

农业补贴	投入低	投入中等	投入高	合计
非常满意	26.91	33.86	39.24	100（1 468）
比较满意	30.35	37.61	32.04	100（1 473）

农业补贴	投入低	投入中等	投入高	合计
一般	37.78	30.16	32.06	100 (315)
不太满意	46.15	28.21	25.64	100 (78)
很不满意	38.89	16.67	44.44	100 (18)

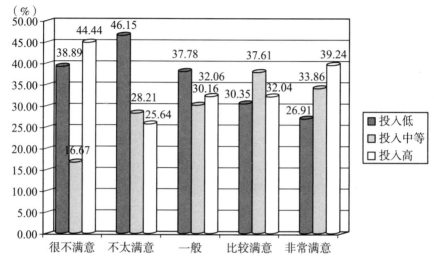

图6-5 对农业补贴政策不同评价的农户的生产资金投入

农业生产投入中,生产资料的投入是其中的重要部分,不同评价的农户在生产资料的投入方面具有显著差异。低生产资料投入的家庭中,评价"不太满意"的农户比例最高,占46.15%,近五成;表示"非常满意"的农户占比最低,为26.02%。36.86%评价"比较满意"的农户在生产资料方面投入较中等,其次是表示"非常满意"的农户,占比为35.63%。高生产资料投入的农户中,表示对农业补贴政策"很不满意"和"非常满意"的占比相近,分别为38.89%和38.35%(见表6-28,图6-6)。从上述分析可以发现,农民对农业补贴政策的低评价会带来农业生产中的低投入,反之亦然。

表6-28　对农业补贴政策不同评价的农户的生产资料投入　单位:个,%

农业补贴	投入低	投入中等	投入高	合计
非常满意	26.02	35.63	38.35	100 (1 468)
比较满意	32.04	36.86	31.09	100 (1 473)
一般	38.10	26.98	34.92	100 (315)

续表

农业补贴	投入低	投入中等	投入高	合计
不太满意	46.15	24.36	29.49	100（78）
很不满意	33.33	27.78	38.89	100（18）

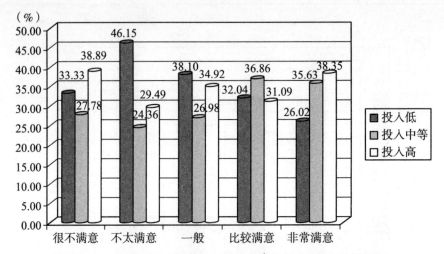

图 6-6　对农业补贴政策不同评价的农户的生产资料投入

　　如表 6-29、图 6-7 所示，享受不同程度农业补贴的农户在生产资料投入上存在较大差异。从亩均生产资料来看，2008～2010 年享受低额补贴的农户亩均生产资料投入最高，分别为 750.27 元、530.44 元、354.52 元。2009 年和 2010 年享受中等补贴的农户亩均生产资料投入高于享受高额补贴的农户。2011 年亩均生产资料投入随着享受额度提高而降低，分别为 498.62 元、465.87 元、436.08 元和 423.57 元。亩均种子投入情况，2008 年和 2011 年没有享受补贴的农户投入最高，分别为 61.25 元和 186.41 元。2009 年享受低额补贴的农户亩均种子投入最高，为 151.19 元。2010 年亩均种子投入随着农业补贴额度提高而上升，分别为 34.85 元、57.06 元、60.11 元和 74.60 元。亩均农药投入情况，2008 年和 2009 年亩均农药投入都随着农补额度提高而降低。2008 年农药投入分别为 108.35 元、105.26 元、92.61 元和 43.72 元；2009 年分别为 118.68 元、105.85 元、70.61 元和 53.84 元。2010 年享受低额补贴的农户农药投入最高，为 140.01 元；没有享受补贴的农户投入最低，为 92.67 元。2011 年享受低额补贴和没有享受补贴的农户农药投入分别为最高和最低，为 87.76 元和 57.71 元。

表 6 - 29　　　　　　　享受不同程度农业补贴的农户生产投入　　　　单位：元

年份	农业补贴	亩均生产资料投入	亩均种子投入	亩均农药投入	样本数
2008	没有补贴	511.79	61.25	108.35	31
	低额补贴	750.27	60.65	105.26	762
	中等补贴	415.19	44.22	92.61	866
	高额补贴	415.35	55.86	43.72	759
2009	没有补贴	507.61	114.87	118.68	102
	低额补贴	530.44	151.19	105.85	882
	中等补贴	359.80	74.46	70.61	828
	高额补贴	439.68	61.66	53.84	1 004
2010	没有补贴	235.22	34.85	92.67	238
	低额补贴	354.52	57.06	140.01	1 253
	中等补贴	320.57	60.11	116.65	1 189
	高额补贴	296.66	74.60	98.94	1 300
2011	没有补贴	498.62	186.41	57.71	208
	低额补贴	465.87	85.52	87.76	892
	中等补贴	436.08	67.56	74.78	980
	高额补贴	423.57	82.40	62.18	956

　　注：农业补贴额度的分组标准为，低额补贴的范围是 1～200 元，中等补贴是 201～400元，高额补贴是 401 元以上。

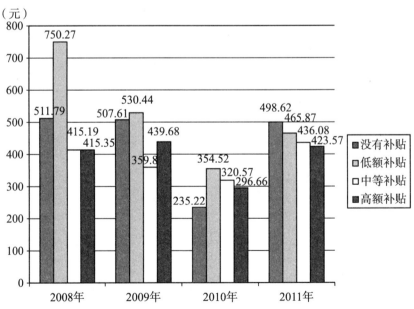

图 6 - 7　享受不同程度农业补贴的农户生产资料投入

（二）机械投入

对农业补贴政策评价不同的农户在农业生产的机械投入方面具有显著差异。机械投入方面，低投入的比例普遍较高，其中"不太满意"农业补贴政策的农户占比最高，达到 66.67%；其次是评价农业补贴"一般"的农户机械投入低的比例占 59.05%。评价"很不满意"的农户机械投入高的比例最高，达到 38.89%；其次是"非常满意"的农户，占比为 30.52%。评价农业补贴政策"一般"和"比较满意"的农户，机械投入越高的比重越低。高投入的农户中，评价为"一般"的农户比重最低，为 17.14%；中等水平的机械投入中，"比较满意"的农户比重最大，为 27.90%（见表 6 - 30，图 6 - 8）。由此可见，农民对农业补贴政策高评价会提高其农业生产中的机械投入。

表 6 - 30　　　　　对农业补贴政策不同评价的农户的机械投入　　　单位：个，%

农业补贴	投入低	投入中等	投入高	合计
非常满意	43.32	26.16	30.52	100（1 468）
比较满意	47.39	27.90	24.71	100（1 473）
一般	59.05	23.81	17.14	100（315）
不太满意	66.67	14.10	19.23	100（78）
很不满意	38.89	22.22	38.89	100（18）

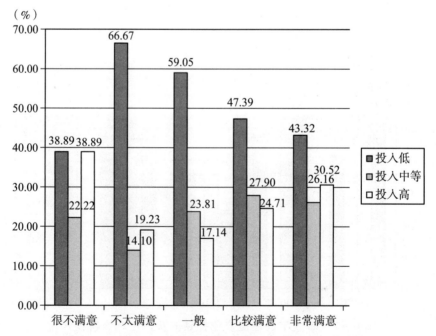

图 6 - 8　对农业补贴政策不同评价的农户的机械投入

享受不同程度农业补贴的农户在机械投入方面存在差异。2008 年，没有享受补贴的农户亩均机械投入最高，达到了 210.29 元；享受中等补贴的农户机械投入最低，为 92.70 元。2009 年享受农业补贴的农户亩均机械投入随着补贴额提高而提高，分别为 54.84 元、77.11 元和 97.79 元。2010 年的机械投入总体较低，投入力度也伴随农业补贴程度提高而提高，从没有补贴到高额补贴的农户机械投入分别为 15.66 元、27.26 元、48.14 元和 64.04 元。2011 年享受高额补贴的农户机械投入最高，为 140.01 元；享受低额补贴的农户投入最低，为 115.99 元（见表 6 - 31、图 6 - 9）。

表 6 - 31　　　　　　享受不同程度农业补贴的农户亩均机械投入　　　　单位：元

农业补贴	2008 年	2009 年	2010 年	2011 年
没有补贴	210.29	59.33	15.66	130.09
低额补贴	108.36	54.84	27.26	115.99
中等补贴	92.70	77.11	48.14	134.26
高额补贴	112.12	97.79	64.04	140.01
有效样本	2 919	3 624	3 734	3 443

注：农业补贴额度的分组标准为，低额补贴的范围是 1 ~ 200 元，中等补贴是 201 ~ 400 元，高额补贴是 401 元以上。

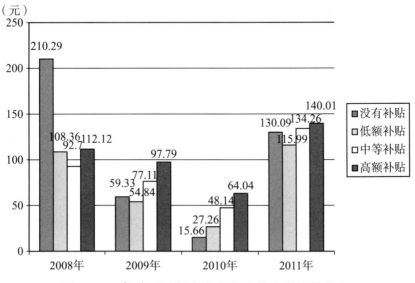

图 6 - 9　享受不同程度农业补贴的农户机械投入

（三）雇工投入

如表 6-32、图 6-10 所示，2008 年享受中等补贴的农户亩均的雇工投入最高，为 114.03 元；享受高额补贴的投入最低，为 37.51 元；没有享受补贴的农户雇工投入 94.16 元。2009 年，农户的雇工投入伴随农业补贴额度提高而降低，分别为 162.12 元、80.82 元、55.12 元和 40.92 元。2010 年享受高额补贴的农户雇工投入最高，为 38.19 元；没有享受补贴的农户投入最低为 23.58 元。2011 年没有享受补贴的农户雇工投入最高，为 87.78 元；享受中等补贴的农户投入则最低，为 43.40 元。

表 6-32　　　　　享受不同程度农业补贴的农户亩均雇工投入　　　　单位：元

农业补贴	2008 年	2009 年	2010 年	2011 年
没有补贴	94.16	162.12	23.58	87.78
低额补贴	40.05	80.82	34.10	47.64
中等补贴	114.03	55.12	30.59	43.40
高额补贴	37.51	40.92	38.19	45.61
有效样本	2 919	3 624	3 734	3 443

注：农业补贴额度的分组标准为，低额补贴的范围是 1～200 元，中等补贴是 201～400 元，高额补贴是 401 元以上。

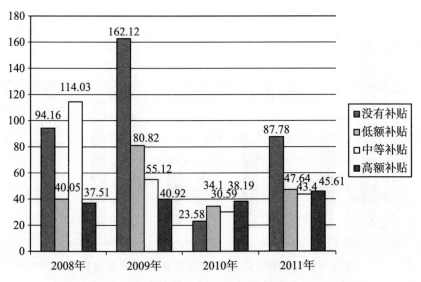

图 6-10　享受不同程度农业补贴的农户雇工投入

（四）生产投资的补贴弹性

计算 2011 年与 2010 年的亩均生产资金投入，求出生产资金的变化幅度；再计算出 2011 年与 2010 年农业补贴的变化幅度，采取中点法，计算出生产投资的补贴弹性为 2.94。这说明农民生产投资的变动幅度大于农业补贴的变动幅度，因此富有弹性，农业补贴每增加 1%，农民的农业生产投资会增加 2.94%。

（五）每万元补贴的投资效应

根据亩均生产资金投入以及农业补贴的享受情况，计算出 2009～2011 年的每万元农业补贴的投资效应分别为 252.08 元、2 013.02 元、3 325.89 元。可见每万元补贴的投资效应呈逐年递增趋势。

五、影响惠农政策经济效应的因素

（一）资金投入不合理

近年来，国家和地方的惠农支农资金投入虽不断加大，但仍存在投入不足、投入方式不合理的问题。数据显示，2011 年全国县（区）惠农支农支出占县（区）年生产总值的比重为 15.33%，乡镇的这一支出比重为 24.70%，显然，县（区）、乡（镇）政府对惠农支农的投入比重较低，惠农资金的配套投入压力较大。近年来，国家的惠农支农资金投入不断加大，但对于基层政府来说，惠农支农的资金投入仍然十分不足，真正用于直接改善农业生产条件和农民生活水平的投入比重较低。同时，政府惠农资金的投入方式也不尽合理：一是一些"普惠式"的补贴资金造成农民人均享受的补贴很有限，难以达到预期的效果；二是部分政策项目要求地方配套比例较高，地方财政压力大，难以实施到位；三是一些补贴政策均以补贴生产企业的形式实施，没有直接补贴给农民个人，对增加农民转移性收入成效甚微。

（二）监督落实不到位

惠农政策在执行落实的过程中存在不到位的情况，这也直接影响了其经济效应的发挥。在对惠农政策落实情况的调查中，25.13% 的农民认为政府对惠农政策的监督不到位，23.9% 的农民认为惠农政策宣传得少，还有 20% 的农民认为惠农政策下来就变味了。具体表现为 18.04% 的村庄低保户由村干部评定，

5.01%的农民被强制参加新型农村养老保险，8.28%的农民被强制购买农业保险。这说明惠农政策在具体的操作和落实过程中还存在着不少问题，直接导致了惠农政策不仅不能给农民带来经济效应，还可能损害农民的权利和利益。

（三）政策覆盖率不高

一些涉及农民生活、生产的保障性惠农政策参与率较低，难以发挥预期效果，无法给农村、农业、农民带来实惠。虽然农业补贴、新型农村合作医疗在农村的享受率比较高，但一些生活类、生产类的惠农政策在农村的覆盖率却远远不及前者，新型农村养老保险在全国的覆盖率为38.18%，在中部地区的覆盖率最高，为42.16%，西部地区最低，覆盖率为31.76%，而农业保险的覆盖率更低，全国为26.62%，覆盖率最高的中部地区为28.38%。路网建设在全国的覆盖率为51.23%，危房改造为7.39%，小额信贷为7.24%。这些保障农民生产、生活，带动农业、农村经济发展的惠农政策的低参与率，反映出政府对部分惠农政策的宣传力度仍然不够，扶持力度还需加大，这就要求政府宣传和扶持应该重点向这些覆盖率较低的惠农政策倾斜。

六、评估基本结论和建议

近年来惠农政策给农业生产、农村发展、农民增收带来的经济效应不断增强，但同时也存在一些缺陷和不足。通过调查和研究惠农政策的收入效应、消费效应、生产效应和投资效应，本书得出了以下基本结论：

首先，从惠农政策的收入效应来看，一方面农民的收入持续增加，农业补贴不仅给农民带来了直接的转移收入，同时也通过带动效应带来了间接收入的增加。另一方面转移收入对农民家庭收入的贡献不大，2008～2011年农业补贴占农民家庭收入的比重均较低，且2011年这一比重较2010年还有所下降。

其次，从惠农政策的消费效应来看，一是各类下乡产品的消费总额不断增长，2008～2011年农村家电、汽摩、农机等下乡产品的消费总额保持着不断增长的态势。二是农民家庭的消费结构发生转变，农户生活型下乡产品的购买比例在下降，享受型下乡产品的购买比例在提高。三是消费补贴对生活和享受型消费的拉动力仍然不足，农民家庭生活型和享受型下乡产品的消费补贴缺乏弹性，对农民的生活型、享受型下乡产品消费额的拉动有限。

再其次，从惠农政策的生产效应来看，一方面农业补贴促使了农民生产结构逐步向机械化、规模化、现代化转型，享受了农业补贴的农户户均粮食作物种植面积不断扩大，生产的机械化程度也在不断提高，且种植大户的数量显著增加。

另一方面农业补贴对种植大户扩大生产规模的刺激乏力，没有领取补贴的种植大户，其种植规模大于领取了补贴的种植大户，可见，提高农业补贴额并非是刺激生产的最优选择。

最后，从惠农政策的投资效应来看，一方面农业补贴刺激了农民的机械投入，随着农业补贴额度的由低到高变化，农民的亩均机械投入不断增加。享受高额补贴的农户亩均机械投入更高，相较于无补贴农户增长更快。另一方面生产性投资总体增长疲软。2010 年享受低额农业补贴农户的亩均生产投入较 2008 年大幅减少，2011 年享受中高额度农业补贴的农户亩均生产投入的增长率也明显偏低。农业补贴未能有效达到刺激农民进行生产投资的目的，农业生产投资的增长总体处于疲软状态。

综上所述，惠农政策虽然取得了一定的经济成效，但由于受到资金投入不合理、监督落实不到位、政策覆盖率偏低等问题的阻碍，部分效应难以得到最大限度的发挥。基于此，课题组建议通过整合惠农资金，健全惠农制度，加大惠农政策宣传力度等措施，最大化地发挥惠农政策的经济效应，增强农村经济活力。

第七章

国家惠农政策的社会效应

惠农政策不仅具有经济效应，还会产生社会效应，特别是国家大规模、大数量、大范围地实施惠农政策，不可避免会改变社会关系、社会结构，从而影响社会，以及社会与国家、村庄之间的关系。本章通过社会保障、社会结构、社会关系、社会流动、社会心态等指标评估惠农政策的社会成效。

一、社会保障开始构建

惠农政策最大也是最直接的社会效应就是建立起完善的保障体系，为了考察惠农政策的保障效应，我们根据保障类惠农政策的受惠人群，将惠农政策分为普惠性政策和特惠性政策，分析惠农政策是否实现"应保尽保"、"当保则保"。

（一）普惠性政策实现"应保尽保"

普惠性惠农保障政策主要指新型农村合作医疗政策和新型农村社会养老保险政策，随着保障类惠农政策在农村的不断深化，农民的社会保障情况大为好转，同时这些社会政策逐步走向制度化、常态化，主要表现在政策的覆盖率逐年提升，农民的惠及率连年攀升，农民的受益度也逐步加深。

1. 覆盖面逐步拓宽

从表 7-1 中可以看出，2008~2011 年，新农合的覆盖率逐年提高，并保持在比较高的水平。具体来说，4 年样本农户的参与新农合的比重分别为 96.89%、

95.94%、97.07%、97.34%，2008～2011年，参与率增长了0.45%。对于新农保来说，2008年样本农户的参与率为24.09%，2009年、2010年的参与率分别为25.03%、33.7%，2011年增长到67.1%。4年来，样本农户新农保的参与率增长了43.01%。可见，2008～2011年，样本农户新农合、新农保的参与率逐年提升，参与率的稳步提升对于社会保障政策的稳定性和持续性产生重要影响。

表7-1　　　　　　　历年农户社会保障的参与率　　　　单位：%，个

保障类政策	2008 年	2009 年	2010 年	2011 年
新农合	96.89（2 926）	95.94（3 574）	97.07（4 714）	97.34（3 609）
新农保	24.09（1 105）	25.03（2 781）	33.70（4 030）	67.10（3 365）

2. 惠及率逐步深化

惠及率主要指参与政策的样本农户中，已经享受到惠农政策的农户比重。新农合惠及率的指标主要指参加新农保且有医疗支出的农户中看病费用报销的农户比重，新农保惠及率的指标主要是参保人数中已经领取养老金的人数比重。从表7-2中可以看出，2009～2011年，新农合的惠及率分比为46.02%、33.12%、41.06%，新农保的惠及率分别为25.02%、46.74%、41.84%。由此可见，不管是新农合还是新农保农户的惠及率都处于相对较低的水平。

表7-2　　　　　　　历年农户社会保障的惠及率　　　　单位：%，个

保障类政策	2009 年	2010 年	2011 年
新农合	46.02（2 373）	33.12（3 077）	41.06（2 937）
新农保	25.02（843）	46.74（3 849）	41.84（2 402）

3. 受益度逐步扩大

受益度主要指社会保障类惠农政策能够为农户带来多大程度的优惠，或者说这类惠农政策究竟对农户的生活产生有多大帮助。这里主要通过新农合的实际报销比例和养老金的收入替代率衡量。从表7-3中可以看出，2009～2011年，在样本农户中，新农合的报销比例分别为20.61%、26.75%、34.13%，增幅为13.52%。同时，3年养老金的收入替代率[1]分别为5.71%、3.2%、9.47%。由此可见，社会保障类惠农政策对农户的生产生活具有重要作用，农户的政策受益度不断提高。这为社会保障政策的可持续奠定坚实的基础。

---

① 收入替代率指当年人均养老金占当年人均收入的比率，这里用来衡量养老金对农民生产生活的作用。

表 7 - 3   历年农户社会保障政策的受益度   单位：%，个

受益度	2009 年	2010 年	2011 年
新农合实际报销比例	20.61（2 796）	26.75（4 497）	34.13（3 379）
养老金收入替代率	5.71（2 539）	3.20（4 617）	9.47（3 498）

（二）特惠性政策保障"当保则保"

特惠性保障政策主要指农村最低生活保障政策，这里主要考察农村最低生活保障政策是否实现对农村弱势群体的保护。

1. 低保户比率呈下降趋势

低保户的比率是衡量社会保障政策脱贫减贫的重要指标。从表 7 - 4 可以看出，2008 ~ 2011 年，低保户比率分别为 9.94%、10.81%、12.21% 和 10.01%。由此可见，2008 ~ 2010 年，低保户比率逐渐上升，但从 2010 年低保户比率开始下降，这说明农村最低生活保障政策的作用开始显现，主要作用表现在低保户数量的减少。

表 7 - 4   历年农村低保比率   单位：%，个

年份	2008	2009	2010	2011
覆盖率	9.94	10.81	12.21	10.01
样本	2 953	3 396	4 594	3 537

2. 低收入家庭受益更多

农村低保的受益对象是衡量是否实现"当保则保"的重要指标。从表 7 - 5 可以看出，整体上低保户多分布在低收入家庭，约占收入组总农户的 60%。同时，2008 ~ 2011 年，样本低保户中，家庭收入属于最低收入组的比重分别为 38.18%、49.24%、52.99% 和 47.13%；家庭收入属于最高收入组的比重分别为 9.09%、3.63%、4.82% 和 5.74%。这说明随着低保政策在农村的深化和完善，低保对低收入家庭的倾斜度更大，富人"套取"低保政策的现象越来越少。这侧面反映出低保政策逐步走向正规化，为"当保则保"奠定坚实的基础。

表 7 - 5   历年不同收入组低保户的比重   单位：%

收入组	2008 年	2009 年	2010 年	2011 年
最低收入组	38.18	49.24	52.99	47.13
中低收入组	22.91	26.89	23.70	22.96

收入组	2008 年	2009 年	2010 年	2011 年
中等收入组	14.18	13.29	10.21	14.20
中高收入组	15.64	6.95	8.29	9.97
最高收入组	9.09	3.63	4.82	5.74
合计	100（275）	100.0（331）	100.0（519）	100（331）

3. 低保脱贫作用显现

农村低保的作用最终是通过低保补助额来实现，通过 2009～2011 年的分析，整体上全国各地低保补助标准均在增长，3 年间低保补助均值为 260.58 元，年均增长率为 10.42%。这里我们通过收入替代率[①]和支出替代率[②]来分析农村低保补助农村贫困群体的帮扶作用。从表 7－6 可以看出，农村低保补助的收入替代率基本保持在 20%～30% 的水平，支出替代率维持在 40% 左右。但是随着时间的推移，我们发现随着低保补助标准的提高，其收入替代率和支出替代率均呈下降趋势。这说明低保的受惠群体对低保补助的依赖性减小，农村弱势家庭的收入和生活水平都有所提高。这进一步显现了低保的脱贫减贫作用。

表 7－6　　　　　　　　低保补助的替代率　　　　　　　　单位：%，个

年份	2009	2010	2011
低保标准	1 188.85	951.42	1 449.43
收入替代率	30.34（367）	22.22（560）	23.21（354）
支出替代率	43.33（367）	39.56（560）	43.05（354）

二、家庭亲属关系开始解构

（一）家庭关系开始松动

惠农政策对家庭关系的影响主要体现在新型农村社会养老保险政策解构着家庭关系，即以前以养老为主要内容的家庭联系在新农保的替代下出现了结构性转变，从以往的"靠子女保障"向"靠政策保障"转变。

---

① 收入替代率指当年人均低保标金占当年人均收入的比率。
② 支出替代率指当年人均低保标金占当年人均支出的比率。

1. 参加新农保的农户依靠社会养老的比重更多

新农保的实施改变了农民的养老方式，从表7-8可以看出，在参保农户中有56.24%的是出于"养老有保障"的目的，这说明养老保障是农民参保的主要动因。从表7-7可以看出农民的养老方式逐渐多样化，其中参加新农保的样本农户中，希望靠新农保养老的比重为13.75%，没有参加新农保的农户希望靠新农保养老的比重仅为5.67%；而参加新农保的样本农户中，希望依靠子女养老的比重为37.63%，没有参加新农保的样本农户希望依靠子女养老的比重为41.26%。由此可见，与没参保的农户相比，参保农户依靠新农保养老的比重较高，依靠子女养老的比重较低。这说明新农保的覆盖一定程度上正在改变着农民的养老方式，随着新农保覆盖面的不断扩大，家庭养老逐步向社会养老转变。

表7-7 **2011年最希望的养老方式** 单位：%，个

是否参加	希望的养老方式						合计
	自身储蓄	子女	政府救助	新农保	商业保险	其他	
是	34.46	37.63	11.92	13.75	0.27	1.96	100（2 240）
否	37.73	41.26	12.55	5.67	0.56	2.23	100（1 076）

表7-8 **2011年农户参保原因** 单位：%，个

参保原因	频率	有效百分比
必须参加	108	5.20
跟风	128	6.17
划得来	116	5.59
减轻负担	556	26.80
养老有保障	1 167	56.24
合计	2 075	100.0

2. 参加新农保的农户生男孩的意愿相对较小

如表7-9所示，参加新农保的样本农户中，认为"多子多福"、"完全没道理"的比重为47.24%，而没有参保的农户持此态度的比重为43.64%。通过卡方分析，P值为0.034小于0.05的显著水平，这说明参加新农保的农户更不赞同"多子多福"的看法，所以新农保的实施一定程度上有利于农民生育观念的转变。

表 7 - 9　　　　　　　　　**农民参保与生育观念的交叉表**　　　　单位：%，个

是否参加	多子多福看法			合计
	很有道理	完全没道理	有一点道理	
否	9.13	43.64	47.23	100（2 507）
是	7.13	47.24	45.62	100（1 234）

生育观念的变化必然影响生育偏好的变化，从表 7 - 10 可以看出，享受新农保的样本农户中认为"生男生女无所谓"的比重为 57.35%，比没有享受新农保的农户比重高 0.44%；同时，享受新农保的农户中喜欢男孩的比重为 37.75%，比没有享受新农保的农户比重低 1.19%。由此可见，新农保的实施改变着农户的生育偏好，新农保的惠及度越高，选择生男孩可能性越小。

表 7 - 10　　　　　　　　　**新农保享受与生育偏好的交叉表**　　　　单位：%，个

是否享受	生育偏好			合计
	男孩	女孩	无所谓	
否	38.94	4.16	56.91	100（440）
是	37.75	4.90	57.35	100（944）

3. 参加新农保的农户"养儿防老"的观念较轻

新农保的惠及情况对农民养儿防老的观念产生重要影响。整体上有 57.66% 的样本农户生男孩是为了"传宗接代"，有 22.5% 的样本农户生男孩是为了"养老"，"养老"已经不是农民生育男孩的首要原因。具体来说，因"养老"想要男孩的样本农户中，享受新农保的比重为 19.74%，没有享受新农保的比重为 25.65%（见表 7 - 11）。由此可见，没有享受新农保的农户"养儿防老"的观念更重，所以随着新农保惠及度的提高，农民原先"养儿防老"的方式一定程度上将渐渐向"社会养老（依靠新农保）"转变。

表 7 - 11　　　　　　　　　**新农保享受与养儿防老的交叉表**　　　　单位：%，个

是否享受	想要男孩						合计
	传宗接代	继承家业	能干活	养老	有面子	壮大家族	
否	52.17	9.13	6.52	25.65	3.48	3.04	100（230）
是	62.50	2.63	8.55	19.74	4.61	1.97	100（152）

4. 参加新农保的农户因老人而束缚在家的比重较小

惠农政策尤其是保障类政策的出台实施对家庭关系产生了影响，其中新型农村社会养老保险政策对老人与子女的关系产生影响（p = 0.065）。从表 7 – 12 可以看出，不会因照顾老人放弃外出打工的样本农户中，参加新农保的农户比重为 26.15%，没有参加新农保的农户比重为 23.76%，后者比前者低 2.39%。这说明，新农保政策的保障作用一定程度上降低了老人对子女的依赖性，松动了子女与老人的联系。

表 7 – 12　　　　　　　　新农保参与与农户不外出打工的交叉表　　　　单位：%

是否参保	照顾老人不外出打工			合计
	不会	会	不清楚	
否	23.76	52.77	23.47	100（1 048）
是	26.15	53.76	20.09	100（2 115）

（二）亲属关系开始解构

1. 惠农政策保障性越强，对亲属的依赖性越小

从表 7 – 13 中可以看出，样本农户中属于低保户的认为亲属关系"渐渐疏远"的比重为 25%，比非低保户对亲属关系疏远的感知高 1.91%；同样，参加新农保的样本农户中，认为亲属关系渐渐疏远的比重为 25.29%，比没有参加新农保的农户高 6.69%。通过卡方分析，二者的显著值均小于 0.05。这进一步证明，低保、新农保的覆盖与否对农户间的亲属关系产生重要影响。由此可见，随着保障类惠农政策的实施，以前主要由亲属提供的生活互助、养老互助部分已经开始被惠农政策取代。

表 7 – 13　社会保障类政策的参与情况与亲属关系变化的交叉表

单位：%，个

社会保障类政策		亲属关系			合计
		更加亲密	渐渐疏远	没有变化	
是否低保户	否	22.03	23.09	54.88	100（2 764）
	是	18.58	25.00	56.42	100（296）
是否参加新农保	否	20.19	18.60	61.21	100（941）
	是	21.28	25.29	53.43	100（1 969）

随着社会保障类惠农政策的实施，尤其是新农保在农村的深入推进，农户对

养老方式的选择也发生了变化。如表 7 - 14 所示，2009 ~ 2010 年整体上参加新农保的样本农户依靠子女养老的比重低于没有参加新农保的农户，依靠国家养老的比重高于没有参加新农保的农户。2009 年参加新农保的样本农户中，依靠子女养老的比重比没有参加新农保的农户低 1.09%，依靠国家养老的比重比没有参加新农保的农户高 10.01%。2010 年样本农户中，依靠子女养老的农户比重在 20% 左右，比 2011 年降低了近 15%。由此可见，随着新农保政策的推进，农户依靠子女养老的比重减小。

表 7 - 14　　　　　　是否参加新农保与养老方式的选择　　　　单位：%，个

年份	选择	靠自己	靠子女	靠国家	靠社区	合计
2009	是	49.25	35.18	13.57	2.01	100（199）
	否	59.54	36.27	3.56	0.63	100（477）
2010	是	71.87	21.14	6.62	0.36	100（1 102）
	否	73.01	23.33	3.52	0.14	100（2 190）

注：靠国家包括依靠新农保、退休金、低保等其他政府救助的养老形式。

如上分析，养老方式的变化影响着家庭关系的变化。从表 7 - 15 中可以看出，靠国家养老的农户中，认为亲属关系"渐渐疏远"的比重为 4.35%，认为亲属关系"更加密切"的比重为 3.67%，认为"没有变化"的比重为 4.45%，"渐渐疏远"的比重比"更加密切"的比重高 0.68%。通过卡方检验，$p = 0.011$，小于 0.05 的显著值，所以亲属关系与养老方式显著相关。由此可见，随着新农保的普及，养老逐步社会化，家庭关系有所弱化，以新农保为主体的社会养老方式开始部分替代亲属发挥保障作用。

表 7 - 15　　　　　　2011 年亲属关系与养老方式的交叉表　　　　单位：个，%

宗亲关系	靠自己	靠子女	靠国家	靠社区	其他	合计
更加密切	67.33	26.67	3.67	0.50	1.83	100（600）
渐渐疏远	70.97	24.03	4.35	0.16	0.49	100（620）
没有变化	73.71	21.07	4.45	0	0.77	100（1 552）
说不清	73.03	22.73	3.64	0.30	0.30	100（330）

2. 惠农政策的作用越大，对亲属的依赖性越小

从表 7 - 16 中可以看出，惠农政策作用越大，农户对亲属的依赖性越小。其中，认为惠农政策"作用大"的样本农户中，认为亲属关系"渐渐疏远"的比重为 40.08%，而认为惠农政策"作用小"的样本农户中，持此态度的农户比重

为 19.26%，比认为惠农政策"作用大"的农户比重低 30.82%。同上文分析结论一致，惠农政策作用越大，对亲属的互助作用替代越明显（p = 0.00 < 0.005）。

表 7 - 16　　　　　惠农政策作用与亲属关系变化分组　　　　单位：% , 个

惠农政策作用	亲属关系		
	更加亲密	渐渐疏远	没有变化
作用大	48.72	40.08	38.55
一般	30.17	40.65	43.35
作用小	21.12	19.26	18.10
合计	100（663）	100（706）	100（1 707）

3. 惠农政策越满意，对亲属关系更加疏远

在认为亲属关系"更加亲密"的样本农户中，对惠农政策感到"满意"的比重为 23.17%（见表 7 - 17）。对惠农政策感到"不满意"的比重为 26.92%，比"满意"的农户高 3.75%（p 值小于 0.05）。由此可见，惠农政策的帮扶在一定程度上替代着亲属所提供的帮助。

表 7 - 17　　　　惠农政策满意度与亲属关系更加亲密的交叉表　　　单位：% , 个

	有效样本	比重
满意	279	23.17
一般	153	18.77
不满意	14	26.92

三、社会关系呈现多种变化

社会关系是衡量受惠农户与邻里、与亲戚、与干部的关系，这里以社会关系的主体作为划分依据，主要从邻里关系、干群关系以及与农户与村庄的关系来考察惠农政策对农村社会关系的影响。

（一）邻里关系逐步疏远

邻里关系是社会关系中的重要组成部分，惠农政策尤其是新农村建设导致的集中居住给邻里关系带来了深刻的变化，这里我们重点通过集中居住的情况来考

察惠农政策对邻里关系的影响。

1. 集中居住的农户与邻里交往更少

整体上农户与邻居的交往频率最高，维持在 60% 的水平，但是集中居住与否对农户的交往对象以及交往有影响。从表 7-18 可以看出，在集中居住的样本农户中，经常与邻居打交道的农户比重为 64.19%，没有集中居住的农户经常与邻居打交道的比重为 68.8%，高出集中居住农户比重 4.61。由此可见，新农村建设导致的集中居住一定程度上降低了农民间的交往（$p = 0.001 < 0.05$）。

表 7-18　　　　　　集中居住与交往对象的交叉表　　　　单位：%，个

是否集中居住	打交道			合计
	邻居	朋友	亲戚	
有	64.19	16.31	19.50	100（1 036）
没有	68.80	11.87	19.33	100（2 468）

2. 集中居住的农户对邻居的求助更少

分析集中居住对农民遇到小事选择求助对象的影响。如表 7-19 所示，社区有集中居住的样本农户中，遇到小事首先找邻居帮忙的比重为 52.09%，没有集中居住的样本农户中找邻居帮忙的比重为 57.18%，通过卡方分析，p 值为 0.044，小于 0.05 的显著水平，这说明集中居住的农户更不易找邻居帮忙。

表 7-19　　　　　　集中居住与小事帮忙的交叉表　　　　单位：%，个

是否集中居住	小事帮忙				合计
	邻居	朋友	亲戚	政府	
有	52.09	11.20	36.12	0.58	100（1 027）
没有	57.18	9.37	32.97	0.49	100（2 466）

3. 集中居住对农户人际关系的变化影响不大

从表 7-20 可以看出，集中居住的样本农户中有 3.9% 的样本农户认为人际关系"恶化了"，没有集中居住的样本农户认为人际关系"恶化了"的比重为 4.08%，由此可见，集中居中的农户认为人际关系恶化的比重低于没有集中居住的农户，通过卡方分析，p 值大于 0.05，这说明集中居住导致农户间的交往减少，但是对人际关系的影响不明显。

表7-20　　　　　　集中居住与人际关系的交叉表　　　　单位：%，个

是否集中居住	人际关系				合计
	恶化了	改善了	没有与变化	说不清	
有	3.90	66.06	24.16	5.89	100（1 155）
没有	4.08	65.68	25.77	4.46	100（2 914）

（二）惠农政策冲击着干群关系

1. 对惠农政策越满意，与村干部交往频率越高

村干部作为农民与政府的桥梁，是惠农政策执行的重要主体。从表7-21中可以看出，农户对惠农政策的满意度越高，与村干部的交往频率越高。其中，对惠农政策"满意"的农户中，与村干部交往频率"多"（"经常接触"与"接触较多"二者加总）的比重为45.35%，对惠农政策"不满意"的农户中，与村干部交往频率"多"的比重为34.78%，比对惠农政策"满意"农户的交往频率低10.57%。通过卡方分析，p值为0.063，接近0.05的显著值，这说明农户对惠农政策的满意度一定程度上影响着农户与村干部的交往。

表7-21　　　　惠农政策满意度与村干部交往频率交叉表　　　单位：%，个

惠农政策满意度	与村干部的交往					合计
	经常接触	接触较多	一般	接触较少	基本不接触	
满意	30.87	14.48	17.76	24.70	12.19	100（1 830）
一般	21.37	12.21	24.43	32.06	9.92	100（131）
不满意	23.91	10.87	18.48	29.35	17.39	100（93）

2. 对惠农政策的享受率越高，农户对村干部的评价越高

从表7-22中可以看出，惠农政策的享受度越高，农户认为村干部办事"越公正"。其中，享受到全部惠农政策的样本农户中，认为村干部办事"公正"的比重为43.57%，享受到大部分惠农政策的样本农户中，认为村干部"公正"的比重为30.51%，部分、小部分享受到惠农政策样本农户中，认为村干部办事"公正"的比重分别为19.8%、17.35%。

表7-22　　　　惠农政策的享受度与村干部公正评价交叉表　　　单位：%，个

惠农政策的享受情况	村干部处事公正				合计
	公正	不公正	差不多	不清楚	
全部	43.57	10.94	39.73	5.76	100（521）
大部分	30.51	13.14	50.61	5.74	100（1 393）

续表

惠农政策的享受情况	村干部处事公正				合计
	公正	不公正	差不多	不清楚	
一部分	19.80	21.70	50.54	7.96	100（1 106）
小部分	17.35	23.86	46.42	12.36	100（461）
不好说	9.26	22.22	46.30	22.22	100（108）

3. 惠农政策越满意，与基层干部的交往越频繁

惠农政策的出台实施影响着农户与基层干部之间的关系。从表 7 - 23 中可以看出，农户对惠农政策的满意度越高，与乡镇干部接触的频率越高。在 2 046 个有效样本农户中，对惠农政策"满意"的农户中，与乡镇干部"经常接触"、"接触较多"的比重分别为 9.06%、7.74%，二者合计 16.8%；对惠农政策不满意的农户中，与乡镇干部"经常接触"、"接触较多"的比重分别为 5.38%、4.3%，二者合计 9.68%。由此可见，对惠农政策"满意"的农户与"乡镇干部"接触的频率比对惠农政策"不满意"的农户高 7.12%。通过卡方分析，$p = 0.025 < 0.05$，这说明农户对惠农政策的满意程度对农户与乡镇干部的交往产生显著影响。

表 7 - 23　　　　　惠农政策满意度与乡镇干部交往频率交叉表　　单位：%，个

惠农政策满意度	与乡镇干部的交往					合计
	经常接触	接触较多	一般	接触较少	基本不接触	
满意	9.06	7.74	7.68	23.16	52.36	100（1 822）
一般	2.29	6.87	11.45	19.08	60.31	100（131）
不满意	5.38	4.30	4.30	21.51	64.52	100（93）

4. 惠农政策享受率越高，对基层干部的满意度越高

将主要的惠农政策分为综合发展类、社会保障类、生活发展类、生产发展类，从表 7 - 24 中可以看出，农户对惠农政策的享受率越高，对县乡干部越满意。整体上说，不管何种类别的惠农政策，享受惠农政策的农户对乡镇干部的满意度高于没有享受惠农政策的农户（通过卡方检验，p 值均小于 0.05（粮食直补政策除外））。其中，社会保障类的差异最为明显。如表 7 - 24 所示，享受新农保的样本农户中，对乡镇干部的满意度为 47.46%，享受新农合、低保的样本农户中，对乡镇干部的满意度分别为 44.22%、54.27%，而没有享受新农保、新农合、低保的样本农户对乡镇干部的满意度分别为 41.99%、37.57%、

41.41%，分别比享受各项政策农户的满意度低 5.45%、6.65%、12.86%。这说明，相比其他类型的惠农政策，社会保障这类民生政策最影响农户对县乡干部的评价。

表7-24　　　　　不同类型惠农政策享受情况与对县乡干部
满意度的交叉表　　　　　单位：%，个

政策类型		享受情况	满意	一般	不满意	合计
综合发展	社区建设	享受过	50.46	35.27	14.27	100 (757)
		没享受过	41.31	39.85	18.84	100 (3 270)
	路网建设	享受过	45.83	37.21	16.96	100 (2 424)
		没享受过	41.11	40.65	18.24	100 (1 732)
社会保障	新农保	享受过	47.46	38.84	13.70	100 (1 380)
		没享受过	41.99	38.58	19.42	100 (2 991)
	新农合	享受过	44.22	38.56	17.22	100 (4 227)
		没享受过	37.57	42.94	19.49	100 (354)
	低保	享受过	54.27	32.28	13.45	100 (632)
		没享受过	41.41	39.90	18.70	100 (3 642)
生活发展	家电下乡	享受过	46.23	37.48	16.30	100 (1 166)
		没享受过	41.90	39.49	18.60	100 (3 150)
	小额信贷	享受过	48.09	33.43	18.48	100 (341)
		没享受过	42.75	39.42	17.83	100 (3 808)
生产发展	粮食直补	享受过	44.16	38.86	16.97	100 (4 130)
		没享受过	42.39	38.48	19.14	100 (486)
	农业保险	享受过	49.47	35.07	15.47	100 (750)
		没享受过	41.48	39.68	18.85	100 (3 385)

（三）惠农政策影响着农户与村委会的关系

1. 惠农政策落实得越好，农户与村委会的关系越密切

从表7-25中可以看出，惠农政策落实得越好，农户与村委会的关系越密切，惠农政策落实得越差，农户与村委会的关系越疏远。其中，认为惠农政策落实得"很好"、"比较好"的样本农户，感到与村委会关系"更加亲密"的比重分别为22.5%、17.98%，认为惠农政策落实得"不太好"、"很不好"的农户中，认为与村委会关系"更加亲密"的比重分别为15.43%、13.04%，分别比

"很好"、"比较好"的农户比重低7.07%、4.94%。通过卡方分析，p值小于0.05，这进一步说明，惠农政策的落实情况对农户与村委会的关系变化产生重要影响。惠农政策落实得好，可能会增进农民与村庄的联系，相反，若是落实得不好，就容易恶化农民与村庄的关系。

表7-25　　　惠农政策的落实情况与村委会关系的交叉表　　单位：%，个

| 惠农政策的 | 与村委会关系 | | | 合计 |
落实情况	更加亲密	更加疏远	没有影响	
很好	22.50	1.39	76.11	100（360）
比较好	17.98	4.33	77.69	100（1 246）
一般	10.56	6.66	82.78	100（691）
不太好	15.43	11.73	72.84	100（162）
很不好	13.04	17.39	69.57	100（23）

2. 惠农政策作用越大，农户与村委会的关系越密切

从表7-26中可以看出，惠农政策作用越大，农户与村委会的关系越密切。其中，感到惠农政策"作用大"的样本农户中，与村委会关系"更加密切"的比重为20.24%，而认为惠农政策"作用小"的样本农户中，与村委会关系"更加密切"的比重为14.68%。通过卡方分析，显著值小于0.05，这说明惠农政策的作用对农户与村委会的关系变化产生显著影响，在与村委会关系"更加密切"的农户中，感到惠农政策"作用大"的比重比"作用小"的高5.56%。

表7-26　　　惠农政策作用与村委会关系变化的交叉表　　单位：%，个

| 惠农政策 | 与村委会关系 | | | 合计 |
作用	更加亲密	渐渐疏远	没有变化	
作用大	20.24	5.26	74.50	100（1 008）
一般	13.28	4.30	82.42	100（1 024）
作用小	14.68	5.96	79.36	100（470）

3. 对惠农政策越不满意，与村委会的关系越疏远

整体来说，对惠农政策越不满意，农户与村委会的关系越疏远。如表7-27所示，认为与村委会关系"更加疏远"的样本农户中，对惠农政策感到"满意"、"一般"、"不满意"的比重分别为4.06%、7.35%、10%。通过卡方分析，p值为0.001，小于0.05的显著值，这进一步说明，惠农政策影响农户与村

委会的关系。

表7-27　　　　**惠农政策满意度与村委会关系变化的交叉表**　　单位：%，个

惠农政策满意度	与村委会关系			合计
	更加亲密	更加疏远	没有影响	
满意	18.02	4.06	77.92	100（1 010）
一般	13.79	7.35	78.86	100（667）
不满意	27.50	10.00	62.50	100（40）

4. 惠农政策享受得越好，与村委会的关系越密切

从表7-28中可以看出，惠农政策的享受度越高，农户与村委会的关系越亲密。与村委会关系"更加密切"的样本农户中，享受到"全部"惠农政策的农户比重为19.94%，享受到"大部分"、"一部分"的比重分别为16.9%、15.13%，享受到"小部分"惠农政策的农户认为与村委会关系"更加亲密"的比重最小，为14.71%。通过卡方检验，发现惠农政策的享受程度对农户与村委会的关系产生显著影响，享受到"全部"惠农政策的农户认为与村委会关系"更加密切"的比重比享受到"小部分"惠农政策的农户高5.23%。

表7-28　　　　**惠农政策的享受与村委会关系变化交叉表**　　单位：%，个

惠农政策的享受情况	与村委会关系分组			合计
	更加亲密	更加疏远	没有影响	
全部	19.94	1.49	78.57	100（336）
大部分	16.90	4.78	78.32	100（1 047）
一部分	15.13	5.90	78.97	100（780）
小部分	14.71	8.70	76.59	100（299）

四、社会结构开始重构

社会结构是指一个国家或地区占有一定资源、机会的社会成员的社会结构组成方式及其关系格局，随着惠农政策的深入拓展，农民的社会结构也慢慢被惠农政策塑形，这里我们通过家庭结构、社会组织结构、社会阶层结构等若干重要子结构来分析惠农政策对农村社会结构的影响。

（一）家庭结构呈现原子化

家庭是社会的细胞，随着城镇化的发展，农村家庭结构也受到了影响。那么，在这个过程中，惠农政策究竟起了什么样的作用呢？为此，我们通过家庭规模、家庭类型重点研究惠农政策的影响。

1. 惠农政策的保障性有利于家庭规模小型化

随着惠农政策的不断深化，城乡二元结构开始溶解，农民的家庭结构也随之发生了重要变化，首先表现在家庭规模的小型化。从 2009 年开始，样本农户平均每户的家庭人口规模维持在 4.2 人左右，并呈逐年下降趋势。分析不同惠农政策对家庭人口规模的影响，发现家庭人口规模不同，对惠农政策的需求不同。通过对各个政策的分析，我们发现只有小额信贷和农村最低生活保障政策对样本农户的家庭人口规模产生影响。从表 7 - 29 可以看出，享受过小额信贷的农户每户家庭人口规模为 4.5 人，没享受过的农户家庭人口规模为 4.18 人；而享受低保的样本农户每户家庭平均有 3.79 人，没有享受的平均有 4.27 人。通过卡方检验，这二者之间的差异显著。由此说明，惠农政策在农户家庭规模的变迁中起着部分保障作用，一方面对于人口规模相对较小的家庭，保障性政策保障了小规模家庭的生活，替代大家庭实现保障互助功能；另一方面，对于人口规模相对较大的家庭则通过生活发展类惠农政策维持基本生活水平。

表 7 - 29　　　　　**不同惠农政策与农户家规模的交叉表**　　　　单位：人

享受情况	小额信贷	有效样本	低保	有效样本
享受过	4.50	347	3.79	635
没享受过	4.18	3 842	4.27	3 682
总计	4.21	4 189	4.20	4 317

2. 惠农政策对空巢家庭的影响最大

整体上 2009~2011 年，家庭类型日益多样化且日益原子化。从表 7 - 30 可以看出，2009~2011 年，扩大家庭的比重越来越小，空巢家庭的比重越来越大。扩大家庭比重由 2009 年的 9.47% 降到 2011 年的 7.86%，而空巢家庭比重则从 2009 年的 10.27% 增长到 2011 年的 13.26%。家庭类型的变化对惠农政策的效应提出了新的要求。

从表 7 - 31 可以看出，不同家庭类型对惠农政策的享受度有差异（p = 0.00 < 0.05），其中空巢家庭农户的享受度最高。在享受"全部"惠农政策的样本农户中，核心家庭的比重为 13.25%，空巢家庭的比重为 17.91%，扩大家庭、主干

家庭的比重分别为10%和16.03%。由此可见，空巢家庭的享受度最高，这说明惠农政策对小规模的空巢家庭具有较强的保障作用。

表7-30   历年农户家庭类型变迁   单位：%

年份	家庭类型				合计
	核心家庭	空巢家庭	扩大家庭	主干家庭	
2009	50.68	10.27	9.47	29.58	100（3 465）
2010	53.14	10.90	8.11	27.85	100（4 377）
2011	47.25	13.26	7.86	31.27	100（3 473）

表7-31   不同家庭类型与惠农政策的享受交叉表   单位：%，个

家庭类型	享受到惠农政策					合计
	全部	大部分	一部分	小部分	不好说	
核心家庭	13.25	37.34	33.03	12.69	3.70	100（1 623）
空巢家庭	17.91	42.43	25.59	13.01	1.07	100（469）
扩大家庭	10.00	46.67	29.63	11.48	2.22	100（270）
主干家庭	16.03	38.61	29.24	13.21	2.91	100（1 067）

分析不同家庭类型与惠农政策的作用发现，空巢家庭的样本农户认为惠农政策作用最大，比重为47.94%，核心家庭的次之，为47.94%，扩大家庭、主干家庭的样本农户认为惠农政策作用"大"的比重分别为37.92%、37.94%。通过卡方检验，p值小于0.05的显著水平。这再一次说明，惠农对空巢家庭的保障作用最强。这为农户家庭规模小型化、原子化提供了坚实保障。

表7-32   不同家庭类型与惠农政策作用交叉表   单位：%

家庭类型	惠农政策作用			合计
	作用大	一般	作用小	
核心家庭	39.78	39.84	20.39	100（1 604）
空巢家庭	47.94	40.78	11.28	100（461）
扩大家庭	37.92	43.87	18.22	100（269）
主干家庭	37.94	41.94	20.11	100（1 049）

（二）惠农政策影响着社会组织的生存空间

1. 惠农政策的惠及度越高，农民加入合作社的比重越大

合作社作为农村中最重要的社会组织在农民的生产生活中起着互助的功能，当下的惠农政策究竟对农民参与合作社的情况是否产生影响呢？从表 7-33 可以看出，惠农政策的享受度越高，加入合作社的比重越大。享受"全部"惠农政策的样本农户加入合作社或互助社的比重最高，为 30.73%，享受"大部分"、"一部分"、"小部分"惠农政策的样本农户加入合作社的比重分别为 24.74%、25%、15.58%。通过卡方检验，p 值小于 0.05 的显著水平，这说明惠农政策对农民是否加入合作社有显著影响，惠农政策的惠及度越高，越有利于农民加入合作社。

表 7-33　　　　　　　　**惠农政策享受与加入合作社交叉表**　　　　　单位：%，个

惠农政策的享受	加入合作社		合计
	加入	没加入	
全部	30.73	69.27	100（192）
大部分	24.74	75.26	100（481）
一部分	25.00	75.00	100（380）
小部分	15.58	84.42	100（154）

在整体分析惠农政策与农民加入合作社的关系后，接着就对农民是否加入合作社产生显著影响的小额信贷和农机补贴政策进行分析。从表 7-34 中可以看出，享受过小额信贷的样本农户中，有 15.17% 的参加互助社，而没有享受小额信贷的样本农户，参加互助社的比重比享受的农户低 4.6%；参加过农机补贴的样本农户中有 17.41% 的参加了合作互助社，比没有享受农机补贴的农户高 6.73%（p 小额补贴 =0.013，p 农机补贴 =0.02）。

表 7-34　　　　　　**小额信贷的享受度与加入互助社的交叉表**　　　　单位：%，个

享受度		参加合作社互助社		合计
		没参加	参加了	
小额信贷	享受过	84.83	15.17	100（290）
	没享受过	89.43	10.57	100（3 141）
农机补贴	享受过	82.59	17.41	100（224）
	没享受过	89.32	10.68	100（3 202）

从政策属性而言，小额信贷、农机补贴旨在为农民提供生活和生产上的帮助，具有合作社或互助社的功能，当前合作社或互助社在农村的普及率不高，应有的互助功能也没有得到发挥，这些惠农政策的出台填补了组织缺失的空白。同时，惠农政策能够与合作社产生"叠加效应"，社员能够在合作社的庇护下享受完整的惠农补贴，维护自己的权益，而受益社员反过来又可以发挥带动示范作用，调动未参社农户的参与积极性。

2. 惠农政策享受度越高，农民参与组织需求越大

上文分析了惠农政策对农民参与现状的影响，现在分析惠农政策对农民参与需求的影响。如表 7 – 35 所示，享受"全部"惠农政策的样本农户中，想加入合作社的比重最高，为 60.76%，享受"大部分"、"一部分"惠农政策的样本农户中，想加入合作社的比重分别为 56.05% 和 57.86%，享受"小部分"惠农政策农户想加入合作社的比重最小，为 47.25%，比享受"全部"惠农政策的农户比重低 13.51%。由此可见，惠农政策的享受度越高，想加入合作社的农户比重越高，农民对合作社的需求越大。这证明惠农政策的实施一定程度上有利于农民组织化程度的提高（p < 0.05）。

表 7 – 35　　　　**惠农政策的享受度与农民参与需求的交叉表**　　　单位：%，个

惠农政策的享受	是否想加入合作社			合计
	想	不想	看情况	
全部	60.76	13.15	26.10	100（502）
大部分	56.05	11.81	32.13	100（1 363）
一部分	57.86	13.12	29.02	100（1 082）
小部分	47.25	23.52	29.23	100（455）

（三）社会阶层结构趋于稳定

1. 高低收入农户比率下降，中等收入农户比率上升

我们从收入阶层这一重要指标衡量样本农户的阶层结构。如表 7 – 36 所示，2008 ~ 2011 年，最低收入组的农户比率分别为 20.56%、20.83%、22.85% 和 21.73%，中低收入组的农户比率分别为 19.48%、21.27%、19.58% 和 18.37%，中等收入组的农户比率分别为 20.53%、18.20%、17.57%、19.84%，中高收入组和高收入组的农户比率均有增长，中高收入组的农户比率分别为 19.44%、19.82%、20.14% 和 20.03%，高收入组的农户比率分别为 19.99%、19.88%、19.86%、20.03%，增长率分别为 0.59% 和 0.04%。由此可见，从 2010 年开始，低收入户比率和中高收入户比率呈小幅度下降，中等收入户比率

呈小幅度增长。

表 7 - 36 　　　　历年农户收入累积总和五等分组各组农户比率 　　　单位：%

家庭收入 五等分组	2008 年	2009 年	2010 年	2011 年
最低收入组	20.56	20.83	22.85	21.73
中低收入组	19.48	21.27	19.58	18.37
中等收入组	20.53	18.20	17.57	19.84
中高收入组	19.44	19.82	20.14	20.03
最高收入组	19.99	19.88	19.86	20.03
合计	100（2 947）	100（3 456）	100（4 617）	100（3 489）

2. 中等收入户农业补贴涨幅最大

分析惠农补贴对农民收入的影响，从表 7 - 37 可以看出，2008～2011 年，中等收入组的样本农户的农业补贴年平均增长率最高，为 9.69%，中高收入的次之，为 5.47%，最低收入组农户的农业补贴增长率最低，为 1.3%，由此可见，中等收入组农户农业补贴的涨幅最大，这说明农业补贴对中等收入组农户的作用相对明显，促使农村的收入阶层更加稳定。

表 7 - 37 　　　　　　　不同收入组农业补贴均值 　　　　　单位：元，%

不同收入组	2008 年	2009 年	2010 年	2011 年	年平均增长率
最低收入组	397.20	355.95	307.76	412.86	1.30
中低收入组	464.03	558.75	455.72	506.12	2.94
中等收入组	459.30	485.94	435.26	527.63	9.69
中高收入组	474.75	472.34	593.74	556.93	5.47
最高收入组	647.27	652.21	592.22	684.35	3.79
合计	487.48（2 559）	504.68（3 015）	472.93（4 223）	535.30（3 206）	3.17

五、社会流动增强

惠农政策的实施不仅改变了农村的社会结构，也影响着农民的社会流动，我们从农民的外出务工与回流两个方面具体分析惠农政策对农民流动的影响。

（一）惠农政策促进农户的城乡流动

1. 新型农村建设专项支出的农村，农民回流人数更多

在 259 个样本村庄中，2011 年有新农村建设专项支出的村庄中，长年外出务工（连续外出 6 个月以上）人数均值为 335.47 人，回流人数均值为 166.21 人，没有专项支出的村庄中长年外出务工的人数均值为 348.84 人，回流人数均值为 79.97 人（见表 7 - 38）。由此可见，有新农村建设专项支出的村庄中，农户长年外出的概率降低，同时新农村建设也吸引着农民部分回流，有新农村建设专项支出的村庄中回流的人数明显多于没有专项支出的村庄。

表 7 - 38　　　　　　　　惠农政策对农民外出影响　　　　　单位：人，个

新农村专项支出	农民流动	
	长年务工人数	回流人数
有	335.47	166.21
无	348.84	79.97
总和	344.41（181）	109.05（172）

2. 新农村社区建设的村庄，农民回流人数更多

从表 7 - 39 可以看出，新农村社区建设规划对农民流动也产生影响。有新农村建设规划的村庄，2011 年长年务工人数平均为 314.22 人，回流人数平均为 115.2 人，没有新农村建设规划的村庄中长年务工人数平均为 453.2 人，回流人数平均为 95.12 人。由此可见，有新农村建设规划样本村庄中，长年外出务工人数少于没有新农村社区建设规划的村庄，回流人数多于没有建设规划的村庄。这说明新农村社区建设规划一定程度上有利于农民从城市向农村回移。

表 7 - 39　　　　　　　　惠农政策对农民回流的影响　　　　　单位：人，个

有无新农村社区建设	农民流动	
	长年务工人数	回流人数
有	314.22	115.20
无	453.20	95.12
总和	354.52（238）	109.38（221）

3. 高农业补贴促进农民回流

分析农业补贴对农民流动的影响，如表 7 - 40 所示，农业补贴总额在平均水

平以下的样本村庄中，农民流动较小，2011 年长年外出务工的人数均值为 297 人，回流人数均值为 82.7 人，而农业补贴总额在平均水平以上的样本村庄中，农民流动较多，长年外出务工人数和回流人数分别比低于平均补贴水平的样本村庄高 145.52 人和 50.99 人。由此可见，高农业补贴一定程度上促进农民流动。

表 7 - 40　　　　　农业补贴与农民流动的交叉表　　　　单位：人，个

农业补贴	农民流动	
	长年务工人数	回流人数
均值以下	297.02	82.70
均值以上	442.54	143.69
总和	341.61（186）	101.31（177）

（二）惠农政策为农户向上流动创造机会

1. 惠农政策享受度越高，农民向上流动的可能性越大

垂直流动是指农民能否有向上的渠道改变自己的生活现状，从表 7 - 41 可知，惠农政策的享受度越高，认为能够凭借自己的努力改变现状的比重越大，其中享受"全部"惠农政策的样本农户中认为能够凭借努力改变现状的比重为 72.12%，享受"大部分"、"一部分"、"小部分"惠农政策的农户持此态度的比重分别为 73.33%、64.01%、64.04%。通过卡方分析，认为能凭借努力改变现状的农户中，享受"全部"惠农政策的农户比享受"小部分"惠农政策的农户比重高 8.08%。由此可见，惠农政策的享受度对农民向上流动有部分影响。

表 7 - 41　　　　惠农政策享受度与农户能够改变现状交叉表　　　单位：%，个

惠农政策享受情况	能否改变现状			合计
	能	一般	不能	
全部	72.12	14.23	13.65	100（520）
大部分	73.33	16.53	10.14	100（1 391）
一部分	64.01	23.03	12.96	100（1 103）
小部分	64.04	17.32	18.64	100（456）

2. 教育优惠政策力度越大，农民向上流动的机会越大

将样本农户的学费与学杂费总和作为农户教育开支，通过考察教育开支压力对改变农户现状的影响来分析惠农政策对农户垂直流动的影响。从表 7 - 42 可以看出，教育花费（教育开支占家庭收入的比重）最低组的样本农户中，认为凭

借自己努力能够改变现状的比重为 73.66%，最高组样本农户中认为能够改变自己现状的比重为 65.27%，可以看出，教育花费压力越大，认为能够改变自己现状的农户比重越小。从表 7-43 也可以看出，认为能改变自家现状的农户中，教育支出占家庭收入的比重为 12.8%，认为不能改变现状的农户中，教育支出占家庭收入的比重为 22.36%。这说明国家对农民的"两免一补"优惠政策对农民的教育花费压力有显著影响，而教育花费压力的大小又对农户的向上流动产生重要影响。所以"两免一补"政策的"减压"效果越好，农户在一定程度上感到向上的机会越多。

表 7-42　　　　　教育花费与农户能否改变现状交叉表　　　　单位：%，个

教育花费	能否改变现状			合计
	能	一般	不能	
最低组	73.66	17.70	8.64	100 (243)
中低组	71.20	16.00	12.80	100 (250)
中等组	71.91	18.72	9.36	100 (235)
中高组	74.69	17.84	7.47	100 (241)
最高组	65.27	19.25	15.48	100 (239)

表 7-43　　　　　能够改变现状下农户的教育花费压力　　　　单位：%，个

能否改变命运	教育支出占家庭收入比重	有效样本
能	12.8	864
一般	13.05	216
不能	22.36	131
总计	13.88	1 211

六、惠农政策影响着农户的社会心态

社会心态是衡量受惠农户对社会公平、社会信任、社会地位、社会交往的感受，主要从微观的角度分析受访农户的社会心理。

（一）社会公平

1. 惠农政策的享受度越高，认为社会分配越公平

从表 7-44 中可以看出，惠农政策的享受情况影响农户对分配公平的感知。

其中享受过社区建设的样本农户认为社会分配"公平"的比重比没有享受社区建设的农户高 5.42%，享受过路网建设的样本农户认为分配"公平"的比重比没有享受路网建设的农户比重高 5.89%，而持此态度的样本农户中，享受新农保、家电下乡、小额信贷的农户比重分别比没有享受的高 10.39%、3.78%、5.49%，这说明惠农政策享受情况越好，农户认为社会分配越公平。通过卡方分析，除了新农合外，惠农政策的享受情况对农户对分配公平的感知有显著影响。从表 7-45 中可以进一步看出，在以下政策中，新农合的享受率最高，所以卡方值大于 0.05，也就是说惠农政策的享受率越高，越容易消除这种差别。

表 7-44　　　　　　　　惠农政策享受情况与社会公平　　　　单位：%，个

惠农政策享受情况		公平	一般	不公平	合计
综合发展类	社区建设 享受过	42.93	27.87	29.19	100（757）
	社区建设 没享受过	37.51	30.62	31.87	100（3 266）
	路网建设 享受过	41.41	29.89	28.70	100（2 432）
	路网建设 没享受过	35.52	30.94	33.55	100（1 726）
社会保障类	新农保 享受过	45.94	27.61	26.45	100（1 380）
	新农保 没享受过	35.55	31.20	33.24	100（2 987）
	新农合 享受过	39.13	30.54	30.33	100（4 224）
	新农合 没享受过	37.29	29.10	33.62	100（354）
生活发展类	家电下乡 享受过	41.49	30.50	28.01	100（1 164）
	家电下乡 没享受过	37.71	30.07	32.22	100（3 153）
	小额信贷 享受过	43.40	30.79	25.81	100（341）
	小额信贷 没享受过	37.91	30.23	31.86	100（3 804）

表 7-45　　　　　　　2010 年不同类型惠农政策的享受率　　　　单位：%，个

惠农政策		享受率	显著值（p 值）	有效样本
综合发展类	社区建设	18.71	0.022	4 072
	路网建设	58.34	0.00	4 208
社会保障类	新农保	92.26	0.00	4 638
	新农合	31.70	0.435	4 423
生活发展类	家电下乡	26.80	0.018	4 370
	小额信贷	8.27	0.046	4 196

2. 惠农政策落实越好，认为社会分配越公平

从表 7-46 中可以看出，惠农政策落实得越好，农户认为社会分配越公平。其中，认为社会分配公平的样本农户中，认为惠农政策落实得"好"、"一般"、"不好"的比重分别为 45.79%、28.69% 和 26.9%。通过卡方分析，p = 0.00 < 0.05，这说明，惠农政策的落实情况一定程度上影响农户对社会分配公平的感知。

表 7-46　　　　惠农政策的落实情况与分配公平的交叉表　　　单位：%，个

惠农政策落实情况	分配公平分组			合计
	公平	一般	不公平	
好	45.79	28.12	26.09	100 (3 005)
一般	28.69	37.26	34.05	100 (1 213)
不好	26.90	27.33	45.77	100 (461)

3. 对惠农政策的满意度越高，认为社会分配越公平

分析农户对惠农政策的满意度对社会分配公平感知的影响。从表 7-47 中可以看出，认为社会分配公平的样本农户中，对惠农政策"满意"的比重为 42.65%，对惠农政策"不满意"的比重为 19.35%，低于"满意"农户 23.3%。由此可见，对惠农政策越满意，农户认为社会分配越公平。

表 7-47　　　　惠农政策满意度与社会分配公平的交叉表　　　单位：%，个

惠农政策满意度	分配公平分组			合计
	公平	一般	不公平	
好	42.65	28.71	28.64	100 (3 925)
一般	23.97	41.68	34.35	100 (655)
不好	19.35	21.77	58.87	100 (124)

（二）社会信任

社会信任是衡量受惠农户对社会问题的解决有没有信心，这里集中表现为是否担心自己的养老、医疗问题。

1. 参加新农保的农户对养老问题的担忧较少

这里通过分析农户对未来养老问题的担忧来分析农户的社会信任度。通过表 7-48 可以看出，参加新农保的样本农户中，对自己的养老问题"担心"的比重为 19.28%，没有参加新农保的农户对养老问题"担心"的比重为 26.75%，高

出参保农户 5.47%。通过卡方分析也再一次证明，惠农政策的参与情况尤其是新农保的参与一定程度上对解除农户隐患、增加社会信任有重要影响（p = 0.00 < 0.05）。

表7－48　　　　　　　　新农保的参与情况与农户对养老问题
担忧的交叉表

单位：%，个

新农保的参与情况	是否担心养老分组			合计
	担心	一般	不担心	
是	19.28	11.36	69.36	100（1 338）
否	26.75	15.53	57.73	100（2 647）

从表7－49可以看出，新农保的享受情况也部分影响着农户对养老问题的担忧。享受新农保的样本农户中，对养老问题担忧的比重为 19.36%，没有享受新农保的农户对养老问题担忧的比重为 28.17%。通过卡方分析可知，享受新农保的农户对养老问题的担忧度低于没有享受新农保的农户（p = 0.00 < 0.05）。

表7－49　　　新农保享受情况与农户对养老问题担忧的交叉表　单位：%，个

新农保享受	是否担心养老分组			合计
	担心	一般	不担心	
享受过	19.36	13.01	67.63	100（1 384）
没享受过	28.17	14.70	57.13	100.0（2 993）

2. 参加新农合的农户对"看病贵"的担忧较少

从表7－50可以看出，参与新农合的样本农户担心"看病贵"的比重为 29.87%，没有参与新农合的样本农户担心"看病贵"的比重为 33.09%，比参与新农合的农户比重高 3.22%。新农合的覆盖对减缓农户对看病的担忧有一定作用。

表7－50　　　新农合参与情况与农户对"看病贵"担忧的交叉表　单位：%，个

新农合参与情况	担心"看病贵"分组			合计
	担心	一般	不担心	
是	29.87	14.24	55.90	100（4 537）
否	33.09	18.38	48.53	100（136）

（三）社会地位

1. 惠农政策的享受度越高，农民认为自己的地位越高

分析惠农政策的享受情况与农民对社会地位的评价，从表 7 - 51 中可以看出，认为作为一个农民"挺好"的样本农户中，享受"全部"惠农政策比重为76.98%，享受"大部分"、"一部分"的农户比重分别为 62.42%、56.86%，享受"小部分"惠农政策的比重最低，为 51.98%。享受"全部"惠农政策的农户认为当农民"挺好"的比重比享受"小部分"惠农政策的农户比重高 25%。通过卡方检验，发现这种差距比较明显，这说明惠农政策的享受率越高，农户对自己的地位评价越高（p 社区建设 = 0.001，p 路网建设 = 0.00，p 家电下乡 = 0.011，p 新农合 = 0.015，p 新农保 = 0.000）。

表 7 - 51　　　　　　惠农政策享受情况与农民社会地位交叉表

惠农政策 享受情况	作为农民好不好			合计
	好	不好	不清楚	
全部	76.98	20.12	2.90	100 (517)
大部分	62.42	31.03	6.55	100 (1 389)
一部分	56.86	35.06	8.08	100 (1 101)
小部分	51.98	38.55	9.47	100 (454)

在整体分析惠农政策的享受情况对农民对社会地位的评价后，再分析不同类别惠农政策对农户对社会评价的影响。从表 7 - 52 中可以看出，不管是哪种类别的惠农政策，享受过惠农政策的样本农户认为农民社会地位"高"的比重均高于没有享受的农户。其中，认为农民社会地位"高"的样本农户中，享受社会保障类惠农政策的样本农户与没有享受的农户差距最大。其中，享受新农保农户认为农民社会地位"高"的比重比没有享受的农户高 10.73%，与此相应，享受新农合的农户比重高出没有享受农户 7.72%。

表 7 - 52　　　　不同类别惠农政策与农民社会地位的交叉表　　单位：%，个

惠农政策类别			农民的社会地位			合计
			高	一般	低	
综合 发展类	社区建设	享受过	40.53	33.55	25.92	100 (760)
		没享受过	33.47	37.87	28.66	100 (3 269)

惠农政策类别			农民的社会地位			合计
			高	一般	低	
综合发展类	路网建设	享受过	39.74	35.79	24.48	100 (2 431)
		没享受过	30.77	38.69	30.54	100 (1 729)
社会保障类	新农保	享受过	43.27	33.72	23.01	100 (1 382)
		没享受过	32.54	37.63	29.83	100 (2 990)
	新农合	享受过	37.47	36.00	26.52	100 (4 230)
		没享受过	29.75	40.79	29.46	100 (353)
生活发展类	家电下乡	享受过	39.25	35.30	25.45	100 (1 167)
		没享受过	34.37	37.44	28.19	100 (3 157)
	小额信贷	享受过	43.57	35.09	21.35	100 (342)
		没享受过	34.19	37.37	28.44	100 (3 808)

2. 惠农政策落实得越好，农民认为自己的社会地位越高

惠农政策的落实情况也对农民对社会地位的评价产生明显影响。如表 7 - 53 所示，认为农民社会地位"高"的样本农户中，感到惠农政策落实得"好"的比重为 43.22%，感到惠农政策落实的"一般"、"不好"的农户比重分别为 26.24%、23.87%。通过卡方分析可知，认为惠农政策落实的"好"的农户感到农民社会地位"高"的农户比重明显高于认为惠农政策落实得"不好"的农户，差距为 19.35%（$p = 0.00 < 0.05$）。

表 7 - 53　　　　惠农政策的落实与农民社会地位的交叉表　　　单位：%，个

惠农政策落实	农民社会地位			合计
	高	一般	低	
好	43.22	35.68	21.10	100 (3 010)
一般	26.24	40.98	32.78	100 (1 208)
不好	23.87	28.17	47.96	100 (465)

3. 对惠农政策越满意，农民对自己的社会地位评价越高

从表 7 - 54 中可以看出，随着满意度从高到低，样本农户对农民社会地位的评价也由高降低。其中，认为农民社会地位"高"的样本农户中，感到惠农政策"满意"的比重为 40.11%，感到惠农政策"一般"、"不满意"的比重分别为 20.46%、18.4%。通过卡方分析，p 值小于 0.05 的显著值，这说明，农户对

惠农政策越满意，对农民的社会地位评价越高。

表 7 - 54　　　　　农户满意度与农民社会地位的交叉表　　单位：%，个

惠农政策满意度	农民社会地位			合计
	高	一般	低	
满意	40. 11	34. 82	25. 08	100（3 932）
一般	20. 46	48. 31	31. 23	100（650）
不满意	18. 40	24. 80	56. 80	100（125）

（四）社会分化

1. 保障类政策的覆盖率越高，农民感到社会贫富差距越小

从表 7 - 55 中可以看出，惠农政策享受与否影响农户对社会贫富差距的感知。通过卡方分析发现，综合发展类、生活发展类惠农政策的享受情况对农民对社会贫富差距的感知没有显著影响（p 社区建设 = 0.852，p 路网建设 = 0.151，p 家电下乡 = 0.432）。只有社会保障类惠农政策的享受情况才对农户对社会贫富差距的感知产生影响（p 新农保 = 0.00，p 新农合 = 0.049）。其中，享受新农保的样本农户认为社会贫富差距"大"的比重为 65.41%，比没有享受新农保的农户比重低 4.62%，而享受新农合的样本农户中认为社会贫富差距"大"的农户比重高于没有享受过的农户，这可能与新农合在各地的报销比例差异有关。

表 7 - 55　　　　不同类别惠农政策与社会贫富差距交叉表　　单位：%，个

惠农政策类别			社会贫富			合计
			大	一般	小	
综合发展类	社区建设	享受过	69. 93	18. 94	11. 13	100（755）
		没享受过	68. 94	19. 78	11. 28	100（3 271）
	路网建设	享受过	68. 81	19. 08	12. 11	100（2 427）
		没享受过	67. 55	21. 36	11. 09	100（1 732）
社会保障类	新农保	享受过	65. 41	19. 54	15. 05	100（1 382）
		没享受过	70. 03	19. 70	10. 27	100（2 990）
	新农合	享受过	68. 46	19. 27	12. 27	100（4 229）
		没享受过	65. 07	24. 51	10. 42	100（355）

惠农政策类别			社会贫富			合计
			大	一般	小	
生活 发展类	家电下乡	享受过	67.99	19.88	12.13	100（1 162）
		没享受过	69.84	19.21	10.95	100（3 160）
	小额信贷	享受过	65.67	26.27	8.06	100（335）
		没享受过	69.69	19.11	11.20	100（3 814）

2. 农业补贴越高，农民感到社会贫富差距越小

考察不同农业补贴下，样本农户对社会贫富差距的感知。从表 7 - 56 中可以看出，最低农业补贴组的样本农户认为社会贫富差距"大"的比重最小，为 62.42%，最高补贴组的农户次之，比重为 68.56%，中等补贴组的农户认为社会贫富差距"大"的比重最大，为 71.29%。这说明，农业补贴使得低补贴、高补贴农户得到了满意，对缩小贫富差距有一定作用（$p = 0.09$）。

表 7 - 56　　　　　　不同农业补贴组与社会贫富差距交差表　　　单位：%，个

农业补贴组	贫富差距			合计
	大	一般	小	
最低补贴组	62.42	23.56	14.02	100（870）
中低补贴组	68.81	18.80	12.39	100（904）
中等补贴组	71.29	18.51	10.20	100（843）
中高补贴组	68.95	19.25	11.80	100（831）
最高补贴组	68.56	18.10	13.34	100（862）

3. 对惠农政策的满意度越高，农民认为社会贫富差距越小

惠农政策的满意度一定程度上影响着农户对社会贫富差距的评价。从表 7 - 57 中可以看出，认为社会贫富差距"大"的样本农户中，对惠农政策感到"满意"、"不满意"的比重分别为 68.95% 和 77.42%，通过卡方分析，p 值小于 0.05 的显著水平。由此可见，相对于对惠农政策"满意"的农户，对惠农政策"不满意"的农户认为社会贫富差距更大。

表 7 - 57　　　　　惠农政策满意度与社会贫富差距交叉表　　单位：%，个

惠农政策满意度	贫富差距			合计
	大	一般	小	
满意	68.59	18.57	12.84	100 (3 926)
一般	61.07	28.24	10.69	100 (655)
不满意	77.42	15.32	7.26	100 (124)

（五）社区认同

1. 享受过新农村社区建设的农户，对社区的认同度更高

随着惠农政策特别是新型农村社区建设的推动，农户对社区的认同也有所增强。从表 7 - 58 中可以看出，享受过新型农村社区建设的样本农户中，对社区建设"满意"的农户比重为 81.36%，而没有享受过新型农村社区建设的农户对此"满意"的比重为 34.01%，比享受过的农户的满意度低 47.35%。通过卡方检验，新型农村社区的享受情况对农户对社区建设的满意度产生显著影响，也就是说新型农村社区建设政策的覆盖面越大，农民对社区建设越满意，对社区的认同感也就越高（p = 0.00）。

表 7 - 58　　　　是否享受社区建设与社区建设满意度的交叉表　　单位：%，个

是否享受社区建设	社区建设满意度分组			合计
	满意	一般	不满意	
享受过	81.36	14.19	4.45	100 (719)
没享受过	34.01	48.41	17.58	100 (694)

2. 享受过新农村社区建设的农户对社区管理的认同度更高

新型农村社区建设的推动也影响着农民对村庄管理的参与度。从表 7 - 59 中可以看出，享受过社区建设的样本农户中，认为参与社区管理"有用"的比重为 58.72%，没有享受过社区建设的样本农户中有 49.79% 的认为参与社区管理"有用"。通过卡方分析得知，享受过社区建设的农户对参与社区管理效用的认可度更高。由此说明，新型农村社区建设一定程度上有利于农民对村庄管理效用的认同度的提高。

表 7 - 59 是否享受社区建设与参与村庄管理效用认可度交叉表

单位：%，个

是否享受	参与社区管理			合计
	有用	一般	没用	
享受过	58.72	25.03	16.25	100（751）
没享受过	49.79	28.71	21.50	100（3 260）

3. 对新农村社区建设越满意，对参与村庄管理的效用越认可

从表 7 - 60 中可以看出，对社区建设越满意，农户对参与村庄管理的效用评价越高。其中，认为参与村庄管理"有用"的样本农户中，对社区建设感到"满意"的农户比重最高，为 63.87%，感到"一般"、"不满意"的农户比重分别为 48.45%、40.85%。通过卡方检验，p 值小于 0.05 的显著水平，这说明对新型农村社区建设政策越满意，农户认为参与村庄管理越"有用"。

表 7 - 60 社区建设满意度与参与村庄管理效用认可度的交叉表

单位：%，个

社区建设满意度	参与村庄管理分组			合计
	有用	一般	没用	
满意	63.87	22.75	13.38	100（822）
一般	48.45	31.34	20.21	100（485）
不满意	40.85	29.88	29.27	100（164）

（六）社会交往心态

1. 对惠农政策越满意，农民的交往心态越平和

惠农政策的推行也渐渐改变着农民的交往心态，主要表现在与干部、与城里人、与富人的交往心理上。从表 7 - 61 中可以看出，与城里人交往保持"平常心"的样本农户中，对惠农政策感到"满意"、"一般"、"不满意"的比重分别为 79.7%、72.47%、53.19%；与富人的交往过程保持"平常心"的样本农户中，对惠农政策感到"满意"、"一般"、"不满意"的农户比重分别为 76.68%、61.90%、45.65%。从表 7 - 62 中可以看出，与村干部交往保持"平常心"的样本农户，对惠农政策感到"满意"的比重为 87.49%，感到"一般"、"不满意"的比重分别为 79.85%、61.7%。由此可见，不管是与城里人交往还是富人交往抑或是村干部交往，对惠农政策越满意，农户的交往心态越平和（p 值均小于 0.05）。同时还可以发现，农民与村干部交往保持"平常心"的比重最大。

表 7 – 61　　　　　惠农政策的满意度与农民交往心理的交叉表　　单位：%，个

满意度		对方太精明	平常心	对方态度不好	无共同话题	自卑	合计
与城里人交往	满意	3.38	79.70	4.99	7.19	4.74	100 (1 182)
	一般	2.56	72.47	9.87	8.16	6.94	100 (821)
	不满意	4.26	53.19	4.26	14.89	23.40	100 (47)
与富人交往	满意	3.11	76.68	5.79	8.29	6.13	100 (1 158)
	一般	2.69	61.90	9.77	14.90	10.74	100 (819)
	不满意	4.35	45.65	6.52	15.22	28.26	100 (46)

表 7 – 62　　　惠农政策的满意度与农民与村干部交往心理的交叉表

单位：%，个

满意度	与干部交往心理					合计
	仗势欺人	平常心	提防	态度不好	无话题	
满意	1.60	87.49	3.27	3.78	3.86	100 (1 191)
一般	3.19	79.85	5.28	5.28	6.40	100 (814)
不满意	8.51	61.70	17.02	4.26	8.51	100 (47)

2. 低保户对村干部的提防心理较重

在分析不同农户的交往心理后发现，低保户与非低保户与村干部的交往心理存在差异（p = 0.02），从表 7 – 63 中可以看出，有 76.71% 的低保户在与村干部交往中保持"平常心"，在非低保户中，有 84.42% 的农户在与村干部交往中保持"平常心"，而在与村干部交往中持"提防"心理的农户中，低保户的比重为 7.88%，非低保户的比重为 3.81%。

表 7 – 63　　　　　是否低保户与农户与村干部交往心理的交叉表　　单位：%，个

是否低保户	仗势欺人	平常心	提防	态度不好	无话题	合计
是	2.05	76.71	7.88	6.51	6.85	100 (292)
否	2.00	84.42	3.81	4.00	7.09	100 (2 753)

3. 惠农政策落实越好，与城里人交往的心态越平和

分析惠农政策享受度对农户与城里人交往心理的影响。从表 7 – 64 中可以看出，享受"全部"惠农政策的样本农户中，在与城里人交往保持"平常心"的

比重为 82.41%，享受"大部分"、"一部分"的样本农户中持此心态的比重分别为 79.93%、74.81%，享受"小部分"惠农政策的样本农户中，与城里人交往持"平常心"的比重最小，为 67.86%。通过卡方检验，p 值小于 0.05，这说明惠农政策的享受度越高，农户与城里人的交往越平和，享受"全部"惠农政策的农户持"平常心"的比重比享受"小部分"惠农政策的农户高 14.55%。

表 7-64　　惠农政策的享受与农户与城里人交往心理的交叉表 单位：%，个

惠农政策的享受	与城里人交往心态					合计
	对方太精明	平常心	对方态度不好	无话题	自卑	
全部	2.55	82.41	5.09	7.18	2.78	100（432）
大部分	2.69	79.93	5.46	7.26	4.65	100（1 226）
一部分	2.58	74.81	7.10	9.26	6.24	100（929）
小部分	3.83	67.86	9.44	10.20	8.67	100（392）

在分析不同政策对农民与城里人的交往心理的影响后，发现是否参加新农合影响农户与城里人的交往心态。从表 7-65 中可以看出，参加新农合的样本农户中，有 76.78% 的农户在与城里人交往中保持"平常心"，比没有参加新农合的农户比重高 1.78%。通过卡方分析，p 值为 0.056，接近 0.05 的显著值，这说明参加新农合的农户在与城里人交往中心态相对平和。

表 7-65　　是否参合与农户与城里人交往心理的交叉表 单位：%，个

是否参合	对方太精明	平常心	对方态度不好	无话题	自卑	合计
是	2.98	76.78	6.43	8.41	5.40	100（2 984）
否	1.19	75.00	2.38	9.52	11.91	100（84）

七、评估基本结论与建议

惠农政策的社会成效整体上可以分为直接成效和间接成效，直接成效主要指随着保障类惠农政策的实施，农民的社会保障体系得以建立；而间接成效则通过惠农政策对农民家庭关系、农民的社会心态、农村的社会关系、社会结构和社会流动等社会现象的影响来体现。

第一，农村社会保障体系得以建构。惠农政策最直接也是最重要的社会成效就是在农村建立起社会保障体系。当前以新型农村合作医疗和新型农村社会养老保险政策为代表的普惠性政策实现了"应保尽保"，其中 2012 年新农合和新农

保的覆盖率分别达到 97.34% 和 67.1%。同时以农村最低生活保障政策为代表的特惠性政策则逐步实现"当保则保",其中低保户中低收入组的农户达到 60% 以上。此外农村低保政策的脱贫作用也开始显现,主要表现在低保户的比重降低,在低保补助金不断增长的前提下,补助金的收入替代率和支出替代率也在降低,这说明农村低保对农村低收入家庭和弱势群体发挥了重要的脱贫减贫作用。

第二,农民家庭关系社会化,农民的家庭结构原子化。随着惠农政策在农村的扩展,农民的家庭关系和家庭结构发生了一些变化,主要表现在农民的家庭关系社会化,农民的家庭结构小型化、原子化等。具体来讲,在惠农政策的强保障性下,农民开始由"家庭养老"走向"社会养老",农民对家庭的依赖以及被家庭的束缚进一步减小;同时惠农政策兼具的互助功能,使得农户的小家庭得以生存发展。总之,由于惠农政策具有较强的保障作用,原先农民对家庭亲属的依赖渐渐减弱,对政策的依赖渐渐增强,惠农政策开始替代家庭亲属发挥保障互助功能。

第三,农村的社会结构得以重构。整体上说当前农村的社会结构在稳定的前提下趋于多元化,主要表现在阶层结构稳定,农民的社会流动增强,农民对社会组织的需求增大。一是惠农政策一定程度上有利于农村中产阶级的形成。在当前农村结构利益日益多元化的背景下,惠农补贴一定程度上发挥着"提低扩中"的作用,相对其他收入组农户,中等收入组农户农业补贴的涨幅最大,而且随着惠农政策在农村的深化,2008 ~ 2011 年相对于高收入户和低收入户的减少趋势,中等收入的比重呈上升趋势。农村中产阶级的形成对于农村社会的结构稳定产生重要作用。二是社会流动增多,农民回流现象明显。惠农补贴以及新型农村社区建设对农民的职业结构以及农民的社会流动产生重要影响,其中农业补贴越高,新农村社区建设力度越大,农民外出务工的比重越小,农村回流的人数越多。三是惠农政策客观上促进农民对经济合作组织的需求。惠农政策的覆盖率、受益率影响着农民对农村经济组织的需求,相比没有享受惠农政策的农户,享受到惠农政策以及享受度较高的农户多为农村合作社的社员,无形中发挥了示范作用,引导农民积极入社,这说明惠农政策的推行为农村社会组织的生存发展提供了契机,惠农政策客观上促进农民对农村经济合作组织的需求。

第四,社会关系得以重塑。惠农政策除了影响农村的社会结构外,还重塑着农村的社会关系。一是新农村社区建设尤其是集中居住淡化了农民的邻里关系。集中居住后,农民邻里间的交往减少,人际关系淡化。二是惠农政策影响着农户与村干部、村委会的关系。惠农政策落实得越好,农民对惠农政策的满意度越高,农户与村干部、村委会的交往越频繁。换言之,农户对惠农政策满意度越低,与村干部、村委会的关系就越疏远,可见惠农政策既为改善农村干群关系提供了契机，也对干群关系提出了挑战。

第五，农民的社会心态受惠农政策的影响。总体而言，惠农政策的享受度越高，落实得越好，农民对惠农政策的满意度越高，农民的社会心态越积极。目前，农民对惠农政策的满意度以及对落实的满意度在 60% 以上，这就为农民保持积极的社会心态奠定了基础。但同时这却也带来了潜在的冲击和挑战，一旦惠农政策得不到农民的认可，农民的社会心态可能会走向反面。

然而不可忽视的，尽管惠农政策初步取得了社会成效，但是仍然存在两个问题。一是效应递减、效应不足的问题。尽管惠农政策的覆盖率较高，但是受益度不高，惠农补贴对农民生产生活作用不明显。二是惠农政策对社会结构、社会关系以及社会认同产生冲击。当前惠农政策所取得的社会成效依赖于农民对惠农政策制定、实施的高满意度，也就给国家和政府带来了挑战，面对农民的"刚性需求"，政策调整的弹性变小。

第八章

国家惠农政策政治效应

惠农政策不仅在经济、社会层面产生了重大的影响，在政治层面也有深远的影响。首先惠农政策改变了一个时代——中国从此由向农民"索取"时代转向"给予"时代。这标志着国家的农村、农业政策开始转型，而且惠农政策的实施对于执政的合法性、完善政府治理、促进基层民主等方面都有着深刻的影响。因此，本章将重点研究国家惠农政策实施的政治效应。

一、惠农政策下农民的政治态度

（一）对村民自治的态度

惠农政策的满意度评价反映着农民对村民自治的态度和看法。由表 8 - 1 可知，随着农民对惠农政策满意度由低到高，认为村民自治"没有作用"的农民比重是递减的，占比依次为 25%、18.57%、17.02%，而认为村民自治"有作用"的农民占比是递增的，占比依次为 0、42.14%、49.18%。即农民对惠农政策满意度越高，对村民自治作用的评价也越高。

农业生产类、社会保障类、生活发展类、基础设施类、综合发展类惠农政策的满意度评价显著影响着农民对村民自治作用的看法。由表 8 - 2 可知，对农业生产类、社会保障类、生活发展类、基础设施类、综合发展类惠农政策感到"不满意"时，农民认为村民自治"没有作用"的占比分别是 18.03%、

17.34%、18.10%、15.83%、16.20%，可见，对生活发展类惠农政策满意度较低时，农民最不认同村民自治的作用。

表8-1　　　　　　　　惠农政策满意度与农民对村民自治评价　　　　单位：%，个

整体满意度	有作用	没有作用	一般	合计
满意	49.18	17.02	33.80	100.00（429）
一般	42.14	18.57	39.29	100.00（280）
不满意	0.00	25.00	75.00	100.00（4）

表8-2　　　　　　　　各类惠农政策与农民对村民自治评价　　　　单位：%，个

政策类型	满意度	有作用	一般	没有作用	合计
农业生产类	满意	48.72	33.25	18.03	100.00（466）
	一般	40.46	38.94	20.60	100.00（398）
	不满意	42.86	28.57	28.57	100.00（7）
社会保障类	满意	52.03	30.63	17.34	100.00（790）
	一般	31.78	46.65	21.57	100.00（343）
	不满意	14.29	42.85	42.86	100.00（7）
生活发展类	满意	51.19	30.71	18.10	100.00（420）
	一般	41.57	38.95	19.48	100.00（534）
	不满意	29.42	58.82	11.76	100.00（17）
基础设施类	满意	53.53	30.64	15.83	100.00（581）
	一般	37.05	41.22	21.73	100.00（359）
	不满意	44.44	38.89	16.67	100.00（18）
综合发展类	满意	56.59	27.21	16.20	100.00（827）
	一般	37.70	40.78	21.52	100.00（488）
	不满意	31.92	41.57	26.51	100.00（166）

（二）对村庄管理的态度

农民对惠农政策的满意度评价反映着其对村庄管理的看法。农民对惠农政策满意度由低到高时，认为村庄管理"没作用"的农民占比依次是0、19.71%、15.29%，而认为村庄管理"有作用"的农民占比则是递增的，依次是25%、49.82%、60%（见表8-3）。即农民对惠农政策满意度越高，其认为村庄管理"有作用"的比重也越大，反之，则越低。

表 8 – 3　　　　　　惠农政策满意度与农民对村庄管理的评价　　单位：%，个

整体满意度	有作用	一般	没有作用	合计
满意	60.00	24.71	15.29	100.00（425）
一般	49.82	30.47	19.71	100.00（279）
不满意	25.00	75.00	0.00	100.00（4）

　　各类惠农政策的满意度评价影响着农民对村庄管理作用的看法。由表 8 – 4 可知，对农业生产类、社会保障类、生活发展类、基础设施类、综合发展类惠农政策"不满意"时，农民认为村庄管理"没有作用"的比重分别为 28.57%、28.57%、11.76%、11.11%、29.27%，可见，当农民对综合发展类惠农政策感到"不满意"时，其对村庄管理作用的评价最低。

表 8 – 4　　　　各类惠农政策满意度与农民对村庄管理作用评价　　单位：%，个

政策类型	满意度	有作用	一般	没有作用	合计
农业生产类	满意	59.00	25.16	15.84	100.00（461）
	一般	49.37	31.14	19.49	100.00（395）
	不满意	42.86	28.57	28.57	100.00（7）
社会保障类	满意	60.05	23.64	16.31	100.00（791）
	一般	44.35	34.49	21.16	100（345）
	不满意	28.57	42.86	28.57	100.00（7）
生活发展类	满意	61.45	22.16	16.39	100.00（415）
	一般	50.47	30.89	18.64	100.00（531）
	不满意	41.18	47.06	11.76	100.00（17）
基础设施类	满意	62.41	22.93	14.66	100.00（580）
	一般	45.10	32.77	22.13	100.00（357）
	不满意	50.00	38.89	11.11	100.00（18）
综合发展类	满意	63.87	22.75	13.38	100.00（822）
	一般	48.45	31.34	20.21	100.00（485）
	不满意	40.85	29.88	29.27	100.00（164）

（三）对选举的态度

　　惠农政策满意度与农民对上届村委选举的评价有密切关系。对惠农政策"不满意"时，25%的农民认为上届村委选举"不好"，没有人认为上届村委选

举"好"。对惠农政策"满意"时，农民认为上届村委选举"不好"的比重降至11.22%，且有超六成的农民认为上届村委选举"好"。可见，惠农政策满意度与农民对上届村委会选举评价呈正相关的关系（见表8-5）。

表8-5　　　　　惠农政策满意度与农民对村委会选举评价　　单位：%，个

整体满意度	好	不好	一般	合计
满意	60.28	11.22	28.50	100.00（428）
一般	34.30	20.21	45.49	100.00（277）
不满意	0.00	25.00	75.00	100.00（4）

对农业生产类、社会保障类、生活发展类、基础设施类、综合发展类惠农政策"不满意"时，农民认为最近一届村委选举"好"的比重分别为42.86%、28.57%、41.18%、38.89%、32.32%。对农业生产类、社会保障类、生活发展类、基础设施类、综合发展类惠农政策"满意"时，农民认为最近一届村委选举"好"的比重分别是57.42%、58.39%、61.52%、62.44%、66.91%。由此可见，随着农民对各类惠农政策满意度的提高，对最近一届村委选举持肯定态度的农民比重逐渐提高，持否定态度的农民比重逐渐下降。

表8-6　　　　各类惠农政策满意度与农民对村委选举评价　　单位：%，个

政策类型	满意度	好	一般	不好	合计
农业生产类	满意	57.42	29.89	12.69	100.00（465）
	一般	38.07	43.40	18.53	100.00（394）
	不满意	42.86	28.57	28.57	100.00（7）
社会保障类	满意	58.39	27.74	13.87	100.00（793）
	一般	36.07	48.68	15.25	100.00（341）
	不满意	28.57	71.43	0.00	100.00（7）
生活发展类	满意	61.52	26.60	11.88	100.00（421）
	一般	41.59	42.34	16.07	100.00（529）
	不满意	41.18	35.29	23.53	100.00（17）
基础设施类	满意	62.44	28.13	9.43	100.00（583）
	一般	32.30	46.35	21.35	100.00（356）
	不满意	38.89	44.44	16.67	100.00（18）

政策类型	满意度	好	一般	不好	合计
综合发展类	满意	66.91	22.10	10.99	100.00（828）
	一般	39.71	45.68	14.61	100.00（486）
	不满意	32.32	40.85	26.83	100.00（164）

由表 8-7 所示，当获得的亩均农业补贴处于平均水平以下时，农民认为上届村委选举"好"的比重为 54.03%；当获得的亩均农业补贴处于平均水平及以上时，农民认为上届村委选举"好"的比重为 56.14%，较前者增加了 2.11 个百分点。可见，获得的亩均农业补贴越高，农民对于上届村委选举的评价也越高。

表 8-7　　　　亩均农业补贴与农民对村委选举的评价　　　单位：%，个

亩均农业补贴	好	一般	不好	合计
平均水平以下	54.03	32.92	13.05	100.00（2 506）
平均水平及以上	56.14	30.35	13.51	100.00（1 466）

注：此表中的亩均农业补贴额为 2010 年数据，2010 年全国亩均补贴均值为 73.90 元。

（四）对国家发展的态度

农民对惠农政策的满意度评价影响着其对国家发展的信心。对惠农政策的整体评价为"满意"、"一般"、"不满意"的农民，表示对国家发展"有信心"的比重依次为 94.21%、89.38%、0（见表 8-8）。不难看出，农民对惠农政策的满意度越高，其对国家发展的信心也越足。

表 8-8　　　　惠农政策满意度与农民对国家发展的信心　　　单位：%，个

整体满意度	有信心	一般	没有信心	合计
满意	94.21	4.14	1.65	100.00（484）
一般	89.38	9.29	1.33	100.00（226）
不满意	0.00	100.00	0.00	100.00（4）

不同类型惠农政策的满意度评价对农民关于国家发展信心的影响不同。其中，农业生产类惠农政策的满意度评价对农民关于国家发展的信心影响最大，随着这一类政策满意度的降低，农民对国家发展"有信心"的比重由 93.31% 下降到 85.71%，变化幅度为 8.14%；其次是生活发展类惠农政策，随着满意度的降

210

低，对国家发展"有信心"的农民比重下降了6.30%；再次为基础设施类惠农政策，随着满意度的降低，对国家发展"有信心"的农民比重下降了5.79%（见表8-9）。由此可以看出，农业生产类、生活发展类、基础设施三类惠农政策对农民关于国家发展的信心影响最大。

表8-9　　　　各类惠农政策的满意度与农民对国家发展的信心　单位：%，个

政策类型	满意度	有信心	一般	没有信心	合计
农业生产类	满意	93.31	4.78	1.91	100.00 (314)
	一般	91.07	7.54	1.39	100.00 (504)
	不满意	85.71	12.25	2.04	100.00 (49)
社会保障类	满意	92.43	5.99	1.58	100.00 (317)
	一般	90.91	7.22	1.87	100.00 (748)
	不满意	91.30	6.53	2.17	100.00 (92)
生活发展类	满意	91.47	6.64	1.89	100.00 (422)
	一般	92.62	6.54	0.84	100.00 (474)
	不满意	85.71	11.69	2.60	100.00 (77)
基础设施类	满意	94.06	4.51	1.43	100.00 (488)
	一般	90.43	7.81	1.76	100.00 (397)
	不满意	88.61	10.12	1.27	100.00 (79)
综合发展类	满意	93.04	5.40	1.56	100.00 (833)
	一般	91.82	7.16	1.02	100.00 (489)
	不满意	87.88	9.09	3.03	100.00 (165)

随着农业补贴额的提高，农民对国家发展的信心也越来越大。亩均补贴低于全国均值73.90元时，对国家发展"有信心"的农民比重为88.71%；亩均补贴高于全国均值73.90元时，对国家发展"有信心"的农民比重为91.09%。

表8-10　　　　2010年亩均农业补贴额与农民对国家发展的信心　单位：%，个

亩均补贴	有信心	一般	没有信心	合计
平均水平以下	88.71	9.94	1.35	100.00 (2 524)
平均水平及以上	91.09	7.49	1.42	100.00 (1 481)

注：此表中的亩均农业补贴额为2010年数据，2010年全国亩均补贴均值为73.90元。

（五）对国家政策的态度

农民对惠农政策整体的满意度评价影响着其对惠农政策的看法。由表8－11可见，农民对惠农政策整体"满意"、"一般"、"不满意"时，认为惠农政策"好"的农民占比依次为86.88%、68.72%、0。总而言之，农民对惠农政策的整体满意度越高，其对惠农政策的评价也越好。

表8－11　　惠农政策的整体满意度与农民对惠农政策的看法　单位：%，个

整体满意度	好	一般	不好	合计
满意	86.88	11.66	1.46	100.00（2 357）
一般	68.72	23.79	7.49	100.00（227）
不满意	0	100	0	100.00（1）

从各类惠农政策来看，随着基础设施类惠农政策满意度的降低，农民认为惠农政策"好"的占比也由88.22%降到58.22%，降幅为30%；随着农业生产类惠农政策满意度的降低，农民认为惠农政策"好"的比重下降了31.51%；随着社会保障类惠农政策满意度的降低，农民认为惠农政策"好"的比重下降了18.62%，降幅最小（见表8－12）。因此，基础设施类和农业生产类惠农政策的满意度评价对农民对惠农政策看法的影响最大，社会保障类惠农政策的影响相对最小。

表8－12　　各类惠农政策的满意度与农民对惠农政策的看法　单位：%，个

政策类型	满意度	好	一般	不好	合计
农业生产类	满意	89.39	9.97	0.64	100.00（311）
	一般	76.24	19.01	4.75	100.00（505）
	不满意	61.22	28.57	10.21	100.00（49）
社会保障类	满意	90.82	7.28	1.90	100.00（316）
	一般	80.38	15.86	3.76	100.00（744）
	不满意	73.91	18.48	73.91	100.00（92）
生活发展类	满意	87.59	10.74	1.67	100.00（419）
	一般	78.34	16.78	4.88	100.00（471）
	不满意	62.34	28.57	9.09	100.00（77）

政策类型	满意度	好	一般	不好	合计
基础设施类	满意	88.22	10.33	1.45	100.00（484）
	一般	79.14	15.83	5.03	100.00（398）
	不满意	58.22	31.65	10.13	100.00（79）
综合发展类	满意	87.55	9.91	2.54	100.00（827）
	一般	79.51	17.21	3.28	100.00（488）
	不满意	68.07	24.10	7.83	100.00（166）

亩均农业补贴额的多少影响着农民对惠农政策的看法，亩均补贴越高，农民对惠农政策的评价越高。由表 8-13 可知，当获得的亩均补贴额在全国均值 73.90 元以下时，农民认为惠农政策"好"的占比为 83.49%，认为惠农政策"不好"的占比为 2.27%；当获得的亩均补贴额在全国均值 73.90 元及以上时，农民认为惠农政策"好"的占比为 85.36%，认为惠农政策"不好"的占比为 2.83%。

表 8-13　　　亩均农业补贴额与农民对惠农政策的看法　　　单位：%，个

亩均补贴	好	一般	不好	合计
平均水平以下	83.49	14.24	2.27	100.00（2 513）
平均水平及以上	85.36	11.81	2.83	100.00（1 482）

注：此表中的亩均农业补贴额为 2010 年数据，2010 年全国亩均补贴均值为 73.90 元。

（六）对政府执政能力的态度

农民对惠农政策的整体满意度评价直接影响着其对党和政府能否处理好当前社会问题的信心。表 8-14 所示，对惠农政策整体评价为"满意"、"一般"、"不满意"的农民，"同意"党和国家能处理好是社会问题的占比依次为 74.43%、48.44%、0，因此，农民对惠农政策的整体满意度越高，对党和政府能处理好社会问题越有信心。

表 8-14　　　惠农政策的满意度与农民对能否处理好

社会问题的看法　　　单位：%，个

整体满意度	同意	一般	不同意	合计
满意	74.43	18.71	6.86	100.00（481）
一般	48.44	41.78	9.78	100.00（225）
不满意	0	0	100	100.00（1）

农民对不同类型惠农政策的满意度评价影响着其对党和政府能否处理好社会问题的看法，其中基础设施类惠农政策满意度的影响最大，社会保障类惠农政策满意度的影响次之，综合发展类惠农政策满意度的影响相对较小。由表 8－15 可知，对基础设施类惠农政策满意度为"满意"、"一般"、"不满意"的农民"同意"党和国家能处理好社会问题的比重依次为 78.60%、56.63%、42.31%，降幅为 36.29%；对社会保障类惠农政策满意度为"满意"、"一般"、"不满意"的农民"同意"党和国家能处理好社会问题的比重依次为 78.91%、64.56%、44.09%，降幅为 34.82%；对综合发展类惠农政策满意度为"满意"、"一般"、"不满意"的农民"同意"党和国家能处理好社会问题的比重下降到了 22.74%。

表 8－15 　　　　各类惠农政策满意度与农民对能否处理好
社会问题的看法 　　　　　　单位：%，个

政策类型	满意度	同意	一般	不同意	合计
农业生产类	满意	76.85	16.08	7.07	100.00 (311)
	一般	59.92	32.34	7.74	100.00 (504)
	不满意	52.08	29.17	18.75	100.00 (48)
社会保障类	满意	78.91	15.34	5.75	100.00 (313)
	一般	64.56	27.49	7.95	100.00 (742)
	不满意	44.09	41.93	13.98	100.00 (93)
生活发展类	满意	76.02	15.59	8.39	100.00 (417)
	一般	62.71	29.45	7.84	100.00 (472)
	不满意	44.16	45.45	10.39	100.00 (77)
基础设施类	满意	78.60	15.02	6.38	100.00 (486)
	一般	56.63	34.19	9.18	100.00 (392)
	不满意	42.31	44.87	12.82	100.00 (78)
综合发展类	满意	76.87	18.19	4.94	100.00 (830)
	一般	60.46	31.88	7.66	100.00 (483)
	不满意	59.39	29.70	10.91	100.00 (165)

亩均农业补贴额的多少对农民关于党和政府能否处理好社会问题的信心有较大影响。由表 8－16 可知，获得的亩均补贴低于全国均值 73.90 元的农民"同意"党和国家能处理好社会问题的占比为 69.13%，"不同意"的占比为 6.4%。而等于和高于全国均值 73.90 元的农民表示"同意"的占比为 70.41%，"不同

意"的占比为 6.12%。总体来看，亩均补贴额的多少与农民关于党和政府能否处理好社会问题的信心呈正相关关系。

表8-16 　　　　亩均农业补贴额与农民对能否处理好

社会问题的看法 　　　　　　　　单位：%，个

亩均补贴	同意	一般	不同意	合计
平均水平以下	69.13	24.47	6.40	100.00（2 501）
平均水平及以上	70.41	23.47	6.12	100.00（1 470）

注：此表中的亩均农业补贴额为 2010 年数据，2010 年全国亩均补贴均值为 73.90 元。

由表8-17可知，农民对惠农政策的整体满意度评价与其对党和国家解决腐败问题的信心呈正相关关系。对惠农政策整体"满意"的农民，认为党和国家"能"解决腐败问题的比重最高，为 63.89%；对惠农政策整体"不满意"的农民，认为党和国家"能"解决腐败问题的比重最高，为 50%。可见，农民对惠农政策的整体评价越高，其对党和国家解决腐败问题的信心也越大。

表8-17 　惠农政策的满意度与农民对能否解决腐败问题的认识

单位：%，个

整体满意度	能	一般	不能	合计
满意	63.89	21.55	14.56	100.00（1 587）
一般	43.76	31.41	24.83	100.00（761）
不满意	50.00	50.00	0.00	100.00（4）

不同类型惠农政策的满意度评价影响着对农民关于党和政府能否解决腐败问题的信心。由表8-18可见，农民对社会保障类惠农政策的满意度从"满意"到"不满意"时，其认为党和国家"能"解决腐败问题的比重从 82.11% 下降到了 63.64%，降幅为 18.47%；农民对生活发展类惠农政策的满意度评价从"满意"到"不满意"时，农民认为党和国家"能"解决腐败问题的占比从 84.53% 下降到 70.37%，降幅为 14.16%；农民对农业生产类惠农政策评价为"满意"、"一般"、"不满意"时，认为党和国家"能"解决腐败问题的占比依次为 82.44%、80.27%、80%，降幅为 2.44%。总而言之，社会保障类惠农政策的满意度评价对农民关于党和政府能否解决腐败问题的看法影响最大，其次是生活发展类惠农政策，农业生产类惠农政策影响相对最小。

表 8-18　　　　各类惠农政策的满意度与农民对能否解决
腐败问题的认识　　　　　单位：%，个

政策类型	满意度	能	一般	不能	合计
农业生产类	满意	82.44	15.23	2.33	100.00（2 061）
	一般	80.27	18.40	1.33	100.00（527）
	不满意	80.00	20.00	0.00	100.00（5）
社会保障类	满意	82.11	16.12	1.77	100.00（1 979）
	一般	79.59	17.25	3.16	100.00（1 014）
	不满意	63.64	22.72	13.64	100.00（22）
生活发展类	满意	84.53	13.80	1.67	100.00（1 681）
	一般	75.68	20.74	3.58	100.00（1 061）
	不满意	70.37	29.63	0.00	100.00（27）
基础设施类	满意	83.18	14.81	2.01	100.00（1 790）
	一般	76.21	20.15	3.64	100.00（824）
	不满意	80.56	19.44	0.00	100.00（36）
综合发展类	满意	84.27	13.79	1.94	100.00（1 805）
	一般	77.13	20.55	2.32	100.00（905）
	不满意	72.11	21.97	5.92	100.00（355）

　　考察亩均农业补贴额高低与农民对党和政府能否解决腐败问题信心的关系发现，亩均农业补贴额低于全国均值的农民认为党和政府"能"解决腐败问题的占比为80.69%，亩均农业补贴额等于和高于全国均值的农民认为党和政府"能"解决腐败问题的占比为79.18%（见表8-19）。可见，亩均补贴额的多少与农民对党和政府能否解决腐败问题的信心呈反比。

表 8-19　　　　2011 年亩均农业补贴额与农民对能否解决
腐败问题的认识　　　　　单位：%，个

亩均补贴	能	一般	不能	合计
平均水平以下	80.69	17.31	2.00	100.00（1 750）
平均水平及以上	79.18	17.67	3.15	100.00（1 268）

　　注：此表中亩均农业补贴为2011年数据，2011年全国亩均农业补贴均值为85.39元。

二、惠农政策下农民的政治认同

(一) 对中央政府的认同

农民对惠农政策的整体满意度评价越高，其对中央政府执政的满意度越高；相反，农民对惠农政策整体满意度评价越低，对中央政府执政的满意度也越低（见表 8 - 20）。对惠农政策的整体满意度评价为"满意"、"一般"、"不满意"的农民，对中央政府执政表示"满意"的比重依次为 94.99%、80.94%、25%，可见，农民对惠农政策整体"满意"的农民中，对中央政府执政感到"满意"的占比最高；对惠农政策整体"不满意"的农民中，对中央政府执政感到"满意"的占比最低。

表 8 - 20　惠农政策的整体满意度与农民对中央政府执政满意度

单位：%，个

整体满意度	满意	一般	不满意	合计
满意	94.99	4.20	0.81	100.00 （1 598）
一般	80.94	17.36	1.70	100.00 （766）
不满意	25.00	50.00	25.00	100.00 （4）

不同类型惠农政策的满意度下，农民对中央政府执政的评价不尽相同，其中生活发展类惠农政策对农民对中央政府执政评价的影响最大，当农民对政策"满意"、"一般"、"不满意"时，对中央政府执政感到"满意"的农民占比依次是 95.93%、83.21%、55.56%，降幅达到了 40.37%；其次是农业生产类惠农政策，当农民对这一政策"满意"、"一般"、"不满意"时，对中央政府执政感到"满意"的农民占比依次是 93.56%、79.62%、60%，降幅为 33.56%。可见，农民对生产发展类、农业生产类惠农政策的满意度对其关于中央政府执政评价的影响较大。

表 8 - 21　　各类惠农政策的满意度评价与农民对
中央政府执政满意度

单位：%，个

政策类型	满意度	满意	一般	不满意	合计
农业生产类	满意	93.56	5.53	0.91	100.00 （2 082）
	一般	79.62	18.12	2.26	100.00 （530）
	不满意	60.00	40.00	0.00	100.00 （5）

政策类型	满意度	满意	一般	不满意	合计
社会保障类	满意	94.57	4.68	0.75	100.00 (2 006)
	一般	84.37	13.96	1.67	100.00 (1 017)
	不满意	91.30	4.35	4.35	100.00 (23)
生活发展类	满意	95.93	3.36	0.71	100.00 (1 696)
	一般	83.21	15.02	1.77	100.00 (1 072)
	不满意	55.56	33.33	11.11	100.00 (27)
基础设施类	满意	94.20	4.92	0.88	100.00 (1 598)
	一般	83.87	14.81	1.32	100.00 (766)
	不满意	72.22	19.45	8.33	100.00 (4)
综合发展类	满意	93.81	5.31	0.88	100.00 (1 826)
	一般	86.54	12.37	1.09	100.00 (914)
	不满意	82.40	15.36	2.24	100.00 (358)

如表 8 - 22 可知，亩均农业补贴额的大小对农民关于中央政府执政满意度有显著影响。亩均农业补贴额在平均水平以下时，农民对中央政府执政感到满意的比重为 90.03%，亩均农业补贴额在平均水平及以上时，这一比重为 93%。可见，亩均补贴额越高，农民对中央政府执政的满意度也越高。

表 8 - 22　2011 年亩均农业补贴额与农民对中央政府执政满意度

单位：%，个

亩均补贴	满意	一般	不满意	合计
平均水平以下	90.03	8.95	1.02	100.00 (1 765)
平均水平及以上	93.00	5.99	1.01	100.00 (1 286)

注：此表中亩均农业补贴为 2011 年数据，2011 年全国亩均农业补贴均值为 85.39 元。

从表 8 - 23 可以看出，不同惠农政策满意度下，农民对中央政府执政的具体看法也不同。对惠农政策整体满意度比较高的农民，大多认为中央政府出台了好的惠农政策，为民着想，占比分别为 52.33%、44.15%。同时，农民对惠农政策的整体满意度越低，其认为中央政府"为民着想"、"效率高"、"办事公正"的比重也越低，占比分别为 0、25%、0。

表 8 – 23　惠农政策的整体满意度与农民对中央政府执政看法　单位：%，个

整体满意度	为民着想	出台惠农政策	效率高	办事公正	其他	合计
满意	44.15	52.33	1.51	1.19	0.82	100.00 (1 590)
一般	43.42	53.16	0.92	0.79	1.71	100.00 (760)
不满意	0.00	75.00	25.00	0.00	0.00	100.00 (4)

从农民对不同类型惠农政策的满意度可反映农民对中央政府执政能力的看法，当农民对农业生产类、生活发展类、基础设施类、综合发展类惠农政策的满意度由高到低时，农民认为中央政府"为民着想"的比重分别下降了 23.27%、17.32%、8.56%、3.68%，而对社会保障类、生活发展类、基础设施类、综合发展类惠农政策较满意的农民认为中央政府出台了好的惠农政策的比重最高，占比分别为 56.56%、53.44%、54.89%、53.75%。无论在哪种类型的惠农政策下，农民认为中央政府为民着想、出台惠农政策的比重均值最高，认为中央政府办事效率高、办事公正的比重均是最低。

表 8 – 24　各类惠农政策的满意度评价与农民对中央政府执政看法　单位：%，个

政策类型	满意度	为民着想	出台惠农政策	效率高	办事公正	其他	合计
农业生产类	满意	43.27	53.58	1.26	0.97	0.92	100.00 (2 066)
	一般	45.14	49.91	1.52	1.14	2.29	100.00 (525)
	不满意	20.00	80.00	0.00	0.00	0.00	100.00 (5)
社会保障类	满意	40.03	56.56	1.45	1.01	0.95	100.00 (1 996)
	一般	42.43	53.19	0.92	1.97	1.69	100.00 (1 004)
	不满意	45.45	50.00	4.55	0.00	0.00	100.00 (22)
生活发展类	满意	43.25	53.44	1.48	1.01	0.82	100.00 (1 688)
	一般	42.82	52.46	0.94	1.70	2.08	100.00 (1 058)
	不满意	25.93	62.96	3.70	3.70	3.71	100.00 (27)
基础设施类	满意	41.89	54.89	1.44	1.11	0.67	100.00 (1 800)
	一般	44.42	51.33	0.85	1.21	2.19	100.00 (824)
	不满意	33.33	61.11	2.78	0.00	2.78	100.00 (36)
综合发展类	满意	42.34	53.75	1.54	1.32	1.05	100.00 (1 814)
	一般	41.25	54.46	1.21	1.21	1.87	100.00 (909)
	不满意	39.66	57.79	0.57	0.85	1.13	100.00 (353)

考察亩均农业补贴额对农民最满意中央政府执政方面的影响可知（见表8 -
25），亩均补贴额越大，农民最满意中央政府"出台惠农政策"的比重越高，占
比为59.04%，而农民选择最满意中央政府"效率高"、"办事公正"方面的比
重较小，占比分别为0.71%、0.55%。因此，亩均补贴额越高，农民认为中央
政府为农民出台了好的惠农政策的比重也越高。

表8 – 25　　　　亩均农业补贴额与农民对中央政府执政看法　　　单位：%，个

亩均补贴	为民着想	出台惠农政策	效率高	办事公正	其他	合计
平均水平以下	39.08	56.82	1.48	1.31	1.31	100.00（1 753）
平均水平及以上	38.37	59.04	0.71	0.55	1.33	100.00（1 277）

注：此表中亩均农业补贴为2011年数据，2011年全国亩均农业补贴均值为85.39元。

（二）对地方政府的认同

农民对惠农政策满意度越高，其对当地政府工作的满意度也越高，反之亦
然。农民对惠农政策的整体评价为"不满意"时，对当地政府工作表示"不满
意"的农民比重为75%，"满意"的比重为25%；农民对惠农政策评价为"满
意"时，对当地政府工作表示"不满意"的占比下降到了9.44%，"满意"的
占比则增加到了64.6%。可见，随着农民对惠农政策满意度的提高，其对当地
政府工作"不满意"的评价减少，"满意"的评价增加（见表8 – 26）。

表8 – 26　　　　惠农政策满意度与农民对当地政府工作评价　　　单位：%，个

整体满意度	满意	一般	不满意	合计
满意	64.60	25.96	9.44	100.00（1 599）
一般	40.06	37.30	22.64	100.00（764）
不满意	25.00	0.00	75.00	100.00（4）

农民对各类惠农政策的满意度与其对当地政府工作的评价呈显著的正相关关
系。由表8 – 27可知，对各类惠农政策表示"不满意"时，农民对当地政府工
作"满意"的占比分别为40%、21.74%、34.61%、38.89%、38.94%；认为
各类惠农政策"一般"时，农民对当地政府工作"满意"的占比分别是
42.64%、47.35%、45.98%、42.45%、45.63%；对各类惠农政策"不满意"
时，农民对当地政府工作"满意"的占比分别是60.5%、61.82%、63.88%、
63.5%、65.57%。即农民对各类惠农政策满意度越高，对当地政府工作的评价
也越高。

表 8 - 27　　　　各类惠农政策与农民对当地政府工作评价　　单位：％，户

政策类型	满意度	满意	一般	不满意	合计
农业生产类	满意	60.5	27.97	11.53	100.00 (2 081)
	一般	42.64	36.23	21.13	100.00 (530)
	不满意	40.00	0.00	60.00	100.00 (5)
社会保障类	满意	61.82	26.29	11.89	100.00 (2 001)
	一般	47.35	33.46	19.19	100.00 (1 016)
	不满意	21.74	34.78	43.48	100.00 (23)
生活发展类	满意	63.88	25.59	10.53	100.00 (1 700)
	一般	45.98	35.39	18.63	100.00 (1 068)
	不满意	34.61	30.77	34.62	100.00 (26)
基础设施类	满意	63.50	26.12	10.38	100.00 (1 811)
	一般	42.45	35.91	21.64	100.00 (827)
	不满意	38.89	36.11	25.00	100.00 (36)
综合发展类	满意	65.57	25.00	9.43	100.00 (1 824)
	一般	45.63	36.65	17.72	100.00 (914)
	不满意	38.94	31.09	29.97	100.00 (357)

　　亩均农业补贴额影响着农民对当地政府工作的评价。亩均农业处于平均水平以下时，55.67％的农民对当地政府工作的评价为"满意"，15.08％的农民对当地政府工作评价为"不满意"；亩均农业在平均水平及以上时，对当地政府工作的评价为"满意"的农民比例增至56.44％，对当地政府工作评价为"不满意"的农民比例降至14.29％（见表8-28）。由此可见，亩均农业补贴越高，农民对当地政府工作满意度的评价也越高。

表 8 - 28　　　亩均农业补贴与农民对当地政府工作满意度　　单位：％，个

亩均农业补贴	满意	一般	不满意	合计
平均水平以下	55.67	29.25	15.08	100 (1 771)
平均水平及以上	56.44	29.27	14.29	100 (1 281)

　　注：此表中亩均农业补贴为2011年数据，2011年全国亩均农业补贴均值为85.39元。

（三）对基层干部的认同

　　由表8-29可知，对惠农政策满意度由低到高时，农民对县乡干部工作表示

"不满意"的占比依次是 50%、24%、11.97%，对县乡干部工作表示"满意"的农民占比依次是 0、29.14%、54.23%，由此可见，惠农政策满意度与农民对县乡干部工作评价有密切的关系，农民对惠农政策满意度越高，对县乡干部工作的满意度也越高。

表 8 - 29　　　　惠农政策满意度与农民对县乡干部工作满意度　单位：%，个

整体满意度	满意	一般	不满意	合计
不满意	0.00	50.00	50.00	100.00（4）
一般	29.14	46.76	24.00	100.00（278）
满意	54.23	33.8	11.97	100.00（426）

除农业生产类惠农政策外，社会保障类、生活发展类、基础设施类、综合发展类惠农政策的满意度评价显著影响着农民对县乡干部工作的认同。根据表 8 - 30 可知，社会保障类、生活发展类、基础设施类、综合发展类惠农政策的满意度较低时，农民对县乡干部工作"满意"的比重分别为 28.57%、23.53%、16.66%、26.06%；对社会保障类、生活发展类、基础设施类、综合发展类惠农政策的满意度较高时，农民对县乡干部工作"满意"的比重分别是 53.58%、56.64%、56.16%、56.59%。

表 8 - 30　　　各类惠农政策满意度与农民对县乡干部工作满意度　单位：%，个

政策类型	满意度	满意	一般	不满意	合计
农业生产类	不满意	57.14	28.57	14.29	100（7）
	一般	31.31	43.94	24.75	100（396）
	满意	52.17	34.63	13.20	100（462）
社会保障类	不满意	28.57	57.14	14.29	100（7）
	一般	29.56	45.51	24.93	100（345）
	满意	53.58	31.99	14.43	100（797）
生活发展类	不满意	23.53	41.18	35.29	100（17）
	一般	36.11	43.29	20.60	100（529）
	满意	56.64	28.67	14.69	100（422）
基础设施类	不满意	16.66	27.78	55.56	100（18）
	一般	28.09	46.07	25.84	100（356）
	满意	56.16	32.02	11.82	100（584）

续表

政策类型	满意度	满意	一般	不满意	合计
综合发展类	不满意	26.06	36.97	36.97	100（165）
	一般	36.55	44.76	18.69	100（487）
	满意	56.59	30.96	12.45	100（827）

随着对惠农政策满意度的提高，农民对村干部工作的满意度也在提高，反之亦然。农民对惠农政策满意度逐渐增加时，对村干部工作"不满意"的农民占比依次是50%、17.08%、12.09%；对村干部"满意"的农民占比分别是0、43.77%、64.88%，即惠农政策满意度越低，对村干部工作"不满意"的农民占比越大，惠农政策满意度越高，对村干部工作"满意"的农民占比越大（见表8-31）。

表8-31　　　惠农政策满意度与农民对村干部工作满意度　　单位：%，个

整体满意度	满意	一般	不满意	合计
不满意	0.00	50.00	50.00	100（4）
一般	43.77	39.15	17.08	100（281）
满意	64.88	23.03	12.09	100（430）

除农业生产类惠农政策外，社会保障类、生活发展类、基础设施类、综合发展类惠农政策的满意度评价显著影响着农民对村干部工作的看法。根据表8-32，农民对社会保障类、生活发展类、基础设施类、综合发展类惠农政策的"不满意"时，其对村干部工作"满意"的比重分别是28.57%、35.29%、55.56%、37.35%；农民对社会保障类、生活发展类、基础设施类、综合发展类惠农政策的"满意"时，其对村干部工作"满意"的占比分别是65.13%、64.3%、65.08%、71.31%。可见，农民对惠农政策的满意度会影响其对村干部的评价，两者呈正相关关系。

表8-32　　　各类惠农政策满意度与农民对村干部工作满意度　　单位：%，个

政策类型	满意度	满意	一般	不满意	合计
农业生产类	不满意	71.43	28.57	0.00	100（7）
	一般	45.11	39.10	15.79	100（399）
	满意	62.31	23.56	14.13	100（467）

政策类型	满意度	满意	一般	不满意	合计
社会保障类	不满意	28.57	28.57	42.86	100（7）
	一般	38.62	44.95	16.43	100（347）
	满意	65.13	22.91	11.96	100（803）
生活发展类	不满意	35.29	41.18	23.53	100（17）
	一般	48.60	36.26	15.14	100（535）
	满意	64.30	22.70	13.00	100（423）
基础设施类	不满意	55.56	33.33	11.11	100（18）
	一般	40.28	40.83	18.89	100（360）
	满意	65.08	25.04	9.88	100（587）
综合发展类	不满意	37.35	40.96	21.69	100（166）
	一般	46.64	36.86	16.50	100（491）
	满意	71.31	18.85	9.84	100（833）

三、惠农政策下农民的政治参与

（一）参与选举

农民对惠农政策的满意度评价影响了其参与村委会选举的积极性。由表8-33可知，农民对惠农政策"不满意"时，其参选率为75%；农民对惠农政策"满意"时，其参选率增加了8.72个百分点，为83.72%。可见，农民对惠农政策的满意度越高，其参与村委选举投票的积极性也越高。

表8-33　　　　　　惠农政策总体满意度评价与农民的参选率　　　单位：%，个

整体满意度	是	否	合计
满意	83.72	16.28	100（430）
一般	74.11	25.89	100（282）
不满意	75.00	25.00	100（4）

农民对不同类型惠农政策的评价不同，其参与上届村委会选举的情况也会有所差异。五大类型惠农政策中，基础设施类惠农政策满意度对农民参选率的影响最大，随着满意度的提高，农民参选率由61.11%提高到83.84%，增幅超过了

22.73 个百分点；其次，是综合发展类惠农政策，随着满意度的提高，农民参选率由 72.29% 增加到 82.23%，增幅为 9.94%；再次是社会保障类惠农政策，随着满意度的提高，农民参选率由 71.43% 增加到 78.95%，增幅为 7.52%（见表 8–34）。可见，基础设施类、综合发展类、社会保障类惠农政策满意度评价对农民参选率的影响较大，其中基础设施政策影响最大。

表 8–34　　　　　　各类惠农政策评价与农民参选率　　　　单位：%，个

政策类型	满意度	是	否	合计
农业生产类	满意	80.51	19.49	100（467）
	一般	78.25	21.75	100（400）
	不满意	85.71	14.29	100（7）
社会保障类	满意	78.95	21.05	100（803）
	一般	84.53	15.47	100（349）
	不满意	71.43	28.57	100（7）
生活发展类	满意	81.32	18.68	100（423）
	一般	79.78	20.22	100（534）
	不满意	77.78	22.22	100（18）
基础设施类	满意	83.84	16.16	100（588）
	一般	75.56	24.44	100（360）
	不满意	61.11	38.89	100（18）
综合发展类	满意	82.23	17.77	100（833）
	一般	79.35	20.65	100（489）
	不满意	72.29	27.71	100（166）

亩均农业补贴越低，农民参选率越低，反之亦然。由表 8–35 可见，亩均农业在平均水平以下时，农民的参选率为 78.65%；亩均农业在平均水平及以上时，农民参选率为 80.23%，即随着亩均农业补贴的增加，农民参选率也是逐步增加的。可见，保障农民的种田收益，能够增加农民政治参与的积极性。

表 8–35　　　　　　亩均农业补贴与农民参选率的关系　　　　单位：%，个

亩均农业补贴	是	否	合计
平均水平以下	78.65	21.35	100（2 525）
平均水平及以上	80.23	19.77	100（1 482）

注：此表中的亩均农业补贴额为 2010 年数据，2010 年全国亩均补贴均值为 73.90 元。

（二）参加村民会议

对惠农政策表示"不满意"的农民中，有75%的人参加了上届村民会议；对惠农政策感到"一般"时，有近六成的农民参与了上届村民会议；对惠农政策满意度较高时，超六成的农民参加了上届村民会议。可见，农民对惠农政策满意程度对农民参与村民会议的积极性有一定的影响，农民的满意度越低，其参与村民会议的积极性反而越强（见表8-36）。

表8-36　　　惠农政策整体评价与农民参与村民会议的关系　　　单位：%，个

整体满意度	参加了	没有参加	没有召开	合计
满意	63.49	30.93	5.58	100（430）
一般	58.36	27.05	14.59	100（281）
不满意	75.00	25.00	0.00	100（4）

生产生活类、基础设施类、综合发展类惠农政策的满意度评价对农民参与村民会议有显著的影响。农民对生活发展类惠农政策评价为"不满意"、"一般"、"满意"时，参加上届村民会议的农民比重依次是61.11%、61.05%、61.28%；当换成基础设施类惠农政策时，比重依次是61.11%、53.06%、65.19%；换成综合发展类惠农政策时，比重依次是55.42%、56.12%、63.77%（见表8-37）。对这三类惠农政策评价越高，农民参加过村民会议的积极性也就越大。

表8-37　　　各项惠农政策评价与农民参加村民会议的关系　　　单位：%，个

政策类型	满意度	参加了	没有参加	没有召开	合计
农业生产类	不满意	85.71	14.29	0.00	100（7）
	一般	60.00	26.75	13.25	100（400）
	满意	60.34	34.06	5.60	100（464）
社会保障类	不满意	85.71	14.29	0.00	100（7）
	一般	60.17	30.66	9.17	100（349）
	满意	60.33	30.54	9.13	100（799）
生活发展类	不满意	61.11	33.33	5.56	100（18）
	一般	61.05	27.90	11.05	100（534）
	满意	61.28	31.83	6.89	100（421）

政策类型	满意度	参加了	没有参加	没有召开	合计
基础设施类	不满意	61.11	38.89	0.00	100（18）
	一般	53.06	31.94	15.00	100（360）
	满意	65.19	29.52	5.29	100（586）
综合发展类	不满意	55.42	31.93	12.65	100（166）
	一般	56.12	33.47	10.41	100（490）
	满意	63.77	30.43	5.80	100（828）

由表 8-38 可知，获得的亩均农业补贴在平均水平以下时，54.55% 的农民参加了上届村民会议；获得的亩均农业补贴在平均水平及以上时，51.32% 的农民参加了上届村民会议。即亩均农业补贴对提高农民参加村民会议的积极性效果并不显著。

表 8-38　　亩均农业补贴与农民参与上届村民会议分析　　单位：%，个

亩均农业补贴	参加了	没有参加	没有召开	合计
平均水平以下	54.55	32.42	13.03	100（2 517）
平均水平及以上	51.32	35.50	13.18	100（1 479）

注：此表中的亩均农业补贴额为 2010 年数据，2010 年全国亩均补贴均值为 73.90 元。

（三）参与选举的动机

由惠农政策整体满意度与农民参与选举投票原因的交叉分析可知，随着农民对惠农政策满意度的提高，选择"大家都去"这个投票原因的比重从 31.6% 下降到 22.13%；为了"履行自身权利"参加投票的农民比例提高了 4 个百分点；"想选个好的当家人"的比重从 4.46% 提高到 19.38%，提高了近 15 个百分点。由此可见，在惠农政策的影响下农民自身的权利意识有所提高。

表 8-39　　惠农政策整体满意度对农民参与投票原因的影响　　单位：个，%

整体满意度	农民参加投票的原因				
	大家都去	履行自身权利	想选个好当家人	其他	合计
满意	22.13	54.67	19.38	3.82	100（836）
一般	31.60	50.19	4.46	13.75	100（269）
不满意	0	100	0	0	100（1）

四、阻碍惠农政策实现政治效应的问题

(一) 整体效应待加强

对基础设施类、综合发展类惠农政策"满意"的农民，其村委会选举的参加率较"不满意"的农民分别高出了22.73%、9.44%，对社会保障类、生活发展类惠农政策满意的农民，其选举参加率也较"不满意"的农民分别高了7.52%和3.54%，而农业生产类惠农政策却使农民的政治参与率不升反降。在政治认同和政治态度方面，对村民自治、村庄管理、村委选举和基层干部工作认可度提高作用最明显的是社会保障类、综合发展类和生活发展类惠农政策，在以上三类惠农政策的影响下，认为村民自治"有作用"的农民比重分别增加了37.74%、24.67%、21.77%。农业生产类和基础设施类惠农政策发挥的作用相对较弱，社会保障类和综合发展类的惠农政策对国家发展的信心、国家政策的认可和中央政府的满意度等影响较小。可见，各类惠农政策所发挥的政治效应并不均衡，政策整体效应的发挥均有欠缺，还需要进一步加强。

(二) 认同效应不均衡

从农民对惠农政策的满意度与对各级政府的满意度相关性分析来看，随着惠农政策满意度的逐渐提高，农民对地方政府的认同率由25%提高到64.6%，对中央政府的认同率从25%提高到了94.99%。对县乡干部的认同率从0提高到了54.23%，对村干部的满意度从0提高到了64.88%。农民通过惠农政策对中央和基层政府的认同感都有较大程度的飞跃，但惠农政策在提高农民对地方政府、基层干部的政治认同方面起到的作用远低于中央政府。这说明地方政府和基层干部在惠农政策的执行和落实工作中还有需进一步改进和完善。

(三) 负面效应仍存在

数据显示，惠农政策满意度与农民对选举结果的满意度呈负相关关系，惠农政策整体满意度为"一般"和"满意"的农民，对选举结果表示"满意"的比重分别为45.43%和28.15%，农民对惠农政策的满意度越高，对选举结果的满意度却越低。以上负效应的存在说明：让农民满意的惠农政策并不一定带来可观的、预期的正效应，农民虽然对惠农政策本身的评价较高，但也会因为惠农政策的监督不到位，政策落地过程中的行政腐败现象，导致农民虽对惠农政策本身满

意，但对村庄选举的结果，即惠农政策落实的主体不满意等负面效应。

五、评估基本结论和建议

通过对全国 31 个省 270 个村 4 000 多位农户的问卷调查与研究，项目组发现国家惠农政策的政治成效正在不断突显，其对农民的政治意识与政治行为产生了诸多的积极影响。

第一，惠农政策使得农民的政治态度更趋积极。一是农民对国家发展更有信心了。农民对惠农政策的满意度越高，其对国家发展的信心也越足。二是农民对政府执政更加信任了。农民对惠农政策的整体评价越高，其对政府执政能力的信任度也越高。满意惠农政策的农民较不满意的农民更相信党和国家能处理好社会问题，例如腐败问题等。三是农民对村庄治理更加肯定了。农民对惠农政策的评价影响着其对村民自治、村庄管理的看法。对惠农政策满意度较高时，农民多认为村民自治、村庄管理能够发挥作用，此外，对惠农政策感到满意的农民多对上届村委选举结果持肯定态度。

第二，惠农政策使得农民的政治认同有所提升。一方面农民对中央政府的认同增强了。农民对惠农政策的整体满意度评价越高，其对中央政府执政的满意度也越高。对惠农政策整体满意的农民对中央政府执政也感到满意，对惠农政策整体不满意的农民中，对中央政府执政感到满意的占比则较低。另一方面农民对地方政府的认同增强了。农民对惠农政策的满意度越高，获得的惠农补贴越多，其对地方政府的认同也越强。获得的农业补贴高于或等于平均水平时，满意当地政府的工作的农民比重增加，不满意的农民比重则会下降。

第三，惠农政策使得农民的政治参与更加理性。一方面惠农政策提高了农民政治参与的程度。农民满意惠农政策时，其参加村委选举的投票率较高，较不满意时有所增加，且随着农业补贴额的增加，农民的参选率也在递增。另一方面惠农政策转变了农民政治参与的动机。对惠农政策满意度较低的农民均表示参加投票是为了履行自身的权利。可见，对惠农政策的不满意，强化了农民参与村庄选举投票，从而争取自身权益的动机，农民的政治参与也逐步由盲目参与向具有权利主张的理性参与转变。

惠农政策在取得上述政治成效的同时，也存在着两大阻碍因素。一是效应的非均衡性。不同类型惠农政策发挥的政治效应大小呈现出非均衡性。社会保障类、综合发展类和生活发展类惠农政策对农民政治态度的影响更大，农业生产类和基础设施类惠农政策对农民这一态度的影响则相对较弱。同时，在惠农政策的影响下农民对地方政府的政治认同度仍远不及中央政府，农民对惠农政策两大主体的认同呈现出了非均衡性。二是效应的负面性。对惠农政策满意度高的农民，对选举结果的满意度却很低。这说明农民虽对政策满意，但由于政策监督和落实中的不透明、不到位，导致了农民对选举的结果不信任、不满意。

　　基于以上结论，为更好地发挥和强化惠农政策的政治效应，调查组建议在惠农政策的制定实施过程中，健全惠农政策，让整体效应最大化；完善监督机制，让负面效应最小化；让认同效应均衡化；创造多元途径，让参与效应最大化。

第四编

过程分析

第九章

国家惠农政策决策研究：基层视角

在我国，问题的提出、议题的确定、政策的撰写、政策的出台并不是完全透明的，也无法获得政策决策过程的相关信息。而决策过程的评价是最重要的评价。因此，本章从基层视角来审视、评估惠农政策的决策过程。

一、惠农政策的评价现状

（一）政策总体评价

1. 总体评价

根据惠农政策的具体功能将其划分为生产发展、社会保障、生活发展、基础设施和综合发展五类①。农民对各类政策的满意度分为五个等级：非常满意、比较满意、一般、不太满意和很不满意，从高到低依次赋分 5 分、4 分、3 分、2 分和 1 分。在 2 342 个有效样本中，农民对惠农政策总评分均值为 3.84 分，中位值为 3.83 分；比较各类惠农政策得分可知，生产发展类政策评分均值最高，为 3.97 分，社会保障类次之，为 3.90 分；综合发展类最低，为 3.67 分，生活发

---

① 生产发展类包括粮食直补、农资综合补、良种补贴、农机具购置补贴、退耕还林补贴和农业保险政策；社会保障类包含新型农村合作医疗、新型农村养老保险和农村最低生活保障政策；生活发展类指家电下乡、汽摩下乡和小额信贷政策；基础设施类包括农村饮水安全工程、农村危房改造、农村路网建设、农村电网建设和农村沼气工程政策；综合发展类指新型农村社区建设政策。

展类次低，为 3.73 分；基础设施类为 3.82 分。从中位值来看，除生活发展类政策得分为 3.67 分外，其余均为 4 分。由此可知，农民对惠农政策总体评价较高，对生产发展类和社会保障类政策评价相对更高，对综合发展类和生活发展类政策评价相对较低。

表 9 – 1　　　　　　　　　农民对各类惠农政策的满意度评分　　　　　单位：分，个

类型	生产发展类	社会保障类	生活发展类	基础设施类	综合发展类	所有政策
均值	3.97	3.90	3.73	3.82	3.67	3.84
中值	4.00	4.00	3.67	4.00	4.00	3.83
众数	4.00	4.00	4.00	4.00	4.00	4.00
样本	2 625	3 010	2 804	2 684	3 108	2 342

分地区来看，东部地区农民对社会保障类和基础设施类政策评分最高，生产发展类次之，生活发展类最低；中、西部地区农民均对生产发展类政策评分最高，社会保障类次之，综合发展类得分最低。中部地区农民对惠农政策总评分为 3.93 分，高于东部的 3.86 分和西部的 3.71 分。在生产发展类、社会保障类和生活发展类政策评价上，中部农民评分均值均高于其他地区，尤其对生产发展类政策的评分达 4.08 分。东部农民对基础设施类和综合发展类惠农政策评分均为最高，综合发展类政策评分为 3.82 分，比中、西部分别高 0.14 分、0.33 分。数据表明，中部农民对政策总体评价、生产发展、社会保障、生活发展类政策评价高于其他地区；东部农民对基础设施、综合发展类政策评价更高；西部农民对政策评价均明显低于其他地区。各地农民对社会保障类政策评价差异较小，而对综合发展类政策评价差异较大。

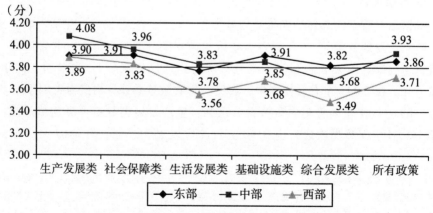

图 9 – 1　各地区农民对各类惠农政策的满意度评分

2. 执行评价①

从全国有效样本来看，村干部对惠农政策执行评分为 3.87 分，其中社会保障类评分最高，为 4.28 分，生活发展类次之，为 4.14 分，生产发展类为 4.05 分，综合发展类最低，为 3.26 分（见表 9－2）。东部村干部对各类政策评分排序与全国相同；中部村干部对生活发展类政策执行评分最高，社会保障类次之，生产发展类第三；西部村干部对社会保障类政策执行评分最高，生产发展类次之，生活发展类第三。东部村干部对基础设施类和综合发展类政策执行评分均高于其他地区，分别为 3.72 分和 3.35 分；中部村干部对生产发展类、社会保障类和生活发展类政策执行评分相对较高，尤其是生活发展类，评分高达 4.37 分。总体而言，村干部认为惠农政策执行偏向较好，对社会保障类、生活发展类和生产发展类评价较高，对基础设施类和综合发展类则评价相对一般。

表 9－2　　　　全国各地村干部对各类惠农政策的执行评分　　单位：分，个

地区	生产发展	社会保障	生活发展	基础设施	综合发展	所有政策	有效样本
全国	4.05	4.28	4.14	3.62	3.26	3.87	256
东部	3.88	4.25	4.00	3.72	3.35	3.84	82
中部	4.19	4.34	4.37	3.54	3.13	3.91	99
西部	4.05	4.24	3.96	3.61	3.33	3.83	75

考察农民对惠农政策执行的评价可知，在全国 3 590 个有效样本中，农民对惠农政策执行评分均值为 3.60 分，中位值和众数均为 4 分；中部农民对惠农政策执行评分最高，均值为 3.70 分，东、西部分别为 3.64 分、3.46 分；各地评分中位值和众数与全国一致（见图 9－2）。比较农民和村干部对惠农政策执行的评价可知，全国和各地农民的评分均低于村干部，其中西部差异最大，评分差达 0.37 分；村干部和农民对惠农政策的执行评分均呈现中部最高、西部最低的趋势，依次均为中部、东部、西部。

3. 价值评价

在县、乡干部评价作用最大的惠农政策的调查中，75.67% 的县干部认为生产发展类惠农政策对农民增收作用最大，社会保障类作用次之，为 13.51%，而生活发展类和基础设施类作用相对较小，均为 5.41%（见表 9－3）。在 103 个有效样本中，59.22% 的乡干部认为生产发展类惠农政策对农民增收影响最大，社

---

① 村干部和农民对惠农政策落实情况的评价分为 5 个等级即很好、较好、一般、不太好、很不好，分别赋值为 5 分、4 分、3 分、2 分、1 分；惠农政策未得到落实或不清楚赋值 0 分。

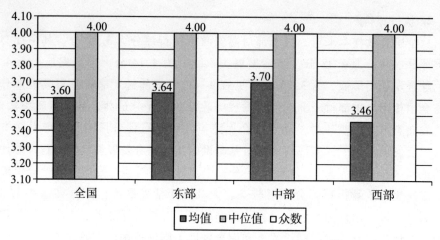

图 9 - 2　各地区农民对惠农政策的执行评分（单位：分）

会保障类政策的支持率为 30.10%，生活发展类政策支持率最低，为 2.91%。考察村干部对惠农政策具体作用的评价发现，在 255 个有效样本村庄中，72.16% 的村干部认为惠农政策最大作用是"减轻农民负担"；"提高生活水平"的占比次之，为 58.04%；"加快经济发展"和"改善基础设施的作用"紧随其后，占比分别为 45.10% 和 39.61%；1.57% 的村干部评价惠农政策没有任何成效。调查数据显示（见图 9 - 3），大多数县、乡干部对生产发展类惠农政策评价最高，社会保障类最低；村干部认为惠农政策的最大作用是减轻了农民负担，提高了生活水平。

表 9 - 3　　　　县、乡干部评价作用最大的惠农政策　　　单位：%，个

基层干部	生产发展类	生活发展类	社会保障类	基础设施类	合计
县	75.67	5.41	13.51	5.41	100.00 (37)
乡	59.22	2.91	30.10	7.77	100.00 (103)

在考察农民对惠农政策价值的评价中，分为 6 个等级，作用很大、作用较大、作用一般、作用较小、基本没什么作用、说不清，依次赋值为 5、4、3、2、1、0。在全国 3 430 个有效样本中，农民对惠农政策作用的评分均值为 3.31，中位值和众数均为 3；中部农民对惠农政策作用的评分均值相对较高，为 3.37，西部次之，为 3.34，东部最低，为 3.19，各地农民对惠农政策价值评分的中位值和众数均为 3（见表 9 - 4）。综合分析可知，全国农民对惠农政策的价值评价一般，各地农民评价差异较小，中部评价相对较高，东部评价相对较低。

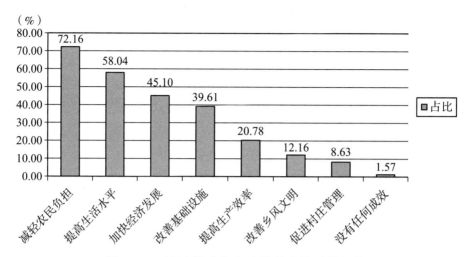

图 9 – 3　村干部对惠农政策最大作用的评价

表 9 – 4　　　　　　　　　农民对惠农政策价值的评分　　　　　　单位：分，个

总体评分	均值	中位值	众数	有效样本
全国	3.31	3.00	3.00	3 430
东部	3.19	3.00	3.00	1 075
中部	3.37	3.00	3.00	1 243
西部	3.34	3.00	3.00	1 112

（二）政策具项评价

1. 单项评价[①]

农民对各项惠农政策的评价存在显著差异，从全国情况来看，粮食直补、良种补贴、农资综合补贴、新型农村养老保险和农村电网建设政策的评分均在 4.00 以上，其中农民对粮食直补政策满意度最高，评分均值为 4.26，新农保和农村电网建设评分均值相对较低，为 4.04。家电下乡和农村路网建设政策得分紧随其后，均为 3.92；农机具购置补贴政策次之，为 3.88，"新农合"评分均值为 3.86，低保、退耕还林补贴和饮水安全工程政策得分分别为 3.85、3.82、3.82。汽摩下乡、危房改造、农业保险、沼气工程和小额信贷政策评分均低于 3.80，其中汽摩下乡最高，为 3.79；小额信贷最低，为 3.51（见图 9 – 4）。以上数据表明，农户对粮食直补政策评价最高，良种补贴和农资综合补贴政策评价

---

① 农民对各类政策的满意度分为 5 个等级：非常满意、比较满意、一般、不太满意和很不满意，依次赋值为 5、4、3、2 和 1。

较高；小额信贷评价最低，农业保险和沼气工程政策评价较低。

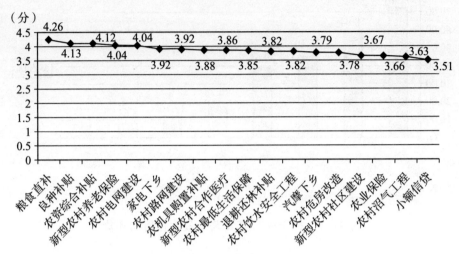

图9-4　农民对各项惠农政策的满意度评分

在考察各地区农民对各项惠农政策的评分中，东部农户对农村电网建设评分均值最高，为4.14分，小额信贷政策评分最低，为3.59分。中部农户对粮食直补政策评分均值为4.40分，农资综合补贴、良种补贴、新农保、家电下乡、农村电网建设和农机具购置补贴政策评分均高于4分。西部农户对粮食直补政策评分最高，为4.24分，农机具购置补贴和良种补贴政策评分为4.09分和4.04分，其他政策评分均低于4分（见表9-5）。东部农户对农业保险、农村低保、小额信贷、新型农村社区建设和除沼气工程外的基础设施类政策评分均高于其他地区；中部农户在除农机具购置补贴外的农业补贴类、新农保、家电和汽摩下乡、农村沼气工程类政策评分均最高；西部农户评分相对偏向粮食直补和农机具购置补贴。由此可知，东部农户对农村电网等基础设施类政策评价相对更高，中、西部农户对粮食直补等补贴类政策评价相对更高。

表9-5　　　　　　各地区农民对各项惠农政策的评分　　　　　单位：分，个

惠农政策	东部	中部	西部	有效样本
粮食直补	4.12	4.40	4.24	3 523
良种补贴	4.04	4.25	4.04	3 306
农资综合补贴	4.01	4.26	3.76	3 211
农机具购置补贴	3.86	4.00	4.09	2 918
退耕还林补贴	3.74	3.87	3.83	2 896

惠农政策	东部	中部	西部	有效样本
农业保险	3.74	3.68	3.54	2 876
新型农村合作医疗	3.76	3.88	3.93	3 562
新型农村养老保险	4.06	4.09	3.97	3 350
农村最低生活保障	3.94	3.90	3.71	3 127
家电下乡	3.93	4.07	3.74	3 216
汽摩下乡	3.83	3.92	3.60	2 935
小额信贷	3.59	3.51	3.43	2 880
农村电网建设	4.14	4.06	3.92	3 253
农村路网建设	4.07	3.99	3.70	3 304
农村饮水安全工程	3.95	3.77	3.74	3 172
农村危房改造	3.92	3.77	3.64	3 003
农村沼气工程	3.66	3.67	3.55	2 846
新型农村社区建设	3.82	3.68	3.49	3 108

2. 程序评价①

在对 211 个村干部关于惠农政策落实困难的调查中，169 位村干部表示惠农政策落实存在困难。对落实困难具体原因的调查显示，资金缺乏或资金到位不及时等问题为惠农政策落实困难的主要原因，占比为 23.67%，村民素质低下导致其对惠农政策落实的不支持、不配合也是另一主要原因，占比为 18.34%，17.16% 的村干部认为政策宣传、普及力度不够造成了惠农政策难以落实。此外，村干部认为政策参与程序烦琐的占比为 5.92%，这一比例高于政策本身问题中的其他项，如操作细则缺乏的占比为 4.14%（见表 9 - 6）。以上数据表明，对于政策本身，其程序烦琐是落实困难的首要原因。

从全国来看，在 4 520 个有效样本中，农户对新农保政策参保程序评分均值最高，为 4.23；家电下乡政策次之，为 4.04；汽摩下乡、农机具购置补贴领取程序评分均值为 3.77 分和 3.61 分；新农合医疗费用报销程序评分最低，为 3.45。分地区来看，各地农户均对新农保、家电下乡政策程序评分相对较高，其

---

① 家电下乡产品包括电冰箱、洗衣机、空调、电脑、热水器和电视机；汽摩下乡产品包括摩托车、小汽车、电动车和货车；农机具购置补贴覆盖拖拉机、农用三轮车、收割机、播种机/插秧机。

家电下乡、汽摩下乡和农机具购置补贴领取程序，新农合医疗费用报销程序，新农保参保手续均分为 5 个等级：很方便、较方便、一般、较烦琐、很烦琐，依次赋值为 5、4、3、2、1。

中东、中部农户对新农保参保程序评分均值均为 4.25；新农合报销程序评分相对较低，西部最低，为 3.41（见图 9 - 5）。此外，东部农户对汽摩下乡补贴领取程序评分更高，中部无明显偏向，西部农户更偏向农机具购置补贴领取程序。综合分析可得，农民认为新农保政策参与程序比较方便，家电下乡补贴领取程序略逊一筹，汽摩下乡和农机具购置补贴领取程序方便度一般，新农合报销程序略显烦琐。

表 9 - 6　　　　　　　村干部评价惠农政策落实不好的原因　　　　单位：个，%

落实难原因	资金问题	村民素质低	政策力度不够	政策参与程序烦琐	操作细则缺乏	村干部工作多	其他
样本	40	31	29	10	7	6	46
占比	23.67	18.34	17.16	5.92	4.14	3.55	27.22

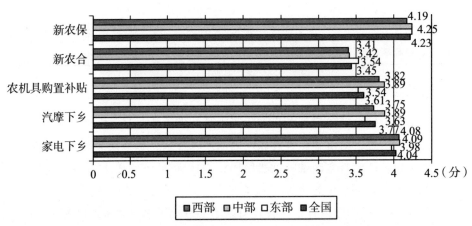

图 9 - 5　全国各地区农民对各项惠农政策参与程序的评分

3. 效用评价[①]

以新农合、粮食直补和新农保政策为例，考察农民对单项惠农政策的作用，在 4 354 个有效样本中，农民对粮食直补政策的作用评分均值为 3.49 分，中位值和众数均为 4 分，高于惠农政策总体效用评分；农民对新农合政策减负效用和新农保政策改善生活作用的评分均值分别为 3.15 分和 3.21 分，其中位值和众数均为 3 分，低于惠农政策总体效用评分（见表 9 - 7）。通过分析可知，农民对单项惠农政策评价普遍一般，具体来说，农民对粮食直补政策效用评价相对较高，

---

① 粮食直补、新农合、新农保政策对农民生活的作用分为 5 个等级：很大、较大、一般、较小、很小，依次赋值 5、4、3、2、1。

对新农合和新农保效用评价较低。

表9-7 　　　　　　　农民对各项政策效用的评分情况 　　　单位：分，个

作用评分	政策总体	粮食直补政策	新农合政策	新农保政策
均值	3.31	3.49	3.15	3.21
中值	3.00	4.00	3.00	3.00
众数	3.00	4.00	3.00	3.00
样本	3 430	4 354	3 412	2 876

　　考察不同地区农户对上述三项惠农政策效用的评价，西部农户对三项惠农政策效用的评分均值均高于东、中部地区，在新农保政策上表现尤为显著。具体来说，在1 081个有效样本中，西部农户对新农保政策的评分均值为3.40分，比东、中部农户评分均值分别高0.33分、0.21分。东部农户对粮食直补和新农保政策的效用评分均值均为最低，以粮食直补政策为例，东部农户对其效用评分均值3.28分，低于中、西部农户评分均值0.25分、0.31分。中部农户对新农合政策效用评分为3.12分，比东、西部分别低0.03分、0.05分。综合可知，各地农户均对粮食直补政策效用评价最高，东部农户对新农保政策效用评价最低，中、西部农户对新农合政策评价最低。

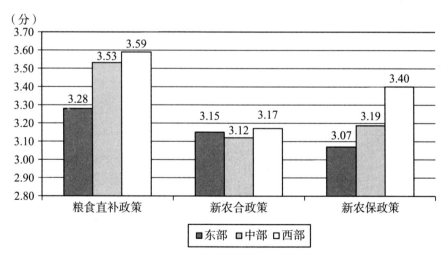

图9-6　各地区农民对各项惠农政策效用的评分

（三）政策完善评价

1. 总体完善

在关于完善惠农政策的访谈中，县、乡干部主要提出了提高补贴额度、扩大补贴范围、拓宽政策普及面及统筹现有补贴资金的建议。具体来说，在提高补贴额度方面，黑龙江海宁市某镇长和湖北钟祥市某镇党委书记提出要"加大农业补贴力度"，湖北长兴县某镇镇长、浙江建德市某乡镇干部、河南老河乡干部也提出"增加补贴额度"；在扩大补贴范围上，云南某县县长助理提出"政策普及面更宽"。针对现有惠农政策涉及面广、补贴资金分散的现状，河南开封市某乡长认为"种粮综合补贴应集中管理使用，以改善农村的各项公益事业"，湖北省宜昌市秭归县某镇镇长建议"将零星的惠农补贴捆绑使用，加快农村基础设施建设"。将分散的资金捆绑，提高资金的利用效率，增加农民收入，实现农民生产生活方式的转变。

对于农民对惠农政策完善评价的考察，在全国 3 563 个有效样本中，51.02% 的农户选择了扩大补贴范围和提高补贴额度；认为"应加强政策落实的监督和执行的反馈"的农户为 23.07%，17.01% 的农户支持"拓宽政策普及面"的做法，"强化政策针对性"的措施支持率为 11.96%，12.85% 的农户选择了"加大政策宣传的力度"。分地区来看，东部地区农户对"扩大补贴范围、提高补贴额度"及"拓宽政策普及面"的支持率高于其他地区，分别为 56.97% 和 17.79%；西部农户选择加强政策宣传、强化监督和突出针对性的占比最高，分别为 18.43%、26.53% 和 12.83%（见表 9 - 8）。调查显示，农户对惠农政策的完善评价主要集中在扩大补贴范围和提高补贴额度方面，其次为惠农政策落实的监督和执行的反馈，而对政策的宣传、普及、针对等其他方面评价相对较低。

表 9 - 8　　　　　　　农民对惠农政策的完善评价　　　　　单位：%，个

地区	政策宣传	补贴标准	政策监督	政策普及	政策针对	其他	有效样本
全国	12.85	51.02	23.07	17.01	11.96	4.63	3 563
东部	9.90	56.97	21.03	17.79	12.53	3.59	1 141
中部	10.39	50.20	21.73	16.65	10.63	4.52	1 261
西部	18.43	46.08	26.53	16.62	12.83	5.77	1 161

2. 具体改进

在县、乡干部对改进单项惠农政策的访谈中，其建议主要体现在标准、范围、对象等方面。具体而言，在惠农政策标准方面，福建省镇和县某民政办主任

建议"新农合的保费保持低交费，不要逐年提高"，广东陆丰县某镇长、辽宁辽阳县镇长助理、湖南衡阳某乡镇民政办主任均提出"提高粮食补贴标准"，安徽歙县某乡长认为"农村养老保险补助要提高"。在惠农政策范围方面，江西兴国县某副主任认为"农机具购置补贴范围窄，而且地处丘陵无法进行大规模机械耕作，一般农民无法享受真正实惠"，辽宁东港市某民政办助理认为应"提高小额信贷额度和扩大申请范围"。在政策惠及对象方面，江西安福县某乡党委书记认为"粮食补贴对象应为真正种粮户"。

具体考察农民对粮食直补政策改进措施的评价，在全国 4 271 个有效样本中，66.47%的农户选择提高补贴标准，扩大补贴范围的支持率为 24.82%，认为应更改补贴依据和加强补贴时效的农户分别为 4.57%和 4.14%。分地区来看，72.61%的东部农户选择提高补贴标准，大大高于中、西部地区；中部农户对更改补贴依据的支持率相对较高，为 6.44%；西部农户相对更偏向扩大补贴范围和加强补贴时效的举措（见图 9-7）。总体而言，农民对粮食直补政策的改进评价表明其对补贴标准评价相对最低，补贴范围评价次低，补贴时效和补贴依据评价相对较高。

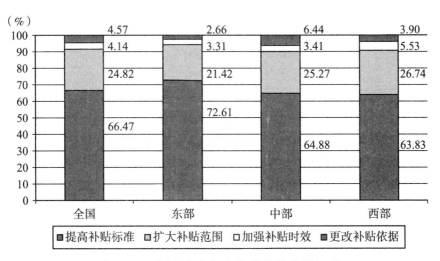

图 9-7 农民对粮食直补政策的改进评价

3. 需求满足

考察县、乡干部对惠农政策的需求时发现，产业扶持类、基础设施类和经济发展类政策是基层惠农政策需求的重点。在产业扶持政策上，福建省三明市某市长提出应"调整种粮、生猪养殖等补贴政策，改为重点产业、重点项目的扶持，并构建农产品信息服务体系"，河北定州市和宁晋县的两位副县长均提出"对高产示范田予以补助、奖励、提供保险"；福建浦城某乡镇干部建议"提高农产品收购价格，取消各项农业补贴"。在基础设施政策方面，重庆梁平县某镇长建议"减少现金直接补贴，增大对农村基础设施投入"。在经济发展类政策上，河北磁县有一干部表示"出台小额农贷政策，解决农业生产融资难的问题"；湖南衡阳县某局主任建议"落实金融下乡、推进小额贷款"。广西宁明县政府干部、河南宜阳县和贵州天柱县干部均表示了对科技下乡政策的期盼。

关于农民对惠农政策的需求和期盼的调查显示，在全国 4 613 个有效样本中，38.91% 的农民期待技术下乡政策的出台，占比明显高于其他项农资下乡政策的需求率次之，为 22.63%，选择金融下乡和教育下乡政策的农户占比分别为 18.04% 和 11.75%，法律下乡和文娱下乡类惠农政策需求较低，分别为 2.54% 和 2.32%。分地区来看，东部农户对法律下乡、文娱下乡类惠农政策的需求高于中、西部地区；中部农户相对其他地区农户更偏好农资下乡类惠农政策；西部地区农户最需要技术下乡、金融下乡、教育下乡类惠农政策，其中技术下乡类政策需求最为显著，占比达 44.50%。总的来看，农民对技术下乡类惠农政策需求最大，法律和文娱下乡需求较小；除技术下乡外，东、中部农户需要农资下乡政策，西部农户更偏好金融下乡政策。

表 9-9　　　　　　　农民对惠农政策的需求和期盼　　　　　单位：个，%

地区	技术	农资	金融	教育	法律	文娱	其他	有效样本
全国	38.91	22.63	18.04	11.75	2.54	2.32	3.82	4 613
东部	33.08	24.33	19.50	11.25	2.75	3.08	6.00	1 200
中部	37.44	26.17	15.25	11.92	2.34	2.80	4.09	1 712
西部	44.50	17.87	19.81	11.93	2.59	1.29	2.00	1 701

二、惠农政策决策存在的问题

(一) 供给与需求错位

1. 政策决策不合意

詹姆斯·E·安德森认为农户需求作为惠农政策实施进程中公共舆论的核心层次，应成为政府政策决策的直接依据[①]。农民的需求既是惠农政策决策的主要内容，也是其制约因素之一，国家决策要充分了解农民需求，政策目标才能有效

[①] 张金梅、邓谨：《国家惠农政策实施效果评价及对策研究——以国家级贫困县为例》，载于《中国农学通报》2011 年第 26 期，第 222 页。

实现。换句话说，惠农政策决策应首先体现农户的意愿，只有基于农户需求的政策是最优化的决策。在实际生活中，很多涉农部门提供的惠农服务并不能真正满足农民生产生活的需要。调查显示，在 2 280 个有效样本中，17.50% 的农户认为惠农政策落实不好的原因是政策不符合意愿，即逾 1/6 的农户认为当前的惠农政策不符合其实际需求（见表 9 – 10）。农户期望需求与实际供给不相符合，说明惠农政策决策与农户需求发生脱节，惠农政策决策方向和内容亟待修正优化。

表 9 – 10　　　　　　农民认为惠农政策落实不好的原因　　　　单位：个，%

原因	监督不到位	宣传得少	政策变味	不符合意愿	程序复杂	其他	合计
样本	573	545	456	399	175	132	2 280
占比	25.13	23.90	20.00	17.50	7.68	5.79	100.00

2. 政策内容不满意

政策内容是广大人民群众评价政策是否满意的重要依据。惠农政策的内容反映了享受政策的条件、范围和具体参与程度等，但在实践中偏离了大多数农民的实际需求，农民从政策获得的实惠感大大降低。比如在关于农民对政策不满意的原因调查中，393 位农户表示对政策不满，其中 44.53% 的农户不满原因是只有住院费用才能报销，18.07% 的农户则对报销手续不满，对定点医疗的做法不满的农户为 13.23%（见表 9 – 11）。新农合政策推行是为了让农民能看得起病，但在实践中许多农民表示门诊费用不报销，大病在地方也治不了，去市里、省里治疗报销比率降低，到头来还是看不起病。农民需要的并不仅仅是大病医疗统筹的政策，而是小病能看、大病能治的综合医疗保险政策。

表 9 – 11　　　　　　农民对新农合政策不满意的原因　　　　单位：个，%

原因	住院才报销	报销难	看病不自由	报销费用低	手续烦琐	其他	合计
样本	175	71	52	33	21	41	393
占比	44.53	18.07	13.23	8.40	5.34	10.43	100.00

3. 补贴标准不满足

政策标准具体明确是政策能够有效执行的关键，也是对其进行评估的基础。惠农政策无疑给农民带来了实际好处，但同时提高了农民期望，当政策效应被生产、生活成本抵消时，容易使农民产生不满情绪。调查中不少乡镇干部说："农民拿了钱，但是还不满意"。农民往往将国家发放的补贴资金理解为一种福利，

245

随着物价的上涨和务工收入的增加，其对数额不大的补贴资金往往不够重视，只是盲目地要求国家加大补贴力度。此外，由于惠农项目大多点多面广、资金量小分散，不少项目补贴资金只得采取"撒胡椒面"形式，没有补贴到重点对象和重点环节。对于新农保政策存在的问题，在 4 086 个有效样本中，50.64% 的农户认为新农保政策补助金额少（见表 9 - 12）。也就是说，逾半数农户均对目前新农保政策的补贴标准最不满意。

表 9 - 12　　　　　　　　新农保政策存在的问题　　　　　　单位：个，%

原因	补助金额少	体制待完善	覆盖范围小	个人缴费多	资金筹措难	其他	合计
样本	2 069	658	533	319	161	346	4 086
占比	50.64	16.10	13.04	7.81	3.94	8.47	100.00

（二）方案与实践脱离

1. 操作性不高

在惠农政策决策中执行方案往往规定了相应的执行标准，但实际推行中操作性往往不高，如农村低保的评定就是一项十分繁杂的工作，审查和监督均十分困难。农业补贴政策的补贴类型纷繁复杂、计算标准不尽相同、执行时间不统一；同时，各类补贴政策涉及的机构与部门较多，沟通和协调的成本比较高。以粮食补贴政策为例，按照规定，粮食直补资金发放应以实际种粮面积为依据，但由于核实实际种粮面积工作难度较大，操作成本过高，执行起来困难较多。因此，许多地方直接依据土地面积或人口数量发放农业补贴。数据显示，在 4 201 个有效样本中，73.84% 的农户获得粮食补贴的依据是土地面积，依据种粮面积发放补贴的农户为 23.42%（见表 9 - 13）。

表 9 - 13　　　　　　　　农户获得粮食补贴的依据　　　　　　单位：个，%

依据	土地面积	种粮面积	人口数量	承包地面积	出售粮食量	其他	合计
样本	3 102	984	57	29	4	25	4 201
占比	73.84	23.42	1.36	0.69	0.09	0.60	100.00

2. 随意性较大

惠农政策包括普惠型政策如基础设施类和特惠型政策如农村低保类，在特惠型政策执行中由于标准太低，入选对象太多，而资金总额有限，附加遴选和竞争机制，这就赋予了政策执行机构很大的自由裁量权，给执行结果带来了很大的不确定性。同时，基层政府在对惠农政策的认知上存在误区，把惠农资金的发放看成是对农民的"施予",对惠农政策决策方案的执行往往带有较浓的经济人色彩,即把自己的好恶作为政策执行的依据。以农村低保为例,在255个有效样本中,18.04%的村庄低保人员的评定权掌握在村干部手中(见表9-14)。同时,受资源条件的限制,部分乡镇对低保评选的名单仅以村组上报为主,一般不做具体调查评判,往往没有实现"应保尽保"的政策目标。

表9-14　　　　　　　　　农村低保的评议主体　　　　　　单位:个,%

评定主体	村干部	村集体	村代会	其他	合计
样本	46	53	146	10	255
占比	18.04	20.78	57.26	3.92	100.00

3. 便捷性不够

近年来,国家出台了不少惠农政策,实际执行却花费很长时间,尽管直接补贴大都实现了一卡通等电子支付手段,但是许多农村地区没有同类金融机构,直补资金的领取仍存在不便。同时,单项政策涉农部门多,对申请步骤没有合理的时间衔接和限制,农民需重复报送材料才得以批复,例如新型农村合作医疗政策,很多参合农民的居住地、定点医疗机构和信用社很远,材料的报送和审批程序需要很多来回,烦琐的登记、理赔程序给参合农民增加了不必要的麻烦。调研数据表明,在4 520个有效样本中,31.66%的农户认为新农合报销程序便捷性"一般",表示"不太方便"和"很不方便"的农户为11.84%和3.63%(见表9-15)。

表9-15　　　　　　　　新农合政策的报销程序便捷性　　　　单位:个,%

报销程序	非常方便	比较方便	一般	不太方便	很不方便	合计
样本	514	1 876	1 431	535	164	4 520
占比	11.37	41.50	31.66	11.84	3.63	100.00

(三) 价值与目标不合

1. 特惠变普惠

特惠型政策突出对特定对象的激励和扶持,以粮食直补政策为例,它是政府为了保障国家粮食安全,提高农民种粮积极性而推出的。该政策的补贴范围只涵括水稻、玉米、小麦等特定的粮食作物,按照种植面积补贴,不同土质和生产能力的耕地均享受同等补贴;同时,有些农户的土地撂荒了,但仍能拿到补贴,有些农户的土地流转了,粮食补贴往往发放到土地承包户手中,而非种粮农户那

247

里。真正种粮的农户拿不到补贴，不能调动农民的种粮积极性。这在一定程度上把对种粮农民的"特惠"政策扩大为对全体农民的"普惠"政策，这有悖于该政策的设计初衷，实际上分散了粮食补贴的目标。关于农民未得到粮食补贴原因的调查显示，13.48%的农户表示因为承包土地而未获得粮食补贴（见表9 - 16）。

表9 - 16   农民未得到粮食补贴的原因   单位：个，%

原因	不在补贴范围	政策未覆盖	承包土地	土地未登记	其他	合计
样本	145	85	50	10	81	371
占比	39.08	22.91	13.48	2.70	21.83	100.00

2. 惠农变惠商

惠农政策的受益群体应为广大农民群众，然而在执行的过程中由于受执行主体行政干预和监督主体缺位的影响，惠农政策决策的受益群体往往不是农民，而是参与执行的中介机构。调研中发现，本应惠及农民的农机补贴、家电补贴的最大受益者是生产厂家或经销商，农民从中受益则较少。以新农合政策为例，由于定点医疗机构均是由政府指定的，个别医疗机构通过特权变相涨价和"小病大医"等定点医疗机构的"潜规则"削减了惠农政策给农民群众带来的实惠。江西的一名县官一语中的，他认为"过多的行政干预往往导致农民普惠式惠农政策具有演变成部门'特惠'的趋势。"在关于农民对定点医疗机构不满原因的调查中，20.43%的农户表示其医疗收费较高，9.94%的农户认为定点医疗机构存在小病大医现象（见表9 - 17）。

表9 - 17   农民对定点医疗机构不满意的原因   单位：个，%

原因	医疗条件差	收费较高	分布少	小病大医	服务态度差	其他	合计
样本	971	508	338	247	200	222	2 486
占比	39.06	20.43	13.60	9.94	8.05	8.93	100.00

3. 口惠未实至

近年来农资价格不断上涨，增加了农业生产成本，也减少了惠农政策给农民带来的实惠。最明显体现在粮食补贴政策上，对于小规模经营的农户来说，获得的补贴有限，而农资价格的涨幅却较大。在调查过程中，许多农民表示："每年虽会增加粮补，但远不能抵消农资上涨的幅度，成效不大"、"牺牲了粮价，但没有绑住物价"。随着农用生产资料价格的上涨，粮食补贴金额远低于农资的投入，因而部分抵消了政策的效果，造成生产成本增加，种粮效益低下，农民负担加重。广西柳城县的一名乡镇党委书记就说："物价上涨过快导致惠农政策成效不大"。不少乡镇干部也反映仍需加大对新农保、新农合以及农村低保的补助力度。在养老金的作用评价上，45.10%的农户认为其作用"一般"，认为作用"较小"和"很小"的农户为14.57%和4.24%（见表9-18）。

表9-18　　　　　　新农保养老金对改善生活的作用　　　　　单位：%，个

地区	很大	较大	一般	较小	很小	有效样本
样本	236	802	1 297	419	122	2 876
占比	8.21	27.89	45.10	14.57	4.24	100.00

三、惠农政策决策问题产生的原因

（一）决策方案缺漏

1. 政策协调性

赫伯特·A·西蒙在其有限政策理论中提出，人类理性是有条件的、相对的……客观理性的决策模型只是理性决策的一种假定模式，只是一种形式理论，而不是真实世界中的政策方式[①]。事实上，任何行政机构作出决策的理性都是相对有限的，惠农政策涉及的部分繁多，部门间存在利益制衡，由于缺乏必要的沟通协调机制，其作出的决策方案存在相互矛盾，能同时满足各部门利益的方案几乎不存在。

2. 政策科学性

任何一项公共政策的决策都有可能存在不完善的地方，即便相对完善的政策随着时间的推移，也会变得不适应经济社会的发展形势。这主要表现在我国自上而下的"公文旅行"造成政策决策速度落后于政策环境的变化速度，有些政策在出台那一刻起就可能过时了。例如现行粮食直补政策仍然存在补贴范围小、补贴结构不尽合理等问题；农村基础设施建设项目缺乏科学性，存在重复布局和重复投资等问题。

3. 政策针对性

在惠农政策决策过程中，地方政府缺乏对当地社情、民情的全面调研，或对

---

① 肖云、吴国举：《惠农政策与计划生育奖扶政策的冲突与对策》，载于《甘肃理论学刊》2009年第3期，第132页。

调研信息处理不科学，咨询论证不系统，一味照搬中央政策，导致政策缺乏针对性，无法满足农民的多元化需求。同时，政策制定多层次、多环节的转换必定造成政策信息失真，必会导致政策缺乏针对性。如惠农政策中缺乏针对农村流动人口的医疗保障政策制定办法，使这些人无法享受政策益处。

（二）决策配套不足

1. 资金不充足

惠农政策资金主要来源于中央拨付和地方配套，而地方配套资金受地方财政能力等影响往往难以落实到位。同时，财政支农资金管理普遍存在着中间环节多、资金在途滞留时间长、资金拨付进度慢、资金到位时效性差等问题导致支农资金运行效率不高，影响了支农资金效益的发挥。惠农专项补贴资金在由上至下层级发放过程中，政策项目繁多，补贴种类和补贴标准复杂，经过层层关卡，落实到农户手中的补贴资金往往大打折扣，降低了补贴的实际惠农力度。

2. 宣传不充分

政策宣传与推广是促进惠农政策落实的首要工作，只有加强政策宣传力度，才能提高农民群众对惠农政策的认知和了解。在实际工作中，受政府财力、宣传成本等因素的影响，基层政府对中央惠农政策的宣传力度往往不大。大多数政策以文件的形式按层级由上至下传达，在传达中政府宣传停留在形式上，一般仅限于以文件讲政策和以会议谈政策。部分领导甚至将惠农政策简单地理解为"发钱行为"，使得广大农民群众难以理解惠农政策的实质和内涵。

3. 监督较缺乏

现行的公共政策监督实行双重领导体制，除执政党系统和行政系统的政策监控之外，人民代表大会及其常务委员会、司法机关、社会舆论等政策监控均存在着功能弱化现象，即存在不敢监控、监控不力等问题。政府机构内部监督不透明，人大监督流于形式，问责机制不健全，媒体舆论监督受行政干预太多均导致惠农政策的信息传递和监督缺乏了真实性。此外，现有的政策监督缺乏利益诉求表达机制，农民缺乏有力的利益代表机构引导或代替其行使公共政策执行的监督权，农民的监督权利根本得不到保障。

（三）决策基层缺位

1. 参与热情不高

受封建传统思想的影响，农民的政治心理、政治思想等权利意识较淡薄，这都极大地削减公民对公共政策制定的参与热情。作为惠农政策的目标群体，广大农民理应具有惠农政策制定的参与主体地位。但目前农民对公共政策制定的参与意识却比较淡薄，参与热情严重不足。在大多数人看来，即使是跟自己利益密切相关的公共政策的制定都是政府的事情，个人对政策制定起不到任何影响和作用。

2. 参与能力不足

我国绝大部分农民的文化水平较低，自身素质不高，缺乏公共政策决策中维护自身利益和增进自身价值的认知，同时他们大多是以个体身份存在，组织化程度非常低，仍习惯于通过政治体系中的个人力量而非组织之间的互动实现参与的愿望，无法承担起政策决策主体的责任。他们的话语权长期受到压制，已基本丧失表达自身利益诉求的能力，致使他们对任何事情无论好坏都不发表自己的心声，难以配合基层政府参与惠农政策决策活动。

3. 参与渠道欠缺

惠农政策的决策过程中一个典型的单通道传达机制，即只有中央政府由上而下的政策传达通道，而未有基层自下而上的政策反馈通道。基层参与政策决策的主要渠道即人民代表大会，但参与力量微弱，无法产生有效作用。在决策产生后的政策反馈主要通过政府工作报告或信访等机制实现，但惠农政策决策仍缺乏公平有效的评价机制，在理性经济人的假设中，基层政府和农民均会不自觉追求自身利益最大化，科学的政策决策评估体系亟须构建。

（四）决策完善滞后

1. 政策内容不完善

惠农政策关系到农民的切身利益，其内容的不完善无法充分调动农民生产的积极性。虽然惠农政策补贴每年在增加，但是随着农业生产资料价格的提高，种田成本逐年增加，每年增加的补贴数额也难以与市场农业生产资料的价格相平衡。农民并未感受到补贴的实惠和政策的益处，农民的种粮积极性也因此会受到很大的影响。惠农政策内容需要配合社会经济状况、农民需求变化适时做出调整优化。

2. 政策结构待优化

在实践中，各类惠农政策的互动关系还有待改进。在惠农政策中往往见效快、好操作、直接具体的经济补贴性政策和民生性政策比重较大，而社会性的基础设施建设政策则供给不足、问题重重，基础设施惠农的力度有待加强。以减轻负担、改善生活质量为宗旨的民生性政策属于"一锤子惠民"，不能发挥"授之以渔"的作用。而与之配套的农村长期可持续发展的政策还不够完善，这就要求处理好民生性政策与发展性政策的组合、配套问题。

3. 政策调整不及时

实际操作中惠农政策一般是固化的，调整往往滞后。如新农合政策，虽然农民普遍参合，但他们认为政策并没有从根本上解决其"看病难、看病贵"的问题，所以提出放宽定点医疗、提高报销比例、扩大医药报销范围等要求，但是决策层对之尚无反馈。惠农政策的保障措施完善也比较滞后，如低保政策执行中的骗保现象较为普遍，这一现象屡见不绝不得不归咎于政策监管的不力，对政策保障措施的完善迫在眉睫，政策完善机制亟须改进。

四、评估结论与建议

通过从基层视角考察惠农政策的决策，可以基本了解基层干部和农民群众对惠农政策决策的评价。从整体上来看，基层干群均热切关注惠农政策，对惠农政策总体评价较高，基本比较满意；其中对生产发展类和社会保障类政策评价相对更高，对综合发展类和生活发展类评价相对较低。此外，社会保障类政策评价差异较小，综合发展类政策评价差异较大。具体来说，粮食直补政策评价最高，良种补贴和农资综合补贴政策评价较高；小额信贷评价最低，农业保险和沼气工程政策评价较低。东部农户对基础设施类政策评价相对更高，中、西部农户对补贴类政策评价相对更高。农民对惠农政策的价值评价一般，各地农民评价差异较小。补贴类政策评价呈两极化态势，即基层对农业补贴政策的综合评价与改善评价均较高的状况。基层对惠农政策的完善建议主要集中在标准、范围、对象等方面；县、乡干部提出了提高补贴额度、扩大补贴范围、拓宽政策普及面及统筹现有补贴资金的建议。考察基层对惠农政策的需求时发现，产业扶持类、基础设施类和经济发展类政策是基层惠农政策需求的重点；农民对技术下乡类惠农政策需求最大、法律和文娱下乡需求较小；除技术下乡外，东、中部农户更需求农资下乡政策，西部农户更偏好金融下乡政策。

同时，当前惠农政策决策仍存在供给与需求缺位、方案与实践脱离、价值与目标不符三个方面问题。供给与需求缺位体现在惠农政策不符合农民的实际需求、农民从政策获得的实惠感不大、农民拿了钱还不满意等方面；方案与实践脱离体现在政策执行标准实践操作困难、政策执行机构拥有较大的自由裁量权、政策参与和资金发放的程序烦琐等；价值与目标不符则体现在特惠变普惠即以粮食补贴政策为例，把对种粮农民的"特惠"政策扩大为对全体农民的"普惠"政策、惠农政策决策的受益群体往往不是农民，而是参与惠农政策执行的中介机构，农资价格不断上涨增加了农业生产成本，冲淡了惠农政策给农民带来的实惠。这些问题的产生主要由决策方案遗漏、配套不足、基层缺位和完善滞后四个因素造成的，决策方案在协调性、科学性和针对性上均有所欠缺，决策配套如资金、宣传和监督均存在不足，决策基层缺位体现在参与热情不高、能力不足、渠道欠缺三个方面，内容不完善、结构待优化和调整不及时造成了政策完善滞后的局面。

　　惠农政策作为党和国家解决"三农"问题的重要"武器"，要真正发挥其繁荣农村、发展农业、富裕农民的作用，还需从四个方面逐步完善。一是要健全决策机制，通过确立决策调研机制、落实决策咨询机制和健全决策民主机制来保障政策方案的科学；二是要完善决策配套，通过完善决策立法、落实决策资金和确定责任主体来确保政策目标的实现；三是要发展基层组织，通过强化基层决策建言力量、培养基层民意代表组织和发展社会传媒监管组织拓宽决策参与的渠道；四是要构建评估体系，通过强化政府内部评估机制、聘请专业学术评估机构、发动社会力量参与评估来促进政策系统的优化。

第十章

国家惠农政策的执行研究

公共政策过程评价中最重要的是执行评价，执行主体、执行原则、执行方式、执行环境都会影响公共政策的成效。在我国，中央集权制体制下地方发展的压力，加之政策的享受者无法监督政策的执行者，导致惠农政策在执行过程中出现了很多问题，体现出一定的特殊性。因此，本章对惠农政策的执行进行评价。

一、惠农政策执行现状

（一）支农投入

1. 农业支出及占比

表 10 - 1 所示，考察各级政府农业支出及其占总支出比重，县支出均值为 17 440.89 万元，占比 15.13%；乡为 1 008.35 万元，占比 24.70%；村为 12.18 万元，占比 87.29%。县农业支出均值约为乡镇的 17.30 倍，但农业支出占比低 9.57 个百分点；村总支出的近九成均用于新农村建设（见图 10 - 1）。上述分析可知，政府层级越低，其农业支出均值越低，但支出所占比重越高。

表 10 - 1 县、乡、村农业支出均值及占财政支出比重

单位：万元，%，个

农业支出	县	乡	村
均值	17 440. 89	1 008. 35	12. 18
占比	15. 13	24. 70	87. 29
样本	28	65	188

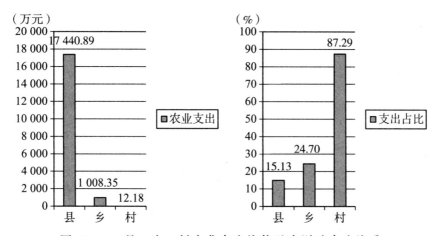

图 10 - 1 县、乡、村农业支出均值及占财政支出比重

2. 公共设施投入额

从表 10 - 2 可知，乡政府对农村公共设施投入金额均值为 1 247. 52 万元，中央、省、市、县的投入金额分别为 637. 65 万元、204. 99 万元、169. 89 万元、208. 51 万元，中央政府投入金额均值最高，约占投入总额的一半，市投入最低。从资金到位率来看，中央最高，为 87. 56%；县次之，为 84. 92%；市最低，为 65. 24%（见图 10 - 2）。数据表明，无论是公共设施投入金额还是资金到位率，中央政府均明显高于其他各级政府；县政府表现相对较好，市政府表现相对较差。

表 10 - 2 政府对农村公共设施投入金额及资金到位率

单位：万元，%，个

投入金额	中央	省	市	县	乡
均值	637. 65	204. 99	169. 89	208. 51	1 247. 52
到位率	87. 56	73. 63	65. 24	84. 92	—
有效样本	31	35	27	37	25

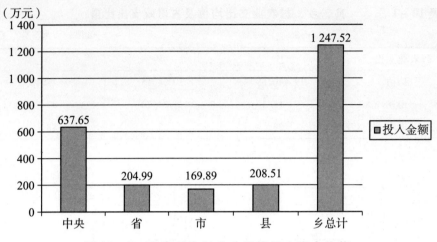

图 10 – 2　政府对农村公共设施投入资金均值

3. 水利建设投入额

从水利建设投资情况来看，县政府为 14 342. 77 万元，乡、村为 1 425. 31 万元、27. 85 万元，县投资额均值约是乡的 10. 06 倍，乡约为村的 51. 18 倍。县、乡水利建设投资额占总投资额比率为 10. 17%、18. 26%，乡较县高 8. 09 个百分点（见表 10 – 3，图 10 – 3）。综合可知，政府层级从上到下，其水利建设投资额差距在扩大，投资额占比则不断提高。

表 10 – 3　　　　县、乡、村水利建设投资额及占总投入比重

单位：万元，%，个

水利投资	县	乡	村
均值	14 342. 77	1 425. 31	27. 85
占比	10. 17	18. 26	—
有效样本	19	52	202

4. 文化投入及新增

数据显示，在全国 216 个有效样本中，村庄文化投入均值为 3. 17 万元，其中上级投入为 1. 13 万元，占比 39. 01%；新增投入为 1. 90 万元；村庄自筹 1. 65 万元，占比 59. 15%。从各地来看，东、中部村庄文化投入均值相对较高，为 3. 85 万元、3. 74 万元，西部较低，为 1. 69 万元；中部新增文化投入均值最高，为 3. 77 万元，西部最低，为 0. 62 万元（见表 10 – 4）。从来源看，中部上级政府投入占比最高，达 51. 71%，东部村庄自筹占比最高，为 74. 94%（见图 10 – 4）。分析可知，东部村庄文化投入最高，约 3/4 来自村庄自筹；中部新增投入

最高，过半投入来自上级财政。

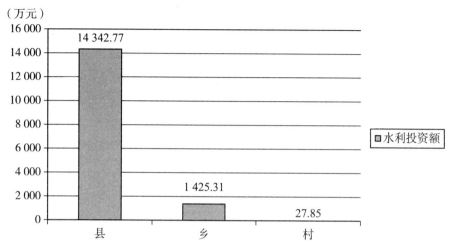

图 10 - 3 县、乡、村水利建设投资额均值

表 10 - 4　　　　　　　各地村庄文化投入及新增情况　　单位：万元，%，个

地区	总投入	上级投入		村庄自筹		新增投入	有效样本
		均值	占比	均值	占比		
全国	3.17	1.13	39.01	1.65	59.15	1.90	216
东部	3.85	0.97	20.03	2.65	74.94	0.87	67
中部	3.74	0.86	51.71	1.80	50.64	3.77	85
西部	1.69	1.62	47.15	0.23	48.49	0.62	64

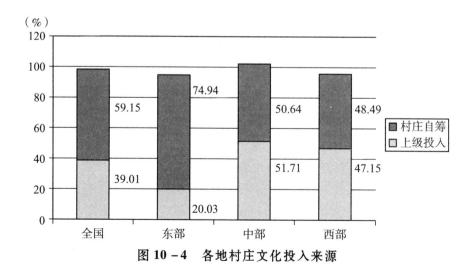

图 10 - 4　各地村庄文化投入来源

（二）执行成果

1. 基础设施建设

考察 69 个乡所辖村的基础设施建设，97.73% 的村庄通电，71.65% 通自来水，49.46% 通沼气，71.20% 的乡有乡村公路，公路里程均值为 186.97 公里。在 244 个有效村庄样本中，97.57% 的农户通电，40.77% 的有饮水安居工程，11.33% 的使用了沼气，95.08% 的村落实了路网建设，公路里程均值为 153.90 公里（见表 10-5，图 10-5）。总体而言，电网建设覆盖率最高，路网建设和饮水安全工程次之，沼气工程最低。

表 10-5　　　　　　　　乡、村基础设施建设成果　　　　单位：%，公里，个

覆盖率	电网建设	路网建设	饮水安全工程	沼气工程	有效样本
乡	97.73	71.20（186.97）	71.65	49.46	69
村	97.57	95.08（153.90）	40.77	11.33	244

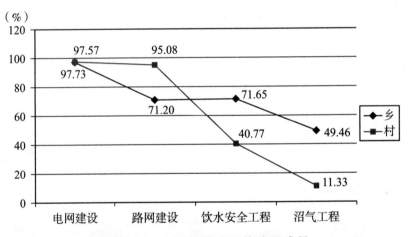

图 10-5　乡、村基础设施建设成果

考察各地村庄基础设施建设，在电网建设上，东、中部覆盖率均为 99.40% 以上，几乎全员覆盖；西部相对较低，为 94.96%。在路网建设上，村村通实现率西部最高，为 91.03%；组组通实现率东部最高，为 86.37%；户户通实现率中部最高，为 64.80%。在饮水安全工程上，西部最高，为 16.08%，中部次之，东部最低。在沼气工程上，东部最高，为 83.21%，西部次之，中部最低（见表 10-6，图 10-6）。综合可知，东部村庄在电网建设、路网建设和沼气工程落实率上均高于其他地区，沼气工程差异最显著，但饮水安全工程则明显滞后于其他地区。

表 10 - 6　　　　　　东、中、西部村庄基础设施建设比较　　　　单位：% ，个

地区	电网建设	路网建设			饮水安全工程	沼气工程	有效样本
		村村通	组组通	户户通			
东部	99.65	90.24	86.37	61.54	6.17	83.21	78
中部	99.44	90.00	81.79	64.80	11.93	56.97	93
西部	94.96	91.03	70.93	54.85	16.08	60.84	73

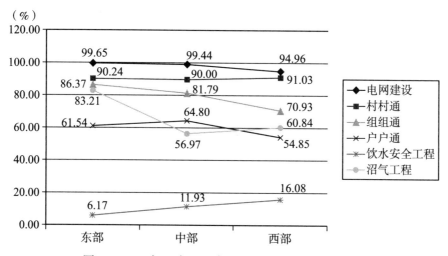

图 10 - 6　东、中、西部村庄基础设施建设比较

2. 农业补贴发放

从表 10 - 7 可知，在 194 个有效样本中，全国农村农业补贴发放率均值为
95.36% ，粮食补贴为 93.27% 。从各地看，中部农业补贴和粮食补贴发放率均
为 98.68% ，明显高于其他地区，其中农业补贴发放率高出东、西部 4.83% 、
6.23% 、7.91% 、11.89% （见图 10 - 7）。数据表明，中部地区农业补贴尤其粮
食补贴发放率相对较高，西部则恰恰相反。

表 10 - 7　　　　　　　全国各地村庄农业补贴发放率　　　　　单位：% ，个

地区	农业补贴	粮食补贴	有效样本
全国	95.36	93.27	194
东部	93.85	90.77	65
中部	98.68	98.68	76
西部	92.45	86.79	53

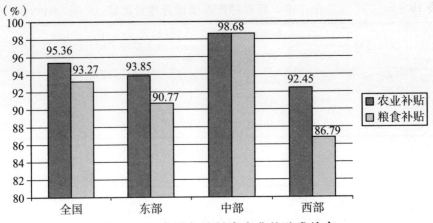

图 10 - 7　全国各地村庄农业补贴发放率

考察农业补贴发放金额，全国平均发放 34.04 万元，其中粮食补贴为 24.96 万元，占比 74.64%。从各地看，东部补贴金额和粮食补贴均最高，为 35.04 万元和 27.60 万元，中部均最低。在粮补占比上，中部最高，为 80.68%，西部最低，为 62.25%（见表 10 - 8，图 10 - 8）。由此可知，东部村庄农业补贴最高，中部最低。

表 10 - 8　　　　　　全国各地村庄农业补贴发放金额　　单位：万元，%，个

地区	补贴总额	粮食补贴	粮补占比	有效样本
全国	34.04	24.96	74.64	194
东部	35.04	27.60	77.42	65
中部	32.83	23.55	80.68	76
西部	34.54	24.09	62.25	53

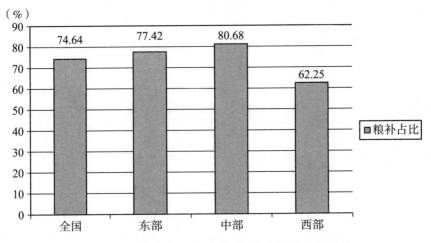

图 10 - 8　全国各地村庄粮食补贴发放金额占比

3. 社会保障情况

在 23 个有效县样本中，参加新农合和新农保的农民为 91.25% 和 50.13%，低保户和五保户占人口的 12.93% 和 1.74%。在 80 个有效乡样本中，新农合和新农保的参与率为 88.68% 和 42.06%，低保和五保的覆盖率为 6.39% 和 0.84%。在 254 个有效村庄样本中，91.84% 和 45.21% 的农民参加了新农合和新农保，低保和五保的享受率为 5.27% 和 0.42%（见表 10 - 9，图 10 - 9）。综合可知，在从上至下的政府层级间，新农合和新农保的覆盖率呈"先下降后上升"趋势，低保和五保则呈明显下降趋势。

表 10 - 9 　　　　　　　　**县、乡、村农村社会保障覆盖率** 　　　　　单位：%，个

覆盖率	新农合	新农保	低保	五保	有效样本
县	91.25	50.13	12.93	1.74	23
乡	88.68	42.06	6.39	0.84	80
村	91.84	45.21	5.27	0.42	254

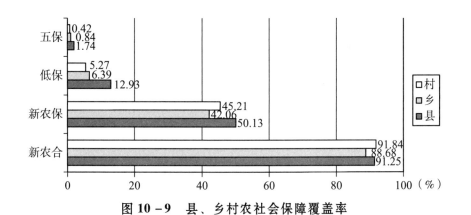

图 10 - 9　县、乡村农社会保障覆盖率

表 10 - 10 所示，考察各地农村社会保障覆盖率，中部村庄新农合、新农保、五保覆盖率最高，分别为 95.12%、50.50%、0.56%；东部村庄新农合、低保和五保覆盖率最低，为 90.33%、2.91% 和 0.31%；西部村庄低保覆盖率最高，为 8.64%，新农合新农保覆盖率最低，为 39.44%。分析显示，除低保覆盖率低于西部外，中部农村社会保障覆盖率均为最高（见图 10 - 10）。

表 10 – 10 东、中、西部农村社会保障覆盖率 单位：%，个

覆盖率	新农合	新农保	低保	五保	有效样本
东部	90.33	44.77	2.91	0.31	78
中部	95.12	50.50	4.51	0.56	99
西部	93.46	39.44	8.64	0.36	77

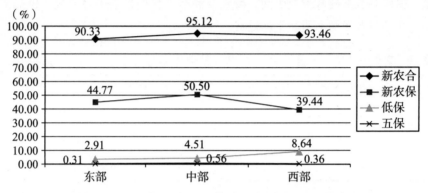

图 10 – 10 东、中、西部农村社会保障覆盖率

4. 农村文化建设

从全国农村主要文化场地建设及人员配备看，农家书屋、综合活动广场、篮球场、健身广场的覆盖率为 90.64%、55.92%、68.57%、44.76%，文化设施管理人员和体育指导人员配备率为 63.89% 和 9.62%。比较南北文化建设率差异，北方综合活动广场、健身广场建设率和文化设施管理人员配备率相对较高，其中综合活动广场建设率高出南方 16.53 个百分点；南方农家书屋、篮球场建设率和体育指导人员配备率高于北方，其中农家书屋差异达近 10 个百分点（见表 10 – 11，图 10 – 11）。综合可知，全国农家书屋建设率最高，篮球场次之，南方在这两项均高于北方；北方则偏向于广场类场地建设。

表 10 – 11 各地村庄主要文化场地建设及人员覆盖率 单位：%，个

覆盖率	公共文化场地			公共体育场地			有效样本
	农家书屋	活动广场	管理人员	篮球场	健身广场	指导人员	
全国	90.64	55.92	63.89	68.57	44.76	9.62	208
北方	85.42	63.75	69.23	64.20	50.00	8.42	95
南方	95.33	47.22	57.58	72.34	39.73	10.62	113

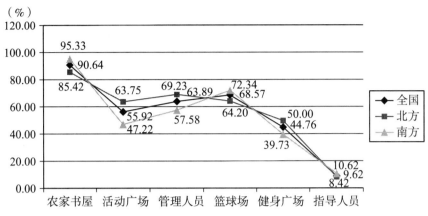

图 10 - 11　各地村庄主要文化场地建设及人员覆盖率

考察村庄主要文化场地及人员数量，从全国来看，农家书屋、活动广场、篮球场、健身广场村均数量为 1.12 个、0.70 个、1.07 个、0.66 个，文化设施管理人员和体育指导人员村均 1.57 人和 0.17 人（见表 10 - 12，图 10 - 12）。比较南北文化建设数量差异，北方在文化场地及人员数量上均高于南方，南方则在体育场地及人员数量上优势明显。总体来说，全国农家书屋村均拥有量最高，篮球场次之；北方相对偏向文化场地及人员建设，南方则在体育场地建设上优势显著。

表 10 - 12　　　　　各地村庄主要文化场地及人员村均数量　　　单位：个，人

村均值	公共文化场地			公共体育场地			有效样本
	农家书屋	活动广场	管理人员	篮球场	健身广场	指导人员	
全国	1.12	0.70	1.57	1.07	0.66	0.17	220
北方	1.22	0.78	1.58	0.78	0.61	0.15	103
南方	1.04	0.61	1.56	1.32	0.70	0.19	117

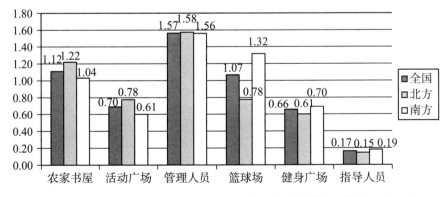

图 10 - 12　各地村庄主要文化场地及人员村均数量（单位：个，人）

（三）执行效益

1. 农民的享受率不高

表 10－13 所示，考察全国 3 598 个样本农户享受惠农政策的情况，14.51%
的农户享受到了全部的惠农政策，38.80%、30.82% 和 12.84% 的农户分别享受
到了大部分、一部分和小部分惠农政策，超四成农户享受了部分甚至小部分惠农
政策。分地区来看，东部地区农户享受到全部惠农政策的占比最高，为
16.49%；中部地区农户享受到大部分惠农政策的占比最高，为 43.14%；西部
地区农户享受到部分和小部分惠农政策的占比最高，为 32.90% 和 14.62%（见
图 10－13）。数据表明，全国近四成农户享受了大部分惠农政策，超四成农户享
受了部分甚至小部分惠农政策；东部农户惠农政策享受率较高，中部次之，西部
最低。

表 10－13　　　　　不同地区农户享受到的惠农政策　　　　单位：%，个

地区	全部	大部分	一部分	小部分	不好说	样本数
全国	14.51	38.80	30.82	12.84	3.03	100（3 598）
东部	16.49	35.70	29.93	14.05	3.83	100（1 146）
中部	14.90	43.14	29.72	10.14	2.10	100（1 282）
西部	12.14	37.09	32.90	14.62	3.25	100（1 170）

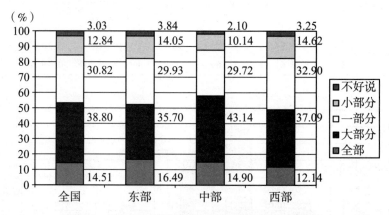

图 10－13　不同地区农户享受到的惠农政策

考察农民对各项惠农政策的享受率，从全国来看，电网建设享受率最高，达
95.88%，新农合参与率次之，为 92.84%，农业补贴享受率为 88.62%，排第
三；农村低保覆盖率最低，为 10.01%，沼气工程次低，为 11.33%（见表 10－

14）。从各地区来看，东部农户在电网建设和饮水安全工程享受率上高于其他地区，沼气工程、家电汽摩下乡和低保享受率上则相对较低；中部农户的农业补贴、农业保险、家电汽摩下乡、新农合和新农保享受率最高，饮水安全工程享受率最低；西部农户在沼气工程上享受率最高，在电网建设、农业保险和新农保上享受率最低。综合可知，除电网建设、新农合和农业补贴政策外，其他惠农政策的享受率均较低（见图 10 - 14）。

表10 - 14　　　　　　各地农户对各项惠农政策的享受率　　　　　单位：％，个

享受率	基础设施			生产生活			社会保障			有效样本
	电网建设	饮水安全工程	沼气工程	农业补贴	农业保险	家电汽摩下乡	新农合	新农保	低保	
全国	95.88	61.15	11.33	88.62	26.62	27.75	92.84	38.18	10.01	3 609
东部	99.88	79.69	4.05	80.47	27.63	22.91	87.41	40.36	5.64	1 164
中部	96.70	51.70	11.82	94.60	28.38	30.73	92.71	42.16	10.14	1 277
西部	90.76	52.60	18.37	89.63	23.71	30.14	92.41	31.76	14.31	1 168

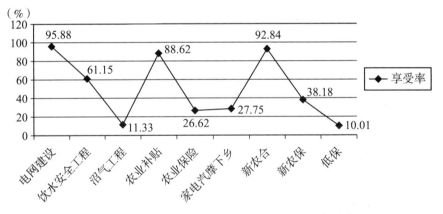

图 10 - 14　各地农户对各项惠农政策的享受率

2. 农民的满意度不高

在全国 3 590 个有效样本中，考察不同地区农户对惠农政策落实的评价，表示"很好"和"比较好"的农户为 13.56% 和 49%，好评率为 62.56%；分地区来看，东、中、西部农户对惠农政策落实的好评率分别为 61.50%、67.65%、58%，中部好评率比东、西部高 6.15%、9.65%（见表 10 - 15）。分析可知，超六成农户认为惠农政策落实较好，中部农户好评率最高，西部最低（见图 10 - 15）。

表 10 – 15　　　　　　　不同地区农户对惠农政策落实的评价　　　单位：%，个

地区	很好	比较好	一般	不太好	很不好	不清楚	样本数
全国	13.56	49.00	27.16	7.02	0.92	2.34	100（3 590）
东部	16.29	45.21	29.79	5.66	0.87	2.18	100（1 148）
中部	13.75	53.90	25.00	5.16	0.39	1.80	100（1 280）
西部	10.67	47.33	26.94	10.41	1.55	3.10	100（1 162）

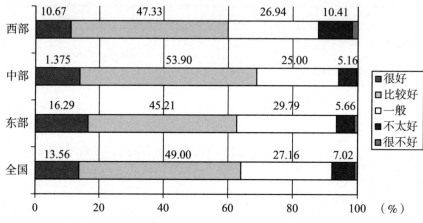

图 10 – 15　　不同地区农户对惠农政策落实的评价

　　考察农户对各项惠农政策满意度，从全国来看，电网建设满意度最高，为78.33%；新农保次之，为75.91%；农业补贴排第三，为75.87%；此外，农户对新农合政策满意度也在七成以上；沼气工程和农业保险满意度最低，均在六成以下（见表 10 – 16）。分地区来看，东部农户对电网建设、饮水安全工程、农业保险、新农保和低保政策的满意度均高于其他地区；中部农户相对其他地区更满意沼气工程、农业补贴、家电汽摩下乡、新农合政策；西部农户对惠农政策满意度均较低。总的来说，全国农户对惠农政策满意度均低于八成，东部农户更满意基础设施类和社会保障类惠农政策，中部则偏好生产生活类（见图 10 – 16）。

表 10 – 16　　　　　　各地农户对各项惠农政策的满意度　　　单位：%，个

满意度	基础设施			生产生活			社会保障			有效样本
	电网建设	饮水安全工程	沼气工程	农业补贴	农业保险	家电汽摩下乡	新农合	新农保	低保	
全国	78.33	66.14	54.18	75.87	55.50	66.78	73.30	75.91	67.44	3 609
东部	82.06	70.71	53.76	72.05	59.96	68.03	68.00	78.09	71.14	1 164

满意度	基础设施			生产生活			社会保障			有效样本
	电网建设	饮水安全工程	沼气工程	农业补贴	农业保险	家电汽摩下乡	新农合	新农保	低保	
中部	79.37	64.45	55.35	81.06	56.61	71.80	76.49	77.21	68.58	1 277
西部	73.38	63.48	53.22	73.56	49.25	59.75	74.96	72.22	62.55	1 168

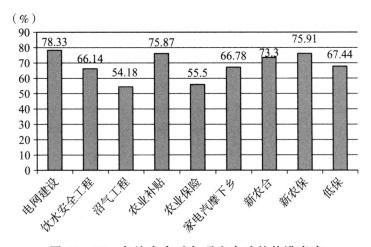

图 10 - 16　各地农户对各项惠农政策的满意度

3. 农民的受惠度不高

以新农合政策为例考察农民的受惠程度,从表 10 - 17 可知,在全国 3 511 个有效样本中,29.74% 的农民表示"明显减轻了负担",认为"减轻负担不明显"、"没区别"、"加重了负担"的农民分别为 44.89%、22.56%、2.81%。分地区来看,东部表示"明显减轻了负担"和"没区别"的农户占比均高于其他地区,中部农户表示"减轻负担不明显"的占比最高,达 48.45%,西部农户表示"加重了负担"的占比明显高于其他地区。由此可知,全国不足三成农户表示新农合政策明显减轻了其医疗负担,逾 1/4 农民表示没有减负甚至加负(见图 10 - 17)。

表 10 - 17　　　　　新农合政策的农民受惠程度　　　　单位:%,个

地区	明显减轻了负担	减轻负担不明显	没区别	加重了负担	有效样本
全国	29.74	44.89	22.56	2.81	3 511
东部	31.69	42.99	23.97	1.35	1 114

续表

地区	明显减轻了负担	减轻负担不明显	没区别	加重了负担	有效样本
中部	27.81	48.45	21.91	1.83	1 255
西部	29.95	42.82	21.89	5.34	1 142

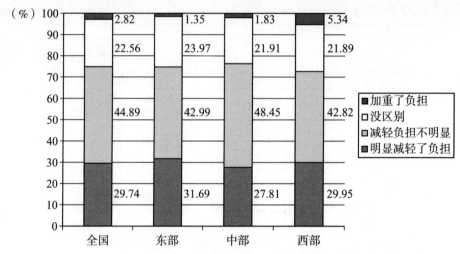

图 10－17　新农合政策的农民受惠程度

在全国 2876 个考察养老金作用大小的评价中，表示"很大"和"较大"的农户为 8.21% 和 27.89%，共计 36.10%，45.10% 的农户评价"一般"；分地区来看，东、中、西部对养老金作用评价明显的农户分别为 30.91%、34.12%、44.67%，中部农户"一般"评价率最高，为 48.49%，西部最低，为 40%（见表 10－18）。综合可知，全国不足四成农户认为养老金改善生活的作用较大，其中东部评价最低，西部最高（见图 10－18）。

表 10－18　　　　　　新农保养老金对改善生活的作用　　　　单位：%，个

地区	很大	较大	一般	较小	很小	有效样本
全国	8.21	27.89	45.10	14.57	4.24	2 876
东部	6.14	24.77	45.75	16.48	6.86	977
中部	5.55	28.57	48.49	14.47	2.91	1 064
西部	14.01	30.66	40.00	12.46	2.87	835

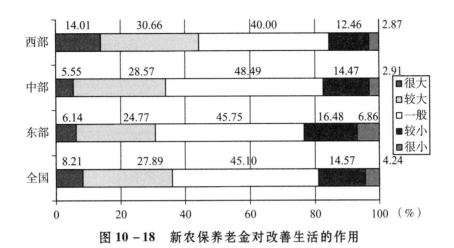

图 10 - 18　新农保养老金对改善生活的作用

二、惠农政策执行存在的问题

（一）资金落实不到位

1. 基层财政农业支出少

近年来，我国不断加大财政支农力度，基层财政部门用于农业支出比例也逐渐增长。但由于"三农"长期存在基础薄弱、效益低下等问题，农业资金供给仍严重不足；农业财政支出主要用于农、林、水事务支出，而用于建设性的支出、农业综合开发和农业科技推广等的比重较低，支出结构也不合理；此外，财政支出分部门管理制度和资金管理制度的不完善使得资金使用效率不高。数据显示，县第一产业产值占总产值的 25.52%，而农业支出占财政支出比重较之低 10.19 个百分点；乡农业支出占比比农业产值低 21.88%（见表 10 - 19，图10 - 19）。

表 10 - 19　　　　　县、乡农业生产产值和支出及占比　　单位：万元，%，个

产值与支出	县		乡	
	农业产值	农业支出	农业产值	农业支出
均值	381 475.41	17 440.89	43 780.20	1 008.35
占比	25.52	15.33	46.58	24.70
有效样本	34	28	74	65

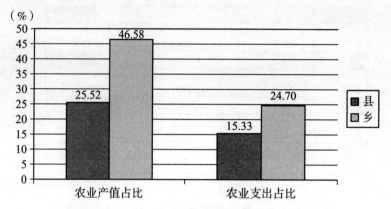

图 10 - 19 县、乡农业生产产值和支出及占比

2. 财政支农资金不到位

加大公共设施建设投入是推进惠农政策的重要内容。公共设施投入资金来源于中央拨付和地方配套，地方配套资金受地方财政影响往往难以落实到位。同时，财政支农资金在管理上普遍存在着中间环节多、资金滞留时间长、资金拨付进度慢、资金到位时效性差等问题，导致支农资金运行效率不高。资金到位率直接关系到农村公共设施建设，对农民日常生产生活有着重大影响。从表 10 - 20 可知，中央投资资金到位率为 87.56%，高于地方；市投入资金到位率低于省和县，为 65.24%（见图 10 - 20）。

表 10 - 20　　　　　**政府对农村公共设施投入资金到位率**　　　　单位：%，个

政府层级	中央	省	市	县
资金到位率	87.56	73.63	65.24	84.92
有效样本	31	35	27	37

3. 补贴资金层级克扣多

目前，我国大部分地区惠农补贴资金经由上级至下级实行"一卡通"发放方式，但被截留和被挪用现象时有发生。惠农政策种类繁多、补贴标准复杂，经过层层关卡后，补贴资金存在一定程度的流失，大大降低了实际惠农力度。以农村低保保障标准为例，县、乡、村均值层层降低，344 个样本低保户保障为 94.23 元/人/月，比县低 39.31 元/人/月（见表 10 - 21，图 10 - 21）。

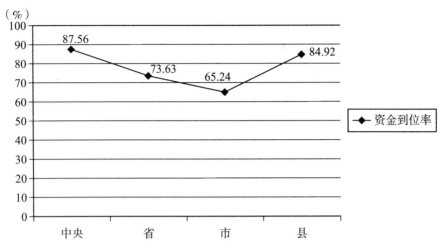

图 10 - 20 政府对农村公共设施投入资金到位率

表 10 - 21 县、乡、村、农户低保保障标准和人数

单位：元/人/月，人，个

农村低保	县	乡	村	农户
标准均值	133.54	121.71	105.45	94.23
低保人数	18 109.21	1 445.96	100.39	344
有效样本	23	80	254	344

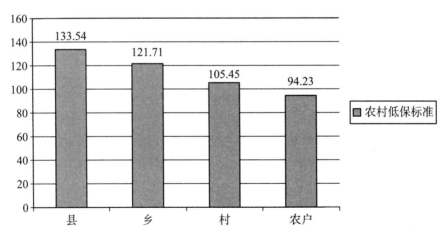

图 10 - 21 县、乡、村、农户低保保障标准和人数（单位：元/人/月）

（二）执行方式不稳妥

1. 政策宣传不到位

宣传与推广是促进惠农政策落实的首要工作，只有加强政策宣传力度，才能提高农民群众对惠农政策的认知和了解。在实际工作中，受政府财力、宣传成本等因素的影响，基层政府对中央惠农政策的宣传力度往往不大。乡镇政府对政策的宣传方式比较单一，往往仅限于以文件讲政策和以会议谈政策，不能够直接深入群众中间宣传政策的核心要点，部分领导甚至将惠农政策简单地理解为"发钱行为"，使得广大农民群众难以理解惠农政策的实质和内涵。在 2 280 个有效样本中，23.90% 的农户认为惠农政策落实不好的原因是宣传得少，占比仅次于监督不到位（见表 10-22，图 10-22）。

表 10-22　　　　　　农民认为惠农政策落实不好的原因　　　　　单位：个，%

原因	监督不到位	宣传得少	政策变味	不符合意愿	程序复杂	其他	合计
频数	573	545	456	399	175	132	2 280
占比	25.13	23.90	20.00	17.50	7.68	5.79	100.00

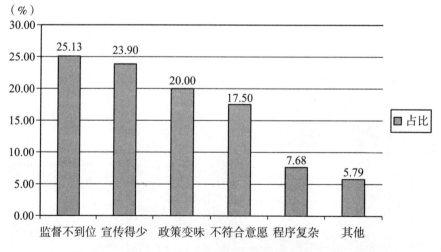

图 10-22　农民认为惠农政策落实不好的原因

2. 低保评定不民主

惠农政策包括普惠型政策如基础设施类和特惠型政策如农村低保类，特惠型政策标准太低，入选对象太多，而资金总额有限，附加遴选和竞争机制，这就赋予了政策执行机构很大的自由裁量权，给执行结果带来了很大的不确定性。

同时，基层政府在政策认知上存在误区，在执行中手段单一，把惠农资金的发放看成是对农民的"施予"。以农村低保为例，在 255 个有效样本中，18.04% 的村庄低保人员的评定权掌握在村干部手中；同时，部分乡镇对低保评选名单不做具体调查，仅以村组上报为主，容易造成群众不满（见表 10 - 23，图 10 - 23）。

表 10 - 23　　　　　　农村低保的评议主体　　　　　单位：个，%

评定主体	村干部	村集体	村代会	其他	合计
频数	46	53	146	10	255
占比	18.04	20.78	57.26	3.92	100.00

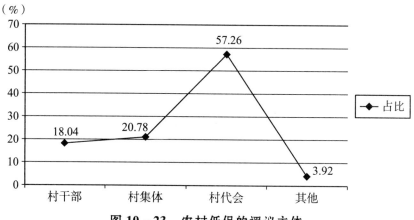

图 10 - 23　农村低保的评议主体

3. 农民参保不自由

为了促进惠农政策有效落实，政策往往被量化成具体任务和指标，分派到农村基层政府及责任人，并与其报酬、奖励和晋升挂钩。政绩评估表象化导致一些基层政府及领导在惠农政策执行中，为创造政绩而盲目强制推广。农村基层政府官员的任命，在很大程度上由上级领导决定，一般以"能完成上级下达的各项指标任务"为标准。为了完成上级有关部门分配的指标和任务，基层政府往往采取一些违反政策的措施，强制使用暴力进行征缴或执行。在对农户参加新农保和农业保险原因的调查发现，5.01% 的农民被要求必须参加新型农村养老保险，20.70% 的农民是非自愿购买农业保险，其中 8.28% 是被强制购买（见表 10 - 24，图 10 - 24）。

表 10 - 24　　　　　　农民参加新农保和农业保险的原因　　　　单位：个，%

惠农政策 参加原因	新农保			农业保险		
	必须参加	跟风	其他	强制	说不清	自愿
频数	108	128	1 920	86	129	824
占比	5.01	5.94	89.05	8.28	12.42	79.30

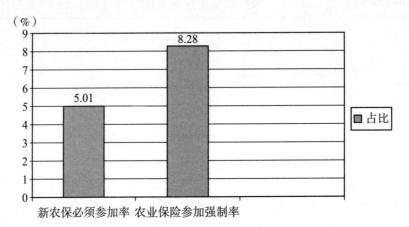

图 10 - 24　农民参加新农保和农业保险的原因

（三）农民参与不积极

1. 政策了解度较低

农民对惠农政策的了解度直接关系到他们对政策落实的监督力度。大多数农民只是关注与自身利益相关的政策，多持"事不关己，高高挂起"的心态，这当然无可厚非，但对惠农政策的执行带来了不小的挑战。此外，在调研中发现，多数农民只知道少数普惠型的政策，对大多数的特惠型政策根本不知道。同时，绝大多数农民对农业补贴标准、参保程序、缴费档次等政策细节一无所知，这使农民实际受惠程度和政策执行效果都打了折扣，加剧了惠农政策执行中农民的弱势地位。在 1 759 个有效样本中，逾四成农民不知道养老金发放时间（见表 10 - 25）。

表 10 - 25　　　　　　　　养老金发放时效性　　　　　　　单位：个，%

效率	按时	不按时	不知道	合计
频数	981	44	734	1 759
占比	55.77	2.50	41.73	100.00

2. 政策参与度较低

一般来说，农民对政府的信任感和满意度与政府层级成正比，即农民对中央政府满意度最高，对基层政府满意度较低。惠农政策是由中央制定，基层执行，这就产生了农民对政策支持而不配合的现象。同时，由于缺乏对政策的足够了解，在执行中农民往往不是积极参与的。农民对基层干部的信任度较低，导致在执行某些惠农政策时遭到怀疑、拖延或者不积极配合等尴尬的情况，从而增加了基层政府正常开展工作的难度。就普惠型政策而言，许多政策参与情况不太乐观，在全国 3 609 个有效样本中，新农保政策的参与度为 38.18%，农业保险为 26.62%（见表 10-26）。

表 10-26　　　　　各地农户对各项惠农政策的参与度　　　单位：%，个

参与度	沼气工程	新农保	农业保险	饮水安全工程	有效样本
全国	11.33	38.18	26.62	61.15	3 609
东部	4.05	40.36	27.63	79.69	1 164
中部	11.82	42.16	28.38	51.70	1 277
西部	18.37	31.76	23.71	52.60	1 168

3. 政策不满意度较高

政策执行效果主要通过农民对政策落实满意度来看，而满意度也直接关系到农民对政策的配合程度进而影响政策的执行。一旦农民对政策存在不满情绪，其往往表现冷漠甚至产生阻挠政策执行的行为，政策执行的群众支持率就会大打折扣，所期望达成的目标也就无法实现，执行结果令人不满。数据显示，在关于农民对各项惠农政策不满度的调查中，10.05% 的农民不满意沼气工程政策，占比高于其他政策；新农合的不满度也达到了 10%，饮水安全工程和农业保险的不满度为 9.96% 和 9.60%，一成左右的政策不满度实在令人担忧（见表 10-27）。

表 10-27　　　　　各地农户对各项惠农政策的不满度　　　单位：%，个

不满意度	沼气工程	新农合	饮水安全工程	农业保险	有效样本
全国	10.05	10.00	9.96	9.60	3 609
东部	6.64	10.99	4.24	6.46	1 164
中部	9.56	9.64	10.95	10.40	1 277
西部	14.12	9.41	14.57	12.02	1 168

三、影响惠农政策执行的主因

经济学家史密斯在他的政策执行过程模型中指出：适宜的政策、执行机构、目标群体、环境因素四者，为政策执行过程中所牵涉的重大因素①。笔者试图根据此模型初步分析我国惠农政策执行中出现上述问题的原因。

（一）执行依据：惠农政策

1. 对象不确定

特惠性政策突出对特定对象的扶持，在实施中不能准确界定享受对象，就会使政策效果大打折扣。以粮食补贴政策为例，有些农户的土地撂荒了，但仍能拿到补贴；有些农户的土地流转了，但粮食补贴往往发放到土地承包户手中，而非种粮农户那里。真正种粮的农户拿不到该得的补贴，不能调动农民的种粮积极性。再如农村低保政策，低保对象的确定有很大的复杂性，在资源稀缺的情况下，有些地方没有实现"应保尽保"，还存在指标分配的情况。

2. 标准不明晰

具体明确的政策执行标准是对政策执行进行评估和控制的基础，也是政策能够有效执行的关键。当前，政府各涉农部门设立很多项目加大对农村的投入，但少数政策文件缺乏对补贴对象、补贴标准、补贴方式的明确规定，多数政策文件缺乏申请和审批程序等方面的明确规定或相关条款。部分政策规定了相应的申请标准，但实际操作性不高，如低保办理标准即家庭人均收入核算就是一项十分繁杂的工作，其审查和监督均较难推行。

3. 方案不灵活

政策方案合理是有效执行的根本前提，但现在一些惠农政策的针对性不强，内容与实际不符，导致在执行过程中与现实相冲突。部分惠农政策实施的范围窄、受益对象少、补贴标准低，补贴的政治效应明显而经济激励效应不足。如种植业国家补贴标准相对较低，但近年来，化肥、农药、农膜等农资价格涨幅大，增加了农业生产成本，惠农补贴带来的效益被农资价格的攀升所抵消。

（二）执行主体：基层政府

1. 人员素质不高

基层政府成员年龄普遍偏高，多数基层干部重工作、重实践、轻理论、轻学

---

① 赵济民：《政策执行的影响因素分析》，载于《决策探索》2007 年第 2 期，第 83 页。

习，不愿意吃苦，工作热情不高，为农民服务的精神缺乏。基层执行者政治素质一般偏低，对政策认识不够，理解不清，难以全面正确地执行政策，极易导致执行失误；业务素质欠缺致使其消极被动或低效地执行政策，影响和阻挠了惠农政策的有效实施；少数基层干部更以牺牲政策的目标来换取个人或小团体利益，严重影响了政策有效作用的发挥。

2. 利益偏好较强

受经济人本质的影响，各级政府在执行政策时，更趋向于选择那种能够为自己带来更多收益和好处的执行方法。各级地方财政包干，事权财权不对称，基层政府更多地考虑自身利益。以增加自身财政收入为目的，有条件地执行国家政策，对自身有利的政策积极执行，反之消极待之。受升迁的利益驱动，基层政府易采取"上有政策，下有对策"等弄虚作假的执行方法，使政策执行不力或偏离政策目标，严重损害了农民群众的利益，有损政府的声誉和威信。

3. 行政效率较低

豪格伍德和葛恩认为，完美的政策执行所必须具备的先决条件是，只有一个执行机构，它的运作并不受制于任何其他机构；如果必须引入其他机构，这一执行机构对其他机构的依赖程度，无论从数量和重要性来说，都必须达到最小化[①]。但在当前的惠农政策执行中，涉及部门繁多、机构互相制约。同时，执行机构层级节制，责任高度分散，执行机构间如果沟通不畅、协调不好，可能导致政策执行中的失实，乃至失误。

（三）执行客体：农民群体

1. 文化水平较低

数据显示，在 3 628 个有效样本中，40.60% 的农民学历为小学以下，82.03% 的为初中以下，绝大多数农民文化水平低下。受落后的农村教育的影响，农民身上有落后与保守的特点，不善于接受新生事物，也有自私狭隘的一面，农民普遍存在对政策理解片面、认同欠缺的问题。农民的文化素质不高，容易造成对惠农政策的不理解，甚至产生抵触和排斥情绪。这既给惠农政策的执行带来了负面影响，也严重阻碍了农村社会和农民自身的发展。

2. 组织程度较低

农民大多是以个体身份存在，其组织化程度非常低，要想其承担起监督惠农政策执行的责任几乎是不可能的；另外，农民主体性意识不强，大部分忽视自身

---

① 谢来位：《惠农政策执行效力提升路径研究》，载于《云南行政学院学报》2010 年第 6 期，第 101 页。

享有的政治权利，不主动参与一事一议及其他村务，其对农村公共事务的参与很
大程度上受宗族、家族、私人关系等初级群体的影响。农民仍习惯于通过政治体
系中的个人力量而非组织之间的互动实现参与的愿望，因此无法发表自己对惠农
政策的看法，政策的执行情况自然无法得到及时的反馈。

3. 利益表达欠缺

在我国，农民仍属弱势群体，他们的话语权长期受到压制，已基本丧失表达
自身利益诉求的能力，致使他们对任何事情无论好坏都不发表自己的心声。在惠
农政策执行中，作为政策作用对象的农民非常被动，其对政策执行也是抱冷漠、
旁观的态度，加之生活水平的提高，广大农民群众对个别数额较小的惠农资金往
往不放心上，对这类资金的发放采取漠视的态度，难以配合相关部门开展监督检
查工作。

（四）执行环境：配套资源

1. 财税制度不合理

财政分权制度使得基层财力空虚，地方政府的财力远远不如中央，基层政府
更是靠上级的转移支付维持日常工作。由于税收分配不合理，从中央到地方，财
权层层向上收，上级财政支持不到位，基层政府开展工作就困难多了。基层尤其
乡镇政府权力和责任不对等，"给事不给钱，给责不给权"，在执行惠农政策时
往往内外交困，"巧妇难为无米之炊"。正是缺少必要的财力支持，基层惠农政
策资金才会难以落实到位。

2. 组织制度有缺陷

在我国，中央集权的组织体制充分体现为中央政府权力过分集中而地方政府
自主性不大，这导致地方政府在政策执行时积极性和主动性不强，常常出现
"有政策无执行"或"你有政策，我有对策"等问题。同时，条块分割的组织结
构使得各级政府均受上级政府的监督和管理，镇政府与上级政府权力交叉的现象
尤为突出。正所谓"上面千条线，下面一根针"，由于工作压力较大，基层政府
往往选择性执行相关政策，导致政策目标难以实现。

3. 经济环境不稳定

经济环境会影响农民乃至政策执行者对政策目标的支持程度，最终会影响政
策目标的实现。我国农村大部分地区经济落后，农民往往只关注短期能获益的政
策，也就导致了我国惠农政策执行的情况各不相同。近年来农资价格不断上涨，
增加了农业生产成本，直接冲淡了农业政策给农民带来的实惠。此外，惠农政策
在执行中也受制于血缘关系网和当地的自然环境，缺乏完善的监督体系。

278

四、评估结论与建议

通过上述分析，可以得出以下结论：（1）无论是惠农资金投入还是资金到位率，中央政府均明显高于其他各级政府；随着政府层级的降低，资金投入额逐渐下降但占比重呈上升趋势。其中，县政府表现相对较好，市政府相对较差。（2）惠农政策执行结果不一，各类政策之间和政府层级之间的执行情况均存在一定差异。基础设施类政策执行总体较好，层级差异较小；社会保障类政策执行相对较差，层级差异较大。（3）惠农政策执行出现覆盖率高但农民受惠率不高的现象。尽管如此，农民对惠农政策总体上都给予了正面的评价。具体来说，电网建设满意度最高，新农保次之，农业补贴排第三，此外，农户对新农合政策满意度也较高。东部农户更满意基础设施类和社会保障类惠农政策，中部则偏好生产生活类，西部农户对惠农政策满意度均较低。（4）虽然大多数农民对惠农政策的执行持认同态度，但满意仅仅是一种态度，并不表示农民真正满足，惠农政策执行中要突出农民的需求意愿。（5）惠农政策执行存在的问题主要集中在资金落实、执行方式和农民参与这三个层面上，可以说惠农政策的执行即在物质基础上的执行主体（政府）与目标群体（农民）间的互动过程。（6）根据史密斯的政策执行过程模型分析可知，我国惠农政策执行中出现上述问题源于执行依据即惠农政策本身、执行机构即基层政府、执行客体即农民群体和执行环境即配套资源四大因素。其中惠农政策主要存在对象不确定、标准不明晰和方案不灵活的问题；基层政府则普遍存在人员素质低、行政效率低、利益偏好强的问题；文化水平不高、组织程度较低和利益表达欠缺是农民群众的天生弱势；不合理的财税制度、有缺陷的组织制度和不稳定的经济环境给政策执行增加了不少阻力。

基于此，可从以下三个方面增强惠农政策的执行效果：（1）落实惠农资金，加大中央惠农投入力度，适当降低地方配套比例；根据地方财政惠农资金支出总额或服务对象人数安排必要的专项工作经费，并纳入财政预算，特别要落实和增加乡村两级工作经费。（2）加大宣传力度，制作惠农政策宣传手册，介绍惠农政策参与方式等信息；通过树立典型的方式，积极推广执行政策较好的单位和个人的有效经验；充分利用现代传媒工具如互联网等渠道。（3）明确主体责任，制定政策执行的责任单位、责任部门、责任人的责任追究办法和功绩奖励制度；设立举报电话和信箱、进行纸质问卷调查、开展民主评议活动或举办现场的征询活动等广泛征求群众的意见，还可通过"一事一议"鼓励农民发表对惠农政策执行的意见和看法。

第十一章

国家惠农政策的反馈研究

反馈环节是公共政策制定过程的最后一个环节，同时也是一个重要环节，它反映了享受主体的参与度或者参与渠道的畅通性，更重要的是反映了公共政策调整的灵活性。本章将通过对惠农政策反馈机制的考察来评价惠农政策的实施过程。

一、惠农政策的反馈现状

（一）惠农政策的反馈程度

1. 中部地区农民的政策反馈程度较低

从不同区域农民对政策落实情况的反映来看，全国样本农户表示会向上反映政策落实的比重为37.29%；东部和中部均低于全国平均水平，分别为34.61%和31.76%；西部地区则远高于全国和东部、中部地区，比重为44.38%（见表11-1）。可见，西部地区农民向上反映政策落实的积极性比较高，政策的反馈程度较高。中部农民则反之（见图11-1）。

表 11-1 不同区域农民的政策反馈 单位：个，%

不同区域	是否向上反映政策落实		
	反映	不反映	合计
全国	37.29	62.71	100.00（4 259）
东部	34.61	65.39	100.00（1 127）

续表

不同区域	是否向上反映政策落实		
	反映	不反映	合计
中部	31.76	68.24	100.00（1 521）
西部	44.38	65.62	100.00（1 611）

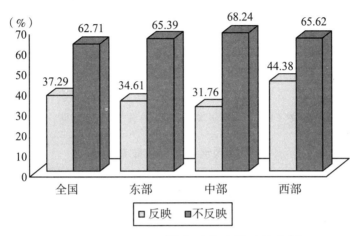

图 11 - 1　不同区域农民的政策反馈意愿

2. 村干部为政策反馈的主要主体

从村干部和普通农民对政策的反馈情况来看，在农民反映政策落实情况中，村干部的比重为 61.44%；普通农民的比重为 34.36%。村干部反馈率高出普通农户近 1.79 倍。可见，六成的政策反馈来自村干部，村干部成为政策反馈的主要主体。这是由村干部和上级政府的工作关系所决定的。

表 11 - 2　　　　　　　　　村干部的政策反馈　　　　　　单位：个，%

是否干部	是否向上反映政策落实		
	反映	不反映	合计
干部	61.44	38.56	100.00（459）
群众	34.36	65.64	100.00（3 784）

3. 中等收入水平的农民对政策的反馈程度比较低

从不同收入水平农民的政策反馈程度来看，向上反映政策落实最高的是高收入农民，比重为 39.66%；其次是中低收入，比重为 38.79%；最低的是中等收入，比重为 33.38%；低收入和中高收入的比重大体相当，占比为 37.61% 和 36.89%（见表 11 - 3）。可见，如果惠农政策落实不好，高收入农户的反馈度最高，中等收入农户的反馈度最低（见图 11 - 3）。

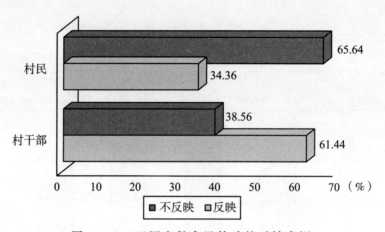

图 11 - 2　不同身份农民的政策反馈意愿

表 11 - 3　　　　　　　不同收入水平农民的政策反馈　　　　单位：个，%

收入水平	是否向上反映政策落实		
	反映	不反映	合计
低收入	37.61	62.39	100.00 (936)
中低收入	38.79	61.21	100.00 (807)
中等收入	33.38	66.62	100.00 (734)
中高收入	36.89	63.11	100.00 (824)
高收入	39.66	60.34	100.00 (812)

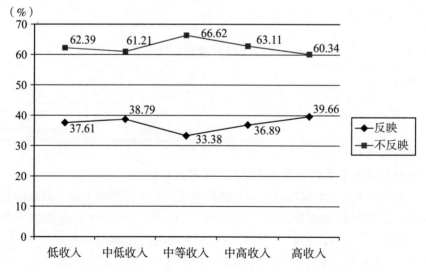

图 11 - 3　不同收入农民的政策反馈意愿

4. 中年农民对政策落实的反馈程度较高

从不同年龄区间来看，向上反映政策落实积极性较高的是 30 ～ 39 岁和 40 ～ 49 岁的农民，占比分别为 40.69% 和 40%；30 岁以下和 60 岁以上的比重分别为 33.33% 和 32.75%（见表 11 - 4）。由此可见，青壮年和老年人对政策落实的反映积极性较低，中年农民对政策落实的反馈程度较高（见图 11 - 4）。

表 11 - 4 　　　　　　　　不同年龄阶段农民的政策反馈　　　　　　单位：个，%

年龄分组	是否向上反映政策落实		
	反映	不反映	合计
30 岁以下	33.33	66.67	100.00（162）
30 ～ 39 岁	40.69	59.31	100.00（553）
40 ～ 49 岁	40.00	60.00	100.00（1 395）
50 ～ 59 岁	36.69	63.31	100.00（1 232）
60 岁以上	32.75	67.25	100.00（910）

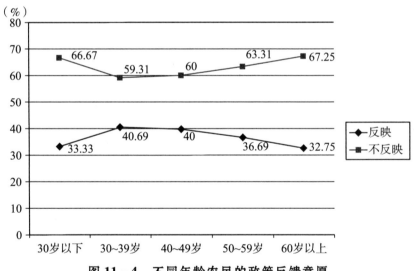

图 11 - 4 　不同年龄农民的政策反馈意愿

5. 中等文化水平的农民对政策落实的反馈程度较高

在不同文化水平的农民中，向上反映政策落实比重最高的是高中学历的农民，比重达 55.56%；其次是初中，比重为 43.82%；文盲、小学和大专以上学历的占比大体相当，占比分别为 35.02%、36.29% 和 35.71%（见表 11 - 5）。可见，中等文化水平的农民对政策反映的积极性和反馈程度较高。这可能是因为低文化水平的农民缺乏对政策的了解，中等文化水平的农民在一定程度上能有效熟知相关政策的落实情况（见图 11 - 5）。

表 11 –5　　　　　　　　　　**不同文化水平农民的政策反馈**　　　　　单位：个，%

文化程度	是否向上反映政策落实		
	反映	不反映	合计
文盲	35.02	64.98	100.00 (374)
小学	36.29	63.71	100.00 (3 254)
初中	43.82	56.18	100.00 (534)
高中	55.56	44.44	100.00 (63)
大专及以上	35.71	64.29	100.00 (14)

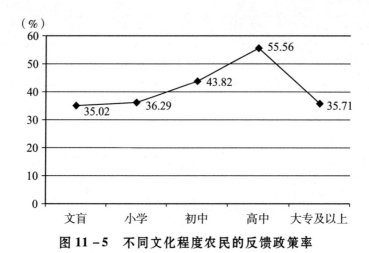

图 11 –5　不同文化程度农民的反馈政策率

（二）惠农政策的反馈方式

1. 默默忍受或找村干部理论为农民反馈的主要方式

总体来看，一方面，受访农户表示没有发生村干部挪用惠农补贴的占比为 73.63%。26.37% 的农户表示存在村干部挪用惠农政策补贴的情况（见表 11 – 6，图 11 –6）。惠农政策的落实有待于进一步提升，需要收集更多农民的真实意见，去提高政策改进和落实的有效性。另一方面，考察农户对村干部挪用惠农补贴的处理方式，农户选择默默忍受、与村干部理论的占比为所有处理方式中占比最高，占比分别为 36.55%、52.98%。另外，采取打官司、上访等法律手段的农户超过主动寻求媒体帮助的占比。农户选择找媒体帮助的占比为 3.96%，而农户选择打官司的占比为 7.24%，选择上访的占比为 15.49%，非理性的反抗方式只占很少的比重，农户选择静坐和暴力反抗的占比分别为 0.87%、1.68%（见表 11 –7，图 11 –7）。上述数据表明，农户对惠农政策的反馈方式集中于默默忍受或是与村干部理论。选择上访或者打官司方式多过找媒体、找熟人帮助。而较少使用上访、静坐、暴力反抗等方式。

表 11 - 6　　　　　　　　村干部是否挪用惠农补贴　　　　　单位：个，%

是否发生过	样本	占比
发生过	1 123	26.37
没有发生过	3 136	73.63

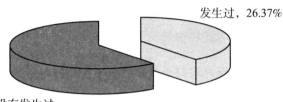

图 11 - 6　村干部是否挪用惠农补贴

表 11 - 7　　　　　　农户对村干部挪用惠农补贴的处理方式　　　　单位：%

处理方式	样本	占比
默默忍受	543	36.55
与村干部理论	783	52.98
找媒体帮助	59	3.96
找熟人帮助	115	7.71
打官司	81	7.24
上访	231	15.49
静坐	13	0.87
暴力反抗	26	1.68

注：此题为多选。

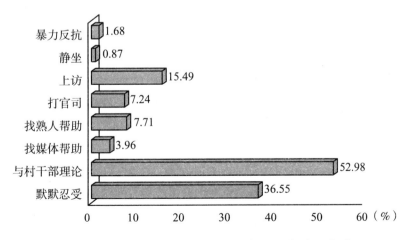

图 11 - 7　农户对村干部挪用惠农补贴的处理方式

285

2. 中部反馈方式较偏激

从不同区域来看，农户对村干部挪用惠农政策补贴的处理方式，东部农户采取默默忍受的占比为43.87%，超过其他区域。西部地区农户采取与村干部理论方式的占比较多，为53.61%，西部农户上访、找熟人帮忙的占比也较高，分别为10.84%、11.60%。中部农户选择静坐、暴力反抗的方式较多，占比分别为1.21%、1.90%（见表11-8）。以上数据表明，东部农户积极性不足，西部农户积极性较高。中部采取方式较偏激（见图11-8）。

表11-8　不同地区农户对村干部挪用惠农补贴的处理方式　　单位：%

反馈方式	东部	中部	西部
默默忍受	43.87	39.97	37.07
与村干部理论	50.20	53.46	53.61
找媒体帮助	3.95	5.02	3.80
找熟人帮助	3.16	7.96	11.60
打官司	7.11	3.46	6.27
上访	6.72	10.03	10.84
静坐	0.40	1.21	0.95
暴力反抗	1.58	1.90	1.90

注：此题为多选。

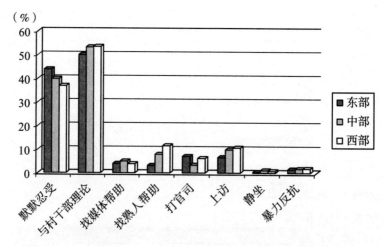

图11-8　不同地区农户对村干部挪用惠农补贴的处理方式

3. 中青年农户较积极采取快捷、直接方式

考察不同年龄的农户对于村干部挪用惠农政策补贴的处理方式，60岁以上

的农民选择默默忍受的占比最高，为 44.20%；50~59 岁农民选择与村干部理论
的比例最大，为 55.42%；其次为 30~30 岁农民，占比为 53.96%。30 岁以下的
农民选择找媒体帮忙的占比最高，为 7.41%；30 岁以下及 30~39 岁农民选择上
访的比例较高，占比分别为 18.52%、19.80%；60 岁以上的农民选择静坐的占
比为最高，为 1.25%；30~39 岁农民选择暴力反抗的比例最高，为 2.48%（见
表 11-9）。上述数据表明，30 岁以下青年和 30~39 岁中青年农民遇到村干部挪
用惠农补贴时往往采取与村干部理论、打官司、上访和暴力反抗等快捷有效、最
容易引起注意的处理方式；而 60 岁以上的农民往往采取默默忍受等消极处理方
式，其方式相对较为温和（见图 11-9）。

表 11-9　　　　不同年龄农户对村干部挪用惠农补贴的处理方式　　　单位：%

反馈方式	30 岁以下	30~39 岁	40~49 岁	50~59 岁	60 岁以上
默默忍受	31.48	31.68	37.20	32.29	44.20
与村干部理论	51.85	53.96	50.80	55.42	48.59
找媒体帮助	7.41	1.98	4.80	4.34	2.19
找熟人帮助	1.85	9.41	6.00	9.16	8.46
打官司	7.41	8.42	8.00	8.92	3.13
上访	18.52	19.80	15.40	15.42	12.54
静坐	0	0.99	0.80	0.72	1.25
暴力反抗	1.85	2.48	1.60	1.45	1.25

注：此题为多选。

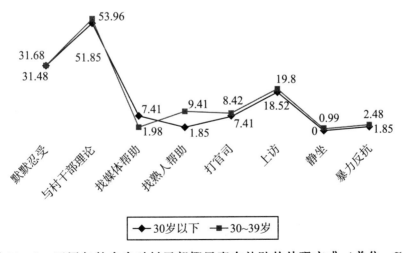

图 11-9　不同年龄农户对村干部挪用惠农补贴的处理方式（单位：%）

4. 低收入农户参与性低

从不同收入农户对村干部挪用惠农政策补贴的处理方式来看，收入越低，越多采取默默忍受。低收入的农民选择默默忍受的占比最高，为40.99%，与高收入农户的29.96%相比，超过11.03%；高收入较多采取与村干部理论的方式，占比为58.37%。高收入农户寻求媒体的占比也较高，为5.84%。中高收入农户采取上访的占比为15.83%，超过其他收入农户。低收入农户采取静坐的占比为1.55%（见表11-10）。数据表明，收入最低的农民在遇到村干部挪用惠农补贴时，往往采取默默忍受的方式，参与性低。收入越高的农户，维权的主动性越高（见图11-10）。

表11-10　　不同收入农户对村干部挪用惠农补贴的处理方式　　单位：%

反馈方式	低收入	中低收入	中等收入	中高收入	高收入
默默忍受	40.99	35.37	35.61	35.97	29.96
与村干部理论	52.17	51.13	54.17	52.16	58.37
找媒体帮助	3.73	3.86	3.03	3.60	5.84
找熟人帮助	9.63	6.43	8.71	5.40	8.17
打官司	7.45	7.40	7.95	6.47	7.39
上访	12.73	15.76	15.53	15.83	14.79
静坐	1.55	0.64	1.52	0.72	0
暴力反抗	1.86	2.25	1.52	2.16	0.78

注：此题为多选。

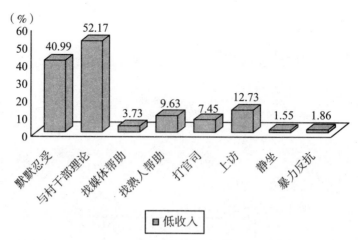

图11-10　低收入农户对村干部挪用惠农补贴的处理方式

5. 低文化程度农户较采取消极方式

考察不同文化程度农户对村干部挪用惠农政策补贴的处理方式，文化程度为文盲的农户选择默默忍受的占比为最高，为49.59%；文化程度为初中的农民选择与村干部理论的占比最高，为59.90%；文化程度为高中的农民选择打官司的比例最大，为22.22%，文化程度为文盲和小学的农民采取静坐方式的占比相对较高，分别为0.81%、0.96%；文化程度为文盲和小学的农民采取暴力反抗的占比相对较高，分别为1.63%、1.66%（见表11-11，图11-11）。以上数据显示，在遇到村干部挪用惠农补贴情况时，文化程度越低的农民，往往越倾向于采取默默忍受、静坐、暴力反抗等消极、极端处理方式，文化程度越高的农民往往倾向于采取找媒体帮忙、打官司、上访等积极有效的处理方式。

表11-11 不同文化程度农户对村干部挪用惠农补贴的处理方式　　单位：%

反馈方式	文盲	小学	初中	高中	大专及以上
默默忍受	49.59	36.79	25.52	5.56	33.33
与村干部理论	46.34	51.35	59.90	44.43	66.67
找媒体帮助	0.81	3.31	6.77	5.56	0
找熟人帮助	5.96	8.46	5.21	5.56	5.00
打官司	4.88	7.32	6.25	22.22	16.67
上访	14.63	14.73	19.79	16.67	16.67
静坐	0.81	0.96	0.52	0	0
暴力反抗	1.63	1.66	1.56	0	0

注：此题为多选。

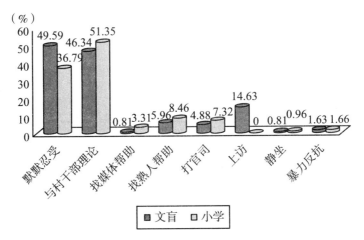

图11-11 低文化程度农户对村干部挪用惠农补贴的处理方式

289

6. 村干部选择方式主动性较高

从不同政治面貌的农户对村干部挪用惠农政策补贴的处理方式来看，群众采取默默忍受的方式的占比为38.66%，是干部采取默默忍受方式占比的2.47倍，干部采取理论、打官司、上访的占比依次为63.28%、13.28%、23.44%，这三项的占比均高于群众。群众找媒体帮忙、找熟人帮忙的占比较高，分别为9.61%、7.88%。群众采取静坐、暴力反抗占比也较高，分别为0.96%、1.77%（见表11-12）。综上数据，在遇到村干部挪用惠农补贴的情况时，干部主动性更高，往往采取打官司、上访等方式。而群众往往倾向于采取默默忍受、找熟人帮忙、静坐和暴力反抗等非积极有效的处理方式（见图11-12）。

表11-12　不同身份农户对村干部挪用惠农补贴的处理方式　　　单位：%

反馈方式	干部	群众
默默忍受	15.63	38.66
与村干部理论	63.28	47.94
找媒体帮助	7.03	9.61
找熟人帮助	6.25	7.88
打官司	13.28	6.63
上访	23.44	14.80
静坐	0	0.96
暴力反抗	0.78	1.77

注：此题为多选。

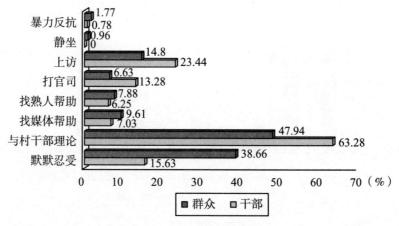

图11-12　不同身份农户对村干部挪用惠农补贴的处理方式

（三）惠农政策的反馈效果

1. 总体反馈效果

根据惠农政策的具体功能将其划分为生产发展、社会保障、生活发展、基础设施和综合发展五类①。农民对各类政策的满意度分为五个等级：非常满意、比较满意、一般、不太满意和很不满意，从高到低依次赋分 5 分、4 分、3 分、2 分和 1 分。总体上来看，从 2010 ~ 2012 年，农民对惠农政策满意度评分均值依次为 3.80、3.60、3.85，2012 年相较于 2010 年，评分提高了 1.31 个百分点。具体来看，农业生产类和社会保障类政策评分均值最高，尤其是社会保障类政策评分均值上涨幅度最大，为 3.14%；2010 ~ 2012 年，综合发展类政策评分均值依次为 3.78、3.71、3.67，呈逐年递减趋势（见表 11 - 13）。综合可知，农民对惠农政策的评价整体呈上升趋势，但变化幅度不大，在惠农政策的制定和完善过程中，农民的反馈起到了一定的作用，但作用不太明显；农民对农业生产类和社会保障类政策的评价相对较高，反馈效果较好；对综合发展类政策的评价相对较低，反馈的问题没有得到有效解决，反馈效果较差（见图 11 - 13）。

表 11 - 13　　　　　农民对各类惠农政策的满意度评分　　　　单位：分，个

年份	农业生产类	社会保障类	基础设施类	综合发展类	所有政策
2010	3.93（2 026）	3.82（2 266）	3.82（3 449）	3.78（3 091）	3.80（1 762）
2011	3.61（871）	3.87（1 162）	3.65（969）	3.71（1 493）	3.60（714）
2012	3.97（2 625）	3.94（3 056）	3.82（2 684）	3.67（3 108）	3.85（2 376）

2. 意见采纳度与反馈效果

考察农民给村干部提出的建议是否被采纳，在 2009 年 1 149 个有效样本农户中，村民给村干部提出的建议被采纳的比例为 56.92%，未被采纳的占比为 43.08%。2010 年在 808 个有效样本农户中，农民提出的建议被采纳的比例为 86.01%，约为 2009 年的 2.0 倍，其中均被采纳的比例为 12.25%，部分被采纳的比例是均被采纳比例的 6.02 倍，为 73.76%（见表 11 - 14）。综上数据表明，2009 ~ 2010 年村民提出的建议被采纳的比例明显提高，惠农政策的反馈效果得到很大提升；从具体占比来看，农民提出的建议均被采纳的比例偏低，反馈有效

---

① 生产发展类包括粮食直补、农资综合补、良种补贴、农机具购置补贴、退耕还林补贴和农业保险政策，社会保障类包含新型农村合作医疗、新型农村养老保险和农村最低生活保障政策，生活发展类指家电下乡、汽摩下乡和小额信贷政策，基础设施类包括农村饮水安全工程、农村危房改造、农村路网建设、农村电网建设和农村沼气工程政策，综合发展类指新型农村社区建设政策。

性还需不断提升（见图 11 - 14，图 11 - 15）。

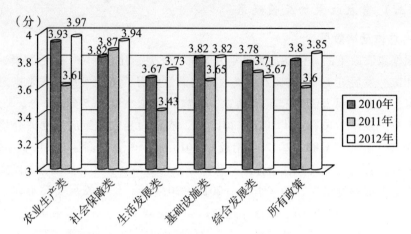

图 11 - 13　农民对各类惠农政策评分均值的三年对比

表 11 - 14　　　　农民给村干部提出的建议是否被采纳　　　单位：个，%

意见是否被采纳	2009 年	2010 年
均被采纳	0	12.25（99）
部分被采纳	56.92（654）	73.76（596）
均未被采纳	43.08（495）	13.99（113）
合　计	100（1 149）	100（808）

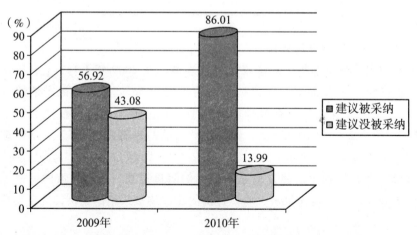

图 11 - 14　村民给村干部提出的建议是否被采纳比例的两年对比

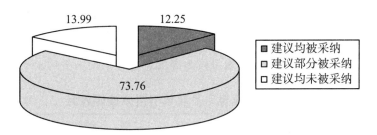

图 11 - 15　村民给村干部提出的建议是否被采纳结构（单位：%）

3. 对加强政策反馈的期待

关于农民对如何完善惠农政策的调查显示，建议加强政策反馈的占比较高。在全国 3 563 个有效样本中，认为需要加大补贴标准的占比最高，为 51.02%。其次为应加强对政策落实的反馈，其占比为 23.07%。其余三项占比较少，强化政策针对性的措施支持率为 11.96%，12.85% 的农户选择了加大政策宣传力度的措施。17.01% 的农户认为应加大政策普及。分地区来看，西部农户对加强政策反馈的支持度高于其他地区，占比为 26.53%，高于全国平均水平。东部农户对加强政策反馈的支持度较低，为 21.03%，稍低于全国平均水平（见表 11 - 15）。调查数据显示，除提高补贴标准外，农户对完善惠农政策的最大希望是加大政策反馈，这从一个侧面反映了农民对政策反馈的效果评价较低。

表 11 - 15　　　　　不同地区农户对完善惠农政策建议　　　　　单位：个，%

地区	政策宣传	补贴标准	政策反馈	政策普及	政策针对	其他	有效样本
全国	12.85	51.02	23.07	17.01	11.96	4.63	3 563
东部	9.90	56.97	21.03	17.79	12.53	3.59	1 141
中部	10.39	50.20	21.73	16.65	10.63	4.52	1 261
西部	18.43	46.08	26.53	16.62	12.83	5.77	1 161

（四）惠农政策反馈的传输效果

1. 知晓方式

农民对政策的有效反馈需要建立在充分了解政策信息，熟知政策内涵的基础之上。没有对已有政策的熟悉，农民很难对现有政策有清晰的认识，更难达到理想的反馈效果。但在调查中发现，惠农政策的传输效果并不理想，知晓的方式较为传统。以家电下乡政策为例，61.49% 农户通过电视知道家电下乡政策，13.28% 农户通过政府宣传知晓，相比政府宣传，电视知晓方式远远超过其 4.63倍。在村民和村干部的比较中，村民传输的方式稍多于村干部。通过村民知道的占比为 9.25%，通过村干部知道的占比为 5.34%。另外通过广播、销售点等其他方式知晓比重较低（见表 11-16）。可见，电视收看是农户知晓政策的主要渠道，这一点在西部地区农户中表现得较为突出，超过了全国平均水平。

表 11-16　　　　　不同地区对家电下乡政策不同渠道的影响　　　单位：%，个

地区	电视	政府宣传	村干部	村民	广播	销售点	其他	样本
全国	61.49	13.28	5.34	9.25	3.56	6.67	0.41	1 740
东部	62.31	11.88	6.71	8.61	2.41	7.23	3.27	581
中部	60.32	13.51	5.83	9.96	3.70	7.40	2.13	703
西部	61.84	14.69	4.39	8.77	4.17	4.61	2.41	456

2. 知晓程度

不同年龄的农民对政策的认知也有一定差异，在新型农村合作医疗政策的知晓程度调查中，对缴费时间知晓度最高。对医药报销的具体细节，比如报销程序、费用限制、比例和报销期限知晓度较低。另外，还有超过两成农户虽然参保，但完全不知道新型农村合作医疗政策。具体从不同的年龄看，老年农户知晓程度最低，26.16% 完全不知道新型农村合作医疗政策，超过其他年龄段农户。对报销程序、报销费用方面，50～59 岁中老农户知晓最高，占比分别为 48.46%、26.17%。可见，农户对新型农村合作医疗的适用范围和具体运用并不完全理解，对政策的认知停留在较浅层次，老年人表现得更为明显。

表 11-17　　　　　不同年龄段知道新型农村合作医疗政策情况　　　单位：%，个

年龄段	缴费时间	报销程序	报销期限	报销门槛及封底费	报销比例	全部都不知道	样本
30 岁以下	44.44	33.33	24.69	22.22	31.48	27.16	162
30～39 岁	50.87	44.77	25.26	25.09	40.94	22.47	574
40～49 岁	52.30	46.25	26.08	23.13	40.60	21.09	1 522
50～59 岁	49.34	48.46	25.07	26.17	38.71	22.14	1 364
60 岁以上	46.12	42.18	22.12	22.52	38.25	26.16	1 017

（五）政府回访程度

1. 回访度较低

农户是否主动反馈信息是一个方面，政府是否采取有效措施搜集意见信息同样影响反馈成效。在 2009 年暑期调查问卷中，家电下乡政策实施后，"有关部门

对您购买家电下乡产品进行过电话回访或者实地走访"的问题中，16.54%农户表示回访了，表示没有回访的农户超过七成，占比为71.49%，表示记不清是否有回访的农户占比为11.97%（见表11－18）。可见，回访度较低，可能不是大范围大规模回访，农户记忆不深。具体各区域，西部回访度较高，中部较低。西部农户表示回访的占比为20.29%，超过全国平均水平。中部回访占比最低，为12.64%，相比占比最高的西部，两者相距7.65%（见图11－16）。总体而言，需要有主题、有计划回访加深农民受访印象，采取具体措施加大农民意见的反馈，改善低回访状况。

表11－18　　　　　　不同地区有关部门是否对农民回访　　　　单位：个，%

地区	回访了	未回访	记不清	合计
全国	16.54	71.49	11.97	100.0（919）
东部	17.63	68.81	13.56	100.0（295）
中部	12.64	75.57	11.78	100.0（348）
西部	20.29	69.20	10.51	100.0（276）

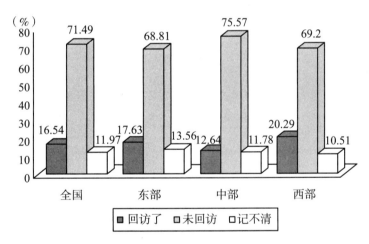

图11－16　不同地区有关部门是否对农民回访

2. 中青年农户为回访主体

从不同的年龄看，青年人回访度最低，30岁以下农户表示回访的占比为8.82%，相比30～39岁中青年农户17.80%，两者相差2.01倍。60岁以上农户表示回访了的占比较高，为17.01%。在记不清是否有回访方面，青年人的占比也较高，达到20.59%（见表11－19，图11－17）。可见，中青年农户为回访的主体，需加大对其他人群，特别是青年人群回访。

表 11 - 19　　　　　有关部门是否对不同年龄农户回访情况　　　单位：个，%

不同年龄农户	回访了	未回访	记不清	合计
30 岁以下	8.82	70.59	20.59	100.0（34）
30 ~ 39 岁	17.80	72.88	9.32	100.0（118）
40 ~ 49 岁	16.67	71.93	11.40	100.0（342）
50 ~ 59 岁	16.42	71.90	11.68	100.0（274）
60 岁以上	17.01	68.71	14.29	100.0（147）

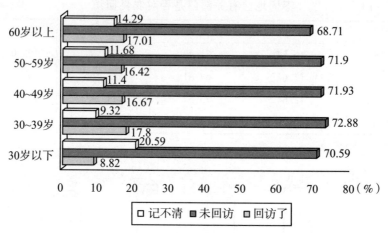

图 11 - 17　有关部门是否对不同年龄农户回访

3. 低文化农户回访率低

在不同的文化程度方面，小学、高中文化程度表示农户回访度较高。文化程度为小学、高中的农户表示回访的占比分别为 18.47%、19.62%，超过其他文化程度农户。在明确表示未接收到回访方面，文盲、大专及以上农户占比较高，占比分别为 79.49%、81.82%（见表 11 - 20，图 11 - 18）。总结而言，需要关注低文化程度农户对惠农政策落实方面的意见。

表 11 - 20　　　　　有关部门是否对不同文化程度农户回访　　　单位：个，%

不同文化程度	回访了	未回访	记不清	合计
文盲	12.82	79.49	7.69	100.0（39）
小学	18.47	69.69	11.85	100.0（287）
初中	14.18	73.35	12.47	100.0（409）

不同文化程度	回访了	未回访	记不清	合计
高中	19.62	68.99	11.39	100.0（158）
大专及以上	9.09	81.82	9.09	100.0（11）

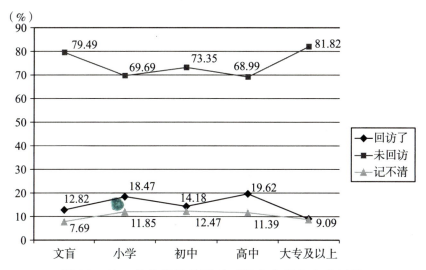

图 11-18　有关部门是否对不同文化程度农户回访

4. 低收入农户回访度较低

从不同的收入水平而言，高收入回访度较高，低收入农户低回访。以中等收入农户为界限，收入越高，回访度越高。中等收入农户、中高收入农户表示回访的占比分别为 13.64%、15.87%，高收入农户回访率也达到 18.96%，超过低收入农户 11.54%（见表 11-21，图 11-19）。可见，低收入的农户回访度最低。

表 11-21　　　　　有关部门是否对不同收入农户回访　　　　单位：个，%

不同收入农户	回访了	未回访	记不清	合计
低收入	11.54	73.85	14.62	100.0（130）
中低收入	19.89	68.18	11.93	100.0（176）
中等收入	13.64	72.16	14.20	100.0（176）
中高收入	15.87	72.49	11.64	100.0（189）
高收入	18.96	73.46	7.58	100.0（211）

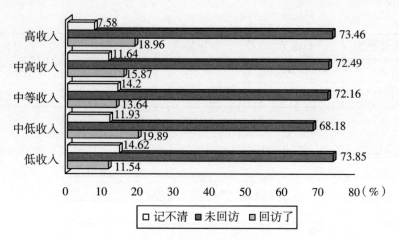

图 11-19 有关部门是否对不同收入农户回访

二、惠农政策反馈存在的问题

(一) 农民对惠农政策反馈意愿低

1. 表达意愿低，沟通脱节

惠农政策自上而下的决策机制，农民习惯一味地接受政策，长期以来，话语权没有得到充分释放和展现，不愿意表达其意愿和要求，缺乏对惠农政策的反馈意识。当政策落实不善，侵害其公共产品利益时，农民不是主动采取合理方式反映情况以维护自身利益，而是忍耐置之，从而容易形成消极适应的思维模式。在4 259 个有效样本中，农户表示会向上反映政策落实的比重为 37.29%，表示不会向上反映的比重为 62.71%，约为向上反映的 1.68 倍。中部地区农户不会反映的占比最高，达到 68.24%。若遇到村干部将惠农政策成果据为己有时，默默忍受不采取任何行动的占比较高，为 36.55%。

2. 参与能力弱，供需偏离

农民由于自身力量单薄，从技术与能力上，缺乏充分的表达机会与参与渠道，更加无法直接参与到政策制定中，因此村干部成为政策反馈的主体，成为农民的"代言人"。但经过村委会输出的信息，往往经过加工，易误化农民的真实想法，造成信息的严重不对称，必然导致供需脱节或矛盾。在农民反映政策落实情况中，村干部的比重为 61.44%；普通农民的比重为 34.36%。村干部反馈率高于普通农户近 1.79 倍。当村干部挪用惠农政策补贴时，群众采取默默忍受的方式的占比为 38.66%，是干部采取默默忍受方式占比的约 2.47 倍。

3. 回应程度低，信心缺乏

公共政策的持续性和长久性，涉及方面、相关的利益部门较多，需要对农民关心的热点问题进行细致深入的分析和研究后才能进行有效的改进，调整的时段性也因此拉长。调查中，有农民直言"反映有什么用，讲了没讲一回事，还是老样子"。如在关于农民对新农合政策不满的调查中，393 位农户表示对新农合政策不满，44.53% 的农户不满只有住院费用才能报销，18.07% 的农户对报销手续不满，2011 年，21.47% 农户表示新农合政策实施后，医疗负担和原来没什么区别，2012 年这一占比增额不大，为 22.56%。在对惠农政策的改进建议中，23.07% 的农户希望加强政策落实的监督和及时反馈。

（二）农民对惠农政策的反馈渠道窄

农民对惠农政策反馈渠道单一，呈现出"两少一多"的特点。农民多与村干部理论，少求助媒体，少有非理性反抗方式。当发生村干部谋取惠农政策成果时，52.98% 的农户采取与村干部理论，西部地区更为明显，与村干部理论占比为 53.61%。农户多采取与村干部理论这种较为直接的方式，而不是求助于其他渠道，因此农民的权益很难得到有效保障。

媒体的独特优势有利于增加农民的话语权，但在调查中发现，当惠农政策成果被窃取时，村民宁愿选择打官司、上访等方式，却较少寻求媒体的帮助。村民寻找媒体帮助的占比为 3.96%，选择打官司、上访的占比分别为 7.24%、15.49%，分别超过寻找媒体帮助占比 1.82 倍、3.91 倍。在现实的惠农问题报道中，较多为农业部门或地方政府为主的报道，而农民作为惠农政策的真正主人和"主角"，在事关自己切身利益的问题上，却往往不在场、不了解、不关心。如若长期"官代民言"却忽略了农民的表达意愿，容易加剧农民的政治冷漠，降低农民对媒体的期望和信任。

当农民通过正当渠道很难满足其利益诉求时，合理的行为将通过不合法的方式表达出来，农民用最不理性、危险、极端的方式，企图以血的代价或暴力事件唤起社会同情和舆论支持，比如越级上访、群体性冲突事件、有组织性抗争。这些极端的利益表达方式，不仅危及社会稳定和民主政治的发展，而且可能使农民的利益表达误入歧途，在低收入农户、低文化程度农户表现得更为明显。低收入农户采取静坐占比为 1.55%，文盲、小学文化程度的农户采取静坐的占比分别为 0.81%、0.96%，均超过同分类其他农户占比。

（三）农民对惠农政策的反馈效果一般

在"村干部挪用惠农政策成果"调查中，没有发生的占比为 64.01%。也就是余下近三成农户表示存在村干部挪用惠农资金情况，可见政策落实更需要增加反馈渠道加以监督确保。2010～2012 年农民对惠农政策满意度评分均值依次为 3.80、3.60、3.85，2012 年相较于 2010 年，评分提高了 1.3 个百分点。2010～2012 年，综合发展类政策评分均值依次为 3.78、3.71、3.67，呈逐年递减趋势。

考察农民给村干部提出的建议是否被采纳，在 1 149 个有效样本农户中，村民给村干部提出的建议被采纳的比例为 56.92%，未被采纳的占比为 43.08%。由此可见，农民对惠农政策的评价整体呈上升趋势，但变化幅度不大，政府在惠农政策的制定和完善过程中，农民的反馈起到了一定的作用，但作用不太明显；农民提出的建议被采纳的比例偏低，反馈效果较差，还需不断提升。

三、惠农政策反馈问题的三大原因

（一）农民反馈意识不足，缺乏有效的政治认同

1. 知晓程度低，传输效果差

对惠农政策的反馈是建立在农民充分了解政策信息的基础上，对政策的了解程度是能否有效反馈的第一环节。但信息缺乏往往造成农民无法理解中央出台惠农政策的真实用意。调查发现，农民对惠农政策的知晓程度并不高，甚至有 26.16% 的老年人完全不知道新型农村合作医疗，即便知道的，也停留在较浅层次，44.44% 青年农户知道的是报销时间，对报销程度等了解程度低。其次，现有宣传方式过于单一，调查显示，61.49% 农户表示只通过电视宣传了解惠农政策，但是电视传播信息具有稍纵即逝的特点，加之现代媒体如网络等未得到有效利用，使农民很难全面理解党和政府惠农政策的具体内容。

2. 文化素质不高，政治参与意识淡薄

惠农政策实施的对象是文化水平普遍不高的农民，他们对惠农政策的反馈意识不强。有限的文化素质妨碍接收惠农政策信息的准确性，因此大多数农民对惠农政策的理解并不全面，只是停留在较浅层次上，难以准确理解中央出台政策的真实意图。即使惠农政策落实得不好，64.98% 文盲农户不会向上反映情况，为文化程度比较中不会反映情况占比最高。农民的政治参与意识较弱，政府关注不足，79.49% 文盲农户明确表示没有获得政府部门有关惠农政策的回访。

3. 组织化程度低，政治资源匮乏

孤立的农民势单力薄，没有自己的代言人。低组织化的现状必然削弱农民的表达能力和对政府的监督制约能力。农民缺乏利益表达能力和社会活动能力，面对基层政府执行不力或者执行力偏差，个体化的农民是不敢也不能对抗基层政

府，转而用极端方式来唤起社会舆论的支持。2.48%中青年农户、2.25%中低收入农户采取暴力反抗来维护利益。

（二）基层组织信息反馈质量不高，缺乏监管环境

1. 信息阻塞，不作为

目前，基层组织人员的文化素质不高，而了解惠农政策主要是通过下发文件、开会形式，村组干部不能完全领会政策的情况下，也很难向村民传输。再者，村组干部既是政策执行者又是政策监督者，很难公正地向上反映并处理问题。有的村组干部干脆采取不作为，即使听到了反映的问题也不理会、不上报、不处理，致使农民的信息阻留，如若没有发生强烈的公共诉求或者大型的公共事件，很难引起上层重视。农户对县乡干部工作不太满意的占比为14.29%，对村干部工作"不太满意"的占比为11.01%。可见，农户对基层干部工作评价并不高。

2. 信息截留，易寻租

基层民主表达并未发挥良好的功效，村委会作为农民和政府的中间人，是向政府传输民意的村民自治组织，非但没有维护好农民的利益，还常常监守自盗，骗取、挪用惠农政策专项资金，造成恶劣的影响。在3 088农户的有效评价中，认为惠农政策落实"很好"的农户只有121户，只占到3.9%，甚至有21.6%的农户作出了较低的评价。粮食直补未到位的原因中，42.57%农户表示是层层克扣未获得全额补贴，14.19%农户表示是集体挪用而未获得全额补贴。

3. 信息失真，套支持

基层政府基于自身利益的考虑，往往倾向于解读政策，用活政策，完成政策，常常是构建项目，虚设惠农项目，以套取国家政策倾斜的支持。而在评定中，又往往避重就轻，报喜不报忧来获取支持，有选择性地将农民所反映的信息反馈给决策者、制定者，对自己有利的就反馈，不利的不反馈，导致政策调整和优化困难。个别村组干部和乡镇干部勾结，采取虚报、瞒报、漏报、多报等方式，扩大个人土地面积，骗取国家惠农资金。

（三）高层政府主动性不足，缺乏促进的反馈方式

1. 政策制定，需求调查不足

惠农政策的对象、受众是农民。农民自身更了解自己的利益需求和政策诉求，惠农政策在制定环节更应了解农民心声。在决定农村公共产品种类、供给方式和数量规模时，农民的发言权非常重要。只有符合农民需求的政策，才能得到农民的支持，才能实现农民需求与政策目标的完美对接，以提高政策的适应性。

301

在政策制定时，考虑样本不周全，缺乏对农民需求的详细调查，即使有走访也不排除会受到当地基层政策的人为干扰和倾向性安排，很难了解实情，导致信息异化或缺乏时效性，偏离农民的实际需求。在全国 2 280 份有效样本中，17.50%农户表示惠农政策不符合意愿，农民得不到实惠。

2. 政策执行，监管渠道不足

对于知道得不多甚至是不知道的政策执行，农民是无法参与的。缺少农民参与，相当于缺少了一个客观有力的监督者，政策的惠农效果就容易"缩水"，甚至改变性质。如不加以监督防范，加大农民参与，畅通监管途径，惠农政策是否真的惠及于民，落实至民难以保证。在全国 2 280 份有效样本中，20%农户表示"政策一下来就变味"，农民不敢参加，25.13%农户明确表示政策监督不到位，惠农补贴被截留、抵扣或挪用。

3. 政策评定，回访调查不足

政策落实的绩效评估不及时，惠农政策落实的反馈信息系统难以达到最佳效果，相关职能部门只管推行政策，却不注重对政策实施效果特别是农民群众对该项政策实施的意见建议。导致既不能为政策制定部门改进和修改政策提供依据，也不利于最大程度的发挥各项政策的实施效果。家电下乡政策，16.54%农户表示曾经有过回访，11.97%农户表示记不清是否有过，71.49%农户明确表示没有回访，回访的计划性、主题性、时效性还有待进一步加强。

四、评估结论与建议

本章依据公共政策的执行过程，对惠农政策实施的最后一环节进行了分析。研究表明，当前惠农政策反馈机制不健全，产生了政策反馈率低，反馈信息质量不高，效果不显著等问题。

首先，农民对惠农政策的反馈率低。长期以来，惠农政策自上而下的决策机制，农民只能被动地接受政策，加上农民缺乏权利意识，不愿意表达自己的意愿和要求，话语权没有畅通的渠道去充分展现，因此，当出现问题时，不是主动地去维护自己的利益，而是忍耐置之，很容易形成消极适应的思维模式。

其次，信息质量不高，农民信任感不强。由于农民自身力量单薄，从技术与能力上，缺乏充分的表达机会与参与渠道，村干部成为政策反馈的主体，但经过村委会输出的信息，往往容易导致信息不对称。当真正遇到问题，如发现干部挪用政策补贴时，作为弱势群体的农民力量薄弱，多数农民靠理论的方式维护利益，少数低收入、低文化程度农民通过极端方式宣泄不平。并且，农民宁愿选择采取时间耗费较长、成本较大的方式，比如打官司、上访等法律手段，也没有主动寻求影响范围较大、传播较广的媒体。无论是村干部或媒体，农民的满意度、信任度都需要进一步提升。

最后，政策反馈的效果不显著。在惠农政策的制定和完善过程中，农民的反馈起到了一定的作用，但作用不明显。农民提出的建议被采纳的比例偏低，农民对惠农政策的整体评价呈上升趋势，但三年内涨幅不大，并且综合发展类政策评价呈逐年递减趋势。总之，惠农政策的决策过程的单向性，缺乏自下而上的政策反馈机制，不利于现有政策的适时调整，也不利于新政策的制定实施。

对于惠农政策低反馈等问题，更深层次地探究原因可以发现，一是农民对惠农政策的反馈意识不足，渠道不畅。受区域、文化、参与能力、政治资源等影响，农民习惯一味地接受政策，而不会表达、反映其落实状况，缺乏合理、快捷、有效的方式，影响了农民的信心，易加剧其政治冷漠。二是基层组织方面，在实际的政策执行中，基层政府作为信息传输纽带，并未发挥良好的作用。虚设项目套取资金、挪用补贴层层克扣等使惠农政策的落实大打折扣，监管体系不成熟，政府主动性不足，收集信息的真实性、针对性、时效性大大减弱。三是政策制度方面，在公共政策的各个环节中，政策制定缺乏调查，易使惠农政策不符合意愿；政策执行缺乏监督参与，易使惠农补贴被截留、抵扣或挪用；政策评定缺乏回访，易使惠农政策的调整缺乏依据。

农民缺乏表达意愿、基层政策缺乏提供有效信息、高层政府缺乏制定适时的促进政策而导致政策反馈低等问题，提出了如下建议：首先，健全惠农政策反馈制度，单向至双向。政府转变观念，主动走访群众，鼓励政策反馈"有人讲"；其次，分类宣传教育，加强意识，提升农民反馈水平。提高基层干部素质，纳入考核，促进反馈主体"有话讲"；最后，畅通渠道，搭建沟通平台。设惠农问题投诉特定机构、行政首长接待日、求助专线、专业媒体等完善监督，发展组织，保障反馈主体"有地讲"。减少非理性抗争，提升反馈效率。

第五编

主体分析

第十二章

国家惠农政策的成效：县视角

惠农政策的成效还需要从不同的层级来考察，不同层级对惠农政策会有不同评价，因此本章将从县级执行部门的视角评估惠农政策的成效。本章采用与县级领导干部深度访谈的方式获取资料，主要采用定性的方式进行评价。

一、县官对惠农政策的需求变化

从对 30 位县官的访谈中可以获知，县官对惠农政策的整体评价较高，大部分县干部认为惠农政策整体上减轻了农民的负担，改善了农村的面貌，提高了农民的收入，给农民带来了实惠。但是随着新农村建设的推进，一些惠农政策后劲稍显不足，边际效益逐渐递减，这就需要适当对惠农政策进行调整。

（一）资本下乡成为新的需求

1. 资金匮乏导致农村工作难以展开

在对 30 名县官进行访谈时发现，资金匮乏是新农村建设持续推进最大的桎梏。县官们普遍反映，当前农村工作最大的困难在于农村薄弱的经济基础早已无法满足农民日益增长的需求。对于大多数地区而言，新农村建设的任务基本压在基层政府身上，尤其是县级政府身上，而由于我国财税制度的限制，基层政府常常陷入"给事不给钱、给责不给权"的困境，再加之长期以来条块分割的格局，导致资源无法得以有效整合，对基层政府尤其是县级政府开展农村工作造成了极大的障碍。用县官的三句话形容就是"心没少操，劲没少费，群众还是不满意；硬了不是，软了不是，夹在中间受气；亏没少吃，气没少受，群众还是怀疑。"

2. 资本滞后解构县级政府权威

一方面，惠农政策的落实到户需要中央和地方资金的同步跟进，但对于一些县级财政收入有限的地区，中央所要求的地方配套无法实现，这就导致惠农政策的落实大打折扣。另一方面，农民只看到中央出台了一系列惠农政策，但不了解政策落实所需要的支持，认为是县级干部"吃掉"了惠农政策，"克扣"了国家给农民的实惠，从而恶化了县级干部与农民群众的关系，在一定程度上弱化了县级政府的权威，最终导致县级干部在推进农村工作的过程中得不到农民的支持和配合，正如一名县官所言"哑巴吃黄连，有苦难言啊……"

3. 资本下乡迫在眉睫

通过以上两点分析可见，资本下乡是推进农村发展的有效良药。在访谈中发现，共有九位县级干部提到现在农村的发展最需要的就是资金支持，并强调目前惠农政策更应侧重资本下乡。县级干部要求资本下乡存在一定的逻辑，一方面资本下乡可以壮大集体经济，增强村庄为村民提供公共服务的供给能力，减轻县级政府关于公共服务的供给压力；另一方面资本下乡将一些企业引进乡镇，有利于增加县级政府的财政收入，为县级政府开展农村工作提供资金支持。

（二）基础型政策仍需加强

1. 农村基础设施的持续投资不足

由于我国经济发展战略的片面工业化倾向和农业生产中长期实行掠夺式经营，使得农业基础设施长期没有放在优先发展的地位上加以统筹规划和安排。近年国家为缓解农业基础设施投资短缺的矛盾出台了一些惠农政策，比如公路硬化、通电、通水等，随着时间的推移，这些生产生活设施日趋老化，维护和更新迫在眉睫，但当前维护主体并不明确，维护资金缺乏，很多村庄陷入也面临着"有建设、无维护"的困境，对此县级政府也显得无能为力，当问及原因，县官们纷纷表示："一方面上面没明确给权，另一方面县里也没钱，所以就这么耽搁着……"

2. 农村基础设施投资分散

我国农村基础设施因为"拼盘式"的投资模式，如分别按资金渠道，各自安排项目，管理各行其是，既有重复又有遗漏，投资形不成拳头，上下机构难对口，投资下达"漏斗"变成了"漏勺"，权责不清，效益很难提高。在对县级干部的访谈中发现，由于各自为政，条块分割，财政支农资金投入渠道多，资金分散，缺乏统一规划，统一安排，难以形成合力。投资分散还导致产权主体不明晰，责权利不统一，投资主体不负投资责任。投资决策者既不负投资责任，也不享受投资利益，工程项目获益者又没有投资决策权力，更不会对投资项目负责。结果必然是投资无责任主体，政府各部门相互推诿扯皮，不利于农村基础设施的建设。

3. 农村基础设施重复建设严重

虽然目前大多数农村存在基础设施建设不足等问题，但县级以上政府基于各部门的趋利性和攀比心理，对很多农村基础设施拆了建、建了拆，重复投资和重复布局的现象屡见不鲜。在这种利益驱动下，农村基础设施建设成为各部门相互攀比业绩的"形象工程"，项目缺乏科学性和可行性，投资效果差，投资效益低下，大量固定资产投资和基建投资没有形成有效的生产能力和服务能力，大量的宝贵资源被白白浪费掉。而县级政府作为上级政府和基层的"夹心层"，对上受到上级政府的责难，对下又受到农民的诟病。浙江省乐清市的一名科长就反映："上面政策太乱、体制不顺，常常搞得我们对农村工作无所适从……""你别看这些村庄外表光鲜亮丽，都是政绩工程，其实农民口袋穷得叮当响啊……"

（三）补贴型政策急需调整

1. 补贴型政策普惠性差

补贴型政策作为惠农政策中的重要组成部分，主要包括粮食直补、农机具购置补贴、农资综合补贴、奶牛补贴等。在和30位县级干部的访谈中，发现补贴型政策是获得县官评价最低的惠农政策，当问及"哪项惠农政策最不显著"时，就有11名县官反映补贴型政策效果最差，其背后的原因主要是补贴型惠农政策普惠性差。一方面在补贴型惠农政策存资金总量不足的前提下，这种分类繁杂的补贴结构将本来补贴总量不足的惠农资金分散细化，降低了补贴效果；另一方面，这种补贴型惠农政策是补贴标准取决于农民不同的生产内容，在一定程度上会使农民产生相对不公平感。

2. 补贴型政策抵消效应凸显

农机具购置补贴、良种补贴、奶牛补贴等政策的出台是为了提高农民生产积极性，降低农民的生产成本，但是在市场机制的作用下，近些年农业生产资料价格上涨，极大地抵消了惠农政策的实惠效果，而政策的调整有一定的时滞性，这就造成了惠农政策的补贴力度跟不上农资上涨的速度。另外，有很多县官反映像农机具购置补贴等政策，一些企业在机具下乡的过程中往往先提价再补贴，并没有真正为农民带来实惠，而且产品的质量及售后也无法得到保障，这些都大大抵消了惠农政策所带来的益处，就像一位干部所言"补贴政策如毛毛雨，落在身上不痛不痒"。

3. 粮食补贴突出重围

粮食直补政策是惠农政策中刺激农民生产的主要政策，体现了中央对农业的重视和对粮农的关怀，对农民的生产生活产生了深远影响。与其他补贴类政策相比，粮食直补政策获得了县级干部的一致好评。原因有两方面，一方面相比其他补贴类政策，粮食直补政策的覆盖范围较广、普惠性较大，有利于农民种粮积极性的提高；另一方面，相比养殖等生产内容，种粮的成本相对较低，粮食补贴更易让农民看到实实在在的实惠，所以粮食直补政策能够在补贴类惠农政策中突出重围，受到县级干部认可的政策。

二、县官需求变化的影响因素

任何一项政策的实施都受到内外部环境的综合作用。而对于县官来说当前惠农政策落实所依赖的基础主要包括农村经济发展、农民综合素质的提升和乡镇工作人员对惠农政策的执行力。然而目前由于这三方面的制约，惠农政策存在执行难、落实差等问题。

（一）基础不牢，惠农政策落地不稳

1. 农村集体经济薄弱

惠农政策的平稳着陆需要坚实的经济基础，但是目前我国大部分农村的集体经济还比较薄弱。浙江省上虞市的一名县官反映"当前落实惠农政策最大的困难就是农村集体经济薄弱与群众需求不断增长的矛盾"，他以农村新型养老保险为例，讲道："由于村集体经济薄弱、农民的收入有限，因而农民只能享受最低层次的养老保险，惠农政策的实惠效果就不那么明显了，很多农民认为参不参加一个样，我们又不能强迫他们参与，所以这工作难做啊……"由此可见，在县官看来，农村集体经济的强弱是惠农政策能否平稳落地的物质基础，而当前农村集体普遍不强是惠农难以"实惠"的重要原因。

2. 农村公共产品供给不足

惠农政策的落实有赖于其他公共产品的同步跟进，目前我国大部分农村的公共产品供给不足，一定程度上制约着惠农政策的落实和深入推进。一是卫生医疗系统薄弱。由于卫生经费不足、医务人员专业技能有限等桎梏，农村公共卫生基层组织的村卫生室医疗水平差，组织松散，防保功能薄弱，大多数农民不得不外出治病求医，新农合惠农便农的目标无法实现。二是农村基础设施不完善。目前农村基础设施普遍存在老化问题，特别是许多与农业生产息息相关的农村公共产品，例如小型农田水利的建设、农村道路建设、农业科技推广、农村社会化服务

体系的完善及有关农产品市场供求信息的预告等依旧供给不足。

3. 乡镇人员执行乏力

乡镇政府作为惠农政策执行过程中的中坚力量起着上传下达作用，但是考虑到自身部门或机构的利益，乡镇执行人员有意不传达中央制定的惠农政策精神，导致信息透明化程度低；由于现有的信息管理机制不完善使其无法及时有效地宣传或传播相关政策信息；同时由于乡镇政府执行人员自身能力不足、缺乏相应的政策执行技能或本领，导致其不能很好地理解国家惠农政策的真正含义，即使理解了也可能因为执行技巧和方法的不当，导致政策在执行过程中偏离目标。许多县官表示由于监督成本较高，对乡镇人员的监督和纠正也是"心有余而力不足"，所以也只能"睁一只眼闭一只眼"。

（二）需求多样，惠农政策难以满足

1. 农民的流动性逐渐增大

随着改革的不断深入，农民进城的步伐日益加快，多数的中青年农民离开乡村，而留守村庄的绝大部分是妇女、老人和儿童，即大家戏称的"386199"部队。这部分人接受新政策的能力较弱，信息闭塞，文化程度有限，对惠农政策的了解不具体，甚至有些农民对惠农政策毫不知情。在访谈中就有一名县官举了这样一个例子：新型农村医疗合作社本来是可以用来报销部分生病住院等医药费用的，但大部分村民并不了解这些，而是把账户里的钱用来去药店购买一些不需要或者说不必要的低档保健药等。这在一定程度上制约了惠农政策的贯彻落实，降低了惠农政策的实惠效果。

2. 农民的需求日益多元

在城市化的大潮中，中国农村处在变动中，农民也处在变迁中，各种现代观念和发展机遇对农民产生着不同的冲击，越来越多的农民受到城市化的影响，要求享受与市民同等水平的社会保障和公共服务，因此面对多样化的需求很难用一个统一的甚至是固定工作模式来落实惠农政策。但是当前基层工作人员尤其是乡镇政府工作人员惯用"行政化"的手段推进惠农政策，"为民做主"、"替民做主"的长官意识明显，忽视了农民对惠农工程的实际需求。而县级政府很难监督到边，致使惠农政策在落实的过程中反而降低了农民的参与热情。

3. 农民的主体地位还不突出

长期以来，在"散沙状"的农村社会中，"原子化"的农民游离在组织之外，孤立的农民势单力薄，既缺乏自己的代言人，也难以将各自微弱的声音汇聚成响亮有力的诉求，导致中央和上级政府难以全面了解每一类农民对惠农政策的真正需求。这就不利于县级政府对乡镇政府落实惠农政策行为偏差的纠正。另外，长期的小农意识使得农民只关心自己的眼前利益，维权意识薄弱导致农民对乡镇政府落实惠农政策的行为监督甚少，这样在推进惠农政策的过程中无法实现政府与农民的互动，不利于惠农政策的评估和反馈。江苏省的一名县官就将此现象形容为"上动下不动，动了也白动"。

（三）政策指向不明，惠农实惠难以实至

1. 惠农政策重点不明

惠农政策的终极目标是解决中国的"三农"问题，实现农村的可持续发展。根据对县官的访谈，我们可以看出当前惠农政策存在"一刀切"、"全国一盘棋"的问题。一是惠农政策缺乏与地方特色的有效衔接。惠农政策在密集出台时，没有时间对其长远效果进行深入研究，也没有将不同地区的特色考虑进去。处在中西部的部分县官就表示，中西部省份的经济实力落后于东部省份，惠农政策在实施上应重点向这些省份倾斜。二是政策没能把握重点和关键环节。县官们以粮食补贴为例，指出直补按规定是依据种植的田亩面积发放，由于现实中村集体按人头平分田地，在实践操作中演变为按人口平均分配粮食直补款，不种粮的人也得到了粮食直补款，使得粮食直补变为一种对所有农民的福利，这种"大锅饭"不能起到鼓励种粮的作用。所以，袁隆平院士也直言粮食直补没补到点子上。

2. 惠农政策可操作性不强

将县官的资料进行整合，我们发现惠农政策的可操作性不强主要表现在两个方面：一是部分政策存在一定的操作难度。如粮食直接补贴政策以种粮面积为标准发放补贴，而种粮面积必须在认定标准以及时间和范围等方面严格界定，各地才具有可操作性，然而当前政策并未对此作出明确规定，这就导致各地在实际运作方式上各有不同，从而造成落实结果的差异。政策操作落实过程中容易引起分散经营、集中申请粮食补贴的现象出现，并可能造成虚假种粮大户、农场套取直补及良种补贴资金的后果。二是部分政策落实过程中操作成本过高。如粮食直补政策的实施，需要进行政策宣传，印制表册，收集信息、进行统计等，需要经过农民申报、张榜公布、复核、再公布、甚至再复核、再公布、还牵涉补贴资金的实际发放。整个过程中牵涉单位较多，耗费了大量的人力、物力、财力，政策落实成本相当高。

3. 惠农政策普惠性不足

"普惠性"是任何一项社会保险和社会福利政策的应有之义。但是目前惠农政策的普惠性不足却为多位县官们诟病。山东省的一名县官就坦言"同样是搞农业，为啥人家种粮食的有补贴，种水果蔬菜的就没补贴？"除了政策本身的普惠性不足外，惠农政策在执行的过程中由于行政干预过多也会抵消其"普惠效

果"。比如新农合和农机补贴政策，由于报销医疗机构均是由政府指定的，个别机构因为享有一些"特惠"甚至特权，竟然擅自提高相关费用和价格，"潜规则"冲减了惠农政策给农民群众带来的实惠。江西的一名县官一语中的："过多的行政干预往往导致普惠式惠农政策具有演变成部门'特惠'的趋势。"

第十三章

国家惠农政策的成效：乡视角

乡镇是惠农政策的直接承接者，也是直接与农民打交道的政府部门，惠农政策都必须经过乡镇来实施和执行，乡镇对惠农政策的实施有很大的发言权，乡村干部还是惠农政策的执行者、监督者。本章将从乡镇视角来评价惠农政策的成效。本章也使用对乡镇官员深度访谈的调查方式获取资料。

一、惠农政策落实中的问题

（一）惠农政策的资金困难

1. 地方资金不足，配套成压力

作为我国行政架构中级别最低的一级单位，乡镇政府的财源有限，财政收入能力相对不足，资金问题成为落实惠农政策的一个掣肘。访谈中发现，在 75 名乡镇党委书记中有 13 位反映本乡镇资金不足，影响惠农政策工作的开展，尤以经济欠发达地区为严重。例如福建省建宁县濉溪镇书记谈到，"缺乏农村公共服务设施、基础设施建设资金"，河南省虞城县利民镇反映 "财政困难"。有的乡镇干部说："农村基础设施落后，要办的事很多，资金缺口较大。各项支农惠农政策基本上都是直接针对广大农户的，资金到位时间较长，好钢往往难以用在刀刃上。"

虽然大多数补贴性惠农政策的资金来源于中央财政，但一些基础设施建设类项目，抚恤和社会福利救济事业却需要地方政府配套资金。例如农村公路"村村通"工程、农村饮水安全、沼气建设补贴、农村低保、抚恤等惠民政策，除了中央财政投入外，还要求地方财政有一定配套比例，有的政策还要求村社和农民自筹相当比例资金，而这部分资金往往最后由与农民最为贴近的乡镇政府筹集支付。上级政府的配套资金不及时到位，建设项目难以开展，或者上级政府的配套资金到位了，但是资金数额不足，则乡镇政府只有靠自己想办法筹集剩余资金。但是，自税费改革后，乡镇政府，尤其是经济欠发达地区的乡镇政府公共财政资源极为有限，尚存在财政缺口，所以很难筹集到足够的资金来为辖区提供公共产品。

2. 资金使用分散，项目缺少合力

不少乡镇干部反映惠农政策资金零散，渠道太多，资金使用效率不高，缺少整合力量。比如一位乡镇党委书记说："把资金分散了，对农户生活改善作用不大且不能集中力量办大事。"湖北嘉鱼县的乡镇干部建议："可以适当集中部分资金用于大的基础设施建设。改变补贴到户，提高基础设施投入，集中财力、精力解决农村最突出问题。"以上访谈反映的是乡镇干部面对惠农资金的一种"眼馋"心态，背后的问题还是前文所说的乡镇政府财力不足。乡镇本身缺少资金，面对零散补贴的资金难免眼红，自然产生打包使用的期待。

从政策设计上看，惠农项目资金的管理和分配涉及发改、财政、扶贫、交通、水利、农业、林业、民政等多个部门。由于各部门对项目管理、资金使用要求各不相同，在安排上自成体系，惠农项目实施不同步，扶持资金到位不同时，致使项目在规划布局、建设内容和资金分配等方面有不同程度的交叉重复，存在多头申报、互不衔接等问题，被形象地喻为"上面一盆水，下面毛毛雨"。如基本农田、水土保持和农业综合开发等项目在建设内容上基本相同，但可以安排资金的部门就有发改、农业、水利等部门，受部门条条管理制度和专款专用制度的制约，惠农资金很难有效整合，导致项目交叉重复和资金分散安排，难以形成合力。由于惠农项目大多点多面广、资金量小分散，不少项目补贴资金只得采取"撒胡椒面"形式，没有补贴到重点对象和重点环节。如粮食直补和农业生产资料综合补贴，最终每个农户只能得到几十元钱，还买不到一袋化肥，耕地面积少的农户补贴只有几元钱，实际上对农户的小规模种粮基本没有影响，以至于有些乡镇干部认为粮补给不给无所谓。种粮补贴政策作为直补到户的一项政策，得到农民的衷心欢迎，带来的政治效应远远大于经济效应，所以短期看来，并不能如乡镇政府期待的加以集中使用，但其他的基础设施建设政策则可以进行改进，加以统筹。此外，部分惠农资金拨付的中间环节多、到位晚，也影响了惠农政策带动效应的充分发挥。

3. 资金存在漏洞，监管依旧乏力

部分乡镇干部反映，种粮补助、综合补贴等资金，由于涉及面广、情况复杂，有的村委会没有严格按程序审核办理，存在不同程度的截留、挪用现象。在种粮直补上，少数村社干部工作方法简单、粗暴，将农户种粮直补款直接扣去抵交新农合的投保费、村社公路建设集资款等；有的村社没有召开村民大会公布各种粮农户应得种粮直补金额，而是进行暗箱操作；有的村社干部不给长期外出务工农户办直补卡；有的用他人的名字冒领种粮直补款。另外，由于基层信息录入和调查不仔细，导致补贴数据不准，存在一些惠农政策没有实现应补尽补、及时兑现的问题。在这一过程中，由于没有充分地与人民群众沟通，缺少监督机制，使不少群众产生了误解，造成了恶劣的影响。

4. 工作经费不足，乡镇存在压力

乡镇干部还反映落实惠农政策的工作经费缺乏，工作压力较大，影响了惠农政策的贯彻落实。目前，各项惠农政策的落实主要集中在县级政府及有关部门。而乡镇政府的设置主要是对上负责，"上面千条线、下面一根针"，与县级部门对应，乡镇政府也承担了大量的工作去负责惠农政策的具体实施。由于贯彻执行惠农政策涉及面广、工作量大、参与人员多，而惠农资金均是专款专用，有的补贴是100%直补农户，并未考虑必要的工作经费。但是在落实惠农政策中的调查统计、宣传会务、实施项目等都需要大量的人力、物力和财力，特别是乡镇政府和干部申报、检查、复核等工作量非常大，由于没有安排专项工作经费，一定程度上挫伤了他们的工作积极性，影响了基层贯彻执行惠农政策的成效和进度。

（二）惠农政策带来的心理失衡

目前惠农政策中涉及农民社会保障的制度主要有新型农村合作医疗制度、新型农村养老保险制度以及最低生活保障制度。就新农合和新农保而言，其均属于社会保险的范畴，其具有不确定性和时滞特征因而使得农民无法享受即期的效益，造成农民对政策的误读和对基层干部的误解，从而导致基层政府权威的流失。

1. 强力推进导致干群关系紧张

不少乡镇干部反映，"有些政策很好，但是执行阻力较大，行政指令式推进造成干群关系矛盾"。例如，新农保政策是一种"前期投入，后期受益"的政策，投资期限长、受益周期也长，但农民出于"理性"的考虑，一般追求"即期利益"，不少农民持有观望态度，采取应付和被动的态度参保。甚至农民自己有自己的"算法"，算计什么时候投保"合算"。正如乡镇干部所说："农民观念很难改变，看不到现成利益，工作较难展开。"但是，上级部门的指标考核对乡

镇政府带来了压力，比如新农保参保率等等硬性数字。但是，各地区情况差别较大，有些硬性考评并不适合当地，给乡镇政府的工作带来了困难，这在前几年的农业结构调整工作中已经有所体现。目前，一些惠农政策的硬性考核没有考虑到农民的自愿性和渐进性，过于看重短期的考核结果，将压力放在了与农民最为接近的乡镇政府头上。农民由于对政策了解不清，对乡镇政府意见很大，从而产生"中央是好政策，但被下面唱歪"的说法。

2. 政策瞄准不确切引致公平问题

有些惠农政策有特定的享受对象，政策设计上有一个瞄准过程，一旦在实施中不能准确界定享受对象，就会使政策效果大打折扣。以粮食补贴政策为例，乡镇干部反映有些农户的土地撂荒了，但仍然能拿到补贴，有些农户的土地流转了，但是粮食补贴往往发放到土地承包户手中，而非种粮农户那里。这就使得粮食补贴政策变成一个普惠式的福利，真正种粮的农户拿不到该得的补贴，不能调动农民的种粮积极性。再如农村低保政策，低保对象的确定操作较为复杂，在资源稀缺的情况下，有些地方没有实现"应保尽保"，还存在指标分配的情况，低保对象确定的不合理就导致了农民的不满。因此在政策设计和执行中，如何更准确地瞄准对象，保证政策的公平性，必须加以注意。

3. 生产生活成本上涨抵消惠农政策效应

近年来，农资价格上涨，生产、生活成本的上升对惠农政策的效应构成了抵消。广西柳城县的一名乡镇党委书记就说："物价上涨过快导致惠农政策成效不大"。最明显的体现在粮食补贴政策上，对于一家一户的小规模经营来说，耕地面积小，获得的补贴有限，而农资价格的涨幅却十分明显。惠农政策补贴的资金难以弥补由于农资价格的提高带来的生产成本的上涨，这在很大程度上抵消了惠农政策的实施效果。不少乡镇干部也反映新农保、新农合以及农村低保的补助力度还需加强，因为物价上涨太快，使得惠农政策对农民的补贴作用较为有限。惠农政策无疑带给农民好处，但同时提高了农民期望，当政策效应被生产、生活成本抵消时，容易使农民产生不满情绪。所以有乡镇干部说："农民拿了钱，但是还不满意"。

（三）惠农政策的管理不便

在对乡镇干部的调查访问中发现，惠农政策受到了农民极大的认可和欢迎。但是一些城乡普惠型的惠农政策，如新农保、新农合等社会保障政策存在城乡、地域间的不统一，尤其对于大量游走在与城乡之间的流动人口而言，户籍制度的限制使其无法享受到应得的权益，也为乡镇政府的管理带来了极大的不便。四川茂县的乡镇干部说，"人口流动太大，农民难以享受到惠农政策。"云南禄丰县的一名乡镇干部也谈道："一些人迁移来后受户口限制，享受不到本地的惠农政策。"还有一种现象是惠农政策的实施反倒强化了城乡二元体制。一些乡镇干部反映，由于现在农村的补贴多，部分城镇户籍人口用尽办法想将户口迁回农村，这既带来了管理的不便，又与城市化进程相反。由于户籍制度的限制，一部分户口在农村但生活在城市的人口又无法彻底融入城市，农村社会政策难以与城市衔接，生活在农村，是非农业户口的人又无法享受到惠农政策。

调查发现，我国当前出现的"农民工"这一特殊社会群体，是我国从计划经济转向市场经济的转型转轨过程中，各项改革非均衡推进的结果。户籍制度是治理农村流动人口的重要阻碍，是社会保障政策向普惠发展的阻碍。

（四）惠农政策的弹性不足

惠农政策出自中央政府，地方政府在执行过程中层层施加压力，对各地经济、社会、文化环境不加以具体的辨析时，便难以对各地区具体情况提出针对性的措施。所以，有些乡镇干部认为当前的惠农政策存在"指令式"的推进，由上到下未能考虑到基层的实际情况，政策"一刀切"现象严重。湖北咸安区乡镇干部在访谈中提到，当前农村最需要的是政策支持。且最需要的就是政策制定要符合农村实际，不要"一刀切"，现在所有的政策都是在走自上而下的路子，当前惠农政策出台的不少，但协调性不够，政策与政策、政策与实际情况之间有时候很难协调一致，且地方情况不同，导致政策难以落实。江苏省响水县的乡镇干部认为"当前的惠农政策整体是好的，但还需要有针对性的调整，目前的政策过于宽泛，无法照顾到地方的实际需求"。

惠农政策弹性不足一方面反映了乡镇干部对政策本身缺乏协调性和可操作性的不满。例如各项补贴发放的依据、要求各不相同，形成了"一补一发"，部门多头多次发放、农民多次领取的情况，这就带来了发放成本过高和领取成本不经济的问题。如一季度粮食直补尚未发放完毕，二季度要开始发放农资综合补贴，三季度又要发放水稻良种补贴，这些补贴的发放都要经过政策宣传、打表造册、数据录入、张贴公示、核拨划款等一系列环节，导致相关部门及乡镇、村组干部常年忙于宣传、发放各种补贴中。与此同时，多头管理带来的多头检查，又增加了基层的行政成本。另一方面反映了政策与当地的实际需求相脱节。例如有些地区经济发达，农村基础设施发展完善，适合开展农村社区建设，需要的可能就是相关土地、产业发展、人才等需求，而一些欠发达地区的乡镇干部则反映新农村社区建设中存在逼农民上楼的现象。

二、乡镇政府落实惠农政策困难的原因

（一）权责不对等的财政制度

中央和地方的财政分权制度使得乡镇基层财力空虚。农村税费改革界定清楚了农民与国家的经济关系，在一些经济欠发达地区，乡镇政府的财源变得十分有限，根本没有足够的财政收入，主要靠上级的转移支付，维持乡镇日常工作尚有困难，更不用说提供公共服务了。与此同时，乡镇政府的责任并不减少，进行基础设施建设，提供公共服务等等，要完成这些任务，既缺乏必要的手段，也没有相应的财力。由于税收分配不合理，从中央到地方，层层财权向上收，乡镇层面的财政收入所剩无几，如果上级的财政支持不能及时到位，则乡镇政府要开展工作就更加困难。而事实上，在目前的税制下，地方政府的财力远远不如中央，正如一些乡镇干部反映的，"国家财政喜气洋洋、省里财政蒸蒸日上、市级财政基本持平、县区财政拆东墙补西墙、乡镇财政哭爹喊娘。"乡镇政府权力和责任不对等，"给事不给钱，给责不给权"，在执行惠农政策时往往内外交困，"巧妇难为无米之炊"。正是因为存在权责不对等，缺少必要的财力支持的问题，乡镇政府才会感到工作经费不足，产生将惠农政策资金整合使用的诉求。

（二）压力式的行政方式

乡镇政府在我国行政体系中处于最基层，工作部门的设置属于向上适应。在原有的压力型体制下，乡镇政府现在处于压力传导的末端。上级职能部门设在乡镇的"七站八所"肢解了乡镇党政的权力和财政，乡镇成为县级政府的执行单位，完全对上负责，而不是对下负责。乡镇政府只是把自身作为基层社会的管制者而不是解决民生问题的服务者，而且由于在实际工作中缺乏社会管理和公共服务意识，导致乡镇政府在将广大农民作为服务对象时又产生了政府责任的缺失问题。上级政府在行政工作中的命令、指标成为硬性考核，所谓"权力一把抓，责任搞批发，任务层层加"。上级政府一旦设置了必须完成的任务指标，乡镇政府因为是对上负责，为了完成任务，往往对农民也采取一些硬性措施，影响了干群关系，一定程度上损害了农民对基层政府的信任。

（三）政策设计中的固有问题

任何一项公共政策的设计、执行都有可能存在不完善的地方，或者随着时间

的推移，最初推行的政策已经不适应经济社会的发展形势，需要及时调整。乡镇干部反映的惠农政策的一些问题有的来自政策本身。例如现行粮食直补政策仍然存在资金总量不足、补贴范围小、补贴结构不尽合理、资金分散、激励效果低等问题。农村基础设施建设中重复投资和重复布局，项目缺乏科学性和可行性，投资效果差，投资效益低下，大量固定资产投资和基建投资没有形成有效的生产能力和服务能力，大量的宝贵资源被白白浪费掉。户籍制度的限制对农村流动人口享受惠农政策设置了诸多不便之处，使社会管理难度加大。种种政策本身的问题更需要加以审核、修订。

（四）反馈机制的缺乏

最后，缺乏良性的反馈机制。地方政府在当前的政治体制上扮演着"中介"的角色，起着承上启下的作用，惠农政策在多大程度上得到实施以及实施的效果是怎样的，在很大程度上都取决于地方政府。面对数量庞杂的惠农政策、分散化的上级资金补贴、行政指令式的政策执行，乡镇政府"有怨不敢言"，想有所作为却苦于找不到自身的表达机制。惠农政策在实施的过程中，缺乏一种能够将政策本身在实施过程中产生的问题进行反馈修订，进而制定相应措施的反馈机制。

320

第十四章

国家惠农政策的成效：村视角

村干部既是惠农政策执行的末端，也是惠农政策落实的开端，既是政策主体，也是政策受众，因此，对于惠农政策的落实及落实过程中的成效与困难等方面，村干部的看法与认识都有着极其重要的研究价值与应用价值。本章基于2012年对全国31个省（直辖市、自治区）共计258个村的村主任或村支部书记的问卷调查和深度访谈，形成了村干部对惠农政策落实情况的评价和对惠农政策成效的看法，并反映其在惠农政策落实过程中遇到的问题与困难。

一、惠农政策的落实情况与成效

（一）惠农政策落实情况的评估

1. 农业生产类政策落实情况

对于农业生产类政策的落实，村干部的评价普遍较高，其中好评度（认为政策落实很好以及较好的村干部比例）在八成以上的有三种政策，粮食直补的好评度最高，达到89.41%；其次是良种补贴和农资综合补贴，好评度分别达到88.07%和84.84%。农机具购置补贴的好评度达到77.28%。相对而言，退耕还林补贴与农业保险的落实情况不如以上几种，但好评度也全部超过半数，分别为65.34%和58.14%（见表14-1、图14-1）。

表 14 – 1　　　　　　　村干部对农业生产类政策落实的评价　　　　单位：％，个

评价	粮食直补	农资	良种补贴	农机具购置	退耕还林	农业保险
很好	70.59	62.30	64.61	50.83	43.56	40.00
较好	18.82	22.54	23.46	26.45	21.78	18.14
一般	6.27	9.84	6.17	15.29	18.67	20.93
不太好	1.18	2.05	2.47	4.13	3.11	6.51
很不好	1.57	0	0.41	0	0	0.47
没落实	1.57	3.28	2.88	3.31	12.89	13.95
有效样本	255	244	243	242	225	215

注：有效样本即对相关问题作出明确回答的村干部（村庄）个数。

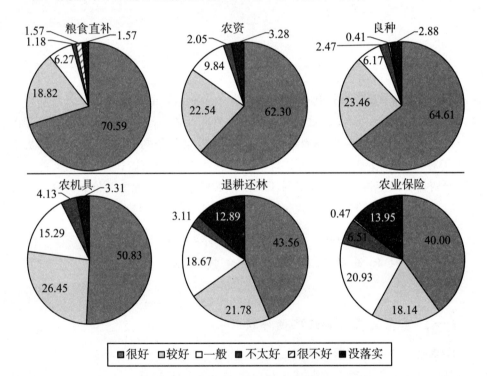

图 14 – 1　村干部对农业生产类政策落实的评价（％）

　　分地区而言，中部地区在粮食直补、农资综合补贴、良种补贴和农机具购置补贴方面落实情况最好，好评度分别为 94.95％、90.82％、91.66％ 和 83.33％，东部地区的农业保险政策落实最好（好评度 62.69％），西部地区则在退耕还林的政策落实方面好评度最高，为 77.14％。整体而言，三个地区的好评度差异不大（见表 14 – 2、图 14 – 2）。数据分析也表明，村干部对农业生产类政策落实

情况的评估并不因村庄收入而有明显差异。

表14－2　　　　　地区与农业生产类政策落实的好评度　　　　单位：％，个

地区	粮食直补	农资	良种	农机具购置	退耕还林	农业保险	村庄合计
东部地区	86.59	80.52	87.01	71.05	50.77	62.69	82
中部地区	94.95	90.82	91.66	83.33	66.66	59.55	100
西部地区	85.13	81.16	84.28	75.72	77.14	50.84	76

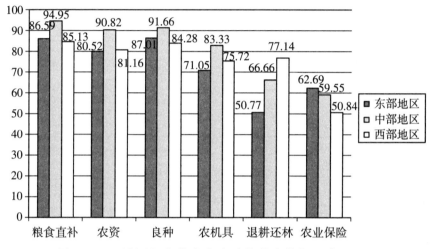

图14－2　地区与农业生产类政策落实的好评度（％）

根据村庄人口，将500人以内的村庄视为小规模村庄，501～1 500人为中小规模，以此类推，1 501～2 500人为中等规模，2 501～4 000人为较大规模，4 001人及以上为大规模。从村庄规模来看，除农业保险政策外，其余五种农业生产类政策的落实情况好评度与人口规模存在明显的相关性（见表14－3、图14－3）：伴随人口规模变化，好评度先升后降，当村庄为较大规模时落实情况最好。

表14－3　　　　村庄人口规模与农业生产类政策落实的好评度　　　单位：％，个

人口规模	粮食直补	农资	良种	农机具购置	退耕还林	农业保险	村庄合计
小规模	84.61	61.54	66.67	58.33	50.00	60.00	14
中小规模	85.36	80.26	88.00	71.42	63.51	56.06	83
中等规模	88.23	86.15	89.40	78.13	60.34	59.32	69
较大规模	96.61	96.49	92.98	87.50	78.84	62.26	59
大规模	90.91	81.82	84.85	78.79	62.07	51.85	33

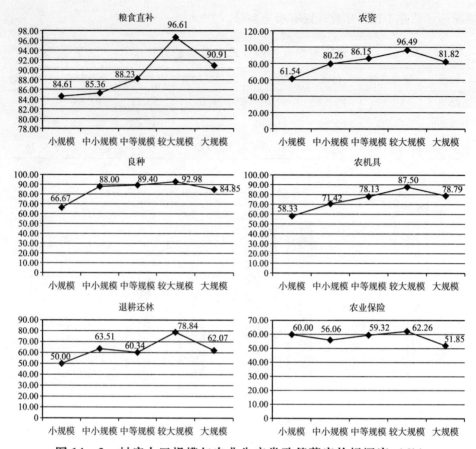

图 14 - 3　村庄人口规模与农业生产类政策落实的好评度（%）

　　耕地作为农业生产的基础要素，有必要考虑其对农业生产类政策落实所产生的影响。根据村庄耕地面积，分为五组：耕地面积在 1 000 亩以内的为小耕地面积，1 001 ~ 2 000 亩为中小耕地面积，2 001 ~ 3 500 亩为中等耕地面积，3 501 ~ 5 000 亩为较大耕地面积，5 001 亩及以上为大耕地面积。从调查结果来看，当耕地面积处于 2 001 ~ 5 000 亩之间时，村干部对农业生产政策落实情况的评价最高，如表 14 - 4、图 14 - 4 所示。

表 14 - 4　　　村庄耕地面积与农业生产类政策落实的好评度　　　单位：%，个

耕地面积	粮食直补	农资	良种	农机具购置	退耕还林	农业保险	村庄合计
低耕地面积	88. 14	79. 25	88. 89	69. 23	66. 66	55. 10	61
中低耕地面积	90. 91	82. 69	86. 28	73. 08	46. 94	46. 81	55
中等耕地面积	90. 76	87. 50	88. 88	85. 72	80. 35	64. 29	65

续表

耕地面积	粮食直补	农资	良种	农机具购置	退耕还林	农业保险	村庄合计
中高耕地面积	93.34	89.66	96.55	83.33	75.00	65.21	31
高耕地面积	86.67	86.67	84.44	75.00	58.54	61.54	45

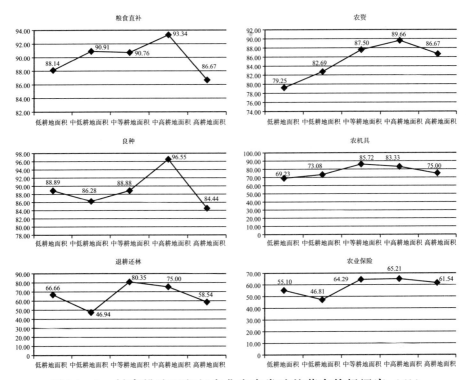

图 14 - 4　村庄耕地面积与农业生产类政策落实的好评度（%）

各项惠农政策的执行实施，必然要依靠一定的制度途径，而村庄自治行为与村民自治活动（以下简称村治活动）正是村庄内落实惠农政策的必要渠道，也是影响惠农政策在基层落实的关键因子。通常而言，村治活动包括以下内容：两委联席会议、全体党员会议、村民代表会议、村民大会、民主评议以及村务公开等。通过数据整理，将全国 258 个村庄的村治活动情况按照活动次数分为以下六组：村治活动总次数在 11 次以内的为"村治活动极少"（即平均每月村治活动少于 1 次），12～24 次的为"村治活动较少"（平均每月村治活动在 1～2 次），25～36 次的为"村治活动一般"（平均每月村治活动在 2～3 次），37～48 次的为"村治活动较多"（平均每月村治活动在 3～4 次），49～72 次的为"村治活动多"（平均每月村治活动在 4～6 次），73 次以上的为"村治活动很多"（平均每月村治活动在 6 次以上）。基于这种分组，村治活动次数对六种农业生产类政策落实的影响如下（见表 14 – 5、图 14 – 5）：

表 14 – 5   村治活动次数与农业生产类政策落实的好评度   单位：%，个

村治活动次数	粮食直补	农资	良种	农机具	退耕还林	农业保险	村庄合计
极少	80.00	60.00	70.00	60.00	40.00	60.00	10
较少	89.28	76.79	80.36	66.07	58.93	51.79	56
一般	90.00	85.00	88.34	71.67	65.00	46.67	60
较多	91.30	82.61	84.79	78.26	54.35	50.00	46
多	92.11	81.58	89.47	81.58	57.89	50.00	38
很多	89.48	78.95	78.95	73.68	52.63	47.37	19

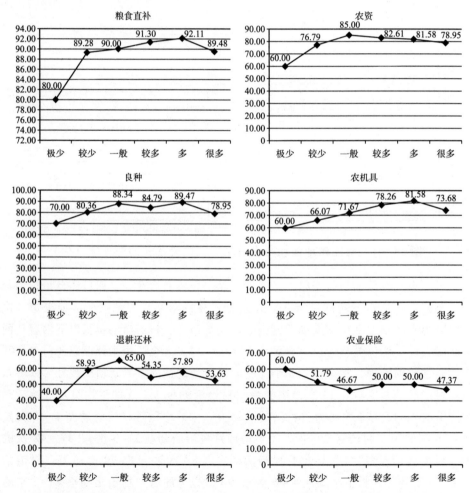

图 14 – 5   村治活动次数与农业生产类政策落实的好评度（%）

除农业保险政策外，粮食直补、良种补贴、农机具补贴、农资补贴和退耕还林补贴五项政策好评度伴随村治活动次数的增加，呈现先升后降的趋势（见图14-5），其中，粮食直补、良种补贴、农机具补贴的落实好评度都在"村治活动多"的情况下达到峰值，分别是92.11%、89.47%和81.58%，而农资补贴与退耕还林则是在"村治活动一般"的情况下达到峰值，分别为85%和65%。另外要特别注意，农业保险政策的落实好评度与村治活动近似呈负相关，村治活动较多（及以上）的村庄，其农业保险政策落实情况反而不佳。

综合各个因素对农业生产类政策落实所产生的影响，可以发现：（1）作为重要的物质经济基础，地区经济发展程度和村庄收入水平对农业生产类政策落实影响微弱。（2）人口规模和耕地规模会影响到农业生产类政策效用的发挥，规模适中的人口与耕地有利于农业生产类政策的落实。（3）适度的村治活动有助于惠农政策的落实，而过多的村治活动则反映了政策相关利益方博弈频繁，增加了政策落实成本，降低了惠农政策落实的效率。

2. 社会保障类政策落实情况

如果说农业生产类政策是农村发展的激励因素，那么社会保障类政策则是保障因素。对于普惠性的新型农村养老保险（新农保），有86%的村干部（有效样本：250）认为落实得很好或较好，而针对特定人群的低保，82.54%的村干部（有效样本：252）认为落实得很好或较好。

针对新农保的落实情况，东中西不同地区和不同村庄收入的村干部评价几乎没有差异，而对于低保的落实，虽然各地区村干部的好评度均在82%左右，但村庄收入却与村干部的评价呈正相关（见表14-6、图14-6），即经济物质条件越好的村庄，村干部对低保政策落实情况的评价越高。

表14-6　　　　　村庄收入与低保政策落实的好评度　　　单位：%，个

村庄收入	很好	较好	一般	不太好	很不好	没落实	村庄合计
低收入	50.00	28.57	16.67	0	0	4.76	42
中低收入	48.78	34.15	14.63	2.44	0	0	44
中等收入	60.98	21.95	9.76	2.44	0	4.88	42
中高收入	60.98	24.39	7.32	4.88	0	2.44	42
高收入	61.9	26.19	7.14	2.38	2.38	0	43

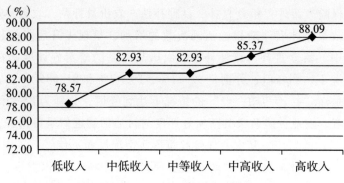

图 14 - 6　村庄收入与低保政策落实的好评度

从人口规模来看，伴随村庄人口规模的增加，对于新农保政策落实的评价近似正态分布，先升后降，中等规模村庄的村干部对其好评度最高（见表 14 - 7、图 14 - 7），为 92.43%，其次是较大规模村庄（89.65%）。而针对低保的落实，小规模人口的村庄村干部好评度最高，达到 92.31%，其次是较大规模村庄，好评度为 91.37%。

表 14 - 7　　　　村庄人口规模与新农保政策落实的好评度　　　单位：%，个

村庄人口规模	很好	较好	一般	不太好	没落实	村庄合计
小规模	35.71	42.86	7.14	0	14.29	14
中小规模	61.73	20.99	8.64	1.23	7.41	83
中等规模	66.67	25.76	4.55	0	3.03	69
较大规模	63.79	25.86	6.90	1.72	1.72	59
大规模	61.29	16.13	9.68	3.23	9.68	33

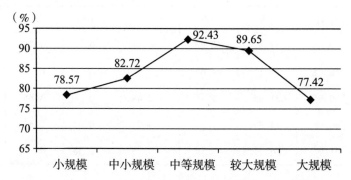

图 14 - 7　村庄人口规模与新农保政策落实的好评度

引入村庄民主自治因素即村治活动次数，发现对于新农保，除了村治次数较

少的村庄的好评度为 73.21%，其他情况的村庄好评度都在 85% 左右（见表 14 -
8）。而对于低保，村治活动次数与其落实好评度正相关，村治活动越多，落实情
况越好，村治活动很多的村庄的低保落实好评度甚至达到了 100%（见图 14 -8）。

表 14 -8　　　　　村治活动次数与社保类政策落实的好评度　　　单位：%，个

村治活动次数	养老保险	低保	村庄合计
极少	90.00	70.00	10
较少	73.21	78.57	56
一般	86.67	80.00	60
较多	82.61	82.61	46
多	89.47	86.85	38
很多	89.47	100.00	19

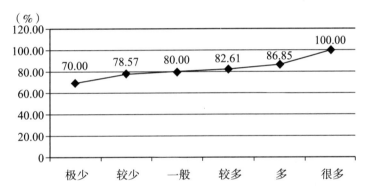

图 14 -8　村治活动次数与低保政策落实的好评度

简言之，村庄经济、社会条件和自治活动对社会保障类政策落实的影响有以
下特征：（1）相对于普惠性的新型农村合作医疗（简称"新农合"），低保的落
实受经济物质条件的影响更明显，良好的地区经济条件和较高的村庄收入有助于
农村低保的落实。（2）村庄人口规模对"新农合"政策落实的影响明显，鉴于
"新农合"惠及面广，适度的人口规模有助于"新农合"政策最有效地为农民带
来实惠。（3）村治活动对低保政策落实的影响明显，丰富的村治活动是低保落
实的必要条件。

3. 生活发展类政策落实情况

对于农民的日常生活，除了最基本的社会保障类政策，党和政府近年来还加
大了以家电下乡、汽摩下乡和小额信贷为代表的生活发展类政策的施行力度。在
村干部对这三种政策的落实评价中，家电下乡政策落实好评度最高，达到

329

81.60%（有效样本：250），其次为汽摩下乡政策为72.65%（有效样本：234），而小额信贷作为资本下乡的主要内容，村干部对其好评度偏低，勉强超过半数为51.49%（有效样本：235）。

对于家电下乡与汽摩下乡，中部地区的村干部对其落实好评度最高，分别为89.19%、83.16%。东、西部好评度相差不大，在家电下乡政策方面，东部地区与中部地区的好评度均相差15个百分点左右，在汽摩下乡方面则都相差20个百分点左右（见表14-9、图14-9）。针对小额信贷的落实，西部地区的好评度最高，为60.57%，东部和中部的好评度则未过半，分别为49.32%和46.15%。

表14-9　　　　　　　地区与生活发展类政策落实的好评度　　　　单位：%，个

地区	家电下乡	汽摩下乡	小额信贷	村庄合计
东部地区	76.92	64.79	49.32	82
中部地区	89.79	83.16	46.15	100
西部地区	75.68	66.18	60.57	76

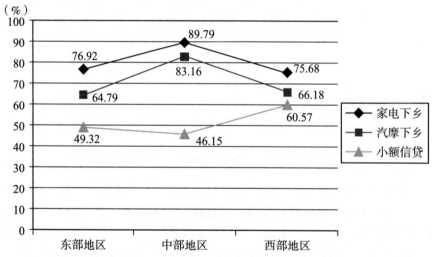

图14-9　地区与生活发展类政策落实的好评度

将村庄经济实力纳入考虑，伴随村庄收入增加，家电下乡、汽摩下乡落实的好评度曲折上升，中高收入村庄的好评度最高（见表14-10、图14-10）。伴随村庄收入增加，小额信贷落实评价呈"对勾"状（见图14-10）先降后升，在中低收入村庄好评度最低为35%，在高收入村庄好评度最高达到61.54%。另外，受城市发展和城市圈辐射作用影响，城郊（中）村的小额信贷好评度明显高于普通农村，分别为57.50%和50.26%，相差7个百分点。

表 14 – 10 村庄收入与生活发展类政策落实的好评度 单位：%，个

村庄收入	家电下乡	汽摩下乡	小额信贷	村庄合计
低收入	76.93	71.05	48.65	42
中低收入	81.39	73.17	35.00	44
中等收入	78.05	68.42	50.00	42
中高收入	85.72	81.58	57.50	42
高收入	83.33	72.50	61.54	43

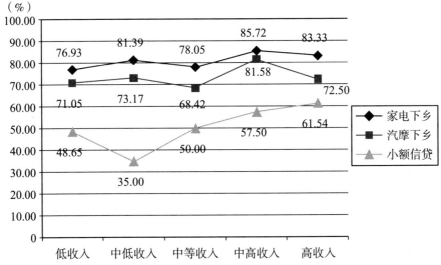

图 14 – 10 村庄收入与生活发展类政策落实的好评度

对于不同人口规模的村庄，家电下乡与汽摩下乡政策落实的好评度均是以较大规模村庄为最高（分别为 89.66%，85.71%），先升后降（见表 14 – 11、图 14 – 11）。而小额信贷的落实则是小规模村庄的好评度最高，达到 69.23%，随后，伴随村庄规模的扩大，好评度先升后降，在较大规模村庄达到极大值，为 61.40%（见表 14 – 11、图 14 – 11）。

表 14 – 11 村庄人口规模与生活发展类政策落实的好评度 单位：%，个

村庄人口规模	家电下乡	汽摩下乡	小额信贷	村庄合计
小规模	76.92	53.85	69.23	14
中小规模	76.55	65.79	41.56	83
中等规模	86.57	76.66	54.24	69

续表

村庄人口规模	家电下乡	汽摩下乡	小额信贷	村庄合计
较大规模	89.66	85.71	61.40	59
大规模	70.97	65.52	44.82	33

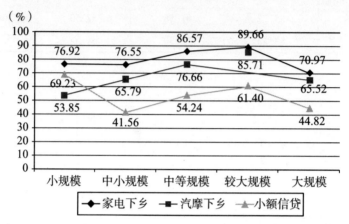

图 14 - 11　村庄人口规模与生活发展类政策落实的好评度

考虑村庄自治因素，对于生活发展类惠农政策，伴随村治活动次数的增加，家电下乡、汽摩下乡和小额信贷三种政策落实的好评度递增（见表 14 - 12）。不过，对比家电下乡和汽摩下乡政策，伴随村治活动次数的增加，小额信贷的递增幅度更为明显（见图 14 - 12）。

表 14 - 12　　村治活动次数与生活发展类政策落实的好评度　单位：%，个

政策落实	极少	较少	一般	较多	多	很多
家电下乡	80.00	83.92	81.66	78.05	81.58	100.00
汽摩下乡	80.00	70.37	74.54	70.00	77.78	82.35
小额信贷	20.00	50.98	53.57	45.23	61.11	72.22
村庄合计	10	56	60	46	38	19

综上表明：（1）地区宏观经济条件虽然对生活发展类政策落实存在影响，但影响力远不及村庄微观经济条件，良好的村庄物质经济基础是保障生活发展类政策落实的前提。（2）城乡协调发展以及城市化城镇化进程有助于促进生活发展类政策在农村的落实，新型城镇化可以成为提升农村居民生活水平的潜在动力。（3）在现有政策投入情况下，较大规模的村庄人口更有助于生活发展类政策

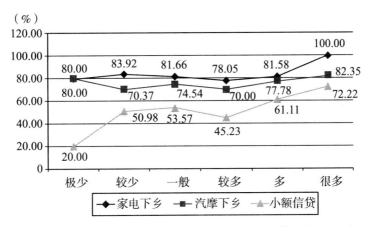

图 14 - 12   村治活动次数与生活发展类政策落实的好评度

充分发挥效用。(4) 村治活动对生活发展类政策正面影响明显，积极开展村民自治可以保障生活发展类补贴落到实处。

4. 基础设施类政策落实情况

农村基础设施建设，一直是解决"三农"问题的重要工作，目前在全国范围内施行最普遍的农村基础设施类政策是饮水安全工程、危房改造、路网、电网建设和农村沼气工程。258 个村庄的村干部对这些政策的落实情况评价不一 (见表 14 - 13、图 14 - 13)，电网建设落实好评度最高，达到 76.77%，其次是路网建设为 70.25%；剩下的政策落实好评度均未上七成：危房改造：65.98%，饮水安全：64.98%；沼气工程落实的好评度最低，只有 42.73%，与之对应，有 31.82% 的村干部认为沼气工程这项政策没落实好甚至根本没落实。

表 14 - 13   基础设施类政策落实情况的评价   单位：%，个

评价	饮水安全工程	危房改造	路网建设	电网建设	沼气工程
很好	41.77	38.59	42.15	46.06	23.64
较好	23.21	27.39	28.10	30.71	19.09
一般	17.30	21.58	15.29	12.86	25.45
不太好	4.64	5.81	7.85	5.81	10.00
很不好	1.69	1.66	2.07	1.66	4.55
没落实	11.39	4.98	4.55	2.90	17.27
有效样本	237	241	242	241	220

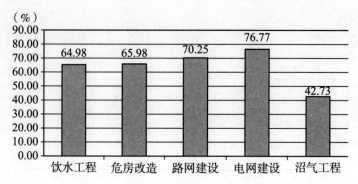

图 14 – 13　基础设施类政策落实的好评度

分地区而言，农村路网建设落实的好评度按照东、中、西部的顺序递减，东部村干部的好评度最高，为 80.30%。另外，中部地区的村干部对于农村饮水安全工程、危房改造、电网建设和沼气工程的落实情况评价均低于东、西部地区，呈现出一种"中部塌陷"（见表 14 – 14、图 14 – 14）。

表 14 – 14　　　　　地区与基础设施类政策落实的好评度　　　　单位：%，个

地区	饮水安全	危房改造	路网建设	电网建设	沼气工程	村庄合计
东部地区	70.84	64.87	80.30	85.53	41.18	82
中部地区	56.25	61.46	68.80	69.79	38.37	100
西部地区	71.02	73.24	61.40	76.82	50.00	76

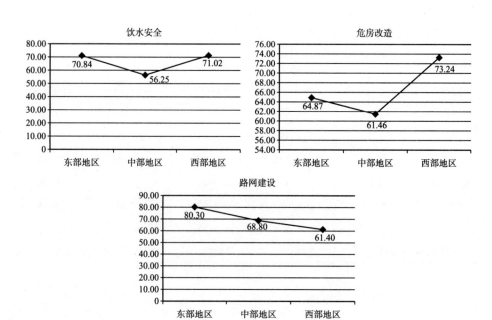

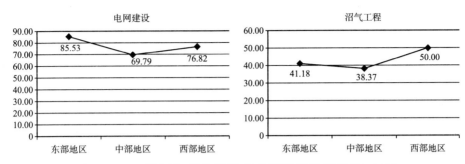

图 14 - 14　地区与基础设施类政策落实的好评度（%）

从调查数据来看，饮水安全、危房改造、路网建设、电网建设、沼气工程五项基础设施类政策落实情况与村庄经济收入呈明显的正相关，村庄经济收入越高，村干部对政策落实的好评度越高（见表 14 - 15、图 14 - 15）。

表 14 - 15　　　村庄收入与基础设施类政策落实的好评度　　　单位：%，个

村庄收入	饮水安全	危房改造	路网建设	电网建设	沼气工程	村庄合计
低收入	57.50	52.50	55.00	72.50	42.11	42
中低收入	60.00	65.85	64.29	68.30	35.00	44
中等收入	64.28	58.54	73.17	73.17	45.94	42
中高收入	76.92	80.49	75.61	82.93	47.22	42
高收入	76.92	75.61	88.10	88.09	44.45	43

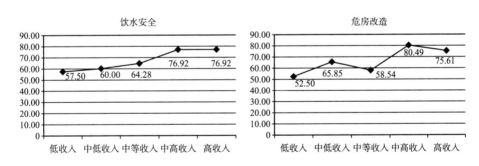

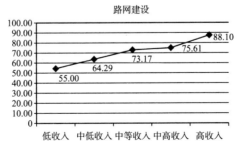

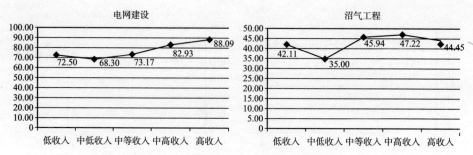

图 14 - 15　村庄收入与基础设施类政策落实的好评度（%）

综合考虑村庄类型，发现所涉及的五项政策在城郊（中）村落实的情况都要好于普通农村，其中，危房改造落实情况好评度差异高达 25.30%，路网、电网和沼气工程落实的差异均在 15 个百分点左右，即使是差异最小的饮水安全工程，城郊（中）村的落实情况好评度也比普通农村高 6.95%（见表 14 - 16、图 14 - 16）。

表 14 - 16　　　　　村庄类型与基础设施类政策落实的好评度　　　　单位：%，个

村庄类型	饮水安全	危房改造	路网建设	电网建设	沼气工程	村庄合计
普通农村	63.78	61.88	67.16	74.13	40.76	216
城郊（中）村	70.73	87.18	85.37	90.00	52.78	42

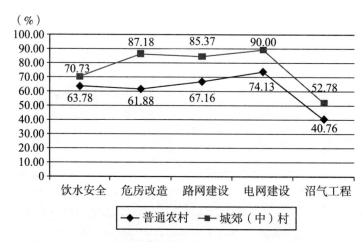

图 14 - 16　村庄类型与基础设施类政策落实的好评度

从村庄人口规模来看，虽然五种农村基础设施类政策落实的好评度均在较大规模村庄处达到最高，但除此之外并无其他明显对应关系。再考虑村民自治活动，村治活动对农村基础设施类政策的落实也有较明显的影响：虽然变化趋势略

有起伏，但整体上，伴随村治活动次数的增加，村干部对相关惠农政策落实的好评度逐渐提高（见表 14 – 17、图 14 – 17）。

表 14 – 17　　　村治活动次数与基础设施类政策落实的好评度　　单位：%，个

村治活动次数	饮水安全	危房改造	路网建设	电网建设	沼气工程	村庄合计
极少	40.00	40.00	40.00	50.00	11.11	10
较少	61.11	66.66	66.04	69.81	45.10	56
一般	58.18	69.64	67.27	77.78	43.64	60
较多	61.91	59.52	70.45	81.82	36.11	46
多	78.38	75.00	81.08	83.79	48.48	38
很多	88.24	77.78	94.44	88.89	66.66	19

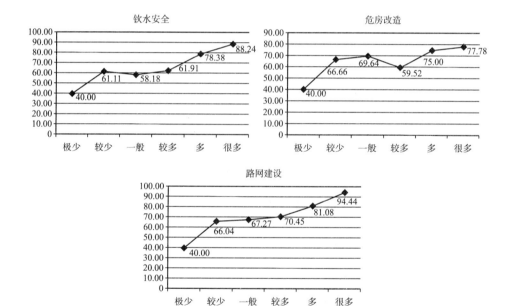

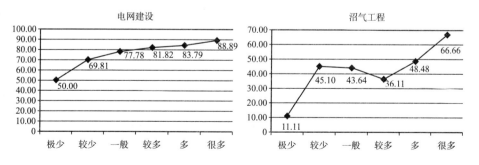

图 14 – 17　村治活动次数与基础设施类政策落实的好评度（%）

综上所述，对于基础设施类政策的落实，村庄经济、社会、政治因素对其有如下影响：（1）东中西三大地区的发展现状与基础设施类政策在农村的落实同步，东部地区的经济腾飞与西部地区的经济起飞影响着当地农村基础设施类政策的落实，而中部地区在经济社会发展中的"中部塌陷"，也被同时反映在其农村基础设施类政策的落实过程中。（2）在地区发展的宏观影响下，村庄经济收入构成了基础设施类政策落实的微观刺激因素，良好的村庄经济水平是乡村基建的必要支持。（3）城市发展带动下的乡村发展以及新型城镇化进程，可以助力农村基础设施的完善，城市、城镇的基础设施向农村延伸扩展也是城乡协调的重要途径。（4）充分开展村民自治活动，通过"一事一议"、村民代表会议等形式积极引导村民参与到乡村基建的决策与执行中来，有助于落实农村基础设施的建设。

5. 新型农村社区建设政策落实情况

针对新型农村社区建设，村干部对新型农村社区建设政策落实情况持谨慎乐观态度。在 225 个做出明确回复的村庄中，有 52.44% 的村干部认为该项政策落实情况较好或很好，有 28.45% 的村干部认为该项政策落实不好甚至根本没落实（见表 14－18、图 14－18）。

表 14－18　　　　　新型农村社区建设政策落实情况评价　　　　单位：%，个

	很好	较好	一般	不太好	很不好	没落实	有效样本
评价	30.22	22.22	19.11	8.00	2.67	17.78	225

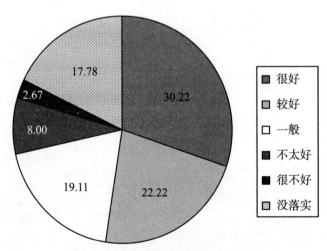

图 14－18　新型农村社区建设政策落实情况评价（%）

按照东中西地区划分，东部地区的村干部对新型农村社区建设政策落实情况好评度最高，达到 55.71%，其次是中部地区，好评度为 53.94%，西部地区对

该项政策落实的好评度最低，为46.97%。相应而言，经济收入越多的村庄，村干部对于新型农村社区建设政策落实情况的好评度越高（见表14-19、图14-19）。

表14-19　　　村庄收入与新型农村社区建设政策落实好评度　　单位：%，个

村庄收入	新农村社区建设落实好评度	村庄合计
低收入	36.11	42
中低收入	37.83	44
中等收入	63.15	42
中高收入	53.85	42
高收入	70.00	43

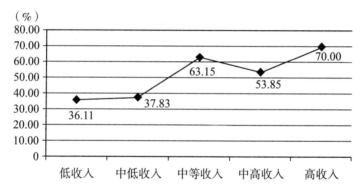

图14-19　村庄收入与新型农村社区建设政策落实好评度

从村庄类型来看，城郊（中）村的新型农村社区建设政策落实情况明显好于普通农村，该项政策的落实情况在城郊（中）村的好评度为72.50%，而普通农村只有48.11%。

将村庄人口规模纳入考虑，对于新型农村社区建设政策落实情况的评价，伴随人口的增加，村干部的好评度先降后升，在小规模村庄的好评度为57.15%，在中等规模村庄为极低值44.06%，在大规模村庄，好评度最高为62.07%，整体好评度分布构成一个"V"字形（见表14-20、图14-20）。

表14-20　　村庄人口规模与新型农村社区建设政策落实好评度　单位：%，个

村庄人口规模	新农村社区建设落实好评度	村庄合计
小规模	57.15	14
中小规模	47.89	83

村庄人口规模	新农村社区建设落实好评度	村庄合计
中等规模	44.06	69
较大规模	61.54	59
大规模	62.07	33

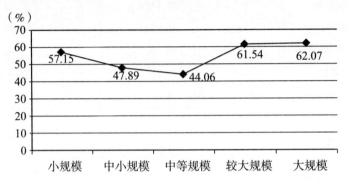

图 14－20　村庄人口规模与新型农村社区建设政策落实好评度

对于新农村社区建设政策的落实，整体而言，村治活动次数越多，该项政策落实好评度越高（见表 14－21、图 14－21）。但同时也要注意，这种变化趋势在村治活动极少和很多的村庄较为明显，在村治活动由较少到多这一系列水平上，对新农村社区建设政策落实的好评度均在 50％左右浮动，相互间差异极小。

表 14－21　村治活动次数与新型农村社区建设政策落实好评度 单位：％，个

村治活动次数	新农村社区建设落实好评度	村庄合计
极少	33.33	10
较少	53.84	56
一般	50.00	60
较多	50.00	46
多	51.51	38
很多	72.22	19

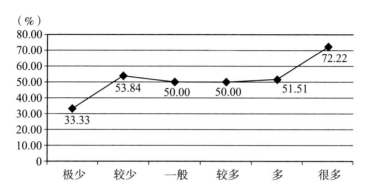

图14-21　村治活动次数与新型农村社区建设政策落实好评度

可见，在各种经济、社会因素影响下，新型农村社区建设政策的落实呈现出以下特征：（1）无论是宏观的地区发展程度还是微观的村庄收入水平，都是影响新农村社区建设的重要物质前提，经济条件越充实，新农村社区建设情况越良好。（2）持续推进的城市化、城镇化进程以及协调的城乡发展，对新型农村社区建设具有明显的促进作用，新农村社区的出现，也是当前城市化、城镇化的一个客观效果。（3）村庄人口规模对新农村社区建设政策落实的影响比较复杂，小规模和大规模的人口都比中等规模人口的村庄更利于新农村社区建设政策的落实。在当前新型城镇化的背景下，如何充分调动村庄居民人力资源同时削弱人为阻碍是新农村社区建设成功与否的关键。（4）整体而言，村民自治活动作为村民参与新农村社区建设的载体，其次数的增加有助于新农村社区建设的推进。

6. 五类惠农政策落实情况综合评估

综合以上各种惠农政策落实的好评度，可以发现，在这五类惠农政策中，社会保障类政策（包括"新农合"与低保）的落实情况最好，综合好评度[①]达到84.26%；其次是农业生产类政策（包括粮食直补、农资综合补贴、良种补贴、农机具购置补贴、农业保险和退耕还林补贴），其综合好评度为75.93%；之后依次是生活发展类政策（家电下乡、汽摩下乡和小额信贷）、基础设施类政策（饮水安全工程、危房改造、路网建设、电网建设和沼气工程）和新农村社区建设政策，综合好评度分别为68.85%、64.53%和53.44%，新农村社区建设政策落实好评度最低。

从影响惠农政策的各种经济、社会和政治因素来看：（1）物质经济因素对基础设施建设和新农村社区建设的影响最为显著，对生活发展类政策和社保类政

---

① 某种类惠农政策的综合好评度计算公式：

$$综合好评度 = \frac{\sum 该种类中某单项政策落实好评度 \times 该单项政策落实评估有效样本数}{该种类所有政策落实评估有效样本数之和} \times 100\%$$

策的落实有一定影响，对农业生产类政策的影响微弱；在与农民生活相关的生活发展类和社保类政策方面，以地区发展情况为代表的宏观经济因素影响力显然不及以村庄经济收入为代表的微观经济因素。（2）在当前的政策投入情况下，人口规模往往左右着惠农政策的落实程度，通过适度控制政策受益面和政策受惠人群规模，可以发挥政策的最佳效用，达到公平与效率的均衡点。（3）城郊（中）村与普通农村在各项惠农政策落实情况中所体现的差异，表明在合适的条件下城市（镇）因素可以助力惠农政策的执行落实，也预示着以新型城镇化为代表的未来城乡协调发展进程必将与"三农"问题的解决相伴随相影响。（4）作为村庄政治因素，以村民自治为代表的村治活动对各项惠农政策的落实影响明显。除农业生产类政策外，其余四项政策都伴随村治活动的增加而得到更好的落实。同时也要注意村治对农业生产类政策所产生的影响，即活动频率要适度，过多的村治活动不仅会增加政策执行的成本，也会影响政策落实的效率。

（二）惠农政策的成效评价

基于对惠农政策落实情况的评估，村干部还对惠农政策实施所带来的主要成效阐述了自己的观点。

1. 减轻农民负担是最大成效

与社会保障类政策、农业生产类政策和生活发展类政策较高的落实好评度一致，有72.49%的村干部认为惠农政策的主要成效是减轻农民负担，这是所有成效中认可度最高的，以上三种政策无疑给广大农民的基本生产生活提供了坚实的保障。在谈到农业生产类政策带来的好处时，多位村干部表示"现在种田不仅不交税，而且还有补贴，虽然不能靠种田发家致富，但至少让大家对生活还有些盼头"，一位安徽的村干部在谈到惠农政策能够给农民减负时总结道"虽然现在免除了农业税，但在没有更多发展前途以及缺乏相关（打工）技能的情况下，农民的生活压力依然不小，而各类补贴和社保虽然不能让大家更富，但是绝不会让大家更穷"。对比社保和农业生产类政策的直接减负效用，生活发展类政策则为农民进一步提高生活水平提供了物质支持。另外，对于"减轻农民负担"这一成效的认可度，与地区发展水平和村庄经济实力呈明显的负相关，农业生产类、社会保障类和生活发展类惠农政策的减负效用在不发达地区体现得更为明显。

2. 提高村民生活水平、促进村庄经济发展是重要成效

减负是底线，发展是前途。无论是村民生活水平提高，还是村庄经济发展，都可看作是在减轻农民负担基础上，惠农政策更为积极的效用体现。

在受访村庄中，分别有57.75%和45.74%的村干部认为提高村民生活水平、

促进村庄经济发展是实施惠农政策带来的主要成效。"省下的就是挣下的",在有限的发展环境下,农民生产生活负担的减轻有助于农民将更多精力和资源投入到生活水平的改善中。调查数据也说明了这一情况,在187位认为惠农政策能够减轻农民负担的村干部中,有118人同时认为惠农政策能够提高村民生活水平,重合比例为63.10%。

对于促进村庄经济发展,中部和西部的村干部表达出的认同感要高于东部地区,在中部,有50%的村干部有此看法,西部则有46.05%,而在东部则勉强达到四成。不过相对于地区间的差异,村庄收入水平对此项评价的影响更明显,伴随村庄收入的上升,村干部对惠农政策促进经济发展的认可呈"V"字形(见表14-22、图14-22),村庄收入最低和最高的村庄对此认可最高,分别为54.76%和53.49%,要比中等收入水平的村庄认可度高出约15个百分点。

表14-22   村庄收入与对促进村庄经济发展的成效认可度   单位:%

	低收入	中低收入	中等收入	中高收入	高收入
对促进村庄经济发展的认可度	54.76	49.13	39.82	43.26	53.49

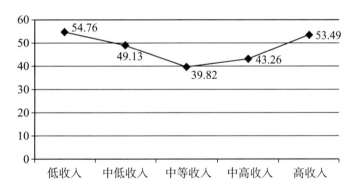

图14-22   村庄收入与对促进村庄经济发展的成效认可度(%)

3. 完善基础设施、促进农业生产是一般成效

有39.15%的受访村干部认为惠农政策改善了村庄的基础设施,而这些村干部在调查过程中也往往乐于提及村庄的物质建设成就,特别是水、电、路网的建设完善,这与调查数据也是相符的:对基础设施类政策落实情况评价比较高的村干部中有近七成的人认为惠农政策有助于完善村庄基础设施。

另外,有21.32%的受访村干部认为惠农政策有助于促进农业生产和调动农民农业生产的积极性,但是大多数村干部认为,农民现在都觉得打工比种田有前途,再加上很多地区自然条件不好,各种农业生产类的补贴对调动生产积极性和提升农业生产效率只能是"杯水车薪",更何况这些政策本身"也没多少钱"。

4. 改善乡风文明、促进村庄管理是微弱成效

改善乡风文明、促进村庄管理是惠农政策成效评估中认可度最低的，分别只有 13.18% 和 8.92% 的村干部认可以上两种成效。从惠农政策的内容上看，这两种成效只与新型农村社区建设直接关联。对于上文中反映的"有 52.44% 的村干部认为新型农村社区建设政策落实情况较好或很好"这样一个"中规中矩"的数据，这两种成效认可度之低也是可以理解的。

无论乡风文明建设还是村庄管理优化，将之单单联系到新型农村社区建设这一项政策显然也是不够的，因为它们都必然与村庄的物质基础有着深层次的联系，也正如青海的一位村干部讲的"村民在生活上还犯愁呢，哪有时间考虑讲礼貌、讲和谐"。

5. 惠农政策成效的整体评价

在 258 个所调查村庄中，仅有 1.55% 的村干部认为惠农政策没有带来任何实惠，可见，整体而言，村干部对于惠农政策带来的积极成效是认可的。在对五种惠农政策落实情况进行评估的基础上，惠农政策成效体现出以下特征：（1）政策成效梯级化：从减轻农民负担，到提升农民生活水平，再到经济发展，直至乡风文明建设和基层治理改善，一揽子惠农政策的成效呈现出一种从保障效用到激励效用再到全面发展作用的梯级，而且这种梯级成效体现出惠农政策目标由经济基础上延到上层建筑，政策重点由农民个人上升到农村整体，政策效用发挥途径由直接补助转变为间接激励。（2）保障性成效明显：虽然由一揽子惠农政策构成的政策系统构造出一种梯级化成效，但目前惠农政策的成效还主要体现在保障性方面，这与前文反映的政策落实好评度交相呼应。与农民生活保障和农业生产保障相对应地社会保障类政策和农业生产类政策落实好评度分别为 84.26% 和 75.93%，分类所有政策落实好评度的前两位，恰好说明了惠农政策的保障性成效显著。同政策落实好评度排名一致，生活发展类和新农村社区建设所发挥的激励发展和全面发展性政策效用在当前还不显著。这也反映出当前惠农政策在发挥保障性作用的同时，有必要向更深更全面的效用梯级转型。（3）惠农政策成效多元化：与对各项政策落实情况的肯定评价相一致，基于总体乐观的成效评估，在情况各异的村庄中，村干部对惠农政策落实成效的评价呈现出一种"仁者见仁，智者见智"的多元状况，这体现出惠农政策的全面化、系统化施行已初具雏形，不同政策目标的惠农政策在因地制宜地执行过程中发挥了多元化、差异化的成效。（4）经济性成效突出：共性寓于特殊性之中，惠农政策成效呈多元化，依然不能掩盖经济类和准经济类政策的突出成效，特别是在事关农民个体生活保障和基本生计方面，惠农政策的经济性成效非常明显，突出地形成了减轻农民负担、提高农民生活水平和促进村庄经济发展三大主要成效。当然，惠农政策的经济性成效也为其在未来进一步释放政治效应、社会效应等提供了物质基础与合法性前提，从前文的梯级效用分析来看，这种情况也是符合当前现状的。

二、惠农政策落实中的困难与问题

在258位受访的村干部中，共有173名村干部具体明确地谈到了他们在惠农政策落实工作中遇到的困难与问题。通过调查数据整理和访谈材料分析，将反映出的困难与问题归结为"五个不"，即"资金不到位""政策不合适""程序不简便""农民不配合""干部不积极"五大问题共计15个具体问题。

（一）资金不到位

惠农政策的落实需要大量的资金做保障，但从实际情况来看，目前保障惠农政策落实的资金缺口很大。在谈到惠农政策落实困难问题时，65.32%的村干部认为存在资金不到位的问题，概括而言，资金不到位包含"资金投入不足""资金使用缺乏监督""资金不足侵蚀普惠性"三个问题。

1. 资金缺乏，投入不足

目前资金投入不足主要体现在两个方面，一方面，资金总量不足。近年来，虽然国家加大了对整个惠农政策体系的财政支持，但如同一位中部地区的村干部所言"惠农政策补助金额有限，远不能满足群众渴望"，面临庞大的农业人口和巨大的需求缺口，政策专项资金依然捉襟见肘，而且在地方财政专注于"以经济发展为中心"的前提下，地方政府针对惠农政策的配套资金更是杯水车薪。另一方面，政策资金使用分散。在政策资金不足的情况下，有限的资金不能集中利用，加剧了惠农政策"落而不实"的问题，甚至出现"面面不能俱到"的"平均主义"，激化了惠农政策在公共需求与个体需求间的矛盾，对此，一些村干部就表示"惠农款项分散到各个农户手中作用不大，应该把这些钱集中起来搞公共事务"。

2. 资金投入和下放过程中缺乏有效监督

谈及惠农政策资金不到位，还存在有限资金在下放过程中因为缺乏监督而挪作他用的问题。调查中，多位村干部表示存在"惠农款项层层克扣"的情况，虽然不排除地方政府中某些个人对惠农资金的贪污私用，但通过深入了解得知，村干部所谓的"克扣"更多的是指县乡在地区发展过程中面临巨大的财政压力，从而"不得不拆东墙补西墙"截留惠农款项以作他用，基层政权的财政运作和资金流转往往缺乏专门的机构和人员进行监督，加之这种"拆东墙补西墙"的挪用又比较隐蔽，实施有效监督显然难上加难。这种违反"专款专用"的截留

345

挪用，再加上部分村委会不严格按照程序审核办理发放相关款项，使本不充足的惠农资金能落实到基层民众手里的更显九牛一毛。

3. 资金不足侵蚀政策普惠性

这是政策资金不到位所附带的一个问题，该问题在社会保障类政策的落实中显得尤为突出。一方面，由于资金不足，不仅限制了政策覆盖范围，而且也限制了每一个农民所能享受到的实惠（如养老金）额度，使原本普惠的政策不但不能解决问题，反而诱发了对村干部的不信任问题，让村民认为是村干部将惠农款项中饱私囊，使村干部"心没少操，劲没少费，群众还是怀疑"。另一方面，针对一些特定人群的政策，如低保，现有的资金根本无法满足所有应享低保的农民，这在经济条件相对落后的中西部地区更为突出，如一位宁夏南部山区的村主任所言"低保指标不够，不能做到应保尽保"。而在具体的低保金下发过程中，也往往出现"低保名额太少，分配不公"的情况。

（二）政策不合适

惠农政策本身从源头上决定了政策落实的效果，一项脱离实际、更新滞后且缺乏可操作性的惠农政策，不仅会阻碍其执行落实，甚至会南辕北辙带来新的问题。在调查中，32.37%的村干部认为政策不合适阻碍了惠农政策的落实，不便于也不利于农民得到实惠。

1. 政策内容与实际脱节

政策不合适，首先是指政策内容不符合实际，与实际脱节。由于政策出台前需要经历一段时间较长的制定过程，难免出现"刻舟求剑"，加之一些部门官员和专家学者"闭门造车""替农民所想"，他们头脑中的想法与现实"三农"问题严重脱节。比如在全国实施范围最为广泛的粮食直补，很多村干部都有疑问"为什么种粮有，种菜没有"；还有新农保、新农合的缴费与发放问题，在当前青壮年农民外出务工日增的情况下，村干部直言巨大的人口流动使政策无法落实到人，而针对农民流动这一现状，在政策制定和具体实施中都没有纳入考虑。

2. 政策更新滞后

"一切从实际出发"的一项重要要求就是"与时俱进"。一些惠农政策在出台及运行的初期是符合实际的，但伴随客观情况变化，这些政策的滞后性就日益暴露。现代化进程中，中国农村处在变动中，农民也处在变迁中，受到新生事物和现代观念的影响，农民需求也日益多元化，滞后的政策更新，显然不能满足新产生的农民需求。这一问题突出地表现在农业生产类和生活发展类政策中，一位村干部总结得很精辟"生产生活成本增加，抵消政策实惠"——农资农机成本上升，抵消甚至超过了农作物销售利润；更有村干部谈到在落实家电下乡、汽摩下乡时"这面补贴，那面涨价"，"没啥实惠，反而多了套手续"。

3. 政策缺乏可操作性

很多村干部在调查中都表示"政策太宏观，落实难度大"。政策缺乏可操作性最主要体现在缺乏统一的执行标准与规范，比如在粮食直补政策中，哪些粮食可以获得补贴？可以获得多少？种粮面积如何确定？甚至在一些似乎有标准可循的政策中，也会出现实际落实过程中缺乏可操作性的问题，如在落后的内陆山区，如果按照上级的低保标准，一个村里可以领低保的十之有八，但在低保金有限的情况下，如何确定当地的低保发放标准？从政策制定来看，中央出台的政策是宏观指导性的，这无可厚非，但从政策执行角度而言，地方政府特别是市、县政府没有细化和具化政策内容则有失职之嫌。

（三）程序不简便

惠农政策的执行与最终落实都要依靠一定的程序，27.39%的受访村干部表示由于政策执行程序繁杂、落实手续复杂，惠农政策的施行出现了事倍功半的问题。另有8.10%的村干部认为一些事关基础设施建设资金与小额信贷的申请门槛过高，事实上妨碍了惠农政策在基层的落实。

1. 政策执行程序繁杂

在当前的行政体制下，一项惠农政策从出台到落实到农民手中，从纵向上看，要经历四到五级政府，从横向上看，要涉及财政、扶贫、交通、农业、民政等多个部门，这必然增加了惠农政策执行的程序和成本。加之不同层级政府和不同职能部门对项目管理、政策要求各不相同，在政策执行过程中自成体系、缺乏配合，致使程序模糊不清、政策落实不畅，不仅构筑了农民获得实惠的障碍，而且增加了村干部的工作困难，难怪有村干部抱怨"感觉政策没个准儿，总让人无所适从"。

2. 政策落实手续复杂

惠农政策的关键在于"惠"，这个"惠"不仅在于实惠，更在于便民。然而很多村干部都反映"要让实惠顺顺利利方方便便落到农民手里比登天还难"，特别是与农民日常生计息息相关的生活发展类与社会保障类政策，一些地区不从实际出发，只为图一时方便，人为地增加政策落实手续。比如在家电下乡的过程中，"让农民到财政所去领钱而不是到商家领钱"；还有社保类政策的报销问题，不止一位村干部反映"报销程序复杂"，严格按照票据报销是原则，但在政策制定和具体化的过程中，显然缺乏针对农民群体的人性化考量。

3. 申请困难门槛高

在中央对城乡协调和新农村建设的要求下，通过完善农村基础设施建设，引导和强化资本下乡来促进"三农"问题的解决,不仅理所当然,而且势在必行。然而,大多数村干部在访谈中都反映"一难一高"问题——基建资金申请困难、小额信贷门槛过高。一方面,由于惠农政策资金总量有限,基建资金和补贴往往成为各个乡村争夺的"香饽饽",增加了每个村庄获得资金的困难;另一方面,在私人资本投入不足、中介担保缺乏的前提下,银行、信用社等金融机构顾虑农村的信用风险,往往设置很高的信贷门槛,普通村庄只能望"贷"兴叹,更别提想要规模经营的农业大户了,往往都是"跑坏了脚皮,磨破了嘴皮"也贷不到相应的款项。

(四)农民不配合

农民,作为惠农政策执行过程的最后一环,不仅是政策受众,更是能动主体。但在调查与访谈中,37.57%的村干部认为在惠农政策施行过程中得不到农民的配合,直接而言这妨碍了政策实惠实实在在地落在农民手里,间接而言这削弱了农民参与基层治理、维护自身权益的力量。

1. 农民不参与

这里的"不参与"准确而言是指由于政策本身内容不明、程序不清,导致农民不能参与也不便参与。有些惠农政策下发到基层后,往往变成官样文章,甚至部分政府机构和个人出于私利,有意误导政策内容,再加之前文所述政策程序不便民,最终阻碍了农民在惠农政策落实过程中的参与,长此以往消磨了农民对于整个惠农政策过程的参与积极性,这也正是村干部谈到的"惠农政策参与程序太复杂"所诱发的一个负面问题。

2. 农民不理解

一方面,政策本身晦涩难懂、标准不一、程序复杂,客观上妨碍了农民对相关政策的理解;另一方面,政策有相应的流程措施和操作标准,但由于缺乏对政策内容的必要宣讲,使农民不易理解。农民的不理解,也直接导致了其无法参与到政策过程中,妨碍到农民对自己利益的争取与维护,甚至因为不理解转而怀疑甚至迁怒于村干部,恶化了村庄内部人际关系。对此,辽宁的一位村干部讲到"村民们感觉受了骗,不仅不支持我们工作,而且还会号召其他村民闹事,相关工作以后根本开展不下去呀",因而形成政策落实的阻力和乡村治理的沟壑。

3. 农民不配合

由于农民有自己的行为方式和理性逻辑,而这些传统习惯往往成为农民参与到政策落实中的内在阻碍力量。在惠农政策落实中,村干部总有"上动下不动,动了也白动"的无奈。农民总是更多地关心现实利益和短期利益,而对于整个政策过程几乎不闻不问,更别谈监督以及与政府、村两委互动了。而在社会保障类政策的执行中，村干部则多坦言"向老百姓发钱容易要钱难"，导致社保类基金亏欠，最终损害的还是农民自身利益。固然，对于以上问题，对相关政策缺乏宣传讲解是诱因之一，但以"货币最大化"与"利益短期化"为原则的小农本身，则是政策不易落实的内因。

（五）干部不积极

以往对于惠农政策落实困境的分析，虽然涉及社会管理者（主要指各级政府和村两委），但却是将其视为一个组织整体，忽视了对人的分析。在现实中，政策的执行落实终究要靠人——活生生、有思想意识的人。而且，村干部作为一个能动的主体，作为政策执行亲力亲为的个体，也作为上级政府和基层民众间的中介，对惠农政策落实工作必然有自己的理解，其行为也必然对惠农政策落实产生影响。从调查数据来看，16.18% 的村干部直言惠农政策落实工作不好做，一些硬性安排打击工作积极性。因此非常有必要从村干部层面剖析惠农政策落实中的困难。

1. 硬性安排增加工作困难

虽然法律规定村委会不是一级政府，与上级政府只是"指导与被指导"关系，但实质上，在当前压力型行政体制下，村两委已经成为承担工作压力最重的行政体系最底层，村干部也成为工作责任无可推卸的最前线。正所谓"权力一把抓，责任搞批发，任务层层加"，上级政府往往将惠农政策的落实视为行政命令与硬性指标，而且有时候由于这些政策与基层实际情况不相适应，如一些地区根本不具备实施沼气工程的条件，但上级部门为了所谓的"政绩"，强行推广，不仅导致资源的浪费，还因此引起农民的不满而增加了村干部的工作困难。而政策落实不好就扣村干部补贴或是提高村干部在申请村庄建设相关资金时的门槛，搞得村干部"工作困难大，心理压力大，个人意见大"。

2. 任务烦琐，压抑动力

作为惠及农民大众的好事，村干部对惠农政策的执行落实本应该充满信心和动力，但由于一项政策往往要历经多个行政层级、涉及多个职能部门，就在各级政府的层层加压下和各个部门的来回奔波中，村干部的信心被磨平了。而贯彻惠农政策本身又涉及范围广、工作任务重，几乎一分一厘的农民实惠都要村干部亲力亲为，没有专项工作经费已经在一定程度上压抑了村干部的工作积极性，再加上部分村民的不理解，使村干部的工作动力日渐丧失，最终影响了基层贯彻执行惠农政策的效率。

3. 破坏村庄干群关系

"惠农政策往往给基层工作带来了麻烦"，这是一些村干部的心声，为了完成相应的任务指标，村干部不得不对农民采取一些硬性措施，破坏了基层的和谐关系。这不仅在一定程度上损害了农民对基层政府的信任，而且严重加剧了村干部与村民间的对立关系，甚至使村民间的人际关系日趋紧张，诱发一系列影响村庄稳定的问题，最终"农民实惠得不到，官员丢了乌纱帽，村里人心乱糟糟"。

三、强化惠农政策落实的建议

（一）优化惠农政策的顶层设计

1. 精打细算，扩大惠农政策的规模收益

从调查结果来看，村庄人口规模在很大程度上左右了惠农政策普惠性得发挥。普惠性即惠农政策的规模收益，涉及政策受益面和政策受惠人群规模，在惠农政策资金总量有限的前提下，要让这个规模收益达到最优，就必须在资金款项和人力物力方面精打细算，使惠农政策的投入与村庄人口规模即受惠范围相适应。具体而言，要做到（1）政策执行前做好必要的统计工作。事前的统计工作不仅是对惠农政策所要解决问题的再确认，而且是对政策相关人、财、物等资源投入和政策涉及人群（范围）的预估计。且统计内容要有重点，如社会保障类与生活发展类对于村庄规模特别是人口情况要做好统计，农业生产类政策则要做好耕地规模和村庄农业生产情况的统计。（2）政策落实前做好成本预算。惠农政策制定后，并非立即就会被施行落实，其间不仅会花费时间，还会耗费一定的物质成本，因此必须对具体政策的执行做出成本预算，预算中要包含人员经费、办公经费以及其他成本（如交通、宣讲）等，如有条件，还要对政策从出台下发到执行落实的时间成本进行预估。（3）政策落实中避免"平均主义"。做好事前的统计和预算后，基于各地区不同情况不同需求，要做出有针对性的资金投入，重要需求增加投入，次要需求限制投入，虚无需求拒绝投入。对于社会经济条件落后地区可适当增加政策资金投入比重，对于市场环境成熟、物质条件发达的地区，惠农政策可偏重于引导激励而非直接投入。

2. 开源节流，提高政策资金的利用效率

惠农政策资金不足，需要从两个方向解决——开源与节流，在资金利用过程中明确问题优先级，集中力量处理最为重要的"三农"问题，同时做好在开源节流环节中的严格监督。（1）充分开源：中央政府、省级政府和经济实力较强的市级政府要继续开发和增加惠农政策方面的资金，加大财政对惠农政策的支持力度，在增加中央直补比例的同时，一般地级市政府和经济实力较强的县级政府要做好惠农政策配套资金的投入。（2）合理使用：如前文分析，宏观经济因素

对基础设施类政策和新农村社区建设影响显著，而微观经济因素对生活发展类和社保类政策有明显影响，因此上级政府与基层政府要划分投入重点、做好资金流的分配。上级政府宜从宏观全面视角加大对农村基建和公共服务的资金投入，而基层政府则要着力解决好与农民生产生活息息相关的政策资金投入。同时，要在协调经济发展与社会平等这一方针指导下，以"保障人民生活水平为先""完善地区基础设施为重"为原则，做好惠农政策的实施规划与使用安排，集中资源、集中力量处理最为紧急和最为重要的"三农"需求。（3）严格节流：要避免"面子工程"和形式主义，杜绝政策资金的浪费，严格限制"不合适、不紧急、不重要"的政策占用人力物力。（4）强效监督：自中央一直到村庄，要做好对下放资金的层层审核监督，对资金经手干部要做好经济审计。对于地方政府，特别是市、县、乡三级政府，要严格资金运转流程、规范款项发放程序。特别要说明，在最基层的村庄内部，要充分发挥村民自治带来的监督效应，通过对前面各项政策落实情况的数据分析来看，村民自治活动是保障惠农政策有效落实的必要机制。但也要注意，在前文各项惠农政策落实情况的评估中，虽然反映了村庄民主自治活动对监督政策落实带来的积极作用。但同时，过多的村治活动不仅会增加政策执行的成本，也会迟滞政策落实的效率，民主要和集中结合才能真正提高落实效率，一系列民主自治活动要适度，避免将"一事一议"变成"议而不决"。

3. 实事求是，优化惠农政策创制

惠农政策制定得如何，关键要看其内容是否符合当前中国"三农"实际，因此，创制惠农政策的首要标准就是"实事求是"。（1）调查先行。政策制定前，对于相关"三农"问题，要做充分的实证调查研究，了解农村的发展状况和农民的真实需要，而非闭门造车，更要杜绝凭空杜撰。关于具体调查研究的运作，政府可与高等院校、科研机构协同合作，在政府的必要引导和帮助下，充分发挥高等院校与科研机构客观中立、科学可靠的特长，获取最真实的数据信息。（2）因地制宜。不同的政策，重心不同，不同的地区，情况不同。具体而言，惠农政策的功效分为三个梯级：保障效用、激励效用、全面发展效用。而从地区的经济基础来看，东部经济发展相对成熟，市场力量活跃，中部地区处于经济发展巩固和转型阶段；西部地区同时处于基础设施建设与经济起飞的阶段，要根据三个地区的客观条件施行功效权重不同的惠农政策。以因地制宜为原则，结合地区发展情况，使惠农政策与地区的经济社会发展程度相契合，从而发挥惠农政策的最佳功效。（3）增加弹性。政策内容的设计，一方面要根据已有的资料情况紧贴农村农民现实，另一方面要增加政策调整弹性，在现有调查的基础上作出合理预测，为政策适应"三农"问题的变动和农村状况的发展留足更新余地。（4）先试后推。"三农"问题的解决不仅关乎国家稳定、社会发展，更与广大农民的生存与未来息息相关，因此惠农政策的出台施行必须审慎，在大面积施行之前，宜采用"先试行，后推广"以及"地方经验上升为国家政策"的途径。（5）更新调整。前面提及惠农政策制定要留足变动余地，而在政策执行一段时间后，必须要根据客观情况的变化进行相应调整：不能充分发挥功效的惠农政策要深入再开展，功能丧失甚至带来负面效应的惠农政策要废止，对于调整后依然无法适应"三农"问题新变化的政策，可以考虑全面更新。

（二）实化惠农政策的中层执行

1. 明确标准，增强惠农政策的可操作性

缺乏可操作性，政策制定得再完美也无法执行，因此要从以下三个方面增强惠农政策的可操作性。（1）确立惠农政策的落实标准。确立落实标准，是指在一定客观环境下，在政策受惠人群、受惠额度、政策成效等方面树立一种标杆，在其他客观条件下的政策落实，可以参考这个标杆设定相应的标准。而且要注意，确立标准的目的是要便于惠农政策的落实，因此，政策标准既不能搞特殊化，更不能搞"一刀切"，即相同的惠农政策，在不同地区可比较但不雷同。（2）明确惠农政策的执行规范。要贯彻政策内容和落实标准，需要程序的保障，因此要树立一套明确的惠农政策执行规范，做到人、事、物的全面明确：明确相应政策的执行部门以防止政出多门，明确相应的政策落实责任人以防止揽功推过，并增加中间执行环节政府部门的责任权重，明确政策物资款项经手人的责任，明确资源交接程序，明确政策下放时间与期限，严格物资款项发放程序等。（3）构建惠农政策的操作体系。对于中央宏观性和指导性的惠农政策，地方政府及各职能部门要进行分工细化，从纵向和横向构建惠农政策的操作体系，提高惠农政策的操作性与可行性。首先，省、市、县要基于不同层面对惠农政策进行操作化，即省要基于省情进行惠农政策在省一级的操作化，市在省一级操作化的基础上结合市情确立市一级的惠农政策操作化，以此类推。其次，一项惠农政策往往涉及多个政府部门，这就要求不同的职能部门要加强沟通、积极协作，并根据政策情况采用不同责任机制，即可采取单一部门负主要责任，其他部门负连带责任的责任机制，如路网建设政策，适宜交通部门为主，财政、民政等为辅的责任机制，也可采取集体负责的机制，如家电下乡政策就适合民政、财政、工商等部门集体负责。最后，对于操作化的专业性工作，政府可协同政府智库和科研院所来共同完成，而且不仅要做到惠农政策内容的操作化，还要做到实施标准与规范的操作化，并将可量化的指标进行量化处理。

2. 简化程序，提高惠农政策的效率性

惠农政策执行和落实遵循一定的程序本无可厚非，但如果因为程序冗杂而影响了政策的惠农效率与效能，反而南辕北辙。针对中间执行程序过多，执行路径繁杂零散和程序模糊不清的问题，有以下三个改进建议：（1）设立综合岗位。在县乡两级基层政府通过"设岗不设职"的方式，设立一个综合执行惠农政策的岗位，这个岗位可由县乡主官担任。该岗位的主要职能在于承载并落实上级政府下发的惠农政策，协调同级政府部门在惠农政策施行方面的工作，并对本级政府的政策落实负主要责任。（2）简化补贴程序。在增加中央惠农政策资金直补的基础上，探索惠农政策资金款项整合发放的办法，对于内容相近、适宜统一发放的资金补贴，简化种类，实施整合发放。如粮食直补、良种补贴、农资综合补贴就可采取合并发放或是"一卡（折）到户""一卡通"等形式。（3）优化落实途径。统一确定补贴款项等资金发放时间，严格发放标准与执行程序，做好相应资金的一站式发放和相应期限内的一次性发放，条件具备的地区，可借助银行、信用社等金融机构为农民办理资金补贴"一卡通"，实现惠农款项的高效便捷落实。（4）一事一议，集中执行。鉴于基础设施建设类惠农政策资金使用分散的情况，宜借鉴"一事一议"的方式实行集中执行、打包使用。在充分征求基层农民意见的基础上，由乡镇确立建设项目，再通过县级、市级的项目整合，统一上报省级，再由省级政府集中审批、统一规划（项目需中央决定的除外）并统一规划相关惠农款项，最终集中施行。（5）降低门槛，助力小额信贷落实。从调查情况来看，小额信贷政策的落实情况明显不及其他惠农政策，而村干部也普遍反映小额信贷的申请门槛很高。针对此，国家应进一步放宽申贷条件，充分利用金融体系中的监督力量严格限制地方金融机构肆意提高申贷条件，同时，在缺乏信用中介的情况下，地方政府可以作为第三方保证人，以权威信用帮助村庄拿到贷款。另外，在小额信贷资金的宏观分配方面，对于经济环境安定、市场气氛活跃的地区，应在小额信贷的资金量和信贷比例方面适当倾斜，并进一步降低门槛。

3. 协同配合，强化惠农政策的功效性

协同配合，在于发挥惠农政策的综合作用与系统功效，而实现协同配合可以从以下三个方面入手。（1）惠农政策内部的政策配合。惠农政策是一个综合体系，虽然这个体系中政策内容不尽相同，政策功效差异明显，但绝不能想当然地割裂各个惠农政策间的关联。必须加强体系中不同政策的结合，如社会保障类要与生活发展类政策相配合施行，农业生产类要与基础设施类政策相辅相成。同时要注意不同功效间的梯级连接，当保障性功效日益饱和时，政策资金、人力物力就要注意向激励性政策和全面发展性政策转移。（2）惠农政策与其他公共政策的配合。从调查情况来看，基础设施类惠农政策的落实深受地区经济状况影响，

因此应考虑将地区发展规划与惠农政策实施相结合，加强惠农政策特别是基础设施类和综合发展类（如新型农村社区建设）与经济发展政策间的配合，构建经济发展促进政策落实、政策落实助力经济发展的良好局面。在政策落实情况分析中，城郊（中）村与普通农村体现出来的差异，表明在合适的条件下城市（镇）因素可以助力惠农政策的执行落实，而且城乡协调发展也必将与"三农"问题的解决相伴随。在当前城乡协调发展的主题下，惠农政策必须要紧扣新型城镇化这一热点政策，做好二者目标、资金、人员的配合，如"村改居"建设就为落实基础设施建设类政策提供契机，"村改居"过程中农村劳动力的转移则需要小额信贷的扶持，而新社区的建设及非农产业发展也给农业生产类政策提出了新的挑战，同时为惠农政策的更新指出了可能的方向。实证调查中，城郊（中）村惠农政策的落实情况普遍优于普通农村，恰好也证明这两种政策体系的协同配合不仅势在必行，而且前途光明。（3）相关人员的配合。惠农政策要发挥出应有的功效，归根结底还是在于人的执行，因此在政策执行和落实过程中，要注意各级政府间、职能部门间的配合，以及干群之间的配合。关于各级政府间和职能部门间的配合前文已述，关于基层干群之间的配合，下文有详述，此处不再赘述。

（三）强化惠农政策的基层落实

1. 宣传讲解，提升农民对于惠农政策的认知度

宣传讲解惠农政策，是落实惠农政策的必要环节，然而现实中，这一工作却越来越形式化与表面化，有些村庄或者不宣传，或者简单把上级下发的政策文件或相关通知贴到公示栏中，使很多农民只知道政策名字，但却不清楚政策内容是什么。因此，非常有必要踏踏实实做好惠农政策的讲解宣传。（1）明确宣传讲解内容。乡镇基层干部和村干部在惠农政策宣传讲解中，必须向农民讲解清楚"为什么""是什么""如何做"。"为什么"即惠农政策的目的和所要解决的问题或所针对的农民需求。"是什么"即惠农政策的内容，农村或者农民会从这一政策中得到什么实惠，这些实惠的额度是多少。"如何做"即惠农政策落实的程序，对农民而言就是如何获得这些惠农政策中的实惠，以及如何确保实惠落到自己手里。（2）明确宣传讲解主体。明确宣讲主体，是要确定执行宣讲工作的人员。如果按前文建议成立了惠农政策执行综合岗位，则由这个岗位的负责人进行宣讲最为合适，如果没有专门人员，则有必要对指定的乡镇干部和每个村的村干部进行专题培训。即做到"不仅要向村民宣讲，还要向基层干部宣讲"，只有让村干部明白了"为什么""是什么""如何做"，才能为政策内容的准确传达提供便利，才能为村民了解惠农政策提供基础。（3）创新宣传讲解方式。对于惠农政策的宣讲，除了充分利用村务公开栏和村组广播站，还可借助手机短信、广播消

息，在条件具备的村庄可以实施政策宣传车下乡活动。当然，除了这些技术手段，村干部有必要召开村民大会进行全员讲解，以及针对个别村民、个别问题采取个别讲解的方法，最终目的是让村民透彻理解惠农政策的目的、内容和具体程序。

2. 双维激励，调动村干部落实惠农政策的积极性

村干部不仅是惠农政策的执行末端，也是惠农政策的落实前沿。调动村干部在惠农政策落实过程中的积极性，带来的不仅是助力惠农政策落实的实际效应，而且会为普通村民理解和参与惠农政策带来示范效应。而对于村干部积极性的调动，主要有物质激励与角色激励两个维度。

在物质激励方面，针对某项惠农政策过程，中央、省、市三级政府在进行成本预算时，必须将基层人员的工作经费考虑进去，并在总资金款型之外额外拨付一部分资金以作为工作经费。在经费的具体发放中，工作经费要与工作量挂钩，贯彻"多劳多得"的原则，同时，上级政府宜直接将工作经费发放到村干部手中，另外可以考虑将村干部的工作经费与其落实惠农政策的绩效考核相结合，从而充分实现激励作用。

角色激励的用意在于重视并认可村干部在惠农政策执行和落实中的关键作用，并最终促进村干部形成"我在惠农政策落实中的作用举足轻重"或类似的自我认知，以从心理层面形成工作积极性激励。具体而言，在惠农政策的执行体系中，可以适当增加村干部的决策权，在惠农政策的评估反馈体系中，可以赋予村干部对政策绩效评估的发言权。

3. 引导配合，实现惠农政策落实的基层合力

惠农政策的落实，归根结底要落到基层，落到农民手中，因此，农民的配合是决定惠农政策落实的关键因子，而引导农民关注惠农政策，并在此基础上形成基层干群配合就成为重中之重。（1）引导农民正视自己的地位。在当前发达的通信技术条件下，农民不仅重视自己的利益而且关注自己的利益，但由于受传统小农观念和重视短期物质利益的影响，农民往往在惠农政策落实过程中显得过于被动和功利。通过调查分析，以新型农村社区建设政策落实情况为例，人口小规模村庄和大规模村庄的政策落实情况要明显好于中等规模的村庄，这在一方面说明小规模村庄涉及的搬迁安置、集中居住等工作压力小、工作任务量相对较轻，另一方面也说明大规模村庄具有更充足的新型农村社区建设资源与力量，从而更容易利用民众自身力量落实政策。所以，除了要积极看待农民的力量以及在思想上引导其正视自己在惠农政策落实中的地位，还要在行动中深入开发、充分调动农民在新农村社区建设、村庄全面发展等方面的人力物力，可通过参政议政、组织农民参与实际建设来让农民在实际行动中践行"当家做主"。（2）综合长远利益与眼前利益，协调村庄发展与个人受益。农民重视自己的短期物质利益无可厚非，因为这是长期由其特有的客观生活条件所形塑。因此，让农民理解、参与惠农政策的落实以及形成基层干群配合的首要之举并非转变其思想观念，而在于将其短期的个人利益与整个"三农"问题解决的长远利益结合起来。其实惠农政策的出发点本就是如此，当前要做的是在惠农政策的基层宣讲中将这一要点用最具乡土化的语言表述给农民，以最通俗的方式让农民理解，同时在惠农政策涉及一些村庄集体发展的议题时，要让农民参与到决策和执行中来，以实际行动做到个人短期实惠与集体长期利益的结合。前文分析中，村治活动较多的村庄，惠农政策的落实情况往往越好，恰恰说明村民自治可以为个体利益与集体利益的集合提供载体，为农民积极投身惠农政策落实提供舞台。（3）以村干部的非正式身份促进干群协调。众所周知，村庄是个熟人社会，而在这个熟人社会中，村干部与村民的互动往往兼具双重身份：干部的正式身份与村集体一员这一非正式身份，在实际工作中，利用亲友身份等非正式身份在很大程度上都可以实现基层的干群协调，从而有助于惠农政策在村庄的落实。而且，抛开村干部这一正式身份，使用亲戚身份、朋友身份来进行政策宣讲或是在政策执行中获得村民的支持，也是外部人士无法做到的。另外，如果村干部是经济能人、退休教师或者道德高尚之人，那么他还可以借助一些非正式的权威来获得普通村民对其惠农政策落实工作的配合。当然，在利用非正式身份促进干群协调和惠农政策的落实时要有度，要将利用非正式身份作为一种工作方法，要以解决政策执行中的困难为目标，绝不能喧宾夺主因而干扰到正常的惠农政策落实，对于惠农政策的相关规定、标准、程序，都要严格执行，绝不能公私混淆。

四、村干部看惠农政策：满意而不满足

通过图表展示与实证分析，本章呈现了村干部眼中的惠农政策落实图景。调查中，村干部普遍对惠农政策落实做出了积极评价，其中，社会保障类政策的落实情况最好，综合好评度为84.26%；好评度为75.93%的农业生产类政策次之，之后依次是生活发展类和基础设施类政策，好评度分别为68.85%和64.53%；新农村社区建设落实好评度最低为53.44%。另外，惠农政策在减轻农民负担、提高村民生活水平方面效果最为显著，并在一定程度上促进了村庄经济发展和基础设施的完善。

但由于在政策落实过程中存在资金不到位、政策不合适、程序不简便、农民不配合和干部不积极五大问题，使得当前一揽子惠农政策远不能满足农民的生活诉求、农业的生产要求和农村的发展需求，一系列惠农政策虽然较好地发挥了基础性的保障效用，但其激励效用和更高层级的全面发展效用发挥欠佳，尚无法满

足农村居民日益增长的物质文化需求，惠农政策的落实工作有待从顶层、中层和基层三个方面来改善和深化。

应优化惠农政策的顶层设计。首先，精打细算，扩大惠农政策的规模收益：(1) 政策执行前做好必要的统计工作；(2) 政策落实前做好成本预算；(3) 政策落实中避免"平均主义"。其次，开源节流，提高政策资金的利用效率：(1) 中央地方充分开源；(2) 合理使用资金；(3) 严格节流，杜绝浪费。再次，实事求是，优化惠农政策创制：(1) 调查先行，对于相关问题做充分的事前调查；(2) 因地制宜，根据不同地区的客观条件施行功效不同的惠农政策；(3) 先试后推，惠农政策在大面积施行前宜采用"先试行，后推广"以及"地方经验上升为国家政策"的途径；(4) 增加政策调整弹性，注意惠农政策的更新调整。

实化惠农政策的中层执行。首先，明确标准，增强惠农政策的可操作性：(1) 确立惠农政策的落实标准；(2) 明确惠农政策的执行规范；(3) 构建惠农政策的操作体系。其次，简化程序，提高惠农政策的效率性：(1) 设立方便政策落实的综合工作岗位；(2) 简化补贴程序，优化政策落实途径，实行"一卡（折）到户""一卡通"；(3) 对于基建类和地区经济发展类惠农政策，一事一议，集中执行。(4) 降低门槛，政府充当信用中介，助力小额信贷落实。最后，协同配合，强化惠农政策的功效性：(1) 惠农政策体系内部的政策配合；(2) 惠农政策与其他公共政策特别是经济发展与新型城镇化的配合；(3) 各级政府间、职能部门间的配合，以及干群之间的配合。

强化惠农政策的基层落实。首先，宣传讲解，提升农民对于惠农政策的认知度：(1) 明确宣传讲解内容。明确"为什么"即惠农政策的目的和所针对的农民需求。"是什么"即惠农政策的内容，"如何做"即惠农政策落实的程序；(2) 明确宣传讲解主体，确定执行宣讲工作的人员并进行培训；(3) 创新宣传讲解方式。其次，双维激励，调动村干部落实惠农政策的积极性：在物质激励方面，对于政策执行与落实，给予基层人员一定工作经费；在惠农政策的执行体系中，可以适当增加村干部的决策权，在惠农政策的评估反馈体系中，可以赋予村干部对政策绩效评估的发言权，从而形成角色激励。最后，引导配合，实现惠农政策落实的基层合力：(1) 引导农民正视自己的地位。要积极看待农民的力量以及在思想上引导其正视自己在惠农政策落实中的地位；(2) 让农民理解、参与惠农政策的落实以及形成基层干群配合的首要之举在于将其短期的个人利益与整个"三农"问题解决的长远利益结合起来，同时要让农民参与到决策和执行中来；(3) 以村干部的非正式身份促进干群协调。在实际工作中，村干部利用亲友身份等非正式身份在很大程度上都可以实现基层的干群协调，从而有助于惠农政策的落实。

第六编

具体政策分析

第十五章

新型农村养老保险政策的绩效研究

新型农村养老保险政策是惠农政策中重要的政策之一，也是面对所有农民的普惠式公共政策。这个政策属于社会政策的组成部分，在中国是专门针对农民来设计的，因此将其纳入惠农政策进行考察，本书数据来源于 2009～2011 年连续三年调查数据，将以这些数据对新型农村养老保险政策进行绩效评价。

一、新农保政策绩效评估

新农保的建立是解决农村居民养老问题的迫切需要，自 2009 年 10 月开始试点工作以来，该项惠农政策已经在全国各地陆续推广实施。虽然困难重重，问题多出，但仍取得了不错的效果，带来了一定的经济和社会效益，农民的政策满意度也不断提升。下面将从公共政策的视角，对新农保政策的推广进度、执行效果、实施效益以及农民的满意度，四个方面进行评估。

（一）新农保推广进度评估

1. 村庄覆盖率显著提升

2009～2011 年新农保的村庄覆盖率显著提升。2009 年新农保在部分省份进行试验性推广，在 246 个有效样本中，69 个村庄被列为试点村庄，覆盖率为 28.05%。2010 年村庄覆盖率迅速提升，270 个有效样本中，有 113 个村庄参与了新农保，参与新农保的村庄比重上升到 41.85%。2011 年的村庄覆盖率上升到

52.51%。从政策试点三年情况来看，新农保的村庄覆盖率从 28.05% 提高到 52.51%，快速提高（见表 15-1）。

表 15-1 新农保村庄覆盖率 单位：个，%

年份	参与村庄数	样本数	覆盖率
2009	69	246	28.05
2010	113	270	41.85
2011	136	259	52.51

注：2009～2011 年有效样本：246、270、260，缺失值：0、0、0。

2. 农户家庭参保率逐年提高

2009～2011 年参保农户数量依次为 466 户、1 356 户和 2 278 户，分别占有效样本的 29.62%、33.56%、70.70%，比重逐年增加；没参加新农保的农户分别为 1 107 户、2 674 户、973 户，分别占有效样本的 70.38%、66.44%、29.30%，逐年减少（见表 15-2）。可见，农户家庭参保率逐年提高。

表 15-2 新农保农户参与率 单位：户，%

年份	参与户数	样本总数	参与率
2009	466	1 573	29.62
2010	1 356	4 030	33.56
2011	2 278	3 251	70.70

注：2009～2011 年有效样本：1 573、4 030、3 251，缺失值：2 052、64、397。

3. 农民个人参保率稳中有升

2009 年有效样本中的应参保人数是 546 人，实际参保人数是 382 人，参保率是 69.96%。2010 年的应参保人数是 1 430 人，实际参保 932 人，参保率是 65.17%。2011 年的应参保人数和实际参保人数分别是 2 917 人和 2 258 人，参保率是 77.40%，同比增长了 12.23 个百分点（见表 15-3）。可见，农民参保率波动上升。

表 15-3 农民参保率 单位：人，%

年份	实参保人数	应参保人数	参保率
2009	382	546	69.96
2010	932	1 430	65.17
2011	2 258	2 917	77.40

注：2010～2012 年有效样本 3 624、4 792、3 648，缺失值：0、0、0。

（二）新农保执行成效评估

1. 参保缴费较为方便

从缴费地点来看，2011 年有 1 455 位农民是在自己所居住的村里面直接缴费，占有效样本的 72.03%。在乡镇社保所和乡镇信用社缴费的分别有 255 人和 170 人，所占比重分别是 12.62% 和 8.42%。必须到邮政储蓄银行和县社保局缴费的农户分别占到了 3.27% 和 1.73%，剩余 1.93% 的农户在其他地点缴费（见表 15-4）。可见当前参保农民的缴费还是比较方便的，基本可以实现在本村直接缴费，超过九成的参保农户可以方便地在本乡镇完成缴费。

表 15-4　　　　　　　　农民缴费地点方便程度　　　　　　单位：人，%

缴费地点	样本数	占比
村里	1 455	72.03
乡镇社保所	255	12.62
乡镇信用社	170	8.42
邮政储蓄银行	66	3.27
县社保局	35	1.73
其他	39	1.93
合计	2 020	100.00

注：有效样本：2 020，缺失值：1 628。

从缴费手续来看，2011 年的 2 318 份有效样本，有 37.4% 的参保农户认为参保手续"非常方便"，50.47% 的认为"比较方便"，10.22% 的受访者选择了"一般"，他们认为参保手续既不太复杂也不太方便。选择"不太方便"和"非常不便"的分别占 1.6% 和 0.3%（见表 15-5）。可见绝大多数的参保农户认为参保手续还是比较方便的。

表 15-5　　　　　　　　农民参保手续方便程度　　　　　　单位：人，%

方便程度	样本数	占比
非常方便	867	37.40
比较方便	1 170	50.47
一般	237	10.22
不太方便	37	1.60
很不方便	7	0.30
合计	2 318	100.00

我们将参保手续的方便程度进行权重赋值："非常方便"＝5、"比较方便"＝
4、"一般"＝3、"不太方便"＝2、"很不方便"＝1，即随着方便程度的下降，
其权重值也随之下降。数据分析发现，2011年的参保手续方便度权重值是3.23，
整体处于"比较方便"和"一般方便"之间，超过了3.00的及格水平。

2. 参保目的趋于理性

如表15-6所示，在对参保农民的参保理由调查中发现，农民参加新农保的
理由较为理性。2011年1 167人是出于"自己将来的养老保障"而参加新农保，
占有效样本的54.13%；556人是为了"减轻子女的养老压力和负担"而选择参
加新农保，占25.78%；还有116人认为参加新农保是缴的少而得的多，觉得划
得来，这部分受访者占5.38%；另外有5.94%的受访者是因为别人参加了，自
己也就跟着参加了；还有5.01%的农民是自己不愿意参加而村里要求必须参加，
所以被迫而强制参加的；剩余3.76%的农民是出于其他原因而参保的。可见农
户参加新农保的目的还是比较理智的，主要是"养老有保障"和"减轻子女负
担"，两者加起来达到79.91%，说明农民对新农保的养老作用还是比较认同的。

表15-6　　　　　　　　　　　　农民参保原因　　　　　　　　单位：人，%

参保原因	样本数	占比
养老有保障	1 167	54.13
减轻子女负担	556	25.78
划得来	116	5.38
跟风	128	5.94
强制参加	108	5.01
其他	81	3.76
合计	2 156	100.00

注：有效样本：2 156，缺失值：1 492。

3. 参与热情显著提高

从新农保参与的热情可以考察农民对于新农保的知晓度、关注度和满意度，
拟以参评率来研究农民的参与热情。所谓参评率是每年观察员在调查时，参与对
新农保进行评价农户的比率。如表15-7所示，2010年的3 624位受访农户中，
有2 408位农民接受了新农保态度的调查，参评率为66.4%；在2011年暑期调
查中，有3 425位农民表达了自己对新农保的态度，占受访总人数（4 792人）
的71.47%；2012年的3 603位受访农民中，3 305人参与了新农保专题调查，
参评率是91.73%。可见在这三年间，由于新农保的宣传和落实，农民对于新农

保的参与热情不断提高。

表 15 – 7   **2010～2012 年农民参评率比较**   单位：人，%

年份	参评人数	未参评人数	总受访人数	参评率
2010	2 408	1 216	3 624	66.40
2011	3 425	1 367	4 792	71.47
2012	3 305	298	3 603	91.73

注：2010～2012 年有效样本：3 624、4 792、3 603，缺失值：11、15、3。

4. 村均参保人数逐渐增加

以村庄为考察单位，对参与新农保的农户数和人数进行三年对比分析发现（见表 15 – 8），2009～2011 年村均参保户数分别是 113.1 户、208.26 户和370.41 户，三年村均增加了 257.31 户，参保率也由 2009 年的 15.86% 增加到了2011 年的 61.3%，说明参加新农保的农户数量在不断增加。另外，从参加新农保的人数变化来看，2009～2011 年村均参保人数分别是 343.4 人、510.48 人和972.29 人，三年间村均参保人数增加了 628.89 人，村庄参保人数占村庄总人数的比重分别是 15.39%、23.74% 和 42.63%，参保人数比重也在不断上升。可见参与新农保的绝对人数和相对人数都在不断增加。

表 15 – 8   **2009～2011 年农民参保变化**   单位：户，人，%

年份	村均参保户数	村均户数	占比	村均参保人数	村均人数	占比
2009	113.10	713.15	15.86	343.40	2 231.54	15.39
2010	208.26	548.86	37.94	510.48	2 149.95	23.74
2011	370.41	604.25	61.30	972.29	2 280.50	42.63

注：2009～2011 年参保农户有效样本：180，213，230，缺失值：66，57，30；

2009～2011 年参保人数有效样本：156，200，234，缺失值：90，70，26；

2009～2011 年村庄农户有效样本：245，270，260，缺失值：1，0，0；

2009～2011 年村庄人口有效样本：245，270，260，缺失值：1，0，0。

5. 投保金额不断增长

从全国缴费情况来看，如表 15 – 9 所示，2009 年为正式推行新农保的第一年，该年有效样本的户均投保金额是 344.76 元，人均投保金额是 105.22 元。2010 年户均投保金额和人均投保金额分别是 388.98 元和 117.28 元，与 2009 年相比，户均增加了 44.22 元，人均加了 12.06 元。2011 年均投保金额是 458.19元，人均投保金额是 148.63 元，同比分别增加了 69.21 元和 31.35 元。可见在推行新农保的 3 年中，农民的投保金额在不断增加，也意味着个人账户养老金的不断增加。

表 15 – 9　　　　　2009 ~ 2011 年农户投保金额比较　　　　单位：元

年份	户均投保金额	人均投保金额
2009	344.76	105.22
2010	388.98	117.28
2011	458.19	148.63

注：2009 ~ 2011 年户均投保金额有效样本：855，2 515，2 217，缺失值：2 669，2 277，1 431；

2009 ~ 2011 年人均投保金额有效样本：853，2 512，2 216，缺失值：2 771，2 280，1 432。

6. 享受标准逐年提高

对已经领取养老金的农村老年人进行考察发现，农民享受标准小幅提升。如表 15 – 10 所示，2009 ~ 2011 年享受新农保的老年人分别获得了 727.71 元、844.56 元、873.1 元的养老金，三年间增加了 145.39 元，年均增长 9.53%。农民的养老金一般按月发放，国家规定的 60 岁以后可每月至少可以领 55 元的基础养老金。数据分析显示，2009 ~ 2011 年老年人每月享受的养老金标准分别是 60.64 元、70.38 元和 72.76 元，都要高于基础养老金额，人均月享受金额三年间提高了 12.12 元。

表 15 – 10　　　　　2009 ~ 2011 年农户享受养老金标准比较　　　　单位：元

年份	人均年享受标准	人均月享受标准
2009	727.71	60.64
2010	844.56	70.38
2011	873.10	72.76

注：2009 ~ 2011 年有效样本：183，416，543，缺失值：283，942，1 735。

（三）新农保实施效益评估

新农保实施效益评估是指新农保实施过程中所带来的间接影响，即对政策外部效益的评估，包括对农村建设发展、农民生活生产以及农村社会管理的综合影响。由于各项惠农政策的叠加影响，对政策的直接效益进行确切评估较难，此次评估所采取的指标均为偏相关分析中，与新农保实施过程中存在显著相关的变量，然后再分别从经济效益、政治效益和社会效益三方面来进行考量。

1. 经济效益方面

（1）子女负担减轻，赡养压力减小。从依靠子女养老的农户家庭来看，2009 年调查到的 243 户依靠子女养老的家庭中，已领取养老金的户数为 70 户，占比为 28.81%；2010 年调查到的依靠子女养老的家庭数为 578 户，其中 128 户已经领取养老金，占比为 22.15%；2011 年在 525 户依靠子女养老的家庭中有 302 户已经领取养老金，占比为 57.52%，此项数据约为 2009 年的两倍（见表 15 - 11）。这个结果表明，在调查到的样本中，2009～2011 年依靠子女养老并已领取养老金的农户家庭数量增加了一倍，农民得到了新农保政策的实惠。

表 15 - 11　2009～2011 年依靠子女养老的家庭领取养老金情况 单位：户，%

年份	已领取户数	占比
2009	70	28.81
2010	128	22.15
2011	302	57.52

注：2009～2011 年有效样本：243、578、525，缺失值：674、292、206。

从赡养费用来看，依靠子女养老并已领取养老金的家庭户均赡养费用呈现降低的趋势。如表 15 - 12 所示，2009～2011 年，三年的户均赡养费用分别为 3 712.50 元、2 237.65 元、1 848.95 元。由此可见，依靠子女养老并已领取养老金的户均赡养费用逐年下降，新农保政策的经济效益明显，特别是对于养老方式主要依靠子女的家庭尤其如此，新农保政策使子女负担减轻，赡养压力减小。

表 15 - 12　　　2009～2011 年依靠子女养老且领取养老金的
户均赡养费用　　　　　　　　单位：元

年份	户均赡养费用
2009	3 712.50
2010	2 237.65
2011	1 848.95

注：2009～2011 年有效样本：24、78、172，缺失值：46、50、130。

（2）投资欲望增强，消费预期增加。是否领取养老金对农民的可支配资金使用有着一定的影响。已领取养老金和未领取养老金的农户选择将钱存入银行的比率分别为 28.12% 和 33.28%，可见未领取养老金的农户选择存款储蓄的较多。在投资方面，20.37% 领取养老金农户选择将闲钱用来投资，高于未领取养老金农户的 18.39% 的比率。从将闲钱用于消费来看，已领取养老金农户选择的比率为 8.58%，高出未领取养老金的农户 2.47 个百分点。此外，两者选择"看情况再定"的比率分别为 14.94% 和 17.95%（见表 15 – 13）。从以上调查数据可以看出，已领取养老金的农户投资和消费预期都要高于未领取农户，新农保政策初显提高消费预期和拉动内需的经济效益。

表 15 –13 农户有闲钱后如何使用 单位：%，户

是否领取养老金	有闲钱后如何使用					合计
	存银行	投资	消费	看情况	没闲钱	
已领取	28.12	20.37	8.58	14.94	27.99	100.00（979）
未领取	33.28	18.39	6.11	17.95	24.27	100.00（1 367）

注：已/未领取：有效样本：979、1 376，缺失值：26、21，P = 0.322。

从依靠自己储蓄养老的农户家庭领取养老金情况来看，2009 年依靠自己储蓄养老的家庭中，已领取养老金的占比为 19.51%，2010 年为 16.67%；2011 年又提高到了 39.34%，约为 2009 年的两倍（见表 15 – 14）。这个结果表明，2009 ~ 2011 年依靠储蓄养老并已领取养老金的农户家庭数量增加了 1 倍。显然，农民个人的养老负担减轻了，这会进一步促使他们增加消费预期。

表 15 –14 2009 ~ 2011 年依靠自己储蓄养老的
家庭领取养老金情况 单位：户，%

年份	已领取户数	占比
2009	8	19.51
2010	23	16.67
2011	131	39.34

注：2009 ~ 2011 年有效样本：41、138、333，缺失值：61、84、183。

（3）农地流转加快，促进了农业生产发展。从土地租出面积来看，如表 15 –15 所示，2009 年已领取和未领取养老金农户的土地租出面积均为 0.20 亩；2010 年已领取养老金农户的土地租出面积均值是 0.88 亩，高出未领取养老金农户 0.35 个百分点；2011 年已领取养老金农户的土地租出面积为 0.59 亩，高出未领取养老金农户 0.09 个百分点。显然，已领取养老金农户的土地租出面积要高于未领取养老金农户，土地出租积极性要高。这可能是由于已领取养老金农户的年龄较高，劳动能力相对下降，有了新农保养老金的补助后，他们愿意减少田地种植，从而将部分土地流转出去。可见，新农保政策使得农村土地流转加快，从而促进了农业生产发展。

表 15 – 15　　　　　　　　2009 ~ 2011 年户均土地租出面积　　　　　单位：亩

年份	已领取	未领取
2009	0.20	0.20
2010	0.88	0.53
2011	0.59	0.50

注：已领取：2009 ~ 2011 年有效样本：41、389、588，缺失值：167、103、412；

未领取：2009 ~ 2011 年有效样本：388、2 207、1 013，缺失值：243、374、377。

2. 政治效应方面

一是参保农户对当地政府工作更为满意。新型农村养老保险作为国家惠农政策中非常重要的一项，地方政府如何响应并且切实地落实这一惠农政策，影响着干群关系。如表 15 – 16 所示，2009 ~ 2011 年已参保农民对当地政府表示"非常满意"的占比分别为 13.24%、13.43% 和 13.47%，逐年提升，而未参保者表示"非常满意"的占比分别为 12.47%、12.32% 和 12.17%，逐年下降。从持"很不满意"态度的农民来看，2009 ~ 2011 年已参保农民的占比分别是 2.91%、2.88% 和 2.87%，逐年下降，未参保农民持"很不满意"态度的分别是 3.22%、4.14% 和 3.89%，在波动增加。可见新农保试点地区农民对政府工作更为满意。

表 15 – 16　　2009 ~ 2011 年新农保落实与政府工作满意度的影响　　　单位：%

年份	是否参保	很不满意	不大满意	基本满意	比较满意	非常满意	满意指数
2009	已参保	2.91	12.12	33.75	37.98	13.24	3.24
	未参保	3.22	13.85	36.3	34.16	12.47	3.12
2010	已参保	2.88	9.37	33.87	40.45	13.43	3.39
	未参保	4.14	11.73	34.61	37.2	12.32	3.21
2011	已参保	2.87	9.87	29.41	44.38	13.47	3.61
	未参保	3.89	13.13	30.45	40.36	12.17	3.37

注：2009 ~ 2011 年有效样本：1 360、1 993、3 328，缺失值：245、267、320。

将满意度进行权重赋值："非常满意" = 5、"比较满意" = 4、"基本满意" = 3、"不大满意" = 2、"很不满意" = 1，即随着满意度的下降，其权重值也随之下降。数据分析显示，2009 ~ 2011 年已参保农户的满意值分别是 3.24、3.39 和 3.61，三年增加了 0.37。同年未参保者的满意指数是 3.21、3.21、3.37，增加了 0.13。这说明了这三年农民对当地政府的满意度在提升，但新农保试点地区的满意度不仅高于非试点地区，而且满意度增幅也要高于非试点地区。

二是参保农户更为拥护党和政府。如表 15 – 17 所示，2010 年在问政府能否解决当前社会矛盾时，一方面，已参保农户选择"完全不能"和"不太能"的分别占 0.60%、4.34%，未参保农户分别占 0.83% 和 6.19%，都要高于已参保农户。2011 年认为党和政府"比较能"和"完全能"化解社会矛盾的已参保农户所占比重是 51.3% 和 21.05%，未参保农户的占比是 45.21% 和 18.12%，均低于已参保农户。另一方面，已参保农户选择"完全不能"和"不太能"的分别是 0.81% 和 4.02%，未参保农户中选择"完全不能"和"不太能"的分别是 1.14% 和 8.31%，这两项已参保农户都要低于未参保，可见参保农户对党和政府更有信心。

表 15 – 17　　　2010 ~ 2011 年新农保对党和政府公信力的影响　　　单位：%

年份	是否参保	完全不能	不大能	一般	比较能	完全能	权重指数
2010	已参保	0.60	4.34	22.83	51.65	20.58	3.87
	未参保	0.83	6.19	25.54	46.45	20.99	3.80
2011	已参保	0.81	4.02	22.82	51.30	21.05	3.90
	未参保	1.14	8.31	27.22	45.21	18.12	3.41

注：2010 ~ 2011 年有效样本：3 971、2 960，缺失值：59、668。

此外，2010 年通过权重赋值得到的已参保农户的信任指数是 3.87，未参保农户是 3.80，2011 年已参保农户和未参保农户的指数分别是 3.90 和 3.41。可见已参保农户对政府的信任指数增加了 0.03，未参保农户降低了 0.39。这说明了如果新农保不能及时落实，农民不能及时参保的话，农民对政府的不满情绪会有所增加。

三是参保农户更认可村民自治制度。村民自治是我国广大农民群众直接行使民主权利的社会制度，是我国民主自治的最好体现。参保农户和未参保农户对于村民自治是否能够有效解决当地问题的调查中，参保农户表示"差不多"和"能够解决"的占比分别为 35.54%、25.17%，总计为 59.71%；未参保农户持"差不多"和"能够解决"态度的占比为 30.82%、23.04%，总计占比为 53.86%，要比参保农户少 5.58 个百分点。选择"不是的"和"不清楚"的参保农户要比未参保农户分别少 2.93 个和 2.92 个百分点（见表 15 – 18）。不难看出，新农保政策的实施对农户积极响应国家政策、参与村民自治有着潜移默化的积极影响。

表 15 – 18　　　　**新农保落实对村民自治制度认识的影响**　　　单位：%

是否参保	能够解决	差不多	不是的	不清楚
已参保	25.17	34.54	14.02	26.27
未参保	23.04	30.82	16.95	29.19

注：有效样本：3 321，缺失值：327。

3. 社会效益方面

一是参保农民认为法律更加公正。2010 年已参保农户中有 10.56% 的认为法律是"不公正的"，未参保农户认为"不公正的"有 16.43%，后者高于前者。2011 年在参加新农保的样本中，对法律公正的态度相对于未参保的受访者而言，呈两极分化的现象：73.14% 的受访者认为法律公正，高于未参保受访者 2.54 个百分点，此外，8.78% 认为法律不公正，低于未参保受访者 1.66 个百分点。可见，2010 年和 2011 年均为已参保者认为法律更为公正。

通过赋值法更直观的来看，"公正" = 3、"一般" = 2、"不公正" = 1，得出的 2010 ~ 2011 年已参保农民的法律公正权重值是 2.21 和 2.47，提高了 0.26；未参保农民的权重值是 2.14 和 2.33，增加了 0.19。可见，新农保的落实使得参保农民对法律更加认可和接受，参保农户的法律意识在逐步提高（见表 15 – 19）。

表 15 – 19　　　　**2010 ~ 2011 年农民参保与否对法律的看法**　　　单位：%

年份	是否参保	公正	一般	不公正	合计
2010	已参保	67.47	21.97	10.56	100.00（2 850）
	未参保	67.12	16.45	16.43	100.00（1 731）
2011	已参保	73.14	18.08	8.78	100.00（2 245）
	未参保	70.60	18.96	10.44	100.00（1 102）

注：2010 ~ 2011 年有效样本：4 581、3 347；缺失值：211、301。

二是参保农民认为当前社会更为和谐。和谐心态能缓解一定的社会矛盾，对农村发展起重要促进作用。从 3 323 个有效样本来看，77.85% 已参保的农民认为"社会和谐"，高于未参保的农民的 75.02%。3.4% 的参保农民认为"社会不和谐"，低于未参保农民的 3.84%。这个统计结果显示：农民对社会是否和谐的看法受到了新农保的影响。总体而言，参加了新农保的农民认为当前社会更加和谐（见表 15 – 20）。

表 15 - 20　　　　　　2011 年农民是否参保对社会和谐看法　　　单位：个，%

社会和谐态度		和谐	一般	不和谐	合计
已参保	人数	1 736	418	76	2 230
	占比	77.85	18.75	3.40	100.00
未参保	人数	820	231	42	1 093
	占比	75.02	21.14	3.84	100.00

注：有效样本：3 323；缺失值：325；P = 0.121。

三是参保农户对人情收入依赖度较小。人情往来是人与人相互联系的纽带，是人们在生产力水平和社会保障低下时，寻求生存和发展的重要依靠。调查发现，在新农保缓解了农民的养老压力后，参保农民对于人情往来的态度发生了一定的改变。从表 15 - 21 可以看出，相对于未参保农民，更多的参保农民对人情往来持"无所谓"的态度。而未参保农户中，对人情往来持"支持"态度的分别有 37.21%，高于参保农户（33.88%）。这表明大部分农民仍渴望人与人之间的温情，但是农民在养老得到国家的保障之后，对人情的依赖有所降低。

表 15 - 21　　　　　　2011 年是否参保对人情交往的态度　　　单位：个，%

人情交往态度		无所谓	支持	反感但随俗	想得到改变	合计
已参保	人数	800	742	481	167	2 190
	占比	36.53	33.88	21.96	7.63	100.00
未参保	人数	361	400	243	71	1 075
	占比	33.58	37.21	22.60	6.61	100.00

注：有效样本：3 265；缺失值：383；P = 0.029。

（四）新农保政策满意度评估

1. 新农保政策满意度稳中有升

2009 ~ 2011 年农民对新农保的满意度评价如表 15 - 22 所示。为了更清晰地了解满意度变化情况，我们对满意度进行权重赋值："非常满意" = 5、"比较满意" = 4、"一般" = 3、"不太满意" = 2、"很不满意" = 1，即随着满意度档次的下降，其权重值也随之下降。从满意度的均值方面来看，2009 ~ 2011 年农民对新农保的满意度均值分别是 3.7309、4.0372、4.0415，逐年增加，表明农民对新农保的满意度逐步提高（见表 15 - 23）。

表 15 - 22 　　　　　**2009～2011 年农户对新农保政策的满意度** 　　单位：个，%

满意度	2009 年		2010 年		2011 年	
	样本数	占比	样本数	占比	样本数	占比
很不满意	28	1.66	38	1.79	19	0.57
不太满意	154	6.40	130	6.12	153	4.57
一般	862	35.80	421	19.81	635	18.96
比较满意	758	31.48	662	31.15	1 406	41.97
非常满意	606	25.17	874	41.13	1 137	33.94
合计	2 408	100.00	2 125	100.00	3 350	100.00

注：2009～2011 年有效样本：2 408、2 125、3 350；缺失值：1 216、2 667、298。

表 15 - 23 　　　　　　　**新农保满意度众数与均值** 　　　　单位：个，%

年份	满意度众数	满意度均值	有效样本数
2009	3.00	3.7309	2 408
2010	5.00	4.0372	2 125
2011	4.00	4.0415	3 350

注：2009～2011 年有效样本：2 408、2 125、3 350；缺失值：1 216、2 667、298。

2. 政策满意度影响因素分析

（1）参保农民的满意度高于未参保农民。农民是否参保对于新农保满意度的评价有较大差别。如表 15 - 24 所示，2011 年在已参保的 2 167 位受访农民中，表示"很不满意"、"不太满意"、"一般"、"比较满意"、"非常满意"的比重分别为 0.14%、2.17%、13.01%、46.75% 和 37.93%，其满意度值为 4.2017；同样，在 954 个未参保农民中，对新农保政策表示"很不满意"、"不太满意"、"一般"、"比较满意"、"非常满意"的占比分别是 1.36%、9.33%、31.34%、34.28% 和 23.69%，满意度值为 3.6960。通过比较可知，参保农户对新农保的满意度要高于未参保农户的满意度。

表 15 - 24 　　　　**农民是否参保对新农保满意度评价比较** 　　单位：个，%

是否参保	满意度	样本数	占比	满意指数
已参保	很不满意	3	0.14	4.2017
	不太满意	47	2.17	
	一般	282	13.01	

续表

是否参保	满意度	样本数	占比	满意指数
已参保	比较满意	1 013	46.75	4.2017
	非常满意	822	37.93	
未参保	很不满意	13	1.36	3.6960
	不太满意	89	9.33	
	一般	299	31.34	
	比较满意	327	34.28	
	非常满意	226	23.69	

注：有效样本：3 350；缺失值：298 ；P = 0.012。

（2）老年人的满意度最高。从不同年龄段划分来看，30 岁以下的农户对新农保感到"比较满意"和"非常满意"的占比分别为 45.5% 和 32.59%，合计为 78.09%。30 ~ 39 岁的农户在以上两个方面的占比分别为 39.77% 和 29.82%，合计为 69.59%。40 ~ 49 岁的农户对新农保感到"比较满意"和"非常满意"的占比分别为 43.93% 和 30.73%，合计为 74.66%。50 ~ 59 岁的农户对新农保感到"比较满意"和"非常满意"的比重为 41.93% 和 33.81%，合计为 75.74%。60 岁以上的农户在以上两个方面的占比均为 80.44%。可知 60 岁以上的农户对新农保的满意度最高，30 ~ 39 岁的农户对新农保满意度相对较低。另外，通过满意度赋值分析发现，年龄段从低到高的满意度值分别是 3.9375、3.9269、3.9904、4.0432 和 4.1519，随着年龄的增加，满意度逐渐提高（见表15 – 25）。

表 15 – 25　　　　　　　不同年龄段的新农保满意度　　　　　　单位：%

年龄段	很不满意	不太满意	一般	比较满意	非常满意	合计
30 岁以下	1.25	3.81	17.83	45.50	32.59	100.00
30 ~ 39 岁	1.17	4.39	24.85	39.77	29.82	100.00
40 ~ 49 岁	0.58	5.20	19.56	43.93	30.73	100.00
50 ~ 59 岁	0.41	4.42	19.42	41.93	33.81	100.00
60 岁以上	0.44	4.26	14.86	40.55	39.89	100.00

（3）务工者的满意度最低。从农民的职业划分来看，教师及其他职业的农户对新农保的满意度最高，为 84.25%；务农的农户对新农保的满意度最低，为74.34%。具体而言，务农者表示"比较满意"和"非常满意"的分别为

374

39.55% 和 34.79%，合计为 74.34%；务工农户在以上两个方面的占比分别为 49.20% 和 26.05%，合计为 75.25%，经商农户分别为 50.18% 和 30.53%，合计为 80.71%。教师及其他职业的农户在上述两个方面的占比分别为 44.99% 和 39.26%，合计为 84.25%。赋值分析可得，务工者的满意度最低，从事其他职业的农民的满意度都高于 4。这也说明了农民工对新农保政策不太满意，新农保如何与农民工对接有待改进（见表 15 - 26）。

表 15 - 26　　　　　不同职业的农户对新农保的满意度　　　　　　单位：%

职业	很不满意	不太满意	一般	比较满意	非常满意	合计
务农	0.55	5.18	19.92	39.55	34.79	100.00
务工	0.32	2.57	21.86	49.20	26.05	100.00
做生意	0.58	4.21	15.09	50.18	30.53	100.00
教师及其他	1.43	1.72	12.61	44.99	39.26	100.00

（4）文盲农民的满意度最高。从表 15 - 27 可以看出，文盲农户对新农保满意度表示"比较满意"和"非常满意"的占比分别为 47.08% 和 33.58%，合计为 80.66%。在小学文化水平的农户中，表示"比较满意"和"非常满意"的共有 74.54%。初中、高中文化程度的分别是 75.07% 和 79.4%。大专及以上文化农户的是 76.32%。可见文化程度为文盲的农户对新农保的满意度最高，小学文化程度的农户的满意度相对较低。

表 15 - 27　　　　　不同文化程度农户对新农保的满意度　　　　　　单位：%

文化程度	很不满意	不太满意	一般	比较满意	非常满意	合计
文盲	0.36	3.28	15.69	47.08	33.58	100.00
小学	0.65	4.81	20.00	40.65	33.89	100.00
初中	0.43	4.70	19.80	41.69	33.38	100.00
高中	1.01	4.65	14.95	42.83	36.57	100.00
大专及以上	0.00	3.06	20.41	44.90	31.63	100.00

（5）参保家庭的满意度高于未参保家庭。将农户家庭中有参保人员的定义为参保家庭，没有家庭成员参保的定义为未参保家庭。如表 15 - 28 所示，2011 年在 2 179 个已参保家庭中，满意度由低到高所占比重分别是 0.09%、2.57%、13.08%、45.62% 和 38.64%，823 个未参保家庭中，满意度由低到高所占比重分别是 1.34%、7.90%、31.83%、37.06% 和 21.87%。从满意度赋值来看，已

参保家庭是 4.2017，未参保家庭是 3.7023。因此，参保家庭的满意度要高于未参保家庭。

表 15 - 28　　　　　参保家庭与未参保家庭满意度评价比较　　　　单位：个，%

家庭类型	满意度	样本数	占比	满意指数
已参保家庭	很不满意	2	0.09	4.2017
	不太满意	56	2.57	
	一般	285	13.08	
	比较满意	994	45.62	
	非常满意	842	38.64	
未参保家庭	很不满意	11	1.34	3.7023
	不太满意	65	7.90	
	一般	262	31.83	
	比较满意	305	37.06	
	非常满意	180	21.87	

注：有效样本：3 350；缺失值：298；P = 0.020。

（6）西部地区的满意度最低。从不同区域划分来看，如表 15 - 29 所示，东部地区的农户对新农保政策感到"一般"、"比较满意"、"非常满意"的占比分别为 17.83%、45.5%、32.59%。中部地区的农户对新农保政策表示"一般"、"比较满意"和"非常满意"的占比分别为 18.33%、40.96%、36.25%。西部地区的占比分别为 20.81%、39.55%、32.67%。同时，从对新农保"不太满意"方面来看，呈现出东、中、西递增的趋势，三个区域的占比分别为 3.81%、4.38%、5.56%。另外在对新农保满意度感到"一般"方面，也呈现出东、中、西递增的趋势，三个区域的占比分别为 17.83%、18.33%、20.81%。从满意度赋值比较来看，东、中、西的满意度值分别是 4.06、4.08 和 3.96，可见西部地区的满意度最低，中部地区的满意度最高，东部地区居中。

表 15 - 29　　　　　不同区域的农户对新农保的满意度　　　　单位：%

区域	很不满意	不太满意	一般	比较满意	非常满意	合计
东部	0.28	3.81	17.83	45.50	32.59	100
中部	0.08	4.38	18.33	40.96	36.25	100
西部	1.41	5.56	20.81	39.55	32.67	100

从 2009～2011 年的三年连续变化情况来看，东部地区农民对新农保的满意度先升后降（3.7747、4.1540、4.0631），中西部地区则逐年提升，且中部地区的满意度增长较快。这说明了东部地区在新农保推进过程中虽然速度很快，但问题也较多，应注重稳健实施。中西部地区虽然推进速度较慢，但政策落实较到位，农民满意度不断提升（见表 15－30）。

表 15－30 　　　　2009～2011 年新农保满意度的地区差异变化

年份	地区	满意度指数	全国满意度
2009	东部	3.7747	3.7309
	中部	3.6646	
	西部	3.7486	
2010	东部	4.1540	4.0372
	中部	4.0292	
	西部	3.9593	
2011	东部	4.0631	4.0415
	中部	4.0892	
	西部	3.9652	

二、新农保发展不足与困境

（一）集体补助缺失，个人缴费仍有压力

1. 集体补助缺失严重

新农保探索建立的是个人缴费、集体补助、政府补贴相结合的养老制度，遵循的原则之一就是个人、集体、政府合理分担，权利与义务相对应。虽然国家为新农保落实投入了大量资金补助，但当前农民参保主要来源还是依靠自己储蓄。如表 15－31 所示，83.98% 的人依靠自己的储蓄来参保缴费，9.24% 的人依靠子女缴费，而集体补助则为 3.78%。政策所规定的农村集体经济组织应当根据自身的经济实力提供一定比例的保费补助，但是除少数的城乡接合部外，绝大部分地区的农村集体经济实力薄弱，很难拿出补助，加之因集体补助是非硬性规定，可补可不补，因此集体补助基本空白。

377

表 15 - 31 　　　　　　　　　　**农民参保资金来源** 　　　　　单位：人，%

来源	样本数	占比
自己	1 909	83.98
子女	210	9.24
借款	9	0.40
村集体	86	3.78
其他	59	2.60
合计	2 273	100.00

注：有效样本：2 273；缺失值：1 375。

2. 个人缴费仍有压力

从农户投保金额和家庭收入对比的变化来看，农户仍有投保压力。如表 15 - 32 所示，2009 年投保金额占到收入的 0.92%，2010 年投保金额占到收入的 0.93%，2011 年上升到了 0.95%，投保金额增加的同时，投保压力也在略微抬头。另外，户均投保金额年均增长率是 15.28%，同期的户均家庭收入增长率是 13.43%，投保金额增速要快于收入增速。所以，如果不加大补助力度或努力提高农户收入水平，参保农民的参保费用压力将会增加。

表 15 - 32 　　　　　**2009 ~ 2011 年参保农户投保压力变化** 　　　　单位：元，%

年份	户均投保金额	户均家庭收入	占比
2009	344.76	37 466.67	0.92
2010	388.98	41 745.53	0.93
2011	458.19	48 209.72	0.95
年均增长率	15.28	13.43	—

（二）贯彻落实不力，养老金发放不及时

1. "应保未保"人数增加

政策规定凡年满 16 周岁（不含在校学生）、未参加城镇职工基本养老保险的农村居民，都是参保对象。但调查发现，目前实际参保农民要远远低于应参保农民，"应保未保"现象仍大量存在。如表 15 - 33 所示，2009 年户均未参保人数是 2.69 人。2010 年户均未参保人数是 2.63 人，2011 年是 3.39 人，有所增加。这说明在新推广地区，农民的观望情绪较浓，导致了"应保未保"人数的增加。

表 15 - 33　　　　　2009~2011 年"应保未保"户均人数　　　　　单位：人

年份	户均应参保人数	户均实质参保人数	相差
2009	3.46	0.77	2.69
2010	3.47	0.84	2.63
2011	4.22	1.83	3.39

注：2009~2011 年有效样本：1 573，4 030，3 251；缺失值：2 051，762，397。

2. "应享未享"人数增加

政策规定年满 60 周岁、未享受城镇职工基本养老保险待遇的农村户籍的老年人，可以按月领取养老金。但是调查发现，实际中还存在着"应享未享"的现象，如表 15 - 34 所示，2009 年"应享未享"的占比为 26.21%。2010 年应享未享的占比为 15.04%。2011 年"应享未享"的占比为 11.75%。对比发现，虽然这一比例在逐渐减小，但是，实际生活中应享未享情况依旧存在，这将大大影响新农保的进一步落实和推进，也容易造成农民不信任感和不满意度增加。

表 15 - 34　　　　　2009~2011 年"应享未享"人数变化　　　　　单位：人，%

年份	应享受人数	实际享受人数	未享受人数	占比
2009	103	76	27	26.21
2010	319	271	48	15.04
2011	485	428	57	11.75

注：2009~2011 年有效样本：1 573，4 030，3 251；缺失值：2 051，762，397。

3. 一些地区养老金发放不及时问题突出

在 2011 年的有效样本中，55.77% 的农户表示养老金可以按时发放和领取，有 2.5% 的受访者表示养老金未能按时发放。分析发现，未能按时发放养老金的地区大都位于中西部地区。另外 41.73% 的农民没有关注过养老金按时发放问题（见表 15 - 35）。这能反映出农民对于养老金的看重程度。

表 15 - 35　　　　　　　　养老金是否按时发放　　　　　　　单位：个，%

是否按时	样本数	占比
按时	981	55.77
不按时	44	2.50
不知道	734	41.73
合计	1 759	100.00

379

（三）待遇标准偏低，养老保障效果欠佳

1. 养老金金额偏少

在对农民进行"您认为新农保存在哪些问题"的调查时发现，有55.07%的受访者选择了"养老金补助金额较少"，17.51%的农民认为"体制不完善"（见表15-36）。

表15-36   目前新农保存在的主要问题   单位：个，%

主要问题	样本数	占比
覆盖范围小	533	14.19
金额少	2 069	55.07
体制不完善	658	17.51
资金筹措难	162	4.31
缴费负担重	319	8.49
其他	16	0.43
合计	3 757	1.00

2. 享受金额缩水

2009~2011年每月应享的标准分别是60.64元、70.38元和72.76元，均高于55元的基础养老金额，但领取的养老金占家庭收入比重分别是2.86%、2.62%和2.35%，养老金金额占家庭收入比重在逐年下降，且养老金额增速要慢于家庭收入增速（见表15-37）。

表15-37   户均每年享受养老金金额变化   单位：元，%

年份	户均享受金额	户均家庭收入	占比
2009	1 069.95	37 466.67	2.86
2010	1 092.98	41 745.53	2.62
2011	1 134.49	48 209.72	2.35
年均增长率	2.97	13.43	—

当前新农保试点的基本原则之一是"保基本"，即保障基本生活，可每月平均下来不到100元的养老金，除了要解决吃饭、穿衣最基本的需求外，还得缴纳水电费，以及日趋增多的看病购药等支出，肯定是不够的。另外，2010年户均养老金额同比上涨2.15%，而2010年我国CPI上涨是3.3%，2011年养老金额

同比上涨 3.40%，而 2011 年 CPI 同比上涨是 5.4%，可见养老金金额增速没有跑赢物价的增速。这说明农户领取的养老金并没有实质的增长，反而有所减少，"保基本"实则基本保不了。

3. 养老金作用不大

养老金对改善参保农民生活作用的大小可以反映出新农保的实际作用（见表 15 – 38）。将新农保改善生活作用的大小进行赋值"很大" = 5、"较大" = 4、"一般" = 3、"较小" = 2、"很小" = 1，即随着改善生活作用的降低，其值也随之下降。数据分析发现，2011 年新农保改善生活作用大小的均值是 3.11，整体作用一般，仍有较大的空间需要提升。

表 15 – 38　　　　　　　养老金对改善生活的作用　　　　　单位：个，%

作用大小	样本数	占比
很小	122	4.24
较小	419	14.56
一般	1 297	45.10
较大	802	27.89
很大	236	8.21
合计	2 876	100.00

注：有效样本：2 876；缺失值：772。

（四）养老观念未改，养老模式实质未变

1. 认为生孩子仍然很重要

农民传统的养老观念主要是靠自己和子女，一直延续着"养儿防老"的传统，我国的法律也确定了子女赡养老人的义务，这让"子女养老"有了观念的基础和法律的依据，也是农民多生孩子的最主要原因。2011 年在政策允许的情况下，"想要孩子"的受访者占到了 93.96%，"不想要孩子"的占到了 6.04%。而在已参保青年农户中，"想要孩子"的占比 96.77%，不想的占比 3.23%。从已参保和未参保老年人的对比来看，如政策允许，选择"希望子女生孩子"的占比 97.09%，而选择"不希望子女有孩子"的占比是 2.91%。已参保的老年受访者中，"希望子女要孩子"和"不希望子女有孩子"的占比分别是 98.5% 和 1.5%（见表 15 – 39）。

表 15 – 39	是否想要生孩子			单位：%
生育观念	青年意愿		老年意愿	
	不要	要	不要	要
未参保	6.04	93.96	2.91	97.09
已参保	3.23	96.77	1.50	98.50

注：未参保——青年：有效样本：563；缺失值：410；老年：有效样本：378；缺失值：595；

已参保——青年：有效样本：1 114；缺失值 1 164；老年：有效样本：1 135；缺失值1 143。

通过对比可见，不论是青年人还是老年人，绝大多数农民都希望自己家里有小孩，其中老年人比年轻人更加希望家里添孩子，已参保农户比未参保农户更加希望添孩子。这说明代际间生育观念发生了一些转变，但新农保的推广和落实并没有起到转变农民生育观念的作用。

2. 生育性别偏好仍然较重

虽然现在大多数农民认为"男孩女孩都一样"，然而选择生男孩的比例上还是要高于生女孩，重男轻女的观念依旧很明显。如表 15 – 40 所示，2011 年如只能生一个孩子，选择了"男孩"和"女孩"的占比分别是 35.34% 和 6.09%。特别是选择无所谓的农户达到了 57.45%。可见，当前大部分的农民已消除了的"重男轻女"生育偏好，但是选择生男生女的差别还是非常明显。

表 15 – 40	生育性别偏好	单位：个，%
偏好	样本数	占比
男孩	534	35.34
女孩	92	6.09
无所谓	868	57.45
说不清	17	1.13
合计	1 511	100.00

注：有效样本：1 151；缺失值：2 137。

从具体到新农保政策实施对生育偏好的影响来看，如表 15 – 41 所示，如果在只能生一个孩子的情况下，未参保农民选择"男孩"的占比是 29.79%，比已参保者低 8.61 个百分点；未参保者选择"女孩"比重为 6.86%，比参保者高1.97 个百分点。这说明大部分农户生儿生女无所谓，参保农户更倾向于选择要男孩。

表 15 - 41 　　　　　　　　生育性别偏好比较　　　　　　单位：个，%

偏好	未参保		已参保	
	样本数	占比	样本数	占比
男孩	126	29.79	361	38.40
女孩	29	6.86	46	4.89
无所谓	265	62.65	521	55.43
说不清	3	0.71	12	1.28
合计	423	100.00	940	100.00

注：未参保——有效样本：423；缺失值：550；已参保——有效样本：940；缺失值 1 138。

3. 养儿防老观念未改变

在为什么生男孩的原因上，未参保者为了养老而愿意要男孩的占比是 21.04%，已参保者为了养老而愿意要男孩的占比是 20.14%，两者相差不大（见表 15 - 42）。数据分析表明，当前农民"养儿防老"的观念仍然在一定程度上存在，新农保的落实并未能从实质上改变这种传统的养老观念。

表 15 - 42 　　　　　　　　　生男孩原因　　　　　　　单位：个，%

原因	未参保		已参保	
	样本数	占比	样本数	占比
传宗接代	215	65.55	520	60.89
养老	69	21.04	172	20.14
能干活	22	6.71	79	9.25
有面子	6	1.83	26	3.04
壮大家族	5	1.52	28	3.28
其他	11	3.35	29	3.40
合计	328	100.00	854	100.00

注：未参保——有效样本：328；缺失值：645；已参保——有效样本：854；缺失值 1 424。

4. 养老理想与现实差距大

2009～2011 年"依靠自己养老"的受访农户占比分别是 61.25%、73.4%、71.92%，波动增长，"依靠子女养老"的占比分别是 35.28%、22.3%、22.78%，比重逐年减小，"依靠国家养老"的占比分别是 3.04%、2.95%、4.18%，波动上升。如果以"养老的经济来源"作为家庭养老和社会养老的划分标准，那么当前农民的养老模式绝大多数还是家庭养老模式（见表 15 - 43）。

表 15 −43　　　　　**2009 ~ 2011 年农民养老方式变化**　　　　单位：%

养老方式	2009 年	2010 年	2011 年
依靠自己	61.25	73.40	71.92
依靠子女	35.28	22.30	22.78
依靠国家（新农保）	3.04	2.95	4.18
依靠社区	0.42	0.18	0.22
其他	—	1.18	0.90
合计	100.00	100.00	100.00

注：2009 ~ 2011 年有效样本 2 599、3 902、3 209；缺失值：1 025、890、439。

如表 15 −44 所示，在 2011 年对"您最希望的养老方式是什么"的回答中，受访农户选择"依靠子女"养老的比重是 38.78%，其次是"靠自己"，占比 35.23%，选择"靠新农保"的有 11.04%，选择"社会集体救助"和"其他"分别有 12.39% 和 2.47%。2011 年农民的实际养老方式中，则绝大多数（71.92%）还是依靠自己，依靠子女养老仅有 22.78%，依靠新农保的是 4.18%，依靠社会集体救助和其他方式养老的都不足 1.00%。可知，农民给予了社会养老较大的希望，而现实社会养老实际作用却无法得到有效发挥，未达到农民的养老期望。

表 15 −44　　　　　**理想养老方式与现实养老状况对比**　　　　单位：%

养老方式	理想养老方式	现实养老方式
靠自己	35.23	71.92
靠子女	38.87	22.78
新农保	11.04	4.18
社会集体救助	12.39	0.22
其他	2.47	0.90
合计	100.00	100.00

注：理想——有效样本：3 406；缺失值242。现实——有效样本：3 209；缺失值439。

三、新农保受困成因分析

（一）主要原因：制度设计与政策宣传

1. 顶层设计不健全

新农保政策规定，年满60 周岁、未享受城镇职工基本养老保险待遇的，不用缴费，可以按月领取基础养老金，但其符合参保条件的子女应当参保缴费。这种制度设置目的是想引导农民自愿参保，对缴费子女自身的养老也有好处，但是这种制度设计并不符合"新农保"的自愿原则，给年满 60 周岁的老人发放基础养老金其本意是为确保老年农民的生活保障，减轻子女赡养负担和压力，而捆绑的实质却是对农民养老权利的一种间接剥夺，直接增加了子女负担，导致了部分农民的消极抵抗情绪。对 724 位未参保农民的调查显示，27 人因为"捆绑"制度而未参保，占有效样本的 3.64%。虽然比重较小，但制度性缺陷也比较明显。

2. 衔接转换不完善

一是新旧农保的衔接转换问题。在"新农保"实施之前，一些农村地区都实行了较长时期的"旧农保"政策，很多农民已经缴了多年的保费，突然间"旧农保"要被新农保所取代，而新旧农保之间的衔接问题在地方又没有及时出台细则，很多农民就担心自己原来已缴的保费白缴了，所以对新农保的畏惧心理，影响了他们的参保积极性。二是跨地区间的转移接续问题。这部分主要是涉及农民工的养老问题，国家出台了《农民工参加基本养老保险办法》，但在政策实际落实中却相当困难，造成了农民工长期在外打工，家里不能及时参保，外面又无法参保，即使参保后又转移困难，所以在社会流动性加强的同时，应尽快完善新农保的跨地区衔接转换问题。三是新农保与城镇企业职工基本养老保的转移接续问题。城镇化建设是新农村建设和农村社区建设的重要发展方向，当前很多地方已经开始了城镇化建设，不少农民进了城，在城里就了业，变为了城镇户口居民，开始缴纳"城居保"。调查发现有的农民不清楚自己现在该参加哪种养老保险，有的农民同时参加了这两种保险，还有的农民在转换衔接过程变成了无保状态。这三种类型的衔接转换问题也是造成农民对于新农保参与热情不高、满意度较差的重要原因。

3. 宣传讲解不到位

由于农民受传统文化、自身文化水平、交往范围的限制，其对国家政策了解与理解的程度过低，从而降低了农民参与的积极性。如表 15 - 45 所示，在 724 份未参保样本中，39.35% 的农户因为对新农保政策不了解而未参保。另一重要因素是农民对于新农保的政策的曲解，19.27% 的农户认为自己年轻不需要参保，5.12% 的农户对新农保政策的持续性持怀疑态度，担心政策改变，这两类未参保户合计为 63.74%。这些农民未参保主要原因是政策宣传不到位，造成农民对新农保政策的误解或曲解。

表 15 – 45　　　　　　　　农民未参保原因　　　　　　单位：个，%

未参保原因	样本数	占比
不了解	292	39.35
缴不起	125	16.85
捆绑式	27	3.64
养老金太少	50	6.74
时间长	38	5.12
自己养老	67	9.03
年轻不需要	143	19.27
合计	742	100.00

注：有效样本：724；缺失值：2 906。

（二）重要原因：家庭条件及自身观念

1. 规模大的家庭参保积极性较差

从数据分析来看，按照家庭人口数的多少，将家庭划分为六个等级类型。如表 15 – 46 所示，随着农户家庭人口数的增多，农户家庭的参保率依次为 75.56%、73.62%、69.89%、66.71%、69.22% 和 57.72%，波动降低。可见家庭规模越大，家庭人口越多，农户的参保率就越低。

对于规模较大的家庭来说，其传统的养老观念并没有发生转变，大部分农户还存在"养儿防老"的传统观念，大部分农户还是依靠自己和子女赡养，因而更希望要小孩，对新农保并不太关注和重视，导致了新农保参保率和覆盖率水平上不去。对于规模较小的家庭来说，主要是空巢家庭和新组建的家庭，其参保积极性较高。

表 15 – 46　　　　　　家庭人口数与家庭参保率关系　　　　单位：户，%

家庭人口数	参保家庭	未参保家庭	参保比率
1 人	34	11	75.56
2 人	321	115	73.62
3 人	462	199	69.89
4 人	555	277	66.71
5 人	416	185	69.22
≥6 人	389	285	57.72

注：有效样本：3 249；缺失值：395。

进一步从不同家庭类型的参保情况也可以看出这种变化趋势。如表 15 - 47 所示，首先，空巢家庭是独居老人构成的家庭类型，超过 60 周岁的老人如果符合条件可以直接享受养老金待遇，其参保积极性高，这类家庭参保率高达 70% 以上。其次，核心家庭的参保率 69.57%，仅次于空巢家庭。再次，主干家庭和扩大家庭的参保率分别是 64.14% 和 58.17%，这两类家庭多为三代或四代家庭结构，更加依靠土地养老和自己养老，其参保意愿相对较低。最后，其他家庭类型的参保率为 67.27%。可见家庭规模越大，人口越多，参保意愿就越低。

表 15 - 47　　　　　　　　家庭类型与家庭参保率关系　　　　　单位：户，%

家庭类型	参保家庭	未参保家庭	参保比率
空巢家庭	186	65	74.10
核心家庭	1 022	447	69.57
主干家庭	626	350	64.14
扩大家庭	146	105	58.17
其他家庭	37	18	67.27

注：有效样本：2 017；缺失值：985。

2. 耕地面积适中的家庭参保比率高

土地养老是以土地作为农民的养老手段，它是农民家庭养老的重要形式。表 15 - 48 数据分析显示，将样本农户的承包耕地平均五等分，随着家庭承包耕地面积的增大，五类家庭的参保率分别为 62.69%、70.14%、74.91%、71.35% 和 67.68%，呈现出先增后减的倒 "U" 形变化趋势，拥有适中耕地面积的家庭参保率最高，其中家庭耕地面积在 4~6 亩时参保率最高。耕地面积较少的家庭其主要收入来源已经从务农转化为务工或者经商，收入结构优化，自身养老能力增强，而拥有较多耕地的家庭，依靠土地养老意识较强，对新农保或者社会养老模式排斥性较大。

表 15 - 48　　　　　　　　家庭耕地面积与家庭参保率关系　　　　　单位：户，%

耕地面积	参保家庭	未参保家庭	参保比率
0~2 亩	415	247	62.69
2~4 亩	519	221	70.14
4~6 亩	412	138	74.91
6~11 亩	407	162	71.35
11 亩以上	402	192	67.68

3. 务农收入多的家庭参保比率高

当前农民养老主要靠自己，重要原因就是农民收入来源单一，尤其以务农收入为主的农户，无法保障收入的持续性和稳定性，对将来的养老最担心。他们更加看重新农保的养老作用，参保积极性高。如表 15 – 49 所示，务农收入占家庭收入比重在 1.54% 以内（含 1.54%）的家庭参保率为 59.08%；务农收入比重在 1.54% ~ 12.45% 的参保率为 71.45%；务农收入比重在 12.45% ~ 31.04% 和 31.04% ~ 72.68% 时，家庭参保比率分别是 72.2% 和 72.15%。整体来看，务农收入占家庭收入比重越低，参保率越低。这说明了农业经营收入的下降正在弱化土地的养老保障功能。

表 15 – 49　　　　家庭收入结构与家庭参保率关系　　　　单位：户，%

务农收入占比	参保家庭	未参保家庭	参保比率
0 ~ 1.54	371	257	59.08
1.54 ~ 12.45	438	175	71.45
12.45 ~ 31.04	426	164	72.20
31.04 ~ 72.68	417	161	72.15
72.68 以上	425	138	75.49

注：有效样本：3 268；缺失值：0；P = 0.018。

将有务工人员的家庭定义为打工家庭，反之为务农家庭。有无成员务工与家庭参保率有很大关系。如表 15 – 50 所示，在 1 600 份有效样本中，有 1 042 户参保家庭，528 户未参保家庭，家庭参保率是 65.12%。另外在 1 500 份务农农户样本中，有 1 058 户参保家庭，442 户未参保家庭，家庭参保率是 70.53%。对比发现，务工家庭的参保率要比务农家庭低 5.41 个百分点。这主要是因为务工家庭的收入来源多样化，对土地的依赖性已经降低，其发展机会和收入储蓄要比传统的务农家庭强，导致其参保意愿较低。

表 15 – 50　　　　是否打工与家庭参保率关系　　　　单位：户，%

家庭类型	参保家庭	未参保家庭	参保比例
打工家庭	1 042	528	65.12
务农家庭	1 058	442	70.53

注：有效样本：3 100；缺失值：257；P = 0.041。

（三）根本原因：经济发展与收入水平

1. 西部欠发达地区政策落实最差

从不同区域落实情况来看，将各省市按照经济发展水平大致分为东、中、西三大经济区域，以东部、中部和西部这三大区域作为考察的地域单元，可知东中西三大区域的新农保政策落实情况存在着差异。如表 15 – 51 所示，东中部的参保率相差不大，均在七成左右，其中，中部的参保率最高，为 71.79%，西部的参保率最低，为 57.93%。通过对比可知，三大区域中，西部地区的新农保政策落实最差。这说明了地区经济发展水平对新农保的落实有一定的影响。

表 15 – 51　　　　　　　不同区域参保率对比　　　　　　单位：人，%

地区分组	参保人数	未参保人数	参保比率
东部	779	324	70.63
中部	873	343	71.79
西部	606	440	57.93

注：有效样本 3 365；缺失值：283，$P = 0.041$。

我国地区经济发展不平衡，其中以东部经济最发达，中部次之，西部经济最落后，这种经济上的差距也反映到了新农保的参保情况上。从表 15 – 52 可以看出，东部人均年投保金额以及人均年享受金额在三大区域中都是最高的，分别为 181.09 元和 1 012.71 元，而西部的人均年投保金额为 129.84 元，人均年享受金额是 749.63 元，分别比东部地区低 51.25 元和 263.08 元，为三大区域中最低，中部的投保金额和人均享受金额都居中，由此可见，东中部的参保情况确实存在着显著的地域差异，且参保情况与经济状况相一致，经济越发达的地区参保情况越好。

表 15 – 52　　　　　不同区域投保金额和享受金额对比　　　　单位：元，%

地区分组	人均年投保金额	人均年享受金额
东部	181.09	1 012.71
中部	137.39	862.09
西部	129.84	749.63

注：人均年投保金额——有效样本 2 217；缺失值：1 431；$P = 0.000$。

人均年享受金额——有效样本 602；缺失值：3 046；$P = 0.000$。

2. 集体经济好的村庄参保率高

前面提到了很多村庄集体经济补助苍白无力，能对参保对象发放集体补助的村少之又少，究其原因，一是不愿补，二是无力补，多数地方村组经济底子很薄，村级债务较多，对集体补助有心无力。从具体数据分析来看，村集体收入对农民的参保能力和参保意愿有一定的影响。如表 15-53 所示，以集体收入为标准将样本村庄分为五组，集体收入最高的 20% 村庄，村均参保户数为 401.88户，高于其他四个分组；而村庄收入最低的 20% 村庄，村均参保户数少于其他四个分组，为 290.08 户。从总趋势来看，村均参保户数与村庄收入基本正相关，由此可见，农民的参保积极性受集体收入影响，集体收入多的村庄，其村均参保户数也相对较多，由此可以预见，集体补助的多少将逐步拉开各地新农保推进水平的差距。

表 15-53　　　　　　村庄集体收入对参保户数的影响　　　　　　单位：户

集体收入分组	村均参保户数
低收入	290.08
中低收入	357.59
中等收入	384.11
中高收入	375.68
高收入	401.88

注：有效样本 196；缺失值：19；P = 0.000。

另外，从集体补助情况来看。村庄集体补助是新农保补助的重要组成部分，也是村庄支出的重要部分，因此从村庄福利支出状况便可以看出村集体落实新农保中的资金支出作用。如表 15-54 所示，在有效村庄样本中，没有福利支出村庄的村均参保户数是 279.88 户，有福利支出村庄的村均参保户数是 406.42 户，后者要比前者村均多 126.54 户；此外，无福利支出的村庄和有福利支出村庄的村均参保人数分别是 829.17 人和 1 054.36 人，有福利支出村庄比无福利支出的村庄多 225.19 人。由此可见，农民的参保意愿受村庄支出结构影响，有福利支出的村庄参保率高，无福利支出的村庄参保率相对较低。

表 15-54　　　　　　村庄福利支出对参保率的影响　　　　　　单位：户，人

村庄福利支出情况	村均参保户数	村均参保人数
无福利支出	279.88	829.17
有福利支出	406.42	1 054.36

注：村均参保户数——有效样本 202，缺失值：17；村均参保人数——有效样本 207，缺失值：12。

3. 收入高的家庭参保意愿高

从农民未参保原因来看，在 724 户未参保农户样本中，有 125 位农民是因为家庭收入较低而缴不起参保费用因而没有参保，占未参保农户的 16.85%。在已参保的农户家庭中，有 0.40% 的农民是借钱缴费参保，可见，家庭经济状况直接影响着农户的参保意愿和参保行为。如表 15 - 55 所示，以家庭收入为标准将投保农民五等分，家庭收入最高的 20% 农民，人均年投保金额也相对最多，为 332.88 元，参保金额随着家庭收入的减少而递减，家庭收入相对最低的 20% 农民，人均年投保金额为 103.33 元，相对最少。由此可以看出，农民投保金额与家庭收入正相关，家庭收入越高，投保金额越多；相反，家庭收入越低，投保金额就越低。

表 15 - 55　　　　　　　　家庭收入对投保金额的影响　　　　　　　　单位：元

家庭收入分组	人均年投保金额
低收入	103.33
中低收入	161.08
中等收入	170.33
中高收入	186.86
高收入	332.88

注：有效样本 1 920；缺失值：1 569；$P = 0.001$。

具体到农户家庭参保人数来看，我们将参保农户以家庭收入作为标准划分成五组，统计结果显示（见表 15 - 56），家庭收入最低的 20% 农户，户均参保人数也最低，为 1.6 人。户均参保人数最多的是家庭收入次高的 20%，其次是最高的 20%。由此得知，家庭收入影响参保人数，收入较高的家庭，参保能力和参保积极性更高。

表 15 - 56　　　　　　　　家庭收入对家庭参保人数的影响　　　　　　　　单位：人

家庭收入分组	户均参保人数
低收入	1.60
中低收入	1.78
中等收入	1.81
中高收入	2.02
高收入	1.89

注：有效样本 3 141；缺失值：348；$P = 0.017$。

四、评估结论与建议

第一，参保比率上升，但仍未到达广覆盖。新农保自 2009 年试点启动以来，已推广实施了近四年，新农保已从试点走向了全国推广阶段，村庄覆盖率、农户参与率和农民参保率都到达了七成以上，呈现出稳中有升的态势。但调查同时发现，户均未参保人数和未按时享受的绝对人数却在缓慢增加，这说明新农保的宣传工作还不到位，部分农民的观望和疑惑情绪较浓。

第二，享受标准提高，但保障效果不明显。一方面是参保农户的投保金额在不断增加，个人账户不断充实，与之相应的是老年人享受标准也在缓慢提高，各地的人均月享受标准现都高于国家规定的基础养老金额，农民投保金额和享受标准实现了双增长。但另一方面却是农民对新农保保障效果的质疑和否定，认为新农保养老保障作用明显的还不到四成，近一半农民认为其保障效果一般，而养老金待遇偏低、发放不及时、保障作用不明显已成为当前农民反映最为突出的问题，可见新农保暂未达到和满足农民的预期要求。

第三，政策满意度增强，但可持续发展压力大。农民对于新农保的政策满意度逐年提升，整体满意度已由"一般"提高到了"比较满意"，而且是参保农户的满意度高于未参保农户。虽然农民的政策满意度在不断提高，但是这并不意味着新农保的发展就越好，调查发现，由于政策调整的不及时和落实中的不到位，加之农民自身观念和条件的限制，在政策的进一步发展中也遇到了一些新困难和新问题，如城乡衔接转换难、农民续保压力大、后续服务保障差等，这些问题已成为新农保可持续发展道路上的"拦路虎"，亟待解决。

第四，政策效益凸显，但养老模式未实质转变。新农保政策实施虽然时间较短，但政策成效突出，已基本解决了农民政策了解不足，参保热情不高，缴费办理烦琐，领取享受困难等基础性问题，而且随着新农保政策的进一度巩固和落实，其经济、政治和社会效益也越发凸显，如经济效益方面表现为子女赡养压力减小，农户消费和投资预期增加，农地流转加快和农业生产发展。政治效益主要体现在农户更加信赖和拥护政府，农民对政府工作的满意度提高。社会效益则突出表现为农民对和谐社会建设的认可和支持。但与此同时，我们须看到我国农村养老保障体系建设起点低、起步晚、地区发展不均衡等现实情况，当前农民传统的家庭养老观念和养老模式并未发生实质改变，新农保建设任重而道远。

为此，今后新农保可从政策弹性化、贯彻创新化、监管细致化和服务人性化着手，如扩大保障人群范围、创新宣传和引导方式、注重细节和过程监管、强化后续管理和服务等，逐步建立完善的农村养老保障体系，切实解决亿万农民的养老问题。

第十六章

新型农村合作医疗政策的绩效研究

新型农村合作医疗政策是党和政府的一大惠民政策，是构建当前我国农村医疗保障体系的基础。自2003年政策实施以来，其绩效如何，存在哪些问题，在当前又该如何完善、转型等问题是新一届领导班子面前的又一重大挑战。为此，本章利用近四年来对全国31个省区市258个村庄近4 000户农户持续跟踪的调查的数据对新农合制度进行了绩效评估。

一、新农合政策落实情况

（一）农民享受情况

1. 农户参与度高

从2011年全国和各地区样本农户的参合情况来看，在3 615份有效样本中，参合农户占比为97.34%，未参与的农户占比为2.66%。从不同区域来看，东、中、西部农民的参合率由东至西依次升高，分别为96.06%、97.89%和98.03%（见表16-1）。可见，农民对新农合的参与度较高，新农合在农村基本实现全覆盖（见图16-1）。

表 16 - 1　　　　　　　**2011 年全国及东中西各区域参与情况**　　　单位：%，个

区域	新农合参与情况		合计
	是	否	
全国	97.34	2.66	100（3 615）
东部	96.06	3.94	100（1 167）
中部	97.89	2.11	100（1 279）
西部	98.03	1.97	100（1 169）

注：有效样本数：3 615；缺失值：39。

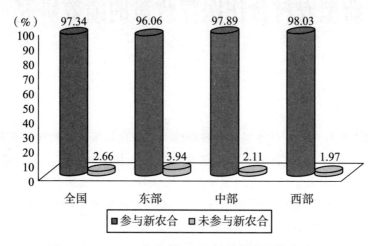

图 16 - 1　2011 年全国及东中西各区域参与情况

从与不同惠农政策的对比情况来看，新型农村合作医疗在农村的参与率是相对比较高的，达到 97.34%。2011 年新农保在全国的覆盖率为 38.18%，在中部地区的覆盖率最高，为 42.16%。而农业保险的覆盖率更低，全国为 26.62%，覆盖率最高的中部地区为 28.38%。路网建设在全国的覆盖率为 51.23%，危房改造为 7.39%，小额信贷为 7.24%（见表 16 - 2）。

表 16 - 2　　　　　　　**各地区部分惠农政策的覆盖率**　　　　单位：%，个

区域	新农合	路网建设	危房改造	小额信贷	新农保	农业保险	有效样本
全国	97.34	51.23	7.39	7.24	38.18	26.62	3 609
东部	96.06	58.43	1.84	4.24	40.36	27.63	1 164
中部	97.89	46.34	2.57	5.14	42.16	28.38	1 277
西部	98.03	51.08	16.27	11.53	31.76	23.71	1 168

国家惠农政策的成效评价与完善研究

考察不同年份样本农户的参合情况，2008 年在 2 925 份有效样本中有 96.88% 的农户参加了新农合；2009 年参加新农合的农户占比最低，为 95.94%；2010 年有 97.07% 的样本农户参加了新农合；到 2011 年占比达到最高为 97.34%。由此可见，四年来，整体上农户的参与率呈上升趋势，农户参合的积极性保持在较高的水平（见表 16－3、图 16－2）。

表 16－3　　　　　　2008～2011 年全国新农合参与情况　　　　　单位：%，个

年份	新农合参与情况		合计
	是	否	
2008	96.88	3.12	100（2 925）
2009	95.94	4.06	100（3 575）
2010	97.07	2.93	100（4 670）
2011	97.34	2.66	100（3 615）

注：2008 年有效样本数：2 925；缺失值：28；2009 年有效样本数：3 575；缺失值：51；2010 年有效样本数：4 670；缺失值：124；2011 年有效样本数：3 615；缺失值：39。

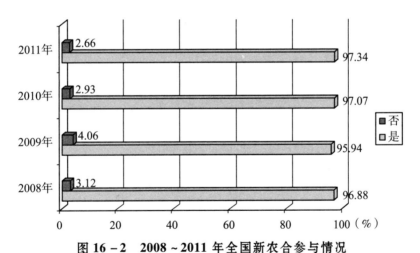

图 16－2　2008～2011 年全国新农合参与情况

从 2011 年全国样本农户的参合情况来看，在 3 534 份有效样本中，平均每个家庭参与新农合的人数为 0.95 人。从不同区域来看，东部地区家庭均值略低，为 0.94，中、西部农民的均值相对更高，为 0.95（见表 16－4）。可见，农民对新农合的参与度很高，在农村新农合基本实现全覆盖。

表16-4　　　　2011 年参保人数与家庭人数各区域参与情况　　　单位：个

区域	参保人数/家庭人口数		有效样本
	均值	中位数	
全国	0.95	1	3 534
东部	0.94	1	1 117
中部	0.95	1	1 271
西部	0.95	1	1 146

注：有效样本数：3 534，缺失值：114。

从不同年份样本农户的参合情况来看，2009 年在 3 446 份有效样本中，平均每个家庭的参与人数为 0.94 人；2010 年的 4 670 份有效样本中，平均每个家庭的参与人数也为 0.94 人；2011 年在 3 534 份有效样本中平均每个家庭的参加人数为 0.95 人（见表 16-5）。由此可见，三年来，整体上农户的参与率呈上升趋势，农户参合的积极性保持在较高的水平。

表16-5　　　　不同年份参保人数与家庭人数各区域参与情况　　　单位：个

年份	参保人数/家庭人口数		有效样本
	均值	中位数	
2009	0.94	1	3 446
2010	0.94	1	4 670
2011	0.95	1	3 534

注：2009 年有效样本数：3 446；缺失值：182；2010 年有效样本数：4 670；缺失值：124；2011 年有效样本数：3 534；缺失值：114。

2. 医疗报销率有待提高

对不同年份参合农户的医疗报销情况进行考察，2008～2011 年享受了报销的农户占比均在三成左右。其中享受率最高的是 2011 年，占比 33.36%；2008 年农户的报销享受率最低，仅 22.63%；2009 年农户的此占比为 30.71%，仅低于 2011 年；2010 年则有 28.18% 的参合农户享受了报销（见表 16-6、图 16-3）。

表16-6　　　　2008～2011 年参合农户新农合报销情况　　　单位：%，个

年份	新农合报销情况		合计
	享受了报销	未享受报销	
2008	22.63	77.37	100（2 925）
2009	30.71	69.29	100（3 575）

续表

年份	新农合报销情况		合计
	享受了报销	未享受报销	
2010	28.18	71.82	100（4 716）
2011	33.36	66.64	100（3 615）

注：2008 年有效样本数：2 925；缺失值：28。2009 年有效样本数：3 575；缺失值：51。
2010 年有效样本数：4 716；缺失值：78。2011 年有效样本数：3 615；缺失值：39。

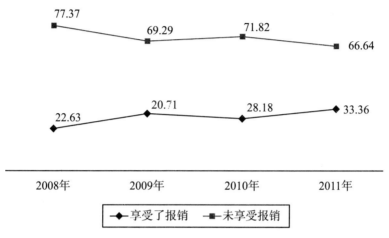

图 16 - 3　2008 ~ 2011 年参合农户新农合报销情况（单位：%）

考察 2011 年各区域参合农户新农合报销情况，在 971 份东部有效农户样本中，33.42% 的农户享受了报销；在 1 012 户中部样本农户中，享受了报销的比重为 32.21%；西部地区样本农户为 945 户，享受了报销的比重为 34.46%。总体来看，占比最高的是西部地区，东部次之，中部最低（见表 16 - 7、图 16 - 4）。

表 16 - 7　　　　　　　**2011 年各区域参合农户新农合报销情况**　　　单位：%，个

区域	新农合报销情况		合计
	享受了报销	未享受报销	
东部	33.42	66.58	100（1 167）
中部	32.21	67.79	100（1 279）
西部	34.46	65.54	100（1 169）

注：2011 年有效样本数：3 615；缺失值：39。

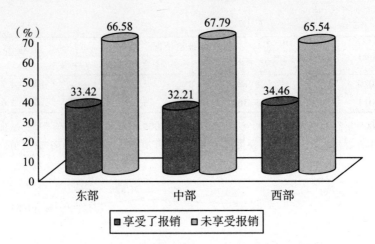

图 16 - 4   2011 年各区域参合农户新农合报销情况

考察近四年具有医疗支出的样本农户的医疗报销情况。2008 ~ 2011 年, 各年中享受了报销的农户占比对应为 67. 62%、51. 31%、65. 48% 和 59. 01%。整体上看, 各年具有医疗支出的农户在新农合报销的享受率上均在五成以上, 占比最高的为 2008 年, 占比最低的为 2009 年 (见表 16 - 8、图 16 - 5)。

表 16 - 8　　　　**2008 ~ 2011 年具有医疗支出的农户报销情况**　　单位: %, 个

年份	新农合报销情况		合计
	享受了报销	未享受报销	
2008	67. 62	32. 38	100 (979)
2009	51. 31	48. 69	100 (2 140)
2010	65. 48	34. 52	100 (3 850)
2011	59. 01	40. 99	100 (2 942)

注: 2008 年有效样本数: 979; 缺失值: 1 974; 2009 年有效样本数: 2 140; 缺失值: 1 486;

2010 年有效样本数: 3 850; 缺失值: 944; 2011 年有效样本数: 2 942; 缺失值: 712。

从东、中、西三大区域来看, 东部地区具有医疗支出的农户有 919 户, 其中 67. 62% 享受了报销, 占比高于其他地区。987 户中部地区具有医疗支出的农户有近六成农户享受了报销, 具体占比为 59. 07%。在西部地区, 具有医疗支出的农户 919 户, 其中享受了报销的农户占 56. 58%, 占比最低 (见表 16 - 9、图 16 - 6)。

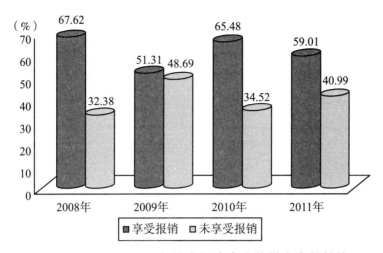

图 16-5　2008～2011 年具有医疗支出的样农户报销情况

表 16-9　2011 年各区域具有医疗支出的样本农户医疗报销情况 单位：%，个

区域	新农合报销情况		合计
	享受了报销	未享受报销	
东部	67.62	41.13	100（919）
中部	59.07	40.93	100（987）
西部	56.58	43.42	100（919）

注：有效样本数：2 825；缺失值：829。

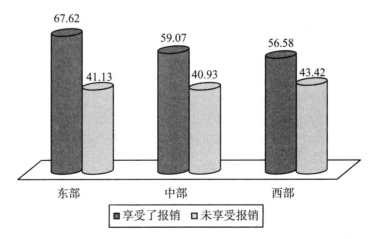

图 16-6　2011 年各区域具有医疗支出的农户医疗报销情况（单位：%）

考察有住院经历的参合农户报销情况，2008～2011 年，有住院经历的样本农户中，2008 年的享受报销的农户占比最高，达到 94.32%；2009 年、2010 年

参合农户报销比例有所下降，分别为 86.75% 和 85.70%；2011 年占比稍有回升，为 89.26%。整体上，四年来有住院经历的参合农户享受报销的占比在九成左右（见表 16-10、图 16-7）。

表 16-10　　　2008～2011 年有住院经历的参合农户报销情况　　单位：%，个

年份	新农合报销情况		合计
	享受了报销	未享受报销	
2008	94.32	5.68	100（440）
2009	86.75	13.25	100（687）
2010	85.70	14.30	100（2 756）
2011	89.26	10.74	100（838）

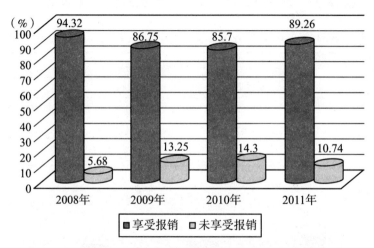

图 16-7　2008～2011 年有住院经历的参合农户报销情况

从不同区域上看 2011 年有住院经历的样本农户享受报销的情况，东部地区农户享受报销的占比最高，达 93.02%；中部地区次之，占比为 89.08%；西部地区最低，占比为 87.28%，比东部地区低 6.74%（见表 16-11、图 16-8）。

表 16-11　　　　　　　2011 年不同区域有住院经历的参合
农户享受报销情况　　单位：%，个

区域	新农合报销情况		合计
	享受了报销	未享受报销	
东部	93.02	6.98	100（215）
中部	89.08	10.92	100（284）
西部	87.28	12.72	100（338）

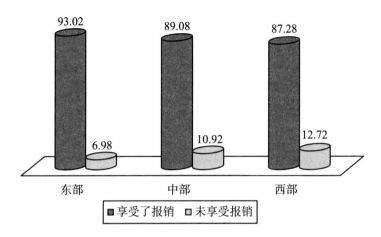

图 16 – 8　2011 年不同区域有住院经历的参合农户享受报销情况（单位：%）

从 2011 年各区域报销人数与参合人数的占比情况来看，在 2 678 份有效样本中，东部地区享受了新型农村合作医疗报销的均值最高，为 0.21；西部地区次之，均值为 0.16，与全国平均水平持平；中部地区最低，均值为 0.12（见表 16 – 12）。

表 16 – 12　　　2011 年各区域报销人数与参合人数比值情况　　　单位：个

区域	报销人数/参合人数		有效样本
	均值	中位值	
全国	0.16	0	2 678
东部	0.21	0	864
中部	0.12	0	1 007
西部	0.16	0	807

注：2011 年有效样本数：2 678；缺失值：970。

（二）医疗负担情况

由表 16 – 13 可见，2011 年农户家庭新型农村合作医疗报销金额较 2008 年增加了 1 017.8 元，增长率为 43.18%，2009 年的增长率达到 70.85%。从各地区来看，东部地区家庭 2011 年新型农村合作医疗报销金额较前一年增长了 94.92%，中西部地区这一金额也在逐年增加，其中 2009 年增长幅度最大，为 120.25 元，增长率达到了 74.77%。可见，随着新农合政策的全面覆盖，报销比例、报销范围的不断扩大，报销金额不断增加，一定程度上减轻了农民的医疗负担。

表16 -13 全国及各地区户均医保报销金额变化 单位：元，%，个

全国及地区	2008 年		2009 年			2010 年			2011 年		
	户均报销额	样本数	户均报销额	增长率	样本数	户均报销额	增长率	样本数	户均报销额	增长率	样本数
全国	1 260.59	948	2 153.71	70.85	1 093	2 356.96	9.44	1 329	3 374.76	43.18	1 206
东部	1 241.45	318	1 611.72	29.83	445	1 726.59	7.13	348	3 365.47	94.92	390
中部	1 381.09	367	2 413.69	74.77	319	2 498.14	3.50	475	3 145.03	25.89	412
西部	1 196.22	263	2 634.73	120.25	329	2 657.96	0.88	506	3 617.10	36.09	404

2008～2011 年合作医疗报销额度在农户看病总费用中的比重依次为31.23%、34.56%、36.10% 和42.66%；报销占比中值依次为28.85%、30%、32.50% 和40%（见表16 -14）。可见，合作医疗报销额度占农户看病总费用的比重，2008～2011 年逐年递增（见图16 -9）。

表16 -14 2008～2011 年报销额度在医疗总费用中的比重情况 单位：%

年份	报销占比均值	报销占比中值
2008	31.23	28.85
2009	34.56	30
2010	36.10	32.50
2011	42.66	40

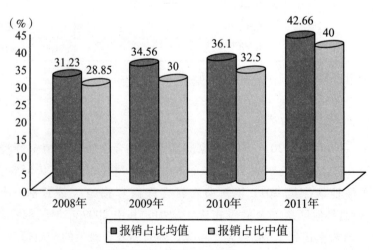

图16 -9 2008～2011 年医疗报销额度在看病总费用中的比重

考察 2011 年合作医疗报销额度在农户看病总费用中的比重，从不同区域来看，东中西部地区的报销占比均值依次为 40.85%、41.71% 和 45.41%，中值依次为 40%、40% 和 45%（见表 16 - 15、图 16 - 10）。可见，西部的报销额度所占比最高，东部最低。

表 16 - 15 　　　　　2011 年不同区域农户新农合报销额度在
医疗总费用中的比重 　　　　单位：%

区域	报销占比均值	报销占比中值
东部	40.85	40
中部	41.71	40
西部	45.41	45

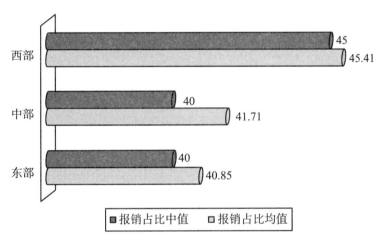

图 16 - 10　2011 年不同区域新农合报销额度在
医疗总费用中的比重（单位：%）

从农民参合后的家庭医疗负担变化情况来看，在 2010 年的 4 629 份有效样本中，有 66.30% 的农民表示在参合后"减轻了"家庭医疗负担，33.70% 的农户表示负担"没有减轻"。在 2011 年的 3 517 份有效样本中，表示参合后家庭医疗负担"减轻了"的农民占比为 74.61%，25.39% 的农户表示没有减轻（见表 16 - 16）。由此可见，2011 年和 2010 年，有六成农民表示家庭医疗负担在参合后得到了减轻（见图 16 - 11）。

表 16 - 16　　2010 年、2011 年新农合是否减轻农户医疗负担　　单位：%

年份	是否减轻负担		合计
	减轻了	没减轻	
2010	66. 30	33. 70	100（4 629）
2011	74. 61	25. 39	100（3 517）

注：2010 年有效样本数：4 629；缺失值：165；2011 年有效样本数：3 517；缺失值：137。

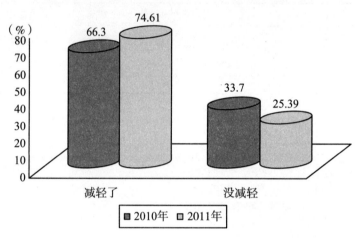

图 16 - 11　　2010～2011 年新农合是否减轻农户医疗负担

考察不同区域农户医疗负担情况，在东部地区的 1 114 份有效样本中，有 74. 69% 的农民表示家庭医疗负担"减轻了"，25. 31% 的农民表示"没减轻"；中部和西部地区农民表示家庭医疗负担"减轻了"的农户占比依次为 76. 25% 和 72. 77%，表示没有减轻的占比分别有 23. 75% 和 27. 23%（见表 16 - 17）。可见，中部地区农民表示新农合"减轻了"家庭医疗负担的占比最高（见图 16 - 12）。

表 16 - 17　　　　2011 年不同区域农户医疗负担是否减轻　　单位：%，个

区域	是否减轻负担		合计
	减轻了	没减轻	
东部	74. 69	25. 31	100（1 114）
中部	76. 25	23. 75	100（1 255）
西部	72. 77	27. 23	100（1 142）

注：总体有效样本数：3 511；缺失值：137。

国家惠农政策的成效评价与完善研究

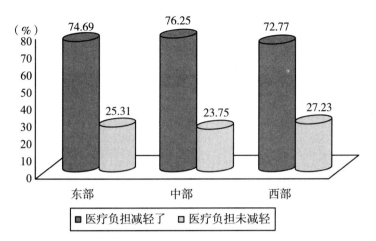

图 16 – 12 2011 年不同区域农户医疗负担是否减轻

将样本农户家庭人均收入分为五档，收入为低等、中低、中等、中高和高等的农户，认为加入新农合后家庭医疗负担"减轻了"的占比依次为 76.51%、72.40%、74.66%、74.16% 和 75.19%；认为家庭医疗负担"没有减轻"的占比依次为 23.49%、27.60%、25.34%、25.84% 和 24.81%（见表 16 – 18）。可见，在低等和高等收入中，认为家庭医疗负担得到减轻的农户的占比相对更高（见图 16 – 13）。

表 16 – 18　　　　2011 年不同收入的农户医疗负担是否减轻　　　单位：%，个

家庭收入分组	是否减轻医疗负担		合计
	减轻了	没有减轻	
低等	76.51	23.49	100（728）
中低	72.40	27.60	100（616）
中等	74.66	25.34	100（671）
中高	74.16	25.84	100（681）
高等	75.19	24.81	100（669）

注：总体有效样本：3 365；缺失值：283。

从有无家庭成员住院来看，在 862 份有住院的有效样本农户中，有 736 位农民表示家庭医疗负担"减轻了"，占比 85.38%。在 1 987 份没有家庭成员住院的有效样本中，69.35% 的农民表示医疗负担"减轻了"（见表 16 – 19）。可见，有家庭成员住院的农民认为新农合政策在减轻家庭医疗负担方面成效更显著（见图 16 – 14）。

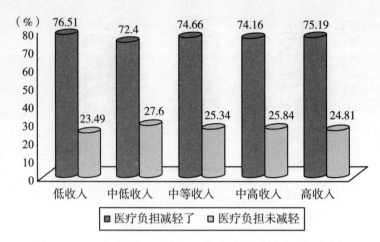

图 16 - 13　2011 年不同收入的农户医疗负担是否减轻

表 16 - 19　2011 年有无家庭成员住院的农户医疗

负担是否减轻　　　　　　　　　　单位：个，%

有无家庭成员住院		是否减轻负担		合计
		减轻了	没减轻	
有住院	频率	736	126	862
	占比	85.38	14.62	100
没有住院	频率	1 378	609	1 987
	占比	69.35	30.65	100

注：总体有效样本数：2 849；缺失值：799。

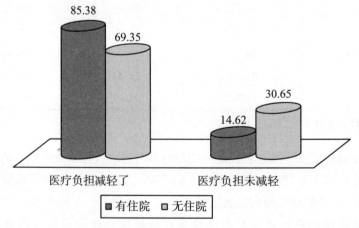

图 16 - 14　2011 年有无家庭成员住院的农户医疗负担是否减轻（单位：%）

从不同职业来看，在务农农户中有74.54%表示医疗负担减轻了；在务工职业的农户中则有73.52%；做生意、教师及其他职业的农户中则分别有71.82%、78.13%表示参合后减轻了医疗负担（见表16－20、图16－15）。

表16－20   2011年不同职业的农户医疗负担是否减轻情况   单位：%，个

职业	是否减轻医疗负担		合计
	减轻了	没减轻	
务农	74.54	25.46	100（2 482）
务工	73.52	26.48	100（321）
做生意	71.82	28.18	100（291）
教师及其他	78.13	21.87	100（384）

注：有效样本：3 478；缺失值：170。

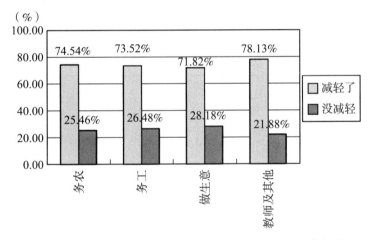

图16－15 2011年不同职业的农户医疗负担是否减轻情况

考察2011年全国及各区域参合农民的报销金额情况，从全国整体来看，2011年人均报销金额为415.25元，其中，有50%的农民没有享受保险销。在东部地区，2011年人均报销金额为413.88元，低于全国平均水平，也低于其他地区；在中部地区，2011年人均报销金额为415.46元，略高于全国平均水平；在西部地区，2011年人均报销金额为416.43元，略高于全国平均水平和其他各地区（见表16－21）。

表 16 – 21　　　　　　2011 年各区域参合农民的报销金额情况　　　　单位：元，个

区域	报销金额/参合人数		有效样本
	均值	中位值	
全国	415.25	0	2 916
东部	413.88	0	957
中部	415.46	0	1 018
西部	416.43	0	941

注：2011 年有效样本数：2 916；缺失值：732。

就不同年份参合农民的报销金额情况而言，2008 年人均报销金额为 389.61 元，其中，有 50% 的农民享受保险销的报销金额低于 40 元。2009 年人均报销金额为 315.44 元，其中，有 50% 的农民享受保险销的报销金额低于 3.86 元；2010 年人均报销金额为 233.95 元，是近四年中最低的年份，且有 50% 的农民没有享受保险销的报销。2011 年人均报销金额为 415.25 元，是近四年中最高的年份，但仍有 50% 的农民没有享受保险销的报销（见表 16 – 22）。

表 16 – 22　　　　　　2008 ~ 2011 年参合农民的报销金额情况　　　　单位：元，个

年份	报销金额/参合人数		有效样本
	均值	中位值	
2008	389.61	40.00	948
2009	315.44	3.86	2 110
2010	233.95	0.00	3 829
2011	415.25	0.00	2 916

注：2008 年有效样本数：948；缺失值：2 005。2009 年有效样本数：2 110；缺失值：3 156。2010 年有效样本数：3 829；缺失值：965。2011 年有效样本数：2 916；缺失值：732。

（三）农民评价情况

1. 超过七成农民对新农合政策较为满意

2008 ~ 2011 年对新农合表示"非常满意"的农民占比分别为 52.47%、36.63%、48.66% 和 23.55%；表示"比较满意"的农民占比对应为 32.14%、37.79%、34.35% 和 49.73%。显然，四年来对新农合"非常满意"的农民占比呈下降趋势，表示"比较满意"的农民占比呈上升趋势。2008 ~ 2011 年农民对新农合表示"非常满意"与"比较满意"的占比和分别为 84.61%、74.42%、83% 和 73.28%。可见，农民对新农合满意度最高的是 2008 年，2011 年最低，

且 2011 年比 2008 年下降了 11.33%（见表 16 – 23、图 16 – 16）。

表 16 – 23　　　　2008 ～ 2011 年全国样本农民对新农合满意度　　单位：%，个

年份	非常满意	比较满意	一般 "或" 不太满意	合计
2008	52.47	32.14	15.39	100（2 268）
2009	36.63	37.79	25.58	100（3 292）
2010	48.66	34.34	17.00	100（4 283）
2011	23.55	49.73	26.72	100（3 567）

注：2008 年有效样本数：2 268；缺失值：685；2009 年有效样本数：3 292；缺失值：1 974；
2010 年有效样本数：4 283；缺失值：511；2011 年有效样本数：3 562；缺失值：86。

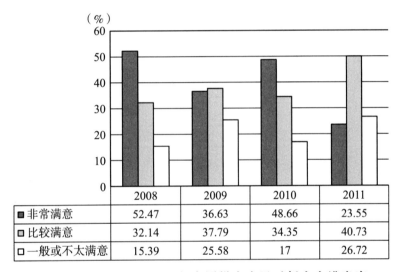

图 16 – 16　2008 ～ 2011 年全国样本农民对新农合满意度

2. 中部地区农民的满意度最高

从不同区域来看，东、中、西三大地区的受访者对新农合持比较满意态度的农民为多，其占比东部为 48.32%、中部为 54.70%、西部为 45.77%；表示非常满意的东、中、西部农民占比分别为 19.68%、21.79% 和 29.19%；对新农合政策持一般或不太满意态度的东部地区的受访者比重最大，为 32%，相比中部的 23.51%，高了将近 10 个百分点，西部地区为 25.04%（见表16 – 24）。整体上，中部地区农民满意度最高，东部最低（见图 16 – 17）。

表 16－24 　　　　　　　**不同区域农民对新农合满意情况** 　　　　　单位：%

区域	非常满意	比较满意	一般 "或" 不太满意	合计
东部	19.68	48.32	32	100（1 128）
中部	21.79	54.70	23.51	100（1 276）
西部	29.19	45.77	25.04	100（1 158）

注：有效样本：3 562；缺失值：86。

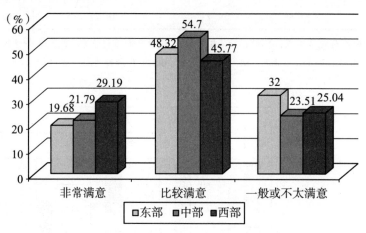

图 16－17　不同区域农民对新农合满意情况

3. 家庭成员有看过病的农民对新农合满意度较低

从表 16－25 中可以看到，2008 年家庭成员有看过病农民对新农合表示 "一般" 或 "不太满意的" 占比为 15.37%，没有家庭成员看过病的农民这一比例为 10.99%；2010 年家庭成员有看过病的农民这一占比为 17.25%，没有家庭成员看过病的农民对应为 16.20%；2011 年有 27.49% 的家庭成员有看过病的农民表示 "一般" 或 "不太满意"，没有家庭成员有看过病的农民这一占比则为 22.95%。由上可知，看过病的农民对新农合的评价比没看过病的农民相对更低，且四年来满意度均在降低（见图 16－18）。

表 16－25 　　　　　**对新农合有无看病分组四年满意情况统计表** 　　　　单位：%

年份	有无看病	满意度			合计
		非常满意	比较满意	一般 "或" 不太满意	
2008	没有看病	51.65	37.36	10.99	100（91）
	看过病	54.21	30.42	15.37	100（1 614）

续表

年份	有无看病	满意度			合计
		非常满意	比较满意	一般"或"不太满意	
2009	没有看病	31.79	38.97	29.23	100（195）
	看过病	36.92	36.68	26.40	100（2 470）
2010	没有看病	48.40	35.39	16.20	100（938）
	看过病	48.22	34.53	17.25	100（3 113）
2011	没有看病	20.66	56.39	22.95	100（610）
	看过病	23.60	48.91	27.49	100（3 309）

注：2008 年有效样本：1 705；缺失值：1 248；2009 年有效样本：2 665；缺失值：2 601；2010 年有效样本：4 051；缺失值：743；2011 年有效样本：3 919；缺失值：339。

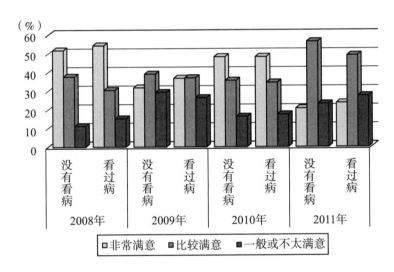

图 16 - 18   对新农合有无看病分组四年满意情况

4. 家庭没有医疗报销的农民的满意度较低

如表 16 - 26、图 16 - 19 所示，在 2008 年家庭没有医疗报销的农民对新农合表示"一般"或"不太满意"的占比为 14.29%，高出家庭有报销农民的 2.19%；2009 年分别有 29.77%、23.02% 的家庭没有医疗报销的农民与家庭有医疗报销农民认为新农合"一般"或"不太满意"，前者比后者多 6.75%；2010 年家庭没有医疗报销与有报销农民的对新农合表示"一般"或"不太满意"占比分别为 19.08% 和 11.86%，两者差 7.18%；2011 年分别有 30.52%、21.32% 的家庭没有医疗报销的农民与有报销农民对新农合表示"一般"或"不太满意"，占比差为 9.20%。可见，家庭没有医疗报销的农民对新农合的满意度要低

411

于有报销的农民，且两者间的满意度相差正逐年拉大。

表 16 - 26　　　　对新农合有无报销分组满意情况统计表　　　　单位：%

年份	有无报销	满意度			合计
		非常满意	比较满意	一般"或"不太满意	
2008	没有报销	47.30	38.41	14.29	100 (315)
	有报销	60.21	27.69	12.10	100 (661)
2009	没有报销	34.38	35.85	29.77	100 (954)
	有报销	40.35	36.63	23.02	100 (1 021)
2010	没有报销	43.69	37.23	19.08	100 (2 259)
	有报销	55.68	32.46	11.86	100 (1 223)
2011	没有报销	20.01	49.47	30.52	100 (1 684)
	有报销	28.76	49.92	21.32	100 (1 196)

注：2008 年有效样本：976；缺失值：1 977；2009 年有效样本：1 975；缺失值：1 650；
2010 年有效样本：3 482；缺失值：1 312；2011 年有效样本：2 880；缺失值：1 378。

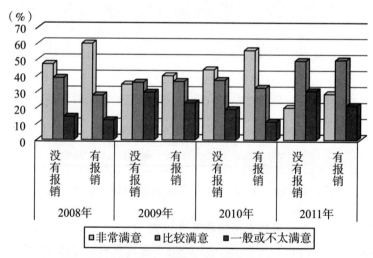

图 16 - 19　　报销与否与满意度

5. 没有家庭成员住院的农民的满意度较高

从不同年份家庭有无家庭成员住院经历的农民对新农合的评价情况来看，2008 年家庭成员没有住院的农民有 88.11% 对新农合政策表示"非常满意"或"比较满意"，有住院的农民这一比例为 85.20%。2009 年的没有家庭成员住院的 1 116 份有效样本中，对新农合政策表示"非常满意"或"比较满意"的农民占比和下降至 70.96%，有家庭成员住院的农民占比也有所下降，为 77.75%。

对应的 2010 年、2011 年没有家庭成员住院的农民对新农合政策表示"非常满意"或"比较满意"的占比和分别为 88.03% 和 71.85%，有家庭成员住院的农民这一占比和分别是 82.75% 和 85.46%（见表 16 – 27、图 16 – 20）。

表 16 – 27　　　有无家庭成员住院农户对新农合的四年满意情况　　　单位：%

年份	有无家庭成员住院	满意度			合计
		非常满意	比较满意	一般"或"不太满意	
2008	没有住院	52.45	35.66	11.89	100 (387)
	有住院	56	29.20	14.80	100 (500)
2009	没有住院	35.48	35.48	29.04	100 (1 116)
	有住院	40.80	36.95	22.25	100 (728)
2010	没有住院	51.62	36.41	11.97	100 (401)
	有住院	48.22	34.53	17.25	100 (3 113)
2011	没有住院	20.41	51.44	28.15	100 (2 014)
	有住院	28.92	46.54	24.54	100 (868)

注：2008 年有效样本：887；缺失值：2 066；2009 年有效样本：1 844；缺失值：1 781；2010 年有效样本：3 514；缺失值：1 549；2011 年有效样本：2 882；缺失值：1 376。

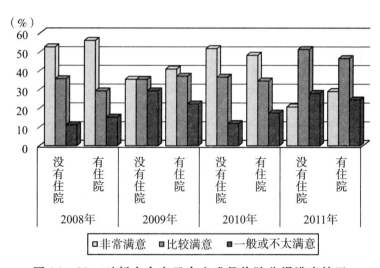

图 16 – 20　对新农合有无家庭成员住院分组满意情况

考察不同年龄段农民对新型农村合作医疗的满意度情况。在年龄为 30 岁以下的农民中，有 70.24% 的农民对新农合政策表示"非常满意"或"比较满意"。30～39 岁、40～49 岁、50～59 岁农民的此占比为 72.36%、73.04% 和 73.54%；在年龄为 60 岁及以上的农民中，这一占比为 73.99%（见表 16 – 28）；

413

数据表明，随着农民年龄升高，农民对新农合的满意度也相对有所提高（见图16－21）。

表 16－28 不同年龄农民对新农合满意情况 单位：%

年龄	非常满意	比较满意	一般"或"不太满意	合计
30 岁以下	22.62	47.62	29.76	100（84）
30~39 岁	20.87	51.49	27.64	100（369）
40~49 岁	21.09	51.95	26.97	100（1 105）
50~59 岁	24.61	48.84	26.54	10 020（1 036）
60 岁及以上	26.22	47.77	26.01	100（965）

注：有效样本：3 559；缺失值：89。

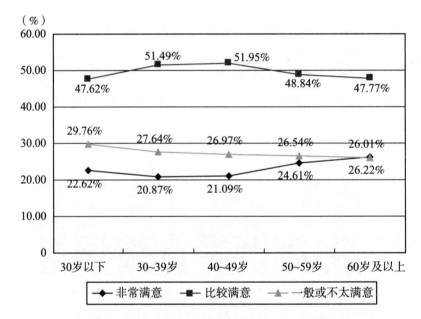

图 16－21 不同年龄农民对新农合满意情况

考察不同学历农民对新型农村合作医疗的满意度情况。在学历为文盲的农民中，有 71.64% 的农民对新农合政策表示"非常满意"或"比较满意"。在学历为小学的农民中，对新农合政策表示"非常满意"或"比较满意"的农民占比为 71.54%；在学历为初中的农民中，对新农合政策表示"非常满意"或"比较满意"的农民占比上升为 74.49%；在学历为高中的农民中，这一占比上升为 77.74%；在学历为大专及以上的农民中，这一占比为 60%；数据表明，随着农民学历升高，农民对新农合的满意度也相对有所提高（见表 16－29、图 16－22）。

表 16 – 29　　　　　　　不同学历农民对新农合满意情况　　　　　单位：%

学历	非常满意	比较满意	一般"或"不太满意	合计
文盲	22.70	48.94	28.37	100（282）
小学	23.27	48.27	28.46	100（1 156）
初中	23.95	50.54	25.51	100（1 470）
高中	24.34	53.40	22.26	100（530）
大专及以上	20.95	39.05	40	100（105）

注：有效样本：3 543；缺失值：105。

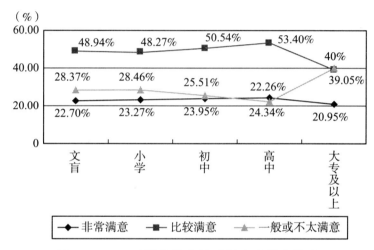

图 16 – 22　不同学历农民对新农合满意情况

就不同职业农民对新型农村合作医疗的满意度情况而言。在职业为务农的农民中，有 72.55% 的农民对新农合政策表示"非常满意"或"比较满意"。在职业为务工的农民中，对新农合政策表示"非常满意"或"比较满意"的农民占比为 72.47%；在职业为做生意的农民中，对新农合政策表示"非常满意"或"比较满意"的农民占比上升为 75.92%；在职业为教师及其他的农民中，这一占比上升为 77.58%（见表 16 – 30）。可见，职业为务工和务农的农民对新农合的满意度还有待提高（见图 16 – 23）。

表 16 – 30　　　　　　　不同职业农民对新农合满意情况　　　　　单位：%

职业	非常满意	比较满意	一般"或"不太满意	合计
务农	24.18	48.37	27.44	100（2 518）
务工	14.98	57.49	27.52	100（327）

职业	非常满意	比较满意	一般"或"不太满意	合计
做生意	20.33	55.59	24.07	100 (295)
教师及其他	28.87	48.71	22.42	100 (388)

注：有效样本：3 528；缺失值：120。

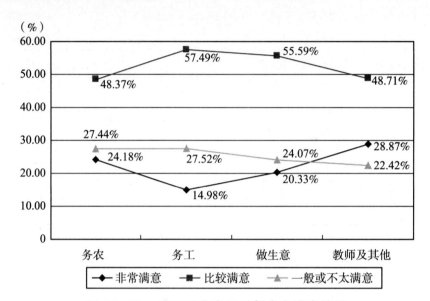

图 16 – 23　不同职业农民对新农合满意情况

就不同家庭收入农民对新型农村合作医疗的满意度情况而言。在家庭收入为最低档的农民中，有 73.38% 的农民对新农合政策表示"非常满意"或"比较满意"。在家庭收入为较低的农民中，对新农合政策表示"非常满意"或"比较满意"的农民占比为 72.24%；在家庭收入为中等的农民中，对新农合政策表示"非常满意"或"比较满意"的农民占比下降为 71.14%；在家庭收入为较高的农民中，这一占比上升为 73.4%；而家庭收入为最高的农民中，这一占比上升为 75.89%；可见，家庭收入越低的农民对新农合的满意度也相对更低（见表16 – 31，图 16 – 24）。

表 16 – 31　　　　　不同家庭收入农民对新农合满意情况　　　　　单位：%

收入	非常满意	比较满意	一般"或"不太满意	合计
最低	26.22	47.16	26.62	100 (740)
次低	23.76	48.48	27.75	100 (627)
中间	19.59	51.55	28.87	100 (679)

收入	非常满意	比较满意	一般"或"不太满意	合计
次高	20.20	53.20	26.60	100（688）
最高	26.18	49.71	24.12	100（680）

注：有效样本：3 414；缺失值：234。

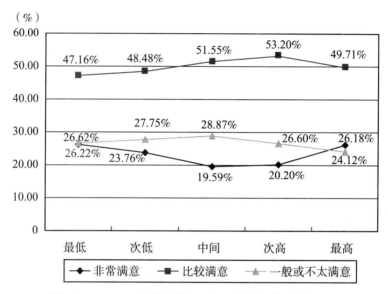

图 16 - 24　不同家庭收入农民对新农合满意情况

二、制约政策绩效的原因

（一）农民受益因素

对不满意原因的分析，在 393 份有效样本中，认为"住院才报销，从而得不到实惠"的农民占不满意样本的比重为 52.93%；表示"常见病、易发病、慢性病报销难"的农民占比为 18.07%；认为"报销手续烦琐"的农民占比 5.34%；认为"看病不自由"的农民占比 13.23%；其他不满意原因的占比则为 10.43%（见表 16 - 32）。

分区域来看，东部地区表示"住院才报销，感觉得不到实惠"的占比最高，为 63.41%；其次不满意的原因为"常见病、易发病、慢性病报销难"，占比为 18.70%。中部地区不满意原因占比最高的是"得不到实惠"，占比 50%，其次为"其他原因"和"看病不自由"，占比均超过 14%；表示"常见病、易发病、

慢性病报销难"的农民占比为 13.33%；而认为"报销手续烦琐"的占比为
7.50%。西部地区表示"得不到实惠"的农民占比达 46.67%，其次为"常见
病、易发病、慢性病报销难"，占比达 21.33%；表示"看病不自由"的占比
16%（见表 16-32、图 16-25）。

表 16-32　　　　　　　2011 年全国及各区域农民不满意原因　　　　单位：%

区域	得不到实惠	常见、易发、慢性病报销难	报销手续烦琐	看病不自由	其他	合计
全国	52.93	18.07	5.34	13.23	10.43	100（393）
东部	63.41	18.70	3.25	8.94	5.69	100（123）
中部	50	13.33	7.50	14.17	15	100（120）
西部	46.67	21.33	5.33	16	10.67	100（150）

注：有效样本：393；缺失值：3 255。

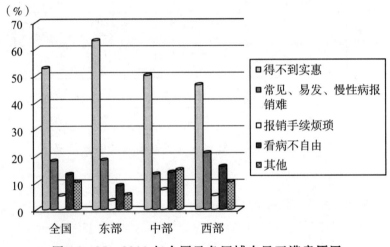

图 16-25　2011 年全国及各区域农民不满意原因

从不同职业来看，在务农的农民中认为住院才报销，感觉"得不到实惠"
的占比达 50.71%；表示"常见病、易发病、慢性病报销难"的农民占比为
18.09%；认为"报销手续烦琐"的农民占比 4.61%；认为"看病不自由"的农
民占比 14.54%。务工农民中不满意的主要原因在于"得不到实惠"，"常见病、
易发病、慢性病报销难"和"看病不自由"，占比分别为 54.55%、21.21% 和
15.15%。做生意、教师及其他农民中不满意的原因主要在于"得不到实惠"和
"常见病、易发病、慢性病报销难"，占比为 60.98% 与 17.07%（见表 16-33、
图 16-26）。

表 16 - 33　　　　　2011 年不同职业农民不满意原因　　　　单位：%

职业	得不到实惠	常见、易发、慢性病报销难	报销手续烦琐	看病不自由	其他	合计
务农	50.71	18.09	4.61	14.54	12.06	100（282）
务工	54.55	21.21	6.06	15.15	3.03	100（33）
做生意	55.88	17.65	5.88	8.82	11.76	100（34）
教师及其他	60.98	17.07	9.76	7.32	4.88	100（41）

注：有效样本：390；缺失值：3 258。

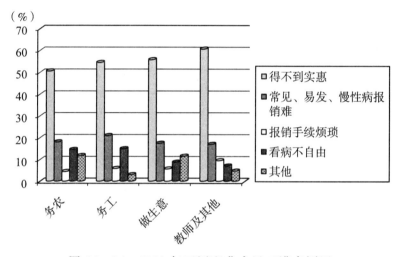

图 16 - 26　2011 年不同职业农民不满意原因

从不同年龄的农民来看，各年龄段农民对新农合主要不满在于"得不到实惠"。在 30 岁以下的农民中有 70% 表示"得不到实惠"，30～49 岁、50～59 岁和 60 岁及以上的农民表示"得不到实惠"的占比分别为 53.33%、52.17%、53.57% 和 51.35%。看病不自由、报销难也是各年龄段农民普遍不满的重要因素，报销手续麻烦、其他原因的占比则相对较小，尤其是 30 岁以下的青年农民（见表 16 - 34、图 16 - 27）。

表 16 - 34　　　　　2011 年不同年龄农民不满意原因　　　　单位：%

年龄	得不到实惠	常见、易发、慢性病报销难	报销手续烦琐	看病不自由	其他	合计
30 岁以下	70	10	0	20	0	100（10）
30～39 岁	53.33	13.33	2.22	22.22	8.89	100（45）

续表

年龄	得不到实惠	常见、易发、慢性病报销难	报销手续烦琐	看病不自由	其他	合计
40~49岁	52.17	15.65	8.70	17.39	6.09	100 (115)
50~59岁	53.57	19.64	5.36	11.61	9.82	100 (112)
60岁及以上	51.35	21.62	3.60	6.31	17.12	100 (111)

注：有效样本：393；缺失值：3 255。

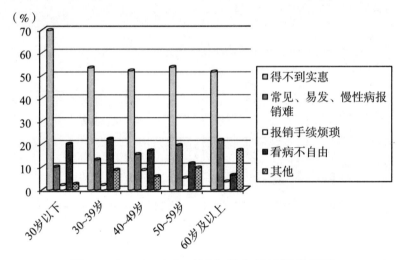

图16-27　2011年不同年龄农民不满意原因

（二）医疗机构因素

从参合农民对所在地的医疗机构评价来看，在3 451份有效样本中，表示"都满意"的农民占比达27.96%；表示"服务差"的农民达5.80%；认为医疗条件差、分布少的农民占比为37.93%；表示存在"'小病大医'"现象的农民占比为21.88%。可见，近四成的农民表示定点医疗机构医疗条件差、分布少。

就不同区域而言，东部、中部和西部地区农民对当地医疗"都满意"的占比依次降低，分别为30.63%、29.53%和23.67%；西部地区农民表示当地医疗机构"服务差"及"医疗条件差、分布少"的占比均高于其他区域，占比分别是7.38%和41.28%；西部地区不满医疗机构"小病大医"的农民占比最低，为20.64%，低于中部地区的21.48%和东部地区的23.62%（见表16-35、图16-28）。

表 16－35　　　2011 年全国各区域农民对所在地医疗机构的评价　　　单位：%

区域	对当地医疗机构的评价					合计
	都满意	服务差	小病大医	"医疗条件差、分布少"	其他	
全国	27.96	5.80	21.88	37.93	6.43	100 (3 451)
东部	30.63	5.26	23.62	34.32	6.18	100 (1 084)
中部	29.53	4.83	21.48	38.05	6.11	100 (1 243)
西部	23.67	7.38	20.64	41.28	7.03	100 (1 124)

注：有效样本：3 415；缺失值：197。

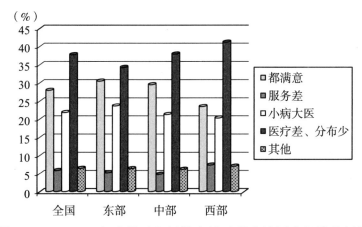

图 16－28　2011 年全国及各区域农民对所在地医疗机构的评价

从不同职业参合农民对所在地医疗机构的评价来看，教师及其他的农民对当地医疗机构的评价最高（均满意），占比达 34.29%。务农、务工、做生意的农民中表示"都满意"的农民有占比分别为有 27.77%、24.28% 和 26.12%。务工农民认为当地"医疗条件差、分布少"的占比 40.89%，高于其他职业农民的这一占比（见表 16－36、图 16－29）。

表 16－36　　　2011 年不同职业农民对所在地医疗机构的评价　　　单位：%

职业	对当地医疗机构的评价					合计
	都满意	服务差	小病大医	医疗条件差、分布少	其他	
务农	27.77	6.01	21.47	37.93	6.83	100 (2 431)
务工	24.28	5.11	23.96	40.89	5.75	100 (313)
做生意	26.12	5.84	24.74	38.49	4.81	100 (291)
教师及其他	34.29	4.68	20.78	34.29	5.97	100 (385)

注：有效样本：3 420；缺失值：228。

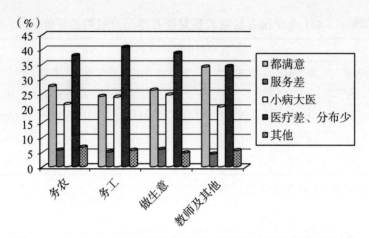

图 16 - 29 2011 年不同职业农民对所在地医疗机构的评价

考察不同收入参合农民对所在地医疗机构的评价。在家庭收入为最低档的农民中，有 30.29% 的农民对所在地的医疗机构表示"都满意"。在家庭收入为较低的农民中，对所在地的医疗机构表示"都满意"的农民占比为 27.55%；在家庭收入为中等的农民中，对所在地的医疗机构表示"都满意"的农民占比下降到 26.19%；在家庭收入为较高的农民中，对所在地的医疗机构表示"都满意"的农民占比下降到最低，为 25.15%；而家庭收入为最高的农民中，表示所在地的医疗机构"医疗条件差、分布少"的占比最高，为 39.55%（见表 16 - 37）。可见，家庭收入越高的农民对所在地的医疗机构的要求也相对更高。

表 16 - 37   2011 年不同收入农民对所在地医疗机构的评价　　单位：个，%

收入	对当地医疗机构的评价					合计
	都满意	服务差	小病大医	医疗条件差、分布少	其他	
最低	30.29	7.01	19.35	36.75	6.59	100（713）
次低	27.55	5.19	20.91	39.06	7.29	100（617）
中间	26.19	5.82	24.20	37.83	5.97	100（653）
次高	25.15	6.40	24.70	37.35	6.40	100（672）
最高	29.39	4.24	21.06	39.55	5.76	100（660）

注：有效样本：3 315；缺失值：333。

考察不同年龄参合农民对所在地医疗机构的评价。在年龄为 30 岁以下的农民中，有 9.76% 的农民表示所在地的医疗机构的"服务差"，高于其他年龄段农民这一看法的占比。在年龄为 30~39 岁的农民中，对所在地的医疗机构表示存在"小病大医"问题的农民占比为 22.40%；在年龄为 60 岁及以上的农民中，对所在地的医疗机构表示"都满意"的农民占比最高，为 32.75%（见表 16 - 38）。可见，年轻农民对医院服务质量较为关注，而中年农民对"小病大医"问题较为关注。

表 16 - 38   2011 年不同年龄农民对所在地医疗机构的评价   单位：个，%

年龄	对当地医疗机构的评价					合计
	都满意	服务差	小病大医	医疗条件差、分布少	其他	
30 岁以下	25.61	9.76	20.73	42.68	1.22	100（82）
30~39 岁	22.40	7.92	22.40	43.17	4.10	100（366）
40~49 岁	26.88	4.45	22.15	40.41	6.12	100（1 079）
50~59 岁	27.00	6.10	21.40	39.20	6.30	100（1 000）
60 岁及以上	32.75	5.86	22.02	31.02	8.35	100（922）

注：有效样本：3 449；缺失值：199。

就不同教育水平参合农民对所在地的医疗机构评价而言，在受教育水平为文盲的农民中，6.23% 的农民对所在地的医疗机构表示"服务差"，22.21% 的农民对所在地的医疗机构存在"小病大医"问题。在受教育水平为小学的农民中，对所在地的医疗机构表示"都满意"的占比最高，为 29.52%；在受教育水平为高中的农民中，对所在地的医疗机构表示"服务差"和存在"小病大医"问题的农民占比上升为 6.41% 和 23.11%，均高于其他受教育水平农民；在受教育水平为大专及以上的农民中，对所在地的医疗机构表示"医疗条件差、分布少"的占比最高，为 41.18%（见表 16 - 39）。

表 16 - 39   2011 年不同教育水平农户对所在地
医疗机构的评价   单位：个，%

文化	对当地医疗机构的评价					合计
	都满意	服务差	小病大医	医疗条件差、分布少	其他	
文盲	28.94	6.23	22.71	34.07	8.06	100（273）
小学	29.52	5.90	21.56	36.05	6.98	100（1 118）
初中	27.95	5.48	21.49	39.75	5.34	100（1 424）
高中	24.85	6.41	23.11	38.83	6.80	100（515）
大专及以上	25.49	3.92	18.63	41.18	10.78	100（102）

注：有效样本：3 432；缺失值：216。

（三）药品价格问题

考察药品价格较之参合前是否有所上涨的问题，在 2010 年调查的 4 496 份有效样本中，有 1 907 户表示定点医疗机构的药品价格较之参合前未上涨，占比达 42.42%；表示有所上涨的农民占比达 57.58%。显然，近六成的农民认为药品价格较之参合前有所上涨。分区域来看，东部、中部、西部三大区域农民的评价差别不大，认为药品的价格上涨了的占比分别为 57.14%、58.37% 和 57.09%（见表 16 - 40、图 16 - 30）。

表 16 - 40　　　2010 年农民对定点医院药品价格在参合前后变化的看法　　　　单位：%

区域	药品价格是否上涨		合计
	否	是	
全国	42.42	57.58	100（4 496）
东部	42.86	57.14	100（1 190）
中部	41.63	58.37	100（1 691）
西部	42.91	57.09	100（1 615）

注：有效样本：4 497；缺失值：298。

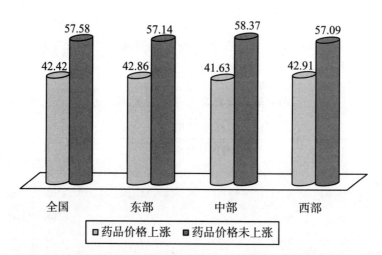

图 16 - 30　全国各区域农民对定点医院的药品价格看法（单位：%）

比较有无家庭成员住院的农民对药品价格参合前后的看法，在有家庭成员住院的 406 份有效样本中，认为药品价格在参加新农合前有所上涨的农民占比 65.76%；没有上涨的占比为 34.24%；没有家庭成员住院的 2 994 位农民认为药品价格在参加新农合前有上涨的占比为 55.88% ；没有上涨的占比 44.14% 。可见，有家庭成员住院的农民认为价格上涨的占比比没有家庭成员住院的农民高出近十个百分点（见表 16 - 41，图 16 - 31）。

表 16 - 41　　　　　　2010 年有无家庭成员住院与对药品

价格在参合前后变化的看法　　　　单位：%

有无家庭成员住院	药品价格是否上涨		合计
	否	是	
有住院	34.24	65.76	100（406）
无住院	44.12	55.88	100（2 994）

注：有效样本：3 688；缺失值：1 106。

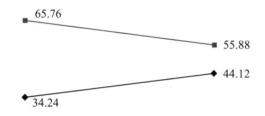

有住院　　　　　　　　　　无住院

◆ 药品价格上涨　　 ■ 药品价格未上涨

图 16 - 31　有无家庭成员住院农民对定点医院的

药品价格看法（单位：%）

考察不同家庭收入参合农民对药品价格参合前后变化评价。在家庭收入为最低档的农民中，有 57.23% 的农民表示药品价格在参合后上涨了。在家庭收入为较低的农民中，表示药品价格在参合后上涨了的农民占比为 56.02% ；在家庭收入为中等的农民中，对药品价格表示在参合后上涨了的农民占比为 61.78% ，高于其他家庭收入段的农民；在家庭收入为较高的农民中，表示药品价格在参合后上涨了的农民占比下降到最低，为 52.99% ，；而家庭收入为最高的农民中，表示药品价格在参合后上涨了的占比为 56.63% 。可见，中间家庭收入的农民对药品价格变化反应最为灵敏（见表 16 - 42、图 16 - 32）。

表 16 - 42　　　　　　2010 年不同家庭收入农民与对药品
价格参合前后变化的看法　　　　单位：个，%

收入	药品价格是否上涨		合计
	否	是	
最低	42.77	57.23	100（2 518）
次低	43.98	56.02	100（689）
中间	38.22	61.78	100（573）
次高	47.01	52.99	100（334）
最高	43.37	56.63	100（83）

注：有效样本：4 197；缺失值：597。

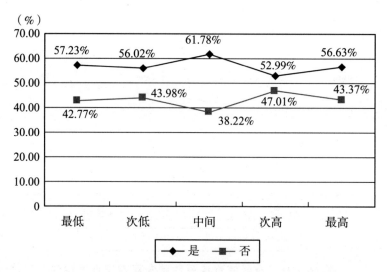

图 16 - 32　2010 年不同收入农民与对药品价格变化的看法

考察不同年龄参合农民对药品价格在参合前后变化的评价。在年龄为 30 岁以下的农民中，有 53.23% 的农民表示药品价格在参合后上涨了，这一占比低于其他年龄段的农民。在年龄为 30~39 岁的农民中，表示药品价格在参合后上涨了的占比为 54.51,%；在年龄为 40~49 岁、50~59 岁的农民中，表示药品价格在参合后上涨了的占比为分别为 56.83% 和 58.60%；在年龄为 60 岁及以上的农民中，有 59.81% 的农民表示药品价格在参合后上涨了，这一占比高于其他年龄段的农民。可见，随着农民年龄的增高，表示药品价格在参合后上涨了的占比也越高，或者说年龄越大对药品价格上涨更敏感（见表 16 - 43、图 16 - 33）。

表 16 - 43 　　　　　　2010 年不同年龄农民与对药品价格
参合前后变化的看法　　　　　　单位：个，%

年龄	药品价格是否上涨		合计
	否	是	
30 岁以下	46.77	53.23	100（201）
30~39 岁	45.49	54.51	100（521）
40~49 岁	43.17	56.83	100（1 478）
50~59 岁	41.40	58.60	100（1 326）
60 岁及以上	40.19	59.81	100（968）

注：有效样本：4 494；缺失值：300。

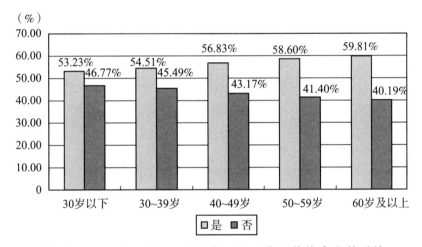

图 16 - 33　2010 年不同年龄农民与对药品价格变化的看法

　　考察不同学历农民对药品价格参合前后变化的看法。在学历为文盲的农民中，有 82.86% 的农民表示药品价格在参合后上涨了，这一占比远远高于其他学历的农民。在学历为小学的农民中，有 58.31% 的农民表示药品价格在参合后上涨了；在学历为初中的农民中，表示药品价格在参合后上涨了的农民占比最低，为 56.04%；在学历为高中的农民中，这一占比上升为 58.08%；在学历为大专及以上的农民中，这一占比为 63.64%；数据表明，中等学历农民对药品价格涨幅反映最不灵敏（见表 16 - 44、图 16 - 34）。

表 16 - 44 　　　　2010 年不同学历农民与对药品价格

参合前后变化的看法 　　　　单位：个，%

学历	药品价格是否上涨		合计
	否	是	
文盲	38.95	82.86	100 (380)
小学	41.69	58.31	100 (1 667)
初中	43.96	56.04	100 (1 772)
高中	41.92	58.08	100 (582)
大专及以上	36.36	63.64	100 (77)

注：有效样本：4 478；缺失值：316。

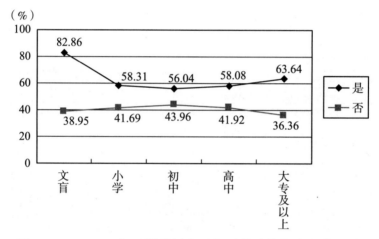

图 16 - 34　2010 年不同学历农民与对药品价格变化的看法

（四）报销手续问题

在 2010 年的 4 520 份有效样本中，表示医疗费用报销手续"非常方便"的占比 11.37%；认为"比较方便"的农民占比 41.50%；有 31.66% 的农民表示"一般"；而表示报销手续"不方便"的占比 15.46%。分区域来看，东部、中部、西部地区农民认为"非常方便"的占比分别为 11.66%、13.05% 和 9.42%，认为"比较方便"的占比分别为 45.72%、37.98% 和 42.08%，两者占比之和东部为 57.38%、中部有 51.03%、西部 51.50%。由此可知，五成以上农民认为报销手续方便，且东部地区农民占比最高（见表 16 - 45、图 16 - 35）。

表 16 – 45　　2010 年全国各区域农民对医疗费用的报销手续看法　　　单位：%

区域	报销手续分组				合计
	非常方便	比较方便	一般	不方便	
全国	11.37	41.50	31.66	15.46	100（4 520）
东部	11.66	45.72	30.12	12.50	100（1 192）
中部	13.05	37.98	31.90	17.07	100（1 693）
西部	9.42	42.08	32.54	15.96	100（1 635）

注：有效样本：4 520；缺失值：274。

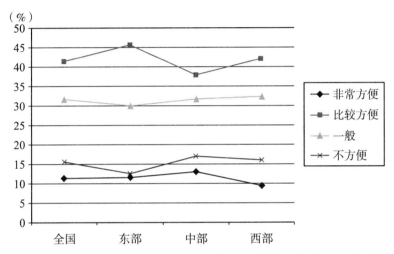

图 16 – 35　　全国各区域农民对医疗费用的报销手续是否方便看法

从不同职业的农民对医疗费用的报销手续的评价来看，务农农民中认为报销手续"不方便"的占比 15.72%；务工农民中则有 13.31% 表示"不方便"；做生意、教师及其他职业的农民中认为"不方便"的占比分别为 15.12% 和 16.25%（见表 16 – 46，图 16 – 36）。

表 16 – 46　　　　　　　2010 年是否务工农民对医疗费用的
报销手续是否方便看法　　　　　单位：%

职业	报销手续分组				合计
	非常方便	比较方便	一般	不方便	
务农	10.59	42.50	31.18	15.72	100（3 428）
务工	15.02	38.91	32.76	13.31	100（586）
做生意	12.68	35.61	36.59	15.12	100（205）
教师及其他	12.64	40.43	30.69	16.25	100（277）

注：有效样本：4 496；缺失值：298。

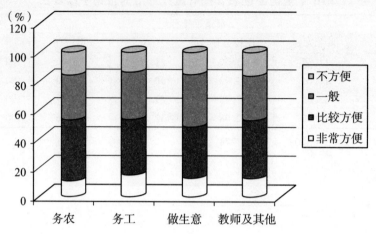

图 16 - 36　不同职业农民对医疗费用的报销手续是否方便看法

　　从农民家庭收入水平来看，家庭收入在低收入等分的农民中认为医疗费用的报销手续"不方便"的占比达最高，为 17.54%；中低收入家庭及中等收入家庭的农民分别有 13.83%、13.49% 的农民表示医疗费用的报销手续"不方便"；中高收入的农民中有 11.08% 认为"不方便"；高收入家庭的农民中认为报销手续"不方便"的农民占比最低，为 9.64%。显然，随着家庭收入的增多，认为医疗费用报销手续"不方便"的占比减少（见表 16 - 47、图 16 - 37）。

表 16 - 47　　　　　　　 **2010 年不同家庭收入农民对医疗费用的**
报销手续是否方便看法　　　　　　　 单位：%

收入	报销手续分组				合计
	非常方便	比较方便	一般	不方便	
低收入	10.43	40.10	31.92	17.54	100（2 531）
中低收入	11.96	42.36	31.84	13.83	100（694）
中等收入	12.46	41.70	32.35	13.49	100（578）
中高收入	13.17	48.80	26.95	11.08	100（334）
高收入	14.46	44.58	31.33	9.64	100（83）

　　注：有效样本：4 220；缺失值：574。

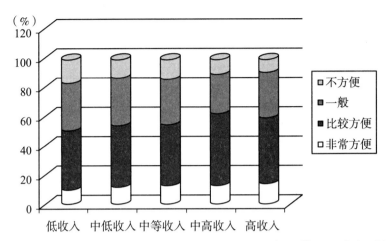

图 16－37　不同家庭收入农民对医疗费用的报销手续是否方便看法

　　从不同年龄段来看，0 岁以下年龄段、30～39 岁年龄段的农民认为医疗费用报销手续不方便的占比最高，分别为 17.50% 与 17.97%；0～49 岁年龄段的农民中认为"不方便"的占比为 14.51%；有 14.73% 的 50～59 岁年龄段农民表示"不方便"；60 岁及以上的农民中则有 16.09% 的农民认为医疗费用的报销手续"不方便"。可见，中青年农民更多的认为报销手续"不方便"（见表 16－48、图 16－38）。

表 16－48　　　　　2010 年不同年龄农民对医疗费用的

报销手续是否方便看法　　　　　单位：个，%

年龄	报销手续分组				合计
	非常方便	比较方便	一般	不方便	
30 岁以下	10.50	36.50	35.50	17.50	100（200）
30～39 岁	9.94	36.33	35.76	17.97	100（523）
40～49 岁	10.92	42.98	31.59	14.51	100（1 475）
50～59 岁	12.80	43.01	29.46	14.73	100（1 344）
60 岁及以上	11.07	40.98	31.86	16.09	100（976）

　　注：有效样本：4 518；缺失值：276。

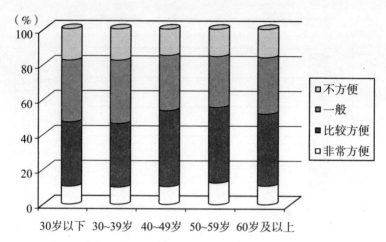

图 16-38　不同年龄农民对医疗费用的报销手续是否方便看法

考察不同学历农民对新农合报销手续的看法。在学历为文盲的农民中，有
51.85% 的农民表示医疗费用的报销手续"非常方便"或"比较方便"。在小学
学历的农民中，有 49.37% 的农民表示医疗费用的报销手续"非常方便"或
"比较方便"；在学历为初中的农民中，这一占比为 55.28%；在学历为高中的
农民中，这一占比上升为 56.55%，高于其他学历的农民；在学历为大专及以
上的农民中，这一占比下降为 48.72%；数据表明，中等学历农民表示医疗费
用的报销手续"非常方便"或"比较方便"的占比最高（见表 16-49、图
16-39）。

表 16-49　　2010 年农民学历程度与对新农合报销手续的看法　单位：个，%

学历	报销手续分组				合计
	非常方便	比较方便	一般	不方便	
文盲	12.96	38.89	34.13	14.02	100（378）
小学	9.92	39.45	34.22	16.40	100（1 683）
初中	12.01	43.27	29.63	15.10	100（1 782）
高中	12.93	43.62	28.45	15.00	100（580）
大专及以上	5.13	43.59	35.90	15.38	100（78）

注：有效样本：4 501；缺失值：293。

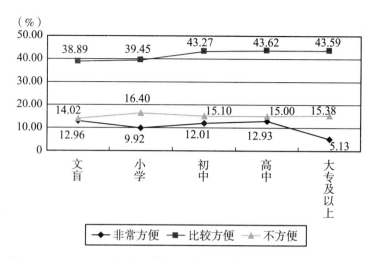

图 16 - 39　2010 年农民学历程度与对新农合报销手续的看法

三、评估结论与建议

新型农村合作医疗制度是党和政府的一项惠民制度，是构建当前我国农村医疗保障体系的基础。通过连续四年的跟踪观察，我们发现新农合就政策本身而言得到了很好的贯彻执行，但对目标群体，即农民的减负作用还相对有限，同时在政策运行上也还有较大的提升空间。具体而言，主要体现在以下三个方面：

一是政策执行情况良好。总体来看，新农合在农村基本实现了高参与、广覆盖。所谓高参与，是指农户中家庭成员的参合率高，近四年每年平均每个家庭的参合率达到了 0.94 以上，且呈上升趋势。特别是根据身体状况而进行的"选择性参与"现象较为少见，农户参合的积极性保持在较高的水平。所谓广覆盖，是指绝大多数农户都能享受到新农合政策。近年来，参与新农合的农户占比保持 95% 以上，且地区差异小，东、中、西部地区都能达到这一水平。同时与不同惠农政策进行横向对比可知，新型农村合作医疗在覆盖率上也处于较高水平，远远高于新农保、农业保险、路网建设、危房改造以及小额信贷等惠农政策。

二是政策效益并不明显。我们主要从农民实际受益角度来进行考察。总体来看，新农合实施后，农民享受的新农合报销补贴在不断提高，与此同时，农民的医疗净支出（减去报销额后的医疗支出）并未降低，而是在不断增加，从而导致新农合报销补贴仍然只是农民医疗支出的小部分，近年来其占比尚不到三成，限制了新农合对农民的减负效果。而单从农民的医疗报销情况来看，在调查的参合农户中享受了新农合医疗报销的农户占比在三成左右；具有医疗支出的农户的医疗报销率上在六成左右，有家庭成员住院的参合农户的医疗报销率为九成左右。医疗报销率的高低变化，说明大量没有住院的农户没有享受到新农合医疗报销，同时部分医疗支出也为纳入到新农合报销范围内。

三是政策运行有待优化。目前，新农合政策运行还面临着一些问题。其一，基层医疗条件亟待改善，主要表现为所在地医疗机构"医疗条件差、分布少"。其二，药品价格上涨问题，定点医疗机构的药品价格较之参合前有所上涨的现象较为普遍。其三，医疗制度衔接问题。目前，新农合还面临着"常见病、易发病、慢性病报销难"、"看病不自由"（需到指定医院看病）以及在各地区间的新农合不能有效转接等问题。

对此，我们建议在三个层次上予以解决。一是在操作机制上，通过简化报销手续、建立异地报销机制等措施来优化新农合的操作运行；二是在管理层次上，通过明确各级政府责任、强化主管部门职能权力以及促进市场竞争等来完善新农合的制度监管；三是在制度层次上，通过与城镇居民医疗保险、商业医疗保险等衔接，实现新农合的合理定位与制度转化。

第十七章

粮食补贴政策的绩效研究

惠农政策最典型的最重要的是属于产业扶持政策的粮食补贴政策。粮食补贴政策能够带来多重效应。本章将专门评估粮食补贴政策的绩效。

一、粮食补贴政策的绩效状况

（一）粮食补贴政策的享受情况

1. 近九成的农户享受过粮食补贴政策

对农民是否享受粮食补贴政策的情况进行考察，根据 2011 年调查数据分析可知，在全国 4 726 个有效样本中，有 495 位受访农户表示"没享受过"，占比 10.47%；有 52 位受访农户表示"不清楚"，占比 1.10%；有 4 179 位受访农户表示"享受过"粮食补贴，占比 88.43%。接近九成的农户享受到了粮食补贴的惠农政策，一成以上的农户表示没有享受过粮食补贴政策，粮食补贴政策基本上是"普惠式"的政策（见表 17 - 1、图 17 - 1）。

表 17 - 1　　　　　2010 年农民享受粮食补贴政策的情况　　　　单位：个，%

享受情况	频率	占比
不清楚	52	1.10
没享受过	495	10.47
享受过	4 179	88.43

注：有效值：4 726；缺失值：68。

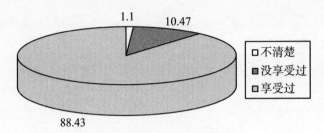

图 17 – 1 2010 年农民享受粮食补贴政策的情况（单位：个，%）

2. 东西部地区没有享受过粮食补贴政策的比重高

粮食补贴政策是中央政府与地方政府共同承担成本，农民是否享受粮食补贴政策与地方政策紧密相关。经过卡方检验，不同的地区对农民是否享受粮食补贴政策有显著的影响（p = 0.000）。从地区来看，东部地区，农民"没有享受过"、"不清楚"、"享受过"粮食补贴政策的比重分别为 14.93%、1.45% 和 83.62%；中部地区，农民"没有享受过"、"不清楚"、"享受过"粮食补贴政策的比重分别为 4.79%、1.13% 和 94.08%；西部地区，农民"没有享受过"、"不清楚"、"享受过"粮食补贴政策的比重分别为 13.13%、0.82% 和 86.05%。从农民享受粮食补贴政策的比重来看，中部地区的农民"享受过"的比重在九成以上，东西部地区"享受过"的比重在八成以上，东西部地区"没有享受"粮食补贴的比重高（见表 17 – 2、图 17 – 2）。

表 17 – 2 2010 年各地区农民是否享受粮食补贴政策的情况 单位：个，%

区域	没享受过	不清楚	享受过	合计
东部	14.93	1.45	83.62	100.0（1 239）
中部	4.79	1.13	94.08	100.0（1 774）
西部	13.13	0.82	86.05	100.0（1 713）

注：有效值：4 726；缺失值：68。

3. 四成以上没有承包地的农户享受过粮食补贴政策

从现行的粮食补贴政策来看，农户是否获得粮食补贴是依据上报的家庭承包的责任田的面积，农户是否拥有承包地或者上报的承包地面积直接关系到农户是否享受粮食补贴政策。经过卡方检验，农户是否有承包地对农民是否享受粮食补贴政策有显著的影响（p = 0.000）。农户家庭有承包地"没有享受过"、"不清楚"、"享受过"粮食补贴政策的比重分别为 7.01%、0.86% 和 92.13%；农户家庭没有承包地"享受过"、"不清楚"、"没有享受过"粮食补贴政策的比重分别为 42.33%、3.68% 和 53.99%（见表 17 – 3）。绝大部分有承包地的农户享受过粮食直补，但是仍然有一小部分有承包地的农民没有享受到粮食补贴政策；而

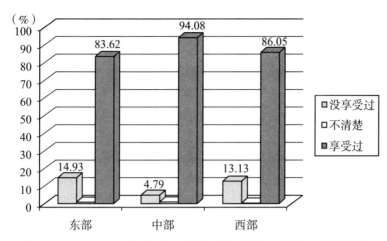

图 17 - 2　2010 年各地区农民是否享受粮食补贴政策的情况

一半以上的没有承包地的农户没有享受过粮食补贴政策，但有四成以上没有承包地的农户享受过粮食补贴政策（见图 17 - 3）。其中可能是农民上报承包地是错报或者假报，也可能是补贴款没有落实，或者是土地抛荒与流转等因素导致这种情况。

表 17 - 3　2010 年是否有承包地的农民享受粮食补贴政策的情况

单位：个，%

是否有承包地	没享受过	不清楚	享受过	合计
有	7.01	0.86	92.13	100.0（4 322）
没有	53.99	3.68	42.33	100.0（326）

注：有效值：4 648；缺失值：146。

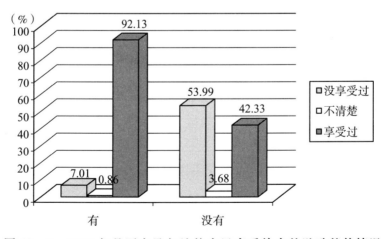

图 17 - 3　2010 年是否有承包地的农民享受粮食补贴政策的情况

（二）粮食补贴对种粮结构的效益

1. 整体上看抛荒的农户户数比重有所下降

分析历年以来的农民抛荒的比率，2008～2011 年农村中出现抛荒现象的比率分别为 11.40%、8.20%、6.99% 和 7.15%，整体上农民抛荒有所减少。影响农民是否抛荒包含着一系列复杂的因素，依据实际调查的经验与统计的结果，2010 年两成以上的农民反映粮食补贴是依据实际种植的面积，表 17－4 的数据显示自 2008～2011 年农民抛荒比率整体上有所下降，这说明粮食补贴政策对于遏制抛荒现象发挥了一定的作用，但是自 2010～2012 年抛荒比率有所反弹，这说明粮食补贴对于减少抛荒的作用不稳定、作用甚微（见图 17－4）。

表 17－4　　　　　　　　历年来农民抛荒的情况　　　　　　单位：%

年份	频率	占比
2008	162	11.40（1 421）
2009	184	8.20（2 245）
2010	303	6.99（4 336）
2011	218	7.15（3 050）

注：2008 年、2009 年、2010 年、2011 年的缺失值：1 532、1 380、458、598。

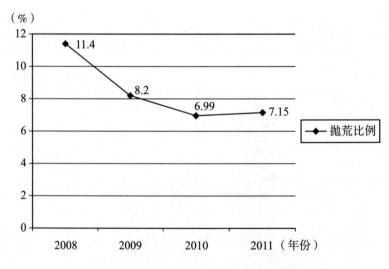

图 17－4　历年来农民抛荒的情况

高额的粮食补贴有助于减少抛荒现象。将 2011 年农户获得的粮食补贴金额与耕地抛荒面积分组，通过粮食补贴金额与抛荒面积交叉分析可知，随着粮食补贴金额的增加，农民没有抛荒的比重相应地在减少，比重由 96.16% 下降到 90.34%（见表 17-5、图 17-5）。这说明高额的粮食补贴政策一定程度上减少了农民抛荒的比率，对于抛荒的现象有所遏制。但是农民即使获得了粮食补贴金额，仍然有一定比重的抛荒现象。其中可能原因是即使抛荒，仍然可以获得相应的粮食补贴。总之，国家实施粮食补贴政策能够在一定程度上减少抛荒但不能杜绝抛荒现象。

表 17-5　　　　　　　　　　2011 年粮食补贴对抛荒的影响　　　　　　单位：元，%

粮食补	抛荒面积分组				合计
贴分组	0	1~5 亩	6~10 亩	11 亩及以上	
0	96.16	3.56	0.28	0	100.0（365）
1~500	94.52	4.99	0.18	0.31	100.0（1 642）
501~1 000	94.33	3.26	0.86	1.55	100.0（582）
1 001~1 500	95.33	2.92	1.17	0.58	100.0（171）
1 501 及以上	90.34	2.84	0	6.82	100.0（176）

注：有效样本：2 918；缺失值：730。

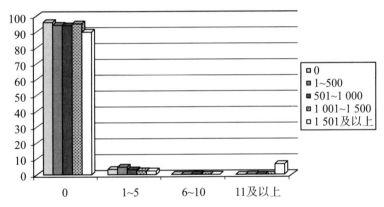

图 17-5　2011 年粮食补贴对抛荒的影响（单位：元，%）

2. 整体上看种粮的比重有所增加

分析历年以来的农民种粮的比重，2008 年 69.87% 的农民种粮食，30.13% 的农民不种植粮食作物；2009 年 76.91% 的农民种粮食，23.09% 的农民不种植粮食作物；2010 年 76.55% 的农民种粮食，23.45% 的农民不种植粮食作物；2011 年 72.94% 的农民种粮食，27.06% 的农民不种植粮食作物（见表 17-6）。当然这里主要选择水稻、玉米、小麦、大豆、土豆这五种主要的粮食作物，各地区还种植部分有自己特色的粮食作物，历年来种粮农户的比重更高。2008~2011

年种粮农户的比重在2009年达到最高,之后两年有所回落,但整体上看来,种粮农户的比重有小幅度增加(见图17－6)。

表17－6　　　　　　　历年农民种粮食的比重　　　　　　　单位:个,%

年份	种粮	不种粮	合计
2008	69.87 (2 064)	30.13 (890)	100.0 (2 954)
2009	76.91 (2 788)	23.09 (837)	100.0 (3 625)
2010	76.55 (3 670)	23.45 (1 124)	100.0 (4 794)
2011	72.94 (2 661)	27.06 (987)	100.0 (3 648)

注:农民种植水稻、玉米、小麦、大豆、土豆中的任何一种即可。

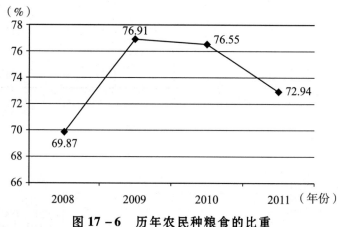

图17－6　历年农民种粮食的比重

整体上水稻、大豆和土豆种植的比重小幅度增加,玉米和小麦种植的比重小幅度下降。对历年来农民种植粮食作物的情况进行考察,2008~2011年农民种植水稻的比重分别为20.49%、35.48%、32.79%和33.74%,农民种植玉米的比重分别为49.92%、40.64%、41.70%和44.11%,农民种植小麦的比重分别为31.76%、32.03%、25.59%和28.18%,农民种植大豆的比重分别为6.13%、8.06%、8.01%和6.99%,农民种植土豆的比重分别为5.49%、7.50%、9.16%和7.57%(见表17－7)。是否适合种植与种植哪种粮食作物严格受到光照、气温、水分等环境与农民的种植意愿的影响,整体上来看,历年来农民种植五种主要粮食作物的比重有一定的波动,部分粮食作物种植的比重小幅度增加,部分小幅度减少(见图17－7)。

表 17 - 7　　　　　历年五种主要粮食作物种植的比重　　　　单位：个，%

粮食种类		种植粮食作物的比重			
		2008 年	2009 年	2010 年	2011 年
水稻	频数	605（2 348）	1 286（2 339）	1 572（3 222）	1 231（2 417）
	占比	20.49	35.48	32.79	33.74
玉米	频数	1 474（1 479）	1 473（2 152）	1 999（2 795）	1 609（2 039）
	占比	49.92	40.64	41.70	44.11
小麦	频数	938（2 015）	1 161（2 464）	1 227（3 567）	1 028（2 620）
	占比	31.76	32.03	25.59	28.18
大豆	频数	181（2 772）	292（3 333）	384（4 410）	255（3 393）
	占比	6.13	8.06	8.01	6.99
土豆	频数	162（2 339）	272（3 353）	439（4 355）	276（3 372）
	占比	5.49	7.50	9.16	7.57

　　注：选取水稻、玉米、小麦、大豆、土豆五种主要粮食作物来考察粮食生产情况（下同）；2008～2011 年有效样本数分别为：2 593、3 625、4 794、3 648，括号内数据为不种粮食数。

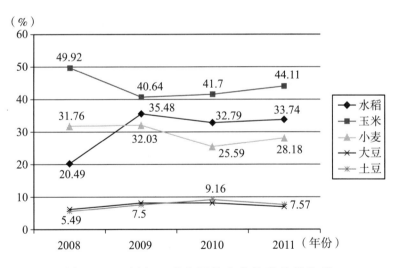

图 17 - 7　历年五种主要粮食作物种植的比重

3. 整体上看种粮面积的均值有所增加

　　分析历年以来的农民种粮面积的情况，2008 年在 2 954 个有效样本中，种植五种主要粮食作物的总面积为 14 784.41 亩，均值为 5 亩；2009 年在 3 625 个有效样本中，种植五种主要粮食作物的总面积为 22 836.65 亩，均值为 6.31 亩；

2010 年在 4 795 个有效样本中间，种植五种主要粮食作物的总面积为 32 538.88 亩，均值为 6.79 亩；2011 年在 3 648 个有效样本中间，种植五种主要粮食作物的总面积为 22 990.29 亩，均值为 6.30 亩（见表 17 - 8）。2008 ~ 2010 年，五种主要粮食作物种植面积的均值在递增，2010 年达到最高值，而 2011 年有所下降。从整体上看，五种粮食作物平均种植面积有所增加（见图 17 - 8）。

表 17 - 8　　　　历年五种主要粮食作物种植总面积的情况　　　　单位：亩

| 年份 | 五种粮食的实际种植面积 | | | |
	有效样本数	中值	均值	总计
2008	2 954	2.0	5.0	14 782.41
2009	3 625	3.0	6.31	22 863.65
2010	4 794	3.0	6.79	32 538.88
2011	3 648	3.0	6.30	22 990.29

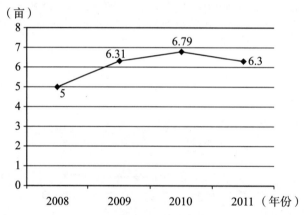

图 17 - 8　历年五种主要粮食作物种植总面积均值的情况

种植面积以小规模为主，小规模种植农户比重在减少。将农民种植五种主要粮食作物的总面积进行分组，分为 5 亩以下、5 ~ 10 亩、10 ~ 25 亩、25 ~ 50 亩、50 亩以上五组，分析历年以来的农民种粮面积分组的情况，2008 ~ 2011 年，农民种植五种主要粮食作物的面积在 5 亩以下的比重分别为 58.67%、54.80%、55.23% 和 54.23%，农民以小规模种植为主（见表 17 - 9）。2008 ~ 2011 年种植面积在 5 亩以下的比重有所下降，整体上看，农民种植面积在 5 ~ 10 亩，10 ~ 25 亩、25 ~ 50 亩、50 亩以上的比重有所增加，增幅分别为 0.63%、1.67%、1.41% 和 0.72%，小规模种植面积的比重在下降，主要粮食作物的种植规模向中等大规模发展（见图 17 - 9）。

表 17 – 9　　　　历年五种主要粮食作物种植总面积分组的情况　　　单位：亩

年份	五种粮食的实际种植面积分组					合计
	5 亩以下	5 ~ 10 亩	10 ~ 25 亩	25 ~ 50 亩	50 亩以上	
2008	58.67	23.98	14.0	2.42	0.93	100.0
2009	54.80	24.61	15.89	3.66	1.04	100.0
2010	55.23	23.92	14.88	3.92	2.04	100.0
2011	54.23	24.61	15.67	3.83	1.65	100.0

注：2008 ~ 2011 年有效样本分别为 2 064、2 788、3 670、2 661 分别缺失 890、837、1 124、988。

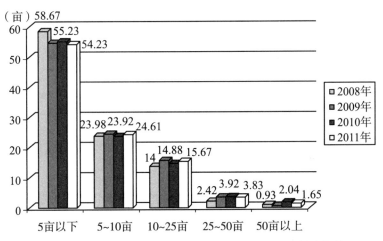

图 17 – 9　历年五种主要粮食作物种植总面积分组的情况

　　主要粮食作物的种植面积的均值有所增加。分析历年以来的主要粮食作物种粮面积的情况，2008 ~ 2011 年水稻的平均种植面积分别为 5.03 亩、5.19 亩、4.74 亩和 5.45 亩，整体上增加了 0.42 亩；玉米的平均种植面积分别为 4.42 亩、5.43 亩、5.76 亩和 5.54 亩，整体上增加了 1.12 亩；小麦的平均种植面积分别为 4.38 亩、4.96 亩、5.15 亩和 5.15 亩，整体上增加了 0.77 亩；大豆的平均种植面积分别为 3.66 亩、5.89 亩、7.24 亩和 5.71 亩，整体上增加了 2.01 亩；土豆的平均种植面积分别为 2.74 亩、2.63 亩、2.25 亩和 2.26 亩，整体上减少了 0.48 亩（见表 17 – 10、图 17 – 10）。水稻、玉米、小麦、大豆的平均种植面积有所增加。

表 17 – 10　　　　　历年五种主要粮食作物种植总面积的情况　　　单位：亩

年份	各种粮食的实际种植的均值					有效样本
	水稻	玉米	小麦	大豆	土豆	
2008	5.03	4.42	4.38	3.66	2.74	2 593
2009	5.19	5.43	4.96	5.89	2.63	3 625
2010	4.74	5.76	5.15	7.24	2.25	4 794
2011	5.45	5.54	5.15	5.71	2.26	3 648

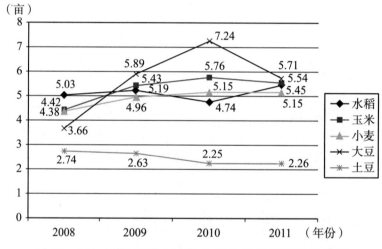

图 17 – 10　历年五种主要粮食作物种植总面积的情况

　　水稻、玉米和小麦的种植面积向中等大规模发展。将水稻、玉米和小麦三种粮食作物的实际种植总面积进分组，分为 3 亩以下、3～7 亩、7～15 亩、15～25 亩、25 亩以上。分析历年以来水稻、玉米、小麦种植面积分组的情况，2008～2011 年水稻的种植面积在 3 亩以下、3～7 亩的比重在下降，整体上分别下降了 3.68%、0.51%；玉米的种植面积在 3 亩以下、3～7 亩的比重在下降，整体上分别下降了 3.74%、3.32%；小麦的种植面积在 3 亩以下、3～7 亩的比重在下降，整体上分别下降了 4.63%、0.99%。相应地，水稻、玉米、小麦的种植面积在 7～15 亩、15～25 亩、25 亩以上的比重在增加，水稻、玉米、小麦小规模种植的比重在下降，向中等大规模发展（见表 17 – 11）。

表 17 - 11　　　　历年水稻、玉米和小麦种植总面积分组的情况　　　单位：亩

粮食种类	年份	3 亩以下	3～7 亩	7～15 亩	15～25 亩	25 亩以上
水稻	2008	66.39	24.80	6.77	1.43	0.61
	2009	62.52	24.42	10.03	1.94	1.09
	2010	64.47	24.15	7.71	2.04	1.63
	2011	62.71	24.29	6.99	3.01	3.00
玉米	2008	60.92	28.49	6.11	2.31	2.17
	2009	54.66	28.58	9.84	3.53	3.39
	2010	57.81	25.11	10.25	2.95	3.88
	2011	57.18	25.17	10.32	3.79	3.54
小麦	2008	48.40	38.27	11.41	1.49	0.43
	2009	44.10	37.47	15.68	2.41	0.34
	2010	44.03	35.60	17.17	2.34	0.86
	2011	43.77	36.28	16.74	2.43	0.78

（三）粮食补贴对粮食生产的效益

1. 水稻和土豆的户均产量减少，玉米、小麦和大豆的户均产量增加

分析历年以来的五种主要粮食作物的户均总产量，2008～2011 年水稻的户均总产量分别为 5 722.00 斤、5 147.50 斤、5 042.59 斤和 5 602.45 斤，整体减少 119.55 斤；玉米的户均总产量分别为 4 181.96 斤、4 667.69 斤、4 567.64 斤和 5 433.02 斤，整体上增加了 1 251.06 斤；小麦的户均总产量分别为 3 197.61 斤、3 515.35 斤、3 176.96 斤和 3 707.60 斤，整体上增加了 599.99 斤；大豆的户均总产量分别为 1 207.08 斤、1 187.35 斤、1 530.77 斤和 1 827.50 斤，整体上增加了 620.42 斤；土豆的户均总产量分别为 4 132.41 斤、4 465.46 斤、3 452.33 斤和 3 701.79 斤，整体上减少了 430.62 斤（见表 17 - 12、图 17 - 11）。历年五种主要粮食作物种植户均总产量有所变化，部分粮食作物增加，部分减少。

表 17 - 12　　　　　历年各种粮食的户均总产量的情况　　　单位：斤

年份	各种粮食的户均总产量					有效样本
	水稻	玉米	小麦	大豆	土豆	
2008	5 722.00	4 181.96	3 197.61	1 207.08	4 132.41	2 593
2009	5 147.50	4 667.69	3 515.35	1 187.35	4 465.46	3 625
2010	5 042.59	4 567.64	3 176.96	1 530.77	3 452.33	4 794
2011	5 602.45	5 433.02	3 707.60	1 827.50	3 701.79	3 648

（斤）

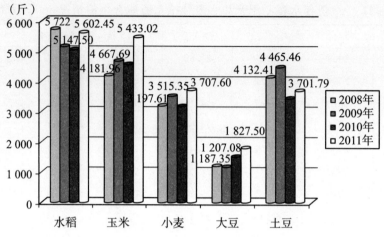

图 17 – 11　历年各种粮食的户均总产量的情况

分析 2011 年五种主要粮食作物的总产量情况，在 1 215 个种植水稻的有效样本中间，水稻的总产量为 680 6981.0 斤；在 1 574 个种植玉米的有效样本中间，玉米的总产量为 8 551 581.0 斤；在 1 574 个种植小麦的有效样本中间，小麦的总产量为 3 778 040.0 斤；在 243 个种植大豆的有效样本中间，大豆的总产量为 444 082.0 斤；在 268 个种植土豆的有效样本中间，土豆的总产量为 992 080.0 斤（见表 17 – 13）。

表 17 – 13　　　　　　　　　2011 年各种粮食的总产量情况　　　　　　　单位：斤

种类	2011 年五种粮食实际总产量			
	有效样本数	中值	均值	总计
水稻	1 215	2 400.0	5 602.45	6 806 981.0
玉米	1 574	2 000.0	5 433.02	8 551 581.0
小麦	1 574	2 500.0	3 707.60	3 778 040.0
大豆	243	500.0	1 827.50	444 082.0
土豆	268	1 200.0	3 701.79	992 080.0

2. 整体上各种粮食作物的亩产量有所增加

分析历年五种主要粮食作物的亩产量情况，2008～2011 年水稻的平均亩产量分别为 834.61 斤、833.78 斤、998.54 斤、985.44 斤，整体上增加了 150.83 斤；玉米的平均亩产量分别为 832.96 斤、734.18 斤、779.51 斤和 848.40 斤，2009 年和 2010 年玉米的平均亩产量低于 800 斤，四年中整体上增加了 15.44 斤；小麦的平均亩产量分比为 697.62 斤、603.91 斤、638.78 斤和 718.53 斤，整体

446

上增加了 20.91 斤；土豆的平均亩产量分比为 1 489.13 斤、1 523.36 斤、
1 517.11 斤和 1 435.42 斤，整体上减少了 53.71 斤（见表 17 - 14、图 17 - 12）。
五种主要粮食作物中，历年的亩产量都有所变化，除土豆的平均亩产量减少外，
水稻、玉米、小麦、大豆的平均亩产量有所增加，部分粮食作物增加的多，部分
粮食作物增加的少。

表 17 - 14　　　　　　　　各种粮食的亩均产量的情况　　　　　　单位：斤

| 年份 | 各种粮食的亩产量的均值 | | | | | 有效样本 |
	水稻	玉米	小麦	大豆	土豆	
2008	834.61	832.96	697.62	252.71	1 489.13	2 593
2009	833.78	734.18	603.91	275.40	1 523.36	3 625
2010	998.54	779.51	638.78	285.74	1 517.11	4 794
2011	985.44	848.40	718.53	337.57	1 435.42	3 648

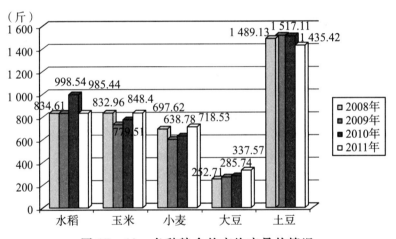

图 17 - 12　各种粮食的亩均产量的情况

（四）粮食补贴对种粮收入的效益

1. 村庄获得的粮食补贴金额的平均值大幅度增长

分析比较历年村庄获得的粮食补贴的均值，2008～2011 年粮食补贴总额的
中位数分别为 89 850 元、81 710 元、105 000 元和 124 650 元，粮食补贴金额的
平均值分别为 172 889.10 元、176 678.86 元、199 306.63 元和 249 613.02 元
（见表 17 - 15）。2008～2011 年粮食补贴平均金额逐年递增，以 2008 年为基数，
到 2011 年共增加了 76 723.92 元（见图 17 - 13）。

表 17-15　　　　　　　　村庄平均获得的粮食补贴情况　　　　　　　单位：元

年份	中位数	均值
2008	89 850.0	172 889.10
2009	81 710.0	176 678.86
2010	105 000.0	199 306.63
2011	124 650.0	249 613.02

注：2008 年、2009 年、2010 年、2011 年有效样本分别为 174、184、223、208，分别缺失 34、62、47、52。

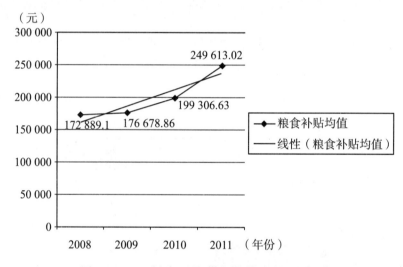

图 17-13　村庄平均获得的粮食补贴情况

粮食补贴政策向农村转移了大量资金，间接地增加了村庄的整体收入。在 2011 年的 208 个有效样本中，依据全村粮食补贴的总金额，国家与地方政府通过粮食补贴政策，给村庄平均带来 249 613.02 元的转移收入，对于村庄补贴资金收入多集中于 12 465 元，虽然粮食补贴款直接发放到农民手中，从村庄的角度来看，国家与地方政府通过粮食补贴这一政策，直接向农村输入补贴款，间接地给村庄带来一大笔收入。

2. 亩均粮食补贴金额有所增长，各地区亩均粮食补贴金额变化大

依据村庄获得的粮食补贴总额与农民承包地的总数计算得亩均粮食补贴金额，分析比较历年全国与三大区域的亩均粮食补贴金额来看，2008～2011 年全国每亩地获得的粮食补贴金额分别为 87.38 元、147.28 元、154.61 元、162.87 元，每亩地的粮食补贴金额有所增长，以 2008 年为基数，到 2011 年共增长了 75.49 元。从东中西三大区域来看，以 2008 年的亩均粮食补贴金额为基数，到

2011 年东部、中部、西部地区亩均补贴金额波动比较大，但整体上均有所增长，相对而言，西部地区增长的幅度最大。

农民每亩承包地平均可获得 160 多元的补贴，但是区域间亩均补贴差异大。2011 年在全国 196 个有效样本中，农民所拥有的承包地每亩可以获得国家 162.87 元的国家粮食补贴。而从地区来看，东部地区的亩均粮食补贴为 147.89 元、中部地区亩均粮食补贴为 126.52 元、西部地区亩均粮食补贴为 243.03 元，西部地区亩均的补贴最高，东部次之，中部地区最低（见表 17 - 16、图 17 - 14）。

表 17 - 16　　　　　　　　每亩地获得的粮食补贴情况　　　　　　单位：元

年份	全国	东部	中部	西部
2008	87.38	125.01	63.36	71.97
2009	147.28	145.78	82.05	242.84
2010	154.61	263.74	159.16	59.84
2011	162.87	147.89	126.52	243.03

注：2008 年、2009 年、2010 年、2011 年有效样本分别为 161、171、202、196，分别缺失 47、75、68、64。

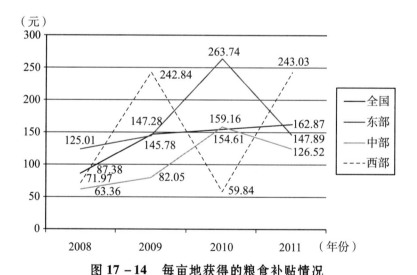

图 17 - 14　每亩地获得的粮食补贴情况

3. 人均获得的粮食补贴有所增加，各地区人均粮食补贴有所波动

依据全村获得的粮食补贴总额与全村人口计算得人均补贴金额，分析比较历年来全国与三大区域人均获得粮食补贴的情况，2008～2011 年全国人均粮食补贴金额分别是 85.75 元、93.64 元、100.92 元、111.16 元，人均粮食补贴金额有所增加，以 2008 年为基数，到 2011 年人均粮食补贴金额增加了 25.41 元。从三

大区域来看,2008~2011年东中西地区的人均粮食补贴金额有所波动,但是整体上有所增加,相比较而言,整体上中西部地区的人均补贴金额增长的幅度高于东部地区。

农民人均获得110多元的粮食补贴,不同的区域间有一定的差距。2011年在全国208个有效样本中,每个农民可以获得111.16元的粮食补贴金额。从地区来看,东部地区人均粮食补贴金额为125.11元、中部地区人均粮食补贴金额为114.14元、西部地区人均粮食补贴金额为92.85元,东部地区的人均粮食补贴金额最高、中部地区次之、西部地区最低且低于全国人均水平(见表17-17、图17-15)。

表17-17　　　　　　　人均获得的粮食补贴情况　　　　　　　单位:元

年份	全国	东部	中部	西部
2008	85.75	119.45	74.88	54.06
2009	93.64	83.19	94.47	107.46
2010	100.92	142.21	82.08	90.32
2011	111.16	125.11	114.14	92.85

注:2008年、2009年、2010年、2011年有效样本分别为174、184、223、208,分别缺失34、62、47、52。

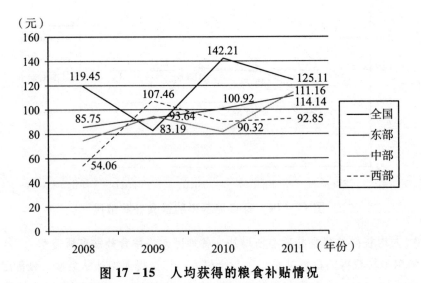

图17-15　人均获得的粮食补贴情况

4. 五种粮食作物的平均实际总收入有所增加

根据农户销售五种粮食作物的数量与每种粮食作物的销售单价计算出每种粮

食作物的总收入，并加总得出。分析五种主要粮食作物的实际总收入情况，2008 ~ 2011 年五种主要粮食作物的总收入分别为 7 188 319.04 元、10 920 694.32 元、17 017 972.72 元、15 763 613.65 元；实际总收入的均值分别为 2 433.42 元、3 012.61 元、3 549.85 元、4 319.98 元，整体上增加了 1 886.56 元（见表 17 – 18、图 17 – 16）。

表 17 – 18　　　　历年五种粮食的实际总收入情况　　　　　单位：元

年份	五种粮食的实际总收入			
	有效样本数	中值	均值	总计
2008	2 954	0	2 433.42	7 188 319.04
2009	3 625	0	3 012.61	10 920 694.32
2010	4 794	0	3 549.85	17 017 972.72
2011	3 648	0	4 319.98	15 763 613.65

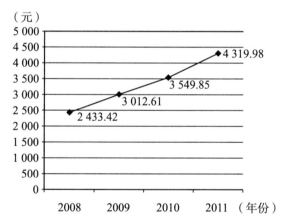

图 17 – 16　历年五种粮食的实际总收入情况

分析 2011 年五种主要粮食作物的总收入情况，在 479 个种植水稻的有效样本中，销售水稻的总收入为 5 758 634.04 元，均值为 1 578.14 元，销粮户均收入为 12 022.20 元；在 899 个种植玉米的有效样本中，销售玉米的总收入为 6 300 658.30 元，均值为 1 726.68 元，销粮户均收入为 7 008.52 元；在 591 个种植小麦的有效样本中，销售小麦的总收入为 2 540 128.06 元，均值为 696.12 元，销粮户均收入为 4 298.02 元（见表 17 – 19）。

表 17 – 19　　　　　　　**2011 年五种粮食的实际总收入情况**　　　　　单位：元

种类	2011 年五种粮食的总收入			
	有效样本数	均值	销粮户均值	总计
水稻	479	1 578.14	12 022.20	5 758 634.04
玉米	899	1 726.68	7 008.52	6 300 658.30
小麦	591	696.12	4 298.02	2 540 128.06
大豆	104	179.38	5 977.91	621 702.50
土豆	49	148.67	11 071.24	542 490.75

注：有效样本为 3 648。

整体上务农收入的平均值有所增加。2008 ~ 2011 年农民务农收入的平均值分别为 10 625.38 元、13 458.0 元、12 533.23 元、12 617.18 元，2009 年务农收入的平均值是四年中最高，从整体上看，2008 ~ 2011 年务农的平均收入有所增加（见表 17 – 20、图 17 – 17）。

表 17 – 20　　　　　　　　**历年务农平均收入情况**　　　　　　　单位：元

年份	频数	均值	有效样本
2008	2 576	10 625.38	2 954
2009	2 990	13 458.00	3 625
2010	4 385	12 533.23	4 794
2011	3 316	12 617.18	3 648

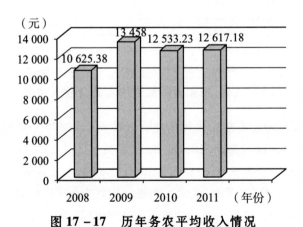

图 17 – 17　历年务农平均收入情况

5. 粮食补贴占粮食收入的比重有所增加

根据农户每年获得的粮食补贴金额与五种粮食作物的总收入计算出比重。在

2008 年的 994 个有效样本中，粮食补贴金额占粮食总收入的 18%；在 2009 年的 1 253 个有效样本中，粮食补贴金额占粮食总收入的 17%；在 2010 年的 1 792 个有效样本中，粮食补贴金额占粮食总收入的 22%；在 2011 年的 1 498 个有效样本中，粮食补贴金额占粮食总收入的 22%。从整体上看，粮食补贴占粮食收入的比重有所增加，因为历年的五种粮食作物的总收入是在增加的，这表明粮食补贴的力度每年在增大（见表 17 - 21、图 17 - 18）。

表 17 - 21 　　　　　　　历年粮食补贴占粮食收入的比重情况　　　　　　单位：%

年份	频率	占比
2008	994	0.18
2009	1 253	0.17
2010	1 792	0.22
2011	1 498	0.22

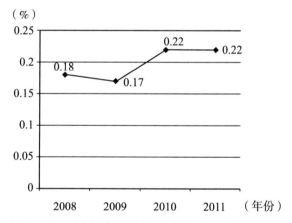

图 17 - 18 　历年粮食补贴占粮食收入的比重情况

6. 粮食收入占务农收入的比重有所增加

根据农户每年五种粮食作物的总收入与务农收入计算出比重。在 2008 年的 2 735 个有效样本中，粮食收入占务农收入的 33%；在 2009 年的 3 279 个有效样本中，粮食收入占务农总收入的 34%；在 2010 年的 4 101 个有效样本中，粮食收入占务农收入的 34%；在 2011 年的 2 987 个有效样本中，粮食收入占务农收入的 44%。从整体上看，粮食收入占务农收入的比重有所增加，因为历年的五种粮食作物的总收入是在增加的，而且务农收入的比重也在增加，这表明粮食补贴增加的幅度大于务农收入增加的幅度（见表 17 - 22、图 17 - 19）。

表17-22　　　　　历年粮食收入占农业收入的比重情况　　　单位：倍

年份	频率	占比
2008	2 735	0.33
2009	3 279	0.34
2010	4 101	0.34
2011	2 987	0.44

注：2008～2011年有效样本数分别为2 593、3 625、4 794、3 648。

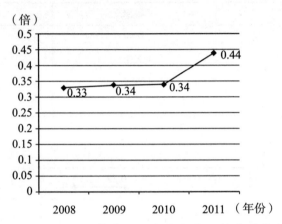

图17-19　历年粮食收入占农业收入的比重情况

（五）农民对粮食补贴的主观评价

1. 农民对粮食补贴政策的总体评价较高

在4 354户有效样本中，分别有715户农民和1 628户农民表示粮食补贴"作用很大"和"比较大"，比重分别为16.42%和37.39%，好评率为53.81%；1 286户农户评价"一般"，占有效样本的29.54%；此外有525户农户和200户农户分别认为粮食补贴作用"不太大"和"不大"，所占比率分别为12.06%和4.59%。由此可知，从总体来看，大部分受访农民对粮食补贴政策的实施效果评价比较高（见表17-23）。

表17-23　　　　2010年农民对粮食补贴政策作用的评价　　　单位：个，%

评价	样本	占比
很大	715	16.42
比较大	1 628	37.39
一般	1 286	29.54

评价	样本	占比
不太大	525	12.06
不大	200	4.59
合计	4 354	100

2. 农民对粮食补贴政策的好评率下降

分析比较历年来农民对于粮食补贴政策是否满意的比重来看，2008 年、2009 年、2010 年、2011 年农民表示对粮食补贴满意的比重分别为 87.20%、84.83%、89.03%、86.85%，农民对于粮食补贴的满意率小幅度波动，比较2008 年与 2011 年的满意率，2011 年的满意率低了 0.35%。从农民对于粮食补贴"非常满意"的比重来看，2008 年、2009 年、2010 年、2011 年农民对粮食补贴"非常满意"的比重分别是 58.92%、50.36%、52.83%、42.97%，整体上农民非常满意的比重大幅度下降，以 2008 年为基数，整体上下降了 15.95%。从农民对于粮食补贴的满意与非常满意的评价分析上看，农民对粮食补贴的好评在下降（见表 17 – 24、图 17 – 20）。

表 17 – 24　　　　　**历年来农民对于粮食补贴评价的情况**　　　单位：%

年份	满意程度分组					
	非常满意	比较满意	一般	不太满意	很不满意	合计
2008	58.92	28.28	9.07	2.58	1.16	100.0
2009	50.36	34.47	12.41	2.38	0.37	100.0
2010	52.83	36.20	8.85	1.49	0.63	100.0
2011	42.97	43.88	9.88	2.67	0.60	100.0

注：有效样本：2 249、3 481、4 282、3 523；缺失值：704、144、512、125。

中部地区的满意率最高，东部地区的满意率最低。从不同的区域来看，东部地区的农民表示对粮食补贴政策"非常满意"与"比较满意"的比重分别为35.49% 与 46.36%，两者合计为 81.85%；中部地区的农民表示对粮食补贴政策"非常满意"与"比较满意"的比重分别为 48.09% 与 45.12%，两者合计为93.21%；西部地区的农民表示对粮食补贴政策"非常满意"与"比较满意"的比重分别为 44.55% 与 40.04%，两者合计为 84.59%。就地区间农民对于粮食补贴政策满意率的比较而言，中部地区的满意率最高，西部次之，东部地区的满意率最低，东部地区的农民认为粮食补贴政策一般与不满意的比率相对最高（见表 17 – 25、图 17 – 21）。

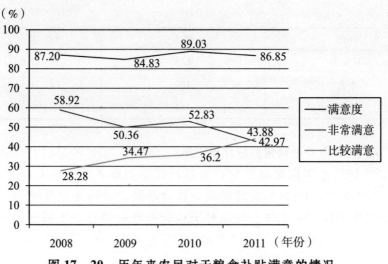

图 17 - 20　历年来农民对于粮食补贴满意的情况

表 17 - 25　　　　　不同地区的农户对粮食补贴政策的满意程度　　　单位：亩，%

地区	满意程度分组					
	非常满意	比较满意	一般	不太满意	很不满意	合计
东部	35.49	46.36	13.30	3.95	0.90	100.0
中部	48.09	45.12	5.54	1.02	0.23	100.0
西部	44.55	40.04	11.43	3.28	0.70	100.0

注：有效值：3 523；缺失值：125。

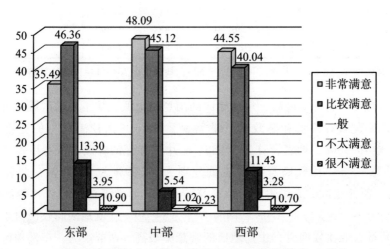

图 17 - 21　不同地区的农户对粮食补贴政策的满意程度（单位：亩，%）

耕地规模较大的农户的满意率更低。对不同耕地面积的农民对粮食补贴的满意度进行考察，由具体分析结果可知，当耕地面积在 3 亩以下时，农民表示对粮食补贴"非常满意"和"比较满意"的占比分别为 41.88% 和 46.42%，两者合计 88.30%；而耕地面积在 3～6 亩、6～9 亩、9～12 亩、12～15 亩以及 15 亩以上时，农民表示对粮食补贴满意的比重分别为 90.68%、90.14%、87.09%、80.00% 和 88.00%（见表 17－26、图 17－22）。由此可以看出，随着农户所拥有的耕地规模逐渐扩大，农民对粮食补贴满意程度的评价反而越低，粮食补贴的作用并没有随着耕地规模的扩大而增大，相对而言拥有小规模耕地的农民对粮食补贴的作用评价更高，那些种粮规模较大的农户评价更低。

表 17－26 　　　　　**不同耕地面积农户对粮食补贴政策的满意程度** 　　单位：亩，%

不同耕地面积	满意程度分组					
	非常满意	比较满意	一般	不太满意	很不满意	合计
2.99 以下	41.88	46.42	9.12	2.05	0.53	100.0
3～5.99	36.44	54.24	5.08	2.55	1.69	100.0
6～8.99	56.34	33.80	4.23	4.23	1.40	100.0
9～11.99	58.06	29.03	12.91	0	0	100.0
12～14.99	33.33	46.67	13.33	0	6.67	100.0
15 以上	58.00	30.00	11.00	0	1.00	100.0

注：有效值：2 627；缺失值：1 021。

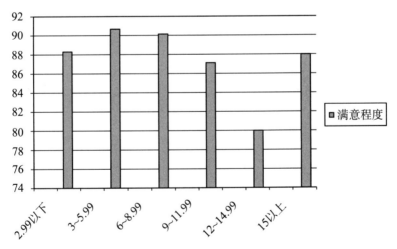

图 17－22 　**不同耕地面积农户对粮食补贴政策的满意程度（单位：亩，%）**

不同收入的农民对粮食补贴政策的满意率相差不大，中等收入家庭的满意率相对较高。对不同家庭收入的农民对粮食补贴评价的情况进行考察，经过双变量

457

相关分析检验得知，家庭收入因素对于农户评价粮食补贴的情况具有显著影响。由具体分析结果可知，在3 383个有效样本中，将家庭收入分为了五个组，即最低20%、次低20%、中间20%、次高20%、最高20%，在家庭收入为最低20%中，"非常满意"和"比较满意"的比重分别为45.42%、40.63%，满意程度达到86.05%；其他四组表示满意的比重分别为87.52%、89.49%、86.22%和85.95%（见表17-27、图17-23）。由此可见，不同家庭收入的农民对于粮食补贴表示满意的比重相差不大，相对而言中等家庭收入的农户表示满意的比重相对较高。

表17-27 　　　　　　　**不同家庭收益对粮食补贴政策的满意程度** 　　　　单位：%

家庭收入	满意程度分组					
	非常满意	比较满意	一般	不太满意	很不满意	合计
最低20%	45.42	40.63	11.49	1.92	0.55	100.0
次低20%	42.88	44.64	8.80	2.88	0.80	100.0
中间20%	39.79	49.70	7.25	2.66	0.59	100.0
次高20%	43.84	42.38	10.70	2.49	0.59	100.0
最高20%	42.90	43.05	10.61	2.84	0.60	100.0

注：有效值：3 383；缺失值：265。

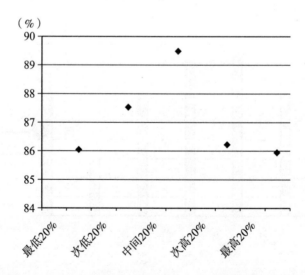

图17-23　不同家庭收益对粮食补贴政策的满意程度

　　随着年龄的增加，农民的满意率逐步提高。对不同年龄段农民对粮食补贴政策的满意程度进行考察，将享受粮食补贴的3 520户农户按年龄分为5组：30岁以下、30～39 岁、40～49 岁、50～59 岁和 60 岁及以上。在 30 岁以下这一组中，表示"非常满意"和"比较满意"的比重为 32.94% 和 42.35%，即 75.29% 的农民对粮食补贴政策满意；在 30～39 岁、40～49 岁、50～59 岁、60 岁及以上各组对粮食补贴满意的占比分别为 83.20%、86.02%、88.63%、88.27%。总体而言，随着年龄的增加，农民对粮食补贴政策的满意率呈上升趋势，在 50 岁及以上的农民中，近九成人表示满意。同时可以看出，相比较而言，20～40 岁的年轻农民对粮食补贴政策的满意度相对较低，结合实际情况而言，可能是因为青壮年外出务工经商的较多，所以这部分农户可能对粮食补贴政策不太关心和了解，而在村里种地的大都是中老年农民，能切实享受到粮食补贴的实惠和好处，因此对粮食补贴政策的满意度更高（见表 17 – 28，图 17 – 24）。

表 17 – 28　　　　　不同年龄农民对粮食补贴政策的满意程度　　　　单位：%

年龄	满意程度分组					
	非常满意	比较满意	一般	不太满意	很不满意	合计
30 岁以下	32.94	42.35	20.00	2.35	2.35	100.0
30～39 岁	40.06	43.14	12.32	3.92	0.56	100.0
40～49 岁	39.49	46.53	10.97	2.47	0.55	100.0
50～59 岁	45.09	43.54	8.45	2.43	0.49	100.0
60 岁及以上	46.49	41.78	8.38	2.72	0.63	100.0

注：有效值：3 520；缺失值：128。

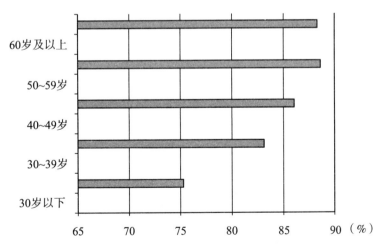

图 17 – 24　不同年龄农民对粮食补贴政策的满意程度

随着学历的提高，农民的满意率呈上升趋势。从农民自身文化程度来考察其对粮食补贴政策的满意度，将农民的学历水平分为文盲、小学、中学、高中、大专及以上5组，这5组农民中表示对粮食补贴政策"非常满意"的比重分别为45.49%、42.54%、42.48%、43.71%、46.15%；表示对粮食补贴政策"比较满意"的比重分别为40.07%、44.13%、44.13%、40.09%、44.23%。可知，文盲农户中有85.56%的人对粮食补贴政策满意，其满意率最低；大专及以上学历的农户满意比率为90.38%，满意度最高；小学、初中和高中学历的农户对粮食补贴政策满意的比重分别为86.67%、86.61%、87.80%，由次分析可以看出，随着文化水平的提高，农民对粮食补贴政策的满意率呈上升趋势（见表17-29、图17-25）。

表17-29　　不同文化水平的农户对粮食补贴政策的满意程度　　单位：%

不同文化水平	满意程度分组					
	非常满意	比较满意	一般	不太满意	很不满意	合计
文盲	45.49	40.07	10.83	3.25	0.36	100.0
小学	42.54	44.13	9.44	3.00	0.88	100.0
初中	42.48	44.13	10.30	2.75	0.34	100.0
高中	43.71	44.09	9.38	1.88	0.94	100.0
大专及以上	46.15	44.23	8.65	0.96	0	100.0

注：有效值：3 504；缺失值：144。

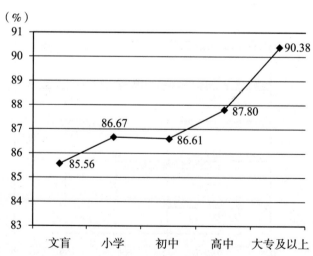

图17-25　不同文化水平的农户对粮食补贴政策的满意程度

党员农户的满意率更高。从农民的政治面貌的角度来分析农民对粮食补贴政策的满意度，在801份是党员的农民有效样本中，表示"非常满意"与"比较满意"的比重分别为 51.44% 与 37.83%，即对粮食补贴政策满意的比重为 89.27%；在 2 704 份非党员的农民有效样本中，分别有 40.46% 与 45.64% 的农民表示"非常满意"和"比较满意"，对粮食补贴政策的满意率合计为 86.10%。总体而言，党员对粮食补贴政策的满意率更高，比非党员的比重高 3.17%（见表 17 - 30、图 17 - 26）。

表 17 - 30　　　不同政治面貌农户对粮食补贴政策的满意程度　　　单位：%

政治面貌	满意程度分组					
	非常满意	比较满意	一般	不太满意	很不满意	合计
党员	51.44	37.83	8.24	1.75	0.75	100.0
非党员	40.46	45.64	10.39	2.96	0.55	100.0

注：有效值：3 505；缺失值：143。

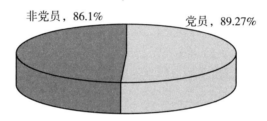

非党员，86.1%　　　党员，89.27%

图 17 - 26　不同政治面貌农户对粮食补贴政策的满意程度

综合调研中农民对粮食补贴的反映与粮食补贴政策四年分析比较，农民反映，相比上缴农业税时期，现在种田不需要上缴钱，政府每年还给农民发钱，真是好政策。同时在对于采集的有效样本进行量化分析时，可以看出粮食补贴政策明显给农民带来以下两个方面的实惠：一是补贴政策惠及面广，从 2010 年全国抽样调查的数据来看，出于各种原因一成以上的农户没有享受过粮食补贴政策，近九成的农民享受过这一政策带来的收益；二是数量庞大的转移支付，从 2011 年全国抽样调查数据来看，就粮食补贴这一项每个村庄平均可以获得 249 613.02 元的转移支付，平均每亩地可以获得 160 多元的补贴，平均每人可以获得 110 多元的补贴，而且这种转移支付还呈现逐年递增的趋势。当然这些是粮食补贴给农民带来的显性好处，粮食补贴还对于粮食种植结构改善，粮食的增收以及务农收入的增加带来一定的效益。

二、粮食补贴不尽人意的原因

粮食补贴政策设计与实施的目的是实现粮食增产与农民增收，政策实施的具体方式是直接补贴给农民，政策的设计、执行与落实以及与生产和销粮等相关外部环境都会影响粮食补贴实施的效果与农民对其评价。

（一）粮食补贴制度不完善

1. 粮食补贴水平低

由调查数据可知，2008～2011年每亩地获得的粮食补贴的分别为87.38元、147.28元、154.61元、162.87元，人均粮食补贴金额分别为85.75元、93.64元、100.92元、111.16元。而根据OECD的统计，OECD平均亩耕地得到61.53美元的补贴支持，其中美国为每亩42.13美元，欧盟为121美元/公顷，日本为903.67美元/公顷；OECD平均每个农业劳动力得到12 346美元的支持，其中美国为49 193美元，欧盟为22 000美元，日本为20 912美元（OECD，2006）。由此可见，不论是按单位面积来衡量还是按单位劳动力来衡量，相对于西方发达国家我国粮食补贴的标准偏低。

虽然2008～2011年我国粮食补贴资金逐年增加，但目前我国粮食直接补贴的量还不足以改变粮食作物和经济作物的比例。粮食直接补贴在农民收入中所占比例很小，"种粮不划算"成为大多数农民的普遍心理和现实情况。种粮比较效益持续走低，农民种粮的机会成本居高，在一定程度上抵消了种粮补贴所激发的农民种粮积极性。此外，分析农民对粮食补贴政策的期盼，有66.47%的农户选择粮食"补贴标准要提高"，其所占比重远远超过其他选择。据此也可以推断，现行粮食补贴标准较低，无法满足种粮农民的需求（见表17-31）。

表17-31　　　　　　　农民对粮食补贴政策的期盼　　　　单位：个，%

期盼	样本	占比
补贴标准要提高	2 839	66.47
补贴范围要扩大	1 060	24.82
补贴时效要加强	177	4.14
补贴依据要更改	195	4.57
合计	4 271	100

2. 补贴依据不合理

在 2010 年的 4 201 个有效样本中,问及农户享受国家粮食补贴依据的标准,0.1% 的农民表示"以出售粮食数量为依据",23.42% 的农民表示以"实际种粮面积为依据",73.84% 的农民"以土地面积为依据",0.33% 的农民表示以"其他方式为依据"(见表 17-32)。由此可见,大部分农民的粮食补贴是以"以土地面积为依据",其比重远远大于其余的补贴依据。可见,现阶段我国农村大部分地区是以土地的面积为基数进行粮食补贴,这就使得粮食补贴成为一种"普惠式"的补贴,农民只要是有计税土地就有补贴,不管种粮与否、粮食的产量与质量如何,同样都得到了的粮食补贴金额,这势必会使得部分种粮的农民感到不公平,有的村甚至直接按人口进行补贴,使得粮食补贴政策的实施效果大打折扣,无法有效提高农民种粮的积极性。

表 17-32　　　　　　农户获得粮食补贴的依据种类　　　　单位:个,%

补贴依据	样本	占比
以土地面积为依据	3 102	73.84
以实际种粮面积为依据	984	23.42
以出售粮食数量为依据	4	0.10
以人口数量为依据	57	1.36
以承包地面积为依据	29	0.69
不清楚	11	0.26
其他依据	14	0.33
合计	4 201	100

3. 补贴方式不完善

在 2010 年的 4 210 份有效样本中,采用"专用存折和银行卡"发放粮食补贴的农户占比为 92.15%;"本人自领"粮食补贴的比重为 6.05%;"村干部代领"的占比为 1.28%;其他方式领取粮食补贴金的占比为 0.52%(见表 17-33)。数据表明,采用"专用存折和银行卡"的农户超过了九成,成为较普遍的粮食补贴资金领取方式,这表明我国已基本普及了银行卡或存折这种较快捷便利的方式发放粮食直补(部分地区已实行了"一卡通"改革)。这种粮食补贴发放方式在一定程度上减少了中间环节和基层政府工作量,也确保了粮食补贴资金发放安全性。但是仍有部分地区采取他人代领或是用等价物品替换的形式来发放粮食补贴,这可能使粮食补贴资金的效用无法落到实处,也不利于政府和农民对粮食补贴资金发放的监管。此外,一些贫困地区由于离"金融点"较远,领取粮食补贴很不方便且成本较高，很多农民不愿意专门去领取粮食补贴金。所以，用专业存折或银行卡发放粮食补贴会对偏远地区的农民造成很大不便，农民不能及时领取粮食补贴。

表 17 – 33　　　　　　　　粮食补贴领取方式的类型　　　　　单位：个，%

补贴领取方式	样本	占比
专用存折或银行卡	3 886	92.15
本人自领	255	6.05
村干部代领	54	1.28
亲朋代领	15	0.52

（二）粮食补贴落实不到位

1. 政策定位不明确

在 2010 年的 371 个未获得粮食补贴的农民当中，根据调查数据反映，有 145 位是因为不在补贴范围内，占比 39.08%；有 85 位农民是因为政策未覆盖，占比 22.91%，共占比 61.99%。可见，这其中六成以上的农民政策制定标准问题，未获得粮食补贴。选择原因是"土地承包给他人"、"承包他人土地"和"土地未登记在册"的农民分别有 35 位、15 位和 10 位，分别占比 9.43%、4.04% 和 2.70%，共占比 16.17%（见表 17 – 34）。即有一成多农民未获得粮食补贴是政策制定不完善，或定位不明确造成的。有 81 位农民选择"其他"，其中 62.96% 的农民是因为不种地，这一部分人群未获得粮食补贴也与国家粮食补贴政策定位有很大的关系（见表 17 – 35）。

表 17 – 34　　　　　2010 年农民未得到粮食补贴的原因　　　　单位：个，%

未得到粮食补贴的原因	样本	占比
不在补贴范围内	145	39.08
政策未覆盖	85	22.91
土地承包给他人	35	9.43
承包他人土地	15	4.04
土地未登记在册	10	2.70
其他	81	21.83
合计	371	100

表 17 – 35   **其他原因未得到粮食补贴**

其他原因未得到粮食补贴	样本	占比
不种地	51	62.96
不清楚	18	22.22
政策落实不到位	9	11.11
其他	3	3.70
总计	81	100

2. 政策执行不到位

在 2010 年的 296 个未获得全额粮食补贴的有效样本中，问及未获得全额粮食补贴的原因，选择"层层克扣"、"公共支出"、"集体挪用"的分别有 126 位、50 位和 42 位，分别占比 39.38%、15.63%、13.13%。共有超六成农民认为未获得全额粮食补贴是因为政策落实不到位，如被政府层层克扣，或者被用作公共支出和集体挪用。同时，有 102 位农民选择"其他"，占比 31.88%（见表 17 – 36）。通过具体分析可知，有 43.30% 的农民是因为不清楚。13.40% 的农民认为是因为政策落实不到位，导致未获得全额粮食补贴（见表 17 – 37）。由此可知，有部分农民未获得全额粮食补贴是因为政府政策落实不好。取消农业税后，基层政府的财权受到一定的影响，粮食补贴资金作为一项较为稳定的资金来源，一些基层干部挪用，将其转化为便于基层政府动用的资金。这就使得粮食补贴资金受到侵占，无法转化为农户直接收益，有悖于补贴的初衷。

表 17 – 36   **农民未获得全额粮食补贴的原因**   单位：个，%

未获得全额粮食补贴的原因	样本	占比
层层克扣	126	39.38
公共支出	50	15.63
集体挪用	42	13.13
其他	102	31.88
合计	320	100

表 17 – 37   **其他原因未获得全额粮食补贴**   单位：个，%

其他原因未获得全额粮食补贴	样本	占比
不清楚	42	43.30
不种地	25	25.77

续表

其他原因未获得全额粮食补贴	样本	占比
政策落实不好	13	13.40
用于公共建设	10	10.31
其他	7	7.22
总计	97	100

（三）市场外部条件不稳定

1. 生产成本不断上涨

近几年来物价指数有所增长，涉及粮食生产的物资的价格也不断增长，从 2008~2011 年国家统计局公布的几种农业生产资料价格指数来看（见表 17 - 38），从总体上看，农业机械、肥料、农药等主要涉农生产资料价格指数有所增长，这表明农业生产成本呈递增趋势。在调查过程中，许多农民表示："每年虽会增加粮补，但远不能抵消农资上涨的幅度，成效不大"、"牺牲了粮价，但没有绑住物价"。农用生产资料价格的上涨，增加了农民生产成本，加重了农民生产负担，随着化肥、种子、灌溉等价格全面上涨，粮食补贴金额远远低于农民的农资投入，因而部分抵消粮食补贴政策的效果，造成种粮效益低下。再加之，在我国人多地少的土地现状、劳动力价格上涨与物价不断上涨的情况下，粮食补贴的效果可以说是杯水车薪，对于农民生产积极性的调动几乎是影响微小。农民们普遍反映"国家给予的惠农补贴，都让生产资料涨价给吃光了。"鉴于此，就需要调整和完善粮食补贴政策，同时加大对农资产品的监管力度。

表 17 - 38　　　　　历年来农业生产资料价格指数

年份	农用手工工具	机械化农具	化学肥料	农药及农药械	农用机油	其他生产资料	农业服务
2008	112.50	109.00	131.70	108.00	113.10	108.10	110.30
2009	103.10	100.90	93.70	100.10	94.40	102.50	107.90
2010	102.50	101.40	98.60	100.40	110.30	107.20	104.30
2011	105.30	104.60	113.30	102.60	110.80	108.10	108.30

注：数据来源国家统计局编《中国统计年鉴》（2012 年卷）。

2. 粮产品价格的不稳定

粮食价格的大幅度波动，会影响粮食的供给与农民种粮的积极性。2004 年开始我国实施了一系列惠农政策，取消了农业税，不断增加粮食补贴，放开粮食收购市场，执行托市收购政策，粮食生产总体上保持稳定增产态势，年际间粮食总产量增产幅度变化相对较小，粮食连年增产没有带来粮价下跌的情形。从2008～2011年的调查数据来看，近四年水稻、玉米、小麦、大豆、土豆这五种主要粮食作物的平均销售价格呈递增趋势，水稻的价格由 0.97 元增加到 1.32元、玉米的价格由 0.71 元增加到 1 元、小麦的价格由 0.81 元增加到 1.05 元、大豆的价格由 1.63 元增加到 2.25 元、土豆的价格由 0.34 元增加到 1.02 元（见表 17 - 39）。目前，我国粮食价格上涨主要是由生产成本的增加、货币流动性充裕以及国际粮价上涨等因素所推动的，影响粮价上涨的因素具有不确定性，国内与国外某种因素的变化可能致使粮价的波动，对农民产生影响。另一方面，从近几年农民销售农产品价格的高低层次来看，像水稻、玉米、小麦、大豆、土豆等粮食产品的销售价格最低为 0.50 元左右，最高的达几元，农民销售的农产品的价格是不均等的，这与农产品价格的波动与农民获取价格信息不全有关，这些因素直接影响农民的收益。虽然在近几年我国粮食价格以增长为主，但是影响粮价增长的因素并不稳定，以及农民获取粮产品价格信息不全，价格的波动与粮食比较收益下降，影响农民种粮的效益与对政策的评价。

表 17 - 39　　　　　　历年来主要粮食作物销售价格的情况　　　　单位：元

年份	水稻	玉米	小麦	大豆	土豆
2008	0.97	0.71	0.81	1.63	0.34
2009	1.04	0.83	0.90	1.91	0.70
2010	1.22	0.93	0.97	2.85	0.84
2011	1.32	1.00	1.05	2.25	1.02

粮食补贴政策不尽人意的原因除了以上原因之外，还受到农民个体特征的影响，比如种粮不划算心理、家庭劳动力有限、种粮"卑贱论"等，还受到粮食补贴政策与其他相关政策衔接不到位，以及对粮食补贴政策监管"缺位"或者"不到位"等原因的影响，这些因素或多或少地降低了政策的绩效以及农民对政策的满意度。

三、评估结论与建议

作为一种"普惠式"的惠农政策，粮食直接补贴政策，覆盖面广，且补贴金额逐年增加。在种粮直接补贴时代，其对农业生产、农民增收产生了深刻的影响。

提高种粮积极性，改变农业结构，实现粮食增产。在粮食直接补贴政策背景下，一方面刺激了农民种粮的积极性，缓解了抛荒现象，从四年调查统计的资料来看，农民种粮积极性提高，整体上种粮农户的比重小幅度增加，而且农村中出现抛荒现象的比重下降，粮食补贴政策减少抛荒现象，高额粮食补贴对于遏制抛荒的现象的作用更加显著；另一方面改变了农业生产结构，转变了农业经营方式，从四年调查统计的资料来看，粮食生产内部结构中，水稻、大豆和土豆种植的比重小幅度增加，而玉米和小麦种植的比重小幅度下降，粮食生产的规模中，粮食种植以小规模经营为主，并出现向中等大规模经营发展趋势。最终，粮食补贴政策刺激了粮食增产，四年间，水稻、玉米、小麦、大豆四种主要粮食作物的平均亩产量均有所增加，以及种粮积极性的提高，经营的面积与规模的扩大，这表明主要粮食作物的产量在增加。

直接转移支付，售粮收入增加，实现收入增长。在粮食直接补贴政策背景下，国家与地方政府依据一定的标准，实行粮食直接补贴，而且粮食补贴款逐年增加，对农户来说是直接收入，而且对增收发挥一定的作用。这表现为：一是务农收入增加，从四年调查统计的资料来看，农民务农收入的平均值在一万元以上，务农收入逐年增长，年均增长率为5.89%。二是销售粮食收入增加，从售粮总收入看，出售水稻、玉米、小麦、大豆、土豆五种主要粮食作物的总收入有所增加，年均增长率为29.92%；从农户种粮平均收入看，实际户均种粮收入四年来有所增加，共增加了1 886.56元，年均增长率为21.08%，售粮收入实现"双增"。三是粮食收入占务农收入的比重增加，粮食收入占务农收入的比重在增加，年均增长率为10.06%，这说明粮食补贴带来了售粮收入的增加，务农收入的增加，家庭收入也增加。

粮食补贴政策设计与实施的目标是实现粮食增产和农民增收，其对于实现这一目标发挥一定的效果，但粮食补贴政策也出现不尽如人意的地方，主要是受到粮食补贴制度的缺陷，粮食补贴落实不到位，以及市场外部条件的变化等，影响农民种粮的效益与对政策的评价。为进一步改进和完善粮食补贴政策，为此建议：一是完善政策设计，规范补贴依据方式，变分散发放为集中发放，灵活发放补贴金额；二是增强补贴力度，将所有涉农生产资料全部纳入粮食补贴的范围，提高补贴水平，补贴向种粮大户倾斜；三是健全信息监管，建设农民补贴信息网络，加强核实与审计工作，引入社会监督。

第十八章

农村低保政策的绩效研究

农村最低生活保障制度作为一项重要的社会救助制度，随着国家投入力度不断加大，这项政策落实情况和保障效果也引发各方关注。本章将利用 2009 ~ 2011 年对全国 300 个村庄 4 000 多个农户就农村最低生活保障问题进行了连续三年问卷调查和深度访谈的资料评估农村低保政策的绩效。

一、农村最低生活保障的实施状况

（一）低保的覆盖情况

1. 农村最低生活保障的村庄覆盖情况

通过对 2009 年、2010 年、2011 年农村最低生活保障覆盖情况的调查发现，2009 年 和 2010 年，农村最低生活保障覆盖的村庄占比分别为 94.72%、97.04%，2011 年农村最低生活保障的覆盖率达到了为 99.61%（见表 18 - 1）。可见，2009 ~ 2011 年我国农村最低生活保障制度的覆盖率已经基本达到了村庄全覆盖（见图 18 - 1）。这说明，农村最低生活保障政策自 2004 年制度化以来，已经基本惠及了全国各个村庄。

表 18 - 1 农村最低生活保障的村庄覆盖情况 单位：个，%

年份	村庄数	覆盖村庄	占比
2009	246	233	94.72
2010	270	262	97.04
2011	254	253	99.61

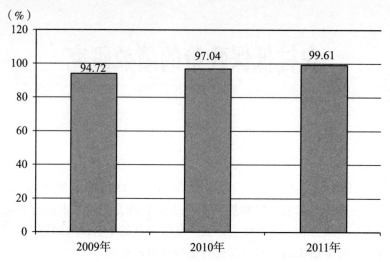

图 18 - 1 农村最低生活保障的村庄覆盖情况

2. 农村最低生活保障的农户和保障人数覆盖情况

2009 年、2010 年和 2011 年农村最低生活保障农户覆盖率分别为 5.96%、9.93%、8.63%，人口覆盖率分别为 3.68%、5.12% 和 4.30%。可以看出，农村最低生活保障的覆盖范围呈现动态变化。其中，2009 年的人口覆盖率最低，为 3.68%，2010 年农户覆盖率和人口覆盖率均最高，分别为 9.93%、5.12%（见表 18 - 2、图 18 - 2）。总体而言，2009 ~ 2011 年农村最低生活保障的农户覆盖率和人口覆盖率均呈现不稳定增长趋势。

表 18 - 2 农村最低生活保障的农户覆盖情况 单位：个，%

年份	最低生活保障户数	农户总数	占比	最低生活保障总人数	村庄人口总数	占比
2009	9 967	167 150	5.96	20 143	546 727	3.68
2010	14 305	143 999	9.93	29 707	580 486	5.12
2011	13 070	150 413	8.63	25 500	592 930	4.30

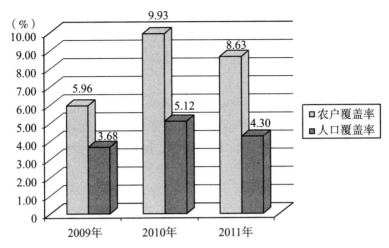

图 18 - 2　农村最低生活保障的农户覆盖情况

3. 不同地区农村最低生活保障的覆盖情况

表 18 - 3 为不同地区的最低生活保障覆盖率三年变化情况。就农村最低生活保障的农户覆盖率而言，2009 年、2010 年、2011 年东部地区农户的覆盖率分别为 2.82%、5.43%、4.99%，中部地区依次为 7.40%、8.39% 和 8.74%，西部地区依次为 9.76%、14.92% 和 11.31%。可见，东中西三地地区的农户覆盖率均呈现不同形式的增长趋势。其中，西部地区的农户覆盖率最高，其次为中部地区，东部地区覆盖率最低。

表 18 - 3　　　　不同地区的最低生活保障覆盖率三年变化情况　　　单位：个，%

年份	地区分组	低保户数	农户总数	占比	低保总人数	村庄人口总数	占比
2009	东部	2 424	85 903	2.82	4 898	196 038	2.50
	中部	3 476	46 954	7.40	6 477	186 890	3.47
	西部	4 092	41 914	9.76	8 768	163 799	5.35
2010	东部	2 368	43 601	5.43	4 791	168 013	2.85
	中部	4 710	56 155	8.39	8 758	225 453	3.88
	西部	7 227	48 437	14.92	16 158	187 020	8.64
2011	东部	2 569	51 474	4.99	4 696	197 172	2.38
	中部	4 915	56 257	8.74	8 783	218 874	4.01
	西部	5 586	49 374	11.31	12 021	176 884	6.80

就农村最低生活保障的保障人数比重而言，2009 年、2010 年、2011 年东部

地区的保障人数比重依次为2.50%、2.85%和2.38%，中部地区依次为3.47%、3.88%、4.01%，西部地区依次为5.35%、8.64%和6.80%。由此可见，三大地区的农村最低生活保障人数比重呈现增长趋势，西部地区的保障比重最高，东部最低。

4. 不同经济收入村庄的最低生活保障覆盖情况

考察村庄收入五等分法分组下最低生活保障的覆盖情况，如表18－4所示，在215个有效村庄样本中，农村低保的农户覆盖率从低到高的排序依次为次低20%（10.27%）、中间20%（9.44%）、最低20%（9.26%）、次高20%（7.98%）、最高20%（6.29%）。从数据可以看出，村庄经济收入状况与农户享受最低生活保障的比重高低并没有直接的关系。说明了低保是政府实施的公共政策，与村庄关系不大。

表18－4　　　　不同经济收入的村庄的最低生活保障的覆盖情况　　单位：个，%

村庄经济分组	最低生活保障户	村庄农户总数	占比	最低生活保障人数	村庄人口总数	占比
最低20%	2 343	25 312	9.26	4 891	89 322	5.48
次低20%	2 097	20 419	10.27	3 912	83 544	4.68
中间20%	2 396	25 385	9.44	4 966	101 364	4.90
次高20%	2 723	34 103	7.98	4 509	128 028	3.52
最高20%	1 467	23 311	6.29	3 107	84 408	3.68

注：有效样本215；缺失值39。

就不同经济收入村庄的保障人数而言，随着村庄收入的提高，享受农村最低生活保障的人数比重逐渐降低。具体而言，伴随村庄收入从低到高的排序，最低生活保障人数合计为4 891人、3 912人、4 966人元、4 509人和3 107人，占村庄总人数比率分别为5.48%、4.68%、4.90%、3.52%和3.68%。由此可见，村庄的收入状况与保障人数成正比。

5. 不同农业生产类型村庄的最低生活保障覆盖情况

从表18－5可以看出，就不同农业生产类型而言，最低生活保障的农户覆盖率从高到低的顺序依次为牧区18.33%、林区9.01%、农业区8.27%、渔区2.09%。可见，牧区村庄的最低生活保障农户覆盖率最高，渔区最低。这可能是因为牧区的农户生产环境相对恶劣，且农户稀少的原因。

另一方面，不同生产类型村庄的最低生活保障的保障人口比重情况如下：牧区保障人数比重最高，为21.84%，其次为农业区的4.24%、林区的3.99%，渔区比重最低，为1.20%（见图18－3）。可见，牧区村庄享受的最低生活保障人

472

口占比仍然最高，渔区最低。

表 18 – 5　　　　不同生产类型的村庄的最低生活保障的覆盖情况　单位：人，%

农业生产类型	最低生活保障户数	村庄农户总数	占比	最低生活保障人数	村庄人口总数	占比
林区	932	10 345	9.01	1 484	37 191	3.99
牧区	316	1 724	18.33	1 484	6 795	21.84
农业区	11 233	135 871	8.27	21 751	513 316	4.24
渔区	32	1 531	2.09	69	5 737	1.20

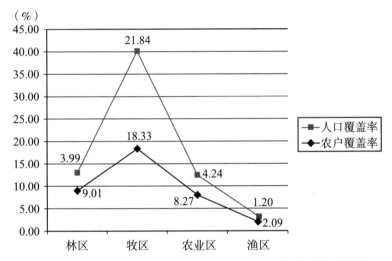

图 18 – 3　不同生产类型的村庄的最低生活保障的覆盖情况

（二）农民的受益情况

1. 农村最低生活保障标准逐年提高

农民享受的最低生活保障标准在一定程度上反映了困难农民的生活状况，如表 18 – 6 所示，2009 年农民享受的平均低保标准为 61.75 元/月；2010 年比 2009 年增长了 16.84%，增至 72.15 元/月；2011 年平均低保标准为 96.25 元/月，较 2010 年增长了 33.40%（见表 18 – 6、图 18 – 4）。很显然，农民享受的最低生活保障标准呈现逐年增长趋势，且 2011 年的增长幅度最高。

表18-6　　2009~2011年农村最低生活保障标准的变化情况

单位：个，元/月，%

年份	样本数	均值	增长率
2009	336	61.75	—
2010	525	72.15	16.84
2011	332	96.25	33.40

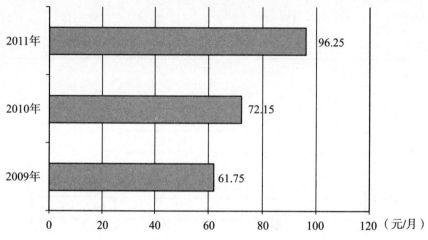

图18-4　2009~2011年农村最低生活保障标准的变化情况

2. 农民享受的最低生活保障补贴偏低

农民享受的最低生活保障标准在一定程度上反映了农民的基础生活情况。在332个享受农村最低生活保障的样本中，农民享受的平均保障补贴为96.25元/月，其中一半以上的困难农民享受的保障补贴在70元以下（见表18-7）。由此可见，至少一半的困难农民享受的最低生活保障补贴低于农村最低生活保障的平均标准，这也说明了至少五成的困难农民享受的最低生活保障补助标准偏低。

表18-7　　　　　　农民享受的最低生活保障标准　　　　单位：个，元

农民享受的最低生活保障标准	样本数	均值	中位数
	332	96.25	70

注：有效样本332；缺失值22。

3. 东部地区的农村最低生活保障标准增长幅度大于中西部地区

就各地区的农村最低生活保障标准的变化而言，东中西三大地区农民享受的最低生活保障标准均呈逐年增长趋势。2009年、2010年、2011年东部地区农民

享受的平均补贴标准依次为 94.44 元/月、110.77 元/月和 135.02 元/月，2011年相比 2009 年的增长率为 43%；中部地区 2011 年相比 2009 年的补贴标准增长率为 18.44%，2009～2011 年的补贴标准依次为 69.05 元/月、75.21 元/月和81.78 元/月；西部地区依次为 66.28 元/月、70.32 元/月和 90.11 元/月，2011年比 2010 年增长了 35.95%（见表 18-8、图 18-5）。可以看出，三大地区的保障标准呈逐年增长趋势，其中东部地区增长幅度相对较大，其次为西部地区，中部地区增长幅度最小。

表 18-8　　　　**不同地区的最低生活保障标准三年变化情况** 单位：个，元/月

地区分组	2009 年		2010 年		2011 年	
	样本数	均值	样本数	均值	样本数	均值
东部地区	83	94.44	73	110.77	58	135.02
中部地区	128	69.05	136	75.21	122	81.78
西部地区	125	66.28	316	70.32	152	90.11

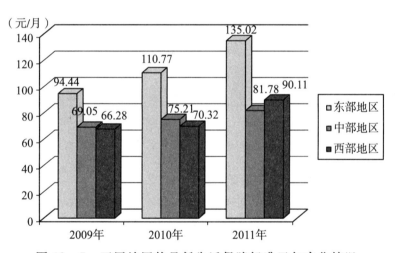

图 18-5　不同地区的最低生活保障标准三年变化情况

4. 老年人享受最低生活保障的比率高于其他年龄段农民

从年龄角度看农民享受最低生活保障情况，从表 18-9 可以看出，在 353 个享受农村最低生活保障的农民中，各年龄段农民享受最低生活保障的人数分别为8 人、35 人、88 人、75 人、147 人，所占调查样本的比率从高到低的顺序依次为 60 岁以上（14.74%）、30～39 岁（9.41%）、30 岁以下（9.09%）、40～49岁（7.78%）、50～59 岁（7.10%）（见表 18-9，图 18-6）。可见，年龄在 60岁以上的农民享受农村最低生活保障的占比最高。这可能是因为 60 岁以上的老年

475

人多由于劳动能力和身体状况相对比较差，且收入较低，基本生活需要外来保障。

表 18 - 9 不同年龄的农民享受最低生活保障情况 单位：个，%

年龄分组	样本数	调查样本数	占比
30 岁以下	8	88	9.09
30 ~ 39 岁	35	372	9.41
40 ~ 49 岁	88	1 131	7.78
50 ~ 59 岁	75	1 056	7.10
60 岁及以上	147	997	14.74

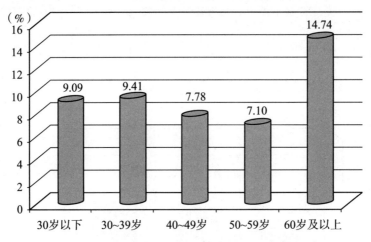

图 18 - 6 不同年龄的农民享受最低生活保障情况

5. 文化程度低的农民享受最低生活保障的比重偏高

就不同文化程度的农民享受的最低生活保障情况而言，农民的文化程度越低享受最低生活保障的比重越大。具体而言，文化程度为文盲的农民享受最低生活保障的占比最高，为22.26%；文化程度为小学的农民享受最低生活保障的占比为13.04%；初中、高中及以上文化程度的农民享受的占比分别为7.19%、3.99%（见表18 - 10、图18 - 7）。显然，农民享受最低生活保障的占比与农民的文化程度高低成反比。

表 18 - 10 不同文化程度的农民享受最低生活保障情况 单位：个，%

文化程度	享受最低生活保障的样本数	调查样本数	占比
文盲	65	292	22.26
小学	154	1 181	13.04

续表

文化程度	享受最低生活保障的样本数	调查样本数	占比
初中	108	1 503	7.19
高中以上	26	652	3.99

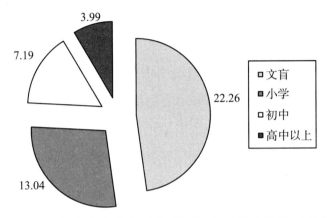

图 18 - 7　不同文化程度的农民享受最低生活保障情况（单位：%）

二、农村最低生活保障的绩效评估

（一）经济效益

1. 最低生活保障补贴对家庭收入的贡献率增速慢

以家庭年平均（毛）收入对农民的收入状况进行考察。如表 18 - 11 所示，2009 年享受农村最低生活保障的农户家庭平均收入是 14 353.45 元/年，同年最低生活保障的补贴标准是 741 元/年，低保补贴收入对家庭收入的贡献率为 5.16%；2010 年家庭平均年收入是 42 480.07 元/年，同年最低生活保障的补贴标准是 865.5 元/年，比 2009 年增长了 0.26%。2011 年家庭平均收入为 24 545.52 元，最低生活保障补助金额为每年 1 155 元，贡献率较 2010 年有所下降，为 4.71%。可见，享受最低生活保障的农户家庭平均收入持续增加，但低保补贴收入对家庭收入的贡献率增速在逐渐下降。

表 18 – 11　　　　**最低生活保障对农民收入贡献率的变化**　　　单位：元，%

年份	家庭年均收入	最低生活保障年均补助	贡献率
2009	14 353.45	741	5.16
2010	15 962.91	865.5	5.42
2011	24 545.52	1 155	4.71

注：2009 年有效样本 319，缺失值 48；2010 年有效样本 520，缺失值 41；2011 年有效样本 331，缺失值 23。

2. 最低生活保障补贴对家庭消费支出贡献率较低

考察农村最低生活保障补贴对最低生活保障家庭基本生活消费支出的贡献情况，从表 18 – 12 可以看出，2009 ~ 2011 年最低生活保障家庭基本支出金额分别为 3 290.29 元、3 952.87 元和 4 615.07 元，同年最低生活保障补贴对家庭基本生活消费的贡献率分别为 22.52%、21.90% 和 25.03%。可见，最低生活保障补贴对家庭基本支出的贡献率呈现先下降后上升的趋势，且三年间最低生活保障补贴金额均减轻农民基本生活消费负担 20 个百分点。

表 18 – 12　　　　**最低生活保障对农民基本生活**
消费负担的贡献率变化　　　单位：元，%

年份	家庭基本支出	最低生活保障年补助	贡献率
2009	3 290.29	741	22.52
2010	3 952.87	865.5	21.90
2011	4 615.07	1 155	25.03

注：基本生活消费包括吃穿用衣住行；2009 年有效样本 359，缺失值 8；2010 年有效样本 559，缺失值 2；2011 年有效样本 351，缺失值 3。

3. 最低生活保障补贴对农民的生活保障水平不高

考察农村最低生活保障对贫困农民生活的保障情况，整体而言，农村最低生活保障可以给予享受低保的 45.64% 的农民基本生活保障，保障补贴满足农民基本生活消费支出的 50% ~ 100% 的比重为 25.73%，有 28.63% 的农民享受的最低生活保障补贴仅能维持基本生活支出的一半以下。就不同地区而言，东部地区的保障水平最高，能满足困难农民基本生活消费支出的占比为 54.55%，西部地区的保障水平最低，能满足农民基本生活消费支出的占比仅为 36.63%（见表 18 – 13、图 18 – 8）。可见，农村最低生活保障能给予不到一半享受政策的贫困农民基本生活保障，且对西部地区的保障水平最低。

表 18 – 13 　　　　　各地区最低生活保障对农民人均基本

生活支出保障情况 　　　　　单位：个，%

地区分组	50% 以下	50% ~ 100%	100% 以上	合计
全国	28.63	25.73	45.64	100.00（241）
东部	22.37	22.37	54.55	100.00（44）
中部	19.79	29.17	51.04	100.00（96）
西部	39.60	23.76	36.63	100.00（101）

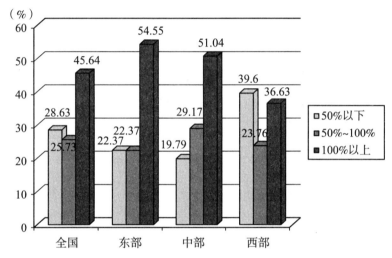

图 18 – 8 　各地区最低生活保障对农民人均基本生活支出保障情况

（二）社会效益

1. 低保户对政策满意度高

考察农民对最低生活保障的评价情况，如表 18 – 14 所示，在 340 个享受最低生活保障的农民中，对该政策评价"比较满意"和"非常满意"的合计占比为 77.06%。在没有享受最低生活保障的 2 706 个农民中，对该政策评价"比较满意"和"非常满意"的合计占比为 66.52%。同时，享受该政策和没有享受该政策的农民对其评价"不太满意"和"很不满意"的合计占比均为 7.35%（见图 18 – 9）。由此可见，相对于没有享受最低生活保障的农民来说，享受农村最低生活保障的农民对其满意度明显偏高。

表 18 - 14　　　　农民对最低生活保障的满意情况　　　　单位：个，%

最低生活保障	非常满意	比较满意	一般	不太满意	很不满意	合计
低保户	33.82	43.24	15.59	5	2.35	100.00（340）
非低保户	26.02	40.5	26.13	5.76	1.59	100.00（2 706）

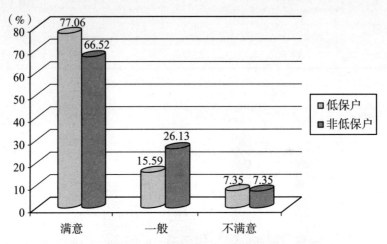

图 18 - 9　农民对最低生活保障的满意情况

2. 各地区对政策的满意度均呈下降趋势

表 18 - 15 为 2009 年、2010 年和 2011 年不同地区农民对最低生活保障政策的评价情况。2009 年、2010 年和 2011 年，东中西地区对政策评价"非常满意"和"比较满意"的合计占比按时间顺序（2009 年、2010 年、2011 年）排列依次为：东部地区分别为 83.33%、67.96% 和 77.05%，中部地区分别为 78.95%、73.97% 和 77.24%，西部地区分别为 80.45%、77.01% 和 76.92%。可以看出，三大地区的农民对政策的满意度均有下降趋势。

表 18 - 15　　　2009 ~ 2011 年不同地区农民对低保的满意情况　　　单位：个，%

年份	地区	非常满意	比较满意	一般	不太满意	很不满意	合计
2009	东部	48.81	34.52	11.90	2.38	2.38	100.00（84）
	中部	48.12	30.83	14.29	6.02	0.75	100.00（133）
	西部	40.60	39.85	15.04	3.76	0.75	100.00（133）
2010	东部	43.69	24.27	29.13	1.94	0.97	100.00（103）
	中部	51.48	22.49	21.30	2.96	1.78	100.00（169）
	西部	49.10	27.91	16.28	5.94	0.78	100.00（387）

续表

年份	地区	非常满意	比较满意	一般	不太满意	很不满意	合计
	东部	26.23	50.82	16.39	6.56	0	100.00 (61)
2011	中部	40.65	36.59	17.07	4.07	1.63	100.00 (123)
	西部	31.41	45.51	14.1	5.13	3.85	100.00 (156)

就东中西地区对政策的不满意情况而言，2009 年、2010 年和 2011 年，东中西地区对政策评价"不太满意"和"很不满意"的合计占比按时间顺序（2009年、2010 年、2011 年）排列依次为：东部地区分别为 4.76%、2.91%、6.56%，中部地区分别为 6.77%、4.74%、5.70%，西部地区分别为 4.51%、6.72%、8.98%。从上述数据可以看出，各地区对最低生活保障的不满度呈现上升趋势。

3. 老年人对最低生活保障的满意度高于其他年龄段农民

从不同年龄方面考察农民对最低生活保障的评价情况，在 339 个享受最低生活保障的样本中，各年龄段农民对该政策评价"非常满意"和"比较满意"的合计占比从高到低的顺序依次为 60 岁以上（83.95%）、30 岁以下（75%）、40~49 岁（74.12%）、50~59 岁（72.97%）、30~39 岁（68.57%）；对该政策评价"不太满意"和"很不满意"的合计占比从高到低的顺序依次为 30 岁以下（25%）、30~39 岁（14.29%）、50~59 岁（10.81%）、40~49 岁（7.06%）、60 岁及以上（2.92%）。可见，60 岁以上的农民中有超过八成对政策评价满意，高于其他高年龄段占比（见表 18-16）。这说明，老年人对政策的满意度相对较高。

表 18-16 　　　　　不同年龄的农民对最低生活保障的满意情况 　　　　单位：个，%

年龄分组	非常满意	比较满意	一般	不太满意	很不满意	合计
30 岁以下	25.00	50.00	0.00	0.00	25.00	100.00 (8)
30~39 岁	17.14	51.43	17.14	2.86	11.43	100.00 (35)
40~49 岁	30.59	43.53	18.82	4.71	2.35	100.00 (85)
50~59 岁	31.08	41.89	16.22	10.81	0.00	100.00 (74)
60 岁及以上	42.34	41.61	13.14	2.92	0.00	100.00 (137)

4. 受教育程度高的农民对政策满意度高

表 18-17 为不同文化程度的农民对最低生活保障的满意情况，数据显示在享受该政策的样本中，高中以上文化程度的农民对政策的满意度最高，其评价

481

"非常满意"和"比较满意"的合计占比为95.83%，且没有人评价不满意。文化程度为文盲、小学、初中的农民对政策评价"非常满意"和"比较满意"的合计占比分别为78.13%、75.00%、74.77%；对政策评价"不太满意"和"很不满意"的合计占比分别为6.25%、8.33%、8.41%（见表18－17、图18－10）。可见，在享受低保的农民中，高中以上文化程度的农民对政策的满意度最高。

表18－17   不同文化程度的农民对最低生活保障的满意情况   单位：个，%

文化程度	非常满意	比较满意	一般	不太满意	很不满意	合计
文盲	25.00	53.13	15.63	4.69	1.56	100.00（64）
小学	34.03	40.97	16.67	7.64	0.69	100.00（144）
初中	33.64	41.12	16.82	2.80	5.61	100.00（107）
高中以上	58.33	37.50	4.17	0.00	0.00	100.00（24）

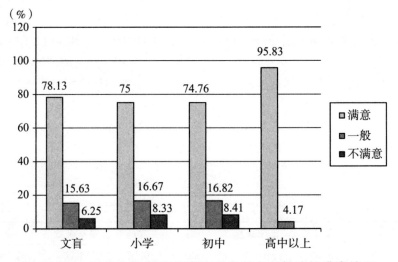

图18－10   不同文化程度的农民对最低生活保障的满意情况

5. 家庭负担大的农民对政策满意度较高

考察不同生活消费负担的家庭对最低生活保障制度的满意情况，从表18－18的数据我们可以看到，在享受最低生活保障的354个有效样本中，人均生活必需品消费水平较低、中等和较高的农户对最低生活保障评价"非常满意"和"比较满意"的合计占比分别为72.02%、75.53%、77.61%；评价"不太满意"和"很不满意"的合计占比分别为7.25%、7.45%和5.98%（见表18－18、图18－11）。可见，农民对最低生活保障的满意情况与自身的家庭负担具有一定的相关性，即随着人均生活必需品消费支出的增加，农民对最低生活保障政策的满意度逐渐上升。

表 18－18　　人均生活必需品消费支出不同的家庭对低保的评价 单位：个，%

人均生活必需品 消费支出分组	非常满意	比较满意	一般	不太满意	很不满意	合计
较低	33.16	38.86	16.06	5.70	1.55	100.00（193）
中等	31.91	43.62	13.83	4.26	3.19	100.00（94）
较高	31.34	46.27	13.43	2.99	2.99	100.00（67）

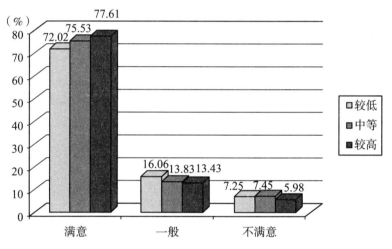

图 18－11　人均生活必需品消费支出不同的家庭对低保的评价

（三）政治效益

1. 低保户与非低保户对政府服务的满意度差异较小

表 18－19 反映享受最低生活保障与没有享受的农户对政府服务的满意态度。在享受最低生活保障的 553 个农户中，对政府的服务"非常满意"和"比较满意"的合计占比为 73.24%，略高于没有享受低保的 4 009 个农户的 71.19%。享受最低生活保障的农户和没有享受的农户对政府的服务"不太满意"和"很不满意"的合计占比分别为 6.69%、8.16%。可以看出，享受低保的农户对政府服务的满意度略高于没有享受低保的农户，但差距不大（见图 18－12）。

表 18 - 19　　　　　　　农民对政府服务满意度　　　　　单位：个，%

是否低保户	您对政府的服务满意吗					合计
	非常满意	比较满意	一般	不太满意	很不满意	
低保户	29.48	43.76	20.07	5.42	1.27	100.00 (553)
非低保户	20.48	50.71	20.65	6.96	1.20	100.00 (4 009)

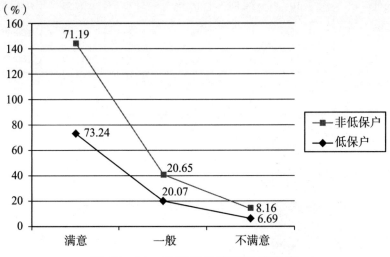

图 18 - 12　农民对政府服务满意度

2. 低保户与非低保户对国家发展的认知基本无差别

进一步考察农民的政治态度，在 556 个享受最低生活保障的农户中，对国家的发展"很有信心"和"较有信心"的合计占比为 89.93%，认为"信心不大"和"没有信心"的合计占比为 9.71%。在 4 010 个未享受最低生活保障的农户中，对国家发展"很有信心"和"较有信心"的合计占比为 89.60%，认为"信心不大"和"没有信心"的合计占比为 10.12%（见表 18 - 20）。显然，享受最低生活保障的农户与没有享受到最低生活保障的农户对国家发展的认知基本没有差异，两者对国家的信心度仅相差了 0.33 个百分点（见图 18 - 13）。

表 18 - 20　　　　　　　农民对国家发展的认知情况　　　　　单位：个，%

是否低保	您对国家发展有信心吗					合计
	很有信心	较有信心	一般	信心不大	没有信心	
低保户	50.72	39.21	0.36	0.54	9.17	100.00 (556)
非低保户	41.92	47.68	0.27	0.97	9.15	100.00 (4 010)

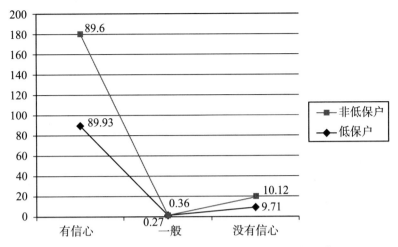

图 18 – 13　农民对国家发展的认知态度（单位：个，%）

三、农村最低生活保障制度存在的问题

当前，农村最低社会保障政策已经基本惠及全国各个村庄，相关的政策落实制度也逐步完善，补助标准逐年提高，惠民范围不断扩大，但是作为一项惠农政策，其在贯彻落实过程中仍然存在着一些不容忽视的问题。

（一）低保制度不完善

1. 农民享受的最低生活保障标准偏低

为了更好地考察农民享受的最低生活保障标准情况，我们将 2009～2011 年农村保障标准与农村最低生活保障标准的均值进行比较，分析结果如下，2009年、2010 年和 2011 年农民享受的保障标准在农村平均最低生活保障标准之下的占比分别为 65.58%、69.39% 和 79.22%，在农村平均最低生活保障标准之上的占比分别为 34.43%、30.61% 和 20.78%（见表 18 – 21）。可见，尽管国家不断加大对农村最低生活保障的资金投入，但目前仍然有近八成农民享受的保障标准在农村平均保障标准之下。2009～2010 年农民享受的保障标准在平均最低标准之下的占比不断增加，这也从侧面反映了农民享受的保障标准偏低的事实。

表 18 – 21　　　　三年以来农民享受的最低生活保障标准情况　　单位：个，%

年份	农村最低生活保障标准之下	农村最低生活保障标准之上	合计
2009	65.58	34.43	100.00（337）
2010	69.39	30.61	100.00（529）
2011	79.22	20.78	100.00（332）

注：2009 年农村最低生活保障标准为 64 元；2010 年农村最低生活保障标准为 70 元；2011 年农村最低生活保障标准为 106 元——摘自《国家民政部统计数据》。

2. 保障对象确定方式不合理

最低生活保障对象的确定是落实最低生活保障制度的重要环节，而在落实最低生活保障政策的实际工作中，确定保障对象的方式更是难统一。至今，国家也未就最低生活保障确定方式做出统一规定。由表 18 – 22 可知，在确定保障对象的方式中，通过村集体讨论、村民代表会、由村干部决定的方式确定对象的村庄占比分别为 20.78%、57.25% 和 18.04%，还有 3.92% 是通过其他方式确定的。可见，在 255 个有效村庄样本中，78.03% 的村庄是通过公开民主的方式确定，这在一定程度上保障了最低生活保障名额分配的合理性、公平性。但是不容忽视的是，仍然有超过两成的村庄是由村干部决定和其他方式确定。而且在调查访谈中，很多农民反映知道有这项政策，但是自己没有享受也不知道是谁享受到了这项政策，村里也并没有公开。这说明，保障对象确定方式的不统一性，会造成政策落实的操作复杂性，也会在一定程度上影响名额分配的公平性，影响农民对政策的满意度。

表 18 – 22　　　　　　不同地区保障对象确定方式　　　　单位：个，%

地区分组	村集体讨论	村民代表会	村干部决定	其他	合计
全国	20.78	57.25	18.04	3.92	100.00（255）
东部	14.93	66.67	22.37	1.48	100.00（67）
中部	18.75	79.12	12.73	2.43	100.00（112）
西部	28.95	66.67	20.83	2.33	100.00（76）

3. 地区之间差异大

根据数据分析得知，2011 年全国农村最低生活保障的人均覆盖率为 4.30%。就不同地区而言，东部地区的人均覆盖率为 2.77%，中部地区为 3.77%，西部地区为 6.89%。可见，东部地区的人均覆盖率最低，并低于全国农村最低生活保障的平均覆盖率 1.53 个百分点；其次为中部地区；西部地区最高。这说明我国农村最低生活保障制度在落实的过程存在着地区差异。尽管东部地区经济发展水平相对较高，但是东部地区贫富差距相对更大，部分困难农民对生活保障的需求更大，意愿更强烈。

就农村最低生活保障标准而言，2011 年 332 个受访农民享受的平均保障标准为 96.25 元/月。就不同地区而言，东部地区农民享受的保障标准最高，其次为西部地区，中部地区最低。可见，除了东部地区，中西部地区农民享受的保障标准均低于全国农村评价保障标准。这也说明我国最低生活保障的保障标准在制度本身就存在着地区差异。

（二）政策落实不到位

1. 政策执行不到位

就农村最低生活保障的落实情况而言，在 254 个有效样本村庄中，该政策"落实不好"的村庄占比为 3.15%，"没有落实"的村庄比重为 2.36%。就不同地区而言，东部地区该政策"落实不好"和"没有落实"的村庄占比分别为 1.28%、3.85%，中部地区该政策"落实不好"和"没有落实"的占比分别为 3.85% 和 1.28%（见表 18 – 23），也就是说东中西三大地区的农村最低生活保障政策落实不到位的村庄合计占比分别为 5.13%、6.12% 和 5.13%。由此可以推断，部分农民对最低生活保障政策不满意原因之一是该政策在农村的落实情况不好。

表 18 – 23　　　　不同地区最低生活保障落实情况　　　单位：个，%

地区分组	好	一般	不好	没落实	合计
全国	82.68	11.81	3.15	2.36	100.00（254）
东部	82.05	12.82	1.28	3.85	100.00（78）
中部	82.65	11.22	4.08	2.04	100.00（98）
西部	83.33	11.54	3.85	1.28	100.00（78）

同时，许多地方对农村最低生活保障金发放不及时，甚至没有对其领取时间及方式做出明确规定。自 2004 年农村最低生活保障作为一项制度性的支农惠农政策以来，地方财政每年都要拨付一部分稳定的资金保障这项政策的落实。但是自从取消农业税后，地方政府的财力受到一定的削弱，不仅没有足够的财力支持专项的最低生活保障费用，反而将国家财政拨付的一项最低生活保障专项资金作为一项较为稳定的资金来源，将其转化为便于地方政府动用的备用资金。这就使

得最低生活保障资金受到侵占，无法及时保障保障对象的基本生活需求，有悖于该政策的初衷。

2. "应保尽保"未做到

在调查的 3 489 个有效样本中，20% 的最低收入家庭有 738 户，20% 的次低收入家庭有 615 户。在 20% 的最低收入家庭中，21.14% 的农户享受的最低生活保障，在 20% 的次低收入家庭中，享受最低生活保障的占比为 12.36%（见表 18 - 24）。可见，在 20% 最低收入家庭中，有近八成农户没有享受到最低生活保障。农村最低生活保障是针对农村部分困难人口，政府给予必要的救助，以保障其基本生活，并帮助其中有劳动能力的人积极劳动脱贫致富而制定的一些救助制度。而确定保障对象的主要依据是家庭收入。但在现阶段，由于无法准确地对最低生活保障申请者的家庭收入进行合理有效的考察和衡量，加之保障对象的名额指标有限，因此，在落实该政策时，很难做到"应保尽保"。在调查中，很多村干部都反映有限的名额给工作带来很大的困难，如河南宜阳县的一位村干部说："最低生活保障的名额很少，无法做到应保尽保，而且指标的分配存在很大困难。"

表 18 - 24　　　　　　　享受最低生活保障的家庭收入情况　　　　　单位：个，%

家庭收入分组	是	否	合计
最低 20%	21.14	78.86	100.00（738）
次低 20%	12.36	87.64	100.00（615）
中间 20%	7.00	93.00	100.00（671）
次高 20%	4.78	95.22	100.00（691）
最高 20%	2.79	97.21	100.00（680）

3. 指标分配不合理

我们对样本的农户家庭收入进行了五等分分组，并对最低生活保障户家庭的收入做了分析统计。数据显示，在 331 个享受最低生活保障的样本中，家庭收入为最低 20%、次低 20%、中间 20%、次高 20% 和最高 20% 的农户中，享受最低生活保障的占比分别为 47.13%、22.96%、14.2%、9.97% 和 5.74%（见表 18 - 25）。我们可以看出，在享受最低生活保障的人群中，至少有超过一成的高收入家庭也纳入了政策保障范围内。这从侧面反映了农村最低生活保障政策在执行过程中仍然存有漏洞，不仅没有做到"应保未保"，反而出现了"人情保"、"关系保"的现象。农民反映"低保成了家保，亲保，朋保"，"有儿有女享受五保，有钱享受低保，无钱无子则自保"。农村最低生活保障的目标就是把社会福利资源分配给农村社会中最贫困最需要的人群，但是从目前情况来看，该政策在落实的过程中很难发挥其最大的社会效益。

表 18 - 25　　　　　　不同家庭享受最低生活保障的情况　　　　单位：个，%

家庭收入分组	样本数	占比
最低 20%	156	47.13
次低 20%	76	22.96
中间 20%	47	14.2
次高 20%	33	9.97
最高 20%	19	5.74

（三）保障效果不明显

1. 政策对农民生活的保障水平低。

对享受最低生活保障的农民进行考察，整体来看，在受访的 241 户享受该政策农户中，最低生活保障标准能保障其基本生活消费支出的占比为 45.64%，即不到五成的困难农民享受的保障标准能维持其基本生活消费支出。由此可见，尽管国家通过最低生活保障的政策保障农民生活的"最后一道防线"，但是该政策对农民的最低生活保障效果并不明显，仍然有超过一半的困难农民在享受政策后无法保障基本生活支出。

就各地区而言，东部地区的保障水平最高，能满足农民基本生活消费支出的占比为 54.55%，西部地区的保障水平最低，能满足农民基本生活消费支出的占比仅为 36.63%。可见，农村最低生活保障政策对西部地区的保障水平最低。西部地区农民的收入相对比较低，是最需要生活保障的群体，但是国家对其保障能力却最低。总之，我国农村对农民的基本生活保障水平较低，并未达到保障最低生活保障政策预期的效果。

2. 政策对农民生活的保障能力在下降

为了进一步了解近三年农村最低生活保障对困难农民生活的保障效果，我们选择了最低生活保障标准、最低生活保障家庭人均生活必需品消费支出作为分析的变量。如表 18 - 26 所示，2009 ~ 2010 年农村最低生活保障对困难农民人均生活支出的保障率不断下降。具体来看，2009 年、2010 年和 2011 年农村最低生活保障对困难农民人均基本生活支出保障率在 50% 以下的占比分别为 26.26%、25.59% 和 28.63%；在 50% ~ 100% 的占比分别为 26.26%、21.8% 和 25.73%；在 100% 以上的占比分别为 47.47%、52.61% 和 45.64%。数据表明，最低生活保障标准对农民基本生活的保障能力在下降，这也反映了我国最低生活保障的保障标准与农民实际基本生活消费支出存在一定差距，说明了我国的最低生活保障标准偏低。

表 18 – 26　最低生活保障对农民人均基本生活支出保障情况　单位：个，%

年份	50% 以下	50% ~ 100% 之间	100% 以上	合计
2009	26. 26	26. 26	47. 47	100. 00 (99)
2010	25. 59	21. 8	52. 61	100. 00 (422)
2011	28. 63	25. 73	45. 64	100. 00 (241)

3. 保障标准增长的幅度低于消费支出的增长

对困难农民享受的最低生活保障标准进行考察，如表 18 – 27 所示，2009 年农民享受的最低生活保障标准平均为 61. 75 元/月，其最低生活消费支出平均为 72. 66 元/月，高出农村平均最低生活保障标准 10. 91 元；2010 年，国家提高农村最低生活保障标准，农民享受到的最低生活保障平均为 72. 15 元/月，农民的最低生活消费支出则为每月 91. 02 元，高出农村平均最低生活保障标准 18. 87 元；2011 年农民享受的平均保障标准为 96. 25 元/月，农民的最低生活消费支出则为 127. 49 元/月，高出保障标准 31. 24 元。可见，随着农村最低生活保障标准的提高，农民的消费支出也在不断增长，且农民享受的保障标准提高的幅度小于支出增长的幅度。

表 18 – 27　人均最低生活保障标准与人均基本消费支出比较　单位：元/月

年份	平均保障标准	人均月消费支出	两者相差
2009	61. 75	72. 66	10. 91
2010	72. 15	91. 02	18. 87
2011	96. 25	127. 49	31. 24

四、评估结论与建议

本书通过对农村最低生活保障政策的落实情况进行评估，得出了以下基本结论：

一方面，从政策的落实情况来看，农村最低生活保障政策已经基本实现"应保尽保"。具体而言，西部地区的农户覆盖率和保障人数比重均最高，牧区农民享受最低生活保障的占比相对更高，经济收入较低的村庄享受最低生活保障的农民所占比重相对更大，老年人享受农村最低生活保障的占比相对更高，文化程度为文盲的农民享受农村最低生活保障的占比相对更高。此外，农村最低生活保障的保障标准呈现逐年增长趋势，且 2011 年的增长幅度最高，其中东部地区的增长幅度最大，中部地区的增幅最小。但同时，至少一半的困难农民享受的最低生活保障补贴低于农村最低生活保障的平均标准。

另一方面，从政策的保障效果来看，农村最低生活保障政策保障水平较低，属于低保的"低水平"保障。在经济效益方面，最低生活保障补贴对家庭收入的贡献率增速慢，对家庭消费支出贡献率较低，对农民的生活保障水平不高。在社会效益方面，享受农村最低生活保障的农户对政策的满意度相对更高，老年人对政策的满意度相对更高，高中以上文化程度的农民对政策的满意度相对更高，家庭负担大的农民对政策满意度相对更高。但同时，东中西三大地区的农民对政策的满意度均有下降趋势。在政治效益方面，低保户与非低保户对政府服务的满意度差异较小，对国家发展的认知基本无差别，对党和国家的看法差异不大。

由上可知，农村最低生活保障政策虽然已经取得了一定成效，但仍然存在政策制定不完善、政策落实不到位、保障效果不明显三个方面的问题。政策制定不完善体现在农民享受的保障标准偏低、保障对象确定方式不合理、地区之间政策落实情况差异大等方面。政策落实不到位体现在政策执行不到位、"应保尽保"还有调整的空间、指标分配不合理等方面。保障效果不明显体现在政策对农民生活的保障水平低、政策对农民生活的保障能力在下降、保障标准增长的幅度低于消费支出的增长等方面。

不断完善和发展农村最低生活保障制度是稳定、持久、有效解决农村广大困难人口温饱问题的重要举措，也是保障民生、维护社会稳定的有效途径。针对农村最低生活保障政策的实施现状和存在问题，本书建议通过增加资金投入，提高保障标准；通过健全分配制度，保障政策公平；通过完善监督机制，强化政策执行等举措进一步完善农村最低生活保障制度。

第十九章

家电下乡政策的绩效研究

家电下乡政策的实施是一项响应国家拉动农村消费号召的重要举措，同时也是国家为推动经济增长由主要依靠投资、出口拉动向依靠消费、投资、出口协调拉动这一转变，首次在农村消费领域对农民进行直接补贴。这项惠农政策也是赋予了多重意义的政策，本章将利用 2009～2011 年的调研数据对其进行绩效评估。

一、家电下乡政策落实情况

（一）农民家电购买情况

1. 农民家电产品购买情况

家电下乡产品作为惠农政策的一部分，主要包括电冰箱、洗衣机、空调、电脑、热水器和电视六种家用电器。需求决定家电下乡政策的持续性。如表 19 - 1 所示，2009～2011 年，电冰箱、洗衣机、电视机是农户购买的主要家电，所占比重均在五成以上，同 2009 年相比，2011 年分别增长了 24.50%、21.91% 和 9.80%。空调、电脑、热水器在农户家庭中占比也逐年上升，同 2009 年相比，2011 年分别增长了 15.75%、20.75%、23.36%。特别值得一提的是 2011 年已有近半的农户家庭拥有热水器。

表 19 - 1		2009 ~ 2011 年农民家电产品拥有情况						单位：个，%	
家电产品	年份	拥有家用电器数量			合计	是否家电下乡产品		合计	
		0	1	2 及以上		是	否		
电冰箱	2009	44.97	51.22	3.81	100.00 (3 618)	25.59	74.41	100.00 (1 489)	
	2010	39.64	57.29	3.07	100.00 (4 695)	23.74	76.26	100.00 (3 007)	
	2011	20.47	74.79	4.74	100.00 (3 395)	27.75	72.25	100.00 (2 645)	
洗衣机	2009	44.16	53.35	2.49	100.00 (3 621)	10.69	89.31	100.00 (1 291)	
	2010	37.98	60.09	1.93	100.00 (4 658)	11.99	88.01	100.00 (3 036)	
	2011	22.25	74.93	2.82	100.00 (3 303)	13.55	86.45	100.00 (2 502)	
空调	2009	82.30	12.88	4.82	100.00 (3 610)	16.52	83.48	100.00 (448)	
	2010	81.61	14.48	3.91	100.00 (4 572)	9.15	90.85	100.00 (1 334)	
	2011	66.55	25.70	7.75	100.00 (2 876)	16.42	83.58	100.00 (1 072)	
电脑	2009	83.70	14.40	1.90	100.00 (3 625)	4.10	95.90	100.00 (366)	
	2010	81.03	17.27	1.70	100.00 (4 570)	2.67	97.33	100.00 (1 312)	
	2011	62.95	33.30	3.75	100.00 (2 904)	4.40	95.60	100.00 (1 160)	
热水器	2009	73.49	25.13	1.38	100.00 (3 625)	9.17	90.83	100.00 (589)	
	2010	70.48	28.23	1.29	100.00 (4 583)	6.52	93.48	100.00 (1 702)	
	2011	50.13	47.62	2.25	100.00 (3 018)	7.19	92.81	100.00 (1 530)	
电视	2009	11.60	71.05	17.35	100.00 (3 603)	6.32	93.68	100.00 (2 152)	
	2010	5.71	80.43	13.86	100.00 (4 762)	5.18	94.82	100.00 (4 248)	
	2011	1.80	77.45	20.75	100.00 (3 552)	6.80	93.20	100.00 (3 281)	

2. 电冰箱成为农户热购下乡产品

由上述分析可知，农民对家电产品的需求量日益增大，为家电下乡政策的实施提供了契机，同时，家电下乡政策的推行、实施也在一定程度上促进了农民的家电消费，进而拉动内需，推动经济增长。那么，家电下乡产品购买比率如何呢？调查发现，在诸多家电下乡产品中，电冰箱、洗衣机、空调的购买率较高，尤其是电冰箱，成为农户热购的下乡产品，在购买的电冰箱中，两成以上是家电下乡产品。在农民购买的家电下乡产品中，较之 2010 年，2011 年购买的电冰箱和空调比重明显上升，分别为 4.07% 和 7.27%。此外，由于受到多种因素的影响，2010 年下乡产品购买率普遍低于 2009 年和 2011 年。

3. 生活型家电广受青睐，享受型家电迅速上升

从表 19 - 2 可以看出，在生活型、享受型两类家电产品中，生活型家电产品受到广大农户的青睐,尤其是电视机,占比达九成左右,电冰箱、洗衣机也均在五成以上,且比重在不断上升,其中,电冰箱拥有率由 2009 年的 55.03% 上升为 2011 年的 79.53%。较之 2010 年,2011 年电视机、电冰箱和洗衣机比重依次增加了 3.91%、19.17% 和 15.73%,其增长幅度大于 2010 年增长幅度。此外,享受型家电也开始大步走进农家,2011 年拥有空调、热水器、电脑的农户依次为 33.45%、49.87% 和 37.05%,较之 2009 年有明显的上升,热水器尤为明显,增加了 23.36%。可见,农民仍以购买生活型家电为主,但随着生活水平的提高,享受型家电的比重也迅速上升。

表 19 – 2　　　　　　**2009～2011 年各类家电产品占比情况**　　　　单位:%

年份	生活型			享受型		
	电视机	电冰箱	洗衣机	空调	热水器	电脑
2009	88.40	55.03	55.84	17.70	26.51	16.30
2010	94.29	60.36	62.02	18.39	29.52	18.97
2011	98.20	79.53	77.75	33.45	49.87	37.05

注:生活型家电类型:电冰箱、洗衣机、电视机;享受型家电类型:空调、电脑、热水器。

(二) 下乡产品购买及变化情况

1. 家电下乡产品购买量逐年增加

如表 19 – 3 所示,农民购买家用电器的数量在 2010 年达到顶峰,为 14 639 件,是 2009 年购买数量的 2.46 倍,而 2011 年购买量下降到 12 190 件。

从近三年农户购买家电下乡产品比重来看,2009 年农民所购家用电器中家电下乡产品占比为 7%,2010 年、2011 年比率不断增大,占比依次为 10.70%、15.47%(见图 19 – 1)。由此可见,家电下乡产品在农户购买的家用电器中所占比率逐年增加,呈上升趋势。

表 19 – 3　　　　　　**农民家电下乡产品购买情况**　　　　单位:台,%

年份	购买电器是否为家电下乡产品		合计
	是	否	
2009	7.00	93.00	100.00 (5 954)
2010	10.70	89.30	100.00 (14 639)
2011	15.47	84.53	100.00 (12 190)

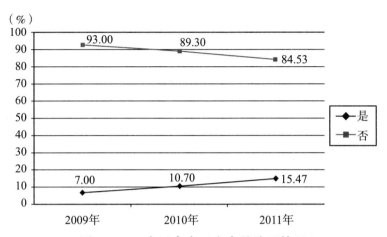

图 19 - 1　农民家电下乡产品购买情况

2. 不同地区家电下乡产品购买情况

　　就不同地区来看，不同地区的农民对家电下乡产品的购买也有所不同，且同一地区不同年份，农民的购买情况也是不同的。从调查数据来看，2009 年东部地区农民购买家电数量最多，共 2 596 件，但就各地购买家电下乡产品的占比来看，西部地区略高，为 16.44%；2010 年中部地区农民购买家电数量最多，共 5 514 件，但西部地区购买家电下乡产品的占比较高，为 13.20%；2011 年东部地区共购 4 885 件家电，数量最多，其购买家电下乡产品的比率也最高，为 15.37%（见表 19 - 4）。

表 19 - 4　　　　　　不同地区农民家电下乡产品购买情况　　　　　单位：个，%

地区	2009 年			2010 年			2011 年		
	是	否	合计	是	否	合计	是	否	合计
东部	7.13	92.87	2 596	6.63	93.37	4 965	15.37	84.63	4 885
中部	15.11	84.89	2 316	12.48	87.52	5 514	14.58	85.42	4 157
西部	16.44	83.56	1 387	13.20	86.80	4 160	14.35	85.65	3 353

　　就三年数据对比来看，东部地区 2011 年家电下乡产品购买比率最高，占比为 15.37%；中部、西部地区 2009 年购买家电下乡产品比率较高，占比分别为 15.11% 和 16.44%（见图 19 - 2）。总的来说，2010 年农民购买家电数量最多，但购买家电下乡产品的比率却偏低。

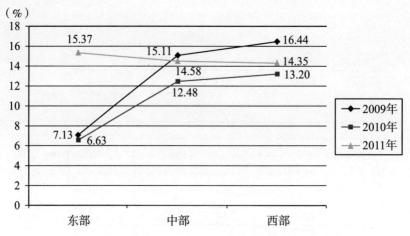

图 19 – 2　不同地区农民家电下乡产品购买情况

3. 不同收入农民家电下乡产品购买情况

家庭收入是影响农民购买家用电器的一个重要因素，农民家庭收入不同，其家用电器及家电下乡产品的购买情况也是不同的。如表 19 – 5 所示，"最低收入"家庭购买家电下乡产品所占比率最小，三年占比依次为 9.98%、8.96% 和 11.40%，低于同年其他收入水平的农民；"中间收入"家庭购买家电下乡产品占比最高，三年占比依次为 14.10%、11.76%、15.18%，高于同年其他收入水平的农民；"最高收入"农民则在整个家电的购买数量上最多，三年购买量分别为 1 756 件、3 649 件、3 004 件。可见，低收入农民由于收入低，即使购买有补贴也无法承担部分家电费用，所以购买率低，高收入农民对补贴的需求度不高，而中等收入农民处于中间阶段，在有补贴的情况下，会尽可能提高生活质量，所以购买率也较高。

表 19 – 5　　　　　　　不同收入农民购买家电下乡产品情况　　　　单位：台, %

不同收入	2009 年			2010 年			2011 年		
	是	否	合计	是	否	合计	是	否	合计
最低收入	9.98	90.02	812	8.96	91.04	2 345	11.40	88.60	1 904
次低收入	11.30	88.70	1 089	11.05	88.95	2 515	13.86	86.14	1 927
中间收入	14.10	85.90	1 135	11.76	88.24	2 492	15.18	84.82	2 385
次高收入	13.48	86.52	1 402	11.34	88.66	3 236	12.96	87.04	2 623
最高收入	12.53	87.47	1 756	10.44	89.56	3 649	13.81	86.19	3 004

总的来说，从三年数据对比分析可知，2010 年家电购买数量最多，但就家电下乡产品购买比率来看，2011 年略高于 2009 年和 2010 年，其中 2010 年家电下乡产品购买率最低（见图 19 - 3）。

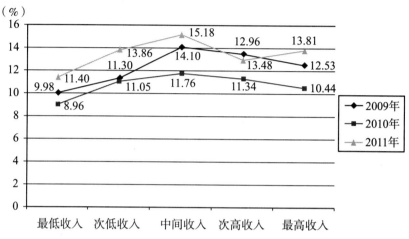

图 19 - 3　不同收入农民家电下乡产品购买情况

4. 不同职业农民家电下乡产品购买情况

就不同职业来看，在受访的 3 648 户农户中，"务农"农户是家电下乡产品的购买主力（所谓务农家庭是指劳动力全部务农的家庭，务工家庭是指家里有劳动力务工的家庭），其购买家电下乡产品的比重明显高于其他职业的农户，占比为 14.29%，其他职业农户家电下乡产品购买比率大都相当，均低于"务农"农户购买率，其中，"做生意"农户的购买比重偏低，占比为 11.26%（见表 19 - 6、图 19 - 4）。

表 19 - 6　　　　　不同职业农民购买家电下乡产品情况　　　　单位：台，%

不同职业农民	购买电器是否为家电下乡产品		合计
	是	否	
务农	14.29	85.71	100.00（7 755）
务工	11.92	88.08	100.00（1 200）
做生意	11.26	88.74	100.00（1 465）
教师及其他	11.83	88.17	100.00（1 673）

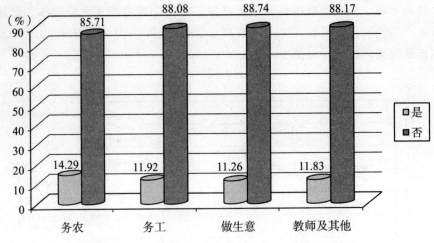

图 19 - 4　不同职业农民家电下乡产品购买情况

(三) 农民政策享受情况

1. 农民政策知晓度较高，但享受度不高

调查发现，农民对国家大政方针，特别是关乎自己切身利益的涉农政策给予了巨大的关注。就家电下乡政策来看，在 2009 年调查的 2 886 个有效样本中，"听说过"家电下乡政策的农户为 2 437 户，占调查样本总数的 84.44%，仅有 449 户"没有听说过"家电下乡政策，比重为 15.56%（见表 19 - 7、图 19 - 5）。可见，农民对家电下乡政策的知晓度较高。

就农民对政策的享受情况来看，当问及"是否享受到家电下乡政策"时，2009 年 44.48% 的农户表示"享受过"，51.47% 表示"没有享受过"；2010 年 26.24% 的农户表示"享受过"，71.72% 表示"没有享受过"该项政策优惠（见表 19 - 8、图 19 - 6）。此外，还有 2.04% 的农户表示"不清楚"，较之 2009 年，2010 年农民对政策的知晓率增加了，但享受率降低了 18.24 个百分点。由此可见，国家对家电下乡政策的宣传日益完善，但在政策的落实上则存在不足，家电下乡政策效果不如预期，农民享受度不高。

表 19 - 7　　　　　农民对家电下乡政策的知晓情况　　　　单位：个，%

政策知晓情况	样本数	占总样本比重（%）
听说过政策	2 437	84.44
没有听说过	449	15.56
合计	2 886	100.00

表 19－8　　　　　　农民对家电下乡政策的享受情况　　　　　单位：个，%

年份	农民对政策的享受情况			合计
	享受过	没享受过	不清楚	
2009	44.48	51.47	4.05	100.00（3 060）
2010	26.24	71.72	2.04	100.00（4 462）

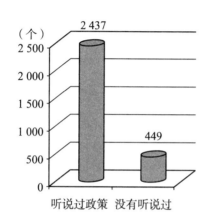

图 19－5　农民政策知晓情况　　　图 19－6　农民对政策的享受情况

2. 中部地区农民家电下乡享受比重高于东、西部地区

　　就调查的 4 462 户农户来看，表示"享受过"家电下乡政策的农民中，中部地区比率最高，占比为 30.08%，东部地区比率最低，占比为 21.58%；与之相对应，在"没享受过"家电下乡政策的农民中，东部比率最高，为 75.99%，中部最低，占比为 67.54%（见表 19－9、图 19－7）。

表 19－9　　　　　　不同地区农民家电下乡政策享受情况　　　　　单位：个，%

地区	享受过	没享受过	不清楚	合计
东部	21.58	75.99	2.43	100.00（1 191）
中部	30.08	67.54	2.38	100.00（1 679）
西部	25.69	72.93	1.38	100.00（1 592）

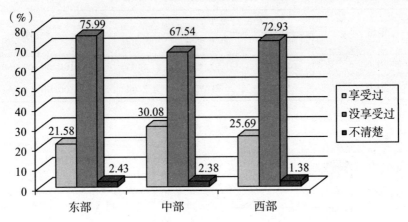

图 19 – 7 不同地区农民对政策的享受情况

3. 农民家电下乡政策享受情况与其收入水平呈正比

从不同的收入水平看（收入从低到高分为五等份），在调查的 4 303 位农民中，农民收入水平越高，表示"享受过"家电下乡政策的比率越高，占比依次为 16.68%、26.30%、28.27%、29% 和 33.22%，呈上升趋势，"最高 20% 收入"农户该政策享受率高出"最低 20% 收入"农户 16.54 个百分点；与之相反，表示"没享受过"家电下乡政策的农户随收入的增加而减少，其中，"最低 20% 收入"农户 80.82%"没享受过"家电下乡政策，"最高 20% 收入"农户 64.48%"没享受过"该政策（见表 19 – 10、图 19 – 8）。

表 19 – 10　　　　　不同收入农户家电下乡政策享受情况　　　　单位：个，%

不同收入	享受过	没享受过	不清楚	合计
最低 20% 收入	16.68	80.82	2.50	100.00（959）
次低 20% 收入	26.30	72.05	1.65	100.00（848）
中间 20% 收入	28.27	70.28	1.45	100.00（757）
次高 20% 收入	29.00	68.81	2.19	100.00（869）
最高 20% 收入	33.22	64.48	2.30	100.00（870）

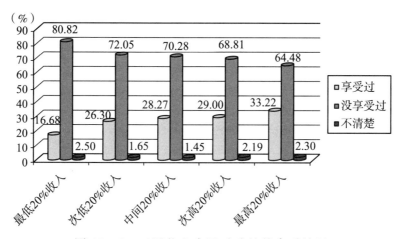

图 19 - 8　不同收入农民对政策的享受情况

4. 不同职业农民家电下乡政策享受情况

总体来看，在调查的 4 439 个有效样本中，"做生意"农户享受过家电下乡政策比率最高，占比为 33.33%，高出平均水平 7.09 个百分点，"务工"农户享受过的比率偏低，占比为 24.65%；与之相对应，"务工"农户没享受过该政策的比率最高，为 73.45%，"做生意"农户比率最低，占比为 63.81%（见表 19 - 11，图 19 - 9）。

表 19 - 11　　　　　不同职业农户家电下乡政策享受情况　　　　单位：个，%

不同职业	享受过	没享受过	不清楚	合计
务农	26.10	72.08	1.82	100.00（3 352）
务工	24.65	73.45	1.90	100.00（580）
做生意	33.33	63.81	2.86	100.00（210）
教师及其他	25.93	70.03	4.04	100.00（297）

5. 农民对补贴领取程序认可度不断提高

家电下乡产品补贴领取程序对农民下乡产品购买热情有着重要影响，手续的繁简影响着家电下乡政策的展开。如表 19 - 12 所示，大部分农民认为补贴领取程序是方便的，但随着政策的开展，农民对补贴领取程序的感受也在不断变化。认为领取程序"很烦琐或较烦琐"的比率不断下降，占比依次为 19.71%、7.07% 和 4.72%，与之相反，认为领取程序"很方便或较方便"的比重逐年增长，由 2009 年的 58.44% 上升到 2011 年的 75.66%（见图 19 - 10）。可见，随着家电下乡政策的逐步完善和推广，补贴领取程序也日益完善，农民对家电下乡补贴领取程序越来越认可，认可度呈上升趋势。

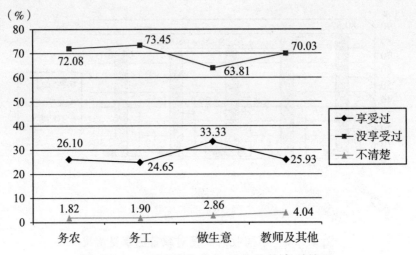

图 19-9　不同职业农民对政策的享受情况

表 19-12　　　　　三年农民对家电下乡补贴程序的感受变化　　　单位：个，%

年份	领取补贴程序					合计
	很烦琐	较烦琐	一般	较方便	很方便	
2009	7.36	12.35	21.85	13.66	44.78	100.00（842）
2010	2.23	4.84	25.06	25.89	41.98	100.00（1 572）
2011	1.34	3.38	19.62	38.50	37.16	100.00（1 717）

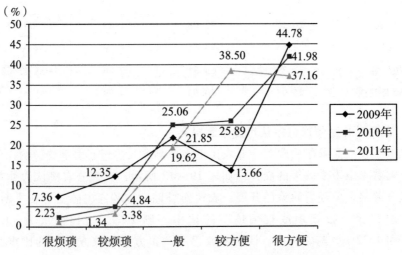

图 19-10　三年农民对家电下乡补贴程序的感受变化

二、家电下乡政策实施效应

家电下乡政策作为我国惠农政策的一部分，对促进农村发展、改善农民生活具有重要意义。为了更好地了解我国惠农政策的实施绩效及其对农民减负情况，我们将对其进行进一步的分析。

（一）家电下乡政策的惠民效应

1. 家电下乡政策对农民生活改善作用较大

农民普遍将家电下乡政策与粮食补贴、农合医疗等政策视为国家惠农政策的一部分。在评价家电下乡政策时，农民从惠农的角度来考虑效果和作用。在3 579 份有效样本中，当问及"您认为政策对改善家庭生活作用大不大"时，39.82%的农民认为改善家庭生活的"作用很大或较大"，其中，32.80%认为"作用较大"，7.02%认为"作用很大"；约四成农民认为家电下乡改善家庭"作用一般"；此外，还有14.81%和4.16%的农民认为"作用较小或没作用"（见表 19–13、图 19–11）。总体来看，农民对国家出台家电下乡政策持欢迎态度，对家电下乡政策的惠农目标和成效较为认可。当然，这一态度不仅体现在对家电下乡政策中，还体现在对其他惠农政策的评价上。

表 19–13　　　　家电下乡政策对改善家庭作用情况　　　单位：个，%

作用情况	频数	有效百分比
作用很大	251	7.02
作用较大	1 174	32.80
一般	1 442	40.29
作用较小	530	14.81
没作用	149	4.16
说不清	33	0.92
合计	3 579	100.00

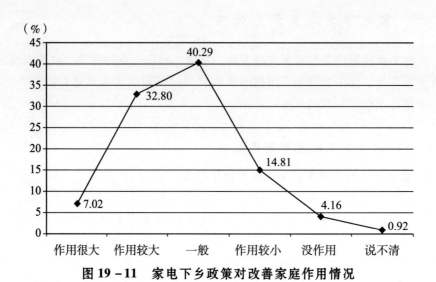

图 19-11　家电下乡政策对改善家庭作用情况

2. 中、西部地区减负作用较东部大

农民所处区域不同，其对家电下乡政策改善家庭生活作用的评价也是不同的。总的来看，东、中、西地区农民对家电下乡政策作用的评价大体上是一致的，四成左右农民认为该政策对改善家庭"作用一般"，占比最多；其次，大部分农民认为家电下乡政策对农民生活的改善"作用较大"。就东、中、西三个地区来看，认为该政策改善生活"作用很大或较大"的占比依次为 33.18%、41.82% 和 44.15%，西部地区比率偏高；在认为"作用较小或没作用"的农民中，东部地区比重偏高，占比分别为 16.99% 和 5.87%（见表 19-14、图 19-12）。可见，家电下乡政策对经济相对发达的东部地区来说作用一般，对经济欠发达的中、西部地区来说作用较大，相对地对农民的减负作用也较大。

表 19-14　　不同区域农民对家电下乡政策改善家庭作用评价　单位：个，%

区域	作用很大	作用较大	一般	作用较小	没作用	说不清	合计
东部	5.60	27.58	42.73	16.99	5.87	1.23	100.00（1 142）
中部	6.07	35.75	43.15	11.68	3.19	0.16	100.00（1 284）
西部	9.46	34.69	34.69	16.13	3.56	1.47	100.00（1 153）

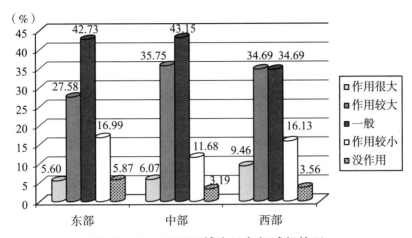

图 19 – 12　不同区域农民负担减轻情况

3. 低收入群体减负作用大于中高收入者

调查发现，农民收入水平不同，家电下乡政策带来的作用效果也是不同的。就调查的 3428 份有效样本来看，在认为家电下乡政策对改善家庭"作用很大或较大"的农户中，"最低 20% 收入"农户比率最大，占比为 45.95%，"中间 20% 收入"农户比率偏低，占比为 36.40%；认为"作用较小"的农民中，"最低 20% 收入"农户比率偏低，占比为 12.30%，"次高 20% 收入"农户比率最高，占比为 16.59%；认为家电下乡政策对改善生活"没作用"的比率，则随着农民收入的增加而增加，呈上升趋势（见表 19 – 15、图 19 – 13）。总的来说，家电下乡政策对低收入农民群体生活改善作用较大，效果也较明显；对中高收入者来说，家电下乡政策对改善家庭也起到了一定的作用，但效果相对较弱。

表 19 – 15　　不同收入农民对家电下乡政策改善家庭作用评价　单位：个，%

不同收入	作用很大	作用较大	一般	作用较小	没作用	说不清	合计
最低 20% 收入	8.65	37.30	37.97	12.30	3.10	0.68	100.00 （740）
次低 20% 收入	6.77	33.54	39.53	15.28	3.94	0.94	100.00 （635）
中间 20% 收入	5.55	30.85	42.84	15.06	4.24	1.46	100.00 （684）
次高 20% 收入	6.64	30.30	42.14	16.59	4.04	0.29	100.00 （693）
最高 20% 收入	6.51	32.25	41.56	13.76	5.18	0.74	100.00 （676）

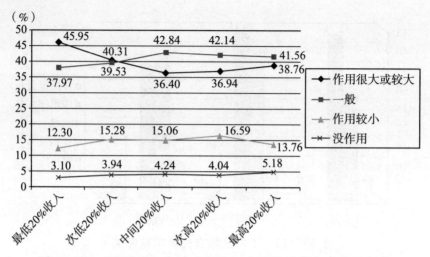

图 19-13 不同收入农民对家电下乡政策改善家庭作用评价

(二) 家电下乡政策的经济效应

家电下乡政策是积极扩大内需的重要举措, 对刺激农民的家电消费, 拉动内需, 转变农民消费结构, 提升农民生活水平起到了重要作用。为考察家电下乡政策的经济效应, 我们将通过 2009～2011 年家电下乡产品消费变化情况, 来了解家电下乡政策带来的消费效应、收入效应。

1. 下乡产品消费、补贴额

从调查农户下乡产品的消费、补贴额来看, 2009～2011 年家电下乡产品的购买数量和消费总额均呈上升趋势, 下乡产品购买数量由 2009 年的 798 台增长到 2011 年的 1 633 台, 2010 年和 2011 年的年增长率分别为 31.04% 和 13.62%, 消费总额也由 156.36 万元增长到 336.42 万元, 可见, 较之 2010 年, 2011 年下乡产品购买量的增长率虽有所降低, 但由于农民生活水平的提高及其对家电产品质量、品牌的追求, 下乡产品消费总额的增长率是递增的, 年增长率分别为 30.55% 和 33.39%。总的来说, 家电下乡政策有效刺激了农民的消费需求, 对拉动内需起到了积极的作用。

2. 下乡产品实际支付额

就下乡产品补贴额来看, 2009～2011 年政府补贴的金额不断增长, 呈上升趋势, 分别为 20.32 万元、39.58 万元和 43.73 万元, 年增长率分别为 31.03% 和 33.36%。由农户消费总额和政府补贴额可得到农户实际支付额。从表 19-16 可知, 农民购买家电下乡产品的实际支付额分别是 136.04 万元、264.90 万元和 292.69 万元, 2011 年下乡产品的实际支付额较 2009 年有明显的增长, 增长了 156.65 万元, 2010 年和 2011 年的年增长率依次为 30.54% 和 33.39% (见表 19-

16、图 19 - 14)。可见，家电下乡政策的实施刺激了农民对家电产品的消费需求，也推动了整个农村的经济增长。

表 19 - 16　　　　2009 ~ 2011 年下乡产品消费、补贴额　单位：台，万元，%

年份	下乡产品购买量	年增长率	实际消费额	年增长率	补贴金额	年增长率	实际支付额	年增长率
2009	798	——	156. 36	——	20. 32	——	136. 04	——
2010	1 566	31. 04	304. 48	30. 55	39. 58	31. 03	264. 90	30. 54
2011	1 633	13. 62	336. 42	33. 39	43. 73	33. 36	292. 69	33. 39

注：由于 2009 年、2010 年和 2011 年的样本数有所差异，在计算不同变量的年增长率时要考虑样本数的差异，具体如下：A：2009 年下乡产品数量、数额；B：2010 年下乡产品数量、数额；C：2011 年下乡产品数量、数额；X：2009 年样本数；Y：2010 年样本数；Z：2011 年样本数。计算公式如下：2010 年的年增长率 $= [(B - A)/A] \times [(Y - X)/X]$；2011 年的年增长率 $= [(C - B)/B]/[(Z - Y)/Y]$。

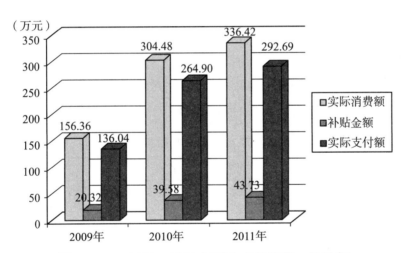

图 19 - 14　2009 ~ 2011 年下乡产品消费、补贴额

3. 不同类型下乡产品购买、补贴情况

就不同类型家电产品来看，主要分为以电冰箱、洗衣机、电视机为主的生活型家电和以空调、电脑、热水器为主的享受型家电。总的来看，生活型、享受型家电的购买量、消费、补贴额均呈上升趋势（见表 19 - 17），但农民购买家电产品仍以生活型家电为主，下乡产品购买趋势也是如此，就下乡产品购买量来看，生活型家电购买量比享受型的四倍还多，多出 2 501 台，下乡产品中生活型家电消费额和补贴额也高出享受型很多，分别为 421. 88 万元和 54. 81 万元。

507

表 19 –17　　　　　2009～2011 年各类下乡产品购买、补贴情况

单位：台，万元

产品类别	年份	总购买量	下乡产品购买量	下乡产品消费额	补贴金额
生活型	2009	4 932	655	120	15.60
	2010	10 291	1 298	236	30.68
	2011	8 428	1 296	253.57	32.96
享受型	2009	1 403	143	36.36	4.72
	2010	4 348	268	68.48	8.90
	2011	3 762	337	82.85	10.77

　　注：生活型家电类型：电冰箱、洗衣机、电视机；享受型家电类型：空调、电脑、热水器。

4. 下乡产品户均消费、补贴额

　　由表 19 –18 可见，近三年来，农户家电消费总额、政府补贴总额及户均消费、补贴额均呈上升趋势。2009～2011 年农户户均消费额分别为 431.34 元、635.13 元和 922.21 元，较之 2009 年，2011 年户均消费额增长了 490.87 元。2009～2011 年户均补贴额依次为 56.07 元、82.57 元和 119.89 元，其中年增长率分别为 47.26% 和 45.20%。可见，家电下乡政策的实施刺激了农民的家电消费，但政府补贴金额的发放又在一定程度上减轻了农民的消费负担。

表 19 –18　　　　　　　　农户家电消费、补贴情况　　　　　单位：户，元，%

年份	样本数	消费总额	户均消费	年增长率	补贴总额	户均补贴	年增长率
2009	3 625	1 563 606.54	431.34	—	203 268.8	56.07	—
2010	4 794	3 044 803.85	635.13	47.25	395 824.5	82.57	47.26
2011	3 648	3 364 223.85	922.21	45.20	437 349.1	119.89	45.20

5. 下乡产品政府补贴总额

　　就全国下乡产品政府补贴来看，2009～2011 年全国、户均、人均补贴额大体呈上升趋势，较之 2009 年，2010 年政府补贴金额明显增长，增长了 148.6 亿元，而 2011 年的补贴金额与 2010 年相差不大，达到 257.76 亿元。2009～2011 年户均补贴额分别是 53.77 元、123.93 元和 121.70 元，人均补贴额分别为 8.76 元、20.19 元和 19.83 元，较之 2009 年，2011 年户均补贴额、人均补贴额均有明显的增长（见表 19 –19、图 19 –15）。

表 19－19　　　　2009～2011 年全国下乡产品户均、人均补贴额

年份	全国补贴金额（亿元）	户均补贴额（元）	人均补贴额（元）
2009	113.87	53.77	8.76
2010	262.47	123.93	20.19
2011	257.76	121.70	19.83

注：全国政府补贴总额＝全国农户总数×（受访农户补贴额/受访农户总数）；全国农户总数用 21 179 万户来算；受访农户数：2009 年 3 624 户，2010 年 4 794 户，2011 年 3 648 户。

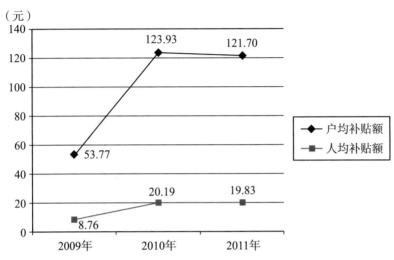

图 19－15　2009～2011 年全国下乡产品户均、人均补贴额

6. 六成以上农民获得政策补贴

对于农民而言，家电下乡直接的实惠是政府补贴。在 2 176 户购买下乡产品农户中，有 1 457 户拿到了政府补贴金额，占购买农户的 66.96%，按照 13% 的补贴比例，获得政府补贴总额 437 266 元，户均补贴 201 元。此外，在购买农民中，仍有 719 户农民购买家电下乡产品而没有获得任何补贴，占比为 33.04%（见表 19－20）。总的来说，家电下乡补贴落实得较好，大部分农民都获得了应有的补贴，但不可忽视的是，仍有相当一部分农民购买家电下乡产品而没有获得应有补贴，家电下乡政策有待完善。

表 19－20　　　　　　　　农户补贴落实情况　　　　　　　单位：户，元，%

样本数	补贴总额	户均补贴	补贴比例	获补贴农民比重	未获补贴农户
2 176 户	437 266 元	201 元	13%	66.96%	719 户

（三）农民对家电下乡政策满意情况

家电下乡政策作为国家惠农政策的一部分，其具体实施情况到底怎么样，还要从农民的切身感受出发，因此，我们就农民对家电下乡政策的满意情况进行了调查分析，并通过三年调查数据的对比分析，纵向考察家电下乡政策的实施绩效及实施变化。

1. 农民对家电下乡政策的满意度不断提高

就农民对家电下乡政策满意程度变化情况进行分析，2009～2011年表示对家电下乡政策"非常满意或比较满意"的占比依次为63.91%、64.66%和70.93%，总体呈上升趋势；与之相对，表示"不太满意或很不满意"的占比依次为10.40%、6.39%和5.13%，总体呈递减趋势；而对政策感到"一般"的农户，2010年比率较高，为28.95%（见表19－21、图19－16）。大体而言，随着家电下乡政策的不断改进完善，农民对该政策的满意度和认可度也不断提高，呈上升趋势。

表19－21   三年农民对家电下乡满意程度变化　　　　单位：个，%

年份	农民对家电下乡政策满意程度					合计
	非常满意	比较满意	一般	不太满意	很不满意	
2009	30.44	33.47	25.69	8.63	1.77	100.00（2 145）
2010	34.31	30.35	28.95	5.31	1.08	100.00（1 941）
2011	27.24	43.69	23.94	4.29	0.84	100.00（3 216）

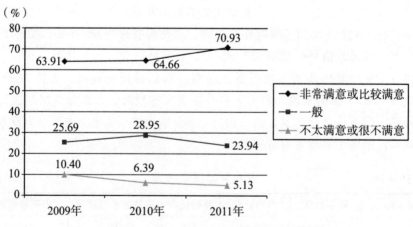

图19－16   三年农民对家电下乡满意程度变化

2. 全国及各地区农民对家电下乡政策的满意度

就全国调查的 3 216 户农户来看，70.93% 的农户表示对家电下乡政策"非常满意或比较满意"，5.13% 的农户表示对该政策"不太满意或很不满意"。总的来说，七成以上农民对家电下乡政策感到满意。在西部地区的调查中，64.22% 的农民表示对家电下乡政策"非常满意或比较满意"，占比最低，9.29% 农民表示对该政策"不太满意或很不满意"，占比最高，高出平均水平4.16 个百分点。中部地区有 76.71% 农民对该政策"非常满意或比较满意"，在各区域中占比最高（见表 19 – 22、图 19 – 17）。

表 19 – 22　　　　　不同地区农民对家电下乡政策的满意度　　　　单位：个，%

全国或地区	非常满意	比较满意	一般	不太满意	很不满意	合计
全国	27.24	43.69	23.94	4.29	0.84	100.00（3 216）
东部	25.76	45.27	25.17	3.51	0.29	100.00（1 025）
中部	33.39	43.32	20.63	2.48	0.17	100.00（1 168）
西部	21.70	42.52	26.49	7.14	2.15	100.00（1 023）

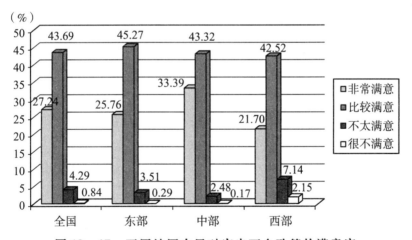

图 19 – 17　不同地区农民对家电下乡政策的满意度

3. 不同收入水平农民对家电下乡政策的满意度

总体而言，在 3 108 份有效样本中，农民收入水平越高，对家电下乡政策的满意度越高。具体而言，对于收入由低到高的农户（按照收入分为五等份），其对家电下乡政策感到"非常满意或比较满意"的占比依次为 62.92%、69.41%、72.58%、74.76% 和 76.26%，呈上升趋势。"最低 20% 收入"农民中，对家电下乡政策"不太满意或很不满意"的占比最高，为 6.77%，高出全国平均水平（见表 19 – 23、图 19 – 18）。总的来说，农民收入水平越高，对家电下乡政策的满意度越高，呈上升趋势。

表 19 - 23　　　　不同收入水平农民对家电下乡政策的满意度　　单位：个，%

不同收入	非常满意	比较满意	一般	不太满意	很不满意	合计
最低 20% 收入	26.92	36.00	30.31	5.54	1.23	100.00 (650)
次低 20% 收入	26.75	42.66	25.00	4.20	1.40	100.00 (572)
中间 20% 收入	23.55	49.03	23.39	3.55	0.48	100.00 (620)
次高 20% 收入	30.16	44.60	21.75	3.49	0.00	100.00 (630)
最高 20% 收入	27.99	48.27	18.71	4.25	0.79	100.00 (636)

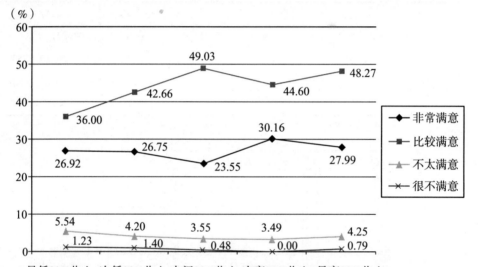

图 19 - 18　不同收入水平农民对家电下乡政策的满意度

4. 不同职业农民对家电下乡政策的满意度

从不同的职业看，在 2012 年调查所获的 3186 份有效样本中，"做生意"农民对家电下乡政策的满意度高于其他职业的农民，75% 的对家电下乡政策表示"非常满意或比较满意"，教师及其他职业的农民占比最低，为 69.83%；对家电下乡政策感到"不太满意或很不满意"的农民中，"务工"农民比重低于其他职业农民，占比为 4.22%（见表 19 - 24、图 19 - 19）。总的来说，务农、务工农民对家电下乡政策的满意度相当，做生意农民的满意度最高。

表 19 – 24 不同职业农民对家电下乡政策的满意度 单位：个，%

不同职业	非常满意	比较满意	一般	不太满意	很不满意	合计
务农	28.56	42.21	24.45	4.25	0.53	100.00（2 258）
务工	22.40	48.70	24.68	4.22	0.00	100.00（308）
做生意	20.59	54.41	19.85	3.31	1.84	100.00（272）
教师及其他	28.16	41.67	22.70	4.60	2.87	100.00（348）

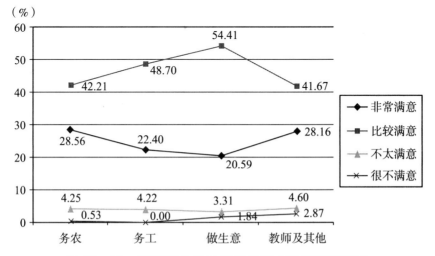

图 19 – 19 不同职业农民对家电下乡政策的满意度

三、家电下乡政策存在的问题

家电下乡是我国积极应对金融危机，促进经济平稳发展，加快新农村建设的一项重要举措。家电下乡能激发农民的购买力，扩大内需。尽管家电下乡对社会稳定、社会经济及农民生活发展都作出了大的贡献，但仍存在许多不容忽视的问题，主要表现在：

（一）政策宣传不到位，积极性不如预期

1. 政策宣传不到位

调查发现，虽然农户大都知晓家电下乡政策，但对政策的具体实施步骤和途径、补贴领取标准和方式，以及申报程序等细则一知半解，甚至对家电下乡产品的种类都了解不清，使得部分农民想买却无法买，进而大部分农民都没享受过该政策。2009 年 51.47%"没享受过"家电下乡政策，在 2010 年调查的 4 462

个农户中，超过七成的农户表示"没享受过"家电下乡政策，此外，还有2.04%的农户表示"不清楚"该政策（见图19-20）。这直接说明政府对家电下乡政策的宣传力度不够强，宣传覆盖面不够广，导致大部分农民对家电下乡政策了解不够，想买却无法买，还有的甚至在购买家电过程中，不清楚自己是否享受了家电下乡的优惠政策。农民对政策认知程度较低，在一定程度上制约了农民对家电下乡产品的消费，导致家电下乡政策无法真正起到惠民的作用。

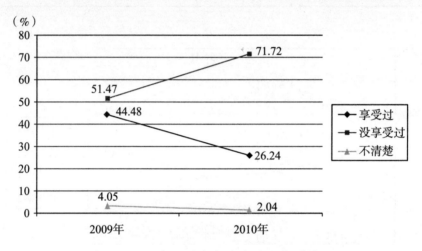

图 19-20　农民对家电下乡政策享受情况

2. 农民购买积极性不如预期

就全国而言，农民购买家用电器的数量在 2010 年达到顶峰，为 14 639 件，但家电下乡产品仅占了 10.70%，2011 年家电下乡产品在整个家电购买中的比重有所上升，但也仅达 15.47%，连两成都不到，更不用说 2009 年，在整个家电购买中，家电下乡产品比重仅占 7%（见表 19-25）。在整个家电下乡产品购买中，除电冰箱、洗衣机的购买率较高外，其余家电的购买率均不到一成。可见，虽然政府在家电下乡政策中给予了农民一定的补贴优惠，但由于受到自身经济条件、所处区域设施及政策本身等多重因素的影响，农民对家电下乡产品的购买积极性与政策预期有一定的差距，农民购买积极性不如预期。

表 19-25　　　　　　　　农民家电下乡产品购买情况　　　　　　　单位：个，%

年份	家电购买数	家电下乡产品占比
2009	5 954	7.00
2010	14 639	10.70
2011	12 190	15.47

（二）补贴方式单一，补贴程序繁琐

1. 补贴方式单一

家电下乡政策明确规定，家电下乡产品补贴标准为13%，但其中并未充分考虑地区经济发展水平的差异性、人民生活水平的差异性、产品种类的差异性等因素，使得补贴方式单一，对农民购买造成不便，在一定程度上迫使农户放弃购买家电下乡产品。农户收入程度不同，购买力水平也不同，显然购买力水平低的农户才是政策补贴的重点。如果不区分收入水平的差异，一律按13%标准补贴，可能导致没有家电的贫困家庭因没钱而无力购买，享受不到政策的优惠，而比较富裕的家庭因有家电而不需要购买，优惠政策同样无法实现，这就违背了政府的本意，失去了实施该项政策的实际意义。

2. 补贴程序烦琐

根据政府规定，农民在指定的销售网点购买下乡产品，要凭身份证原件、户口本原件、购买产品发票原件及复印件、产品标识卡及储蓄存折，到户口所在地的乡镇财政部门申报补贴资金，再经过一系列的审核、批示、确认才能拨付到农民的账户上。烦琐的补贴手续和漫长的补贴周期，普遍让农民犯难，另外，农民普遍反映至少要等待30天甚至好几个月，补贴才能到账，烦琐复杂的补贴程序在很大程度上影响着农民的购买积极性，使很多农民望而却步。对比近三年农民对补贴程序的评价，我们可以发现，认为领取程序"很方便或比较方便"的比率逐年增长，由2009年的58.44%上升到2011年的75.66%。但是，仍有部分农民认为补贴领取程序"很烦琐或较烦琐"，三年占比分别为19.71%、7.07%和4.72%，比率虽有所下降，但仍不容忽视。此外，还有33.04%的农户购买家电下乡产品而没有得到应有补贴（见图19－21）。可见，虽然补贴领取程序有所改进，但仍有待简化、完善。

（三）监管机制不健全，服务体系不完善

1. 政策监管工作不到位

政策执行过程中，各地都出现了一些生产商、经销商甚至农民的违规操作行为。部分生产商为降低成本以次充好，销售假冒伪劣商品，部分经销商隐藏标识卡以市价出卖、不开发票逃税，部分农民购买下乡家电获得补贴后又转卖等等不规范行为，干扰了农村家电消费市场的健康运行，影响了家电下乡政策的有效执行，并在一定程度上影响着农民消费者对该政策的信心。可见，监管部门的监督机制仍不完善，监管工作不到位，这在一定程度上挫伤了农户对家电下乡产品的信任度，也影响了农民的购买欲望。

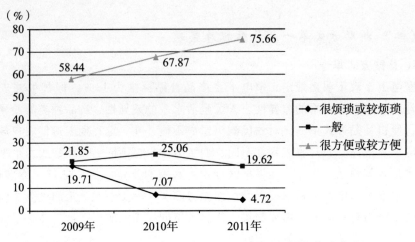

图 19 – 21 三年农民对家电下乡补贴程序的感受变化

2. 产品结构不适应

长期以来，家电厂商开发产品都是面向城市用户，缺少对农村消费偏好的研究和产品开发，使得与农民收入、农民消费习惯及农村消费环境相一致的产品较少，农村消费者选择的范围小，相当一部分农民买不到称心如意的家电产品。在政策推行过程中，对于产品最高限价做出了很大调整，也丰富了产品的品种，但是不同地区、不同农民在不同时段对家电产品的需求是不同的，他们的消费能力也是不同，有些地方的农民要求更高端的产品，有些地方的农民则需要更多相对廉价的产品，这就需要对家电下乡产品的结构进行调整，而现今很多家电下乡产品结构不适应农村消费需求。

3. 售后服务不到位

售后服务是家电产品消费的重要环节。政府家电下乡政策的指向不仅要让农民"买得起"，还要让农民"用得好"，而后者依赖于产品的售后服务。政策规定中标生产企业要切实履行投标时关于售后服务的承诺，即售后服务"三包"规定、售后服务电话、5 日内解决家电产品故障、5 日内难以解决的应当提供备用机，对地域广大和农户分散的乡村开展巡回维修服务和集中培训服务等。但是，农村地域广阔、分布相对分散的特点，加之许多农村地区交通不便，使售后服务真正落实起来较为困难，针对这些问题农村对产品售后服务提出了很高的要求，农村售后服务是每个家电企业售后服务体系的薄弱环节。农村产品售后服务网点少，专业维修技术人员缺乏，售后维修行为不规范等等是下乡家电产品非常突出的问题。

（四）制度保障不完善，配套设施不健全

1. 制度保障不完善

国家对家电下乡政策的不断推进，给农民带来很多实惠和利益。但是，该政策的制定内容、执行落实以及与之相关的配套制度显露出一些问题，影响到其可持续的执行性。一是家电补贴比例低。对于收入水平并不高的农村地区，政策发挥的效果有限。二是补贴形式单一。补贴仅限于中标的产品，也仅限于用钱补贴，这样的形式，不能满足农民对家电产品多样化的需求。三是在政策制定上"一刀切"。一方面，没有考虑到不同地区农民的收入和农村条件的差别，全国上下统一的程序和标准反而不利于政策的推行。另一方面，在产品定价上缺少浮动机制，家电市场竞争很激烈，同类产品降价较快，而中标产品却给定价格，对于降价快的产品，农民无法在实际上享受到补贴。

2. 配套政策跟不上

广大农民的收入水平还不高，增幅有限，不同地区不同农民家庭收入还存在较大差距，农民手中的钱除了用于日常基本生活开支外，能够用来购买家用电器的数额有限。农村的教育、医疗、保险、养老等配套的社会保障体系尚未完全建立，覆盖面不广，存在看病难、上学难等问题，农民手中的钱基本上也用于这些方面，对家电的购买则有心无力，影响其消费的心理。政策宣传力度不够，农民对补贴比例、申报程序、限购数量、产品质量等具体信息的了解不够全面，影响了农民的购买行为和选择。

3. 配套设施不健全

我国不少农村的基础设施还不完善，例如缺电缺水、电视信号不强、电网老化、电压不稳定，很多村庄现今仍未接通自来水、有线电视、互联网等装置，使得电视信号微弱，甚至接收不到电视节目，洗衣机、电脑也无法使用。在调查的247个有效村庄中，17.41%的村庄还"没通自来水"，12.15%的村庄"没通有线电视"，16.26%的村庄"没通互联网"，还有一些村庄，虽构建了这些基础设施，但很不完善，其中，通自来水、有线电视、互联网在50户以下的村庄占比依次为5.26%、4.82%和39.02%（见表19-26）。可见，我国农村地区，还有很多村庄的基础设施建设仍不完善，这些因素阻碍了家电产品在农村的快速普及，抑制了农民对相关家电产品的消费需求，使得家电下乡政策无法全面展开，实现其惠民利民的功效。

表 19－26	村庄基础设施构建情况					单位：个，%
村庄数	没通自来水村庄占比	通自来水50户以下村庄占比	没通有线电视村庄占比	通有线电视50户以下村庄占比	没通互联网村庄占比	通互联网50户以下村庄占比
247	17.41%	5.26%	12.15%	4.82%	16.26%	39.02%

四、评估结论与建议

通过对广大农村家电下乡政策落实情况和实施效果的调查、研究，可以基本了解农民群众对家电下乡政策的评价和看法。

就家电下乡政策落实情况来看，农民对家电产品的需求量日益增大，为家电下乡政策的实施提供了契机，有利于国家推行家电下乡政策，更进一步促进了农民的消费；随着政策的推行、实施，下乡产品在农户购买的家电产品中所占比率逐年增加，呈上升趋势；在下乡产品购买中，生活型家电虽居于主导地位，但消费结构逐渐从生活型向享受型转变。

就政策的实施效应来看，农民对国家出台家电下乡政策持欢迎态度，对家电下乡政策的惠民目标和成效较为认可，认为政策改善生活较大，惠民作用显著；家电下乡政策有效地刺激了农民对家电的消费需求，对拉动内需起到了积极的促进作用，也推动了整个农村的经济增长；家电下乡政策的实施，政府补贴金额的增加，很大程度上减轻了农民的经济负担，也实现了农民家庭间接收入的不断增加。

家电下乡政策的实施虽取得了一定的成效，但不可忽视的是，家电下乡仍面临着"政策宣传不到位，积极性不如预期；监管机制不健全，服务体系不完善；制度保障不完善，配套设施不健全"的发展困境。政策宣传不到位，积极性不如预期主要体现在部分农民对该政策具体实施细节一知半解，对产品种类也不甚了解等，受到诸多因素的影响，农民对家电下乡产品的购买积极性与政策预期有一定的差距，农民购买积极性不如预期；监管机制不健全，服务体系不完善体现在政策监管和售后服务不到位，在政策执行过程中，各地都出现了一些生产商、经销商甚至农民的违规操作行为，且农村地域广阔、分布相对分散，加之许多农村地区交通不便，使售后服务很难真正落实起来；制度保障不完善，配套设施不健全则体现在政策的内容制定、执行落实及相关配套制度上存在着家电补贴比例低，补贴形式单一，在政策制定上"一刀切"等问题，且在我国广大农村，还有很多村庄的基础设施建设仍不完善，而这种种原因都阻碍了下乡产品在农村的快速推广，抑制了农民对相关家电产品的消费需求，使得家电下乡政策无法全面展开，实现其惠民利民目标。

　　家电下乡政策作为近年来国家推出的又一重大涉农、惠农政策，要想真正实现其扩大内需、改善民生、拉动消费带动生产、促进经济增长的目的，还需从以下四方面着手：一是改善宣传方式，丰富宣传内容，使农民真正了解政策内容和领取步骤；二是健全补贴标准，简化补贴程序，方便农民领取补贴；三是强化监管机制，完善服务体系，缓解供需失衡、售后服务薄弱问题；四是加强基础建设，健全社保体系，破解广大农村消费的基础性障碍。

第二十章

农业保险政策的绩效研究

随着我国农业市场化、全球化程度的不断加深，以及自然灾害的不断影响，农业生产经营的不确定性因素越来越多。最近几年国家实施优惠的农业保险政策，在此利用百村调查资料对农业保险政策进行绩效评估。

一、农业保险的现状评估

（一）农业保险的参与率低

1. 参保意愿偏低，不足三成

根据全国 3 467 份有效农户样本显示，其中有 934 户农民参与了农业保险，约占总体样本数的 26.94%，总体占比还不到三成；剩下的 2 533 户没有参保，占比为 73.06%（见表 20 - 1、图 20 - 1）。这说明全国农户对农业保险的参与度偏低，这反映了农户对农业保险政策的参与热情不高，对农业保险政策的响应缺乏积极性。

表 20 - 1　　　　　　　　　农户的农业保险参与意愿　　　　　　单位：户，%

参保情况	有效样本	比重
是	934	26.94
否	2 533	73.06

注：有效样本：3 467；缺失值：181。

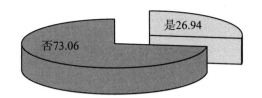

图 20 - 1　农户的农业保险参与意愿（单位：%）

在区域上，东、中部农业保险参与率明显高于西部。从表 20 - 2、图 20 - 2 中可以看到，2011 年东部、中部和西部农户的农业保险参与率分别为 28.17%、28.46%、24.07%。这可能是东部、中部的经济水平总体高于西部，支付能力较强，风险意识更强，所以对于农业保险的参与率明显高于西部农户。

表 20 - 2　　　　　不同区域农民农业保险参与意愿　　　　单位：户，%

区域	是否参加了农业保险		合计
	是	否	
东部	28.17	71.83	100（1 104）
中部	28.46	71.54	100（1 123）
西部	24.07	75.93	100（1 126）

注：有效样本：3 467；缺失值：181。

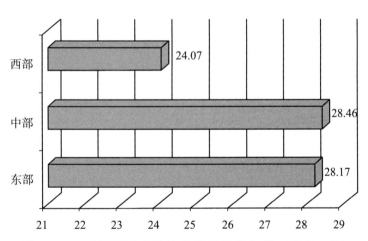

图 20 - 2　不同区域农民的农业保险参与率（单位：%）

不同年龄段农民的参保意愿没有显著性差异。接受调查的 3 463 位农民中，年龄为 30 岁以下、30～39 岁、40～49 岁、50～59 岁、60 岁及以上的农民参与了农业保险的占比分别是 20.73%、26.57%、26.11%、29.15%、26.16%（见表 20 - 3、图 20 - 3）。相对而言，30 岁以下的农民参保率最低，50～59 岁农民参保率最高。同时，由 P = 0.31 可知，年龄对农民的参保意愿基本没有影响。

表 20 - 3　　　　　　　　不同年龄农民的参保意愿　　　　　　　单位：户，%

年龄	是否参加了农业保险		合计
	是	否	
30 岁以下	20.73	79.27	100 (82)
30 ~ 39 岁	26.57	73.43	100 (350)
40 ~ 49 岁	26.11	73.89	100 (1 084)
50 ~ 59 岁	29.15	70.85	100 (995)
60 岁及以上	26.16	73.84	100 (952)

注：有效样本：3 463；缺失值：185。

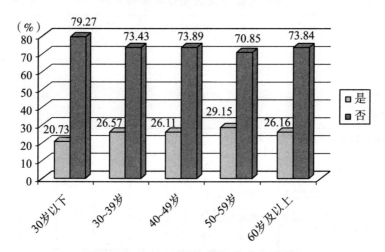

图 20 - 3　不同年龄农民的参保意愿

教育水平与农民的参保率成正相关。如表 20 - 4、图 20 - 4 所示，受教育水平为文盲、小学、初中、高中、大专及以上的农民在农业保险上的参保户数分别为 276 户、1 125 户、1 434 户、507 户、106 户；参保率对应为 22.83%、25.33%、26.92%、31.16%、36.79%。可见，农民的受教育程度越高，对新事物的认知程度和接受程度就越高，也就能够更好理解农业保险的作用和特点，从而其购买意愿也相应越大。但在农村，农民的受教育水平主要集中于小学与初中程度。

表 20 - 4 　　　　　　　　不同教育水平下农民的参保意愿 　　　　单位：户，%

教育水平	是否参加了农业保险		合计
	是	否	
文盲	22.83	77.17	100（276）
小学	25.33	74.67	100（1 125）
初中	26.92	73.08	100（1 434）
高中	31.16	68.84	100（507）
大专及以上	36.79	63.21	100（106）

注：有效样本：3 448；缺失值：200。

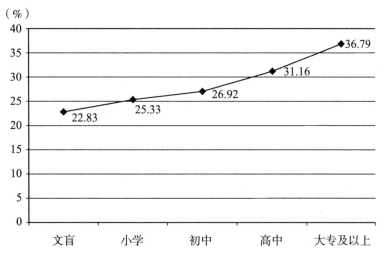

图 20 - 4 　不同教育水平下农民参加了农业保险的占比

务农农民更乐于参与农业保险。职业对农民的参保意愿有较大的影响。职业为务农的农民参与农业保险积极性明显高于务工和其他职业的农民，务农农民参保率为 28.66%，务工和其他职业的农民参保率分别为 19.67%、23.82%（见表 20 - 5、图 20 - 5）。这说明职业为务农的农民对于参与农业保险更为积极，这主要在于务农农民以农业为生，农业保险与其息息相关。

表 20 - 5 　　　　　　　　职业对农民参保的影响 　　　　　　单位：人，%

职业	是否参加了农业保险		合计
	是	否	
务农	28.66	71.34	100（2 474）
务工	19.67	80.33	100（305）
其他	23.82	76.18	100（659）

注：有效样本：3 438；缺失值：210。

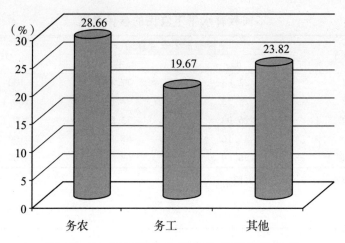

图 20 – 5　不同职业农民的农业保险参与率

务农收入与参保率成正比。对调查的 3 208 份有效样本分析发现，务农收入为低等、中低、中等、中高、高等水平的农户，其参保率依次为 12.77%、27.26%、27.86%、31.08%、39.07%（见表 20 – 6.1、图 20 – 6）。可见，务农收入越高的农民，参与农业保险的积极性就越高。

农业收入在家庭总收入中的占比对农民参保意愿影响显著。务农收入占总收入 0 ~ 20% 的农户中有 22.35% 户参加了农业保险，占比最低；占比最高的为务农收入占家庭总收入 81% ~ 100% 的农户，参保率达 34.17%（见表 20 – 6.2、图 20 – 6）。整体上，随着被访农户农业收入占家庭总收入比重的增加，其购买农业保险的意愿也随之增加。这是因为农业收入在家庭总收入中占有较高的比重。

表 20 – 6.1　　　　　　务农收入与农户参保意愿　　　　　　单位：户，%

务农分入分组	是否参加了农业保险		合计
	是	否	
低等	12. 77	87. 23	100（650）
中低	27. 26	72. 74	100（642）
中等	27. 86	72. 14	100（621）
中高	31. 08	68. 92	100（650）
高等	39. 07	60. 93	100（645）

注：有效样本：3 208；缺失值：440。

表 20 - 6.2 　　　**农户农业收入占家庭总收入比重与参保意愿** 　　　单位：%

务农收入占比	是否参加了农业保险		合计
	是	否	
0 ~ 20	22.35	77.65	100（1 642）
21 ~ 40	33.05	66.95	100（478）
41 ~ 60	32.79	67.21	100（308）
61 ~ 80	32.62	67.38	100（187）
81 ~ 100	34.17	65.83	100（556）

注：有效样本：3 171；缺失值：477。

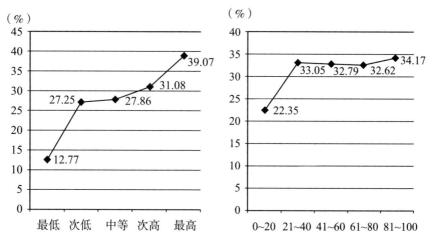

图 20 - 6　农业收入及其占家庭总收入比重与农民的参保率

2. 八成的农户属于自愿参保

由表 20 - 7 与图 20 - 7 可知，共有 977 户参保农户对"您参加农业保险是自愿参加的还是强制参加的？"进行了回答。其中分别有 785 户、86 户、106 户表示是自愿、强制及说不清，占比为 80.05%、8.79%、10.86%。这表明，我国绝大部分的农户是自愿参与农业保险，但也有近一成农户属于强制参保。

从东中西三大区域范围来看，三地区的农户对农业保险的自愿参与率存在着显著的差异。东部、中部、西部农户的自愿参保率分别为 74.62%、87.57%、77.50%。从图 20 - 7 中也可以明确看出，东中西三地区农户的自愿参与程度存在着一定差异，中部地区农户对农业保险的自愿参与程度明显高于东、西部地区，东部地区的自愿参保率最低。这可能是对于中部大部分农民来说，农业仍是家庭收入中的一个重要组成部分，东部农民挣钱渠道较多，农业收入的比重相对较低，西部很有可能是不少农民经济收入低，参保费的支付能力不足。

525

表 20 - 7　　　　　　　**全国及各地区农民农业保险参与方式**　　　　单位：户，%

区域	参与农业保险的方式			合计
	自愿	强制	说不清	
全国	80. 05	8. 79	10. 86	100（977）
东部	74. 62	13. 76	11. 62	100（327）
中部	87. 57	2. 16	10. 27	100（370）
西部	77. 50	11. 79	10. 71	100（280）

注：有效样本：977；缺失值：2 671。

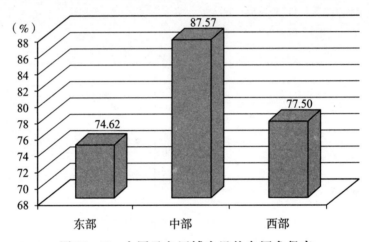

图 20 - 7　全国及各区域农民的自愿参保率

3. 参保费用投入少，集中于小额投保

参与本题调查的 776 户农户 2011 年共缴纳农业保险费 68 970 元，平均每户 90. 04 元，其中一半以上农户的参保费用在低于 18 元（见表 20 - 8. 1、图 20 - 8. 1）。样本农户投保费用占当年农业总收入的 1. 32%，一半以上农户在低于 0. 21%。可知，整体上农民在农业保险上的投入比较少。

对支出金额进行分组统计，课题组发现，农民参加农民保险的缴费档次十分集中。85. 90% 的农民年缴费额都在 0 ~ 100 元；有 6. 27%、3% 的农户参保保费集中在 101 ~ 200 元、201 ~ 300 元的区间范围内；而参保费在 300 元以上的农户人数十分有限（见表 20 - 8. 2、图 20 - 8. 2）。由此可见，农民对农业保险仍有疑虑，态度也比较冷漠，一方面他们不愿意对未知的、不可预期的回报投入过多金钱，另一方面在访谈中，不少农户反映，"参保费比保险公司赔偿费高，作用太小了，没有参保的必要"。显然，农业保险还不能完全激发农户的参保积极性。

表 20 - 8.1　　　　　　全国及各地区农民农业保险费　　　　　单位：元

区域	农业保险参与费用			样本
	均值	中位数	总计	
全国	90.04	18	68 970	766
东部	66.13	13.50	15 871	240
中部	70.66	18	20 279	287
西部	137.32	20	32 820	239

注：有效样本：766；缺失值：2 882。

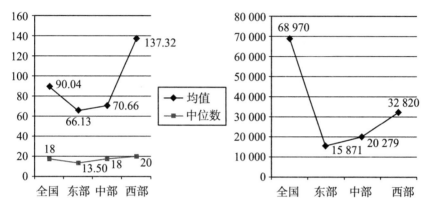

图 20 - 8.1　全国及各地区农民农业保险费（单位：元）

表 20 - 8.2　　　　　　　　　农户参保费分组　　　　　　单位：户，%

参保保费分组	有效样本数	有效样本比例
0 ~ 100 元	658	85.90
101 ~ 200 元	48	6.27
201 ~ 300 元	23	3.00
301 ~ 400 元	10	1.31
401 ~ 500 元	6	0.78
501 ~ 600 元	3	0.39
601 ~ 700 元	0	0.00
701 ~ 800 元	3	0.39
801 ~ 900 元	0	0.00
901 ~ 1 000 元	1	0.13
1 000 元以上	14	1.83

注：有效样本：766；缺失值：2 882。

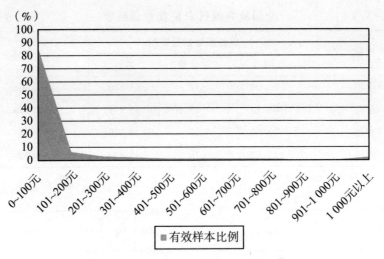

图 20 - 8.2　农户参保费分组

（二）农业保险的享受度低

1. 不到两成农户享受了农业保险

如表 20 - 9、图 20 - 9 所示，全国有 17.36% 的农民享受过农业保险，78.54% 的农民没有享受过，还有 4.10% 的农民对此不清楚。可以看出，农民的农业保险享受率不高，也有少数农民对此不关心。从三大经济区上看，西部农民的农业保险享受率最高，达 19.98%，高于东部农民的 17.24%，更高出占比为 13.94% 的东部农民，西部地区农民的农业保险享受率最高（见表 20 - 9、图 20 - 9）。整体上，我国农民农业保险的享受率不高，主要原因在于农民的参保率不高，在三成以下；另外农业保险赔付不到位也是重要原因。

表 20 - 9　　　　　　　全国及各地区农民农业保险享受与否　　　　　单位：户，%

区域	是否享受			合计
	享受过	没享受	不清楚	
全国	17.36	78.54	4.10	100（4 366）
东部	13.94	82.60	3.46	100（1 184）
中部	19.98	74.97	5.05	100（1 622）
西部	17.24	79.17	3.59	100（1 560）

注：表中数据为 2010 年数据；有效样本：4 366；缺失值：428。

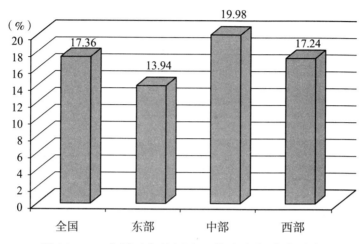

图 20 - 9　全国及各地区农民的农业保险享受率

2. 参保农民的享受率近七成

2010 年全国参保农户数为 1 123 户，享受过农业保险的农民为 758 户，占参保户数的 67.50%。分东部、中部、西部考察，东部、中部、西部享受过农业保险的农户数分别为 165 户、324 户、269 户，对应的参保数为 254 户、505 户、364 户，前者在后者中的比重分别是 64.96%、64.16%、73.90%（见表 20 - 10、图 20 - 10）。由上可知，西部地区农户享受率最高。之所以西部农户享受频率要高于东，中部，可能与西部地区多灾害而引起的赔付情况较多有关。

表 20 - 10　　　　　　享受农民数在参保数中的占比　　　　单位：户，%

区域	享受数	参保数	前者比后者
全国	758	1 123	67.50
东部	165	254	64.96
中部	324	505	64.16
西部	269	364	73.90

注：表中数据为 2010 年数据。

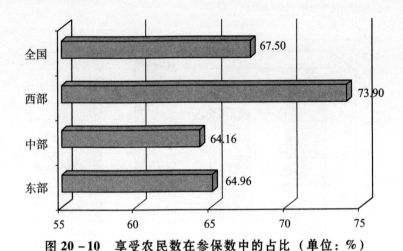

图 20 - 10　享受农民数在参保数中的占比（单位：%）

（三）农业保险的评价不高

1. 近八成农户对农业保险进行了评价

全国共有 2 876 位农户对农业保险做出了评价，占总样本数的 78.84%。分区域看，中部地区农户的参评率最高，有 1 067 位，占比达 82.65%；东部地区农户参评率次之，为 80.14%，共 944 位；西部地区农民参评的占比低于全国水平，为 73.37%，即 865 位（见表 20 - 11、图 20 - 11）。这表明，整体上有近八成农民参与了评价，且中部地区最高。参评率较高可能是农业保险已全面推广数年，农民对其也有基本了解；中部高于东、西部则更多的是因为中部农民的参保人数更多，参保的农民更乐于参与评价、反馈情况。

表 20 - 11　　　　　　农户对农业保险评价的参与　　　　　单位：位，%

区域	有效样本数	总样本数	有效样本比例
全国	2 876	3 648	78.84
东部	944	1 178	80.14
中部	1 067	1 291	82.65
西部	865	1 179	73.37

注：有效样本：2 876；缺失值：772。

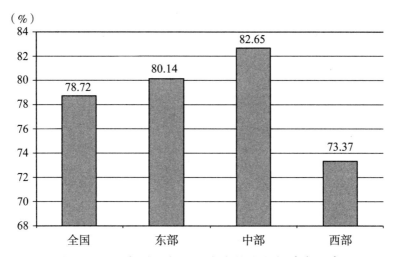

图 20 – 11　全国及各地区农户的农业保险参评率

2. 农民对农业保险政策的评价较低

通过将问卷中被访农户对农业保险政策满意程度采用赋值的方法，即将"非常满意"赋值为 5 分，"比较满意"赋值为 4 分，"一般"赋值为 3 分，"不太满意"赋值为 2 分，"很不满意"赋值为 1 分，对农业保险政策的满意程度进行分析，结果如下：

2 876 位全国农户对农业保险的评价均分为 3.66 分，中位数为 3 分。从东中西三区域上看，东部地区农户对农业保险政策的评价均值为 3.74 分，高于中部和西部地区的 3.68 分和 3.54 分；同时，东部、中部的中位数均为 4 分，西部地区为 3 分（见表 20 – 12、图 20 – 12）。可知，从全国来看，农民对农业保险的评价不高，按 100 制换算为 73.33 分，更多的农民认为农业保险政策一般。东部、中部农民对农业保险的评价高于全国水平，且对其评价主要集中于比较满意。评价不高的可能因素主要有三点：一是农户对农业保险政策内容的不了解，二是对农业保险政策相关措施存在疑惑，三是该政策的实施绩效与农民的期望值相比较还有很大落差，现实效果仍不能满足农民需求。

表 20 – 12　　　　　全国及各区域农民的农业保险满意程度　　　　单位：位，分

区域	均值	众数	中位数	有效样本数
全国	3.66	3	4	2 876
东部	3.74	4	4	944
中部	3.68	4	4	1 067
西部	3.54	3	3	865

注：有效样本：2 876；缺失值：772。

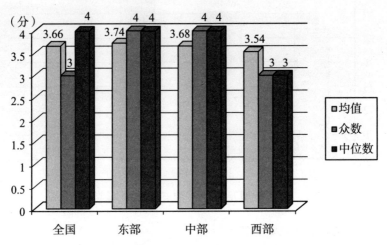

图 20 - 12 全国及各区域农民农业保险满意程度

农民年龄越大，对农业保险的评价越高。如表 20 - 13、图 20 - 13 所示，年龄为 30 岁以下、30～39 岁、40～49 岁、50～59 岁、60 岁及以上的农民对农业保险的评价均分分别为 3.51 分、3.61 分、3.65 分、3.64 分、3.71 分。随着年龄的增加，农民对农业保险的评价也有所提高，老年农民的满意度最高，青年农民最低。因为老年农民大多在家务农，对国家各项优惠政策带来的好处有切身体会。青年农民多是以务工或其他为职，与政策的关联小且关注少。

表 20 - 13　　　　　　　不同年龄段农民对农业保险评价　　　　　单位：位，分

年龄	有效样本	均值
30 岁以下	68	3.51
30～39	304	3.61
40～49	902	3.65
50～59	832	3.64
60 岁及以上	769	3.71

注：有效样本：2 875；缺失值：769。

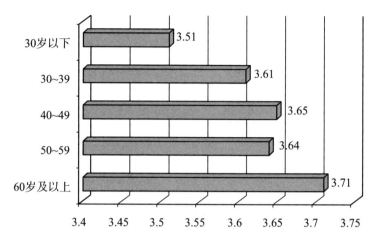

图 20 - 13　不同年龄段农民对农业保险评价（单位：位，分）

　　农民受教育程度越高，对农业保险政策评价越高。教育水平为文盲、小学、初中、高中的农户对农业保险政策的评价值分别为 3.56 分、3.64 分、3.68 分、3.65 分，大专及以上教育水平农户对农业保险政策的评价值为 3.81 分（见表 20 - 14、图 20 - 14）。文盲农民对农业保险政策评价最低，大专及以上教育水平的农民评价最高。由此可见，随着教育水平的升高，对农业保险政策的满意度也相应上升。这与受教育水平越高的农民更能认知农业保险的重要性，对农业保险政策的期待也更高有关。

表 20 - 14　　　　　　　**教育水平与农业保险的满意程度**　　　　　单位：位，分

教育水平	有效样本	均值
文盲	232	3.56
小学	905	3.64
初中	1 209	3.68
高中	431	3.65
大专及以上	84	3.81

　　注：有效样本：2 861；缺失值：787。

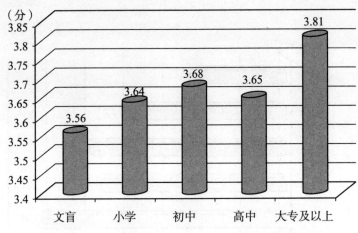

（分）

图 20 –14　不同教育水平农民对农业保险的评价

务农农民对农业保险政策评价更高。由表 20 –15、图 20 –15 可知，务农农民、务工农民、其他职业农民的对农业保险的评价均分分别为 3.68 分、3.55 分、3.64 分。相对而言，务农农民对农业保险政策最为满意，其他职业农民次之，务工农民满意度最低。在外务工的农民对惠农政策满意度普遍较低，这与其常年在外务工，对政策的敏感度相对较低有关。

表 20 –15　　　　　　不同职业农民对农业保险满意程度　　　　单位：位，分

职业	有效样本	均值
务农	2 034	3.68
务工	282	3.55
其他	539	3.64

注：有效样本：2 855；缺失值：759。

农业收入水平高的农民对农业保险政策评价最高。农业收入水平高的农户对农业保险政策满意程度最高，评价均值为 3.73 分；中低收入的农户为 3.70 分，仅次于高收入农户；低等、中等、中高收入水平农户满意程度分别为 3.58 分、3.60 分、3.73 分（见表 20 –16.1、图 20 –16.1）。随着农业收入增加，农业保险满意程度在总体上呈现上升趋势。

进一步考察，农业收入占家庭总收入不同比重下农民对农业保险的评价。其中，评价分最高的是占比为 41% ~60% 的农民，为 3.73 分；其次为占比为 81% ~100% 的农民，有 3.63 分，最低的是占比为 61% ~80% 的农民，分数是 3.53 分（见表 20 –16.2、图 20 –16.2）。农业收入占总收入一半左右的农民对农业保险的评价相对要高。

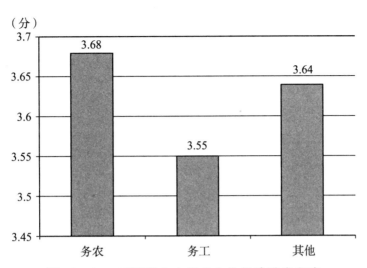

图 20 - 15　不同职业农民对农业保险满意程度

表 20 - 16.1　　　　　农业收入水平与农业保险满意程度　　　　单位：位，分

农业收入	有效样本	均值
低等	534	3.58
中低	524	3.70
中等	507	3.60
中高	550	3.63
高等	544	3.73

注：有效样本：2 659；缺失值：656。

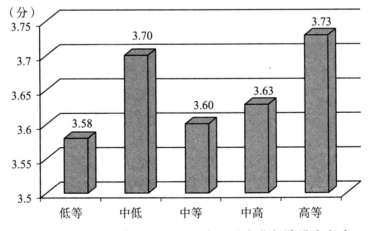

图 20 - 16.1　农业收入水平与农民对农业保险满意程度

表 20 – 16.2　　农业收入占家庭收入的比重与农业保险满意度　　单位：位，分

务农收入占比	有效样本	均值
0 ~ 20	1 360	3.65
21 ~ 40	398	3.62
41 ~ 60	258	3.73
61 ~ 80	163	3.53
81 ~ 100	449	3.67

注：有效样本：2 628；缺失值：647。

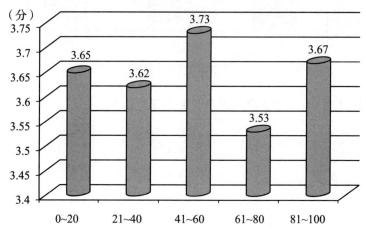

图 20 – 16.2　　农业收入占家庭收入的比重与农业保险满意度

二、农业保险绩效的多年对比

（一）参保率小幅提高，自愿率波动下降

四年的调查数据显示，农户在农业保险上的参保率逐年升高，2008 ~ 2011年参加了农业保险的农户分别有 535 户、659 户、1 123 户、934 户，分别占当年有效样本的 20.25%、20.42%、24.79%、26.94%。对农业保险参与率的增长速度考察，2008 ~ 2011 年四年间的增长率分别为 0.17%、4.37%、2.15%（见表 20 – 17.1、图 20 – 17.1）。可见，农民的参保率每年均有所提高，但是参与率始终在 20% ~ 30% 之间，增幅不大，且每年的增幅甚小。

表 20 –17. 1　　　　　　　　农民的农业保险参与统计　　　　　　单位：户，%

年份	参保人数	有效样本数	参保率
2008	535	2 642	20. 25
2009	659	3 227	20. 42
2010	1 123	4 530	24. 79
2011	934	3 467	26. 94

注：2008 年有效样本：2 642；缺失值：331。2009 年有效样本：3 227；缺失值：398。
2010 年有效样本：4 530；缺失值：264。2011 年有效样本：3 467；缺失值：181。

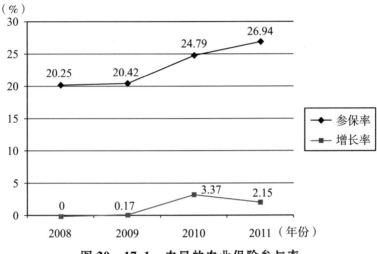

图 20 –17. 1　农民的农业保险参与率

对参保农户的参与方式调查，2008 ~ 2011 年农户自愿率分别是 82.77%、
89.75%、80.34%、80.35%。2009 年同比 2008 年增长了 6.98%，2010 年与
2009 年相比下降了 9.41%，同时低于 2008 年的比例，2011 年比 2010 年增长了
0.01%（见表 20 – 17.2、图 20 – 17.2）。整体上可以看出 2009 ~ 2011 年农民的
自愿参保率呈波动下降态势。

对比两组数据发现，四年来，农户的农业保险参与率的增长幅度小于自愿率
的下降幅度。由此，调研组推测，参保率的增长部分是由地方政府强制方式推动
的。以自愿参保为标准，近年我国的农业参保率基本没有增加。

表 20 – 17.2　　　　　农户农业保险参与方式四年统计　　　　单位：人，%

年份	您参加农业保险是自愿参加的还是强制参加的			合计
	自愿	强制	说不清	
2008	82. 77	7. 77	9. 46	100（528）
2009	89. 75	4. 37	5. 88	100（663）
2010	80. 34	5. 53	14. 13	100（1 175）
2011	80. 35	8. 79	10. 86	100（977）

注：2008 年有效样本：528；缺失值：2 425。2009 年有效样本：663；缺失值：7 308。
2010 年有效样本：1 175；缺失值：3 619。2011 年有效样本：977；缺失值：2 671。

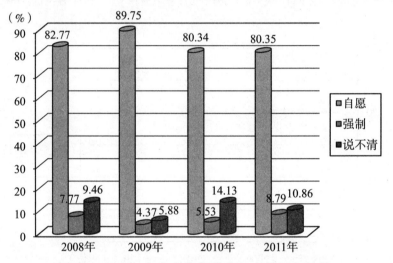

图 20 – 17.2　农户农业保险参与方式四年统计

（二）参保费大幅增长，参保档次持低

从表 20 – 18.1、图 20 – 18 中可以看到，2008 ~ 2011 年全国参保总年费大幅
度增长，参保年费分别为 25 231 元、33 455 元、7 194 元、6 870 元。2010 年全
国参保年费最高，是 2008 年的 2.94 倍；2011 年年费次高，是 2008 年年费的
2.73 倍。同时，2008 ~ 2011 年参保农户的户均参保年费的逐年上升，由 2008 年
的 54.73 元，一直增长到 2011 年的 90.04 元，户均投保费四年增加了 35.13 元。
可见，无论是在总投保年费还是户均年费，四年来均有大幅度的增加。一方面，
政策实施范围的扩大，政府资金投入的增加，更多的农民参与农业保险使投保总
费用提高。另一方面，农业保险政策实施数年使部分参保农民得到了成效，因而
愿意投入更多的资金。

农民的参保层次维持在低水平,主要集中于小额保险。如表 20 - 18.1、表 20 - 18.2 所示,2008 年有一半农民的投保费用在 6.25 元以下,2009 年、2010 年、2011 年分别为 16.50 元以下、28 元以下、18 元以下。四年参保费用的中位值有较大的增加,但均不超过 30 元。从分组来看,2008 ~ 2011 年均有八成以上农民的投保金额集中于 0 ~ 100 元,四年具体的占比分别为 91.54%、89.61%、81.60%、85.90%。投入为 0 ~ 100 元的农民占比在减少,但降幅不大,仍保持在八成以上。整体上,农民对农业保险依然属于低层次投入。这主要在于随着城镇化发展,务农收入已不再是大部分农民家庭的主要收入来源。同时,农业保险政策的主要目标是保持农业的再生产,本身赔付比率并不高,而且在实际操作中时常赔付不到位。这些都致使农民只选择小额度的参保值。

表 20 - 18.1　　　　　　　**全国参保年费基本情况四年统计**　　　　单位:元

参保费	2008 年	2009 年	2010 年	2011 年
总费用	25 231	33 455	74 194	68 970
均值	54.73	59.95	78.02	90.04
中位数	6.25	16.50	28	18

注:2008 年有效样本:461;缺失值:2 492。2009 年有效样本:558;缺失值:3 067。2010 年有效样本:951;缺失值:3 843。2011 年有效样本:766;缺失值:2 882。

表 20 - 18.2　　　　　　　**历年农户参保费层次**　　　　　　单位:%

参保保费分组	2008 年	2009 年	2010 年	2011 年
0 ~ 100 元	91.54	89.61	81.60	85.90
101 ~ 200 元	3.47	6.09	10.73	6.27
201 ~ 300 元	0.65	1.08	3.26	3.00
301 ~ 400 元	0.87	1.08	1.89	1.31
401 ~ 500 元	0.65	0.54	0.95	0.78
501 ~ 600 元	0.43	0.18	0.32	0.39
601 ~ 700 元	0.00	0.36	0.00	0.00
701 ~ 800 元	1.52	0.18	0.08	0.39
801 ~ 900 元	0.00	0.00	0.04	0.00
901 ~ 1 000 元	0.00	0.54	0.02	0.13
1 000 元以上	0.87	0.36	0.10	1.83

注:2008 年有效样本:461;缺失值:2 492。2009 年有效样本:558;缺失值:3 067。2010 年有效样本:951;缺失值:3 843。2011 年有效样本:766;缺失值:2 882。

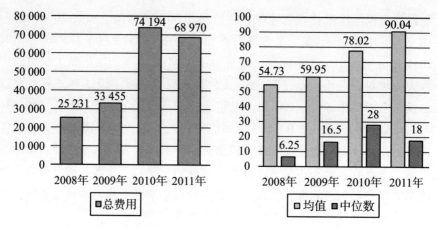

图 20 - 18　全国参保年费基本情况四年统计（单位：元）

（三）参评率变化大，评价整体偏低

农民在农业保险评价上的参与度三年变化较大，但参与人数的多少、参与率的高低对农业保险的评价并没带来较大影响。农民对农业保险的评价保持在一般水平，上下浮动。

从表 20 - 19 可以看出，2009 年、2010 年与 2011 年参与农业保险的农民占比变化很大，先降后升，呈稍向右倾斜的"V"字形。三年参与评价的农民数分别为 2 582 位（2009 年）、1 626 位（2010 年）、2 876 位（2011 年）。三年参评农民数在有效样本中的比例分别为 71.18%（2009 年）、33.81%（2010 年）、78.72%（2011 年）。无论在人数还在占比上，2010 年农民的参评情况最差，2010 年的参评率与 2009 年、2011 年均相差 40% 左右，差幅较大。

表 20 - 19　　　　　2009～2011 年农民在农业保险上的参评率　　　　单位：位，%

年份	参评人数	有效样本数	参评率
2009	2 582	3 227	71.18
2010	1 262	4 530	33.81
2011	2 876	3 467	78.72

注：2009 年有效样本：3 227；缺失值：398。2010 年有效样本：4 530；缺失值：264。2011 年有效样本：3 467；缺失值：181。

2009～2011 年农民对农业保险对评价分数具体如表 20 - 20、图 20 - 19 所示，农民对农业保险的评价均分先由 2009 年的 3.61 分降到 2010 年的 3.54 分，到 2011 年又有所增加，达 3.66 分。2009 年与 2010 年一半以上的农户对农业保险的评价不足 3 分，2011 年有所增加，为 4 分。三年来没有变化的是评价的最高分为 5 分，最低分为 1 分，众数均为 3 分。可见，三年农民对农业保险的评价变化不大，保持在 3.5 分左右，整体评价一般。

表 20 - 20　　　　　　农民对农业保险评价分数统计　　　　　单位：位，分

年份	均值	众数	中位数	最大值	最小值	有效样本
2009	3.61	3	3	5	1	2 583
2010	3.54	3	3	5	1	1 626
2011	3.66	3	4	5	1	2 876

注：2009 年有效样本：2 583；缺失值：370。2010 年有效样本：1 626；缺失值：3 168。2011 年有效样本：2 876；缺失值：772。

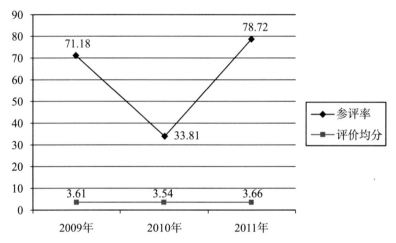

图 20 - 19　农民的农业保险参评率及评价均值（单位：%，分）

三、影响绩效的主要因素

农业保险的现状分析表明，农民的性别、年龄、职业、收入，居住区域等个体特征对农业保险的绩效有较大的影响。从公共政策的角度看，影响农业保险绩效的原因主要有以下几个方面：

（一）缺乏有力的立法保障

农业保险作为一种发展和保护农业的政策性制度，它对相关法律法规具有很强的依赖性。法律法规的制定与完善是政策性农业保险发展的前提和保证。早在 1995 年国家颁布了《保险法》，但根据该法第 149 条的规定，农业保险"由法

541

律、行政法规另行规定"。换言之，我国《保险法》对农业保险并不适用。2002
年修订、2003 年 3 月 1 日实施的《农业法》也只是宣示性地把建立完备的农业
保险制度作为目标之一。之后十六届三中全会作出的《中共中央关于完善社会
主义市场经济体制若干问题的决定》以党的文件的形式明确提出要"探索建立
政策性农业保险制度"。2004～2008 年的中央 1 号文件、《国务院关于保险业改
革发展的若干意见》都对农业保险发展提出了明确要求，各地开展了不同形式
的试点工作。财政部专门出台了《中央财政农业保险保费补贴试点管理办法》、
《能繁母猪保险保费补贴管理暂行办法》等规范性文件。

2006 年 9 月，由保监会牵头，国务院法制办、财政部、农业部等单位参加，
成立了政策性农业保险条例起草工作小组。但一直到 2012 年 11 月 12 日政府颁
布了《农业保险条例》，并规定自 2013 年 3 月 1 日起实施。在此之前，除了
《中华人民共和国保险法》、《中华人民共和国农业法》有原则性规定以外，农业
保险基本处于无法可依的局面。由于缺乏长效机制推动和保障，各地做法不一，
程度不同，极不利于农业保险的规范发展。

（二）性质定位不清，政策宣传不到位

对农业保险的性质正确定位是执行与落实农业保险政策之前必须把握好的步
骤。不少官员对其本质认识定位不清，出现"政策性"与"商业性"分歧，有
关各主体陷入"多方争利"局面。农业保险享受了国家政策性补贴，具备了一
个准公共产品的特性，不是一个纯商业性的东西。在实际中有部分县（区）和
乡镇政府片面认为农业保险是以"政府引导、商业化运作、自主自愿"十三字
方针为原则，农业保险是保险公司自己的事情，政府是帮保险公司办事，因而主
动性不强，存在被动接受、甚至抵触现象。另外，按十三字方针原则农业保险的
条款、保险责任及费率等，制定权都在保险公司，由保监会负责履行审批职责。
但实际操作中，目前没有一个省份把这些权利交给保险公司，都是由政府去制定
条款、费率等。而且当发生巨灾，保险公司要亏损的时候，一些地方政府以商业
化运作就要为由要求其自负盈亏；当风调雨顺，保险公司盈利的时候，地方政府
要求保险公司建立盈余账户，与保险公司争利。

对政策进行广泛、有力的宣传是使政策落地生根的第一步。现实中，不少地
区对农业保险缺乏广泛的宣传。如表 20 - 21、图 20 - 20 所示，2010 年与 2011
年分别有 31. 78%、23. 90%的农民认为惠农政策没有落实好的原因在于宣传的
少，不了解政策，占比高于其他原因。在与农民访谈时也发现，部分农民对农业
保险政策具体是什么、投保范围有哪些、各种赔付标准是多少等相关问题表示不
清楚。甚至反映"每一个新政策出台都摸不着头脑，担心国家以什么名义来骗

取钱"。

　　而在宣传的过程中不管是政府还是保险公司人员只注重保险重要意义、费用问题而没有详细地讲述农业保险的性质、形式等，更重要的是缺乏对农业保险操作程序的大力宣传和讲解。在宣传的过程中，只是单方面传播，没有意识到从农民的意见中提取有用的建议以及更好地丰富宣传的内容，进而增强其宣传效果。宣传手段常常较为单一，在宣传时采取"一刀切"，没有对宣传的对象进行区别对待。而事实上，不同的农民的信息获取量、文化程度、心理状况等方面都存在很大的差异。

表 20 – 21　　　　　　　　　政策落实不好的原因　　　　　　　　单位：%

原因	2010 年	2011 年
宣传得少	37.18	23.90
政策变味儿	31.75	20
不符合意愿	10.89	17.50
监督不到位	—	25.13
程序复杂	12.30	7.68
其他	7.88	5.79

注：2010 年有效样本：3 553；缺失值：1 241。2011 年有效样本：2 280；缺失值：1 368。"—"表示当年问卷中无此选项。

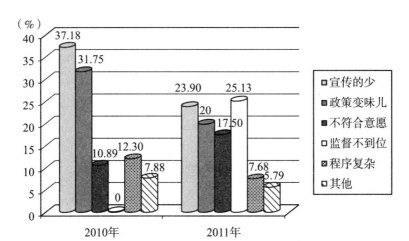

图 20 – 20　　政策落实不好的原因

（三）资金投入不足，赔付难到位

　　对于政府来说，财政投资力度不够，财政资金拨付具有滞后性，地方财政的

543

经费有限。而向中央申请财政支持需要很多的程序和一些固定的条件的限制，影响了农业保险资金的到位率。补贴配套资金难落实，地方财力落实中央财政补贴配套资金较为困难。我国经济发展不平衡，各地省份财政实力有所不同，一般而言，农业大省对农业保险需求较大，但往往也是财政穷省。中央财政对农业保险进行补贴的同时需要地方政策配套一部分补贴资金，地方财政补贴的积极性一般偏低，尤其是县一级财政，更不容易落实补贴，形成"中央补得起，地方贴补起"的矛盾，甚至会出现宁可不要中央财政补贴，也不愿意发展政策性农业保险的局面。

对于保险公司来说，盈利是其根本目标。基本的赔付标准是由省政府所制定的，保险公司缺少话语权。由于农业风险的特殊性，风险高的地区急于投保，风险低的地区则因保费过高而不愿参加保险。高风险、高成本、高赔付的"三高"特征，使一般商业保险公司对农业保险望而却步。保险公司在开展政策性农业保险业务过程中，种植业保险利润低、养殖业保险风险高等问题较为突出。农业保险成了"不赚钱的买卖"，保险公司积极性受挫，更多保险公司不愿开办农业保险业务。

对于参保的农民来说，在遇到灾害时，获得赔付金额是其投保的主要目的。而在理赔时，政府或保险公司出现以各种理由少赔、惜赔或拖延不赔。不少农民反映农业保险是"投保容易，理赔难且程序复杂，不跑上几趟别想拿到钱"。赔付时还出现了"对人不对事"的现象。对于有"权势"之人赔付及时，对于一般农户却一再拖欠，以各种借口不予及时发放赔款金。在赔偿中，理赔的标准各地不一，不少村民反映不合理。近些年，物价飞涨，而我国农业保险的赔付标准基本是以投保当时的市场价格为标准，对于农民来说，这样的赔偿只是杯水车薪。此外，有些地区对农业保险理赔实行的是"超赔封顶"，即当年农业保险单一险种赔偿总额在当年该险种保费总额（包括各级政府补贴和农户自缴的保费总和）5倍以上的部分，政府及承保公司不承担赔偿责任。

（四）监督机制不健全，农民监督意识淡薄

我国政策性农业保险是由监管商业保险的中国保监会来实施监管的，并设置农业保险监管处，专责农业保险业务监管。而各个省的制度都是自己设计的，不同的地方，政府扮演的角色也不同。有的地方，政府是在农业保险中扮演"保险人的角色"，由保险公司代办，政府只负责它需要补贴的保险费用这一方面；有的是直接参与保险的设计、经营等。政府角色的混乱会导致政府"道德风险"的频发。

农业保险的监管体制采取中央保监会到各省保监局这种自上而下的模式，县

级、镇级没有明确的专门监管部门，农村没有监管组织。自上而下的模式下越到下级其执行力度越小，而政策落实好坏更多地在于乡镇政府以及位于一线的村委。如表 20 - 22 所示，当问及农民"要使政策落实好谁的作用最大"时，占比排在前面的分别是村两委（37.29%）、乡镇政府（29.30%）。在监管中，不少政府主要以年终考核来实行监管。而考核常是一些简单的数据表，不能辨其是否有伪造，同时也不能反映政策实施的全过程。农业保险政策在村中的实施更多地依靠村干部的道德意识与自觉性。

表 20 - 22	政策要落实好谁的作用最大		单位：位，%
机构层级	有效样本	有效占比	累积百分比
中央政府	689	14.92	14.92
省政府	96	2.08	17
县、市政府	758	16.41	33.41
乡镇政府	1 353	29.30	62.71
村两委	1 722	37.29	100

注：2010 年有效样本：4 618；缺失值：176。

对村干部进行考察，从近几年村务公开情况来看，2008 年、2009 年分别有64.34%、65.73% 的农民认为村务公开过，没公开的农民占比对应为 13.07%、12.78%，同时均有两成多的农民表示不清楚。访谈时农民也反映"我们村里的事情，除了村干部知道外，其他人都不知道"。从村民对村干部工作评价来看，2009 年、2010 年表示比较满意的占比均在六成左右；表示"不太满意"与"很不满意"的占比和分别为 11.45%、13.70%，即一成多的农户对村干部的表现不满意；还有三成左右的农户对村干部的工作评价给予了"一般"（见表 20 - 23）。可以看到，村委的主动公开"三务"让村民监督的程度不高，同时农民对村干部评价也处于中等水平（见表 20 - 24）。

表 20 - 23	农民对村干部的满意程度	单位：%
满意程度	2009 年	2010 年
比较满意	55.33	57.79
一般	33.22	28.51
不太满意	8.69	11.01
很不满意	2.76	2.69

注：2009 年有效样本：2 412；缺失值：1 213。2010 年有效样本：4 760；缺失值：34。

表 20 - 24 村务公开情况 单位：位，%

村务公开	2008 年	2009 年
公开了	64.34	65.73
没公开	13.07	12.78
不清楚	22.59	21.49

注：2008 年有效样本：1 492；缺失值：1 461。2009 年有效样本：1 885；缺失值：1 767。

政策性农业保险是由政府执行，不能单由实施者自身对其行为进行监督，更需要广大农民参与监督。但数据显示，农民的监督力度小，监督意识淡薄。有62.41%的农民没有对村务进行监督；9.40%的农民表示村中并没有进行村务公开；剩下28.19%的农民对村务监督过（见表20 - 25）。可见，2010 年对村务进行过监督的农民不到三成，农民对村庄事务监督力度不大。从农民对政策的反映情况来看，其中37.29%的农民在政策落实不好时会去反映，62.71%的农民不会反映，即六成多的农民政策落实好坏不予以反映（见表20 - 26）。农民在访谈中也表示对于这类事情"心理不满，行动上也会配合"。整体上，农民的监管意识薄弱，监督行为更是少之又少。这一方面与农民的文化水平有关，另一方面与不少农民存在"多一事不如少一事"的心态有关。

表 20 - 25 村务监督情况 单位：位，%

村务监督	有效样本	有效占比	累计占比
监督过	1 314	28.19	28.19
没有监督	2 910	62.41	90.60
村务没公开	8.69	9.40	100

注：2010 年有效样本：4 662；缺失值：132。

表 20 - 26 政策落实不好是否会反映 单位：位，%

是否会反映	有效样本	有效占比	累计占比
会	1 588	37.29	37.29
不会	2 671	62.71	100

注：2010 年有效样本：4 259；缺失值：535。

四、提高绩效的几点建议

（一）实行分类指导，健全相关体系

一是转变观念，明白关系。改变地方政府的发展观、政绩观。既要重视农业基础设施等有形政绩工程的建设，也要重视无形的农业保险的政策性补贴。把握好政府与农保企业、农民的关系，明白国家通过企业保护农业，促进农业发展，确保农民的农业收入。作为政策性的农业保险，政府承担主要责任，同时要充分利用保险企业的优势为农民抵抗与降低农业风险提供有效的保障。

二是避免"一刀切"，实行分类指导。介于财力有限，以及农产品的不同性质，分前期政策与后期政策。政府补贴政策前期，以保障农业的再生产为目标，重点补贴粮食等涉及国家安全、农民基本生活的农产品；后期政策以促进农业经济的发展为目标，加强对经济作物、养殖业等方面的农业保险补贴政策。因地制宜，在不同地区实行差异化政策。在重要粮、棉、油生产基地、创汇农业基地和连片贫困地区、自然灾害特别繁重的地区，把农业保险列为政策性保险，对重要项目提供统一保险；在其他一般地区设立农业保险基金和农村互助保险组织。

三是建立多元保险模式。建立包括商业保险公司、专业性农业保险公司、外资或合资保险公司等多元经营主体的农业保险经营体系。实现保险形式多样化，不能笼统地只对农作物分类保险，还可按责任分为干旱、洪水、火山爆发、山体滑坡、雹灾、火灾和作物病虫害等多种风险保险；按投保数量，分为个人投保与团体风险保险。

四是建立分散机制。设立巨灾风险基金，以中央和地方出资、发放债券、吸引企业与个人投资方式吸纳资金。建立再保险机制，成立专业的由中央财政支持的再保险公司，代表政府制定政策、监管、再保险和综合服务。与私营协商，签订标准再保险协议，向私营保险公司提供再保险支持；同时积极与国外其他的农业再保险公司进行合作，将再保险风险进一步分散。

（二）加大宣传力度，完善服务体系

首先，加大宣传力度，提高风险防范意识。建立由政府主导，村委、保险公司、气象局、金融机构、农村合作组织及相关事业单位为辅的宣传体系。深入农村，不定期召开座谈会，了解农民的需求，听取农民意见；每年开展农户保险知

识培训，聘请农业保险专家开展讲座。给农民免费发放农业保险手册、定期出专题黑板报、以广播、网络、电视广告等多媒体形式进行多元化宣传。同时在宣传时，以村中种植专业户、养殖专业户、特色农业基地为主要突破点，借助村中农业经济大户的影响力带动村民。

其次，完善农业保险的服务体系。建立与气象、地质等与农业保险相关部门的信息共享平台，提高灾害防御水平。建立集业务介绍、参保、理赔等相关业务为一体的网络服务平台，开通 24 小时免费服务热线以方便农民。服务人员要积极主动地上门服务，进入农村与农户，了解农民的现实需求以提供专业化、个性化的服务，同时针对投保人的要求，适当调整服务时间、优化产品。

最后，加强农业保险人才的培养。农业保险专业技术人才与管理人才在农业保险健康快速发展中必不可缺。鼓励正规的教育系统开办农业保险专业，直接培养农业保险人才，引导农业保险在职人员进行专业再教育与在职培训。在农业保险公司内部配备熟知农业保险业务并具有丰富经验的管理人才、资金投资人才、产品开发设计人才以及营销人才，还有风险评估人员、精算师、承保员、理赔员等各个环节的专业工作人员。

（三）加大资金投入，确保赔付到位

一要确保政府资金投入。中央逐年加大对农业保险的资金投入；从中央到地方各级政府设立农业保险基金，并要求将每年农业保险的盈利部分归入基金中。政府补贴要及时到位，以去年农业保险的赔付情况为标准提前给地方政府下拨农业保险资金，结余的资金作为下年基础资金，缺少部分在赔付关系发生时及时补齐。

二要对农业保险资金提供配套制度。制定相应的信贷扶持政策，规定金融机构对参保农户优先提供信贷，对经营农业保险的公司提供流动性资金，允许其申请一定额度的无息或低息贷款；制定相应的税收扶持政策，对经营农业保险公司免征部分税赋，保证其长期稳定经营，为其提供更多资金。

三要确保赔付到位，提高赔付效率。改进灾害定损机制，由保险公司、农业合作组织、政府机构、龙头农业企业多方联合核定损失，配备专业灾害核定员。简化手续，建立全省统一的农业保险网站，将定损结果、赔付金额在网上公布；在镇政府或银行开设农业保险赔付窗口，农民凭有限证件直接领取。在赔付方式上，除传统的赔付方式之外可以先赔付，再扣除，即保险公司先向农户赔付灾害损失金，在农户收获之后再行扣除保费；还可实行分期赔付制，先赔付一部分，剩下的全部在年终根据当年赔款与保费之间的比例确定赔付。

（四）加强监督，及时反馈

一是实现监督部门专业化。以目前的保监会政策性农业监管部门和人员为基础，联合农业部、财政部、国家发改委等有关部委，成立专门的政策性农业保险监管机构。建立农作物保险数据库，设立挂号在政府名下的农业保险专门办事处，把各地保险的数据集中，实现集中的动态监督。

二是监督主体多元化。政府部门，如中国保监会，农业保险专门管理部门根据自身的权利对农业保险公司进行监督。各农业保险相关利益主体，如保险公司与农业合作组织，农业合作组织与农业生产企业之间，在灾害核定，确定费率，赔付等方面进行互相监督。

三是监督内容全面化。从投保前到保险赔付，进行全面监督。要求保险承担政府或公司在每年开展业务之前，必须提交农作物保险计划，说明它要开展业务的地域范围、品种类别、投放规模。业务开展中实施不定期突击检查，同时按季对赔付情况进行复查，要求相关政府、保险公司、组织每月提交详细的工作报告。

四是信息反馈及时化。各级政府及村委必须按时将农业保险的有关情况定期向上级汇报，并以各种方式对农民进行公开。保险公司要及时将政府部门颁布的一些政策和制度在农民群众中传播，并将农民的困惑和疑难问题及时向上级反映，保证相关农业保险政策的落实。农民要自觉加强监督意识，积极主动地对村务进行监督，及时把自己的意见和建议反映到相关部门。

基本结论、问题和建议

通过对惠农政策的不同维度的绩效评估，以及对主要的惠农政策的考察在此可以得出最基本的结论：21 世纪以来实施的惠农政策比较成功，成效比较显著，对"三农"的发展有着积极的作用，但是惠农政策过程、惠农政策安排也存在诸多问题，维持惠农政策的可持续绩效面临着挑战，一些政策开始出现了边际效应递减的问题。

一、惠农政策评估的基本结论

(一) 惠农政策的成效较显著

惠农政策的惠及面（或覆盖率、受益率、满意度）逐年增加，成效颇为显著，大部分惠农政策的设计目标基本实现，农民比较满意，但是受益率程度不一，认可度有待提高。具体来看有如下几个结论：

覆盖率逐年上升，基本上实现了"应享尽享"。对于普惠性惠农政策，如电网建设、新农合、粮食直接补贴政策每年都在扩大覆盖率，均超过了 90%，参与率也很高。对于普惠性政策，如新农保增长幅度比较大，农业保险的参保率、小额信贷的享受率均有较大的增长。对于特惠性政策，如低保政策虽然也在扩大覆盖率，但是没有实现"当保则保"，而是"能保则保"；农机具购置也没有完全实现"想购则购"，而是"允许你购才能购"。因此，从覆盖率来说，普惠型政策覆盖率比较高且增长比较快，特惠性惠农政策的"当覆盖率"、"应覆盖率"难以实现。

满意度比较高，农民是"满意而不满足"。电网建设、路网建设、新农保、农业保险、家电下乡政策的满意度逐年上升，电网建设、路网建设、新农保、粮食直接补贴政策的满意度高，其中电网和粮食直接补贴政策的满意度最高，新农合、家电下乡政策的满意也比较高。但是也应该看到，粮食直接补贴政策、新农合政策满意度虽然比较高，但是开始出现了下滑。特别是农民对于"广覆盖，低保障"的惠农政策虽然比较满意，但是并不满足，即"满意而不满足"。如果今后惠农政策不进行调整，农民的满意度还会持续下滑。

受益率程度不一，增长性和波动性并存。惠农政策的受益情况分为两类：第一类是直接获得货币收入或者减轻经济负担；第二类是获得好的生产条件、好的生活环境。前者如新农合、新农保、粮食直接补贴政策等，面临着市场物价的变化以及其他的不确定因素，虽然农民所得的收益绝对额在增长，但是农民的实际收益波动较大，粮食直接补贴的效益在递减，新农保的收益率在下降，新农合的报销比率在上升，但是满意度持续下降。第二类政策主要是基础设施建设、生活条件改善的政策，如电网、路网、水利建设、新农村建设等政策给农民带来了间接的收益，或者改善了生产、生活环境，农民的间接收益率在稳定的增长。可见，前者是波动性下降，后者是在稳定中增长，其受益率是正还是负则取决于两者的比较。从最近几年来看，受益率还是正值。

认可度比满意度要低，有些政策农民欢迎、满意，但是不认可，这就导致了较高的覆盖率、满意度，但不太高的认可率。老年农民、低收入阶段的农民对惠农政策满意度和认可度均高，但是高学历的农民对惠农政策满意，但不认可。总体上看，满意度要高于认可度。这说明，不少农民欢迎某项惠农政策，但是对这些政策发挥的作用并不太认可，或者期望值高于实际收益。

（二）惠农政策的作用较大

上述结论是农民的主观评价，其实从客观数据来分析，惠农政策的作用也不容忽视，促进了农民增收，提升了农民生活，改善了生产条件，初步建立起了农村社会保障体系。

促进了农民增收。惠农政策给农民带了"真金白银"，不仅取消农业税和统筹提留直接提高了农民收入，而且粮食直接补贴能够增加家庭收入，新农保使六十岁以上的老年能够增收，低保能够促进低收入人群的增收，家电下乡、农机具购置使购买者得到补贴收入，新农合能够使住院农民减少医疗费用，危房改造能够使危房农民获得建房补贴。

提升了农民生活。惠农政策具有民生性质，能够提升农民的生活质量。电网改造、公路硬化、公交网建设、自来水的建设、改厕改水、村庄整治以及新农村建设过程中的农民上楼等都能够直接提升农民的生活。新农保直接改善了老年农民的生活水平。家电下乡直接改善了购买农户的生活质量。新农合、危房改造、低保政策都缓解或者改善了特定农民群体的生活条件。

改善了生产条件。改善农业生产条件的惠农政策也比较多，在一定程度上改善农业生产条件。农田水利建设、基本农田的改造能够提高耕地质量，增加旱涝保收的耕地面积。大型农机具购置补贴既能够减少购置农户的费用，也能够改善农业生产工具。良种补贴也在一定程度促进了农业结构调整。另外，农村公路建设、通讯网、有线电视网的惠农政策也有利于扩大农业生产条件的改善。

初步建立起了农村保障体系。惠农政策中有相当大一部分政策属于社会政策，通过这些惠农政策的实施，初步在农村建立起农村社会保障政策，如新农保、新农合、低保、危房改造政策、教育政策。虽然这些保障水平比较低，但是毕竟农村开始建立起了初步的社会保障体系，为下一步提高水平，城乡并轨打下了坚实的基础。

（三）惠农政策的效应较大

惠农政策不仅仅是对农民有直接或者间接的帮助作用，而且对于整个农村、农业，甚至对国民经济或者党和国家都会产生深远的影响。从宏观和深远的影响来看，惠农政策还具有经济、社会和政治效应。具体来看：

经济效应比较明显，但是后劲不足。惠农政策经济效应非常明显，除前面所说分析的增收效应外，惠农政策整体经济效应仍在发挥，但政策效益逐年减弱；农民转移性收入不断增加，但贡献率仍处低位；惠农政策对农村消费拉动力持续增强，但消费补贴弹性不足；对农业生产的推动力不断深化，但农业补贴刺激作用有限，农业生产投资增长疲软；国家通过惠农政策的投资所产生的投资效应也开始显现。不过，惠农政策的经济效应也受到资金投入不合理、执行落实不到位、政策参与度不高等因素的制约。

社会效应开始显现，但是程度不一。惠农政策的社会成效基本彰显，最突出的就是社会保障体系开始建构，如新农保、新农合、低保、危房改造、教育扶持等逐渐开始建立起来，实现了从无到有的突破。同时，农村社会关系开始解构，新农保的实施也深刻影响着家庭关系。社会结构得以重构，惠农政策产生的分配效应不同，客观上有拉大贫富差距的作用，特别是一些产业政策，如家庭农场、现代农业等对农村社会结构的影响比较大，传统的同质性社会开始改变，社会认同有所增强。

政治效应非常明显，但是上下不一。随着国家惠农政策的持续推进，惠农政策的政治成效正在不断凸显，村庄治理资源不断丰富，农民政治态度更为积极，政治认同有所提升，政治参与趋于理性，但政策的整体效应仍待加强，认同效应仍有待均衡调整，负面效应仍亟待消除。特别是农民对党和中央政府的认同感不断提高，政治合法性增强，但是对基层政府特别是乡镇、村庄的认同感在不断下降。从中央到村庄，惠农政策的政治效应是有差异的，认同感从上至下逐渐降低。

（四）惠农政策成效的差异性

虽然惠农政策整体效应比较大，作用比较大，农民也比较满意，但是并非所有的惠农政策的成效都好，也并非惠农政策在各个时期效应都一样好，更非所有的群体都从惠农政策中得到了同等的政策收益。

不同类型的政策差异较大，从惠农政策的类型学分析来看，基础建设性惠农政策成效最好，效应最持续、持久，农民也最满意。社会保障性惠农政策成效较好，因为它是一件开天辟地的事情，填补农村社会保障的空白。虽然它是"广覆盖，低保障"，但是农民的支持度、满意度和认可度都非常高。生活性惠农政策成效相对较低，农民最不满意的是生产性惠农政策，如产业政策、小额信贷政策等。这类政策如何转型，如何支农、助农，可能还要进行深入的研究。

不同群体从政策获益差异较大，目前不同群体的农民对惠农政策评价不同，同一政策在不同群体之间的成效也有所差异。老年群体不仅对惠农政策的满意度高而且对其成效更为认可；学历越高的农民对政策的满意度越高，但对其认可度却越低；惠农政策对于减轻低收入农民负担、保障低收入家庭生活的作用比较明显，也更能得到低收入农户的认可；以务农为职业的农民的受益程度较低，其享受社会保障和生活发展类惠农政策的比率较低。

不同地区从政策获益的差异较大，不同区域在惠农政策的参与率、享受率、受益度以及满意度上均有所差异：经济发达地区普惠性政策的参与率、享受率较高，经济欠发达地区特惠性政策的享受率较高；经济发达地区经济受益度较高，经济欠发达地区保障受益度更高；东部、北部地区惠农政策的满意度较高。

不同时期的政策效应差异较大，从整体来看，2009～2011年每万元政府补贴的经济效应是下降的。新农保最为明显，享受新农保养老金农户的获益收入占家庭收入比重连续三年下降，而且下降幅度在各类惠农政策中最大。粮食直接补贴政策的受益率最近四年也在逐渐下降。新农合的报销比例在上升，农民住院报销的金额在增加，但是因为医疗费用的涨价，农民相对收益率下降，导致了农民对新农合的满意度有所下降。

虽然部分惠农政策成效不彰显，部分惠农政策的边际效应开始下降，但是总体来看，惠农政策成效还是较大，功能较强。综合全书分析及上述结论，项目组可以得出本研究的基本结论：一是惠农政策的设计目标基本实现；二是农民对惠农政策比较满意；三是惠农政策成效和作用还是比较大。

二、惠农政策的总结与反思

当然惠农政策的设计目标大体实现，成效和作用比较大，农民也比较满意，并不是说惠农政策及其实施就比较完美，没有改善的空间。实事求是地说，21世纪以来大规模的惠农政策安排及其实施还是有诸多的环节、内容值得总结和反思。

（一）惠农政策安排综合统筹不力

惠农政策是工业化、城镇化发展到一定阶段后的产物，而且自此以后惠农政策将会成为常态，这就要求对惠农政策的安排进行综合统筹，以便分阶段、有针对性、有计划地进行安排，推进农村、农业的可持续发展。但是由于我国惠农政策实施经验不足，惠农政策安排综合统筹不力，导致政策安排出现了"三不"现象：一是无规划，21世纪初推出的惠农政策都是一种问题导向的安排，没有考虑工业化、城镇化发展到一定阶段后政策的转型，因此并没有制订有阶段性、中长期的政策安排，因此当某些政策执行到一定阶段，不知如何转型，当到了一定时期不知下一步应该实施什么样的政策，政策的持续机制没有建立起来，政策成效难以持续。二是无分类，当前的惠农政策其实很杂，有社会政策、有产业政策、有公共服务政策、有环境保护政策等，但是这些都笼统地称为惠农政策。因为不同的政策有不同的要求，有不同的实施期限，更有不同的目标，而且也会有不同的监督、管理和评估，特别是将临时性的政策与长期政策、经济激励政策和社会保障政策、参与式政策和非参与式政策混在一起，对政策评价、监督、反馈、调整带来了难度。三是无协调，21世纪国家连续出台10个中央"一号文件"，而且中央农口各部门出台惠农政策，中央非农口各部门也争相出台惠农政策。这是"三农"之幸事，但是惠农政策出台过多、过快、过猛，有些政策来不及实施就有新政策出台。政策多了，执行部门力量有限，很多政策无法充分实施，而农民也没有相关的渠道充分了解这些政策信息，更不用说享受惠农政策了。无规划的政策安排导致惠农政策无法持续、无分类导致无法突出重点、无协调导致无法落实。这不仅导致政策资源的浪费，也导致了人们对政策过多的"期待"而无法转变成惠农"事实"。

（二）惠农政策制定农民参与不足

从西方公共政策制定程序来看，它是一个自下而上和自上而下相结合的过程。惠农政策的目标是解决"三农"问题，农民是政策的需求者。因此惠农政策应该有农民的参与，至少应该有农民自下而上的声音。但是我国的惠农政策很少有农民的参与，即缺少自下而上的过程。这主要体现在两个方面：现在很多惠农政策并不是农民所需要的政策，而农民很多需要的政策又没有出台；很多惠农政策的内容不为农民所接受，出台政策的内容又无法为农民所接受。一是农民无法参与政策制定。二是农民无法传递政策需求声音。虽然政策制定前决策者可能进行过调查，但是政策的制定并没有制度化的渠道反映农民的声音、征求农民的意见。如"农家书屋"建设就没有几个农民愿意去农家书屋看书，如小额信贷问题就大多无法解决农民的资金需求，另外还有很多政策需要地方政府的资金配套，而地方又将配套转嫁给农民而不为农民所欢迎。所以，很多政策貌似惠农，其实是一种外部强加的惠农政策，或者不合时宜的惠农政策。农民参与不足导致的最大问题就是政策不合时宜，不是农民真正需要的政策，从而使政策预期和实际成效差距大，甚至难以实施。

（三）惠农政策执行地方配合乏力

惠农政策要实施需要地方政府执行、配合，特别是有些惠农政策还需要地方政府配套经费。地方政府执行力度、能力、意愿影响着惠农政策的成效。从研究来看，地方政府的执行存在如下问题：一是执行意愿不足。地方政府追求经济发展、财政收入，而惠农政策不仅无法带来经济、财政的增长，而且还要进行配套投入，地方政府自己想干的事情干不了。因此地方政府并没有意愿执行"吃亏不讨好"的惠农政策。二是执行能力不足。政府地方执行能力也影响了惠农政策的实施，能力主要体现在两个方面，配套资金不足和执行人力不足，前者如农田水利建设，后者如新农保，因此执行者跟不上导致无法实施全覆盖。三是执行主体与对象隔离。由于中央政府对地方政府特别乡村不是特别信任，因此很多惠农政策采取直接将经费打卡方式，从而使惠农政策的执行者与执行对象隔离，这样不仅削弱了地方政府影响惠农对象的能力，而且反而有损地方政府与农民的关系。很多地方政府和官员都反映，"好事全部给中央政府做完了，我们成了敌人"，这样又反过来降低了地方政府的责任心和积极性。另外，很多惠农政策是专项支持，不允许地方政府挪用、截用。基层干部认为惠农政策撒了"胡椒面"，没有集中力量办大事。这也是农民的满意度高，乡村干部满意度低的重要原因。因此有些地方政府就打惠农政策的主意，集中使用、规划使用、代民使用，从而到执行扭曲。

（四）惠农政策监督反馈机制缺失

国家惠农政策实施过程还存在一个重要的问题，就是政策的监督、反馈、评估环节缺失。一是监督环节不力，如果我们说惠农政策缺少监督，肯定会有决策者、执行者反驳说，每年有财务大检验、有上级部门的专项经费的检查。不可否认，每年每个部门都面临着财政、审计、上级部门的财务检查，但是这是一种"面上检查"，更多的是"单位自查"，缺少一种社会监督，缺少一种自下而上的监督。最好的监督是"利益相关者的监督"和"媒体的监督"，但是这两项监督因为体制因素难以实施。二是反馈环节不通，公共政策从提议到反馈调整应该是一个封闭循环，但是我们国家很多政策是"一订了之"，"一出了之"，究竟实施得如何，农民有什么意见，需要如何调整，则考虑得不多，特别是我们国家缺少反馈的渠道，农民的需求、农民的意见很难纵向传递给决策者。三是评估环节缺失，与监督和反馈相比，我国最缺少的是评估环节，即国家惠农政策实施成效如何、决策是否科学、内容是否具有针对性、执行是否有效率、是否存在浪费现象等都不清楚，因此决策者、执行者的失误、效率就不得而知，甚至使政策的提议人、决策人、执行人没有一种责任机制。这种"有权无责"的政策安排机制很难保证有更高水平的政策出台，更高效率的政策被执行。

（五）惠农政策实施瞄准机制缺失

21 世纪是城乡关、工农关系重要的转折时期，国家与农民关系开始从"索取"转向"给予"，重塑新型的城乡关系、工农关系，特别是要建立惠农政策体系。面对着农民的普遍性高负担、高怨言，国家首先考虑的是出台面向所有农民的惠农政策，如减负、新农保、新农合等普惠性政策，缺少有针对性的特惠性政策，即缺少具有瞄准机制的惠农政策。普惠性政策能够在一定程度上解决普遍性的问题，但是中国太大，地区性、群体性差异大，仅仅依靠普惠性政策无法有效的惠农，无法保证惠农的公平性。因此需要出台一些有针对性、具有更强瞄准机制的特惠性政策。惠农政策安排的初期，特惠性政策缺失可能有策略方面的考虑：先普惠后特惠，特别是通过普惠性政策积累经验。另外，特惠性政策具有普惠性政策所不具有瞄准功能，当然特惠性政策制订的要求也高。但是在某种程度上看，由于制度安排的经验问题以及集权体制问题，"特惠不特，普惠不普"在某些政策上体现得比较明显。

三、惠农政策的完善和转型

惠农政策评估总体比较合格，但是存在诸多体制和政策问题，只有改革政策的程序、理念，对现有存量政策进行调整，同时按照科学、参与、民主的原则整体规划转型期的惠农政策，以确保惠农政策的持续性。项目组认为可以从五个方面着力：

（一）整体规划惠农政策，建立可持续实现机制

惠农政策将在今后一段很长的时期内将持续存在，并作为支持、保护"三农"发展的重要政策。从 21 世纪来看，惠农政策不能以问题为导向，而必须整体规划，分步实施，建立可持续的政策安排机制，而不是各类惠农政策一拥而上。从目前来看，惠农政策短期的任务是解决农民增收问题、农业生产发展问题；从中期看，是解决农村发展动力和新农村建设问题；从长期来看，是解决农业发展的基础和农村福利以及生态环境问题。惠农政策可以根据这一发展顺序或者发展重点，有规划、有步骤的安排政策出台，或者对未来出台的政策进行前期的研究和准备。对于政策的制定和安排部门还要从宏观上把握惠农政策出台的时机、惠农政策前后衔接的问题。只有从宏观上规划，有重点、有规划地推出惠农政策，才能够保证政策安排的可持续性以及政策推动"三农"发展的可持续性。

（二）改革政策安排制度，保证参与尊重需求

21 世纪初惠农政策主要是根据经验主义、"父爱主义"代民做主出台政策，因此这些政策结构与农民的需求结构就有一定的差异，政策内容也不太具有适应性。因此，需要改革惠农政策安排规则，以农民的需求为导向出台制度。一是政策安排以农民的需求为导向，所有的政策必须根据农民的需求进行安排，不能想当然认为农民需要什么样的政策。二是要有自下而上的参与，保证农民参与政策的制定，首先要能够听到农民的意见，其次这些意见有上达的渠道。三是制定后的政策也要有自上而下的征求意见的过程，以便政策内容与实践需要高度一致。四是新政策可以先在少数地区试点，然后再大面积推广。总而言之，惠农政策要以农民的需求为导向，政策内容的确定要有农民的参与，农民的声音能够正常传达到决策者，还应该通过征询意见、试点的方式完善政策内容。

（三）调整政策存量结构，确定政策结构的均衡

21世纪惠农政策主要有两个目标：一是减负增收；二是刺激内需。政策目标决定政策内容，因此很多政策都属于短期性的、临时性的、应急性的，这种政策的堆积会占用地方政府的执行资源，也会引起农民的"享受疲劳"。这种制度供给方式导致了政策之间的不配套、不协调，有些甚至相互冲突。因此，需要对惠农政策进行调整，调整包括三个方面：一是存量结构的调整，要处理好短期应急性政策与长期基础性制度、拉动经济增长的政策与促进社会和谐的政策、解决民生的政策与夯实农村发展基础的政策的关系。二是时间结构的合理调整，根据惠农政策的整体规划，决策部门要处理好短期、中期和长期政策的安排，要处理好增量制度与存量制度的接续和转换。三是地区结构的合理安排。当前普惠性的政策比较多，特惠性的政策比较少，而一些中西部地区的农民无法享受普惠式政策，需要具有瞄准机制的特惠性政策。因此要将普惠性政策和特惠性政策在地区之间进行均衡安排，确保政策对各个地区、群体的公平性。

（四）强化政策执行过程，确保政策的实施落实

国家惠农政策成效取决于地方政府的积极性，虽然中央集权体制对于督促地方政府执行中央政策有优势，但是由于地方主义及地方理性，难以充分保障地方政府不折不扣的执行国家的惠农政策。因此需要在制度安排上激励、约束地方政府认真执行和落实惠农政策。一是明确中央和地方的分权，事权与财权统一，将一些可以交给地方政府来实施的惠农政策由地方政府负责，并建立自下而上的评估机制和自上而下的问责机制。二是减少甚至杜绝需要地方配套，尽量不以中央权威强迫地方、占用地方的行政资源，同时也可以减少地方政府的执行阻力。三是应由中央政府负责的惠农政策委托地方政府执行，原则上要有执行政策的资源和经费保障，调动地方政府执行惠农政策的积极性。四是可以允许地方政府根据实际需要，在农民同意、上级政府批准的前提下灵活执行惠农政策。

（五）强化政策评估监督，建立政策过程问责机制

我国历来的公共政策只管出台、只管花钱，但是很少对公共政策的绩效进行评估，也很少对政策制定者、决策者、执行者等主体进行评估，也缺少精确的经费监督与审计程序和环节。因此很多惠农政策变成了"惠官"政策。因此，强化政策评估监督机制，建立政策全程的问责机制尤其必要。一是建立政策监督机制，要监督政策的制定、执行过程，确保资金的合理安排和按规使用。二是建立

政策社会评议机制，政策是否有效，农民是否满意是考核政策的一个重要环节，因此每一项惠农政策都应该建立政策社会评议机制，请相关利益主体进行评议。三是建立政策专家评估机制，通过专家的科学评价来考察政策的科学性、适用性和满意性。四是在上述三个机制的基础上建立全程问责机制，分别对决策、制定、执行进行问责，通过这些方式确保惠农政策真正实现设计初衷、真正实现惠农。

参考文献

一、著作

[1] 威廉·N·邓恩. 公共政策分析导论（2版）［M］. 北京：中国人民大学出版社，2002.

[2] 查尔斯·E·林德布洛姆. 政策制定过程［M］. 北京：华夏出版社，1988.

[3] 詹姆斯·E·安德森. 公共决策［M］. 北京：华夏出版社，1990.

[4] R.M. 克明. 系统分析和政策科学［M］. 北京：商务印书馆，1987.

[5] E.R. 克鲁斯克等主编. 公共政策辞典［M］. 上海：上海远东出版社，1992.

[6] 查尔斯·林德布洛姆. 政治与市场：世界的政治——经济制定［M］. 上海：上海三联书店，1994.

[7] J. 丁伯根. 经济政策：原理与设计［M］. 北京：商务印书馆，1988.

[8] 瓦尔林·欧根. 经济政策的原则［M］. 上海：上海人民出版社，2001.

[9] 尼古拉·阿克塞拉. 经济政策原理：价值与技术［M］. 北京：中国人民大学出版社，2001.

[10] 大岳秀夫. 政策过程［M］. 北京：经济日报出版社，1992.

[11] 乐师寺泰藏. 公共政策［M］. 北京：经济日报出版社，1991.

[12] 史蒂文·凯尔曼. 制定公共政策［M］. 北京：商务印书馆，1990.

[13] 叶海卡·德洛尔. 逆境中的政策制定［M］. 上海：上海远东出版社，1996.

[14] 卡尔·帕顿，大卫·沙维奇. 政策分析和规划的初步方法（2版）［M］. 北京：华夏出版社，2001.

[15] 查尔斯·沃尔夫. 市场或政府［M］. 北京：中国发展出版社，1994.

[16] 赫伯特·A·西蒙. 管理行为［M］. 北京：北京经济学院出版社，1986.

［17］R. I. 斯蒂尔曼主编. 公共行政学［M］. 北京：中国社会科学出版社，1988.

［18］长谷川启之，梁小民等. 经济政策的理论基础［M］. 北京：中国计划出版社，1995.

［19］加布里埃尔·A·阿尔蒙德等. 比较政治学：体系、过程和政策［M］. 上海：上海译文出版社，1987.

［20］格林斯坦，波尔斯比编. 政治学手册精选（上、下卷）［M］. 北京：商务印书馆，1996.

［21］乔·萨托利. 民主新论［M］. 北京：东方出版社，1993.

［22］欧文·E·休斯. 公共管理导论（2 版）［M］. 北京：中国人民大学出版社，2001.

［23］汉密尔顿，杰伊，麦迪逊. 联邦党人文集［M］. 北京：商务印书馆，1980.

［24］约翰·洛克. 政府论［M］. 北京：商务印书馆，1964.

［25］戴维·伊斯顿. 政治体系：政治学状况研究［M］. 北京：商务印书馆，1993.

［26］约翰·罗尔斯. 正义论［M］. 上海：上海译文出版社，1991.

［27］托马斯·戴伊. 谁掌管美国［M］. 北京：世界知识出版社，1980.

［28］塞缪尔·P·亨廷顿. 变革社会中的政治秩序［M］. 上海：上海三联书店，1989.

［29］J. S. 密尔. 代议制政府［M］. 北京：商务印书馆，1982.

［30］孟德斯鸠. 论法的精神［M］. 北京：商务印书馆，1961.

［31］詹姆斯·M·布坎南. 自由、市场和国家. 北京：北京经济学院出版社，1988.

［32］曼瑟尔·奥尔森. 集体行动的逻辑［M］. 上海：上海三联书店、上海人民出版社，1995.

［33］肯尼思. 约瑟夫·阿罗. 社会选择：个性与多准则［M］. 北京：首都经济贸易大学出版社，2000.

［34］马尔科姆，卢瑟福. 经济学中的制度——老制度主义和新制度主义［M］. 北京：中国社会科学出版社，1999.

［35］肯尼斯·约瑟夫·阿罗. 社会选择与个人价值［M］. 成都：四川人民出版社，1987.

［36］丹尼斯·C·缪勒. 公共选择［M］. 北京：商务印书馆，1992.

［37］R. 科斯等. 财产权利与制度变迁——产权学派与新制度学派译文集

[M]. 上海：上海三联书店、上海人民出版社，1994.

[38] 保罗·A·萨缪尔森，威廉·D·诺德豪斯. 经济学（12版）[M]. 北京：中国发展出版社，1992.

[39] 斯蒂格利茨. 经济学（上、下）[M]. 北京：中国人民大学出版社，1997.

[40] 曼昆. 经济学原理（上、下）[M]. 北京：生活·读书·新知三联书店、北京大学出版社，2001.

[41] 柯武刚，史漫飞. 制度经济学：社会秩序与公共政策 [M]. 北京：商务印书馆，2000.

[42] 道格拉斯·C·诺思. 经济史中的结构与变迁 [M]. 上海：上海三联书店，上海人民出版社，1994.

[43] 马克·布劳格等. 经济学方法论的新趋势 [M]. 北京：经济科学出版社，2000.

[44] J. S. 密尔. 代议制政府 [M]. 北京：商务印书馆，1982.

[45] 阿马蒂亚·森. 以自由看待发展 [M]. 北京：中国人民大学出版社，2002.

[46] 约翰·纳什. 纳什博弈论论文集 [M]. 北京：经济管理出版社，2000.

[47] 加里·S·贝克尔. 人类行为的经济分析 [M]. 上海：上海三联书店，1993.

[48] A. H. 马斯洛. 人类价值新论 [M]. 石家庄：河北人民出版社，1988.

[49] 伍启元. 公共政策 [M]. 香港：商务印书馆，1989.

[50] 林水波，张世贤. 公共政策 [M]. 台北：五南图书出版公司，1995.

[51] 朱志宏. 公共政策 [M]. 台北：三民书局，1995.

[52] 张世贤. 公共政策析论 [M]. 台北：五南图书出版公司，1986.

[53] 郭俊次编著. 国家政策学 [M]. 台北：龙人文教公益基金会，1991.

[54] 丘昌泰. 政策科学之理论与实际——美国与台湾经验 [M]. 台北：五南图书出版公司，1998.

[55] 张金马主编. 政策科学导论 [M]. 北京：中国人民大学出版社，1992.

[56] 陈庆云编著. 公共政策分析 [M]. 北京：中国经济出版社，1996.

[57] 郑新立主编. 现代政策研究全书 [M]. 北京：中国经济出版社，1991.

[58] 郭巍青，卢坤建. 现代公共政策分析 [M]. 广州：中山大学出版社，2000.

［59］陈振明主编. 公共政策分析［M］. 北京：中国人民大学出版社，2002.

［60］张曙光主编. 中国制度变迁的案例研究（第1集）［M］. 上海：上海人民出版社，1996.

［61］乔迪编著. 兰德决策［M］. 成都：天地出版社，2001.

［62］陈宝森，侯玲. 美国总统与经济智囊［M］. 北京：世界知识出版社，1996.

［63］中共中央文献研究室编. 三中全会以来的重大决策［M］. 北京：中央文献出版社，1994.

［64］李道揆. 美国政府与美国政治［M］. 北京：中国社会科学出版社，1990.

［65］席来旺. 美国的决策及其中国政策透析［M］. 北京：九州图书出版社，1999.

［66］魏杰. 宏观经济政策学通论［M］. 北京：中国金融出版社，1990.

［67］朱东平. 经济政策论［M］. 上海：立信会计出版社，1995.

［68］Daniel Lemer and Harold D. Lasswell, The Policy Sciences: Recent Development in Scope and Method. Standford, CA: Standford University Press, 1951.

［69］Harold D. Lasswell, A Preview of "Policy Sciences". New York: American Elsevier, 1971.

［70］Yehezke Dror, Public Policymaking Reexamined. Scranton, Pennsylvania: Chandler, 1968.

［71］Design for Policy Sciences. New York: American Elsevier, 1971.

［72］Policymaking Under Adversity. New Jersey: Transaction, Inc., 1986.

［73］Willian N. Dunn and Rita Mac Kelly (ed.), Advances in Policy Studies Since 1950 (V01. 10 of Policy Studies Review Annual). New Brunswick, NJ: Transaction Books, 1992.

［74］Edith Stokey and Richard Zeckhauser, A Primer for Policy Analysis. New York: Norton, 1978.

［75］Alice Rivlin, Systematic Thinking for Social Action, Washington, IX;: The Brookings Institution, 1976.

［76］Carl V. Patton and David S. Sawicki, Basic Methods of Policy Analysis and Planning. (2nd Ed) Englewood Cliffs, NJ: Prentice – Hall Publishers, 1993.

［77］Jonh Rawls, A Theory of Justice (revised edition). Cambridge, Massachusetts: The Belknap Press of Harvard University Press, 1999.

563

［78］Stuart S. Nagel and Miriam K. Mills. Professional Development in Policy Sciences. Westport, Connecticut: Green Wood Press, 1993.

［79］Aaron Wildavsky, Speaking Truth to Power: The Art and Craft of Policy Analysis. New Brunswick: Transaction Publishers, 1993.

［80］Graham T. Allison, Essence of Decision: Explaining the Cuban Missile Crisis. Boston: Little, Brown and Company, 1971.

［81］Mancur Olson, The Logic of Collective Action: Public Goods and The Theory of Groups. Cambridge, Massachusetts: Harvard University Press, 1965.

二、期刊论文

［1］李萍. 持续的惠农政策是国家粮食安全的保障［J］. 山西财经大学学报，2009 年第 4 期.

［2］吴茂群，谢晶莹. 对我国粮食直补政策问题的探讨［J］. 经济研究，2007 年第 12 期.

［3］沈小平. 防止惠农政策"悬空"［J］. 求是，2004 年 11 期.

［4］耿志力. 关于贯彻落实强农惠农政策的问题与建议——以辽宁省阜新蒙古族自治县为例［J］. 农业经济，2010 年第 5 期.

［5］张舜. 河南省粮食直补惠农政策对农民增收效果评价［J］. 区域经济，2010 年第 3 期.

［6］谢来位. 惠农政策"自上而下"执行的问题及对策研究［J］. 经济体制改革，2010 年第 2 期.

［7］谭娟，许霞. 惠农政策信息传输与反馈中的问题及其改进［J］. 湖南农业大学学报（社会科学版），2010 年第 2 期.

［8］谢来位. 惠农政策执行效力提升的阻滞因素及对策研究——以国家城乡统筹综合配套改革试验区为例［J］. 农村经济，2010 年第 3 期.

［9］沈乾飞. 粮价赶不上肥价：国家惠农政策的消解［J］. 内蒙古农业大学学报，2008 年第 10 期.

［10］尹德挺，苏杨，陈可. 论"惠农政策连带人口效应及其破解"［J］. 重庆工商大学学报，2008 年第 5 期.

［11］王鹏. 和谐与渐进发展：我国惠农政策地区差异化的路径选择［J］. 未来与发展，2009 年第 3 期.

［12］李敏昌，刘垚. 新世纪惠农政策新探析［J］. 农村经济，2009 年第 2 期.

［13］康峰. 中央惠农政策在陕西渭南市贯彻落实情况的调查［J］. 西部金融，2010 年第 1 期.

[14] 沈小平. 防止惠农政策"悬空"[J]. 求是，2004 年第 11 期.

[15] 王鹏. 和谐与渐进发展. 我国惠农政策地区差异化的路径选择 [J]. 未来与发展，2009 年第 3 期.

[16] 谢来位. 惠农政策"自上而下"执行的问题及对策研究 [J]. 经济体制改革，2010 年第 2 期.

[17] 王体权. 惠农政策应加入激励机制 [J]. 乡镇论坛，2008 年第 4 期.

[18] 李廷海. 惠农政策在落实过程中存在的问题及建议 [J]. 财政与发展，2006 年第 10 期.

[19] 鄢志林，陈晓斌，姜晓浚. 以惠农政策为契机促进农业结构调整 [J]. 农村财政与财务，2006 年第 2 期.

[20] 王良健，罗凤.《基于农民满意度的我国惠农政策实施绩效评估》[J].《农业技术经济》2010 年第 1 期.

[21] 刘志国. 农户视角的惠农政策实施效果评价——基于河北省 450 份问卷调查 [J]. 农业经济，2009 年第 2 期.

[22] 靳卫东，吴向鹏，张柏良. 贫困文化视角下财政惠农政策的经济绩效研究 [J]. 中央财经大学学报，2008 年第 7 期.

[23] 李定春. 浅析当前惠农补贴政策存在的问题 [J]. 财政与发展，2008 年第 7 期.

[24] 马朝琦，雷晓康. 美国公共政策绩效评估方法及借鉴 [J]. 西北农林科技大学学报（社会科学版），2006 年第 5 期.

[25] 吴建南，温挺挺. 政府绩效立法分析——以美国政府绩效与结果法案为例 [J]. 中国行政管理，2004 年第 9 期.

[26] 王建容. 我国公共政策评估存在的问题及其改进 [J]. 行政论坛，2006 年第 2 期.

[27] 姜仁良. 对公共政策有效制定的思考 [J]. 商业时代，2008 年第 7 期.

[28] 何仕浪. 提高政策评估绩效的对策分析 [J]. 科学咨询（决策管理），2008 年第 7 期.

[29] 姚刚. 国外公共政策绩效评估研究与借鉴 [J]. 深圳大学学报（人文社会科学版），2008 年第 4 期.

[30] 刘进才. 公共政策评估的模糊数学方法 [J]. 中共中央党校学报，2001 年第 1 期.

[31] 余向荣. 公共政策评估的社会实验方法. 理论综述 [J]. 经济评论，2006 年第 2 期.

[32] 闫文仙，罗云丽. 公共政策评估研究综述 [J]. 社会科学论坛，2008

年第 6 期.

[33] 刘进才,孙耀,陈卫东,陈庆云.关于政策评估的模糊数学方法及计算机程序处理研究 [J].苏州大学学报,2004 年第 11 期.

[34] 吴松.日本政府政策评价制度与科技政策绩效评价浅析 [J].全球科技经济瞭望,2007 年第 7 期.

[35] 魏淑艳,刘振军.我国公共政策评估方式分析 [J].东北大学学报,2003 年第 11 期.

[36] 李德国,蔡晶晶.西方政策评估技术与方法浅析 [J].科学与科学技术管理,2006 年第 4 期.

[37] 潘毅,高岭.中美公共政策评估系统比较及启示 [J].甘肃行政学院学报,2008 年第 5 期.

[38] 廖筠.公共政策定量评估方法之比较研究 [J].现代财经,2007 年第 10 期.

[39] 姜爱林.论土地政策效果评价的方法与步骤 [J].地质技术经济管理,2002 年 4 月.

[40] 李锋瑞.农村能源政策效果评价原理及方法初探 [J].甘肃社会科学,1992 年第 3 期.

[41] 邵颖红,黄渝祥.政策后评价的方法 [J].中国软科学,1999 年第 4 期.

[42] 焦益众.政策评估的任务、标准和方法 [J].理论探讨,1989 年第 4 期.

后 记

　　本书是教育部哲学社会科学研究重大课题攻关项目"国家惠农政策的成效评价与完善研究"（10JDZ0032）的最终成果。2010年12月6日，由邓大才教授任首席专家主持的教育部哲学社会科学重大课题攻关项目"国家惠农政策的成效评价与完善研究"获得批准立项。2010年9月，在华中师范大学举行了开题会，会后，按照投标书的既定研究计划，课题组对国家惠农政策从理论和实践两个层面展开研究。在实践层面，课题组依托华中师范大学中国农村研究的"百村十年观察"项目，围绕"惠农政策的成效评价和完善"这一主题先后进行了四次全国范围内的专题调研，分别是2011年的寒假与暑假调研和2012年寒假与暑假调研。同时通过利用2009年和2010年的调查基础，课题组搜集并整理了连续四年的第一手的调查数据和调查资料，正是基于这些调研素材，奠定了本研究的数据基础和分析前提。在理论层面，作为本项目阶段性成果的论文和咨询报告已经发表，其中部分咨询报告也得到中央部委领导和省级领导的肯定与批示，取得了良好的成效。

　　从2010年课题投标答辩到2014年通过鉴定，课题研究历时四年，这些研究成果是课题组成员及研究团队多年来集体智慧的结晶。它凝聚了大家共同的心血和劳动，体现了集体攻关的优势与团队合作的精神。在本书即将付梓之际，发自肺腑的感谢之言必不可少。首先，向教育部在课题研究经费方面的大力资助表示感谢；其次，感谢评审组专家严谨的学术态度，他们在课题论证和研究过程中提出的宝贵意见和建议，使得研究成果得以不断完善；再次，感谢为课题付出了心血和汗水的同仁，华中师范大学政治学研究院徐勇教授、华中师范大学中国农村研究院的张利明博士、白雪娇博士、胡平江博士；最后，特别感谢参加华中师范大学中国农村研究院"百村十年观察"项目的各位老师和调研员，他们认真细心的问卷调查和深入访谈，为本研究打下了坚实的基础。另外，感谢社科处原处长石挺教授、李华中副处长、刘中兴副处长的关心和帮助。

　　本研究是集体劳动的结晶。邓大才教授负责课题的框架设计和结构安排，理论构思、实证调查等整体性工作。各部分具体执笔人员如下：

前　言　邓大才

第一章　邓大才

第二章　邓大才、胡平江、白雪娇、张利明

第三章　侯江华、王春林、魏晨、李敏、郭恒、王琳琳

第四章　张利明、吴顺莉、孟荣钊、黎飞燕、傅熠华

第五章　白雪娇、李文娇、张淼淼、李艳昀、王伯房、丁欢

第六章　万丹、李晓群、李艳昀、晁岱宁、郑廉

第七章　白雪娇、吴顺莉、丁欢、黄上真、陈业烽

第八章　万丹、杨玲、胡露、张晶、李文娇

第九章　雷杨、孟荣钊、李文娇、梁韵诗、周阳

第十章　雷杨、容腾、何亚丽、郝程、田广厚

第十一章　蒋佳林、赵佩、吴管鹏、周晓燕、刘阳

第十二章　白雪娇

第十三章　万磊、白雪娇、郭蕾、刘继正、王迎

第十四章　傅熠华

第十五章　刘建功、黄上真、张淼淼、高海林、孙杨程

第十六章　胡平江、王慧娟、龚丽君、黄溥雷、金丹

第十七章　刘旭、陈书平、卢恩、郝程、陈业烽

第十八章　鲁小亚、张代娇、任欢欢、穆锐

第十九章　汤丽、段秉舟、杜丽、黄上真、刘夏

第二十章　刘思、赵佩、何亚丽、马盼盼、稽迪、郑蓉

结　论　邓大才、张利明、胡平江

研究的不足之处，敬请各位专家、学者批评指正。

教育部哲学社会科学研究重大课题攻関项目
成果出版列表

书　名	首席专家
《马克思主义基础理论若干重大问题研究》	陈先达
《马克思主义理论学科体系建构与建设研究》	张雷声
《马克思主义整体性研究》	逄锦聚
《改革开放以来马克思主义在中国的发展》	顾钰民
《新时期　新探索　新征程 ——当代资本主义国家共产党的理论与实践研究》	聂运麟
《坚持马克思主义在意识形态领域指导地位研究》	陈先达
《当代中国人精神生活研究》	童世骏
《弘扬与培育民族精神研究》	杨叔子
《当代科学哲学的发展趋势》	郭贵春
《服务型政府建设规律研究》	朱光磊
《地方政府改革与深化行政管理体制改革研究》	沈荣华
《面向知识表示与推理的自然语言逻辑》	鞠实儿
《当代宗教冲突与对话研究》	张志刚
《马克思主义文艺理论中国化研究》	朱立元
《历史题材文学创作重大问题研究》	童庆炳
《现代中西高校公共艺术教育比较研究》	曾繁仁
《西方文论中国化与中国文论建设》	王一川
《中华民族音乐文化的国际传播与推广》	王耀华
《楚地出土战国简册 [十四种]》	陈　伟
《近代中国的知识与制度转型》	桑　兵
《中国抗战在世界反法西斯战争中的历史地位》	胡德坤
《近代以来日本对华认识及其行动选择研究》	杨栋梁
《京津冀都市圈的崛起与中国经济发展》	周立群
《金融市场全球化下的中国监管体系研究》	曹凤岐
《中国市场经济发展研究》	刘　伟
《全球经济调整中的中国经济增长与宏观调控体系研究》	黄　达
《中国特大都市圈与世界制造业中心研究》	李廉水
《中国产业竞争力研究》	赵彦云

书　名	首席专家
《东北老工业基地资源型城市发展可持续产业问题研究》	宋冬林
《转型时期消费需求升级与产业发展研究》	臧旭恒
《中国金融国际化中的风险防范与金融安全研究》	刘锡良
《全球新型金融危机与中国的外汇储备战略》	陈雨露
《中国民营经济制度创新与发展》	李维安
《中国现代服务经济理论与发展战略研究》	陈　宪
《中国转型期的社会风险及公共危机管理研究》	丁烈云
《人文社会科学研究成果评价体系研究》	刘大椿
《中国工业化、城镇化进程中的农村土地问题研究》	曲福田
《东北老工业基地改造与振兴研究》	程　伟
《全面建设小康社会进程中的我国就业发展战略研究》	曾湘泉
《自主创新战略与国际竞争力研究》	吴贵生
《转轨经济中的反行政性垄断与促进竞争政策研究》	于良春
《面向公共服务的电子政务管理体系研究》	孙宝文
《产权理论比较与中国产权制度变革》	黄少安
《中国企业集团成长与重组研究》	蓝海林
《我国资源、环境、人口与经济承载能力研究》	邱　东
《"病有所医"——目标、路径与战略选择》	高建民
《税收对国民收入分配调控作用研究》	郭庆旺
《多党合作与中国共产党执政能力建设研究》	周淑真
《规范收入分配秩序研究》	杨灿明
《中国加入区域经济一体化研究》	黄卫平
《金融体制改革和货币问题研究》	王广谦
《人民币均衡汇率问题研究》	姜波克
《我国土地制度与社会经济协调发展研究》	黄祖辉
《南水北调工程与中部地区经济社会可持续发展研究》	杨云彦
《产业集聚与区域经济协调发展研究》	王　珺
《我国货币政策体系与传导机制研究》	刘　伟
《我国民法典体系问题研究》	王利明
《中国司法制度的基础理论问题研究》	陈光中
《多元化纠纷解决机制与和谐社会的构建》	范　愉
《中国和平发展的重大前沿国际法律问题研究》	曾令良
《中国法制现代化的理论与实践》	徐显明
《农村土地问题立法研究》	陈小君

书　名	首席专家
《知识产权制度变革与发展研究》	吴汉东
《中国能源安全若干法律与政策问题研究》	黄　进
《城乡统筹视角下我国城乡双向商贸流通体系研究》	任保平
《产权强度、土地流转与农民权益保护》	罗必良
《矿产资源有偿使用制度与生态补偿机制》	李国平
《巨灾风险管理制度创新研究》	卓　志
《国有资产法律保护机制研究》	李曙光
《中国与全球油气资源重点区域合作研究》	王　震
《可持续发展的中国新型农村社会养老保险制度研究》	邓大松
《农民工权益保护理论与实践研究》	刘林平
《大学生就业创业教育研究》	杨晓慧
《新能源与可再生能源法律与政策研究》	李艳芳
《生活质量的指标构建与现状评价》	周长城
《中国公民人文素质研究》	石亚军
《城市化进程中的重大社会问题及其对策研究》	李　强
《中国农村与农民问题前沿研究》	徐　勇
《西部开发中的人口流动与族际交往研究》	马　戎
《现代农业发展战略研究》	周应恒
《综合交通运输体系研究——认知与建构》	荣朝和
《中国独生子女问题研究》	风笑天
《我国粮食安全保障体系研究》	胡小平
《城市新移民问题及其对策研究》	周大鸣
《新农村建设与城镇化推进中农村教育布局调整研究》	史宁中
《农村公共产品供给与农村和谐社会建设》	王国华
《中国大城市户籍制度改革研究》	彭希哲
《国家惠农政策的成效评价与完善研究》	邓大才
《中国边疆治理研究》	周　平
《边疆多民族地区构建社会主义和谐社会研究》	张先亮
《新疆民族文化、民族心理与社会长治久安》	高静文
《中国大众媒介的传播效果与公信力研究》	喻国明
《媒介素养：理念、认知、参与》	陆　晔
《创新型国家的知识信息服务体系研究》	胡昌平
《数字信息资源规划、管理与利用研究》	马费成
《新闻传媒发展与建构和谐社会关系研究》	罗以澄
《数字传播技术与媒体产业发展研究》	黄升民

书　名	首席专家
《互联网等新媒体对社会舆论影响与利用研究》	谢新洲
《网络舆论监测与安全研究》	黄永林
《中国文化产业发展战略论》	胡惠林
《教育投入、资源配置与人力资本收益》	闵维方
《创新人才与教育创新研究》	林崇德
《中国农村教育发展指标体系研究》	袁桂林
《高校思想政治理论课程建设研究》	顾海良
《网络思想政治教育研究》	张再兴
《高校招生考试制度改革研究》	刘海峰
《基础教育改革与中国教育学理论重建研究》	叶　澜
《公共财政框架下公共教育财政制度研究》	王善迈
《农民工子女问题研究》	袁振国
《当代大学生诚信制度建设及加强大学生思想政治工作研究》	黄蓉生
《从失衡走向平衡：素质教育课程评价体系研究》	钟启泉　崔允漷
《构建城乡一体化的教育体制机制研究》	李　玲
《高校思想政治理论课教育教学质量监测体系研究》	张耀灿
《处境不利儿童的心理发展现状与教育对策研究》	申继亮
《学习过程与机制研究》	莫　雷
《青少年心理健康素质调查研究》	沈德立
《灾后中小学生心理疏导研究》	林崇德
《民族地区教育优先发展研究》	张诗亚
《WTO主要成员贸易政策体系与对策研究》	张汉林
《中国和平发展的国际环境分析》	叶自成
《冷战时期美国重大外交政策案例研究》	沈志华
《我国的地缘政治及其战略研究》	倪世雄
＊《中国政治文明与宪法建设》	谢庆奎
＊《非传统安全合作与中俄关系》	冯绍雷
＊《中国的中亚区域经济与能源合作战略研究》	安尼瓦尔·阿木提
……	

＊为即将出版图书